〖明文 中國正史大系〗

原文 註釋 國譯

漢書(十四)

五行志 · 地理志 · 溝洫志

後漢 班　固 著
清 王先謙 補注
陳起煥 譯註

明文堂

차례

五行志

●《漢書》卷二十七 五行志 第七

● 부록

地理志

● 《漢書》 卷二十八 地理志 第八

【地理志 第八 上一】

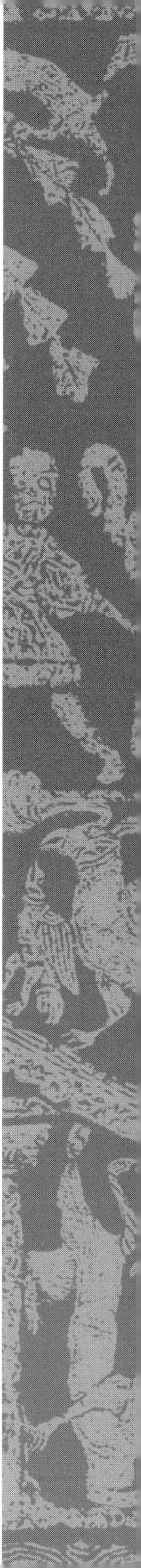

溝洫志

● 《漢書》 卷二九八 溝洫志 第九

오행지
五行志

卷二十七〈五行志〉第七
〔27권 오행지 제7〕

【〈五行志〉第七 下之上】

5. 思不睿

原文

傳曰,「思心之不睿, 是謂不聖, 厥咎霿, 厥罰恒風, 厥極凶短折. 時則有脂夜之妖, 時則有華孽, 時則有牛禍, 時則有心腹之痾, 時則有黃眚黃祥, 時則有金木水火沴土.」

〖국역〗

경전에서 말했다.

「생각이(思心) 넓고 깊지 못하다면(不睿), 聖明하지 않고(不聖), 그 허물은 無知이며 그 징벌은 계속되는 바람이고(恒風), 그 끝은 사람이 다치거나 短命이다. 때로는 脂妖(지요)와 夜妖(야요)가 찾아오며,[540] 때로는 華孽(화얼)이, 때로는 牛禍(우화)가, 또 때로는 심장병이나 복통이 일어나며,[541] 또는 黃眚(황생)이나 黃祥(황상)으로 나타난다. 때로는 金, 木, 水, 火가 土를 이긴다.」[542]

原文

「思心之不睿, 是謂不聖.」 思心者, 心思慮也, 睿, 寬也.

孔子曰, "居上不寬, 吾何以觀之哉!" 言上不寬大包容臣下, 則不能居聖位. 貌言視聽, 以心爲主, 四者皆失, 則區霿無識, 故其咎霿也. 雨旱寒奧, 亦以風爲本, 四氣皆亂, 故其罰常風也. 常風傷物, 故其極凶短折也. 傷人曰凶, 禽獸曰短, 屮木曰折.

一曰, 凶, 夭也, 兄喪弟曰短, 父喪子曰折. 在人腹中, 肥而包裹心者脂也, 心區霿則冥晦, 故有脂夜之妖. 一曰, 有脂物而夜爲妖, 若脂水夜汙人衣, 淫之象也.

一曰, 夜妖者, 雲風並起而杳冥, 故與常風同象也. 溫而風則生螟螣, 有裸蟲之孽.

〖국역〗

「心思가 넓고 깊지 못하면, 이는 無知(不聖)이다.」

---

540 원문 時則有脂夜之妖 – 脂妖(지요)와 夜妖(야요)는 전설 속의 요괴.

541 원문 心腹之痾 – 心은 心臟(심장). 腹은 腹腸(복장). 痾는 병이 깊이들 아.

542 원문. 時則有金木水火沴土 – 時則은 때로는, 때에 따라. 沴는 해칠 려(여). 害를 초래하다.

思心이란 마음으로 思慮(사려)하는 것이고, 睿(예)는 관대한 度量(도량)이다.

孔子가 말했다. "居上하여 不寬하다면, 내가 어찌 그 행실을 봐줄 수 있겠는가!"[543]

이는 主君이 신하를 관대히 포용하지 못한다면 성스러운 자리에(聖位) 있을 수 없다는 뜻이다. (사람의) 외모(貌, 態度)와 언어(言), 보기와(視) 듣기는(聽) 모두 마음이(心) 주관하며, 4가지(貌, 言, 視, 聽)를 모두 잃는다면, 곧 혼미와 무식이고 그래서 그 허물은 愚昧(우매)이다.[544] 비나 가뭄, 추위와 더위는 모두 바람이(風) 바탕이며(本), 四氣(雨, 旱, 寒, 奧)가 모두 혼란하면 그 징벌은 常風이다. 常風은 사물을 다치게 하니, 常風의 극단은 부상이나 短命(단명)이다. 사람이 다치는 것이 凶(흉)이며, 禽獸(금수)는 短, 초목은 折(절, 꺾일 절)이라고[545] 한다.

一說에, 凶(흉)은 일찍 죽는 것이니, 兄이 동생을 잃으면 短, 父가 자식을 먼저 보내면 折(절, 꺾일 절)이라고 한다. 사람의 뱃속에 들어 있으며 기름지고(肥) 심장을 둘러싸고 있는 것이 脂肪(지방, 脂)인데, 마음이 어리석거나 흐리멍덩하면(區霿則冥晦) 脂妖(지요)이며 夜妖(야요)이다.

또 다른 一說에는 기름기가 밤에 요물도 되거나 기름진 물(脂水)

---

543 원문 "居上不寬, 吾何以觀之哉!" -《論語 八佾(팔일)》의 구절. 윗사람의 도량이 좁다면 그 행실의 좋고 나쁜 것은 볼 필요도 없다.

544 원문 則區霿無識, 故其咎霿也 - 區霿〔구몽, 區瞀(구무)〕는 昏昧(혼매). 霿은 안개 자욱할 몽. 흐리멍덩하다.

545 원문 屮木曰折 - 屮木은 草木. 屮는 草의 古字.

이 밤에 사람의 옷에 땀이 되는데, 이는 음란의 상징이다.

一說에 夜妖(야요)란 雲과 風이 함께 일어나 컴컴하게 어두워지는 것인데, 常風과 같은 형상이다. 날이 따뜻하며 바람이 불면 螟螣(명등) 같은 해충이 생기고, 裸蟲(나충)이 때로 나타나는 이상한 현상이 벌어진다.

原文

劉向以爲於《易》〈巽〉爲風爲木, 卦在三月四月, 繼陽而治, 主木之華實. 風氣盛, 至秋冬木復華, 故有華孽.

一曰, 地氣盛則秋冬復華. 一曰, 華者色也, 土爲內事, 爲女孽也. 於《易》〈坤〉爲土爲牛, 牛大心而不能思慮, 思心氣毁, 故有牛禍.

一曰, 牛多死及爲怪, 亦是也. 及人, 則多病心腹者, 故有心腹之痾. 土色黃, 故有黃眚黃祥. 凡思心傷者病土氣, 土氣病則金木水火痾之, 故曰「時則有金木水火沴土.」不言 '惟' 而獨曰 '時則有' 者, 非一衝氣所沴, 明其異大也. 其極曰凶短折, 順之, 其福曰考終命.

劉歆〈思心傳〉曰, 時則有贏蟲之孽, 謂螟螣之屬也. 庶徵之常風, 劉向以爲《春秋》無其應.

〖국역〗

劉向은《易》의〈巽卦(손괘)〉[546]는 바람이고 나무라고 생각했으며,

〈巽卦〉는 3월과 4월에 해당하며, 계속되는 陽氣가 만물을 주도하며 나무의 꽃(華)과 열매도 주관한다. 風氣가 盛大하면 秋冬에도 나무가 다시 꽃이 피는데, 그래서 華孽(화얼)이 생긴다. 일설에는 地氣가 성대하면 가을이나 겨울에도 다시 꽃이 핀다. 일설에는 나무의 꽃(華者)은 色이고, 土는 家內의 일이니 女孽(여얼)이다. 《易》에서 〈坤卦 (곤괘)〉[547]는 土이고 牛인데, 牛는 심장은 크지만 思慮(사려)하지 못하여, 思心의 氣가 훼손되기에 牛禍(우화)가 일어난다.

一說에는 소가 많이 죽으면 요괴가 된다고 하였는데, 이도 맞는 말이다. 사람에게는 심장과 복부에 관련한 병이다. 土色은 黃色이기에 黃眚(황생)과 黃祥(황상)이 일어난다. 무릇 思心이 다친 자는(傷者) 土氣의 病이고, 土氣의 病이라면 金, 木, 水, 火가 이길 수 있기에 '때로는(時則) 金木水火가 土를 해친다(沴).' 라고 하였다. 그리고 '惟' 라 말하지 않고 '時則有' 라 한 것은 한번의 衝氣(충기)로 이길 수 있는 것이 아니기에 그 이상 더 크다는 뜻이다. 그 극단은 다치거나 일찍 죽는 것이지만, 土氣에 순응하면 그 복은 天壽를 누리고 죽는 것(考終命)이다.[548]

劉歆(유흠)은 그의 〈思心傳〉이란 글에서 보통 蠃蟲(나충)의 妖孽

546 〈巽卦〉 – 巽(손, 拼音, xùn) ☴☴ 巽爲風. 64괘 중 57번째 卦. 巽者는 入也. 그러나 無孔이면 不入. 방위는 東南.

547 〈坤卦〉 – 坤(kūn. 땅 곤)은 64괘 중 2번째. ☷☷. 坤爲地. 大地를 상징. 天과 함께 만물을 생성하고 양육한다.

548 원문 其福曰考終命 – 考終命(고종명)은 壽考而終其命. 천수를 다 누리고 죽다. 五福. 《書經 · 洪範》 – 「一曰 壽, 二曰 富, 三曰 康寧, 四曰 攸好德(유호덕), 五曰 考終命.」 일반 속설에서는 壽, 富, 貴, 安樂, 多子多孫.

(요얼)은 螟螣(명등, 마디 충)에 속한다. 그 일반적인 징조는 常風인데, 劉向은《春秋》에는 그런 감응에 대한 기록이 없다고 하였다.

가. 恒風(항풍)

原文

釐公十六年, 「正月, 六鶂退蜚, 過宋都.」《左氏傳》曰 「風也.」

劉歆以爲風發於它所, 至宋而高, 鶂高蜚而逢之, 則退. 經以見者爲文, 故記退蜚, 傳以實應著, 言風, 常風之罰也.

象宋襄公區霿自用, 不容臣下, 逆司馬子魚之諫, 而與彊楚爭盟, 後六年爲楚所執, 應六鶂之數云.

〖국역〗

釐公(희공, 僖公) 16년(前 644), 「정월, 鶂鳥(역조) 여섯 마리가 날아 宋의 도읍을 지나갔다.」[549] 《左氏傳》에서는 「바람이다(風也).」라고 기록했다.

劉歆(유흠)은 바람이 다른 곳에서 일어나 宋나라에 와서 위로 높이 불었고, 鶂鳥(역조)가 높이 날다가 바람을 만나 곧장 날려간 것이

549 원문 六鶂退蜚 – 鶂은 물새 이름 역. 눈을 맞추어 알을 낳는다는 새. 鷁鳥(익조)와 同. 退蜚(퇴비)는 날아가다. 蜚는 飛.

라고 말했다. 經(《春秋》)에서는 본 것을 글로 쓰기에 '退蜚(퇴비)' 라고 적었고, 傳(《左傳》)에서는 실제 나타난 현상이라서 風이라 하였으니, 이는 常風의 징벌이다.

이는 宋 襄公(양공)이 자신의 우매함을 스스로 옳다 하며[550] 신하를 포용하지 못하고, 司馬子魚(사마자어)의 충간을 거역하면서 강국이 楚와 會盟의 주도권을 다투다가 6년 뒤에 楚에 사로잡혔으니 여섯 마리 鶂鳥(역조)와 같은 숫자이다.

原文

京房《易傳》曰,「潛龍勿用, 衆逆同志, 至德乃潛, 厥異風. 其風也, 行不解物, 不長, 雨小而傷. 政悖德隱玆謂亂, 厥風先風不雨, 大風暴起, 發屋折木. 守義不進玆謂耄, 厥風與雲俱起, 折五穀莖. 臣易上政, 玆謂不順, 厥風大焱發屋. 賦斂不理玆謂禍, 厥風絶經紀, 止卽溫, 溫卽蟲. 侯專封玆謂不統, 厥風疾, 而樹不搖, 穀不成. 辟不思道利, 玆謂無澤, 厥風不搖木, 旱無雲, 傷禾. 公常於利玆謂亂, 厥風微而溫, 生蟲蝗, 害五穀. 棄正作淫玆謂惑, 厥風溫, 螟蟲起, 害有益人之物. 侯不朝玆謂叛, 厥風無恆, 地變赤而殺人.」

〖국역〗

京房(경방)은 《易傳》에서 말했다.

550 원문 區霧自用 - 區霧(구무)는 우매. 蒙昧(몽매). 自用은 스스로 옳다 하다.

「潛龍(잠룡)은 勿用(물용)한다고 하였으니,[551] 여러 사람의 같은 뜻을 거스르면 至德을 가진 자도 숨어버리는데, 이는 특이한 바람(異風)이다. 그 바람은 어디서 불든 만물을 解凍(해동)하지 못하고, 그렇다고 長成케 하지도 못하며(不長), 비를 내리게 하지도 못하니 만물을 손상케 한다. 정치가 문란하여 도덕을 가진 자가 숨는 것이 亂(란)이니, 그 경우 먼저 바람만 불어오고 비는 내리지 않거나, 큰 바람이 갑자기 불어 집을 넘어트리거나 나무를 부러트린다. 守義하며 관직에 나가지 않는 것을 '耄(모)'라 하는데,[552] 바람과 구름이 함께 불어와 五穀(오곡)의 줄기를 부러트린다. 아랫사람이 윗사람의 政事를 輕視하는 것을[553] 不順이라 하는데, 그런 경우 그 바람은 강한 폭풍이라서 집을 쓰러트린다(發屋).[554] 이치에 맞지 않는 賦斂(부렴, 徵稅)을 禍(화)라 하는데, 그런 경우 바람은 常規의 기강을 滅絶(멸절)케 하는데 바람이 그치면 무덥고, 무더우면 해충이 발생한다. 멋대로 분봉하는 것을(專封) 不統이라 하는데, 그 바람은 疾風(질풍)이라서 나무를 쓰러트리지는 못하나 오곡도 여물지 못한다. 主君(辟, 임금 벽)이 (신하를) 正道로 이롭게 할 생각을 못하는 것을(不思道利) 無澤(무택)이라 하는데, 그 바람은 나무를 흔들지 못하나 가뭄에 구름

---

551 원문 潛龍勿用 - 〈乾卦 ☰☰〉 初九의 爻辭. 물속에 잠겨있는 龍과 같은 활동하지 말라. 이는 눌려있는 陽氣이다. 공자는 〈文言傳〉 乾卦에서, '(潛龍은) 龍의 德을 갖고서도 숨어 사는 사람이니, 숨어살면서도 걱정이 없고, 옳은 사람이라 인정받지 못해도 상관하지 않으며, 즐거우면 行하고, 걱정되면 피해버려 그 뜻을 바꾸게 할 수 없는 사람이라.' 고 정의했다.

552 원문 守義不進玆謂耄 - 耄는 늙은이 모.

553 원문 臣易上政 - 易(쉬울 이)는 輕視하다.

554 원문 厥風大焱發屋 - 焱은 불꽃 염. 疾風(질풍).

도 없으니 곡식을 손상한다. (諸侯 중 上爵인) 公이 자신만의 謀利(모리)를 꾀하는 것을 亂이라 하는데 그 바람은 미약하고 온난하여 메뚜기 떼를 불러와 五穀을 해친다. 正道를 버린 음란을 迷惑(미혹)이라 하는데, 그 바람은 온난하여 (벼 줄기를 갉아먹는) 마디충(螟蟲, 명충)을 불러오고 사람에게 유익한 생물을 해진다. 제후가 天子에게 入朝하지 않는 것을 背叛(배반)이라 하는데, 그 바람은 一定하지가 않아 토양을 붉게 하고 사람을 죽인다.」

原文

文帝二年六月, 淮南王都壽春大風毁民室, 殺人.

劉向以爲是歲南越反, 攻淮南邊, 淮南王長破之, 後年入朝, 殺漢故丞相辟陽侯, 上赦之, 歸聚姦人謀逆亂, 自稱東帝, 見異不寤, 後遷於蜀, 道死廱.

文帝五年, 吳暴風雨, 壞城官府民室. 時吳王濞謀爲逆亂, 天戒數見, 終不改寤, 後卒誅滅. 五年十月, 楚王都彭城大風從東南來, 毁市門, 殺人. 是月王戊初嗣立, 後坐淫削國, 與吳王謀反, 刑僇諫者. 吳在楚東南, 天戒若曰, '勿與吳爲惡, 將敗市朝.' 王戊不寤, 卒隨吳亡.

〖국역〗

(漢)文帝 2년(前 178) 6월, 淮南國 王都인 壽春(수춘)에[555] 大風이

555 壽春은, 今 安徽省 중서부 六安市 壽縣.

불어 民家를 훼손했고 사람도 죽었다.

劉向은 생각했다. 이 해에 南越(남월)이 反하여 회남국의 변방을 공격하자 회남왕 劉長(고조의 막내아들)이 격파했고, 다음 해 入朝했는데, 漢의 전임승상 辟陽侯(벽양후)를 죽였으나 文帝가 사면하였다.[556] 회남왕 유장은 (자신의 封國으로) 돌아와 姦人을 모아 역란을 모의했고 東帝를 자칭했는데, 이변이 나타났지만 깨닫지 못하고, (폐위되어) 蜀으로 이송 도중에 雝縣(옹현, 雍)에서 죽었다.

文帝 5년, 吳에 暴風雨가 불어, 성 안의 관청과 민가를 부수었다. 그때 吳王 濞(비)는 逆亂(역란)을 모의하였는데, 天戒가 자주 나타났으나 오왕은 끝내 고치거나 깨닫지 못하고 결국 誅滅(주멸)되었다.

(文帝) 5년 10월, 楚國의 王都인 彭城(팽성)[557]에 大風이 東南에서 불어와 市門을 부수었고 사람도 죽었다. 이 달에 楚王 劉戊(유무)는 처음 繼位하였는데, 뒷날 음란 행위로 (領地를) 삭감 당하자, 吳王(濞, 비)과 함께 謀反하면서 간언을 올리는 신하를 형벌에 처했다. 吳는 楚의 동남에 있었으니, 天戒는 '吳와 함께 악행을 하지 말라! 장차 시장과 나라가 패망할 것이다.' 라고 말하는 듯했지만, 초왕 戊(무)는 깨닫지 못했고 결국 吳를 따라 망했다.

---

556 審食其(심이기, ? – 前 177) – 沛人. 漢王과 항우가 싸우는 동안 呂后와 태자를 지켰다. 고조 6년(前 201)에 辟陽侯가 되었고 呂后 집권 시절에 좌승상을 역임했다. 회남국 厲王(劉長)의 생모는 고조의 하룻밤 총애를 받아 임신한 뒤 어려운 처지에 있었으나 충분히 도움을 줄 수 있는 위치에 있던 辟陽侯〔벽양후, 審食其(심이기)〕가 적극 돕지 않았고, 劉長의 모친은 劉長을 출산한 뒤 분노로 곧 자살하였다. 유장은 여태후의 손에 양육되었다. 전후 사실을 알게 된 유장은 심이기를 직접 죽였다.

557 彭城(팽성) – 今 江蘇省 北大門이라 할 수 있는 徐州市.

原文

昭帝元鳳元年, 燕王都薊大風雨, 拔宮中樹七圍以上十六枚, 壞城樓. 燕王旦不寤, 謀反發覺, 卒伏其辜.

〖국역〗

昭帝 元鳳 원년(前 80), 燕王 도읍인 薊縣(계현)에[558] 큰 비바람이 불어서 궁궐 안의 7뼘 이상 되는 큰 나무 16그루가 뽑혔고 城樓(성루) 등이 부서졌다. 燕王인 劉旦(유단)은 깨닫지 못했고 모반이 발각되어, 결국 죄에 따라 처형되었다.

나. 夜妖(야요)

原文

鳌公十五年, 「九月己卯晦, 震夷伯之廟.」

劉向以爲晦, 暝也, 震, 雷也. 夷伯, 世大夫, 正書雷, 其廟獨冥. 天戒若曰, 勿使大夫世官, 將專事暝晦. 明年, 公子季友卒, 果世官, 政在季氏.

至成公十六年「六月甲午晦.」正晝皆暝, 陰爲陽, 臣制君也. 成公不寤, 其冬季氏殺公子偃. 季氏萌於鳌公, 大於成公, 此其應也.

558 薊 - 今 天津市 북부의 薊縣(계현).

董仲舒以爲夷伯, 季氏之孚也, 陪臣不當有廟. 震者 雷也, 晦暝, 雷擊其廟, 明當絶去僭差之類也.

向又以爲此皆所謂夜妖者也. 劉歆以爲《春秋》及朔言朔, 及晦言晦, 人道所不及, 則天震之. 展氏有隱慝, 故天加誅於其祖夷伯之廟以譴告之也.

成公十六年, 「六月甲午晦, 晉侯及楚子,鄭伯戰於鄢陵.」 皆月晦云.

〖국역〗

魯 釐公(희공) 15년(前 645), 「9월 己卯日 그믐날, 夷伯(이백)의 묘당에 벼락이 떨어졌다.」[559]

劉向은 晦(그믐 회)는 어둠이고(暝, 어두울 명), 震(진)은 벼락(雷, 우뢰)이라고 했다. 夷伯(이백)은 魯의 세습 大夫인데, 雷라고 正書한 것은 (한낮에) 그 묘당만 어두컴컴했기 때문이다. 天戒는 '大夫로 관직을 세습하지 말라, 앞으로 정사를 전횡하다가 어둠에 묻힐 것이다.' 라고 말하는 것 같았다. 明年에 公子 季友(계우)가 죽었는데, 과연 관직을 세습했고 (魯의) 정권은 季氏에게 있었다.

成公 16년(前 575)에, 「6월 甲午日 어두웠다.」고 했다. 모두가 暝(어둘 명)이라 한 것은 陰이 陽이 된 것이니, 곧 臣이 君을 제압한 것이다. 成公은 깨닫지 못했고, 그 해 겨울에 季氏는 公子 偃(언)을 죽였다. 季氏의 세력은 僖公(희공) 때 싹이 터서 成公 때 강대하였으니,

559 원문 震夷伯之廟 – 震은 벼락 진. 夷伯(이백)은 展氏(전씨)의 선조.

이는 그런 감응이었다.

董仲舒(동중서)는 생각했다. 夷伯(이백)은 季氏(계씨)가 신임하는 신하였는데,[560] 陪臣(배신, 제후의 신하)은 祀廟(사묘)를 세울 수 없었다. 震이란 벼락이고, 晦暝(회맹)에 그 묘당에 벼락이 떨어진 것은, 신분을 참월한 묘당은 응당 없애야 한다는 뜻을 분명하게 밝힌 것이다.

劉向은, 또 이 모두가 소위 夜妖(야요)와 같다고 생각하였다. 劉歆(유흠)은 《春秋》에 초하루를 초하루라고 언급하고, 그믐에 그믐이라 말한 것은 人倫이 미치지 못하면 하늘이 벼락을 내린다는 뜻이라고 생각했다. 展氏(전씨)는 다른 사람이 모르는 악행이 있기에 하늘은 그 선조인 夷伯(이백)의 묘당에 벼락을 내려 견책의 뜻을 알린 것이다.

成公 16년(前 575), 「6월 甲午日 그믐, 晉侯와 楚子, 鄭伯이 鄢陵(언릉)[561]에서 싸웠다.」 여기서는 모두 그달 그믐이라 하였다.

다. 蟲害(충해)

原文

隱公五年, 「秋, 螟.」

董仲舒, 劉向以爲時公觀漁於棠, 貪利之應也. 劉歆以爲

---

560 원문 季氏之孚也 - 孚는 미쁠 부. 믿음직하다. 信任.

561 鄢陵(언릉) - 今 河南省 중부 許昌市 관할 鄢陵縣.

又逆臧釐伯之諫, 貪利區霿, 以生蠃蟲之孽也.

八年「九月, 螟.」時鄭伯以邴將易許田, 有貪利心.

京房《易傳》曰, 「臣安祿茲謂貪, 厥災蟲, 蟲食根. 德無常茲謂煩, 蟲食葉. 不絀無德, 蟲食本. 與東作爭, 茲謂不時, 蟲食節. 蔽惡生孽, 蟲食心.」

嚴公六年「秋, 螟.」

董仲舒, 劉向以爲先是衛侯朔出奔齊, 齊侯會諸侯納朔, 許諸侯賂. 齊人歸衛寶, 魯受之, 貪利應也.

〖국역〗

隱公 5년(前 718)「가을, 마디충(螟, 명) 재해가 있었다.」

董仲舒와 劉向은 그때 隱公은 (魯國) 棠(당, 地名)에서 물고기 잡는 것을 보고 탐욕을 부린 일에 대한 감응이라고 생각했다. 劉歆(유흠)은, 또 (孝公의 아들) 臧釐伯(장리백)의 간언을 거부하고 탐욕에 눈이 멀었기에 蠃蟲(나충)의 재앙이 나타난 것이라고 생각했다.

8년「9월, 가을, 마디충(螟, 명) 재해가 있었다.」

이때 鄭伯은 邴(병, 邑名)을 (魯의) 許田(허전)과 교환하였는데, 이득을 탐하는 마음이 있었다. 京房은 그의《易傳》에서 말했다.

「臣이 秩祿(질록)에 안주하는 것을 貪慾(탐욕)이라 하고, 그 재앙은 蟲害이고, 蟲은 곡식의 뿌리를 먹어치운다. 德行이 無常한 것을 煩(번, 煩雜)이라 하는데, 그때 蟲은 (곡식의) 잎(葉)을 먹어치운다. 無德한 자를 물리치지 못하면 蟲이 곡식의 줄기를 먹어치운다. 농사철에(東作) 전쟁하는 것을 不時라 하는데, 벌레는 곡식의 마디를 먹는다(食節). 악행을 덮어두어 일어나는 재앙에서 벌레들은 곡식의 이삭(心)을 먹어치운다.」

嚴公 6년(前 688) 「가을, 마디충(螟, 명) 재해.」

董仲舒와 劉向은 생각하였다. 이보다 앞서 衛侯 朔(삭)이 齊로 망명하였는데, 齊侯는 여러 제후를 모아 朔(삭)을 받아주며, 제후들에게 뇌물 주는 것을 허용하였다. 齊人은 衛의 寶玉을 돌려주었고, 魯莊公은 뇌물을 받았으니 貪利(탐리)에 대한 감응이었다.

原文

文帝後六年秋, 螟. 是歲匈奴大入上郡,雲中, 烽火通長安, 遣三將軍屯邊, 三將軍屯京師.

〖국역〗

文帝 後元 6년(前 158) 가을, 마디충 재해. 이 해에 흉노가 上郡과 雲中郡에 대거 침입하면서 烽火(봉화)가 長安에 이르자, 將軍 3인을 변방에 주둔시켰고,[562] 다른 장군 3인을 京師 근처에 주둔시켰다.[563]

---

562 中大夫인 令免(영면)을 車騎將軍에 임명하여 飛狐(비호)에 주둔케 하였고, 옛 楚의 相이던 蘇意(소의)를 將軍에 임명하여 句注山에 주둔하게 했고, 장군 張武는 北地郡에 주둔하게 했다.

563 河內太守인 周亞夫를 장군에 임명하여 細柳에 주둔하고, 宗正인 劉禮를 將軍으로 삼아 霸上(패상)에, 祝茲侯인 徐厲(서려) 장군을 棘門(극문)에 주둔하여 흉노에 대비케 하였다.

라. 牛禍(우화)

原文

宣公三年,「郊牛之口傷, 改卜牛, 牛死.」

劉向以爲近牛禍也. 是時宣公與公子遂謀共殺子赤而立, 又以喪娶, 區霿昏亂. 亂成於口, 幸有季文子得免於禍, 天猶惡之, 生則不饗其祀, 死則災燔其廟. 董仲舒指略同.

〖국역〗

宣公 3년(前 606),「郊祀에 쓸 희생 소의 입이 헐어서 점치는 소로 바꿨지만 소가 죽었다.」

劉向은, 이를 牛禍(우화)와 비슷하다고 생각했다. 이때, 宣公과 公子인 遂(수)는 모의하여 함께 公子 赤(적)을 죽이고 즉위하였으며, 또 (文公이 喪이 끝나지 않은) 喪中에 아내를 맞이하며 무지하고 무례하였다. 이런 무례가 입으로부터 시작되었으니, 다행히 季文子는 화를 면했지만 天帝는 여전히 증오하여 살아서는 그 제사를 흠향하지 않고, 죽어서는 그 묘당에 불이 나게 하였다. 동중서의 취지도 대략 같았다.

原文

秦孝文王 五年, 遊朐衍, 有獻五足牛者. 劉向以爲近牛禍也. 先是文惠王初都咸陽, 廣大宮室, 南臨渭, 北臨涇, 思心失, 逆土氣. 足者止也, 戒秦建止奢泰, 將致危亡. 秦遂不改, 至於離宮三百, 復起阿房, 未成而亡.

一曰, 牛以力爲人用, 足所以行也. 其後秦大用民力轉輸, 起負海至北邊, 天下叛之.

京房《易傳》曰, 「興繇役, 奪民時, 厥妖牛生五足.」

〖국역〗

秦 惠文王 5년,[564] 秦王이 朐衍(구연, 地名)에 유락하는데 다리가(足) 5개인 소를 바치는 자가 있었다.

劉向은, 이를 牛禍(우화)와 비슷하다고 생각하였다. 이보다 앞서 秦 孝公은 처음으로 咸陽에 定都하면서[565] 궁궐을 크게 확대하여[566] 남쪽으로는 渭水에 닿았고, 북쪽으로는 涇水(경수)에 닿았으니, 思心을 상실했고, 土氣를 거역하였다. 足이란 止(멈출 지)이니, 秦의 건축이 奢泰(사태, 奢侈)에 가까우니 장차 위기가 닥치고 멸망을 招致(초치)할 것이라는 훈계였다. 그러나 秦은 끝까지 고치지 않아 離宮이 3백 개소나 있으면서도 다시 阿房(아방)에 宮을 지었는데 완공되기 전에 멸망하였다.

일설에서는, 사람은 소의 힘을 이용하고 足은 소가 힘을 쓰는 것이다. 그 이후로 秦은 백성의 힘을 동원하여 바다를 등진 곳에서 북

---

564 원문 秦孝文王五年 – 秦의 孝文王은 前 251 – 250년 재위 1년이었다. 이는 惠文王(재위 前 338 – 311)의 착오가 분명하다.

565 원문 先是文惠王初都咸陽 – 文惠王은 惠文王의 착오가 확실함. 함양에 처음 정도한 사람은 秦 孝公이고, 孝公 12년 前 350년이었다.

566 원문 廣大宮室 – 廣大는 擴大(확대).

쪽 변방에 이르기까지 물자를 나르게 했기에 온 천하가 반기를 들었다.

京房은 《易傳》에서 말했다. 「繇役(요역, 徭役)에 동원하여 백성의 農時를 빼앗으면 그 妖怪로 5足의 소가 나타난다.」

原文

景帝中六年, 梁孝王田北山, 有獻牛, 足上出背上.

劉向以爲近牛禍. 先是孝王驕奢, 起苑方三百里, 宮館閣道相連三十餘里. 納於邪臣羊勝之計, 欲求爲漢嗣, 刺殺議臣爰盎, 事發, 負斧歸死. 旣退歸國, 猶有恨心, 內則思慮霿亂, 外則土功過制, 故牛禍作. 足而出於背, 下奸上之象也. 猶不能自解, 發疾暴死, 又凶短之極也.

〖국역〗

(漢)景帝 中元 6년(前 144), 梁 孝王[567]이 北山에서 사냥을 하는데, 다리가 등 위로 솟아난 소를 바치는 자가 있었다.

劉向은, 이를 牛禍에 가깝다고 생각하였다. 이보다 앞서 梁 孝王은 교만 사치하였고, 사방 3백 리에 달하는 宮苑(궁원)을 지었는데, 여러 宮館을 이어주는 閣道가 30여 리나 되었다. 사악한 신하 羊勝

---

567 孝文皇帝는 4명의 아들이 있는데, 竇皇后(두황후)는 孝景帝와 梁孝王 武를 낳았다. 梁 孝王 劉武는 文帝 12년(前 168)에 梁王이 되었으며, 경제의 유일한 同母弟였고, 경제 초 오초칠국의 난을 평정하는 데 크게 기여하였다.

(양승)[568]의 계략에 따라 景帝의 뒤를 잇는 후사가 되려는 욕심으로 조정의 議臣 爰盎(원앙)[569]을 암살한 사실이 발각되자, (직접) 도끼를 가지고 가서 죽여 달라고 빌어 용서를 받고 돌아왔다. 귀국한 뒤에도 여전히 원한이 남아 안으로는 사려가 우매 혼란하였고, 밖으로는 토목공사가 너무 지나쳤기에 牛禍(우화)가 일어난 것이다. 足이 등(背) 위로 나왔으니 아랫사람이 윗사람을 범하는 형상이다. 양효왕은 결국 깨닫지 못했고 병이 나서 갑자기 죽었으니 질병과 단명의 극단적인 사례이었다.

마. 短妖(단요) 外

原文

《左氏傳》昭公二十一年春, 周景王將鑄無射鍾, 泠州鳩曰, "王其以心疾死乎! 夫天子省風以作樂, 小者不窕, 大者不摦. 摦則不容, 心是以感, 感實生疾. 今鍾摦矣, 王心弗堪, 其能久乎?"

---

568 羊勝(양승)은 梁 孝王의 빈객으로 爰盎(원앙)을 암살했다.

569 爰盎(원앙) -《史記 袁盎鼂錯列傳》에는 袁盎(원앙)으로 되어 있다. 爰은 發語辭 원. 盎은 동이 앙. 爰盎(원앙)이 비록 학문을 좋아하지는 않았지만 상황판단을 잘했으며, 그 바탕은 어진 마음으로 분연히 대의를 따르려 하였다. 문제가 즉위하면서 그 재능이 시류를 잘 탔었다. 그러나 시대가 바뀌고 吳王의 반란 대책으로 과감한 언변을 구사하였지만 자신도 그것으로 끝이었다.

劉向以爲是時景王好聽淫聲, 適庶不明, 思心霿亂, 明年以心疾崩, 近心腹之痾, 凶短之極者也.

〖국역〗

《左氏傳》昭公 21년(前 521) 봄, 周 景王(재위 前 544 – 520)이 無射(무역)의 鍾을 주조하려 하자,[570] (樂官인) 泠州鳩(영주구)[571]가 말했다.

"大王(景王)은 아마 心疾(심질, 심장질환)로 죽을 것이다! 天子란 풍속을 살펴(省風) 作樂하는데, 小者는 더 이상 미세하지 않게 하고[572] 大者는 더 이상 크지 않게 해야 한다.[573] 너무 크면 수용할 수 없으

---

570 원문 周景王將鑄無射鍾 – 無射(무역)의 음률이 없는 鍾을 제조하려 하다. 黃鐘(황종)은 音律 12律(六律六呂)의 기본음(표준음)이다. 律은 길이가 다른 12개의 竹管을 불어 12개의 音高를 소리 내어, 이를 12律이라 했다. 낮은 음에서 높은 음으로의 순차는 黃鐘 – 大呂 – 太簇(태주) – 夾鐘(협종) – 姑洗(고선) – 仲呂(중려) – 蕤賓(유빈) – 林鐘(임종) – 夷則(이칙) – 南呂(남여) – 無射(무역) – 應鐘(응종)이다. 이를 음양으로 나누면 위에 밑줄을 그은 것이 陽律이고 밑줄이 없는 음이 六呂이다. 일반적으로 六律이라면 六呂를 포함한 12律을 의미한다. 無射(무역)은 끝이 없다. 만물이 쇠퇴하는 陽을 따라 죽고, 성장하는 陰을 따라 다시 살아나다. 射는 싫어할 역. 음률 이름 역. 죽다. 6개의 陽律 중에서는 가장 높은 음. 전체 문장으로 보아 가장 높은 音域이 없는 종을 만들려 하다. 곧 더 거대한 종을 만들고 싶다는 뜻. 참고로, 五行에서는 9월을 無射(무역)이라 한다.

571 泠州鳩(영주구) – 泠은 관직명. 樂官, 관직 이름을 氏로 사용했다. 깨우칠 령(영). 州鳩(주구)가 이름.

572 원문 小者不窕 – 窕는 고요할 조, 예쁠 조. 잘다(細也). 미세한 것.

573 원문 大者不摦 – 摦는 가로로 퍼질 화(橫大), 너그러울 화(寬大).

니, 心은 이런 사실을 알아야 하는데, 더 많은 것을 서두르고 있다. 지금 鐘도 충분히 크지만, 왕은 마음에 만족하지 않으니 오래 갈 수 있겠는가?"

劉向은 이때 景王은 음란한 악곡 듣기를 좋아했고,[574] 適庶(적서)를 명확히 구분하지도 않았으니 思心이 우매하고 혼란했을 것이라고 생각했다. 明年에 경왕은 心疾로 붕어했는데, 이는 심장과 腹部의 병에 가까웠으며 傷身하여 短命한 극단적인 예일 것이다.

原文

昭二十五年春, 魯叔孫昭子聘於宋, 元公與燕, 飮酒樂, 語相泣也. 樂祁佐, 告人曰, "今茲君與叔孫其皆死乎! 吾聞之, 哀樂而樂哀, 皆喪心也. 心之精爽, 是謂魂魄, 魂魄去之, 何以能久?"

冬十月, 叔孫昭子死, 十一月, 宋元公卒.

〖국역〗

魯 昭公 25년(前 517) 봄, 魯의 叔孫昭子(숙손소자)가 宋에 交聘(교빙)하러 가서 (宋) 元公과 잔치하면서 음주를 즐겼는데, 서로 말하면서 울먹였다. 樂祁(악기)란 사람이 시중을 들었는데(佐, 도울 좌), 다른 사람에게 말했다.

"이번에 우리 주군과 叔孫氏는 둘 다 아마도 죽을 것이다! 내가

574 원문 景王好聽淫聲 - 淫聲은 음란한 음악.

알기로, 즐거운데도 슬퍼하거나(哀樂), 슬픈데도 즐거워한다면(樂哀) 이 모두가 정상적 마음을 잃은 것이다. 심장의 精神(精爽, 정상)이 魂魄(혼백)인데, 혼백을 잃었다면 어찌 오래갈 수 있겠는가?"

겨울인 10월에, 叔孫昭子가 죽었고, 11월에, 宋 元公이 죽었다.

原文

昭帝元鳳元年九月, 燕有黃鼠銜其尾舞王宮端門中, 往視之, 鼠舞如故. 王使夫人以酒脯祠, 鼠舞不休, 夜死. 黃祥也. 時燕剌王旦謀反將敗, 死亡象也. 其月, 發覺伏辜.

京房《易傳》曰, 「誅不原情, 厥妖鼠舞門.」

〚국역〛

昭帝 元鳳 元年(前 80) 9월, 燕國에 다람쥐들이(黃鼠) 왕궁 端門(단문, 남문)에서 그 꼬리를 물고 춤을 추었는데, (王이) 가서 보아도 다람쥐들은 계속 춤을 추었다. 연왕이 夫人을 시켜 술과 脯(포)로 제사를 지내게 했는데, 다람쥐들은 춤을 그치지 않다가 밤에 죽었다. 이는 黃祥(황상)이었다. 그때 燕 剌王(날왕) 旦(단)은 모반을 꾸몄으니, 이는 실패하여 죽을 형상이었다. 燕王은 그 달에 발각되어 죄에 따라 처형되었다.

京房은 《易傳》에서 말했다.

「情誼(정의)를 살피지 않고 처형해야 한다면, 그 재앙의 징조는 쥐가 대문에서 춤을 춘다.」

原文

成帝建始元年四月辛丑夜, 西北有如火光. 壬寅晨, 大風從西北起, 雲氣赤黃, 四塞天下, 終日夜下著地者黃土塵也. 是歲, 帝元舅大司馬大將軍王鳳始用事, 又封鳳母弟崇爲安成侯, 食邑萬戶, 庶弟譚等五人賜爵關內侯, 食邑三千戶. 復益封鳳五千戶, 悉封譚等爲列侯, 是爲五侯.

哀帝卽位, 封外屬丁氏,傅氏,周氏,鄭氏凡六人爲列侯. 楊宣對曰, "五侯封日, 天氣赤黃, 丁,傅復然. 此殆爵土過制, 傷亂土氣之祥也."

京房《易傳》曰, 「經稱 '觀其生', 言大臣之義, 當觀賢人, 知其性行, 推而貢之, 否則爲聞善不與, 玆謂不知, 厥異黃, 厥咎聾, 厥災不嗣. 黃者, 日上黃光不散如火然, 有黃濁氣四塞天下. 蔽賢絶道, 故災異至絶世也. 經曰 '良馬逐.' 逐, 進也, 言大臣得賢者謀, 當顯進其人, 否則爲下相攘善, 玆謂盜明, 厥咎亦不嗣, 至於身僇家絶.」

〖국역〗

(漢)成帝 建始 원년(前 32) 4월 辛丑日 밤, 서북쪽 하늘에 火光이 일어난 듯했다. 壬寅日 새벽, 大風이 서북쪽에서 일어났는데, 적황색 雲氣가 천하 사방에 꽉 찼다가 하루 밤낮에 누런 흙먼지로 내려앉았다. 이 해에, 成帝 큰 외숙인 大司馬 大將軍인 王鳳(왕봉)이 집권했으며, 또 王鳳의 同母弟 崇(숭)은 安成侯에 食邑 1만 호를 받았고, 庶弟인 王譚(왕담) 등 5인에게 關內侯의 작위에 식읍 각 3천 호를 하

사하였다. 다시 왕봉의 식읍에 5천 호를 늘려주었고, 왕담 등 모두를 列侯에 책봉하니, 이를 五侯라 하였다.[575]

哀帝가 즉위하면서, 외척인 丁氏, 傅氏(부씨), 周氏, 鄭氏 등 모두 6人을 列侯에 봉했다.[576] 이에 楊宣(양선)이 말했다.

"(成帝 때) 五侯를 책봉하는 날, 天氣가 적황색이었는데, 이번 丁氏와 傅氏 또한 그러합니다. 이는 아마도 작위와 封土가 법제를 초과하여 土氣를 어지럽히고 손상시켰다는 징조일 것입니다."

京房의 《易傳》에서 말했다.

「經에서 '백성을 살펴본다(觀其生).' 라는 말은[577] 大臣은 禮儀 지키며, 남의 賢否와 性行을 알아 추천하거나 임용하는 것이며, 반대로 善行 與否에 대한 소문을 듣고도 천거하지 않는다면, 이를 不知라 하는데 그 재이의 조짐은 특이한 黃氣(異黃)이며, 그 징벌은 벙어리(聾)이고, 그 재앙은 후사를 잇지 못한다. 黃이란 태양의 黃光이 흩어지지 않고 불처럼(火然) 모여 있는 것으로, 黃濁의 기운이 천하 사방을 꽉 덮어버린 것이다. 賢人의 등용을 막고 正道를 단절했기에 그 災異는 후손이 끊기는 것이다(絶世). 經에서는 '良馬를 逐(축)한다.' 하였는데,[578] 이때 逐은 나아가다의 뜻으로, 大臣이 賢者의 策

---

575 五侯 – 王譚, 王商, 王音, 王根, 王逢時 등 5인.

576 丁氏와 傅氏로 제후가 된 자는 모두 6인이며 大司馬가 2인, 九卿이나 2천석 고관이 6인, 侍中이나 諸曹(제조)가 10여 명이었다. 6인 중 周氏는 없었다. 97권, 〈外戚傳〉(下) 참고.

577 원문 觀其生 –《周易》〈觀卦〉의 上九의 爻辭. 〈觀卦〉는 64괘 중 20번째. 속칭 '風地觀' ☴☷. 觀은 보다. 觀看의 뜻.

578 원문 良馬逐 –《周易》〈大畜卦〉의 九三의 爻辭. 〈觀卦〉는 64괘 중 26번

謀를 받아들이고 그 현인을 높이 밀어 올리는 것이다. 그러하지 않는다면, 아랫사람이 서로 선행을 배척하게 되는데(攘, 물리칠 양), 이를 盜明(도명)이라[579] 하며, 그 재앙은 후사를 이어가지 못하는 것이니, 그 자신에게는 치욕이고 가문도 끊어지게 된다.」

바. 地震(지진)

原文

史記, 周幽王二年, 周三川皆震.

劉向以爲金木水火沴土者也. 伯陽甫曰, "周將亡矣! 天地之氣不過其序, 若過其序, 民亂之也. 陽伏而不能出, 陰迫而不能升, 於是有地震. 今三川實震, 是陽失其所而塡陰也. 陽失而在陰, 原必塞, 原塞, 國必亡. 夫水, 土演而民用也, 土無所演, 而民乏財用, 不亡何待? 昔伊雒竭而夏亡, 河竭而商亡, 今周德如二代之季, 其原又塞, 塞必竭, 川竭, 山必崩. 夫國必依山川, 山崩川竭, 亡之徵也. 若國亡, 不過十年, 數之紀也."

째. ☶☰. 山天大畜. 풍성한 수확(豐收)을 의미. 九三의 爻辭(효사)는 '良馬를 따라가나(良馬逐), 利는 어렵게 여기고 곧아야 한다(利艱貞). 수레 몰기와 지키기에 익숙해야 한다(閑輿衛), 갈 곳이 있다면 이로울 것이다(利有攸往).'

579 盜明(도명) - 남의 明哲을 가려 막거나(掩明) 남의 장점을 무시하다.

〖국역〗

역사 기록에 의하면, 周 幽王(유왕) 2년(前 780), 周의 三川에서[580] 모두 지진이 났다.

劉向은 金, 木, 水, 火氣가 土氣를 방해한 것이라 생각했다. (周 太史인) 伯陽甫(백양보)가 말했다.

"周가 망할 것이다! 天地의 氣란 그 순서를 벗어날 수 없으니 (만약 벗어난다면) 백성이 그 차서에 혼란할 것이다. 陽이 눌려서 발현할 수 없다면, 陰의 압박에 올라올 수 없는 것이기에 땅이 흔들린 것이다. 지금 三川의 실제적 지진은 陽이 그 正道를 잃었고, 陰이 그 자리를 채우고 있어 분출하지 못한 것이다. 곧 陽失하고 在陰하니 그 근원이 틀림없이 막히게 되고,[581] 水源이 막히면 나라가 틀림없이 망한다. 물(水)은 土의 기운(土氣)을 끌어내고 백성은 그것을 이용하는데,[582] 土氣를 이끌어내는 물이 없다면 백성의 財用이 窮乏(궁핍)할 것이니 망하지 않는다고 어찌 기대하겠는가? 옛날 伊水(이수)와 雒水(낙수)가 마르자(竭, 渴) 夏(하)가 멸망했고, 河水가 마르자 商(殷)이 멸망했었는데, 지금 周德이 二代(夏, 殷)의 말기와 같은데다가 그 근원이 또 막히니, 막히면 마를 것이고, 하천이 마른다면 山도 틀림없이 붕괴된다. 나라는 필히 산천에 의지해서 존속하니 山崩

580 三川은 黃河의 지류인 涇水(경수), 渭水, 洛水. 秦의 郡名으로 三川(河, 雒, 伊水)은 지금 河南省 洛陽市 일대.

581 원문 原必塞 – 原은 根源. 水源. 塞은 막힐 색.

582 원문 夫水, 土演而民用也 – 演은 멀리 흐를 연. 여기서는 이끌어내다. 引也, 곧 水는 土氣를 끌어낸다. 그리고 백성은 水氣가 이끌어낸 土氣를 이용한다.

(산붕)과 川竭(천갈)은 나라 멸망의 징조이다. 만약 지금 나라가 망하지 않더라도 십 년이 지나기 전에 命運이 다할 것이다.[583]

原文

是歲二川竭, 岐山崩.

劉向以爲陽失在陰者, 謂火氣來煎枯水, 故川竭也. 山川連體, 下竭上崩, 事勢然也. 時幽王暴虐, 妄誅伐, 不聽諫, 迷於褒姒, 廢其正后, 廢后之父申侯與犬戎共攻殺幽王. 一曰, 其在天文, 水爲辰星, 辰星爲蠻夷. 月食辰星, 國以女亡. 幽王之敗, 女亂其內, 夷攻其外.

京房《易傳》曰,「君臣相背, 厥異名水絶.」

〖국역〗

이 해에 두 강물이 말라버렸고, 岐山(기산)이[584] 붕괴되었다.

劉向은 이런 현상을 陽이 正道를 잃고 음의 자리에 있으면서 火氣가 水를 달여 말려버렸기에 강물이 없어졌다고 생각하였다. 山川은 하나로 이어진 一體라서 下竭(하갈)하면 上崩(산붕)하는 것은 당연한 事理이다.

---

583 원문 數之紀也 - 數는 命運. 紀는 끝나다. 終極.

584 周朝의 先祖인 古公亶父(고공단보, 周 太王)는 薰育과 戎狄(융적)의 침입을 받자, 살고 있던 豳(빈)을 떠나 漆水와 沮水를 건너 岐山(기산) 아래 정착하였다. 今 陝西省 寶雞市 관할 岐山縣 일대.

이때 幽王은 포학하고 멋대로 징벌을 일삼았으며, 간언을 따르지 않고 褒姒(포사)[585]에 미혹되어 正后를 폐위하였다. 이에 폐후의 부친인 申侯(신후)와 犬戎(견융)이 함께 幽王(유왕)을 공격 살해하였다.

一說에서는, 天文에서 水는 辰星(진성)이고, 辰星은 蠻夷(만이)이다. 月이 辰星을 가리면, 여인 때문에 나라가 망한다고 하였다. 幽王의 패망은 女人이 국내를 흔들었고, 夷狄(이적)이 밖에서 공격했기 때문이다.

京房은《易傳》에서 말했다.

「君臣이 相背하면, 그 재앙의 다른 이름은 水絶이다.」

原文

文公九年「九月癸酉, 地震.」

劉向以爲先是時, 齊桓,晉文,魯釐二伯賢君新沒, 周襄王失道, 楚穆王殺父, 諸侯皆不肖, 權傾於下. 天戒若曰, '臣下彊盛者將動爲害.' 後宋,魯,晉,莒,鄭,陳,齊皆殺君.

諸震, 略皆從董仲舒說也.

京房《易傳》曰,「臣事雖正, 專必震, 其震, 於水則波, 於木則搖, 於屋則瓦落. 大經在辟而易臣, 玆謂陰動, 厥震搖政宮. 大經搖政, 玆謂不陰, 厥震搖山, 山出湧水. 嗣子無德專祿, 玆謂不順, 厥震動丘陵, 湧水出.」

---

585 褒姒(포사, ? – 前 771년, ?) –《史記》에는 褎姒, 周 幽王의 王后, 역사상 유명한 미인, 西周 멸망의 주요 人物. 烽火로 諸侯를 희롱한 여인.

〖국역〗

魯 文公 9년(前 618), 「9월 癸酉日, 地震.」

劉向은 생각했다. 이보다 앞서 齊의 桓公, 晉의 文公, 魯의 釐公(희공) 같은 두 패자(二伯, 齊桓, 晉文)와 賢君(魯 釐公, 僖公)이 최근에 죽었고, 周 襄王은 失道했으며, 楚 穆王은 殺父하였고 다른 제후들도 모두 不肖(불초)하였기에, 권력은 신하들에게 기울었다. 이에, 天戒는 '臣下로 강성한 자가 움직이면 나라에 해가 된다.' 라고 말하는 것 같았다. 이후 宋, 魯, 晉, 莒, 鄭, 陳, 齊에서 모두 主君이 피살되었다.

모든 지진에 대하여 董仲舒의 주장도 대개 비슷하였다.

京房의 《易傳》에서 말했다. 「臣의 政事가 바르더라도 신하가 국정을 전담한다면 틀림없이 지진이 일어나며, 그 지진은 水에서는 파도가 치고 나무가 흔들리며 지붕의 기와가 떨어진다. (五行의) 大經(常法)은 (主君의) 잘못에 신하를 바꾸는데, 이를 陰動이라 하고 그 재앙으로 지진은 政事하는 궁궐을 뒤흔든다. 常法이 나라 궁궐을 흔들면 이를 不陰이라 하고, 그 재앙으로 일어나는 지진은 山을 흔들고 산에서 물이 용출한다. 嗣子(사자)가 베푸는 德이 없고 신하는 祿位만을 탐하면 이를 不順이라 하고 그 지진으로 丘陵(구릉)이 흔들리고, 물이 湧出(용출)한다.」

原文

襄公十六年, 「五月甲子, 地震.」

劉向以爲先是雞澤之會, 諸侯盟, 大夫又盟. 是歲三月,諸侯爲溴梁之會, 而大夫獨相與盟, 五月地震矣. 其後崔氏專齊, 欒盈亂晉, 良霄傾鄭, 閽殺吳子, 燕逐其君, 楚滅陳, 蔡.

〖국역〗

魯 襄公 16년(前 557),「5월 甲子日, 지진.」

劉向은 생각했다. 이보다 앞서 (衛地) 雞澤(계택)의 會盟에서 제후들의 약속에 이어 大夫들도 맹약을 맺었다. 이 해 3월 諸侯들은 溴梁(추량)의 회맹에서 大夫들은 독자적으로 서로 結盟하였기에 5월에 지진이 있었다.

그 뒤로 齊에서는 대부 崔氏가 전횡했고, 欒盈(난영)은 晉의 정치를 어지럽혔으며, 良霄(양소)는 鄭나라를 기울게 했고, (守門하는) 환관들이 吳의 공자를 죽였으며, 燕에서는 主君을 축출했고, 楚는 陳과 蔡國을 합병하였다.

原文

昭公十九年,「五月己卯, 地震.」

劉向以爲是時季氏將有逐君之變. 其後宋三臣,曹會皆以地叛, 蔡,莒逐其君, 吳敗中國殺二君.

二十三年,「八月乙未, 地震.」

劉向以爲是時周景王崩, 劉,單立王子猛, 尹氏立子朝. 其後季氏逐昭公, 黑肱叛邾, 吳殺其君僚, 宋五大夫,晉二大夫皆以地叛.

哀公三年,「四月甲午, 地震.」

劉向以爲是時諸侯皆信邪臣, 莫能用仲尼, 盜殺蔡侯, 齊陳乞弑君.

〖국역〗

魯 昭公 19년(前 523),「5월 己卯日, 지진.」

劉向은 생각했다. 이때 季氏가 逐君(축군)할 변고가 있을 것이라서 지진이 일어났다. 그 뒤 宋의 3 신하와 曹會(조회)가 자신의 領地를 근거로 반역했고, 蔡와 莒國(거국)에서는 그 主君을 축출했으며, 吳는 中國(中原) 여러 나라의 군사를 패퇴시키고 2명의 군주를 살해했다.

魯 昭公 23년(前 519),「8월 乙未日, 지진.」

劉向은 생각했다. 是時에 周의 景王이 붕어했고, 대부 劉(유)와 單(단)은 王子 猛(맹)을, 尹氏(윤씨)는 왕자 朝(조)를 옹립했다. 그 뒤 季氏는 昭公을 축출했고, 黑肱(흑굉)은 郲(주)에 반기를 들었으며, 吳에서는 主君 僚(료)를 살해했고, 宋의 大夫 5인과 晉의 大夫 2명은 모두 그 영지에서 배반하였다.

哀公 3년(前 492),「4월 甲午日, 지진.」

劉向은 생각했다. 이때 諸侯들은 모두 邪臣(사신)을 신뢰하고 仲尼(중니)를 등용하는 제후가 없었으며, 도적이 蔡侯(채후)를 살해했고, 齊의 (대부) 陳乞(진걸)은 主君(荼, 도)을 살해했다.

原文

惠帝二年正月, 地震隴西, 厭四百餘家.

武帝征和二年八月癸亥, 地震, 厭殺人.

宣帝本始四年四月壬寅, 地震河南以東四十九郡, 北海琅邪壞祖宗廟城郭, 殺六千餘人.

元帝永光三年冬, 地震. 綏和二年九月丙辰, 地震, 自京師至北邊郡國三十餘壞城郭, 凡殺四百一十五人.

〖국역〗

惠帝 2년(前 193) 정월, 隴西郡(농서군)에서 지진이 일어나 民家 4백여 호를 무너트렸다.

武帝 征和 2년(前 91), 8월 癸亥日, 지진으로 백성이 압사했다.

宣帝 本始 2년(前 72), 4월 壬寅日, 지진이 河南郡 동쪽 49개 군에서 발생하였는데, 北海郡과 琅邪郡(낭야군)에서는 윗대 祖宗의 묘당과 성곽이 붕괴되었고 6천여 명이 죽었다.

元帝 永光 3년(前 41), 겨울 지진이 났다. 綏和(수화) 2년(前 7), 9월 丙辰日, 지진이 있었는데, 京師(長安)에서 북쪽 변방 군국의 30여 곳에서 성곽이 붕괴되었고, 총 415명이 죽었다.

原文

釐公十四年, 「秋八月辛卯, 沙麓崩.」

《穀梁傳》曰, 「林屬於山曰麓, 沙其名也.」

劉向以爲臣下背叛, 散落不事上之象也. 先是, 齊桓行伯道, 會諸侯, 事周室. 管仲既死, 桓德日衰, 天戒若曰, '伯道將廢, 諸侯散落, 政逮大夫, 陪臣執命, 臣下不事上矣.' 桓公不寤, 天子蔽晦. 及齊桓死, 天下散而從楚. 王札子殺二大夫, 晉敗天子之師, 莫能征討, 從是陵遲.

《公羊》以爲沙麓, 河上邑也. 董仲舒說略同.

一曰, 河, 大川象, 齊, 大國, 桓德衰, 伯道將移於晉文, 故河爲徙也.

《左氏傳》以爲沙麓, 晉地, 沙, 山名也, 地震而麓崩, 不書震, 擧重者也. 伯陽甫所謂 "國必依山川, 山崩川竭, 亡之徵也, 不過十年, 數之紀也." 至二十四年, 晉懷公殺於高梁.

京房《易傳》曰, 「小人剝廬, 厥妖山崩, 茲謂陰乘陽, 弱勝彊.」

〖국역〗

釐公(희공) 14년(前 646), 「가을 8월 辛卯日, 沙(사)의 산기슭이 무너졌다.」

《穀梁傳》에서는 「산에 이어진 수풀이 麓(산기슭 록)인데, 沙(사)는 그 이름이다.」

劉向은 신하가 배반하며 흩어져 윗사람을 섬기지 않기 때문에 지진이 일어난다고 생각했다. 이보다 앞서 齊 桓公은 伯道(패도, 覇道)를 실행하며, 제후와 會盟하여 周室을 받들었다. 管仲(관중)이 죽은 뒤, 桓公의 德이 날마다 쇠퇴하자, 天戒는 마치 '伯道(패도)는 사라질 것이고 제후는 흩어질 것이며, 政事는 대부에 넘어가고 陪臣(배신)이 政令을 내리면서 臣下들은 윗사람을 섬기지 않을 것이다.' 라고 말하듯 했다. 그러나 환공은 깨닫지 못했고, 天子는 우둔하여 명철하지 못했다. 齊 桓公이 죽자, 天下 제후들은 흩어지면서 楚를 추종하였다. 王札子(왕찰자)는 (召伯과 毛伯) 두 大夫를 죽였고, 晉은 天子의 군사를 패퇴시켰어도 누구도 晉을 공격 토벌하지 못했고 (周 王室의 권위는) 이로부터 완전히 무너졌다(陵遲, 능지).

《公羊傳》에서는 沙麓(사록)을 河水 주변의 邑이라고 했다. 董仲舒의 주장도 대개 비슷하였다.

일설에 의하면, 河水는 大川의 형상이고 齊는 大國이며, 桓公의 德도 쇠퇴하면서 패도는 晉 文公에게 옮겨갈 것이고 河水는 물길이 바뀔 것이라 하였다.

《左氏傳》에서는 沙麓(사록)은 晉地이고, 沙(사)는 山名인데, 지진으로 산비탈이 붕괴되었으나 지진이라 기록하지 않은 것은 그 중대한 것만 열거했기 때문이라 했다. (周室 太史) 伯陽甫(백양보)가 말했다.

"國은 必히 山川에 의지하는데, 山이 붕괴하고 하천이 망한 것은 멸망의 징조이다. 10년이 되지 않아 명운이 다할 것이다."

24년에, 晉 懷公(회공)은 (晉地) 高梁(고량)에서 피살되었다.

京房의 《易傳》에서 말했다.

「小人의 집이 헐려지고 산이 무너지면 그 재앙을 陰이 乘陽했다고 말하는데, 약한 자가 강자를 이긴다.」[586]

---

586 원문 小人剝廬 – 소인의 집(廬, 오두막집 려)이 헐려지다. 《易》〈剝卦〉는 64괘 중 23번째 괘. ☶☷ 山地剝. 剝은 벗길 박. 〈剝卦〉는 떨어지다, 탈락의 뜻. 上九 爻辭 – 碩果不食, 君子得輿하고 小人剝廬하다.

原文

成公五年,「夏, 梁山崩.」

《穀梁傳》曰𪊨河三日不流, 晉君帥群臣而哭之, 乃流.

劉向以爲山陽, 君也, 水陰, 民也, 天戒若曰, '君道崩壞, 下亂, 百姓將失其所矣.' 哭然後流, 喪亡象也. 梁山在晉地, 自晉始而及天下也. 後晉暴殺三卿, 厲公以弒. 溴梁之會, 天下大夫皆執國政, 其後孫,甯出衛獻, 三家逐魯昭, 單,尹亂王室.

董仲舒說略同. 劉歆以爲梁山, 晉望也, 崩, 弛崩也. 古者三代命祀, 祭不越望, 吉凶禍福, 不是過也. 國主山川, 山崩川竭, 亡之徵也, 美惡周必復. 是歲歲在鶉火, 至十七年復在鶉火. 欒書,中行偃殺厲公而立悼公.

〖국역〗

魯 成公 5년(前 586),「여름, (晉나라의) 梁山(양산)이 무너졌다.」

《穀梁傳》에서는 河水의 물길이 막혀 3일간 흐르지 못하자, 晉君이 모든 신하를 이끌고 나와 통곡하자 그제야 흘렀다고 하였다.

劉向은 생각했다. 山은 陽이고 君과 같으며, 水는 陰이고 백성이니, 天戒가 '君道가 붕괴되니 백성이 혼란에 빠져서 있어야 할 곳을 잃어버렸다.' 고 말하는 것 같았다. (晉君이) 통곡한 다음에 흘렀다 했으니, 이는 喪家亡國의 형상이다. 梁山(양산)은 晉나라의 땅이고, 晉은 건국 이후 천하에 알려졌다. 뒷날 晉은 잔혹하게 三卿을 죽였고, 厲公(여공)은 그 때문에 시해 당했다. 溴梁(추량)의 會盟 이후에 천하의 대부들이 모두 국정을 장악했으니, 그 이후 孫林甫(손림보), 甯殖(영식)은 衛 獻公(헌공)을 축출했고(魯 襄公 14년), 三家는 魯 昭公을 축출했으며, (周室의) 單旗(단기)와 尹氏는 (왕자 猛과 왕자 朝를 옹립하며) (周) 王室을 혼란에 빠트렸다.

董仲舒(동중서)의 주장도 대략 이와 같았다.

劉歆(유흠)은 생각했다.

梁山(양산)은 晉에서 望祭를 지내는 산이고, 崩(붕)은 해이하여 무너진 것이다. 옛날 三代에 神을 제사하면서 望祭의 산보다 더 먼 곳에서는 제사하지 않았으니, 吉凶이나 禍福도 이를 넘어가지는 않았다. 나라의 주체는 山川인데, 山이 무너지고 하천이 말라버린다면 멸망의 징조이며, 美와 惡의 순환은 틀림없이 반복될 것이다.

이 해에 歲星(木星)은 (12次, 12星次의) 鶉火(순화)에 있었는데,[587] 17년이 지나면 다시 鶉火에 올 것이다. 欒書(난서)와 中行偃(중행언)은 (晉의) 厲公(여공)을 죽이고 悼公(도공)을 옹립했다.

原文

高后二年正月, 武都山崩, 殺七百六十人, 地震至八月乃止.

文帝元年四月, 齊楚地山二十九所同日俱大發水, 潰出.

---

587 鶉火(순화)는 十二次의 하나로, 여기에 속하는 28宿은 柳, 星, 張宿(장수)이다.

劉向以爲近水沴土也. 天戒若曰, '勿盛齊楚之君, 今失制度, 將爲亂.' 後十六年, 帝庶兄齊悼惠王之孫文王則薨, 無子, 帝分齊地, 立悼惠王庶子六人皆爲王. 賈誼,鼂錯諫, 以爲違古制, 恐爲亂. 至景帝三年, 齊楚七國起兵百餘萬, 漢皆破之. 《春秋》四國同日災, 漢七國同日衆山潰, 咸被其害, 不畏天威之明效也.

〖국역〗

高后 2년(前 186) 正月, 武都山(무도산)이[588] 붕괴하여 760여 명이 죽었는데, 지진은 8월에 가서야 그쳤다.

文帝 원년(前 179) 4월, 齊와 楚 지역의 29개 산에서 같은 날에 모두 크게 물이 솟아 터져 흘러내렸다.

劉向은 水가 土를 이긴 것이라 생각하였다. 天戒는 마치 '齊와 楚의 주군을 강성하다고 생각하지 말라, 지금 법도를 잃어 앞으로 난관에 봉착할 것이다.' 라고 말하는 것 같았다.

그 뒤로 16년, 문제의 庶兄 齊 悼惠王(도혜왕, 濞)의 孫子인 文王이 죽자, 無子하여 문제는 齊地를 분할하여 齊 悼惠王의 서자 6인을 모두 王에 책봉하였다. 이에 대하여 賈誼(가의), 鼂錯(조조) 등이 古制에 어긋나며 반란이 일어날 수 있다고 간언을 올렸다.

景帝 3년에, 齊와 楚 7국이 백만의 군사를 동원하였지만(吳楚七國의 난), 漢은 모두를 격파하였다. 《春秋》에서는 4개국이 같은 날

588 武都山 – 今 甘肅省 隴南市에 위치한 산. 武都郡은 漢代의 군명. 무도군의 治所는 武都道, 今 甘肅省 隴南市 관할 禮縣.

에 재해를 당했지만, 漢에서는 七國에서 같은 날에 산이 붕괴되어 모두 그 폐해를 당했으니 天威의 분명한 계시를 두려워하지 않을 수 없다.

原文

成帝河平三年二月丙戌, 犍爲柏江山崩, 捐江山崩, 皆廱江水, 江水逆流壞城, 殺十三人, 地震積二十一日, 百二十四動.

元延三年正月丙寅, 蜀郡岷山崩, 廱江, 江水逆流, 三日乃通.

劉向以爲周時岐山崩, 三川竭, 而幽王亡. 岐山者, 周所興也. 漢家本起於蜀漢, 今所起之地山崩川竭, 星孛又及攝提,大角, 從參至辰, 殆必亡矣. 其後三世亡嗣, 王莽篡位.

〖국역〗

成帝의 河平 3년(前 26) 2월 丙戌日, 犍爲郡(건위군)[589] 柏江(백강)의 산이 무너졌고, 捐江(연강)의 산도 붕괴되어 모두 강물을 막아[590] 강물이 역류하여 성을 붕괴시켰고 13명이 죽었는데, 지진은 21일간 계속되었으며 餘震(여진)이 124회 일어났다.

---

589 犍爲郡(건위군) – 郡名. 치소는 鳖縣(폐현), 今 貴州省 북부 遵義市. 나중에는 今 四川省 서남부 宜賓市로 이동.

590 원문 皆廱江水 – 廱는 和樂할 옹, 막을 옹. 막히다. 천자의 교육기관.

元延 3년(前 10) 정월 丙寅日, 蜀郡의 岷山(민산)[591]이 붕괴되어 강을 막아 강물이 역류했는데 3일 만에 다시 흘렀다(三日乃通).

劉向은 생각했다.

西周 시기에 岐山(기산)이 붕괴되고 三川이 말라버려 幽王이 망했었다. 岐山은 周의 발흥지였다. 漢家가 본래 蜀漢을 배경으로 일어났는데,[592] 지금 그 흥기한 곳에서 山이 무너지고 강물 흐름이 끊기며(川竭), 孛星(패성, 彗星)[593]과 攝提星(섭제성) 그리고 大角星(대각성)[594]이 (西方) 參宿(삼수)에서 辰星(水星)에 이르니, (漢은) 거의 멸망할 것이다. 그 후 三世(成帝, 哀帝, 平帝)에 걸쳐 후사가 없었고,

---

591 蜀郡 – 치소 成都縣, 今 四川省 省都인 成都市. 巴郡(파군)은 치소는 江州縣, 今 重慶市 渝中區(투중구). 촉군은 지금 重慶市의 서쪽, 岷山(민산) – 今 四川省과 甘肅省의 경계를 짓는 산맥. 여기 岷山은 成都市 북쪽 四川省 松潘縣의 山名.

592 項羽가 劉邦을 漢王에 봉했다(前 206). 그 漢은 長江의 지류인 漢水 상류의 유역, 곧 지금의 陝西省 서남부 漢中(今 漢中市)이었다. 漢中에서 蜀으로 연결되기에 蜀漢이라 통칭했다. 한 고조는 한중에서 국력을 키운 다음 關中을 차지하고 山東으로 진출하여 楚漢戰을 승리로 이끌며 천하를 차지했다.

593 星孛 – 孛星(패성, 살별). 彗星(혜성). 災厄(재액)의 星. 亂臣이 簒位(찬위)의 상징.

594 攝提,大角 – 攝提星(섭제성)과 大角星(대각성). 大角星은 天王이 있는 帝廷이다. 大角星은 牧夫(牧童) 자리에서 가장 밝은 별이다. 그 양쪽 옆으로 각각 3星이 있는데, 鼎足(정족)처럼 서로 연결되었는데 攝提(섭제)라고도 부른다. 攝提(섭제)는 二十八宿 중 東方七宿의 亢宿(항수)에 속한다. 현대 星座의 牧夫座에 속하며 3개의 恒星이 있다. 攝提星은 斗杓가 직선으로 가리키는데, 이로써 계절을 측정할 수 있기에 '攝提格(섭제격)' 이라 한다.

王莽(왕망)이 簒位(찬위)했다.(서기 8년)

사. 愚昧(우매) 外

原文

傳曰,「皇之不極, 是謂不建, 厥咎眊, 厥罰恒陰, 厥極弱. 時則有射妖, 時則有龍蛇之孽, 時則有馬禍, 時則有下人伐上之痾, 時則有日月亂行, 星辰逆行.」

〖국역〗

경전에서 말했다.

「主君(皇)이 正中하지 못하다면(不極), 이는 (道德心을) 건립하지 못한 것이니(不建), 그 허물은 눈이 어둡고,[595] 그 징벌은 계속되는 어둠이며(陰暗), 그 끝은 허약이다. 때로는 射妖(사요)가 있고, 때로는 龍蛇(용사)의 요괴가, 때로는 馬禍(마화)가, 또 때로는 아랫사람이 윗사람을 죽이는(下人伐上) 禍患(화환)이 일어나며, 가끔은 日月이 亂行하거나 星辰(성신)이 逆行(역행)한다.」

原文

「皇之不極, 是謂不建.」皇, 君也. 極, 中, 建, 立也.

---

595 眊는 눈 흐릴 모. 惑亂(혹란).

人君貌言視聽思心五事皆失, 不得其中, 則不能立萬事, 失在眊悖, 故其咎眊也. 王者自下承天理物. 雲起於山, 而彌於天, 天氣亂, 故其罰常陰也.

一日, 上失中, 則下彊盛而蔽君明也.《易》曰,「亢龍有悔, 貴而亡位, 高而亡民, 賢人在下位而亡輔.」如此, 則君有南面之尊, 而亡一人之助, 故其極弱也. 盛陽動進輕疾.

〖국역〗

「主君이 正中하지 못하면, 이는 道德心을 못 세운 것이다.」

여기서 皇은 主君이다. 極은 中正이고, 建은 確立이다.

人君이 貌, 言, 視, 聽, 思心의 五事를 모두 잃고 그 正中을 지키지 못한다면 만사를 제대로 성취할 수 없고(不能立萬事), 어두워 잘못 보기에 그 허물은 眩惑(현혹)이다. 王者는 아래에서 하늘의 뜻을 받아 만물을 다스린다. 구름은 山에서 일어나 온 하늘에 퍼지는데, 그래서 天氣가 혼란하면 그 징벌은 음기가 늘 퍼져 있다.

一說에, 上君이 中正을 잃으면 臣下가 강성하여 주군의 明察을 가리게 된다.《易》에서는,「亢龍(항룡)이 有悔하니 貴하나 지위가 없고, 高位이니 다스릴 백성이 없으며, 賢人은 下位에 있기에 보필할 사람이 없다.」고 하였다.[596] 이와 같다면 君主로 南面하는 높은 자

596 원문《易》「亢龍有悔 ～」-《易》〈文言傳〉〈乾卦 ☰☰, 乾爲天〉上九의 구절. 亢龍(항룡)은 極點에 도달한 龍. 亢龍有悔는, 곧 困窮(곤궁)의 재앙에 봉착할 수 있다는 뜻.「上九曰, '亢龍, 有悔' 何謂也? 子曰, '貴而無位, 高而無民, 賢人在下位而无輔, 是以動而有悔也.'」

리에 있어도 보필을 할 사람이 하나도 없으니, 그 결과는 허약이다. 왕성한 陽氣가 움직이면(盛陽動進) 질병도 없을 것이다(輕疾).

原文

禮, 春而大射, 以順陽氣. 上微弱則下奮動, 故有射妖. 《易》曰「雲從龍.」又曰「龍蛇之蟄, 以存身也.」陰氣動, 故有龍蛇之孽.

於《易》, 〈乾〉爲君爲馬, 馬任用而彊力, 君氣毁, 故有馬禍.

一曰, 馬多死及爲怪, 亦是也. 君亂且弱, 人之所叛, 天之所去, 不有明王之誅, 則有簒弑之禍, 故有下人伐上之痾. 凡君道傷者病天氣, 不言五行沴天, 而曰 '日月亂行, 星辰逆行' 者, 爲若下不敢沴天, 猶《春秋》曰, 「王師敗績於貿戎.」不言敗之者, 以自敗爲文, 尊尊之意也.

劉歆〈皇極傳〉曰有下體生上之痾. 說以爲下人伐上, 天誅已成, 不得復爲痾云. 皇極之常陰, 劉向以爲《春秋》亡其應.

一曰, 久陰不雨是也. 劉歆以爲自屬常陰.

〖국역〗

禮에 봄이면 君臣이 함께 활쏘기를 하여(大射) 陽氣에 순응하였다. 上이 미약하면 신하가 분발 약동하기에 射妖(사요)라고 한다.

《易》에 「구름은 용을 따른다.」고 하였고,[597] 또 「용과 뱀이 숨어 있는 것은 자신을 보전하려는 뜻이다.」 라고 하였다.[598] 陰氣가 발동하므로 龍蛇의 재앙이 생긴다.

《易》에서 〈乾卦〉의 龍은 君王의 馬이니, 馬가 任用되면 그 힘이 강대해져서 主君의 氣가 훼손되기에 馬禍가 일어난다.

일설에는, 馬가 많이 죽으면 요괴가 된다고 하였으니 이 역시 맞는 말이다. 君이 혼란에 빠지거나 弱하면 백성이 배반하고, 하늘이 군왕에서 떠나면 王의 형벌이 분명하지 못하기에 (신하의) 찬역이나 시해의 환란이 일어나게 되어, 下人이 伐上하는 재앙이 일어난다. 모든 君道의 손상은 天氣가 병든 것이고, 五行이 하늘을 이긴다고 말하지 않고 '日月이 亂行하고 星辰이 逆行한다.' 고 말한 것은, 아랫사람이 감히 하늘을 이긴다고 말할 수 없는 것과 같은데, 《春秋》에서 「王師가 貿戎(무융)에서 패배하였다(敗績).」고 한 것과 마찬가지이다. 누구를 패퇴시켰다고 말하지 않고 自敗라 기록한 것은 尊者를 존중하는 뜻이다.

劉歆은 〈皇極傳〉에서 下體가 상체에 생겨나는 병이 있다고 하였다. 이는 백성이 제왕을 정벌하는 것인데, 하늘의 (군왕에 대한) 주살이 이미 정해졌다면 그러한 아랫사람의 반역은 일어나지 않는다고 하였다.

---

597 원문 雲從龍 -《易》〈文言傳〉〈乾卦 ☰☰, 乾爲天〉九五의 구절, 「飛龍在天, 利見大人.」何謂也? 子曰, "同聲相應, 同氣相求, 水流濕, 火就燥, 雲從龍, 風從虎. 聖人作而萬物覩, 本乎天者親上, 本乎地者親下, 則各從其類也."

598 원문 龍蛇之蟄, 以存身也 -《易》〈繫辭 下〉의 구절. 蟄은 숨을 칩.

劉向은, 皇極의 常陰에 대하여《春秋》에는 감응이 없다고 하였다.

또 다른 일설에는 오래 구름만 끼고 비가 오지 않는 것인데, 劉歆은 이를 '常陰' 에 해당한다고 말했다.

原文

昭帝元平元年四月崩, 亡嗣, 立昌邑王賀. 賀卽位, 天陰, 晝夜不見日月. 賀欲出, 光祿大夫夏侯勝當車諫曰, "天久陰而不雨, 臣下有謀上者, 陛下欲何之?" 賀怒, 縛勝以屬吏, 吏白大將軍霍光. 光時與車騎將軍張安世謀欲廢賀. 光讓安世, 以爲泄語, 安世實不泄, 召問勝.

勝上《洪範五行傳》曰, "「皇之不極, 厥罰常陰, 時則有下人伐上.」不敢察察言, 故云臣下有謀." 光,安世讀之, 大驚, 以此益重經術士. 後數日卒共廢賀, 此常陰之明效也.

〖국역〗

昭帝가 元平 元年(前 74) 4월 붕어했으나 후사가 없어 昌邑王 賀(하)를 영입하였다. 賀(하)가 즉위했지만 하늘은 어두컴컴하며, 晝夜(주야)에 日月도 보이지 않았다. 賀가 외출하려 하자, 光祿大夫인 夏侯勝(하후승)이 수레를 가로막으며 忠諫하였다.

"하늘이 오랫동안 컴컴하나 비가 오지도 않으니, 신하 중에 皇上을 도모하는 자도 있을 수 있거늘 폐하께서는 어디를 가시렵니까?"

그러자 賀(하)는 화를 내면서 하후승을 포박하여 관리에 맡기자, 관리가 이를 대장군 霍光(곽광)에게 말했다. 곽광은 그때 車騎將軍

張安世(장안세)[599]와 賀(하)를 폐위할 일을 꾸미고 있었다. 곽광은 張安世가 누설했다고 비난했고, 장안세는 누설하지 않았기에 하후승을 불러 물었다.

하후승은 《洪範五行傳》을 올리며 말했다.

"「皇上이 不極하면 그 징벌은 常陰이고, 때로는 下人이 伐上하는 일이 일어난다.」고 하였으니, 이를 살피지 않을 수 없기에 신하가 有謀한다고 말했습니다."

곽광과 장안세는 글을 읽어보고는 크게 놀랐고, 이로부터 더욱 術士를 존중했다. 그 며칠 뒤, 결국 함께 賀를 폐위하였으니, 이는 '常陰' 의 분명한 결과이었다.

原文

京房《易傳》曰, 「有蜺,蒙,霧. 霧, 上下合也. 蒙如塵雲. 蜺, 日旁氣也. 其占曰, 后妃有專, 蜺再重, 赤而專, 至衝旱. 妻不壹順, 黑蜺四背, 又白蜺雙出日中. 妻以貴高夫, 茲謂擅陽, 蜺四方, 日光不陽, 解而溫. 內取茲謂禽, 蜺如禽, 在日旁. 以尊降妃, 茲謂薄嗣, 蜺直而塞, 六辰乃除, 夜星見而赤. 女不變始, 茲謂乘夫, 蜺白在日側, 黑蜺果之, 氣正直. 妻不順正, 茲謂擅陽, 蜺中窺貫而外專. 夫妻不嚴茲謂媟, 蜺與

599 張安世(?－前 62)－武帝, 昭帝, 宣帝 時代의 군권을 장악했던 정치가. 宣帝 옹립한 공신. 武帝 때 尙書令, 昭帝 때 右將軍, 宣帝 때 大司馬衛將軍領尙書事 역임. 관직생활이 청렴하기로 널리 알려졌다. 59권, 〈張湯傳〉에 附傳.

日會. 婦人擅國茲謂頃, 蜺白貫日中, 赤蜺四背. 適不答茲謂不次, 蜺直在左, 蜺交在右. 取於不專, 茲謂危嗣, 蜺抱日兩未及. 君淫外茲謂亡, 蜺氣左日交於外. 取不達茲謂不知, 蜺白奪明而大溫, 溫而雨. (下文 繼續)

〖국역〗

京房은《易傳》에서 말했다.

「햇무리(蜺, 예), 미세먼지(蒙 몽, 昏暗), 안개(霧, 무)가 있다. 안개는 上下의 기운이 합쳐진 구름 같은 것이다. 미세먼지(蒙, 몽)는 먼지구름(塵雲, 진운)이다. 햇무리(蜺)는 해 주변에 몰려 있는 기운이다. 이에 관한 占에서 말했다.

后妃가 獨斷專橫하면 햇무리가 둥근 모양인데, 햇무리가 二重이거나 붉으면서도 둥근 모양이면 오래 비가 오지 않는다.[600] 妻가 한결같이 순종하지 않으면 검은 햇무리가 사방에 생기고 백색 햇무리가 태양 안에 쌍으로 생긴다. 妻가 夫보다 고귀하면 이를 擅陽(천양)이라 하는데, 햇무리가 사방에 있어 日光이 밝지 않다가 양기가 해산하나 날씨는 무덥다(解而溫). 人君이 골육 내에서 아내를 삼으면 이를 禽(금, 禽獸)이라 하는데, 햇무리가 새 모양으로 태양 곁에 생긴다. 존귀한 신분이면서 천한 짝(妃, 배필)을 맞이하면 이를 薄嗣(박사)라 하는데, 햇무리가 곧은 모양으로 위로 올라가는데 6일이 지나야 없어지며[601] 밤에 별이 보이나 붉은 빛이다. 女가 (고귀해져도)

---

600 원문 蜺再重, 赤而專, 至衝旱 - 再重은 두 겹. 이중의 원 모양. 專은 圓 모양. 衝은 부딪칠 충.

처음처럼 불변하면 이를 乘夫(승부)라 하는데, 해 무지개가 하얗게 태양 옆에 생기고 검은 햇무리이면 夫를 감싸고 氣體는 단정하다.[602] 妻가 和順端正하지 않으면 이를 擅陽(천양)이라 하는데, 햇무리가 태양을 관통하나 겉은 둥근 모양이다. 夫妻가 서로 존중하지 않으면 이를 媟(깔볼 설)이라 하는데, 햇무리와 태양이 交會하는 것 같다. 婦人이 국정을 마음대로 하면 이를 頃(기울 경)이라 하는데, 햇무리가 하얗게 태양 가운데를 관통하거나 붉은 햇무리가 태양 주변 사방에 생긴다. 適妻(嫡妻)가 承順해도 夫가 不答하면 이를 不次(非正常)라 하는데, 햇무리가 곧게 좌측에 있으며 우측의 햇무리와 교합한다. (人君이) 娶妻가 일정하지 않으면 이를 危嗣(위사)라 하는데, 햇무리가 해를 감싸나 양쪽이 모두 따라가지 못한다. 君이 宮外에서 음란하면 이를 亡(망)이라 하는데, 햇무리 기운이 해의 좌측에서 외부와 연결이 된다. 사리에 不通達한 자를 모아들이면 이를 不知라 하는데, 햇무리가 하얗지만 광명을 뺏기고 크게 온난하거나 온난하다가 비가 내린다.

原文

尊卑不別茲謂媟, 蜺三出三已, 三辰除, 除則日出且雨. 臣私祿及親, 茲謂罔辟, 厥異蒙, 其蒙先大溫, 已蒙起, 日不見. 行善不請於上, 茲謂作福, 蒙一日五起五解. 辟不下謀,

---

601 원문 六辰乃除 – 六辰은 12支 중 卯, 辰, 巳, 午, 未, 申의 6일.

602 원문 黑裹果之, 氣正直. – 果는 裹(쌀 과, 천으로 감싸다).

臣辟異道, 玆謂不見, 上蒙下霧, 風三變而俱解. 立嗣子疑, 玆謂動欲, 蒙赤, 日不明. 德不序玆謂不聰, 蒙, 日不明, 溫而民病. 德不試, 空言祿, 玆謂主窳臣夭, 蒙起而白. 君樂逸人玆謂放, 蒙, 日靑, 黑雲夾日, 左右前後行過日. 公不任職, 玆謂怙祿, 蒙三日, 又大風五日, 蒙不解. 利邪以食, 玆謂閉上, 蒙大起, 白雲如山行蔽日. 公懼不言道, 玆謂閉下, 蒙大起, 日不見, 若雨不雨, 至十二日解, 而有大雲蔽日. (下文 繼續)

〖국역〗

尊卑(존비)를 不別하면 이를 媟(깔볼 설. 不恭)이라 하는데, 햇무리가 3번 출현했다 3번 사라지는데, 寅時(인시)부터 辰時(진시)까지 있다가 사라지며, 해가 뜨면서 비가 내린다. 신하가 나라 봉록(國庫)을 몰래 친우에게 제공하면 이를 罔辟(망벽)이라 하는데, 그 災異는 蒙氣(몽기, 昏暗)이며, 그 蒙氣(몽기)는 먼저 大溫하다가 몽기가 일어나면서 태양이 보이지 않게 된다. 行善하나 윗사람의 초청을 받지 못하는 것을 作福이라 하는데, 蒙氣(몽기)가 하루에 5번 일어났다가 5번 사라진다. 人君이 신하의 책모를 받아들이지 않아 신하와 주군이 각각 다른 길을 가는 것을 不見이라 하는데, 위에는 蒙氣(몽기)가, 아래에는 烟霧(연무)가 생겨 바람이 3번 바뀌어야 모두가 사라진다. 嗣子(사자)를 책립하고도 의심하는 것을 動欲(동욕)이라 하는데, 蒙氣(몽기)가 적색이며 태양이 밝지 않다. 道德이 시행되지 않는 것을 不聽(불총)이라 하는데, 蒙氣가 퍼져 해가 不明하며 따스한 날에 백성들이 병에 걸린다. 德者가 채용되지 않고 空論으로 녹위에 오르는 것을 삐뚤어진 주군에 요상한 신하(主窳臣夭)[603]라고 하는데 몽기가 일어나며 하얗게 된다. 主君이 放逸한 사람을 좋아하는 것을 放(방)이라 하는데, 蒙氣(몽기)가 덮이며 日靑하고, 黑雲이 해를 가리는데 흑운이 전후좌우로 해를 지나가게 된다. 公卿(공경)이 그 직임을 감당 못하는 것을 怙祿(호록)[604]이라 하는데, 蒙氣 3日이거나 또는 大風 5일에도 몽기는 풀리지 않는다. 사악한 이득을 취해 먹고 사는 것을 閉上(폐상)이라 하는데, 蒙氣가 大起하며 山과 같은 白雲이 떠다니며 해를 가린다. 公卿이 두려움 때문에 正道를 말하지 못하는 것을 閉下(폐하)라 하는데,[605] 蒙氣가 大起하여 태양이 보이지 않고 비가 올 듯하면서도 내리지 않다가 12일이 지나야 풀리며 大雲이 해를 가린다(蔽日, 폐일).

原文

祿生於下, 玆謂誣君, 蒙微而小雨, 已乃大雨. 下相攘善, 玆謂盜明, 蒙黃濁. 下陳功, 求於上, 玆謂不知, 蒙, 微而赤, 風鳴條, 解復蒙. 下專刑玆謂分威, 蒙而日不得明, 大臣厭

---

603 원문 主窳臣夭(주유신요) – 窳는 삐뚤어질 유. 그릇이 반듯하지 않다.

604 怙祿(호록) – 怙는 믿을 호. 怙恃(호시)는 믿고 의지한다는 뜻으로, 부모를 지칭한다. 怙는 父. 恃는 믿을 시. 母의 이칭.

605 원문 公懼不言道, 玆謂閉下 – 懼를 拒(거절하다)의 착오라는 주석이 있다. 중간 간부나 部署長이 正言을 거부한다면 아랫사람에 의해 막힌다는 뜻으로 해석할 수 있다.

小臣玆謂蔽, 蒙微, 日不明, 若解不解, 大風發, 赤雲起而蔽日. 衆不惡惡玆謂閉, 蒙, 尊卦用事, 三日而起, 日不見. 漏言亡喜, 玆謂下厝用, 蒙微, 日無光, 有雨雲, 雨不降. 廢忠惑佞玆謂亡, 蒙, 天先淸而暴, 蒙微而日不明. 有逸民玆謂不明, 蒙濁, 奪日光. 公不任職, 玆謂不絀, 蒙白, 三辰止, 則日靑, 靑而寒, 寒必雨. 忠臣進善君不試, 玆謂遏, 蒙, 先小雨, 雨已蒙起, 微而日不明. 惑衆在位, 玆謂覆國, 蒙微而日不明, 一溫一寒, 風揚塵. 知佞厚之玆謂庳, 蒙甚而溫. 君臣故弼玆謂悖, 厥災風雨霧, 風拔木, 亂五穀, 已而大霧. 庶正蔽惡, 玆謂生孼災, 厥異霧.」

此皆陰雲之類云.

〖국역〗

祿이 아래에서 나오는 것을 誣君(무군)이라 하는데, 蒙氣(몽기)가 미약하고 적은 비가 내리다가 얼마 뒤에 큰 비가 온다. 下에서 서로 선행을 미루는 것을 盜明(도명)이라 하는데, 그 몽기는 황색에 혼탁하다. 아랫사람이 공을 늘어놓으며 윗사람의 인정을 받으려는 것을 不知(부지, 不明智)라 하는데, 그 몽기는 미약하나 적색이며, 나뭇가지 사이에 바람 부는 소리가 나고, 몽기가 풀렸다가 다시 덮인다. 신하가 형벌을 마음대로 집행하는 것을 分威(분위)라고 하는데, 몽기에 日이 不得明하며, 大臣이 小臣을 싫어하는 것을 蔽(폐, 덮을 폐)라 하는데, 몽기가 미약해도 日이 不明하며 풀린 듯 안 풀린 듯 하다가 큰 바람이 불며, 붉은 구름이 일어나 태양을 가린다. 衆人이 惡을 미워하지 않는 것을(不惡惡) 閉(폐)라 하는데, 몽기에 尊卦(존괘, 〈乾卦〉로와 〈坤卦〉) 用事하면 3일간 몽기가 일어나고 태양이 보이지 않는다. 오고가는 말에 기뻐하지 않는 것을 下厝用(하조용)이라 하는데,[606] 蒙氣가 미약해도 日은 無光하고 雨雲이 깔렸어도 비는 내리지 않는다. 忠言을 패하고 아첨하는 말에 현혹된 것을〔廢忠惑佞(폐충혹언)〕 亡(망)이라 하는데 어둠 속에서 하늘이 개였다가 날씨가 사나워지는데 몽기가 미약해도 해가 밝지 못하다. 逸民(일민, 隱士)이 많은 것을 不明이라 하는데, 몽기가 濁(탁)하여 日光을 탈취한다. 三公이 그 직임을 감당하지 못하는 것을 不絀(불출, 물리칠 출)이라 하는데, 백색 몽기가 3일이 지나면 그치고 날이 개지만 개이면서 추워지고, 추워지면 틀림없이 비가 내린다. 忠臣이 善言을 올리더라도 主君이 받아들이지 않는 것을 遏(알, 가로막을 알)이라 하는데, 몽기에 비가 조금내리고 비가 그치면 다시 몽기가 생기는데, 몽기가 미약해도 태양은 不明하다. 대중을 현혹하며 재위하는 것을 覆國(복국, 뒤집을 복)이라 하는데, 몽기가 미약해도 해가 밝지 못하고, 一溫에 一寒하고 바람에 흙먼지가 날린다. 신하가 아첨하는 줄을 알면서도 후하게 대우하는 것을 庳(비, 집 낮을 비)라 하는데, 蒙氣(몽기)가 심하고 온난하다. 君臣이 상호 못 믿는 것을[607] 悖(패, 어그러질 패)라 하는데, 그 재앙은 비바람에 안개가 짙고, 바람에 나무가 뽑히고 오곡이 쓰러지며

606 원문 漏言亡喜, 玆謂下厝用 – 漏言은 말 사이에서 비밀이 누설되는 말, 그런 말에 윗사람이 기뻐하지 않는다면 아랫사람이 어떠한 짓도 못할 것이다. 厝는 둘 조. 錯(둘 조)의 古字.

607 원문 君臣故弼 – 弼은 돕다. 바로잡다의 뜻. 弼은 弗의 假借(가차)의 뜻으로 쓰여 戾(어긋날 려)의 뜻이 있다.

그친 뒤에도 다시 짙은 안개가 낀다. 正道의 많은 일이 惡에 가려지는 것을 孽災(얼재)가 일어난다고 하는데, 그 재이는 안개이다.」

이 모든 것은 陰雲의 종류이다.

原文

嚴公十八年「秋, 有蜮.」

劉向以爲蜮生南越. 越地多婦人, 男女同川, 淫女爲主, 亂氣所生, 故聖人名之曰蜮. 蜮猶惑也, 在水旁, 能射人, 射人有處, 甚者至死. 南方謂之短弧, 近射妖, 死亡之象也. 時嚴將取齊之淫女, 故蜮至. 天戒若曰, '勿取齊女, 將生淫惑篡弑之禍.' 嚴不寤, 遂取之. 入後淫於二叔, 二叔以死, 兩子見弑, 夫人亦誅.

劉歆以爲蜮, 盛暑所生, 非自越來也.

京房《易傳》曰,「忠臣進善君不試, 厥咎國生蜮.」

〖국역〗

魯 嚴公(莊公) 18년(前 676)「가을, 물여우가 출현했다.」[608]

劉向은 생각했다.

蜮(물여우 역)은 南越에서 산다. 越地에는 婦人이 많고, 男女가 냇

608 蜮 – 물여우 역. 입으로 사람에게 모래알을 쏘아 피해를 준다는 전설 속의 水生 동물. 자라(鼈)처럼 생겼고 三足이라는 전설상의 괴물. 短狐(단호).

물을 같이 사용하는데, 淫女가 주도하기에 亂氣가 생기는데, 그래서 聖人은 물여우(蜮)라고 이름 지었다. 蜮(역)은 惑(혹)과 같으며 물가에서 사람에게 쏠 수 있는데, 사람에게 쏘아 맞으면 심한 경우 죽을 수도 있다. 남방에서는 이를 短弧(단호)라고도 하는데, 射妖(사요)에 가까우며 死亡의 형상이다.

그때 莊公은 齊의 淫女(음녀)를 맞이하려 했기에 물여우가 나타난 것이다. 天戒는 마치 '齊女를 데려오지 말라, 장차 음란에 찬역과 시해의 화란이 일어날 것이다.' 라고 말하는 것 같았다. 장공은 깨닫지 못했고 결국 아내로 맞이했다. 魯國에 들어와서는 시동생 2명과 간음했으니 이 때문에 二叔이 죽었고 2명의 아들이 시해 당했으며, 부인 역시 주살되었다.

劉歆은 물여우는 무더운 여름에 나타나며 남쪽 越에서 스스로 온 것은 아니라고 했다.

京房은《易傳》에서 말했다.

「忠臣이 善言을 건의해도 주군이 채용하지 않으면 그 재앙으로 나라에 물여우가 생긴다.」

原文

史記, 魯哀公時, 有隼集於陳廷而死, 楛矢貫之, 石砮, 長尺有咫. 陳閔公使使問仲尼, 仲尼曰, "隼之來遠矣! 昔武王克商, 通道百蠻, 使各以方物來貢, 肅愼貢楛矢, 石砮長尺有咫. 先王分異姓以遠方職, 使毋忘服, 故分陳以肅愼矢."

試求之故府, 果得之.

劉向以爲隼近黑祥, 貪暴類也, 矢貫之, 近射妖也, 死於廷, 國亡表也. 象陳眊亂, 不服事周, 而行貪暴, 將致遠夷之禍, 爲所滅也. 是時中國齊晉,南夷吳楚爲彊, 陳交晉不親, 附楚不固, 數被二國之禍. 後楚有白公之亂, 陳乘而侵之, 卒爲楚所滅.

〖국역〗

역사 기록에 의하면, 魯 哀公 때, 새매(隼, 준)가 陳나라 王廷에 모여들었다가 죽었는데, 싸리나무 화살(楛矢, 호시)이 매를 관통했으며, 그 돌 화살촉이 있는 화살의 길이는 1尺8寸이었다.[609] 陳 閔公[610]이 사람을 仲尼(孔子)에게 보내 묻자, 공자가 말했다.

"새매는 먼데서 날아왔구나! 옛날 武王이 商을 이기고 모든 蠻夷(만이)들과 교통하였고, 각자 그 지역 물건(方物)으로 入貢(입공)케 하였는데, 肅愼(숙신)[611]에서는 돌살촉과 楛矢(호시)를 바쳤는데 그 길이가 1尺에 8寸이었습니다. 先王은 이를 異姓의 遠方에 나누어 주었는데, 이는 그 職役을 잊지 말라는 뜻이니, 陳에도 肅愼(숙신)의 화살이 있을 것입니다."

---

609 石砮, 長尺有咫 – 砮는 돌살촉 노. 돌로 만든 화살 촉. 咫는 길이 지(8寸).

610 孔子는 각국을 주유할 때 소국 陳(진)에 4년간 머물렀다. 陳國 도읍은 宛丘(완구, 今 河南省 동남 周口市 관할 淮陽縣)였으며, 그 영역은 대략, 今 河南省 동부, 安徽省(안휘성) 북부 일대였다. 陳國 최후의 君主는 閔公(재위 前 501 – 478년). 前 478년, 楚에 병합 멸망했다.

611 肅愼(숙신)은 夫餘國 동북에 있던 나라. 지금의 연해주 일대. 東夷族(동이족)과 다른 靺鞨族(말갈족)이었다.

그러면서 옛 창고에서 찾아보라 했는데, 찾아내었다.[612]

劉向은 새매(隼)는 黑祥(흑상)에 가까우며 탐욕과 포악에 관한 재앙이라고 생각했다. 화살이 관통한 것은 射妖(사요)에 가까우며, 왕정에 날아와 죽은 것은 나라가 망할 징표라고 했다. 이는 陳公이 늙고 정신이 혼란하여(眊亂) 周室에 入貢하지도 않고 탐욕에 포학하여 장차 먼 곳 만이의 화란을 불러올 것이고, 그래서 멸망할 징조였다. 그때 中原에서는 齊와 晉, 南夷에서는 吳와 楚가 강국이었는데, 陳은 晉과 교류하나 가깝게 생각하지 않았고, 楚에 붙었지만 鞏固(공고)하지 않아 자주 두 나라로부터 禍를 당했다. 뒷날 楚에 白公의 亂이 있었는데(魯 哀公 16년), 陳이 그 틈을 타서 楚에 침입했지만, 결국 楚에게 멸망되었다(魯 哀公 17년, 前 478).

아. 龍蛇孽(용사얼)

原文

史記, 夏后氏之衰, 有二龍止於夏廷, 而言 "余, 褒之二君也." 夏帝卜殺之, 去之, 止之, 莫吉, 卜請其漦而藏之, 乃吉. 於是布幣策告之. 龍亡而漦在, 乃匵去之. 其後夏亡, 傳匵於殷周, 三代莫發, 至厲王末, 發而觀之, 漦流於廷, 不可

612 이는 《孔子家語 辯物》과 《史記 孔子世家》에 수록되었다. 공자의 博識(박식)을 강조하기 위한 기록일 것이다.

除也. 厲王使婦人贏而譟之, 漦化爲玄黿, 入後宮. 處妾遇之而孕, 生子, 懼而棄之. 宣王立, 女童謠曰, '檿弧萁服, 實亡周國.' 後有夫婦鬻是器者, 宣王使執而僇之. 旣去, 見處妾所棄妖子, 聞其夜號, 哀而收之, 遂亡奔褒. 後褒人有罪, 入妖子以贖, 是爲褒姒, 幽王見而愛之, 生子伯服. 王廢申后及太子宜咎, 而立褒姒, 伯服代之. 廢后之父申侯與繒西畎戎共攻殺幽王. 《詩》曰, '赫赫宗周, 褒姒滅之.'

劉向以爲夏后季世, 周之幽,厲, 皆誖亂逆天, 故有龍黿之怪, 近龍蛇孼也. 漦, 血也, 一曰沫也. 檿弧, 桑弓也. 萁服, 蓋以萁草爲箭服, 近射妖也. 女童謠者, 禍將生於女, 國以兵寇亡也.

〖국역〗

역사 기록에 의하면, 夏后氏의 쇠퇴 시기에, 어떤 龍 2마리가 夏의 조정에 내려와 말했다.

"우리는 褒(포) 땅의 二君입니다."

夏帝가 점을 쳐보니 죽이거나 보내거나 머물게 해도 吉한 것이 없자, 卜人이 그 침(沫, 거품 말)을 받아 보관하면 吉하다고 하였다. 이에 布를 예물로 주고 策書를 읽게 하였다. 그러자 龍은 사라졌는데, 그 흘린 침이 있어 독(匵)에 담아서 보관하였다.[613] 그 뒤로 夏는

613 원문 亡而漦在, 乃匵去之 - 亡은 없어지다. 떠나가다. 漦는 흐를 시. 거품. 침. 匵은 궤 독. 작은 상자(匣은 작은 상자 갑) 去之의 去는 보관하다(藏也).

멸망했고, 독(匵)은 殷과 周에 전해졌으나 三代를 거치면서 열어보지 않았다. 周 厲王(여왕) 말기에 열어 보았더니 그 침이 왕정의 뜨락에 흘러내렸는데 없앨 수가 없었다. 厲王은 여인들을 시켜 발가벗고 떠들며 노래하게 하자, 그 거품이 검은 자라(玄黿, 현원)로 변하더니 후궁으로 들어갔다. 궁궐의 童女가 상대하였더니 임신이 되었고 아이를 낳게 되자 두려워하며 내다버렸다.

宣王(선왕)이 즉위한 이후 여자 아이들이 노래를 불렀다.

'산뽕나무 활에 풀잎으로 엮은 화살주머니,

실제로 周나라를 망치리라.'

뒷날, 어떤 부부가 그릇을 팔고 있었는데 宣王이 사람을 시켜 잡아다가 욕을 보였다. 그들 부부가 떠나가며, 궁궐 童女가 버렸던 요상한 아이가 그 자리에서 밤에 울어대자, 불쌍히 여겨 그 아이를 거둬 함께 褒(포) 땅으로 도망쳤다. 뒷날 褒人이 죄를 지었는데 그 요상한 아이를 바쳐 自贖(자속)했는데, 그 아이가 褒姒(포사, 姒는 언니사)이며 周 幽王(유왕)이 보고서는 총애하였고 포사는 아들 伯服(백복)을 낳았다. 幽王은 申后와 太子인 宜咎(의구)를 폐위하고, 포사와 백복으로 대신하게 하였다. 廢后(申后)의 父 申侯(신후)와 繒國(증국) 서쪽의 畎戎(견융, 犬戎)이 함께 유왕을 죽였다. 《詩》에서는 '赫赫(혁혁, 盛大)한 宗周를, 褒姒가 멸망케 했네.' 라고 하였다.[614]

劉向은 생각했다.

夏后의 季世(末世)나 周 幽王이나 厲王(여왕)은 모두 誖亂(패란)하고 逆天하였기에 二龍이나 玄黿(현원)의 괴이가 생겨났으니, 이는

614 《詩 小雅 正月》의 구절.

龍蛇(용사)의 재앙에 가까운 것이다. 嫠(거품 시, 침)는 血이고 沫(거품 말)이다. 檿弧(염호)는 뽕나무 활(桑弓)이다. 其服(기복)은 萁草(기초)로 지은 화살 전대이니, 이는 射妖(사요)에 비슷한 것이다. 童女가 노래를 부른 것은 나라의 환란이 여자 때문에 생기고, 나라는 군대의 침략으로 망한다는 뜻이었다.

原文

《左氏傳》昭公十九年, 龍鬭於鄭時門之外洧淵.

劉向以爲近龍孽也. 鄭以小國攝乎晉楚之間, 重以彊吳, 鄭當其衝, 不能修德, 將鬭三國, 以自危亡. 是時子產任政, 內惠於民, 外善辭令, 以交三國, 鄭卒亡患, 能以德消變之效也.

京房《易傳》曰, 「衆心不安, 厥妖龍鬭.」

〖국역〗

《左氏傳》, 昭公 19년(前 523), 龍이 鄭나라 時門(시문, 南門) 밖의 洧淵(유연)에서 싸웠다. 劉向은, 이를 龍孽(용얼)에 가깝다고 생각했다.

鄭은 小國으로 晉과 楚나라 사이에 끼어서(攝), 彊한 吳나라를 중히 여기었기에 鄭은 그 충돌을 감당해야 했지만, 修德에 힘쓰지도 않았기에 三國의 싸움에서 스스로 위험에 빠져 멸망할 형상이었다. 이때는 子産이 정사를 담당하여 안으로는 백성에게 은택을 베풀고 밖으로 우호적 외교문서로 3국과 교류하였지만, 鄭은 결국 멸망하게 될 우환 속에서 덕행으로 변고를 예방할 수 있었다.

京房은《易傳》에서 말했다.

「衆心이 불안하면 龍이 싸우는 변고가 생긴다.」

原文

惠帝二年正月癸酉旦, 有兩龍見於蘭陵廷東里溫陵井中, 至乙亥夜去.

劉向以爲龍貴象而困於庶人井中, 象諸侯將有幽執之禍. 其後呂太后幽殺三趙王, 諸呂亦終誅滅.

京房《易傳》曰, 「有德遭害, 厥妖龍見井中.」 又曰, 「行刑暴惡, 黑龍從井出.」

〖국역〗

惠帝 2년(前 193) 정월 癸酉日 아침(旦, 단), 2마리 龍이 蘭陵(난능)[615] 廷東里 溫陵(온릉, 庶民의 名)의 우물에 출현했다가, (2일 뒤) 乙亥日 밤에 사라졌다.

劉向은 생각했다. 龍은 貴象인데 庶人의 井中에 곤궁하게 잡혔으니, 諸侯가 유폐되는 환난을 당할 조짐이다. 그 뒤 呂太后는 3명의 趙王을 잡아 죽였지만[616] 呂氏도 결국 처형으로 멸족 당했다.

京房은《易傳》에서 말했다. 「有德者가 危害를 당하면 그 조짐은 우물에 용이 출현한다.」 또 「行刑이 포악하면 黑龍이 井에서 밖으로

---

615 蘭陵(난릉) – 東海郡의 현명. 今 山東省 남부 臨沂市 관할 蒼山縣.

616 趙 隱王 劉如意, 趙 幽王 劉友. 趙 恭王 劉恢.

나온다.」

原文

《左氏傳》, 魯嚴公時有內蛇與外蛇鬪鄭南門中, 內蛇死.

劉向以爲近蛇孽也. 先是鄭厲公劫相祭仲而逐兄昭公代立. 後厲公出奔, 昭公復入. 死, 弟子儀代立. 厲公自外劫大夫傅瑕, 使僇子儀. 此外蛇殺內蛇之象也. 蛇死六年, 而厲公立. 嚴公聞之, 問申繻曰, "猶有妖乎?" 對曰, "人之所忌, 其氣炎以取之, 妖由人興也. 人亡釁焉, 妖不自作. 人棄常, 故有妖."

京房《易傳》曰, 「立嗣子疑, 厥妖蛇居國門鬪.」

〖국역〗

《左氏傳》, 魯 嚴公(莊公) 때, 鄭나라 남문에서 안쪽의 뱀과 바깥쪽의 뱀이 싸워, 성문 안쪽의 뱀이 죽었다.

劉向은, 이를 蛇孽(사얼)에 가깝다고 생각했다. 이보다 앞서 鄭 厲公(여공)은 재상인 祭仲(제중, 祭에 封한 仲足 / 人名)을 겁박하여 兄인 昭公을 축출하고 대신 즉위하였다. 뒷날 厲公은 외국으로 망명하고 昭公이 (衛國에서) 다시 입국하였다. 소공이 죽어, 동생의(厲公) 아들인 儀(의)가 이어 즉위하였다. 厲公은 외국에서 大夫인 傅瑕(부하)를 시켜 아들인 儀(의)를 죽였다.[617]

617 원문 使僇子儀 – 僇은 죽일 륙(육). 욕보이다.

이것이 外蛇가 內蛇를 죽인 것으로 나타났다. 그렇게 뱀이 죽은 뒤 6년 厲公이 즉위하였다. 魯 莊公이 이런 소식을 듣고서 (大夫인) 申繻(신수)에게 물었다.

"아직도 妖孼(요얼)이 있는가?"

신유가 대답하였다.

"사람이 꺼리는 것이 있으면 그런 氣炎이 모아지고, 그래서 妖孽(요얼)은 사람을 따라 일어납니다. 사람에게 그런 징조나 염원이 없으면 요상한 재앙은 저절로 일어나지 않습니다. 사람이 平常을 잃었기에 요얼이 일어나는 것입니다."

京房이《易傳》에서 말했다.

「嗣子를 세우고도 의심하면 그 요상한 징조로 나라의 대문에서 뱀이 싸운다.」

原文

《左氏傳》文公十六年夏, 有蛇自泉宮出, 入於國, 如先君之數.

劉向以爲近蛇孽也. 泉宮在囿中, 公母姜氏嘗居之, 蛇從之出, 象宮將不居也.《詩》曰,「維虺維蛇, 女子之祥.」又蛇入國, 國將有女憂也. 如先君之數者, 公母將薨象也. 秋, 公母薨. 公惡之, 乃毁泉臺. 夫妖孽應行而自見, 非見而爲害也. 文不改行循正, 共御厥罰, 而作非禮, 以重其過. 後二年薨, 公子遂殺文之二子惡,視, 而立宣公. 文公夫人大歸於齊.

〖국역〗

《左氏傳》, 文公 16년(前 611) 여름, 뱀이 (曲阜의 남쪽 교외) 泉宮(천궁)에서 나와 國都(曲阜)에 들어왔는데 先君의 數와 같았다.

劉向은 이를 蛇孽(사얼)과 비슷하다고 생각하였다. 泉宮은 (郊外의) 苑囿(원유) 안에 있었고 文公의 모친 姜氏(강씨)가 거처하였는데, 뱀이 여기서 나왔다면 그 궁궐에는 앞으로 거처할 사람이 없다는 의미이다.

《詩》에서도 말했다. 「살무사나 뱀이나 女子의 징조이다.」[618]

또 뱀이 國都에 들어갔으니 나라에 장차 여인에 의한 우환이 있을 것이다. 뱀의 숫자가 先君의 숫자와 같다는 것은 文公의 모친이 죽을 것이라는 조짐이었다. 가을에, 文公 모친이 죽었다. 문공이 이를 증오하며 泉臺를 헐어버렸다.

대체로 요사한 재앙은 행위에 따라 저절로 나타나는 것이지, 나타난 조짐 그 자체가 해악이 되지는 않는다. 문공은 행실을 고쳐 정도를 따르지 않았기에 그 징벌을 같이 받았고, 非禮를 저질러 그 과오를 더 보태었다. 그 2년 뒤에 죽자, 문공의 아들 遂(수)는 문공의 다른 아들 惡(악, 赤)과 (그 동생인) 視(시)를 죽이고 宣公(선공)을 옹립했다. 文公의 夫人(哀姜)은 (친정인) 齊로 돌아갔다.

---

618 《詩》曰, 「維虺維蛇, 女子之祥.」 - 《詩 小雅 斯干》의 구절. 虺는 살모사 훼. 蛇는 뱀 사. 뱀은 陰物이고 숨어 있으니 女子(딸)를 상징. 딸을 낳을 징조이다.

原文

武帝太始四年七月, 趙有蛇從郭外入, 與邑中蛇鬪孝文廟下, 邑中蛇死. 後二年秋, 有衛太子事, 事自趙人江充起.

〖국역〗

武帝 太始 4년(前 93) 7월, 趙에 뱀이 성곽 밖에서 들어와 성 안의 뱀과 孝文帝 廟堂에서 싸웠는데 성읍 안의 뱀이 죽었다. 그 2년 뒤 가을, 衛太子(위태자)의 사건이(巫蠱의 禍, 무고의 화) 있었는데 사건의 장본인은 趙人 江充(강충)이었다.[619]

原文

《左氏傳》 定公十年, 宋公子地有白馬駟, 公嬖向魋欲之, 公取而朱其尾鬣以予之. 地怒, 使其徒抶魋而奪之. 魋懼將走, 公閉門而泣之, 目盡腫. 公弟辰謂地曰, "子爲君禮, 不過出竟, 君必止子."

地出奔陳, 公弗止. 辰爲之請, 不聽. 辰曰, "是我迋吾兄也, 吾以國人出, 君誰與處?" 遂與其徒出奔陳. 明年俱入於蕭以叛, 大爲宋患, 近馬禍也.

〖국역〗

《左氏傳》, 定公 10년(전 500), 宋公의 아들 地(지)는 4마리 白馬를

619 무고의 화 – 사건의 전말은 63권, 〈武五子傳〉에 상세한 기록이 있다.

갖고 있었는데, 宋公의 嬖人(폐인)인 向魋(상퇴)가 갖고 싶어 하자,[620] 宋公은 말을 뺏어다가 꼬리와 말갈기를 붉게 물들여 상퇴에게 주었다.[621] 이에 공자 地(지)가 분노하며 그 부하를 시켜 상퇴를 매질(抶, 매질할 질)하고 말을 빼앗았다. 상퇴가 두려워 도망치려 했는데 宋公은 閉門하고 눈물을 흘리며 울어 눈에 다래끼가 생겼다. 宋公의 동생인 辰(진)이 (조카인) 地(지)에게 말했다.

"아들이 주군을 섬기는 禮이니 (부친이 격노한다면) 국경을 나가는 척 하면 主君이 아들을 만류할 것이다."

地(지)는 陳으로 망명했는데, 송공은 아들을 만류하지 않았다. 그러자 辰(진)이 地(지)를 위해 요청하였지만 송공은 듣지 않았다. 이에 辰(진)이 말했다.

"이는 내가 형을 위해 (아들을, 地를) 속인 것인데, 나도 무리와 함께 출국한다면 國君은 누구와 함께 지내시겠습니까?"

그리고 마침내 무리를 거느리고 陳으로 망명했다. 다음 해, 地(지)

---

620 원문 公嬖向魋欲之 – 嬖人(폐인)은 총애를 받은 미천한 사람. 向魋(상퇴)는 人名. 向은 성씨일 때는 상. 魋는 사람 이름 퇴, 상투 추. 向魋는《論語》에 나오는 司馬桓魋(사마환퇴)이다. 孔子가 曹(조)를 떠나 宋을 지나가며 弟子와 함께 큰 나무 아래서 習禮하고 있었다. 宋의 司馬인 桓魋(환퇴)가 공자 일행을 해치려고 그 나무를 베어 버렸다. 弟子들이 "여기를 떠나가야 합니다."라고 말했다. 이에 공자가 말했다. "하늘이 나에게 덕을 내렸는데(天生德於予), 환퇴가 나를 어찌 하겠느냐?" 이는《論語 述而》와《史記 孔子世家》에 실려 있다. 이때가 前 493년, 공자 59세 때였다. 공자의 제자인 司馬牛(사마우)는 형인 宋의 司馬였던 桓魋(환퇴) 때문에 늘 두려워했다.

621 원문 取而朱其尾鬣以予之 – 朱는 붉게 만들다. 동사로 쓰였다. 尾는 꼬리 미. 鬣은 갈기 렵. 髟(터럭발부)에 巤(말갈기 렵). 予는 줄 여.

와 辰(진)이 함께 宋으로 돌아와 蕭(소)를 근거로 반역하여 宋의 큰 우환거리가 되었으니, 이는 馬禍(마화)와 비슷하였다.

자. 馬禍(마화)

原文

史記, 秦孝公二十一年有馬生人, 昭王二十年牡馬生子而死.

劉向以爲皆馬禍也. 孝公始用商君攻守之法, 東侵諸侯, 至於昭王, 用兵彌烈. 其象將以兵革抗極成功, 而還自害也. 牡馬非生類, 妄生而死, 猶秦恃力彊得天下, 而還自滅之象也. 曰, 諸畜生非其類, 子孫必有非其姓者, 至於始皇, 果呂不韋子.

京房《易傳》曰, 「方伯分威, 厥妖牡馬生子. 亡天子, 諸侯相伐, 厥妖馬生人.」

〖국역〗

역사 기록에 의하면, 秦 孝公 21년(前 341) 馬가 사람을 출산했고, (秦) 昭王 20년(前 287)에는 수말이 새끼를 낳고 죽었다.

劉向은, 이 모두가 馬禍라고 말했다.

秦 孝公은, 처음으로 商君(商鞅, 상앙)[622]의 攻守의 法을 시행하였

고 동쪽으로 여러 제후국을 침략했으며, 昭王에 이르러서는 用兵이 더욱 맹렬하였다. 이런 형상은 兵革의 효율로 크게 성공한 듯했으나 결국 自害가 되었다. 수말은 출산할 수 없는데 망령되게 출산하고 죽으니, 마치 강력한 秦이 무력으로 천하를 얻는 듯했지만 오히려 자멸하는 형상과 같았다. 그래서 모든 짐승이 같은 부류를 낳지 않는다면 그 자손은 그 姓이 아닌 자식을 낳게 되니, 始皇은 틀림없는 呂不韋(여불위)의 아들이었다.

京房(경방)의 《易傳》에서 말했다.

「一方의 제후가(伯) 분권할 때 그 요얼은 수말이 새끼를 낳는다. 天子가 멸망하면 제후가 서로 정벌하니, 그 요얼은 馬가 人을 生한다.」

原文

文帝十二年, 有馬生角於吳, 角在耳前, 上鄉. 右角長三寸, 左角長二寸, 皆大二寸.

劉向以爲馬不當生角, 猶吳不當擧兵鄕上也. 是時, 吳王

---

622 商鞅(상앙, 前 390 - 338) - 법가 사상의 대표자. 衛國 왕족 출신이라서 衛鞅(위앙) 또는 公孫鞅. 秦에서 전공으로 商에 봉해졌기에 商君, 또는 商鞅으로 통칭. 商鞅變法으로 진국을 강국으로 발전케 했다. 革法明教로 국가의 기강을 세웠고 盡公不私한 정치인이었으며 군사적 능력을 발휘한 전략가였다. 그러나 人性이 각박했고 秦에서 貧富의 차를 극대화 했으며 酷刑(혹형)을 남발했고, 愚民 정책에 儒家學說을 반대했다. 秦 孝公이 죽고, 아들 惠文君이 繼位한 뒤 참소를 받았고 자신이 만든 법에 걸려 車裂刑으로 죽었다.

濞封有四郡五十餘城, 內懷驕恣, 變見於外, 天戒早矣. 王不寤, 後卒擧兵, 誅滅.

京房《易傳》曰, 「臣易上, 政不順, 厥妖馬生角, 玆謂賢士不足.」又曰, 「天子親伐, 馬生角.」

〖국역〗

文帝 12년(前 168), 吳에서 말에 뿔이 났는데 뿔은 귀 앞에 있고, 하늘로 향했다.[623] 右角은 길이 3寸, 左角은 길이 2寸에 굵기는 모두 2寸이었다.

劉向은 말은 뿔이 날 수 없으니, 吳는 거병하여 長安으로 진격할 수 없다고 생각하였다. 이때 吳王 濞(비)는 그 封地가 4郡 50여 城이나 되어 안으로는 교만 방자한 마음을 품었고, 밖으로도 변절의 마음이 드러나 보였기에 하늘의 계시가 일찍 출현하였다. 그러나 吳王은 깨닫지 못했고, 나중에 갑자기 거병하였지만 죽었으며 멸족되었다.

京房은《易傳》에서 말했다.

「臣이 황제를 쉽게 생각하며 정치가 순리를 따르지 않는다면, 그 妖孽(요얼)은 말에 뿔이 나며, 이를 賢士의 不足이라고 한다.」 또 「天子가 親伐한다면 馬에 角이 生한다.」

原文

成帝綏和二年二月, 大廄馬生角, 在左耳前, 圍長各二寸.

623 上鄉 - 鄉은 嚮. 向과 同.

是時王莽爲大司馬, 害上之萌自此始矣.

哀帝建平二年, 定襄牡馬生駒, 三足, 隨群飮食, 太守以聞. 馬, 國之武用, 三足, 不任用之象也. 後侍中董賢年二十二爲大司馬, 居上公之位, 天下不宗. 哀帝暴崩, 成帝母王太后召弟子新都侯王莽入, 收賢印綬, 賢恐, 自殺, 莽因代之, 並誅外家丁,傅. 又廢哀帝傅皇后, 令自殺, 發掘帝祖母傅太后,母丁太后陵, 更以庶人葬之. 辜及至尊, 大臣微弱之禍也.

〖국역〗

成帝 綏和(수화) 2년(前 7, 성제 붕어한 해) 2월, (황궁) 大廏(대구, 마구간)에서 馬에 뿔이 났는데, 왼쪽 귀 앞에 둘레와 길이가 각 2寸이었다. 이때 王莽(왕망)은 大司馬이었는데, 황실을 해칠 마음의 싹이 이때부터 생겼다.

哀帝 建平 2년(前 5년) 定襄郡[624]에서 수말이 망아지를 낳았는데, 3足이나 무리를 따라 먹었으며, 太守가 이를 보고하였다. 馬는 나라의 武用이나 3足이면 쓸모없는 형상이었다. 뒷날 侍中인 董賢(동현)은 나이 22살에 大司馬가 되어 上公의 자리에 올랐지만 天下가 인정하지 않았다.

哀帝가 갑자기 붕어하자, 成帝 母인 王太后는 동생의 아들(친정 조카) 新都侯인 王莽(왕망)을 불러들여 동현의 인수를 회수케 하자

624 定襄郡 – 군명. 치소는 成樂縣, 今 內蒙古自治區 呼和浩特市 관할의 和林格爾縣.

동현은 두려워 자살하였으며, 왕망이 그대로 대신하면서 애제의 외가인 丁氏와 (陳外家인) 傅氏(부씨) 일족을 제거하였다.

또 哀帝의 傅皇后를 폐위하여 自殺케 하였고, 애제 조모인 傅太后와 모친 丁太后의 陵을 발굴했다가 庶人의 禮로 개장하였다. 大臣이 微弱(미약)했기에 그 재앙이 至尊에 이르렀다.

차. 人變(인변)

原文

文公十一年,「敗狄於咸.」

《穀梁傳》《公羊傳》曰, 長狄兄弟三人, 一者之魯, 一者之齊, 一者之晉. 皆殺之, 身橫九畮, 斷其首而載之, 眉見於軾. 何以書? 記異也.

劉向以爲是時周室衰微, 三國爲大, 可責者也. 天戒若曰, '不行禮義, 大爲夷狄之行, 將至危亡.' 其後三國皆有篡弑之禍, 近下人伐上之痾也.

劉歆以爲人變, 屬黃祥. 一曰, 屬蠃蟲之孽.

一曰, 天地之性人爲貴, 凡人爲變, 皆屬皇極下人伐上之痾云.

京房《易傳》曰,「君暴亂, 疾有道, 厥妖長狄入國.」又曰,「豐其屋, 下獨苦. 長狄生, 世主虜.」

〖국역〗

文公 11년(전 616), 「(魯地인) 咸(함)에서 夷狄(이적)을 패퇴시켰다.」

《穀梁傳》와 《公羊傳》에서는 長狄(장적)의 兄弟 3인이 있어, 한 사람은 魯에, 다른 하나는 齊, 또 한 사람은 晉에 침입하였다. 모두 피살되었으며 그들의 시신은 논밭 사이에 뒹굴었고, 그들 머리를 잘라 수레에 실었으며, 그들 눈썹은 수레의 손잡이(軾, 식)에 붙였다. 왜 이를 기록했는가? 특이한 것이라 기록했다.

劉向은 생각했다.

이때 周室은 쇠퇴 미약했지만 (齊, 晉, 魯) 3국은 강대하여 (중원의 질서를) 책임질 수 있었다. 天戒는 마치 '禮義를 지키지 않고, 나라가 커도 夷狄의 행실을 하면 나라가 위태하여 멸망할 수 있을 것이다.' 라고 말하는 것 같았다. 그 뒤로 3國에서 모두 찬탈과 弑逆(시역)의 禍가 있었으니, 이는 下人이 윗사람에게 대드는 怪變이었다.

劉歆은 이를 人變이며, 黃祥(황상)에 속한다고 하였다.

다른 一說에는 贏蟲(나충)의 요얼에 속한다고 하였다.

또 다른 일설에서는, 天地의 본성에 人이 귀한 존재이며 모든 사람이 변하기에 皇極 아래 인간이 윗사람에게 대드는 怪異라고 하였다.

京房의 《易傳》에서 말했다.

「主君이 포악하고 有道한 사람을 질시한다면 그 요얼은 長狄(장적)이 入國한다.」

또 「자기 집은 풍요하나 아래 백성은 困苦(곤고)하다. 長狄이 출현하면 주군이 잡혀간다.」고 하였다.

原文

史記秦始皇帝二十六年, 有大人長五丈, 足履六尺, 皆夷狄服, 凡十二人, 見於臨洮. 天戒若曰, '勿大爲夷狄之行, 將受其禍.'

是歲始皇初並六國, 反喜以爲瑞, 銷天下兵器, 作金人十二以象之. 遂自賢聖, 燔詩書, 阬儒士, 奢淫暴虐, 務欲廣地, 南戍五嶺, 北築長城以備胡越, 塹山塡谷, 西起臨洮, 東至遼東, 徑數千里. 故大人見於臨洮, 明禍亂之起. 後十四年而秦亡, 亡自戍卒陳勝發.

〖국역〗

역사 기록에 의하면 秦始皇帝 26년(前 221)에, 키가 5丈, 발의 신발이 6尺으로 모두 만이의 옷을 입은 어떤 大人 12명이 臨洮(임조)[625]에 출현하였다. 天戒는 마치 '크다고 夷狄의 행실을 따라하지 말지니, 災禍를 당할 것이다.' 라고 말하는 것 같았다.

이 해에 처음으로 시황제는 6국을 병합하였는데, 이런 거인의 출현을 오히려 吉兆로 생각하여 천하의 兵器를 모아 金人 12개를 만들어 吉祥을 형상화하였다.

(始皇帝는) 끝내 자신을 賢聖하다 생각하여, 詩書를 불태우고 儒士를 묻어 죽였으며,[626] 사치에 포학했으며 영역 넓히기에만 힘써

625 臨洮(임조) - 현명. 今 甘肅省 定西市 관할의 岷縣(민현).

626 원문 燔詩書, 阬儒士 - 燔은 구울 번. 불태우다. 阬은 구덩이 갱. 묻어 죽이다.

남쪽으로는 五嶺山脈을 지키고, 북쪽에 長城을 쌓아 흉노와 越人에 대비하였는데, 산과 계곡을 자르고 메워 서쪽으로는 臨洮(임조)에서 시작하여 동쪽으로는 遼東(요동)에 이르기까지 수천 리를 가로질렀다. 이는 大人이 臨洮縣(임조현)에 나타났기 때문에 화란의 시작이 되었다. 그 12년 뒤 秦은 멸망하였는데, 멸망은 戍卒(수졸) 陳勝(진승)에서 시작되었다.

原文

史記, 魏襄王十三年, 魏有女子化爲丈夫.

京房《易傳》曰, 「女子化爲丈夫, 玆謂陰昌, 賤人爲王, 丈夫化爲女子, 玆謂陰勝, 厥咎亡.」

一曰, 男化爲女, 宮刑濫也, 女化爲男, 婦政行也.

〖국역〗

史記, 魏 襄王 13년(前 343), 魏에서 어떤 여인이 사내로 바뀌었다.

京房의 《易傳》에서 말했다.

「女人이 사내가 되다면 陰昌(음창)이고, 賤人으로 왕이 되고 사내가 여인이 되는 것은 陰勝(음승)이라 하는데, 그 징벌은 죽음이다.」

일설에는, 남자가 여자로 되는 것은 宮刑의 濫罰(남벌)이고, 여자가 남자로 되는 것은 부인이 政事를 담당하기 때문이다.

原文

哀帝建平中, 豫章有男子化爲女子, 嫁爲人婦, 生一子. 長安陳鳳言此陽變爲陰, 將亡繼嗣, 自相生之象. 一曰, 嫁爲人婦生一子, 將復一世乃絶.

哀帝建平四年四月, 山陽方與女子田無嗇生子. 先未生二月, 兒啼腹中, 及生, 不擧, 葬之陌上, 三日, 人過聞啼聲, 母掘收養.

〖국역〗

哀帝 建平 연간에(前 6-前 3) 豫章(예장)에서[627] 남자가 여자로 바뀌었는데 시집을 가서 아들을 하나 낳았다. 長安의 陳鳳(진봉)은 이를 陽이 變(변)하여 陰이 되었지만 장차 후사가 없을 것이며 자신이 상생한 형상이라고 하였다. 다른 일설에는 시집을 가서 부인으로 아들을 낳았더라도 일세로 끝날 것이라 하였다.

哀帝 建平 4년(前 3) 4월, 山陽郡 方與縣의 女子인 田無嗇(전무색)이 아들을 낳았다. 이보다 앞서 출산 2달 전에 뱃속에서 아이가 울었고, 출생했지만 죽은 것 같아 밭두둑에 묻었는데, 3일째 되는 날 사람이 지나가며 아이 울음소리를 듣자 어미가 파내어 길렀다.

原文

平帝元始元年二月, 朔方廣牧縣女子趙春病死, 斂棺積六

627 豫章(예장) - 郡名. 치소는 南昌縣, 今 江西省 省會인 南昌市.

日, 出在棺外, 自言見夫死父, 曰, “年二十七, 不當死.” 太守譚以聞.

京房《易傳》曰,「‘幹父之蠱, 有子, 考亡咎.’ 子三年不改父道, 思慕不皇, 亦重見先人之非, 不則爲私, 厥妖人死復生.」

一曰, 至陰爲陽, 下人爲上.

〖국역〗

平帝 元始 원년(서기 1) 2월, 朔方郡(삭방군)[628] 廣牧縣 여자 趙春(조춘)이 病死했는데, 염을 하고서 입관하였는데 6일 뒤에 관에서 나와 자신의 죽은 남편이 부친을 죽인 것을 보았으며 “나이 27세에 부당하게 (남편이) 죽었다.”고 말했다. 태수 譚(담)이 이를 조정에 보고하였다.

京房의《易傳》에서 말했다.

「‘부친의 일을 바로 처리하는 것은 아들의 의무이나, 부친은 事後에 잘못을 추궁하지 않는다.’ [629] 아들은 (부친 사후) 3년간 부친의 뜻을 바꾸지 않는다고[630] 하였으니, 이는 思慕하느라 다른 여가가

---

628 朔方(삭방) – 郡名. 治所는 朔方縣, 今 內蒙古 鄂爾多斯市 烏拉特前旗. 황하 북안.

629 원문 ‘幹父之蠱, 有子, 考亡咎.’ – 이는《易》〈蠱卦〉初六의 爻辭. 〈蠱卦〉는 64괘 중 18번째 괘. ☶☴ ‘山風蠱.’ 蠱는 腐敗(부패)의 뜻. 幹父之蠱는 부친의 일(사업)을 이어받다. 여기 蠱는 事라는 주석이 있다. 有子는 아들의 일이다. 考는 先考. 亡咎는 無咎(무구)는 잘못되었다 하여 추궁하지 않는다.

630 《論語 學而》子曰, “父在觀其志, 父沒觀其行, 三年無改於父之道, 可謂孝矣.”《論語 里仁》子曰, “三年無改於父之道, 可謂孝矣.”

없다는 뜻이지만, 부친의 중대한 잘못이 거듭 드러나는 경우가 아닌데도 뜻을 바꾼다면 (아들의) 私益이니, 그런 요얼은 죽은 사람이 다시 살아나는 것이다.」

일설에서는 陰이 극에 달하면 陽이 되고, 下人이 윗사람이 된다고 하였다.

原文

六月, 長安女子有生兒, 兩頭異頸面相鄉, 四臂共匈俱前鄉, 尻上有目長二寸所.

京房《易傳》曰, 「'睽孤, 見豕負塗', 厥妖人生兩頭. 下相攘善, 妖亦同. 人若六畜首目在下, 玆謂亡上, 正將變更. 凡妖之作, 以譴失正, 各象其類. 二首, 下不壹也, 足多, 所任邪也, 足少, 下不勝任, 或不任下也. 凡下體生於上, 不敬也, 上體生於下, 媟瀆也, 生非其類, 淫亂也, 人生而大, 上速成也, 生而能言, 好虛也. 群妖推此類, 不改乃成凶也.」

〖국역〗

6월에, 長安의 여인이 아이를 출산했는데, 머리 2개가 다른 목에 있고, 얼굴은 마주 보며, 4개의 팔은 같은 가슴에 붙었고 앞을 향했으며, 꽁무니(尻는 꽁무니 고, 엉덩이)에 눈이 있는데, 눈은 약 2寸 정도였다.

京房이 《易傳》에서 말했다.

「'형상이 괴이하고, 등에 진흙이 잔뜩 묻은 돼지가 나타났다.' 하였으니,[631] 그런 妖孼(요얼)은 머리가 두 개인 사람이다. 아랫사람이 서로 선행을 배척하면 그 요얼의 징조도 마찬가지이다. 사람이 만약 六畜(6축, 가축의 총칭)과 같다면 머리와 눈이(首目) 아래에 있으니, 이를 亡上(무상)이라 하는데 앞으로 사람이 바뀌어야 한다. 모든 재앙은 바른 가르침을 잃은 것에 대한 견책에서 시작하고 그 부류의 형상에 따라 이뤄진다. 머리가 2개이면 하부가 하나로 움직일 수 없고, 발이 많으면(足多) 하는 일이 바르지 않을 것이며, 다리가 적으면 하체가 일을 감당하지 못하거나 아래에 일을 맡길 수 없을 것이다. 하체가 위에 생겨난다면 그것은 不敬이고, 하체가 아래에 생겨났다면 그것은 깔보고 업신여기는 것이며,[632] 같은 부류가 아닌 것을 낳았다면 음란이고, 사람이 태어날 때 (보통보다) 크다면 빨리 자란 것이며, 태어나면서 말을 한다면 허망한 것을 좋아한다. 모든 요얼을 이런 식으로 추론할 수 있으니 (잘못을) 고치지 않는다면 불길하고 흉하게 된다.」

原文

景帝二年九月, 膠東下密人年七十餘, 生角, 角有毛. 時膠東,膠西,濟南,齊四主有擧兵反謀, 謀由吳王濞起, 連楚,

---

631 睽孤, 見豕負塗 – 睽는 사팔눈 규. 괘 이름, 〈睽卦〉 64괘 중 38번째 괘. ☲☱ '火澤睽' 〈睽卦〉는 어긋나다, 乖違(괴위), 違背(위배)의 형상. 睽孤, 見豕負塗는 〈睽卦〉 上九의 爻辭. 孤는 외롭다. 見豕負塗(견시부도)는 등에 진흙을 잔뜩 묻힌 돼지를 보다. 豕는 돼지 시. 負는 등에 지다. 塗는 진흙 도.

632 媟瀆 – 媟은 깔볼 설. 瀆은 더럽게 여길 독, 물도랑 독.

趙, 凡七國. 下密, 縣居四齊之中, 角, 兵象, 上鄕者也, 老人, 吳王象也, 年七十, 七國象也. 天戒若曰, '人不當生角, 猶諸侯不當擧兵以鄕京師也, 禍從老人生, 七國俱敗云.' 諸侯不寤, 明年吳王先起, 諸侯從之, 七國俱滅.

京房《易傳》曰, 「冢宰專政, 厥妖人生角.」

〖국역〗

景帝 2년(前 155) 9월, 膠東國(교동국) 下密縣(하밀현) 사림이 70세가 넘었는데 뿔이 났고, 뿔에는 털도 있었다. 당시 膠東(교동), 膠西, 濟南, 齊의 4개 제후국의 왕은 擧兵謀叛을 획책했는데, 모의는 吳王 劉濞(유비)가 시작하였고, 楚, 趙 등 모두 7국이 관련되었다. 下密縣은 4개 齊의 중간에 자리했었고, 뿔(角)은 전쟁의 형상으로 위로 향했으며, 老人은 吳王의 모습이고, 나이 70은 七國을 상징했다. 그러니 天戒는 '사람에게 뿔이 날 수 없듯이 諸侯가 거병하여 京師를 향할 수 없으며, 재앙은 노인을 따라 일어나니 7국이 모두 패망한다.' 라고 말하는 것 같았다. 그러나 제후들은 이를 깨닫지 못했는데, 다음 해 吳王이 먼저 거병하자 제후들이 뒤따랐으나 7국이 함께 멸망했다.

京房이《易傳》에서 말했다.

「冢宰(총재, 宰相)가 마음대로 정치를 하면 그 요얼은 사람에게 뿔이 난다.」

原文

成帝建始三年十月丁未, 京師相驚, 言大水至. 渭水虒上小女陳持弓年九歲, 走入橫城門, 入未央宮尙方掖門, 殿門門衛戶者莫見, 至句盾禁中而覺得.

民以水相驚者, 陰氣盛也. 小女而入宮殿中者, 下人將因女寵而居有宮室之象也. 名曰持弓, 有似周家檿弧之祥.

《易》曰, 「弧矢之利, 以威天下.」 是時, 帝母王太后弟鳳始爲上將, 秉國政, 天知其後將威天下而入宮室, 故象先見也. 其後, 王氏兄弟父子五侯秉權, 至莽卒簒天下, 蓋陳氏之後云.

京房《易傳》曰, 「妖言動衆, 茲謂不信, 路將亡人, 司馬死.」

〖국역〗

成帝 建始 3년(前 30) 10월 丁未日, 京師 사람들이 모두 놀라며 大水가 닥친다고 소리를 질러댔다. 渭水(위수) 虒上(사상, 地名)의 어린 여자 아이 陳持弓(진지궁)은 9살이었는데, 횡성문을 지나 未央宮 尙方署의 掖門(액문)으로 들어갔지만, 궁전 문을 지키는 衛戶(위호)도 (들어가는 것을) 알지 못했고, 句盾署(구순서)까지 들어온 뒤에야 알게 되었다.[633]

---

633 虒上은 渭水 부근의 지명. 虒는 뿔범 사. 橫城門은 장안성 북면의 성문. 尙方 掖門(액문)은 尙方署 정문 옆의 쪽문. 鉤盾(구순)은 鉤盾署(구순서). 遠近의 苑囿(원유)를 관리하는 부서, 환관이 관리. 少府의 屬官. 京師의 백성들이 공연히 놀라 큰 홍수가 닥친다며, 백성들이 서로 밟히며 달아

백성이 물이 들어온다며 서로 놀란 것은 陰氣가 성한 것이다. 小女가 궁중에 들어온 것은 천한 여인이 총애를 받아 궁실에 거처한다는 예언이었다. (9살 소녀의) 이름이 持弓(지궁)인 것은 周家(周室)의 檿弧(염호)와 같은 조짐이었다.[634]

《易》에서는 「활과 화살로 천하에 위엄을 떨칠 수 있다.」고 하였다.[635] 이때에, 成帝 母后인 王太后의 동생 王鳳(왕봉)은 처음 上將이 되어 國政을 장악하였으니, 하늘은 그가 나중에 천하에 위세를 떨치며 궁실에 출입할 것이기에 그 조짐을 미리 보인 것이다. 그 뒤에 王氏 兄弟와 父子는 五侯로 권력을 장악하였고 왕망에 이르러 결국 천하를 찬탈하였으니, 이 모두가 (齊나라) 陳氏의 후손의 일과 같다고 할 수 있다.(田齊)[636]

나고 노약자가 울부짖는 등 장안성이 크게 혼란하였다. 성제는 前殿에 친히 나와 공경의 회의를 소집하였다. 대장군 王鳳은 태후와 황제 후궁들이 배를 타고, 또 백성들은 장안성 위로 올려 보내 홍수를 피해야 한다고 건의하였다. 여러 신하들도 대체로 왕봉의 의논에 따랐다. 그러나 좌장군 王商만이 홀로 반대하였다. 82권, 〈王商史丹傅喜傳〉의 王商傳 참고.

634 檿弧(염호)는 산뽕나무로 만든 활. 위의 원문 「史記, 夏后氏之衰, 有二龍止於夏廷, ~」의 주석 604 참고.

635 원문 弧矢之利, 以威天下. -《易 繫辭 下》의 구절. 활과 화살을 이용하여 천하를 위압할 수 있다. 이는 睽卦(규괘, 山澤睽 ☶☱)에서 大義를 택했다는 뜻.

636 齊는 본래 姜이 國姓이었지만, 前 391년에 田和(전화)가 찬탈하였고, 前 386년에 周 天子는 이를 공식적으로 인정하였다. 이후 齊는 田齊라 통칭하였다. 田和의 선조는 멸망한 陳나라의 후손인 陳敬仲(陳完)인데 入齊한 뒤에 田氏로 바뀌었다.(당시에는 陳, 田이 同音이었다고 한다.)

京房의 《易傳》에서 말했다.

「妖言에 따라 대중이 움직이는 것을 不信이라 하는데, 길에 사람이 죽으면 司馬도 죽을 것이다.」

原文

成帝綏和二年八月庚申, 鄭通里男子王褒衣絳衣小冠, 帶劍入北司馬門殿東門, 上前殿, 入非常室中, 解帷組結佩之, 招前殿署長業等曰, "天帝令我居此." 業等收縛考問, 褒故公車大誰卒, 病狂易, 不自知入宮狀, 下獄死.

是時王莽爲大司馬, 哀帝卽位, 莽乞骸骨就第, 天知其必不退, 故因是而見象也. 姓名章服甚明, 徑上前殿路寢, 入室取組而佩之, 稱天帝命, 然時人莫察. 後莽就國, 天下冤之, 哀帝徵莽還京師. 明年帝崩, 莽復爲大司馬, 因是而篡國.

〖국역〗

成帝 綏和(수화) 2년(前 7) 8월 庚申日, 鄭縣 通里의[637] 男子인 王褒(왕포)가 붉은 옷에 작은 관을 쓰고 칼을 찬 채, 북쪽 司馬門의 殿東門을 지나서 前殿에 올라 非常室이라는 방 안에 들어와서 휘장 끈을 풀러 허리 맨 뒤에 前殿署의 長인 業(업) 등을 불러놓고 말했다.

637 二年八月庚申, 鄭通里男子王褒 – 8月에 庚申日이 없다는 주석이 있다. 鄭縣은, 今 陝西省 동부, 渭河 하류 남안, 少華山의 북쪽. 渭南市의 華州區. 通里는 마을 이름. 男子는 戶主. 王褒는 人名.

"天帝가 나를 여기에서 살라고 말씀하셨다."

業(업) 등이 왕포를 포박하고 考問하니, 왕포는 그전에 公車令 소속의 大誰卒(대수졸)[638]이었는데, 미친병을 앓았으며 입궁한 사실도 모르고 있었는데, 하옥되어 죽었다.

이때 王莽(왕망)은 大司馬로 哀帝가 즉위하자, 관직에서 물러나 자택에 거처하겠다고 사직을 자청했지만,[639] 天은 그가 틀림없이 不退할 것을 알고 있어 그 조짐을 미리 보여준 것이었다. 姓名이나 복장이 아주 분명하고, 前殿과 路寢(노침, 正廳)에 지름길로 들어왔고 비상실에 들어와 휘장의 끈을 풀고 매며, 天帝의 命을 칭하는 등 모든 것이 분명했지만, 당시 사람들을 살펴보지 않았다. 뒷날 왕망이 封國에 내려가자 천하 사람들이 원망하였고 애제도 왕망에게 경사로 돌아오라고 불렀다. 다음 해 애제가 붕어하자, 왕망은 다시 대사마가 되었고 이어 나라를 찬탈하였다.

原文

哀帝建平四年正月, 民驚走, 持稿或棷一枚, 傳相付與, 曰行詔籌. 道中相過逢多至千數, 或被髮徒踐, 或夜折關, 或踰牆入, 或乘車騎奔馳, 以置驛傳行, 經歷郡國二十六, 至京師. 其夏, 京師郡國民聚會里巷仟佰, 設祭張博具, 歌舞祠

638 公車大誰卒 - 公車令 소속 검문 담당 誰卒(수졸)의 우두머리(大). 誰는 누구 수.

639 원문 莽乞骸骨就第 - 乞骸骨(걸해골)은 늙었으니 사직하겠다. 自請 退職. 就第는 집에 가다. 第는 집. 第宅.

西王母, 又傳書曰, "母告百姓, 佩此書者不死. 不信我言, 視門樞下, 當有白髮." 至秋止.

〖국역〗

哀帝 建平 4년(前 3) 정월, 백성이 놀라 뛰어다니며 볏짚(稾, 볏짚 고)이나 삼 대(椒는 추, 麻秆) 하나를 가지고 서로에게 전달하였는데, 이를 황제 명에 따른 점치기(行詔籌)라고 하였다. 그래서 길에서 만나 서로 주고받은 것이 수천 개나 되었으며, 어떤 자들은 머리를 풀어헤치고 맨발로 다녔고, 혹은 밤중에 대문 빗장을 부수거나 남의 집에 담을 넘어 들어갔으며, 수레나 말을 타고 치닫거나 驛傳(역전)의 수레를 타고 돌아다녔는데 26개 郡國을 거쳐 京師에도 이르렀다.

그 해 여름에, 京師와 郡國의 백성들이 마을이나 논밭 사이에 모여 제사를 지내고 노름판을 벌이며 歌舞하면서 西王母를 제사한다고 하였다.

또 "서왕모가 백성에 고하나니, 이 글을 지니고 있는(佩, 찰 패) 자는 죽지 않을 것이다. 내 말을 믿지 못한다면 문지도리 아래에 흰 머리카락이 있을 것이다."라고 쓴 종이를 주고받았는데, 가을에야 그쳤다.

原文

是時帝祖母傅太后驕, 與政事, 故杜鄴對曰,

「《春秋》災異, 以指象爲言語. 籌, 所以紀數. 民, 陰, 水類也. 水以東流爲順走, 而西行, 反類逆上. 象數度放溢, 妄以

相予, 違忤民心之應也. 西王母, 婦人之稱. 博弈, 男子之事. 於街巷仟伯, 明離闑內, 與疆外. 臨事盤樂, 炕陽之意. 白髮, 衰年之象, 體尊性弱, 難理易亂. 門, 人之所由, 樞, 其要也. 居人之所由, 制持其要也. 其明甚者. 今外家丁,傅並侍帷幄, 布於列位, 有罪惡者不坐辜罰, 亡功能者畢受官爵. 皇甫,三桓, 詩人所刺,《春秋》所譏, 亡以甚此. 指象昭昭, 以覺聖朝, 柰何不應!」

後哀帝崩, 成帝母王太后臨朝, 王莽爲大司馬, 誅滅丁, 傅.

一曰丁,傅所亂者小, 此異乃王太后,莽之應云.

〖국역〗

이때, 애제의 祖母인 傅(부)太后는 교만했고 정사에 관여하였기에 杜鄴(두업)[640]이 대책을 올렸다.

「《春秋》에서 말하는 여러 災異는 눈에 보이는 현상으로 말한 것입니다. 산가지 점(籌, 헤아릴 주)은 숫자로 판단합니다(紀數). 백성은 陰이며 물과 같은 부류(水類)입니다. 물은 동쪽으로 흐르면 順走라(順流) 하지만 西行하면 反類(반류)에 속하며 逆上의 상징입니다. 백성들이 자주 放縱(방종)하거나 溢出(일출)하여 망령되이 (볏짚이나

640 杜鄴(두업) - 字는 子夏. 張敞(장창)의 외손. 애제 때, 皇統이 미약하고 정치가 잘못되자 여러 재이가 자주 발생하였다. 杜鄴(두업)은 그 원인이 丁太后와 傅太后(부태후, 애제의 조모)에 있다고 하면서 점을 치기도 하였다. 85권, 〈谷永杜鄴傳〉에 입전.

書信을) 주고받는 사태는 모두가 민심을 거스르기 때문에 일어나는 반응입니다. 西王母는 부인에 대한 지칭입니다. 博弈(박혁, 장기나 바둑)은 남자의 일입니다. 길거리나 논밭에 머물다가 집안을 벗어나면 밖에서 여럿이 어울리며 강해집니다. 어떤 사태에 따라가며 즐기고자 하는 것은 받을 수 있는 은택이 없기 때문입니다. 白髮은 노쇠의 상징이니 존귀한 신체라도 본성이 약해지면 쉽게 다스릴 수 있던 일도 어려워집니다. 門은 사람이 출입하는 곳이고, 門의 지도리(樞, 추)는 가장 중요 부분입니다. 살면서 꼭 거쳐야 하며 지녀야 할 요점입니다. 이런 것들의 뜻은 아주 분명합니다. 지금 황제의 外家인 丁氏와 傅氏는 궁궐을 장악하고 조정에 널리 자리했습니다만, 罪惡을 저지른 자를 법에 의거 처벌하지 못하고, 공적이나 능력도 없는 자가 모두 관작을 받아 누리고 있습니다. 皇甫(황보)나 三桓(삼환)은 《詩經》에서 諷刺(풍자)되고 《春秋》에서 그 僭越(참월)을 비판하는데 이보다 더 심한 풍자나 비판은 없을 것입니다.[641] 이런 현상이 상징하는 바가 아주 뚜렷하여 聖朝(皇帝)를 깨우치려 하는데, 어찌 그런 뜻을 따르지 않으시겠습니까!」

뒷날 哀帝가 붕어하자, 成帝 母后인 王太后는 臨朝하여 稱制했고, 왕망은 大司馬가 되어 丁氏와 傅氏를 멸족했다.

일설에는 丁氏와 傅氏 일족이 어지럽힌 바는 오히려 적으니, 이런 변이는 王太后와 왕망에 대한 감응이라고 말했다.

---

641 원문 皇甫,三桓, 詩人所刺,《春秋》所譏 – 皇甫(황보)는 卿士로 조정의 일을 독점처리 했는데, 그 월권을 《詩 小雅 十月之交》의 詩에서 풍자했다. 三桓은 魯의 국정을 세습하며 專斷한 魯의 大夫, 맹손, 숙손, 계손씨를 지칭하는데, 《春秋》에서는 이들의 僭越(참월)을 신랄하게 비판하였다.

【〈五行志〉 第七 下之下】

四. 天變

1. 日食(春秋)

原文

隱公三年,「二月己巳, 日有食之.」

《穀梁傳》曰, 言日不言朔, 食晦. 《公羊傳》曰, 食二日.

董仲舒,劉向以爲其後戎執天子之使, 鄭獲魯隱, 滅戴, 衛, 魯,宋咸殺君. 《左氏》劉歆以爲正月二日, 燕,越之分野也. 凡日所躔而有變, 則分野之國失政者受之. 人君能修政, 共御厥罰, 則災消而福至, 不能, 則災息而禍生. 故經書災而不記其故, 蓋吉凶亡常, 隨行而成禍福也. 周衰, 天子不班朔, 魯曆不正, 置閏不得其月, 月大小不得其度. 史記曰食, 或言朔而實非朔, 或不言朔而實朔, 或脫不書朔與日, 皆官失之也.

〖국역〗

魯 隱公 3년(前 720),「2월 己巳日, 日食이 있었다.」

《穀梁傳》에서는 日을 기록했으나 朔(삭, 초하루)이라 말하지 않은 것은 일식이 그믐날(晦)이었기 때문이다. 《公羊傳》에서는 일식이 (2월) 2일이었다고 하였다.

董仲舒(동중서)와 劉向(유향)은 생각했다. 그 뒤에 戎族(융족)이 天子(周王)의 使者를 잡아놓았고, 鄭에서는 魯 隱公을 억류하였으며 戴國(대국)을 멸망시켰고, 衛, 魯, 宋에서는 모두 주군을 살해했다.

《左氏傳》과 劉歆은 (日食은) 정월 2일이었고 燕과 越의 分野였다고[642] 생각하였다. 태양이 운행하는 궤도에도 변화가 있으며[643] 그 분야에 해당하는 나라의 失政者가 (日食의) 害(해)를 받는다. 人君이 충분히 修政하고 그 징벌에 공손히 처신하면(共御, 共은 恭) 災異는 소멸하고 福이 들어오며, 그렇지 않으면 재이는 사라지더라도 災禍(재화)가 발생한다. 그래서 經에서는(《春秋》) 災異를 기록하지만 그 緣故(연고)는 기록하지 않았으니, 대체로 吉凶은 無常하고 行實에 따라 禍福(화복)이 형성되기 때문이다. 周 쇠약에 따라 天子가 曆法을 반포하지 않아(不班朔),[644] 魯에서는 曆法이 틀려서 閏月을 넣어도 月이 부정확하고, 大小月이 고르지 않았다. 역사 기록에서 食에 초하루라 기록했지만(言朔) 실제는 초하루가 아니었고, 朔이라 不

---

642 원문 燕越之分野 – 天文에서 태양의 궤도에 따라 星宿(성수)를 12구역으로 구분하여, 이를 十二次라 하였다. 그 十二次에 상응하는 지상의 州나 郡을 分野라 한다. 곧 天文의 별의 위치에 대응하는 지상의 일정한 장소가 分野이다.

643 원문 凡日所躔而有變 – 躔은 궤도 전. 태양이 운행하는 길. 궤도를 따라 운행하다. 가다. 건너다.

644 원문 班朔 – 頒朔(반삭). 周制에 천자는 섣달 동지에 다음 해의 曆日을 제후에 알려주는데, 이를 告朔(고삭) 또는 頒朔이라 하였다.

言했지만 사실은 朔이었으며, 때로는 朔과 日을 빼고 기록하지 않은 것은 모두 담당 관리의 실수였다.(정확한 曆法을 몰랐기 때문이다).

原文

京房《易傳》曰, 「亡師茲謂不御, 厥異日食, 其食也旣, 並食不一處. 誅衆失理, 茲謂生叛, 厥食旣, 光散. 縱畔茲謂不明, 厥食先大雨三日, 雨除而寒, 寒卽食. 專祿不封, 茲謂不安, 厥食旣, 先日出而黑, 光反外燭. 君臣不通茲謂亡, 厥蝕三旣. 同姓上侵, 茲謂誣君, 厥食四方有雲, 中央無雲, 其日大寒. 公欲弱主位, 茲謂不知, 厥食中白青, 四方赤, 已食地震. 諸侯相侵, 茲謂不承, 厥食三毀三復. 君疾善, 下謀上, 茲謂亂, 厥食旣, 先雨雹, 殺走獸. 弑君獲位茲謂逆, 厥食旣, 先風雨折木, 日赤. 內臣外鄕茲謂背, 厥食食且雨, 地中鳴. 冢宰專政茲謂因, 厥食先大風, 食時日居雲中, 四方亡雲.
(下文 繼續)

〖국역〗

京房은 《易傳》에서 말했다.

「군사가 패전하면, 이를 不御(불어)라 하는데 그 災異는 日食(日蝕)이고, 그 일식은 개기일식인데 일식이 일어나는 곳은 한 군데가 아니다. 백성을 주살하며 이치가 합당치 않은 것을(誅衆失理) 生叛(생반)이라 하고, 그 재이는 개기일식이고 日光이 흩어진다(光散).

반역을 추종하는 것을 不明(불명)이라 하는데, 그 일식에 앞서 3일간 큰비가 내리고 비가 그치면서 추워지는데, 추우면 곧 일식이다. 祿位(녹위)를 마음대로 정하면서 分封하지 않으면 이를 不安(불안)이라 하는데, 그 일식은 개기일식인데 먼저 해가 뜨면서 검어지나 日光이 반사하여 태양 주변은 밝아진다. 君臣이 不通하면 이를 亡(망, 亡國)이라 하는데, 그 일식은 3차례 일식이 모두 개기일식이 된다. 同姓이 주군의 권위 침탈을 誣君(무군)이라 하는데, 그 일식은 사방에 구름이 깔리나 중앙에는 구름이 없고 날씨는 매우 춥다. 公卿이 주군의 권위를 약화시키는 것을 不知(부지)라 하는데, 그 일식은 일식 진행 중에는 백색이나 청색 기운이 있고 사방은 적색이나 일식이 끝나면 지진이 일어난다. 諸侯가 서로 침탈하면 이를 不承(불승)이라 하는데, 그 일식은 (부분일식이) 3차례 어두워지고 3차례 회복된다. 주군이 선행을 疾視(질시)하거나 아랫사람이 위를 넘보면 이를 亂(난)이라 하는데, 그 일식은 개기일식이고 먼저 우박이 내려 짐승을 죽인다. 弑君(시군)하여 지위를 차지하는 것을 逆(역, 반역)이라 하는데, 개기일식이고 먼저 비바람으로 나무를 부러트리고 태양은 붉어진다. 內臣이 외국을 따르는 것을(外鄕, 外向) 背(배)라고 하는데, 그 일식은 일식이 진행되며 비가 오고 땅이 운다(地中鳴). 冢宰(총재, 宰相)가 국정을 專斷하는 것을 因(인, 因襲)이라 하는데, 그 일식은 먼저 大風이 불고, 食時에 日은 雲中에 있으나 사방에는 구름이 없다.

原文

伯正越職, 玆謂分威, 厥食日中分. 諸侯爭美於上玆謂泰,厥食日傷月，食半，天營而鳴. 賦不得玆謂竭，厥食星隨而下. 受命之臣專征云試，厥食雖侵光猶明，若文王臣獨誅紂矣. 小人順受命者征其君云殺，厥食五色，至大寒隕霜，若紂臣順武王而誅紂矣. 諸侯更制玆謂叛，厥食三復三食，食已而風，地動. 適讓庶玆謂生欲，厥食日失位，光晻晻，月形見. 酒亡節玆謂荒，厥蝕乍靑乍黑乍赤，明日大雨，發霧而寒.」

凡食二十占，其形二十有四，改之輒除. 不改三年，三年不改六年，六年不改九年. 推隱三年之食，貫中央，上下竟而黑，臣弑從中成之形也. 後衛州吁弑君而立.

〖국역〗

제후 패자(伯, 音은 패)가 군사를 거느리더라도 (正은 將帥之稱) 職分을 넘어선다면 이를 分威(분위)라 하는데, 그 일식은 태양을 中分한다. 諸侯가 주군에게 으시대는 것을 泰(태)라 하는데, 그 허물에 의한 일식이나 월식에서는 도중에 하늘은 惑亂(혹란)하여 소리가 난다.[645] 수확이 租賦(조부)를 감당하지 못하면 이를 竭(갈, 고갈)이라 하는데, 일식 중에 별이 낙하한다. 受命한 신하가 마음대로 원정에 나서는 것을 試(시)라 하는데, 그런 일식은 비록 일광이 가려지더라도 밝으니, 마치 (周) 文王의 신하가 독자적으로 (殷) 紂王(주왕)을 정벌하려고 한 것과 같다. 小人이 천명을 받은 者에 순응하여 (소인의)

645 원문 天營而鳴 – 營은 惑亂(혹란)이라는 주석이 있다.

주군을 토벌하는 것을 殺(살)이라 하며,[646] 그 일식은 五色에 큰 추위와 함께 서리가 내리는데, 이는 紂王의 신하가 武王에 順命하여 紂王을 토벌한 것과 같다. 諸侯가 禮制를 변경하는 것을 叛(반)이라 하는데, 그 일식은 三復 三食인데, 일식이 끝나면 땅이 움직인다. 適子(적자, 嫡子)가 庶子에 양위하는 것을 生欲(생욕)이라 하는데, 그 일식은 태양이 失位하며 日光이 어두워지면서 月形이 나타난다.[647] 酒色이 無節한 것을 荒(황)이라 하는데, 그 일식은 잠깐 靑, 잠깐 黑이나 赤色이 나타나며 그 다음 날 큰비가 내리고 안개가 끼며 춥다.」

일식은 모두 20종류를 예측할 수 있고 그 형태는 24개이나 잘못을 고치면 바로 (일식이) 없어진다. (잘못을) 3년간이나 고치지 않으면, 3년이 6년, 6년이 9년으로 늘어나게 된다. 隱公 3年의 일식을 추론해 보면 일식이 (태양의) 中央을 관통했고, 上下가 모두 黑色이었을 것이니, 이는 臣의 弑君이 中原에서 이루어졌기 때문이다. 뒷날 衛國(위국)의 州吁(주우)는 弑君하고 자립하였다.

原文

桓公三年, 「七月壬辰朔, 日有食之, 旣.」

董仲舒,劉向以爲前事已大, 後事將至者又大, 則旣. 先是魯,宋弑君, 魯又成宋亂, 易許田, 亡事天子之心, 楚僭稱王.

646 원문 小人順受命者征其君云殺 - 여기 殺은 弑(죽일 시). 殺은 윗사람 죽일 시. 音은 시.

647 원문 光晻晻, 月形見. - 晻은 햇빛 침침할 엄. 晻晻은 日無光.

後鄭岠王師, 射桓王, 又二君相簒.

劉歆以爲六月, 趙與晉分. 先是, 晉曲沃伯再弑晉侯, 是歲晉大亂, 滅其宗國.

京房《易傳》以爲桓三年日食貫中央, 上下竟而黃, 臣弑而不卒之形也. 後楚嚴稱王, 兼地千里.

〖국역〗

魯 桓公 3년(前 709), 「7월 壬辰日 초하루, 日食은 개기일식이었다.」[648]

董仲舒와 劉向은 前事가 너무 크고, 앞으로 닥칠 뒷일은 더욱 크기에 개기일식이라고 생각하였다. 이보다 앞서 魯와 宋에서는 弑君이 있었고, 魯에서는 또 宋國의 동란이 있었으며, 許田의 땅을 교역하였고, 천자를 섬길 마음도 없는 楚國은 王을 참칭하였다. 뒷날 鄭은 周王의 군사를 거역하며[649] 桓王(환왕)을 쏘았으며, 또 二君이 서로 찬탈하였다.

劉歆은 六月에 (태양이) 趙에서 晉의 분야로 많이 이동했기 때문이라 생각했다.[650] 앞서 晉 曲沃(곡옥)의 伯爵은 다시 晉侯를 시해했

---

648 원문 日有食之, 旣 – 旣는 이미 기, 다할 기(盡也), 잃을 기(失也). 皆旣日蝕(개기일식 全食). 열엿샛날 기. 괘 이름 기. ☵☲ 水火旣濟.

649 원문 後鄭岠王師 – 岠는 큰산 거. 떨어지다. 拒와 通.

650 원문 趙與晉分 – 6월에, 太陽이 趙의 分野에서 晉의 분야로 많이 이동하였기에 與라 했다. 여기 分은 태양의 운행과 관련한 용어로 星宿 12次의 分野가 달라지는 日字로 풀이할 수 있다. 일반적으로 分日은 半日이라는 뜻이 있고, 일자변경선을 뜻하는 分日線이란 말도 있다.

으며, 이 해에 晉에서는 大亂이 일어나 同姓諸侯國(宗國)인 翼(익)을 없애버렸다.

京房은《易傳》에서 '桓公 3년의 일식은 태양의 중앙을 관통하였고 (태양의) 상하 모두가 황색이었으니, 이는 臣의 시해가 끝나지 않은 형상이라.' 고 말했다. 뒷날 楚 嚴王(莊王, 재위 前 614－591)은 稱王하였고 1천 리 땅을 영유했다.

原文

十七年「十月朔, 日有食之.」

《穀梁傳》曰, 言朔不言日, 食二日也. 劉向以爲是時衛侯朔有罪出奔齊, 天子更立衛君. 朔藉助五國, 擧兵伐之而自立, 王命遂壞. 魯夫人淫失於齊, 卒殺威公.

董仲舒以爲言朔不言日, 惡魯桓且有夫人之禍, 將不終日也.

劉歆以爲楚,鄭分.

〖국역〗

(魯桓公) 17년(前 695),「10월 초하루 일식이 있었다.」

《穀梁傳》에서는 초하루라 하였지만 날(日辰)을 말하지 않은 것은 일식이 2일에 있었기 때문이라 하였다.

劉向은 생각했다.

이때에 衛侯(衛 惠公) 朔(삭)이 죄가 있어 齊로 出奔(출분)하자, 天子(周王)는 衛君을 다시 책립했다. 朔(삭)은 5국이 도움을 받아 군사를 일으켜 衛를 토벌하고 자립하자,[651] 周王의 명령은 무너졌다. 魯(환공의) 夫人이 齊에서 淫佚(음일)[652]했고, 결국 威公(위공)을 죽였다.

董仲舒는 言朔하며 不言日한 것은 魯 桓公에게, 곧 夫人의 환란이 멀지 않기 때문이라고[653] 생각하였다.

劉歆은, 楚와 鄭의 (十二次가 달라지는) 分日이라고 생각했다.

原文

嚴公十八年,「三月, 日有食之.」

《穀梁傳》曰, 不言日, 不言朔, 夜食. 史推合朔在夜, 明旦日食而出, 出而解, 是爲夜食. 劉向以爲夜食者, 陰因日明之衰而奪其光, 象周天子不明, 齊桓將奪其威, 專會諸侯而行伯道. 其後遂九合諸侯, 天子使世子會之, 此其效也.

《公羊傳》曰食晦. 董仲舒以爲宿在東壁, 魯象也. 後公子慶父,叔牙果通於夫人以劫公. 劉歆以爲晦魯,衛分.

〘국역〙

嚴公(莊公) 18년(前 676),「3월, 일식이 있었다.」

《穀梁傳》에서는 日字 기록도 없고, 朔이라 말하지 않은 것은 야간의 日食이라고 했다.[654] 역사 기록을 추론 종합하면, 合朔이 야간

---

651 이는 魯 莊公 5, 6년의 사건이었다.

652 원문 魯夫人淫失於齊 – 淫失은 淫佚(음일). 마음껏 질탕하게 놀다.

653 원문 將不終日也 – 不終日은 不久. 멀지 않다.

654 夜食 – 야간의 일식. 해뜨기 직전의 일식으로 해가 뜨면서 일식이 끝난

에 진행되어, 아침 밝을 시간에 日食인 채로 日出했다가 일식이 끝나는 것을(出而解) 夜食이라 한다. 劉向은 夜食이란 陰이 日明이 쇠퇴할 때에 그 빛을 뺏는 것이니, 周 天子가 不明하자 齊 桓公이 (天子의) 위엄을 빼앗아 마음대로(專) 제후와 會盟(회맹)하여 伯道(霸道)를 실행하는 것과 같은 형상이라고 했다. (齊 환공은) 9次에 걸쳐 제후와 회맹하였고, 天子는 世子를 보내 회합에 참석케 한 적도 있으니, 이것이 그런 징험이라고 하였다.

《公羊傳》에서는 그믐날의 일식이라고 했다. 董仲舒는 星宿(성수)가 東壁(동벽)에 있으니, 魯를 뜻한다고 하였다. 뒷날 公子인 慶父(경보, 莊公의 동생)와 叔牙(숙아)는 (장공의) 夫人과 通情하며 장공을 협박하였다.

劉歆은, 晦日이 魯와 衛의 (十二次가 달라지는) 分日이라고 생각했다.

原文

二十五年,「六月辛未朔, 日有食之.」

董仲舒以爲宿在畢, 主邊兵夷狄象也. 後狄滅邢,衛.

劉歆以爲五月二日魯,趙分.

二十六年,「十二月癸亥朔, 日有食之.」

董仲舒以爲宿在心, 心爲明堂, 文武之道廢, 中國不絶若

다. 또는 지구 북반부에서는 볼 수 없고 남반부에서 볼 수 있는 일식. 이를 夜食이라 지칭했다.

線之象也.

劉向以爲時戎侵曹, 魯夫人淫於慶父,叔牙, 將以弑君, 故比年再蝕以見戒.

劉歆以爲十月二日楚,鄭分.

三十年「九月庚午朔, 日有食之.」

董仲舒,劉向以爲後魯二君弑, 夫人誅, 兩弟死, 狄滅邢, 徐取舒, 晉殺世子, 楚滅弦.

劉歆以爲八月秦,周分.

〖국역〗

嚴公(莊公) 25년(前 669),「6월 辛未日 朔, 日食이 있었다.」

董仲舒는 星宿(성수)가 (西方) 畢宿(필수)에 있었으니, 변경의 병력과 이적의 형상이라고 말했다. 뒷날 狄人(적인)이 邢(형)과 衛(위)를 멸망시켰다.[655]

劉歆은, 5월 2일은 魯와 趙의 分日이라고 생각했다.

26년,「12월 癸亥日 초하루, 日食이 있었다.」

董仲舒는 星宿가 (동방) 心宿(심수)에 있고, 心宿는 明堂이니, 文武之道가 廢(폐)할 것이나, 中國은 不絶하며 線과 같은 형상이라고 말하였다.

劉向은 생각했다. 그때, 戎狄(융적)이 曹(조)를 침략했고,[656] 魯 夫人은 慶父(경보), 叔牙(숙아)와 음란하여 장차 弑君할 것이라서 (하늘

655 두 나라는 나중에 齊의 도움으로 다시 건국되었다.

656 이는 장공 24년의 사건이었다.

은) 해마다 2번 일식으로 그 警戒를 보여준 것이다.

劉歆은 (일식이 일어난 날이) 10월 2일이고, (그날이) 楚와 鄭의 分日이라고 생각했다.

30년, 「9월, 庚午日 朔, 日食이 있었다.」

董仲舒와 劉向은 생각했다. 이후에 魯에서는 二君이 시해되고, 夫人이 주살 당했으며, 2弟가 죽고, 狄人은 邢(형)을 멸망시켰으며, 徐는 舒國(서국) 병합하고, 晉에서는 世子를 죽였으며, 楚는 弦國(현국)을 병합하였다.

劉歆은, 8월은 秦과 周의 分日이라고 생각했다.

原文

僖公五年「九月戊申朔, 日有食之.」

董仲舒,劉向以爲先是齊桓行伯, 江,黃自至, 南服彊楚. 其後不內自正, 而外執陳大夫, 則陳,楚不附, 鄭伯逃盟, 諸侯將不從桓政, 故天見戒. 其後晉滅虢, 楚國許, 諸侯伐鄭, 晉弒二君, 狄滅溫, 楚伐黃, 桓不能救.

劉歆以爲七月秦,晉分.

〖국역〗

僖公 5년(前 655), 「九月 戊申日 朔, 日食이 있었다.」

董仲舒와 劉向은 생각했다. 이보다 앞서 齊 桓公이 霸道(伯)를 추구하자, (小國인) 江國과 黃國은 스스로 복속하고 남쪽으로 강한 楚도 복속하였다. 그러나 그 이후 국내에서는 정도를 걷지 않고 대외

적으로 陳 大夫를 억류하자, 陳과 楚가 來附하지 않았고, 鄭伯은 會盟에서 탈퇴하는[657] 등 諸侯들이 환공의 정치를 따르지 않았기에 하늘이 (齊) 환공에게 경계를 보여준 것이었다. 그 이후로 晉은 虢國(괵국)을 멸망시켰고, 楚國은 許(허)를, 諸侯들은 鄭(정)을 정벌했으며, 晉에서는 二君이 시해되었고, 狄人(적인)이 (周邑인) 溫(온)을 차지하였고,[658] 楚는 黃國을 정벌했지만 桓公은 그들을 구원하지 못했다.

劉歆은, 7월은 秦과 晉의 分日이라고 생각했다.

原文

十二年「三月庚午朔, 日有食之.」

董仲舒,劉向以爲是時楚滅黃, 狄侵衛,鄭, 莒滅杞. 劉歆以爲三月齊,衛分.

十五年「五月, 日有食之.」

劉向以爲象晉文公將行伯道, 後遂伐衛, 執曹伯, 敗楚城濮, 再會諸侯, 召天王而朝之, 此其效也. 日食者臣之惡也, 夜食者掩其罪也. 以爲上亡明王, 桓,文能行伯道, 攘夷狄, 安中國, 雖不正猶可, 蓋《春秋》實與而文不與之義也. 董仲舒以爲後秦獲晉侯, 齊滅項, 楚敗徐於婁林.

劉歆以爲二月朔齊,越分.

---

657 이는 僖公 5년의 일이었다.

658 이는 僖公 10년의 일이었다.

〖국역〗

(魯 僖公) 12년(前 648), 「3월 庚午日 초하루, 日食이 있었다.」

董仲舒와 劉向은 이때 楚는 黃國을 없앴고, 狄人(적인)은 衛와 鄭에 침입했으며, 莒國(거국)은 杞國(기국)[659]을 멸망시켰기 때문이라고 생각했다. 劉歆은 3월은 齊와 衛의 分日이라고 생각했다.

(희공) 15년, 「5월, 日食이 있었다.」

劉向은, 晉 文公의 伯道(패도, 覇道)를 상징한 일식이라고 생각했는데, 그 이후로 (晉은) 衛(위)를 정벌하고 曹伯을 억류했으며, 城濮(성복)에서 楚軍을 패퇴시켰고, 제후와 2차례 회맹하면서 周 天子를 데려다가 朝會를 거행케 하였는데,[660] 일식은 그런 예고였다.

日食이란 신하된 자의 악행이고, 야간 일식(夜食)은 (신하가) 그 죄악을 가린 것이다. 위에 明哲한 王이 없어, (齊) 桓公이나 (晉) 文

---

659 杞國(기국)은 商朝에서 전국시대 초기까지 약 1천 년을 버텨온 작은 제후국인데, 前 445년에 楚에 병합되어 멸망했다. 《史記》에 〈陳杞世家〉가 있지만 杞에 관한 기록은 3백 字가 안 된다. 그러면서 「杞는 小微하여 其事는 不足稱述이라.」고 설명하였다. 기국은 멸망과 復國을 거듭했고 국도도 여러 번 옮겨 다녔는데, 최초 위치는, 今 河南省 중동부 開封市 관할 杞縣에 해당하고, 영역은 河南省 중동부와 山東省 서부의 일부였다. 杞國이 소국이나 夏의 문물을 보존했는데, 공자는 그 문물의 散失을 아쉬워하여 「夏禮를 吾能言之나 杞에서도 不足徵也라.」고 했다. 《論語 · 八佾》. 우리가 흔히 쓰는 '杞人憂天(杞憂, 기우)' 은 본래 《列子 天瑞》에 나온다. 어리석은 사람의 쓸데없는 걱정이라고 웃어버리지만, 이 말에는 小國이 강국 사이에 끼여 생존하려면 고려할 일이 많을 수밖에 없다는 憂患 意識의 표현일 것이다.

660 원문 召天王而朝之 - 晉 문공은 周王에게 입조하지 않고, 제후를 모아놓고 周王을 모셔다가 朝會를 받게 할 계획이었지만 주왕은 使者를 보냈다는 주석이 있다.

公 등이 伯道로 夷狄을 물리치고,[661] 中原을 안정시켰기에 비록 正道가 아니더라도 괜찮다고 생각하지만, 《春秋》에서는 (覇道의) 실제와 기록이 大義에서 일치하지 않는다. 董仲舒는 뒷날 秦이 晉侯를 포로로 잡고, 齊가 (小國) 項(항)을 없애고,[662] 楚는 婁林(누림)에서 徐國을 패퇴시킬 예고라고 생각했다.

劉歆은, 2월 朔日이 齊와 越의 分日이라고 생각했다.

原文

文公元年「二月癸亥, 日有食之.」

董仲舒,劉向以爲先是大夫始執國政, 公子遂如京師, 後楚世子商臣殺父, 齊公子商人弒君, 皆自立. 宋子哀出奔, 晉滅江, 楚滅六, 大夫公孫敖,叔彭生並專會盟.

劉歆以爲正月朔燕,越分.

十五年,「六月辛丑朔, 日有食之.」

董仲舒,劉向以爲後宋,齊,莒,晉,鄭八年之間五君殺死, 夷滅舒蓼.

劉歆以爲四月二日魯,衛分.

---

661 원문 攘夷狄 – 이적을 물리치다. 攘은 물리칠 양(却也). 제거하다.

662 원문 齊滅項 – 項(항)은, 今 河南省 중동부 周口市 관할 項城市에 자리했던 소국인데, 《左傳》에 의하면, 희공 17년(前 643)에 魯가 병합하며 멸망하였다.

〖국역〗

魯 文公 원년(前 626),「2월 癸亥日, 日食이 있었다.」

董仲舒와 劉向은 생각했다. 이보다 앞서 (각국에서) 大夫들이 국정을 장악하기 시작했는데 (魯의) 公子 遂(수)는 京師에 갔고, 뒷날 楚 世子 商臣(상신)은 殺父했으며, 齊 公子 商人(상인)은 弑君하고서 모두 自立하였다. 宋子(宋卿) 高哀(고애)는 (魯로) 出奔(출분)했고, 晉은 (小國) 江(강)을 없앴으며, 楚는 六國(육국)을 멸망시켰고,[663] 大夫 公孫敖(공손오)와 叔彭生(숙팽생)은 (제후들의) 會盟을 (文公 11년에) 함께 주도하였다.

劉歆은, 正月 朔은 燕과 越의 分日이라고 생각했다.

(魯 文公) 15년(前 612),「6월, 辛丑日 초하루, 日食이 있었다.」

董仲舒와 劉向은 이후에 宋, 齊, 莒(거), 晉, 鄭에서 8년 동안에 5명의 주군이 시해되었고, 夷狄(이적)이 舒蓼(서료)를 멸망시켰기 때문이라고 생각했다.

劉歆은, 4월 2일이 魯와 衛의 分日이라고 생각했다.

原文

宣公八年,「七月甲子, 日有食之, 旣.」

董仲舒,劉向以爲先是楚商臣弑父而立, 至於嚴王遂彊. 諸夏大國唯有齊,晉, 齊,晉新有篡弑之禍, 內皆未安, 故楚乘弱橫行. 八年之間六侵伐而一滅國, 伐陸渾戎, 觀兵周室.

663 六國 – 今 安徽省 중서부 六安市에 있던 春秋시대 小國.

後又入鄭, 鄭伯肉袒謝罪, 北敗晉師於邲, 流血色水, 圍宋九月, 析骸而炊之.

劉歆以爲十月二日楚,鄭分.

〖국역〗

宣公 8년(前 601), 「7월 甲子日, 日食이 있었는데 개기일식이었다.」

董仲舒와 劉向은 생각했다. 앞서 楚의 商臣(상신)은 부친을 시해하고 자립했었는데, 嚴王(莊王) 代에 이르러 강국이 되었다. 諸夏(제하, 中國)의 大國으로는 齊와 晉 뿐이었는데, 齊와 晉에서도 얼마 전에 찬위하고 시해하는 禍亂이 있어 내부적으로 모두 불안했기에, 楚는 그렇게 약해진 틈을 이용하여 橫行(횡행)하였다.

楚는 8년 동안에 다른 나라를 6번이나 침범했고 1國(舒蓼, 서료)을 멸망시켰으며, 陸渾(육혼)의 戎狄(융적)을 정벌했고(宣公 3년), 周室에서 觀兵했으며,[664] 그 뒤로 다시 鄭에 침입하자, 鄭伯은 웃통을 벗고 사죄했고,[665] 北으로 晉의 군사를 邲(필)에서 패퇴시켰는데 유혈이 하천을 물들였으며, 宋을 9개월간 포위하자 (宋에서는) (戰死者) 뼈를 쪼개어 밥을 지었다.[666]

---

664 원문 伐陸渾戎, 觀兵周室 – 陸渾(육혼)은 地名. 觀兵은 일종의 무력시위. 육혼을 정벌하고 이어 周地 洛(낙)에서 관병했다.

665 원문 肉袒謝罪 – 肉袒(육단)은 사죄의 뜻으로 상의 한쪽 어깨를 벗다. 袒은 웃옷 벗을 단.

666 원문 析骸而炊之 – 析은 쪼갤 석. 骸는 뼈 해. 정강이뼈. 해골. 炊는 불땔 취. 밥을 짓다.

劉歆은, 10월 2일이 楚와 鄭의 分日이라고 생각했다.

原文

十年,「四月丙辰, 日有食之.」

董仲舒,劉向以爲後陳夏徵舒弒其君, 楚滅蕭, 晉滅二國, 王札子殺召伯,毛伯.

劉歆以爲二月魯,衛分.

十七年,「六月癸卯, 日有食之.」

董仲舒,劉向以爲後邾支解鄫子, 晉敗王師於貿戎, 敗齊於鞍.

劉歆以爲三月晦朓魯,衛分.

〖국역〗

宣公 10년(前 599),「4월 丙辰日, 日食이 있었다.」

董仲舒와 劉向은 뒷날 陳國에서 夏徵舒(하징서)가 그 主君(靈公)을 시해했고,[667] 楚는 (宋의 附庸國) 蕭國(소국)을, 晉은 二國을 滅했고,[668] 王札子(왕찰자)는 召伯(소백)과 毛伯(모백)을 살해할 조짐이라고 생각했다.

劉歆은, 2月(2日)이 魯와 衛이 分日이라고 생각했다.

17년,「6월 癸卯日, 日食이 있었다.」

---

667 이는 宣公 10년의 사건이었다.

668 원문 晉滅二國 - 二國은 赤狄과 潞氏. 이는 宣公滅 16년의 사건.

董仲舒와 劉向은 뒷날 邾(주)에서 鄫子(증자)를 支解(지해)[669] 하고, 晉은 王師를 貿戎(무융)에서 패퇴시키고, 鞍(안)에서 齊의 군사를 패퇴시킬(成公 2년) 조짐이라고 생각했다.

劉歆은 3월 그믐날, 그믐달이 보일 때가[670] 魯와 衛의 分日이라고 생각했다.

原文

成公十六年,「六月丙寅朔, 日有食之.」

董仲舒,劉向以爲後晉敗楚,鄭於鄢陵, 執魯侯.

劉歆以爲四月二日魯,衛分.

十七年,「十二月丁巳朔, 日有食之.」

董仲舒,劉向以爲後楚滅舒庸, 晉弑其君, 宋魚石因楚奪君邑, 莒滅鄫, 齊滅萊, 鄭伯弑死.

劉歆以爲九月周,楚分.

〖국역〗

魯 成公 16년(前 575),「6월 丙寅日 초하루, 日食이 있었다.」

董仲舒와 劉向은 뒷날 晉이 楚와 鄭을 鄢陵(언릉, 鄭의 지명)에서 패퇴하고 魯侯를 억류할 조짐이라고 생각했다.

669 支解(지해)는 사지를 찢어죽이다. 骨節을 절단하다.

670 원문 晦朓 – 晦는 그믐날. 朓는 그믐달 조. 그믐날에 그믐달이 서쪽하늘에 보이는 것을 朓(조)라 한다는 주석이 있다.

劉歆은, 4월 2일이 魯와 衛의 分日이라고 생각했다.

(成公) 17년, 「12월 丁巳日 초하루, 日食이 있었다.」

董仲舒와 劉向은 뒷날 楚는 舒庸(서용, 楚의 속국)을 멸하고, 晉에서는 主君(厲公)을 시해하고,[671] 宋의 (大夫) 魚石(어석)은 楚의 힘을 빌려 主君의 식읍을 탈취하며, 莒(거)는 鄫(증)을 없애고, 齊는 萊國을 멸하고,[672] 鄭伯(鄭 僖公)은 시해당할 조짐이라고 생각했다.

劉歆은, 9월이 周와 楚의 分日이라고 생각했다.

原文

襄公十四年, 「二月乙未朔, 日有食之.」

董仲舒,劉向以爲後衛大夫孫,甯共逐獻公, 立孫剽.

劉歆以爲前年十二月二日宋,燕分.

十五年, 「八月丁巳, 日有食之.」

董仲舒,劉向以爲先是晉爲雞澤之會, 諸侯盟, 又大夫盟, 後爲溴梁之會, 諸侯在而大夫獨相與盟, 君若綴斿, 不得擧手.

劉歆以爲五月二日魯,趙分.

〖국역〗

魯 襄公 14년(前 559), 「2월 乙未日 초하루, 日食이 있었다.」

---

671 이는 成公 18년의 사건.

672 이는 襄公 6년의 사건.

董仲舒와 劉向은 뒷날 衛(위)의 大夫 孫林父(손림보)와 甯殖(영식)은 함께 獻公(헌공)을 축출하고, (穆公의) 孫子인 剽(표)를 옹립할(4월) 징조하고 생각했다.

劉歆은, 前年 12월 2일이 宋과 燕의 分日이라고 생각했다.

(襄公) 15년(前 558), 「8월 丁巳日, 日食이 있었다.」

董仲舒와 劉向은 생각했다. 이보다 앞서 晉은 雞澤(계택)의 회맹에서 諸侯의 맹약이 있었고 또 大夫의 會盟이 있었으며, 뒤에 溴梁(추량)의 회맹에서는 諸侯들이 참여했는데도 大夫들이 독자적으로 회맹하였으니, 주군은 바람 따라 펄럭이는 깃발처럼 손을 쓸 수도 없었으니,[673] 이런 일에 대한 징조라고 생각했다.

劉歆은, 5월 2일이 魯와 趙의 分日이라고 생각했다.

原文

(襄公) 二十年, 「十月丙辰朔, 日有食之.」

董仲舒以爲陳慶虎,慶寅蔽君之明, 邾庶其有叛心, 後庶其以漆,閭丘來奔, 陳殺二慶.

劉歆以爲八月秦,周分.

二十一年, 「九月庚戌朔, 日有食之.」

董仲舒以爲晉欒盈將犯君, 後入於曲沃.

---

673 원문 君若綴旒, 不得擧手. - 主君은 신하(大夫)의 통제 하에 놓여 아무 일도 할 수 없다는 뜻. 綴은 꿰맬 철. 旒는 깃발 유. 깃대 끝에 매달린 깃발은 바람 따라 펄럭일 뿐이다!

劉歆以爲七月秦,晉分.

「十月庚辰朔, 日有食之.」

董仲舒以爲宿在軫,角, 楚大國象也. 後楚屈氏譖殺公子追舒, 齊慶封脅君亂國.

劉歆以爲八月秦,周分.

〖국역〗

(襄公) 20년(前 552), 「10월 丙辰日 초하루, 日食이 있었다.」

董仲舒는 陳國 大夫인 慶虎(경호), 慶寅(경연)은 주군의 明察을 엄폐하였고, 邾(주)의 (大夫) 庶其(서기)는 반역의 마음을 품고 있었는데, 뒷날 庶其(서기)는 漆(칠)과 閭丘(여구)의 땅을 가지고 (魯)로 망명하였고, 陳에서는 경호와 경연을 죽이게 될 징조라고 생각했다.

劉歆은, 8월은 秦과 周의 分日이라고 생각했다.

(襄公) 21년, 「9월 庚戌日(경술일) 초하루, 日食이 있었다.」

董仲舒는 晉의 欒盈(난영)은 犯君하려는 징조라 생각했는데, 나중에 (난영은) 曲沃(곡옥)으로 이주했다.

劉歆은, 7월이 秦과 晉의 分日이라고 생각했다.

「10월 庚辰日 초하루, 日食이 있었다.」[674]

董仲舒는 星宿가 (南方) 軫宿(진수)와 (동방) 角宿(각수)에 있고, 楚는 大國의 형상이라고 생각했다. 뒷날 楚의 屈氏(굴씨)는 公子 追舒(추서, 莊王의 아들)를 참소하여 죽게 하였고, 齊의 (大夫) 慶封(경봉)은 주군을 협박하여 혼란에 빠트렸다.

674 한 달 만에 다시 일식이 있을 수 없다며, 기록 착오라는 주석이 있다.

劉歆은, 8월이 秦과 周의 分日이라고 생각했다.

原文

二十三年, 「二月癸酉朔, 日有食之.」

董仲舒以爲後衛侯入陳儀, 甯喜弒其君剽.

劉歆以爲前年十二月二日宋,燕分.

二十四年, 「七月甲子朔, 日有食之, 旣.」

劉歆以爲五月魯,趙分.

「八月癸巳朔, 日有食之.」

董仲舒以爲比食又既, 象陽將絶, 夷狄主上國之象也. 後六君弒, 楚子果從諸侯伐鄭, 滅舒鳩, 魯往朝之, 卒主中國, 伐吳討慶封.

劉歆以爲六月晉,趙分.

〖국역〗

(魯 襄公) 23년(前 550), 「2월 癸酉日 초하루, 日食이 있었다.」

董仲舒는 뒷날 衛侯가 (衛邑) 陳儀(진의)를 통해 입국하자, 甯喜(영희, 甯殖의 子)는 그 主君 剽(표)를 시해할 징조라 생각하였다.

劉歆은, 前年 12월 2일이 宋과 燕의 分日이라 생각했다.

(魯 襄公) 24년, 「7월 甲子日 초하루, 日食인데 皆既日蝕(全食)이었다.」

劉歆은, 5월이 魯와 趙의 分日이라고 생각했다.

「8월 癸巳日 초하루, 日食.」

董仲舒는 연이은 일식과 개기일식은 主君이 斷絕되고,[675] 夷狄(이적)이 上國(中國)의 主君이 될 형상이라고 생각하였다. 그 뒤로 六君이 시해되었는데,[676] 楚의 子爵(자작, 楚王)은 과연 제후들과 함께 鄭을 정벌했으며,[677] 舒鳩(서구)를 멸망시키자, 魯는 楚에 입조했으니[678] (楚는) 마침내 中國(中原)의 맹주가 되어, 吳를 공격하여 慶封(경봉)을 죽였다.

劉歆은, 6월이 晉와 趙의 分日이라고 생각하였다.

原文

二十七年,「十二月乙亥朔, 日有食之.」

董仲舒以爲禮義將大滅絕之象也. 時吳子好勇, 使刑人守門, 蔡侯通於世子之妻, 莒不早立嗣. 後閽戕吳子, 蔡世子般弒其父, 莒人亦弒君而庶子爭.

劉向以爲自二十年至此歲, 八年間日食七作, 禍亂將重起, 故天仍見戒也. 後齊崔杼弒君, 宋殺世子, 北燕伯出奔, 鄭大夫自外入而簒位, 指略如董仲舒.

---

675 원문 象陽將絕 - 陽은 君也.

676 後六君弒 - 魯 襄公 25년, 齊 崔杼(최저)가 弒君한 이후 각국에서 신하가 주군을 시해하는 사건이 이어졌다.

677 襄公 24년 겨울, 楚子, 蔡侯, 陳侯, 許男이 鄭나라를 정벌했다.

678 魯 襄公은 28년에, 楚에 入朝했다.

劉歆以爲九月周,楚分.

〖국역〗

(魯 襄公) 27년(前 546),「12월 乙亥日 초하루, 日食이 있었다.」

董仲舒는 禮義가 완전히 滅絶(멸절)할 형상이라고 생각했다. 그때 吳子(吳侯, 名은 餘祭, 재위 前 548 - 531)는 好勇하여 刑人(환관)으로 守門케 하였으며, 蔡侯(名은 固)는 世子의 妻와 간통하였고, 莒(거)에서는 후사를 일찍 세우지 않았다. 뒷날 환관(閽, 환관 혼)이 吳子를 죽였고(戕, 죽일 장),[679] 蔡의 世子 般(반)은 부친을 시해하였고, 莒人(거인) 역시 弑君하고 庶子(서자)들이 국권을 다투었다.

劉向은, 襄公 20년부터 이때까지 8년간에 일식이 7번이나 있었으니, 이는 禍亂이 겹쳐 일어날 것이기에 하늘이 연이어 警戒를 내린 것이라고 생각하였다. 뒷날 齊 崔杼(최저)는 弑君하였고, 宋에서는 世子를 죽였으며, 北燕의 伯爵은 出奔(출분, 昭公 3년, 齊로 망명)했으며, 鄭의 大夫는 외국에서 돌아와 簒位(찬위)하였으니 그 상황은 대략 동중서의 말과 같았다.

劉歆은, 9월이 周와 楚의 分日이라고 생각했다.

原文

昭公七年,「四月甲辰朔, 日有食之.」

董仲舒,劉向以爲先是楚靈王弑君而立, 會諸侯, 執徐子,

679 戕은 죽일 장. 他國 신하가 와서 주군을 시해하는 것을 戕이라 한다.

滅賴, 後陳公子招殺世子, 楚因而滅之, 又滅蔡, 後靈王亦弑死.

劉歆以爲二月魯,衛分.

傳曰晉侯問於士文伯曰, "誰將當日食?" 對曰, "魯,衛惡之, 衛大魯小."

公曰, "何故?" 對曰, "去衛地, 如魯地, 於是有災, 其衛君乎? 魯將上卿."

是歲, 八月衛襄公卒, 十一月魯季孫宿卒.

晉侯謂士文伯曰, "吾所問日食從矣, 可常乎?"

對曰, "不可. 六物不同, 民心不壹, 事序不類, 官職不則, 同始異終, 胡可常也?《詩》曰,「或宴宴居息, 或盡悴事國.」其異終也如是."

公曰, "何謂六物?" 對曰, "歲,時,日,月,星,辰是謂."

公曰, "何謂辰?" 對曰, "日月之會是謂."

公曰, "《詩》所謂「此日而食, 於何不臧.」何也?"

對曰, "不善政之謂也. 國無政, 不用善, 則自取適於日月之災. 故政不可不愼也, 務三而已, 一曰擇人, 二曰因民, 三曰從時."

此推日食之占循變復之要也.《易》曰,「縣象著明, 莫大於日月.」是故聖人重之, 載於三經. 於《易》在〈豐〉之〈震〉曰,「豐其沛, 日中見昧, 折其右肱, 亡咎.」於《詩 十月之交》, 則著卿士,司徒, 下至趣馬,師氏, 咸非其材. 同於右肱之所折,協於三務之所擇, 明小人乘君子, 陰侵陽之原也.

〖국역〗

魯 昭公 7년(前 535), 「4월 甲辰日 초하루, 日食이 있었다.」

董仲舒와 劉向은 이보다 앞서 楚 靈王은 弑君(시군)하여 즉위하였고, 제후와 회맹하면서 徐子(徐國 子爵)를 억류했으며, 賴國(뇌국)을 멸망시켰기 때문에 일식이 일어났다고 생각했다. 또 뒷날 陳 成公의 아들 招(초)를 시켜 (陳의) 世子(名은 偃師)를 죽였고, 楚는 이를 기회로 陳을 멸망시켰으며, 또 蔡를 멸망시켰지만 나중에 (楚) 靈王도 마찬가지로 시해당했다.[680]

劉歆은, 2月(日)이 魯와 衛의 分日이라고 생각했다.

경전에서 말했다. 晉侯가 (大夫인) 士文伯(사문백, 名은 伯瑕)에게 물었다.

"누가 日食의 災禍(재화)를 받을 것 같은가?"

사문백이 대답했다.

"魯와 衛가 그 징벌을 받겠지만, 衛는 크고 魯는 작을 것입니다."[681]

"왜 그러한가?"

"(日食의 分野가) 衛地를 떠나 魯地에 들어갔기에 두 나라에 재앙이 있을 것이니, 아마 衛君이 아니겠습니까? 魯는 上卿일 것입니다."

이 해 8월에 衛 襄公이 죽었고, 11월에는 魯 季孫宿(계손숙)이 죽

680 이는 昭公 13년의 사건이었다.

681 원문 魯,衛惡之, 衛大魯小. - 惡은 受其罪也. 징벌을 받다. 여기 大小는 지은 죄과에 대한 징벌의 量.

었다. 晉侯가 士文伯에게 물었다.

"내가 들은 그대로 일식이 따라갔는데, 보통 때도 이렇게 점칠 수 있는가?"[682]

"不可합니다. 六物이 不同하고, 民心이 하나가 아니며, 사정이 비슷하지 않고, 관직이 같지 않으며, 시작이 같아도 끝이 다르니, 어찌 늘 같을 수 있겠습니까? 《詩》에서 「어떤 이는 즐기고 편히 쉬며, 어떤 사람은 고생을 다하며 나라를 섬기네.」라 하였으니, 그 끝이 다른 것이 이와 같습니다."[683]

"무엇을 六物이라 하는가?"

"해(歲), 계절(時), 日, 月, 星, 辰(신)을 말합니다."

"무엇을 辰(신)이라 하는가?"

"日月이 交會하는 것을 말합니다."

"《詩》에서 「이번 일식은 무엇이 잘못인가?」라고 하였는데 무슨 뜻인가?"[684]

"善政을 행하지 않았다는 뜻입니다. 나라에 政事가 제대로 이뤄지지 않았고 善人을 등용하지 않았으니, 日月의 재해를 스스로 불러들인 것과 같습니다.[685] 그러니 政事에 어찌 신중하지 않을 수 있겠

---

682 원문 吾所問日食從矣, 可常乎 - 問은 聞. 從은 사문백의 말대로 되었다. 들은 바 그대로이다. 可常乎는 평상시에도 이렇게 점을 칠 수 있는가?

683 원문 《詩》曰, 「或宴宴居息, 或盡悴事國.」 - 《詩 小雅 北山》. 宴宴(燕燕)은 즐기는 모양. 居息은 쉬다. 盡悴(진췌)는 憔悴(초췌).

684 《詩》所謂 「此日而食, 於何不臧」 - 《詩 小雅 十月之交》. 不臧은 不善. 臧은 착할 장. 所謂 이번 일식은 어디에 잘못이 있는지 아는가?

685 원문 則自取適於日月之災 - 適은 讁. 꾸지람 적, 귀양갈 적. 견책.

으며, 힘써야 할 것은 단 3가지뿐이니, 첫째, 사람 골라 쓰기(擇人), 둘째, 백성의 뜻 따르기(因民), 셋째, 時令에 순종하기(從時)입니다.[686]

이상을 추론하면, 日食에 따른 吉凶의 占은 순환, 변화, 반복한다고 요약할 수 있다. 《易 繫辭 上》에서는 「하늘에 떠있어 뚜렷하기로는 日月보다 더 큰 것이 없다.」고 하였다.[687] 이 때문에 聖人도 이를 중시하여 三經에 수록하였다.[688] 《易》의 〈豐卦〉에서 〈震〉의 爻辭(효사)에서, 「늪지가 무성하고, 태양 속에 검은 점이 보인다. 오른 팔이 꺾인 신하는 재앙을 피하리라.」고 하였다.[689] 또 《詩 小雅 十月之交》에서는 著名한 卿士나 司徒(사도, 地官, 主君 輔導, 교육 담당), 아래로는 趣馬(추마, 馬政 담당 小官), 師氏(국왕 보필, 中大夫)까지 모두가 적임자가 아니었다. 오른팔이 꺾인 것과 마찬가지였으니, 三務에 의거 뽑힌 관직이었지만,[690] 분명 小人이 君子를 타고 누르는 상황이

686 從時는 계절이나 자연의 섭리에 따르기. 順從時序.

687 《易 繫辭 上》의 구절. 본 구절의 전후는 다음과 같다. 是故易有太極, 是生兩儀, 兩儀生四象, 四象生八卦, 八卦定吉凶, 吉凶生大業. 是故法象莫大乎天地, 變通莫大乎四時, 縣象著明莫大乎日月, 崇高莫大乎富貴.

688 三經 - 《詩》, 《易》, 《春秋》.

689 원문 〈豐卦〉之〈震〉曰, 「豐其沛, 日中見昧, 折其右肱, 亡咎.」 - 〈豐卦〉는 ☳☲. '雷火豐' 豐盛을 의미. 震卦(☳)가 아니라 하괘(☲) 九三의 爻辭. 沛는 깃발로 해석할 수도 있다. 日中見昧의 昧는 어둘 매. 日食을 의미. 右肱(우굉)은 오른팔. 賢能한 신하. 无咎(무구)는 재앙을 면할 수 있다.

690 三務 - 務三而已의 擇人, 因民, 從時에 의거 뽑힌 관리. 春, 夏, 秋時의 국정을 담당하는 관리라는 주석이 있다.

었으며, 이는 陰이 陽의 근원까지 파고든 것과 같았다.

原文

十五年「六月丁巳朔, 日有食之.」

劉歆以爲三月魯,衛分.

十七年「六月甲戌朔, 日有食之.」

董仲舒以爲時宿在畢, 晉國象也. 晉厲公誅四大夫, 失衆心, 以弑死. 後莫敢復責大夫, 六卿遂相與比周, 專晉國, 君還事之. 日比再食, 其事在春秋後, 故不載於經.

劉歆以爲魯,趙分.

《左氏傳》, 平子曰,「唯正月朔, 慝未作, 日有食之, 於是乎天子不擧, 伐鼓於社, 諸侯用幣於社, 伐鼓於朝, 禮也. 其餘則否.」

太史曰, "在此月也, 日過分而未至, 三辰有災, 百官降物, 君不擧. 避移時, 樂奏鼓, 祝用幣, 史用辭, 嗇夫馳, 庶人走, 此月朔之謂也. 當夏四月, 是謂孟夏."

說曰, 正月謂周六月, 夏四月, 正陽純乾之月也. 慝謂陰爻也, 冬至陽爻起初, 故曰復. 至建巳之月爲純乾, 亡陰爻, 而陰侵陽, 爲災重, 故伐鼓用幣, 責陰之禮. 降物, 素服也. 不擧, 去樂也. 避移時, 避正堂, 須時移災復也. 嗇夫, 掌幣吏. 庶人, 其徒役也.

劉歆以爲六月二日魯,趙分.

〚국역〛

(昭公) 15년(前 527) 「6월 丁巳日 초하루, 日食이 있었다.」

劉歆은, 3월이 魯와 衛의 分日이라고[691] 생각했다.

(昭公) 17년(前 525) 「6월 甲戌日 초하루, 日食이 있었다.」

董仲舒는 그때 星宿(성수)가 (西方) 畢宿(필수)에 있어 晉國을 형상한다고 생각하였다. 晉 厲公(여공)은 4大夫(三郤과 胥童)를 죽여 민심을 잃었고, 결국 시해당하였다. 이후 누구도 다시는 大夫들을 책망하지 못했는데, 六卿이 서로 結黨하여 晉國의 국정을 전담하였고, 晉君이 오히려 6경을 도와주어야 하는 결과가 되었다.[692] 그래서 日食이 거듭 이어졌으며 그런 사건은 春秋시대 이후였기에 《春秋》에는 수록되지 않았다.[693]

劉歆은, 魯와 趙의 分日이라 생각했다.[694]

《左氏傳》에서, (魯의 大夫) 季平子(계평자)가 말했다.

"正月 초하루에는 (陰氣가) 숨어 있어 홍기하지 않지만[695] 日食이 있으면, 이 때문에 天子는 盛饌(성찬)을 들지 않았고, 社廟(사묘)에서

691 원문 三月魯, 衛分 – 魯가 아닌 齊이어야 한다는 주석도 있다.

692 원문 六卿遂相與比周, 專晉國, 君還事之 – 六卿은 范氏, 中行氏, 智氏, 韓, 魏, 趙의 六家. 이 중 范氏, 中行氏, 智氏는 중간에 도태되었고 韓, 魏, 趙가 조를 삼분하면서 전국시대로 진입한다. 比周는 結黨하다.

693 원문 其事在春秋後, 故不載於經 – 春秋는 춘추시대. 經은 《春秋》. 晉의 三分은 下剋上(하극상)이었고, 이를 견제나 제거하지 못하고 周室에서 인정하면서 이른바 戰國時代에 들어간다. 《春秋》는 哀公 14년(前 481)으로 絶筆한다. 이어진 상황은 《戰國策》에 수록되었다.

694 원문 劉歆以爲魯,趙分 – 魯가 아닌 晉이어야 한다는 주석이 있다.

695 원문 慝未作 – 慝은 사특하다. 惡하다. 陰爻. 陰氣, 未作은 홍기하지 않다.

북을 쳤으며(伐鼓), 諸侯는 사묘에 비단 예물을 바치고 조정에서 북을 치는 것이 禮였다. 그 나머지는 모르겠다.」

太史가 말했다.

"이 기간에, 春分을 지나 夏至가 되기 전에, 日, 月, 星辰에 재해가 있으면[696] 百官은 素服(降物)했고,[697] 主君은 盛饌을 들지 않았다(不擧). 재난을 피해 옮겨갈 때는[698] 주악으로 북을 치고, 비단 예물을 올려 축원했으며, 太史는 글을 지어 축원하고, 嗇夫(색부)는 바삐 움직였으며[699] 庶人도 분주하였으니, 이것을 月朔(월삭)이라 하였습니다. 여름인 4월이 되면, 4월을 孟夏라 하였습니다.」

이에 대한 설명이 있다. 正月은 周曆의 六月이며, 夏曆 4월로 正陽에 純乾(순건)한 달이다. 慝(사특할 특)은 陰爻(음효)이고, 冬至에 陽爻가 처음 발생하기에 復이라 했다. 建巳之月이 되어야 純乾하다는 말은 陰爻가 없으나, 陰이 侵陽(침양)하면 災異가 중대하기에 북을 울리고 예물을 올리는 것으로, 이는 責陰의 儀禮이다. 降物은 素服이다. 不擧는 樂을 연주하지 않는 것이다. 避移時는 正堂에서 피신하는 것이니, 재앙이 옮겨가는 시간을 대기했다가(須時) 본래로 돌아간다. 嗇夫(색부)는 예물을 관장하는 관리이다. 庶人은 심부름을

---

696 원문 日過分而未至, 三辰有災 – 分은 春分. 至는 夏至. 三辰은 日, 月, 星辰.

697 원문 百官降物 – 降物의 본뜻은 物彩, 곧 物色을 내린다. 여기서는 天象의 변화를 당하여 謹愼의 의미로 채색 옷을 벗고 素服하다.

698 원문 避移時 – 正寢(정침)을 피하다. 일식이 진행되는 동안 謹愼(근신)한다는 의미.

699 원문 嗇夫馳 – 嗇夫(색부)는 예물이나 제물을 준비하는 관원. 馳는 달릴 치. 바삐 움직이다.

하는 사람이다.

劉歆은, 6월 2日 일을 魯와 趙의 (十二次가 바뀌는) 分日이라고 생각했다.

原文

二十一年,「七月壬午朔, 日有食之.」

董仲舒以爲周景王老, 劉子,單子專權, 蔡侯朱驕, 君臣不說之象也. 後蔡侯朱果出奔, 劉子,單子立王猛.

劉歆以爲五月二日魯,趙分.

二十二年,「十二月癸酉朔, 日有食之.」

董仲舒以爲宿在心, 天子之象也. 後尹氏立王子朝, 天王居於狄泉.

劉歆以爲十月楚,鄭分.

『국역』

(魯 昭公) 21년(前 521),「7월 壬午日 초하루, 日食이 있었다.」

董仲舒는 周 景王은 늙었고, 劉子(유자)와 單子(단자)가 專權을 행사했으며, 蔡侯인 朱(주)는 교만하여 君臣이 不說(불열, 說은 悅)한 형상 때문이라고 생각했다.

뒷날 蔡侯 朱(주)는 예상대로 (楚로) 出奔(출분)했고, 劉子와 單子는 周王 猛(맹)[700]을 옹립했다.

---

700 周王 猛(맹)은 魯 昭公 22년 초, 즉위하지도 못하고 병사했다.

劉歆은, 5월 3일이 魯와 趙이 分日이라고 생각했다.

22년, 「12월 癸酉日 초하루, 日食이 있었다.」

董仲舒는 星宿(성수)가 (동방) 心宿(심수)에 있었으니 天子(周王) 때문이라고 생각했다. 뒷날 (周 大夫) 尹氏는 周王 아들 朝(조)를 옹립했고, 天王(天子, 敬王)은 (피란하여) 狄泉(낭천)에 거처하였다.[701]

劉歆은, 10월이 楚와 鄭의 分日이라고 생각했다.

原文

二十四年, 「五月乙未朔, 日有食之.」

董仲舒以爲宿在胃, 魯象也. 後昭公爲季氏所逐.

劉向以爲自十五年至此歲, 十年間天戒七見, 人君猶不寤. 後楚殺戎蠻子, 晉滅陸渾戎, 盜殺衛侯兄, 蔡,莒之君出奔, 吳滅巢, 公子光殺王僚, 宋三臣以邑叛其君. 它如仲舒.

劉歆以爲二日魯,趙分. 是月斗建辰.

《左氏傳》梓愼曰, "將大水." 昭子曰, "旱也. 日過分而陽猶不克, 克必甚, 能無旱乎! 陽不克, 莫將積聚也." 是歲秋, 大雩, 旱也. 二至二分, 日有食之, 不爲災. 日月之行也, 春秋分日夜等, 故同道, 冬夏至長短極, 故相過. 相過同道而食輕, 不爲大災, 水旱而已.

---

701 아들에게 밀려 洛陽 성 밖 狄泉(낭천)에 거처했다.

〖국역〗

(魯 昭公) 24년(前 518), 「5월 乙未日 초하루, 日食이 있었다.」

董仲舒는 星宿가 (西方) 胃宿(위수)에 있었으니 魯國의 星象이라고 생각했다. 뒷날 昭公은 季氏에 의해 축출되었다.

劉向은 (昭公) 15년부터 10년간에 하늘의 경계가 7번이나 나타났으나 魯君은 여전히 깨닫지 못했다고 생각하였다. 뒷날 楚에서는 戎蠻國(융만국)의 아들을 죽였고, 晉은 陸渾(육혼)의 戎狄(융적)을 없앴으며, 衛侯(衛靈公)의 兄을 몰래 죽였고, 蔡(蔡侯 朱)와 莒(거, 莒子 庚輿)의 主君은 出奔(출분, 魯로 망명)하였고, 吳는 巢(소, 吳 楚간의 小國)를 멸망시켰으며, (吳) 公子 光(광)은 吳王 僚(료)를 살해했고, 宋의 三臣(華亥 등)은 居邑에서 主君에 叛旗를 들었다. 이런 모두가 동중서의 말과 같았다.

劉歆은, 2일이 魯와 趙의 分日이라고 생각했다. 이 달에 北斗가 北辰(북신)을 가리켰다.[702]

《左氏傳》에 의하면, (魯 대부) 梓愼(재신)이 "(올해는) 홍수가 닥칠 것입니다."라고 말했다. 그러자 叔孫昭子(숙손소자)가 말했다.

"가뭄(旱)이 들 것입니다. 태양이 春分을 지났는데도 陽氣가 아직 盛하지 못하나(不克, 陰多陽小), 盛하게 되면 必히 심할 것이니 가뭄이 들지 않겠습니까! 陽이 不克하나, (溫氣가) 積聚(적취, 쌓여 모이다) 되지 않을 수 없습니다."

그 해 가을, 큰 기우제를 지냈고(大雩, 대우), 가물었다. 二至(夏, 冬至)와 二分(春, 秋分)에 日食이 있었지만, 災害라 하지 않았다. 日

702 원문 是月斗建辰 - 北斗의 자루(柄)가 향하는 것을 建이라 한다.

月이 운행하면서, 春, 秋分은 낮과 밤이 균등하기에 同道이고, 冬, 夏至는 그 長短이 아주 다르기에 相過라 한다. 相過와 同道에 일식이 있어도 경미하기에 大災로 여기지는 않고, 水害나 旱害는 있을 수 있다.

原文

(魯 昭公) 三十一年, 「十二月辛亥朔, 日有食之.」

董仲舒以爲宿在心, 天子象也. 時京師微弱, 後諸侯果相率而城周, 宋中幾亡尊天子之心, 而不衰城.

劉向以爲時吳滅徐, 而蔡滅沈, 楚圍蔡, 吳敗楚入郢, 昭王走出.

劉歆以爲二日宋,燕分.

〖국역〗

(魯 昭公) 31년(前 551), 「12월 辛亥日 초하루, 日食이 있었다.」

董仲舒는 星宿가 (東方) 心宿(심수)에 있었으니 天子의 星象이라고 생각하였다. 그때 京師(王道)가 미약했기에, 뒷날 諸侯들은 과연 서로 협력하여 周室을 위해 축성하였는데, 宋의 (大夫) 中幾(중기)는 天子를 받드는 마음이 없어 力役(賦役)을 위한 賦稅를 賦課하지 않았다(不衰城).

劉向은 생각하였다. 그때 吳는 徐國을 멸망시켰고(魯 昭公 30년), 蔡(채)는 沈國(침국)을 멸하였으나, 楚는 蔡를 포위 공격하였고(魯 定公 4년), 吳는 楚를 격파하고 (國都인) 郢(영)에 입성하자, (楚) 昭王

은 도주하였다(魯 定公 4년).

劉歆은, 2日이 宋과 燕의 分日이라고 생각하였다.

原文

定公五年, 「三月辛亥朔, 日有食之.」

董仲舒,劉向以爲後鄭滅許, 魯陽虎作亂, 竊寶玉大弓, 季桓子退仲尼, 宋三臣以邑叛.

劉歆以爲正月二日燕,趙分.

十二年, 「十一月丙寅朔, 日有食之.」

董仲舒,劉向以爲後晉三大夫以邑叛, 薛弑其君, 楚滅頓, 胡, 越敗吳, 衛逐世子.

劉歆以爲十二月二日楚,鄭分.

十五年, 「八月庚辰朔, 日有食之.」

董仲舒以爲宿在柳, 周室大壞, 夷狄主諸夏之象也. 明年, 中國諸侯果纍纍從楚而圍蔡, 蔡恐, 遷於州來. 晉人執戎蠻子歸於楚, 京師楚也.

劉向以爲盜殺蔡侯, 齊陳乞弑其君而立陽生, 孔子終不用.

劉歆以爲六月晉,趙分.

〖국역〗

魯 定公 5년(前 505), 「3월, 辛亥日 초하루, 日食이 있었다.」

董仲舒와 劉向은 뒷날 鄭이 許國을 멸망시키고(定公 6년), 魯의 陪臣(배신) 陽虎(양호)는 반란을 일으켜 (魯의) 寶玉과 大弓을 절취하며, 季桓子는 仲尼(중니, 孔子)를 배척하고,[703] 宋의 三臣은 居邑에서 배반할 것이기에 일식이 일어났다고 생각하였다.

劉歆은, 정월 2일이 燕과 趙의 分日이라고 생각했다.

魯 定公 12년(前 498), 「11월 丙寅日 초하루, 日食이 있었다.」

董仲舒와 劉向은 뒷날 晉의 大夫 3명이 居邑에서 배반하고, 薛(설)에서는 弑君(시군)하고, 楚는 頓(돈)과 胡(호)를 멸망시키고, 越은 吳를 패퇴시키고, 衛에서는世子를 내쫓을 것이라서 일식이 일어났다고 생각하였다.

劉歆은, 12월 2일이 楚와 鄭의 分日이라고 생각했다.

魯 定公 15년(前 495), 「8월 庚辰日 초하루, 日食이 있었다.」

董仲舒는 星宿가 (南方) 柳宿(유수)에 있어 周室이 크게 붕괴하고, 夷狄(이적, 楚)이 諸夏(華夏, 中原)의 주군이 될 형상이라고 생각하였다. 明年에, 中國의 諸侯들은 과연 줄줄이 楚를 따라 蔡國을 포위하자, 蔡는 두려워하며 (도읍을) 州來(주래)로 옮겼다. 晉人은 戎蠻國(융만국)의 아들을(名은 赤) 잡아 楚에 보냈으니, (中原의) 京師는 楚國이었다.

---

703 원문 季桓子退仲尼 - 定公 13년(前 497, 공자 55세)에, 공자는 魯나라를 떠나 각국을 여행한다. 공자가 노나라를 떠난 이유를 명확하게 설명한 사료도 없으며 오랜 기간의 외유에 관하여 《論語》에도 극히 간단한 서술이 있을 뿐이다. 하여튼 공자는 당시 魯의 실권자 季桓子(계환자)와 갈등이 있었다고 추정할 수 있다. 공자는 68세 되는 哀公 11년(前 484)까지 14년간 자신의 道를 실현할 수 있는 나라를 찾아다녔다.

劉向은 蔡侯가 盜殺되고,[704] 齊의 陳乞(진걸)은 그 主君(荼, 도)을 시해하고 陽生(양생)을 옹립하며, 孔子를 끝내 不用할 것이라서 일식이 일어났다고 생각하였다.

劉歆은, 6월이 晉과 趙의 分日이라고 생각했다.

原文

哀公十四年,「五月庚申朔, 日有食之.」在獲麟後.

劉歆以爲三月二日齊,衛分.

凡《春秋》十二公, 二百四十二年, 日食三十六.《穀梁》以爲朔二十六, 晦七, 夜二, 二日一.《公羊》以爲朔二十七, 二日七, 晦二.《左氏》以爲朔十六, 二日十八, 晦一, 不書日者二.

〖국역〗

哀公 14년(前 481)「5월 庚申日 朔, 日食이 있었다.」이는 獲麟(획린)[705] 이후이다.

---

704 원문 盜殺蔡侯 – 盜殺蔡侯는 哀公 4년에 蔡의 公孫인 翩(편)이 蔡侯 申(신)을 살해했는데, 翩(편)이 大夫도 아니라서 멸시하는 뜻으로 盜殺이라 했다.

705 獲麟(획린) – 이는《孔子家語 辯物》,《史記 孔子世家》에 수록되었다. 魯哀公 14년(공자 71세, 서기 前 481년)에 봄에 사냥을 했는데, 叔孫氏의 馬夫가 못보던 짐승을 잡았다 하여 공자가 가서 확인하니 麟(麒麟, 기린)이었다. 이에 공자는 "鳳鳥不至, 河不出圖, 吾已矣夫!(봉황도 오지 않고, 河水의 圖書 출현도 없으니, 나는 끝이로다!)" 라고 탄식하며 '吾道窮也' 라고 말했다. 그리고 그 해에 안회가 죽었을 때에 공자는 "天喪予

劉歆은, 3월 2일이 齊와 衛의 分日이라고 생각했다.

《春秋》에는 총 12公(隱公～哀公), 242년(前 722～481)에 36회의 日食이 있었다. 《穀梁傳》에서는 초하루 일식이 26회, 그믐날 일식이 7회, 夜食이 2회, 初 2일 일식이 1회로 기록되었다. 《公羊傳》에서는 초하루가 27회, 初 2일이 7회, 그믐날이 2회이다. 《左氏傳》에는 초하루 일식이 16회, 初 2일 일식이 18회, 그믐날이 1회, 일자 기록이 없는 일식이 2회이다.

2. 日食(漢代)

原文

高帝三年十月甲戌晦, 日有食之, 在斗二十度, 燕地也. 後二年, 燕王臧荼反, 誅, 立盧綰爲燕王, 後又反, 敗.

(하늘이 나를 버렸다)."라고 절망했다. 기린은 仁獸(인수)이고 王者의 출현을 예고하는 상서로운 동물이다. 그런데 이런 기린이 난세에 출현하여 마부에게 잡혀 죽었다는 소식을 들은 공자는 크게 슬퍼하였고, 그간 집필하던 《春秋》를 여기서 마무리했다(絶筆). 麒麟(기린)은 중국 고대 신화와 전설 속의 神獸(신수)이다. 祥瑞(상서)로움의 상징적 동물로 麒는 수컷, 암컷은 麟인데 2천 년을 산다고 하였다. 공격 무기인 뿔이 있지만 사람이나 가축을 상하게 하지 않고, 벌레나 화초를 밟지 않는 仁獸(인수)인데, 머리는 용, 형체는 말과 같고, 꼬리는 소와 같으며, 입으로는 불을 토해낼 수 있다고 생각하였다. 麟(린), 鳳(봉), 龜(귀), 龍(용)을 보통 四靈(사령)이라 지칭한다.

十一月癸卯晦, 日有食之, 在虛三度, 齊地也. 後二年, 齊王韓信徙爲楚王, 明年廢爲列侯, 後又反, 誅.

九年六月乙未晦, 日有食之, 旣, 在張十三度.

〖국역〗

高帝(高祖) 3년(前 204) 10월 甲戌日 그믐, 日食이 있었는데, (28宿 중 北方) 斗宿(두수)의 20度였으니, 燕地에 해당하였다. 그 2년 뒤, 燕王 臧荼(장도)[706]는 반역했기에 주살되었고, 盧綰(노관)[707]을 燕王으로 삼았는데 뒤에 또 반역하여 패망하였다.

11월 癸卯日 그믐, 日食, (북방) 虛宿(허수)의 3도였으니, 齊地에 해당했다. 그 2년 뒤, 齊王 韓信을 楚王으로 옮겨 봉했는데, 그 다음 해에 列侯에서 폐위되었고 나중에 반역하여 주살되었다.[708]

---

706 臧荼(장도, ? - 前 202) - 항우가 임명한 燕王 韓廣의 部將, 項羽에 협력하여 燕王에 봉해졌다가 나중에 遼東王 韓廣을 치고 옛 燕國을 통일했다. 漢 고조에 협조하다가 반기를 들었으나 고조에게 패망하였다. 荼는 씀바귀 도. 민들레와 비슷한 나물 이름.

707 盧綰(노관, 前 256 - 194) - 沛縣 豐邑 中陽里에서 유방과 한 마을, 같은 날에 출생. 고조와 어려서부터 벗으로 지냈고 西漢 異姓諸侯王의 한 사람. 한때 고조의 신임을 받아 燕王에 봉해졌으나 陳豨(진희) 및 匈奴와 사통한 것이 알려져 漢의 공격을 받자 흉노로 도망했고 거기서 죽었다. 34권, 〈韓彭英盧吳傳〉에 입전. 《史記 韓信盧綰列傳》 참고.

708 韓信(前 230 - 196) - 漢 開國名將. 漢初 三傑. 國士無雙의 주인공. 高祖보다 26세나 어렸다. 淮陰侯(회음후). 韓王 韓信은 동명이인. 今 江蘇省 중부 淮安市 출신. 韓信에 관한 속언 중 '成敗一蕭何, 生死兩婦人' 이란 말이 있는데, 두 사람의 婦人이란 漂母와 呂后를 의미한다. 韓信은 집이 가난하고 선행도 없어 관리로 추천을 받거나 뽑히지도 못했으며, 또

高祖 9년(前 198) 6월 乙未日 그믐, 日食인데 개기일식이었고, (남방) 張宿(장수) 13도였다.

原文

惠帝七年正月辛丑朔, 日有食之, 在危十三度. 谷永以爲歲首正月朔日, 是爲三朝, 尊者惡之.

五月丁卯, 先晦一日, 日有食之, 幾盡, 在七星初. 劉向以爲五月微陰始起而犯至陽, 其占重. 至其八月, 宮車晏駕, 有呂氏詐置嗣君之害.

京房《易傳》曰, 「凡日食不以晦朔者, 名曰薄. 人君誅將不以理, 或賊臣將暴起, 日月雖不同宿, 陰氣盛, 薄日光也.」

〖국역〗

惠帝 7년(前 188, 혜제 마지막 해) 정월 辛丑日 초하루, 日食이 있었는데, (北方) 危宿(위수) 13도였다. 谷永(곡영)은 歲首, 正月, 朔日을 三朝라 하는데, 尊者들은 이런 날의 일식을 싫어한다고 하였다.

5월 丁卯日, 그믐 하루 전날 일식이 있었는데, 거의 끝날 무렵이

먹고 살려 장사를 하지도 않고 늘 남에게 얻어먹었다. 고조가 천하를 평정하면서 공신과 異姓으로 왕이 된 자가 八國이었다. 張耳와 吳芮, 彭越과 黥布, 臧荼(장도)와 盧綰(노관), 그리고 2명의 韓信이었는데 모두가 한때의 임시변통이나 잔꾀와 폭력으로 성공하여 모두 영토를 나눠 갖고 남면하여 稱孤(칭고)하였다. 강대한 것처럼 보이다가 걱정하며 스스로 안정하지 못하였으며, 일이 드러나고 힘이 몰리면 결국 반역을 저질렀기에 끝내 멸망에 이르렀다.

었고 北斗七星의 初度였다(1度). 劉向은 五月에 微陰(미음)이 처음 자리 잡으면서 夏至의 陽氣를 범하기에 그 占이 중요하다고 말했다. 그해 8월에 혜제가 붕어했고(宮車晏駕, 궁거안가), 呂氏는 가짜 후사를 세우는 害惡(해악)을 저질렀다.

京房은《易傳》에서 말했다.

「日食이 그믐이나 초하루가 아닌 날에 일어난 모두를 薄(박, 엷을 박, 逼迫의 뜻)이라 한다. 人君이 誅殺(주살)을 집행하되 이치에 맞지 않거나, 賊臣이 갑자기 일어날 때, 日月이 비록 같은 星宿에 있지 않더라도 음기가 왕성하면 그 일광이 흐려진다.」

原文

高后二年六月丙戌晦, 日有食之.

七年正月己丑晦, 日有食之, 旣, 在營室九度, 爲宮室中. 時高后惡之, 曰, "此爲我也!" 明年應.

〖국역〗

高后 2년(前 186) 6월 丙戌日 그믐, 日食이 있었다.

7년(前 181) 正月 己丑日, 그믐, 日食이 있었는데 개기일식이었으며, (北方) 營室(室宿) 9度이니 宮室에 해당하였다. 그대 高后는 이를 증오하며 말했다. "이것이 나 때문인가!" 그 감응은 다음 해였다.[709]

---

709 明年應 - 高后 8년(前 180) 가을인 7월 辛巳日에, 황태후가 未央宮에서 붕어했다. 遺詔(유조)로 제후 왕 개인에게 千金을 하사했고 장군과 승

原文

文帝二年十一月癸卯晦, 日有食之, 在婺女一度.

三年十月丁酉晦, 日有食之, 在斗二十三度.

十一月丁卯晦, 日有食之, 在虛八度.

後四年四月丙辰晦, 日有食之, 在東井十三度.

七年正月辛未朔, 日有食之.

〖국역〗

文帝 2년(前 178) 11월 癸卯日 그믐, 日食이 있었는데, (北方) 婺女(무녀, 女宿) 1度였다.

3년 10월 丁酉日 그믐, 日食, (북방) 斗宿(두수) 23도였다.

11월 丁卯日 그믐, 日食, (북방) 虛宿(허수) 8度.

後元 4년(前 160) 4월 丙辰日 그믐, 日食, (남방) 東井(井宿) 13度.

後元 7년(前 157, 文帝 붕어) 정월 辛未日 초하루, 日食이 있었다.

原文

景帝三年二月壬午晦, 日有食之, 在胃二度.

七年十一月庚寅晦, 日有食之, 在虛九度.

상, 列侯에서 아래로 郞吏까지 각각 차등을 두었다. 천하에 사면령을 내렸다. 孝惠帝와 高后 시대에는 海內가 전쟁의 고통에서 벗어났고, 君臣이 모두 無爲의 정치를 원했기에 惠帝는 팔짱을 끼었고, 高后가 女主로 정사를 재단했으나 궁궐 문밖을 벗어나지 않았으니, 천하는 태평했고 형벌을 거의 쓰지 않았으며 백성은 농사에 힘써 衣食이 넉넉하였다.

中元年十二月甲寅晦, 日有食之.

中二年九月甲戌晦, 日有食之.

三年九月戊戌晦, 日有食之, 幾盡, 在尾九度.

六年七月辛亥晦, 日有食之, 在軫七度.

後元年七月乙巳, 先晦一日, 日有食之, 在翼十七度.

〖국역〗

景帝 3년(前 154) 2월 壬午日 그믐, 日食, (서방) 胃宿(위수) 2도.

7년 11월 庚寅日 초하루, 日食, (北方) 虛宿(허수) 9度.

中元 원년(前 149) 12월 甲寅日 그믐, 日食.

中元 2년 9월 甲戌日 그믐, 日食.

中元 3년 9월 戊戌日 그믐, 日食, 거의 일식이 끝날 무렵, (東方) 尾宿(미수) 9度.

中元 6년 7월 辛亥日 그믐, 日食, (南方) 軫宿(진수) 7度.

後元 원년(前 143) 7월 乙巳日, 그믐 1일 전. 日食, (남방) 翼宿(익수) 17度.

原文

武帝建元二年二月丙戌朔, 日有食之, 在奎十四度.

劉向以爲奎爲卑賤婦人, 後有衛皇后自至微興, 卒有不終之害.

三年九月丙子晦, 日有食之, 在尾二度.

五年正月己巳朔, 日有食之.

元光元年二月丙辰晦, 日有食之.

七月癸未, 先晦一日, 日有食之, 在翼八度.

劉向以爲前年高園便殿災, 與《春秋》御廩災後日食於翼, 軫同. 其占, 內有女變, 外爲諸侯. 其後陳皇后廢, 江都,淮南,衡山王謀反, 誅. 日中時食從東北, 過半, 晡時復.

元朔二年二月乙巳晦, 日有食之, 在胃三度.

六年十一月癸丑晦, 日有食之.

元狩元年五月乙巳晦, 日有食之, 在柳六度.

京房《易傳》推以爲是時日食從旁右, 法曰君失臣. 明年丞相公孫弘薨. 日食從旁左者, 亦君失臣, 從上者, 臣失君, 從下者, 君失民.

元鼎五年四月丁丑晦, 日有食之, 在東井二十三度.

元封四年六月己酉朔, 日有食之.

太始元年正月乙巳晦, 日有食之.

四年十月甲寅晦, 日有食之, 在斗十九度.

征和四年八月辛酉晦, 日有食之, 不盡如鉤, 在亢二度. 晡時食從西北, 日下晡時復.

〖국역〗

武帝 建元 2년(前 139), 2월 丙戌日 초하루, 日食, (서방) 奎宿(규수) 14度.

劉向은 奎宿(규수)는 비천한 婦人을 뜻한다고 했으니, 뒷날 衛皇

后(위황후)는 아주 미천한 지위에서 흥기하였지만 끝내 제 명대로 살지 못하고 자살했다.[710]

3년 9월 丙子日 그믐, 日食, (동방) 尾宿(미수) 2度.

5년 정월 己巳日 초하루, 日食.

元光 원년(前 134), 2월 丙辰日 그믐, 日食.

7월 癸未日, 그믐 1日 전, 日食, (남방) 翼宿(익수) 8度.

劉向은 전년 高園의 便殿에서 화재가 있었는데, 이는 《春秋》의 御廩(어름)의 화재 뒤에 日食이 (남방) 翼宿, 軫宿(진수)에서 있었던 것과 같다고 했다. 그러면서 그 길흉은 內에 女變이 있거나 밖으로 제후에게 재해가 있을 것이라 했다. 일식 뒤에 陳皇后가 폐위되었고, 江都王, 淮南王, 衡山王이 모반했다가 주살되었다. 한낮에 일식이 (해의) 동북부터 시작되어 해의 절반을 가린 뒤에 晡時(포시, 申時)에 복원되었다.

---

710 孝武帝 衛皇后 – 字는 子夫인데 미천한 가문이었으니, 平陽公主의 歌妓(가기)였다. 무제가 즉위하고 몇 년 동안 아들이 없었다. 무제가 霸上(패상)에서 祓祭(불제, 푸닥거리)를 지내고 돌아오는 길에 평양공주의 집에 들렀는데, 무제는 오직 위자부만 좋아하였다. 무제가 화장실에 가자 위자부는 옷시중을 들면서 행랑채에서 사랑을 받았다. 자리에 돌아와 아주 즐거워하면서 평양공주에게 황금 일천 근을 하사하였다. 위자부는 입궁 1년이 넘도록 사랑을 다시 받지 못했다. 무제는 가까이하지 않는 궁녀를 내보내려 하자, 위자부는 울면서 출궁하겠다고 말했다. 무제는 가련타 생각하며 다시 사랑을 주었다. 결국 임신했고 총애를 받았다. 위자부의 친정오빠인 衛長君과 동생 衛青(위청)은 시중에 대장군으로 명성을 누렸다. 위자부는 元朔(원삭) 원년(前 128)에 아들 劉據(유거, 衛太子, 栗太子)를 낳고 마침내 황후가 되었다가 巫蠱(무고)의 禍에 폐위되었다. 97권, 〈外戚傳〉 (上)에 立傳.

元朔 2년(前 134), 2월, 乙巳日. 그믐, 日食, (西方) 胃宿(위수) 3度.

6년 11월 癸丑日 그믐, 日食.

元狩(원수) 원년(前 122), 5월 乙巳日 그믐, 日食, (남방) 柳宿(유수) 6度.

京房은《易傳》에서 이를 추론하여 이때 일식은 해의 우측 옆에서 시작되었으며 占法에 君이 失臣한다고 하였다. 명년에, 丞相 公孫弘(공손홍)이 죽었다. 日食이 좌측 옆에서 시작해도 역시 君이 失臣하고, 위에서부터 시작하면 臣이 失君하고, 아래로부터 시작하면 주군이 백성을 잃는다고 하였다.

元鼎 5년(前 112), 4월 丁丑日 그믐, 日食, (南方) 東井(井宿, 정수) 23度.

元封 4년(前 107), 6월 己酉日 초하루, 日食.

太始 원년(前 96), 정월 乙巳日 그믐, 日食.

4년 10월 甲寅日 그믐 日食, (북방) 斗宿 19度.

征和 4년(前 89), 8월 辛酉日 그믐, 日食, 일식이 다 가리지 않고 갈고리 모양을 남기고 끝났으며 (동방) 亢宿(항수) 2度. 晡時(포시, 申時)에 해의 서북부터 일식이 시작하여 해의 아래부터 晡時에 복원되었다.

原文

昭帝始元三年十一月壬辰朔, 日有食之, 在斗九度, 燕地也. 後四年, 燕剌王謀反, 誅.

元鳳元年七月己亥晦, 日有食之, 幾盡, 在張十二度.

劉向以爲己亥而旣, 其占重. 後六年, 宮車晏駕, 卒以亡嗣.

〖국역〗

昭帝 始元 3년(前 84), 11월 壬辰日 초하루, 日食, 9(북방) 斗宿 9度, 燕地에 해당. 그 후 4년, 燕 剌王(날왕, 名 旦), 모반하여 주살되었다.

元鳳 원년(前 80), 7월 己亥日 그믐, 日食, 거의 끝 무렵, (南方) 張宿(장수) 12度였다.

劉向은 己亥日의 개기일식의 길흉 예측은 아주 중요했다고 말했다. 그 6년 뒤 소제가 붕어했으며 끝내 후사가 없었다.

原文

宣帝地節元年十二月, 癸亥晦, 日有食之, 在營室十五度.

五鳳元年十二月, 乙酉朔, 日有食之, 在婺女十度.

四年四月, 辛丑朔, 日有食之, 在畢十九度. 是爲正월, 朔, 慝未作,《左氏》以爲重異.

〖국역〗

宣帝 地節 원년(前 69), 12월 癸亥日 그믐, 日食, (북방) 營室(室宿) 15度였다.

五鳳 원년(前 57), 12월 乙酉日 초하루, 日食, (북방) 婺女(무녀, 女宿)의 10度였다.

4年 4월, 辛丑日 초하루, 日食, (西方) 畢宿(필수)의 19度였다. 이는 정월 초하루로 음기가 싹트지는 않았으나, 이런 경우를《左氏傳》에서는 중요한 變(변)이라고 기록하였다.

原文

元帝永光二年三月壬戌朔, 日有食之, 在婁八度.

四年六月戊寅晦, 日有食之, 在張七度.

建昭五年六月壬申晦, 日有食之, 不盡如鉤, 因入.

〖국역〗

元帝 永光 2년(前 42), 3월 壬戌日 초하루, 日食, (서방) 婁宿(누수) 8度에서 일어났다.

4년 6월, 戊寅日 그믐, 日食, (남방) 張宿 7度에서 시작했다.

建昭 5년(前 34), 6월 壬申日 그믐, 日食, 갈고리 모양만큼을 남겨 놓고 그대로 해가 졌다.

原文

成帝建始三年十二月戊申朔, 日有食之, 其夜未央殿中地震.

谷永對曰, 「日食婺女九度, 占在皇后. 地震蕭牆之內, 咎在貴妾. 二者俱發, 明同事異人, 共掩制陽, 將害繼嗣也. 亶日食, 則妾不見, 亶地震, 則后不見. 異日而發, 則似殊事,亡故動變, 則恐不知. 是月后妾當有失節之郵, 故天因此兩見其變. 若曰, '違失婦道, 隔遠衆妾, 妨絶繼嗣者, 此二人也.'」

杜欽對亦曰, 「日以戊申食, 時加未. 戊未, 土也, 中宮之部. 其夜殿中地震, 此必適妾將有爭寵相害而爲患者. 人事失於下, 變象見於上. 能應之司德, 則咎異消, 忽而不戒, 則禍敗至. 應之, 非誠不立, 非信不行.」

〖국역〗

成帝 建始 3년(前 30) 12월 戊申日 초하루, 日食이 있었고 그 밤에 未央宮에서 地震이 났다.

이에 谷永(곡영)이 대책을 올렸다.

「日食은 (북방) 婺女〔무녀, 女宿(여수)〕 9度에서 있었으니 그 徵驗(징험)은 황후에 있습니다. 궁궐 안채 지진의[711] 재해는 貴妾에 해당합니다. 일식과 지진이 함께 발생한 것은 같은 일에 관련된 사람은 달라도 둘 다 陽을 덮어 가리거나 제지하는 것이니 장차 후세에 해를 끼칠 것입니다. 일단 日食[712]에는 女妾이 보이지 않고, 일단 지진에는 황후가 보이지 않습니다. (일식과 지진이) 서로 다른 날에 발생했다면 비슷하나 별개의 사안이지만, 아무 연고도 없는 發動이고 변화라면 그 두려움은 짐작도 못할 것입니다. 이 달에 황후나 妾室

---

711 蕭牆之內 - 蕭牆(소장)은 궁궐 내에서 건물을 구분하거나 가리기 위한 낮은 담. 궁궐의 뜻으로 통용.

712 亶日食 - 亶은 진실로 단, 믿음 단. 但也. 다만.

이 失節한 허물이 틀림없이 있었기에[713] 하늘은 변고에 대하여 두 차례의 警戒를 내린 것입니다. 天戒는 마치 '婦道를 위배 상실하였고, 衆妾을 멀리 떨어지게 하여, 후사를 방해하고 단절하는 자는 두 사람이다.' 라고[714] 말하는 것 같습니다.」

杜欽(두흠)[715]도 역시 대책을 올렸다.

「戊申日의 日食에 그 시각 未를 보태 생각할 때, 天干의 戊(무)와 地支의 未(미)는 모두 土이고 中宮에 해당합니다. 그날 야간에 殿中의 地震까지, 이는 틀림없이 嫡室과 後妾이 총애를 다투며 서로 해악을 행하기에 재해로 나타난 것입니다. 아래에서 人事가 잘못되었기에 그에 대한 變象을 하늘에서 보여준 것입니다. 이에 덕행으로 報應한다면, 재이는 사라지나 이를 경시하고 조심하지 않는다면 재앙과 패망이 닥칠 것입니다. 하늘의 계시에 호응하려면, 성의가 아니면 존립할 수 없고 성실이 아니라면 실행할 수 없습니다.」

原文

河平元年四月己亥晦, 日有食之, 不盡如鉤, 在東井六度.

劉向對曰, 「四月交於五月, 月同孝惠, 日同孝昭. 東井,

---

713 원문 后妾當有失節之郵 – 郵는 역참 우. 尤(허물 우)와 通. 여기서는 허물.

714 원문 妨絶繼嗣者, 此二人也 – 후사를 단절케 한 두 사람이 成帝의 許皇后와 班婕妤(반첩여)라는 주석이 있는데, 여기에 반첩녀를 예시한 주석에 동의할 수 없다. 97권, 〈外戚傳 下〉 참고.

715 杜欽(두흠) – 杜周의 손자. 생졸년 미상. 字는 子夏로 젊어서부터 經書를 좋아하였고, 집은 부유했으나 한쪽 눈을 실명하여 관리가 되려 하지 않았다. 王鳳의 참모로 지명도가 있었다. 60권, 〈杜周傳〉에 附傳.

京師地, 且旣, 其占恐害繼嗣.」日蚤食時, 從西南起.

三年八月乙卯晦, 日有食之, 在房.

四年三月癸丑朔, 日有食之, 在昴.

陽朔元年二月丁未晦, 日有食之, 在胃.

永始元年九月丁巳晦, 日有食之.

谷永以京房《易占》對曰, 「元年九月日蝕, 酒亡節之所致也. 獨使京師知之, 四國不見者, 若曰, 湛湎於酒, 君臣不別, 禍在內也.」

〖국역〗

(成帝) 河平 원년(前 28), 4월 己亥日 그믐, 日食, 갈고리만큼을 남겨 놓았고, (남방) 東井(井宿) 6도였다.

劉向이 대책을 올려 말했다.

「4월과 5월의 교차 시기는 孝惠帝 때의 일식과 같고, 日字는 孝昭帝 때의 일식과 같습니다. 東井宿(동정수)는 京師에 해당하고, 또 개기일식은 그 재해가 아마 後嗣(후사)에 있을 것 같습니다.」

일식은 아침 먹을 무렵에 해의 서남 부분부터 시작했다.

河平 3년 8월 乙卯日 그믐, 日食, (동방) 房宿(방수)의 자리에서 발생하였다.

河平 4년 3월 癸丑日 초하루, 日食, (서방) 昴宿(묘수)의 자리에서 발생하였다.

(成帝) 陽朔 원년(前 24), 2월 丁未日 그믐, 日食, (서방) 胃宿(위수)에서 시작.

(成帝) 永始 원년(前 16), 9월 丁巳日 그믐, 日食.

谷永은 京房의《易占》을 근거로 대책을 올려 말했다.

「永始 원년 9월의 日蝕은 음주 무절제의 所致(소치)입니다. 京師 근처에서만 알고 사방의 郡國에서 못 보았지만, 天戒는 마치 '술에 푹 빠져[716] 君臣을 不別하면 그 禍는 궁궐에 있다.' 라고 말하는 것 같습니다.」

原文

永始二年二月乙酉晦, 日有食之.

谷永以京房《易占》對曰, 「今年二月日食, 賦斂不得度, 民愁怨之所致也. 所以使四方皆見, 京師陰蔽者, 若曰, '人君好治宮室, 大營墳墓, 賦斂茲重, 而百姓屈竭, 禍在外也.'」

三年正月己卯晦, 日有食之.

四年七月辛未晦, 日有食之.

元延元年正月己亥朔, 日有食之.

〖국역〗

(成帝) 永始 2년(前 15), 2월 乙酉日 그믐, 日食.

谷永은 京房(경방)의《易占》을 근거로 대책을 올려 말했다.

「금년 2월, 日食은 賦斂(부렴)이 正度를 넘어 백성 근심과 원망의 所致입니다. 때문에 천하 사방에서 다 보였지만, 京師에서 엄폐된

716 원문 湛湎於酒 – 湛은 잠길 침, 빠질 침. 즐길 담. 湎은 빠질 면.

것은 천계가 마치 '人君이 궁궐 꾸미기를 좋아하고 분묘를 크게 짓느라고 賦斂(부렴)이 이처럼 무거워 백성이 꺾이고 다하였으니(渴), 재앙은 밖에 있을 것이다.' 라고 말하는 것 같습니다.」

三年 정월 己卯日 그믐, 日食.

四年 7월 辛未日 그믐, 日食.

元延 원년(前 12), 정월 己亥日 초하루, 日食.

原文

哀帝元壽元年正月辛丑朔, 日有食之, 不盡如鉤, 在營室十度, 與惠帝七年同月日.

二年三月壬辰晦, 日有食之.

〖국역〗

哀帝 元壽 원년(前 2), 정월 辛丑日 초하루 日食이 있었는데, 갈고리만큼을 남기고 끝났는데 (북방) 營室(室宿) 10도에서 발생했으며 惠帝 7년과 月日이 같았다.[717]

(哀帝 元壽) 2년 3월 壬辰日 그믐, 日食이 있었다.[718]

---

717 惠帝 7년은 前 188, 혜제 재위 마지막 해였다. 文帝 後元 7년(前 157, 文帝 붕어) 정월 辛未日 초하루에도 日食이 있었다.

718 〈哀帝紀〉에는 '夏 四月 壬辰 晦에 日有蝕之라.' 그리고 '六月 戊午日, 帝崩於未央宮이라.' 했다. 班固는 「애제는 평소 성격이 풍류나 여색을 좋아하지 않았고, 가끔 맨손 겨루기나 활쏘기를 구경하였다. 즉위 후에 사지 마비가 왔고 말년에 더욱 심하여 재위가 길지 않았으니 哀切할 뿐이다!」라고 말했다.

原文

平帝元始元年五月丁巳朔, 日有食之, 在東井.

二年九月戊申晦, 日有食之, 旣.

凡漢著紀十二世, 二百一十二年, 日食五十三, 朔十四, 晦三十六, 先晦一日三.

〖국역〗

平帝 元始 원년(서기 1) 5월 丁巳日 초하루, 日食, (남방) 東井(井宿)에서 시작했다.

(元始) 2년 9월 戊申日 그믐, 日食, 개기일식(旣, 全食).

漢의 본기에 총 12世, 212년에, 日食이 53회였는데, 초하루에 14회, 그믐에 36회, 그믐 전날에 3회였다.

3. 異徵(이징)

原文

成帝建始元年八月戊午, 晨漏未盡三刻, 有兩月重見.

京房《易傳》曰, 「'婦貞厲, 月幾望, 君子征, 凶.' 言君弱而婦彊, 爲陰所乘, 則月並出. 晦而月見西方謂之朓, 朔而月見東方謂之仄慝, 仄慝則侯王其肅, 朓則侯王其舒.」

劉向以爲朓者疾也, 君舒緩則臣驕慢, 故日行遲而月行疾也. 仄慝者不進之意, 君肅急則臣恐懼, 故日行疾而月行遲, 不敢迫近君也. 不舒不急, 以正失之者, 食朔日.

劉歆以爲舒者侯王展意顓事, 臣下促急, 故月行疾也. 肅者王侯縮朒不任事, 臣下弛縱, 故月行遲也. 當春秋時, 侯王率多縮朒不任事, 故食二日仄慝者十八, 食晦日朓者一, 此其效也. 考之漢家, 食晦朓者三十六, 終亡二日仄慝者, 歆說信矣. 此皆謂日月亂行者也.

〖국역〗

成帝 建始 원년(前 32), 8월 戊午日 새벽, 물시계가 3刻(각)이 다하기 전에 2개의 달이 겹쳐 보였다.[719]

京房은《易傳》에서 말했다.

「'婦人이 貞하나 억세도다. 月은 거의 보름달이다. 君子가 征伐(정벌)에 나서면 凶하다.' 고 하였는데,[720] 이는 主君이 약하고 부인이 강하다는 말이니, 陰에 의해 통제되면 달이 나란히 떠오른다(並出, 두 개로 보인다는 뜻). 그믐날(晦)에 달이 西方에 보이는 것을 朓(조, 그믐달 조)라 하고, 초하루(朔)에 달이 東方에 보이는 것을 仄慝(측특)이라 하는데,[721] 仄慝(측특)에 侯王은 엄숙하고(莊重), 朓(조)에

---

719 원문 晨漏未盡三刻 - 晨은 새벽 신. 漏는 샐 누. 물시계. 물시계로 시간을 측정할 수 있으니, 1일 주야를 100刻(1刻은 1440分÷100은 14.4분), 또는 120刻(1刻은 12분)으로 계산했다. 3刻이라면 약 40여 분간 겹쳐 보였다는 뜻이다. 重見의 見은 現.

720 이는《易》〈小畜卦〉(風天小畜 ☴☰) 上九의 爻辭이다.

721 仄慝 - 仄은 기울 측. 慝은 사특할 특. 해와 달의 운행이 정상이 아니라

侯王은 서둘지 않는다(舒).」

劉向은 朓(조)는 빠르다는 뜻이니, 주군이 서둘지 않으면(舒緩) 신하는 驕慢(교만)해지니, 그래서 日의 운행은 늦고 月의 운행은 빠른 것이라고 생각했다. 仄慝(측특)이란 '나아가지 못한다.'는 뜻도 있으니, 주군이 엄숙하면서도 독촉하면 臣은 두려워한다(恐懼). 그리고 日行이 빠르다면(疾) 달의 운행은 늦어지는 것이라서 신하가 주군을 압박하지 못한다. 不舒하고 不急하여야 잘못된 것을 바로잡을 수(正) 있고, 일식은 초하루에 이뤄져야 한다.

劉歆은, 舒(서)란 侯王이 뜻을 내보이면서 일을 결정한다는(顓事, 전사) 뜻이고, 臣下가 促急(촉급)하기에 月의 운행이 빨라진 것이라고 생각하였다. 엄숙한 것은(肅者) 王侯가 위축되어(縮朒) 政事를 감당하지 못하는 것이고,[722] 그러면 臣下가 이완 방종하기에 月의 운행이 지연되는 것이다. 春秋시대에 侯王의 대부분이(率多) 위축되고 눌려(縮朒) 권한을 행사하지 못했기에 일식이 初 2일로 늦춰진 것이 18회나 있었고, 일식이 그믐에 빨리 이뤄진 것은 1회 뿐이라는 사실이 그 증거이다.

漢室의 일식을 따져보면 일식이 그믐날에 일찍 진행된 것이 36회였고, 初 2일에 늦춰진 일식이 끝까지 없었으니 유흠의 말을 믿을 수 있다. 이 모두는 日月의 운행이 혼란했다는 뜻이다.

는 뜻.

722 원문 縮朒不任事 – 縮은 줄일 축. 오그라들다. 朒은 초승달이 동에서 뜰 육, 쪼그라든 모양 육, 펴지 못할 육.

原文

元帝永光元年四月, 日色青白, 亡景, 正中時有景亡光. 是夏寒, 至九月, 日乃有光.

京房《易傳》曰, 「美不上人, 兹謂上弱, 厥異日白, 七日不溫. 順亡所制兹謂弱, 日白六十日, 物亡霜而死. 天子親伐, 兹謂不知, 日白, 體動而寒. 弱而有任, 兹謂不亡, 日白不溫, 明不動. 辟譽公行, 兹謂不伸, 厥異日黑, 大風起, 天無雲, 日光晻. 不難上政, 兹謂見過, 日黑居仄, 大如彈丸.」

〖국역〗

元帝 永光 원년(前 43) 4월, 日色이 青白色이고 그림자가 없더니,[723] 한낮에(正中時) 그림자는 생겼으나 빛이 없었다.[724] 이 해 여름에 날이 추웠는데, 9월에 가서야 해가 정상으로 빛났다(日乃有光).

京房은 《易傳》에서 말했다.

「上人이 不美不善한 것을 上弱이라 하는데, 그 재이는 白日이며 7일 정도 온난하지 않다. (主君이 신하에) 순종하며 제압하지 못하는 것을 弱(약)이라 하는데, 해가 60일 동안 白日이며 서리가 없어도 만물이 죽는다. 天子가 친히 정벌에 나서는 것을 不知(無明智)라 하는데, 白日에 물체가 動하더라도 寒氣가 나온다. (主君이) 나약하여

723 亡景 - 無影(무영). 景은 빛 경, 볕 경. 밝다. 그림자 영.

724 원문 正中時有景亡光 - 正中은 中午時. 午時는 한낮. 有景亡光(유영무광)의 亡光은 빛의 광채가 없다(無光輝).

임무를 감당하지 못하는 것을 不亡(불망, 不衰亡)이라 하는데, 白日에 不溫하며 表明하나 不動한다. 주군의 과오가 있으면서도 公行하는 것을[725] 不伸(불신)이라 하는데, 그 재이는 해가 어두워지면서(日黑), 大風이 불지만 하늘에 구름이 없고 日光이 침침해진다.[726] 군주의 政事(上政)를 따지지 않는 것(不難)을 見過(현과)라 하는데, 日의 측면에 있는 검은 점이[727] 彈丸만큼 커진다.」

原文

成帝 河平元年正月壬寅朔, 日月俱在營室, 時日出赤. 二月癸未, 日朝赤, 且入又赤, 夜月赤. 甲申, 日出赤如血, 亡光, 漏上四刻半, 乃頗有光, 燭地赤黃, 食後乃復.

京房《易傳》曰, 「辟不聞道玆謂亡, 厥異日赤.」

三月乙未, 日出黃, 有黑氣大如錢, 居日中央.

京房《易傳》曰, 「祭天不順玆謂逆, 厥異日赤, 其中黑. 聞善不予, 玆謂失知, 厥異日黃.」

夫大人者, 與天地合其德, 與日月合其明, 故聖王在上, 總命群賢, 以亮天功, 則日之光明, 五色備具, 燭燿亡主, 有主則爲異, 應行而變也. 色不虛改, 形不虛毀, 觀日之五變, 足

725 원문 辟愆公行 – 辟은 임금 벽. 愆은 허물 건. 愆(허물 건)과 通. 公行은 아무렇지도 않은 듯 행동하다.

726 원문 日光晻 – 晻은 햇빛 침침할 엄.

727 원문 日黑居仄 – 日黑은 태양의 黑點.

以監矣. 故曰「縣象著明, 莫大乎日月.」此之謂也.

〖국역〗

成帝 河平 元年(前 28), 正月 壬寅日 초하루, 日과 月이 모두 (북방) 營室宿(영실수) 자리에 있었는데, 그때 해가 赤光을 내며 떠올랐다. 2월 癸未日, 아침에 해가 붉게 떠올랐고, 해가 질 때도 역시 붉었으며, 밤에 뜨는 달도 붉었다. (다음 날인) 甲申日 해가 뜨면서 마치 피와 같은 붉은색이었고 빛이 없었으며, 약 4刻半이 지나서야 제대로 빛을 내었지만 땅에 비친 햇살은 적황색이었는데 아침을 먹은 이후에야 복원되었다.

京房은 《易傳》에서 말했다. 「主君(辟)이 道를 알지 못하면 이를 亡(滅亡)이라 하는데, 그 재이는 해가 붉은색이다.」

3월 乙未日, 日出이 황색이었고, 黑氣의 크기가 錢만큼 컸고 태양의 중앙에 있었다.

京房이 《易傳》에서 말했다.

「祭天하면서 공손하지 않은 것을 逆(역)이라 하는데, 그 재이는 태양은 붉고 흑점이 나타난다. 선행을 듣고도 허락하지 않는 것을 失知(실지)라 하는데, 그 재이는 누렇게 뜨는 해이다.」

덕행이 고상한 사람(大人者)이란 그 덕행이 天地와 合一하고 日月처럼 밝으니, 그래서 聖王이 在上한다. 성왕은 많은 賢者를 거느리며 天功을 밝히는데, 곧 태양의 광명은 오색을 갖추었고 세상을 밝히지만 주관하지 않으나 주관하더라도 행위에 따라 적당하고 변화한다. 物色은 공연히 바뀌지 않고 형체 또한 공연히 허물어지지 않나니, 태양이 다섯 가지로 변하는 것을 본다면 충분히 그 길흉을 알 수 있을 것이다. 그래서 (《易》繫辭에)「天象 중 분명하기로 日月 만한 것이 없다.」는 말은 이를 두고 한 말이다.

4. 星隕(성운)

原文

嚴公七年,「四月辛卯夜, 恒星不見, 夜中星隕如雨.」

董仲舒,劉向以爲常星二十八宿者, 人君之象也, 衆星, 萬民之類也. 列宿不見, 象諸侯微也, 衆星隕墜, 民失其所也. 夜中者, 爲中國也. 不及地而復, 象齊桓起而救存之也. 鄕亡桓公, 星遂至地, 中國其良絶矣.

劉向以爲夜中者, 言不得終性命, 中道敗也. 或曰象其叛也, 言當中道叛其上也. 天垂象以視下, 將欲人君防惡遠非, 愼卑省微, 以自全安也. 如人君有賢明之材, 畏天威命, 若高宗謀祖己, 成王泣金縢, 改過修正, 立信布德. 存亡繼絶, 修廢擧逸, 下學而上達, 裁什一之稅, 復三日之役, 節用儉服, 以惠百姓. 則諸侯懷德, 士民歸仁, 災消而福興矣. 遂莫肯改寤, 法則古人, 而各行其私意, 終於君臣乖離, 上下交怨. 自是之後, 齊,宋之君弑, 譚,遂,邢,衛之國滅, 宿遷於宋, 蔡獲於楚, 晉相弑殺, 五世乃定, 此其效也.

『국역』

魯 嚴公(莊公) 7년(前 687), 「4월 辛卯日 밤, 恒星(항성)은 보이지 않았고, 밤중에 별이 떨어지고 또 비가 왔다.」[728]

董仲舒와 劉向은 常星(恒星) 28宿(수)는 人君의 형상이고, 衆星은 萬民의 部類라고 생각했다. 列宿(열수, 列星)가 不見한 것은 미약한 제후이며, 많은 별들이 떨어졌다면 백성이 살만한 곳을 잃은 것이다. 한밤(夜中)은 中國(中原)이다. 땅에 닿기 전에 복원한 것은 齊 桓公이 일어나 救存(구존)한 것이다. 지난 날에(鄕) 桓公이 없었다면[729] 별이 땅에 떨어지듯, 中原은 아마 확실히 단절되었을 것이다.[730]

劉向은 夜中이란 그 性命을 온전히 보전치 못하고 中道에 패망한 것이라 생각했다. 또는 반란을 상징하니, 中道에 윗사람에게 반역하는 것이다. 天은 어떤 형상을 아래에 보여줘서 人君의 惡行을 예방하고 비행을 멀리하며(防惡遠非), 행실을 조심하고 근신하게 하여 스스로 안전을 지키게 한다. 만약 人君이 賢明한 재질이 있다면 천명을 두려워하나니, 마치 殷(은) 高宗(武丁)이 그 신하 祖己(조기)의 건의를 받아들이고, (周) 成王이 金縢(금등)[731]에 感泣(감읍)하여 改

728 隕星, 流星. 隕은 떨어질 운. 恒星(항성)의 상대적 개념은 行星이다. '星隕如雨'를 '별이 떨어지기를 비가 내리듯 했다.' 곧 '별이 비 오듯 쏟아졌다.'로 쉽게 이해할 수 있다. 그러나 유흠의 해석은 如를 而라 하였으니, '그리고'로 해석해야 한다. 별이 쏟아졌다. 그리고 비가 내렸다. 그러나 《公羊傳》에서는 '如雨者는 非雨也라.' 하여 해석을 달리했다.

729 원문 鄕亡桓公 - 鄕은 往日. 鄕日. 접때. 지난 날. 亡은 無. 桓公은 齊 桓公.

730 원문 中國其良絶矣 - 中國은 中原. 其는 아마도. 가정. 良은 진실로, 확실히.

731 《尙書 周書 金縢》 내용 참고. 縢은 봉할 등.

過하고 修正하여 立信布德한 것과 같다. (成王은) 危亡한 나라를 존속시키고 단절된 가문을 이어주었으며(存亡繼絶), 폐지된 제도를 고쳐 시행하고, 隱逸(은일)의 인재를 등용하였으며, 아래에서 광범하게 많은 것을 배워(下學) 때맞춰 上天에 아뢰었으며(上達), (수확의) 10분의 1인 賦稅를 감액하고 (1년에) 3일의 요역을 복구하였으며(復三日之役), 지출을 절약하고(節用) 검소한 의복으로 백성에게 혜택을 베풀었다. 그러자 諸侯가 (成王의) 덕행을 본받고(懷德, 회덕), 士民이 歸仁하니, 災異는 소멸되고 복이 찾아왔다(福興). 그렇지만 (잘못을) 고치고 깨우치거나 고인의 행실을 본받으려(法則古人) 하지 않고 제각각 私意에 따른다면, 결국 君臣은 乖離(괴리)되고 上下가 怨恨(원한)만 품게 된다.

이후로, 齊와 宋의 주군이 시해되었고, 譚(담), 遂(수), 邢(형), 衛(위)의 小國이 멸망했으며, 宿(숙)은 宋으로 천도하였고, 蔡(채)는 楚에게 포획되었으며, 晉(진)에서는 서로 시해하다가 5世가 지나서야(獻公 ~文公) 안정된 것이 그 증거라 할 수 있다.

原文

《左氏傳》曰, 「恒星不見, 夜明也, 星隕如雨, 與雨偕也.」

劉歆以爲晝象中國, 夜象夷狄. 夜明, 故常見之星皆不見, 象中國微也. 「星隕如雨」, 如, 而也, 星隕而且雨, 故曰 「與雨偕也」, 明雨與星隕, 兩變相成也.

〈洪範〉曰, 「庶民惟星.」《易》曰, 「雷雨作, 〈解〉.」 是歲歲在玄枵, 齊分野也. 夜中而星隕, 象庶民中離上也. 雨以解過施, 復從上下, 象齊桓行伯, 復興周室也. 周四月, 夏二月也, 日在降婁, 魯分野也. 先是, 衛侯朔奔齊, 衛公子黔牟立, 齊師諸侯伐之, 天子使使救衛. 魯公子溺專政, 會齊以犯王命, 嚴弗能止, 卒從而伐衛, 逐天王所立. 不義至甚, 而自以爲功. 名去其上, 政繇下作, 尤著, 故星隕於魯, 天事常象也.

『국역』

《左氏傳》에서는, 「恒星이 不見하니 夜가 밝은 것이고, 星이 떨어졌고 이어 비가 내리는 것 같았다.」고 기록했다.

劉歆은, 낮(晝, 주)은 中國을, 밤(夜)은 夷狄을 형상한다고 생각했다. 夜明하기에 常見하던 星이 모두 보이지 않았다는 말은 中國이 미약한 것이다. 「星隕이 如雨」에서 如는 '말이을 이(而)' 이다. 곧 星이 隕했고, 게다가(而且) 비가 내렸다(雨). 그러니 '비와 함께 했다(與雨偕也)' 라고 하여 분명히(明) '비(雨)와 별(星)이 떨어졌다(隕).' 하였으니, 두 가지 이변이(兩變) 함께 이뤄진(相成) 것이다.

〈洪範〉에서는, 「서민은 보통 별이다.」 하였고, 《易》에서는 「천둥 치고 비가 내리니 〈解卦〉이다.」라고 하였다.[732] 이 해에 歲星(木星)은 (十二次의 北方) 玄枵(현효)에 있었으니 齊가 속한 分野이다. 夜中에 星이 떨어졌으니(隕), 이는 庶民이 위(上)와 분리된 것이다. 雨는 지나가며 베푸는 것이고, 위에서 아래로 내리는 것이니, 齊 桓公

732 원문 雷雨作, 〈解〉. - 이는 〈解卦〉의 象辭. 〈解卦〉는 64괘 중 40번째 괘 이름. ☳☵ '雷水解' 解는 풀어지다, 늘어지다. 消除(소제), 緩和(완화)의 뜻.

이 覇道(行伯)로 周室을 부흥한 것과 같은 형상이다. 周曆 4월은 夏曆 2월이고, 태양은(日) (十二次의 西方) 降婁(강루)에 있었으니, 魯가 속한 分野이다. 이보다 앞서 衛侯인 朔(삭)은 齊로 망명했고(奔), 衛에서는 公子 黔牟(검모)가 즉위하자, 齊는 諸侯를 통솔하여 정벌하려 했는데, 天子는 使者를 보내 衛를 구원하려 했다. 魯 公子 溺(익)은 專政하면서, 齊에서 회맹하면서 王命에 항명했으나 莊公(嚴)은 이를 제지하지 못했고, 결국 齊와 함께 衛를 정벌했으며 天王(周王)이 옹립하려 했던 黔牟(검모)를 축출하였다. 이처럼 不義가 아주 심대했지만 장공은 자신의 공적이라 생각했다. 위에서는 명분을 잃었고(名去其上), 정치는 아랫사람이 주도하여 그 허물이 뚜렷하였기에 별이 魯에 떨어진 것이니, 이는 하늘의 정상적 啓示(常象)이다.

原文

成帝永始二年二月癸未, 夜過中, 星隕如雨, 長一二丈, 繹繹未至地滅, 至雞鳴止.

谷永對曰, 「日月星辰燭臨下土, 其有食隕之異, 則遐邇幽隱靡不咸睹. 星辰附離於天, 猶庶民附離王者也. 王者失道, 綱紀廢頓, 下將叛去, 故星叛天而隕, 以見其象. 《春秋》記異, 星隕最大, 自魯嚴以來, 至今再見. 臣聞三代所以喪亡者, 皆繇婦人群小, 湛湎於酒. 《書》云, '乃用其婦人之言, 四方之逋逃多罪, 是信是使.' 《詩》曰, '赫赫宗周, 褒姒滅之.' '顚覆厥德, 荒沈於酒.' 及秦所以二世而亡者, 養生大奢, 奉終大厚. 方今國家兼而有之, 社稷宗廟之大憂也.」

京房《易傳》曰,「君不任賢, 厥妖天雨星.」

〖국역〗

成帝 永始 2년(前 15) 2월 癸未日, 한밤중에 별이 비처럼 쏟아졌는데, 길이가 1, 2丈이나 되며 번쩍이다가 땅에 닿기 전에 없어졌는데[733] 닭이 울 때쯤 그쳤다. 谷永(곡영)이 대책을 올려 말했다.

「日月과 星辰(성신)이 下土를 내리비추지만, 일, 월식이나 隕星(운성)의 이변은 멀고 가깝거나 은폐하더라도 모두 다 나타나 보게 됩니다. 星辰이 하늘에 붙어있거나 떨어지는 것은 서민이 王者에 의지하거나 떨어져나가는 것과 같습니다. 王者가 失道하고 綱紀(강기, 紀綱)가 없거나 해이하면, 아래 백성은 반역하기에 별이 하늘을 등지고 떨어지는 것과 같아 그런 현상이 나타납니다. 《春秋》에 기록된 재이 중 隕星(운성)이 가장 크지만, 魯 嚴公(莊公) 이래, 지금 다시 나타난 것입니다. 臣이 알기로, 三代에서 나라가 패망한 것은 모두가 婦人과 여러 소인, 그리고 술에 탐닉했기 때문입니다. 《書》에서는, '여자의 말만 듣고 있으며 사방에서 도망 온 죄 많은 자들을 믿고 등용한다.' 고 하였습니다.[734] 《詩》에서는 '赫赫한 宗周를, 褒姒(포사)가 멸망케 했네.' 라 하였고,[735] '그 德을 무너트렸고 황당하게 술에

---

733 원문 繹繹未至地滅 – 繹繹(역역)은 번쩍이는 모양. 光彩貌. 繹은 풀어낼 역.

734 이는《書 周書 牧誓》의 내용인데, 문장을 변경 축약하여 수록한 구절이다. 牧誓(목서)는 周 武王이 殷 紂王 정벌에 앞서 牧(지명. 今 河南省 淇縣)에서 군사에 훈시한 내용이다.

735 《詩 小雅 正月》의 구절.

빠졌네.' 라고[736] 하였습니다. 또 秦이 겨우 二世에 멸망한 것은 그 생활이 너무 사치했고(例 ; 阿房宮), 죽은 뒤를 위한 준비가(奉終, 例, 진시황릉) 너무 厚大했기 때문입니다. 方今 나라에서는 이 두 가지를 다 겸하고 있으니 社稷과 宗廟의 大憂입니다.」

京房은《易傳》에서 말했다.

「主君이 賢人에 정사를 맡기지 않으면, 그 재이는 하늘에서 별이 쏟아진다.」

5. 彗星(혜성)

原文

文公十四年,「七月, 有星孛入於北斗.」

董仲舒以爲孛者惡氣之所生也. 謂之孛者, 言其孛孛有所防蔽, 闇亂不明之貌也. 北斗, 大國象. 後齊,宋,魯,莒,晉皆弑君.

劉向以爲君臣亂於朝, 政令虧於外, 則上濁三光之精, 五星贏縮, 變色逆行, 甚則爲孛. 北斗, 人君象, 孛星, 亂臣類, 簒殺之表也.

736 '顚覆厥德, 荒沈於酒' -《詩 大雅 抑(억)》의 구절.

〖국역〗

文公 14년(前 618) 「7월, 어떤 별이 빛을 내면서(孛) 北斗에 들어갔다.」[737]

董仲舒는, 孛星은 惡氣에서 생성된 것이라고 생각하였다. 이를 孛(패)라고 이름 붙인 것은 그 별의 빛이 사방으로 퍼지며 가리는 것이 있고, 어렴풋하며 분명하지 않은 모양 때문이었다. 北斗는 大國의 형상이다. 뒷날 齊, 宋, 魯, 莒(거), 晉(진)에서 모두 弑君하였다.

劉向은, 이는 君臣이 조정을 혼란에 빠트렸고 政令이 조정 밖에서 통하지 않아, 곧 위에서 三光(日, 月, 星)의 精紀가 혼탁하고 五星 궤도의 팽창이나 축소, 변색이나 역행이 심하면 孛星이 나타난다고 생각하였다. 北斗는 人君의 형상이고, 孛星(패성)은 亂臣의 부류에 속하고, 찬탈이나 弑殺(시살)의 징표라고 생각하였다.

原文

《星傳》曰「魁者, 貴人之牢.」又曰「孛星見北斗中, 大臣諸侯有受誅者.」

一曰魁爲齊,晉. 夫彗星較然在北斗中, 天之視人顯矣, 史

737 원문 有星孛入於北斗 - 孛는 환하게 빛을 내는 모양. 살별 패. 안색 변하는 모양 발. 이 문장에서는 孛(패)가 부사로 쓰였다. 빛을 내며 이동하는 별을 孛星(패성)이라 하는데, 彗星(혜성)과는 별이 빛을 내는 모양에 따라 구분하였다. 사실 지금부터 2600년 전에 이런 혜성을 관측하고 기록한 중국의 천문학은 정말 대단하다고 인정해야 한다. 근대 천문학에서 영국의 Halley(핼리, 哈雷)가 前 240년부터 관측된 이 혜성의 주기가 76년이란 것을 밝힌 것이 1705년이었다.

之有占明矣, 時君終不改寤. 是後, 宋,魯,莒,晉,鄭,陳六國咸弑其君, 齊再弑焉. 中國既亂, 夷狄並侵, 兵革從横, 楚乘威席勝, 深入諸夏, 六侵伐, 一滅國, 觀兵周室. 晉外滅二國, 內敗王師, 又連三國之兵大敗齊師於鞍, 追亡逐北, 東臨海水, 威陵京師, 武折大齊. 皆孛星炎之所及, 流至二十八年.

《星傳》又曰,「彗星入北斗, 有大戰. 其流入北斗中, 得名人, 不入, 失名人.」

宋華元, 賢名大夫, 大棘之戰, 華元獲於鄭, 傳舉其效云. 《左氏傳》曰「有星孛北斗, 周史服曰, '不出七年, 宋,齊, 晉之君皆將死亂.'」

劉歆以爲北斗有環域, 四星入其中也. 斗, 天之三辰, 綱紀星也. 宋,齊,晉, 天子方伯, 中國綱紀. 彗所以除舊布新也. 斗七星, 故曰不出七年. 至十六年, 宋人弑昭公, 十八年, 齊人弑懿公, 宣公二年, 晉趙穿弑靈公.

〖국역〗

《星傳》에서는「魁星(괴성)은 貴人의 監牢(감뢰, 감옥)이다.」[738] 또「孛星(패성)이 北斗 사이에 출현하면 大臣이나 諸侯 중에 처형당하는 자가 있다.」고 하였다.

一說에서는, 魁星은 齊와 晉에 해당한다. 彗星(혜성)이 분명하게 北斗 안에 들어갔다면, 이는 上天의 인간에 대한 顯示(현시, 나타내 보

738 北斗 중 天理四星(바가지 모양)을 牢獄(뇌옥)이라 생각했다.

임)이고, 또 역사에서의 길흉의 예고가 분명한데도 당시의 주군은 끝까지 깨닫지 못했다. 그래서 宋, 魯, 莒, 晉, 鄭, 陳 등 6國에서 모두 주군을 시해했으며, 齊에서는 두 번이나 시해했다. 中國이 이렇듯 혼란하자, 夷狄(이적)들이 중국을 침략하였고, 전쟁이 곳곳에서 일어났으니(兵革從橫), 楚는 戰勝의 위세를 이용하여[739] 中原 여러 나라(諸夏)에 진출하여 6국을 정벌했고 1국을 멸망시켰으며 周室에서 무력시위를 했다(觀兵). 晉은 밖으로 2나라를 멸망시켰고 국내에서 周王의 군사를 패퇴시켰으며, 또 3국(魯, 衛, 曹)의 군사를 연합하여 齊의 군사를 鞍(안)이란 곳에서 크게 격파한 뒤에 패망한 군사를 추격하고 北으로 몰아 동쪽 바닷가 해안에 이르렀으며, 그 위세를 洛陽에 떨치고 강력한 齊를 무력으로 굴복시켰다. 이 모두가 孛星 火炎의 파급이었으며 그 영향은 28년이나 계속되었다.[740]

《星傳》에서도 말했다. 「彗星이 北斗에 침범하면 큰 전쟁이 일어난다. 그 화염이(流) 北斗에 닿으면, 名人(名臣)을 얻지만, 不入하면 名人을 잃게 된다.」

宋의 華元(화원)은 賢明하기로 이름난 大夫인데, (宋地인) 大棘(대극)의 싸움에서 華元은 鄭에 포로로 잡혀 전승의 상징물이 되었다.

《左氏傳》에서는 「孛星이 北斗를 침범한 것에 대하여 周의 內史 叔服(숙복)이 말했다. '7년이 지나기 전에, 宋, 齊, 晉 主君이 모두 혼란 속에 죽게 될 것이다.'」

劉歆은, 北斗는 그 주변 영역이 있고 거기에 四星이 들어있다고

---

739 원문 楚乘威席勝 – 楚는 威勢와 勝勢을 이용하다. 席勝의 席은 因也.

740 魯 文公 14년 孛星의 출현(前 613)에서 成公 6년 楚가 鄭을 정벌(前 585)까지 28년.

생각했다. 斗(두)는 天의 三辰으로 綱紀의 星이다. 宋, 齊, 晉은 天子의 方伯(방백)이며, 中國의 綱紀이다. 彗(혜, 빗자루)는 옛 것을 쓸어내고(除舊) 새것을 깔아 놓는 것이다(布新). 北斗가 7星이기에, 그래서 7년을 넘기지 않는다고 하였다.

文公 16년에 宋人은 昭公을 시해했고, 18년에 齊人은 懿公(의공)을 시해했으며, 魯 宣公 2년(前 607)에, 晉의 趙穿(조천)은 (晉) 靈公을 시해했다.

原文

昭公十七年,「冬, 有星孛於大辰.」

董仲舒以爲大辰心也, 心在明堂, 天子之象. 後王室大亂, 三王分爭, 此其效也.

劉向以爲《星傳》曰,「心, 大星, 天王也. 其前星, 太子, 後星, 庶子也. 尾爲君臣乖離.」孛星加心, 象天子適庶將分爭也. 其在諸侯, 角,亢,氐, 陳,鄭也, 房,心, 宋也.

後五年, 周景王崩, 王室亂, 大夫劉子,單子立王猛, 尹氏,召伯,毛伯立子鼂. 子鼂, 楚出也. 時楚彊, 宋,衛,陳,鄭皆南附楚. 王猛旣卒, 敬王卽位, 子鼂入王城, 天王居狄泉, 莫之敢納. 五年, 楚平王居卒, 子鼂奔楚, 王室乃定. 後楚帥六國伐吳, 吳敗之於雞父, 殺獲其君臣. 蔡怨楚而滅沈, 楚怒, 圍蔡. 吳人救之, 遂爲柏擧之戰, 敗楚師, 屠郢都, 妻昭王母, 鞭平王墓. 此皆孛彗流炎所及之效也.

〖국역〗

魯 昭公 17년(前 525) 「겨울, 孛星이 大辰星을 침범하였다.」[741]

董仲舒는, 大辰은 心宿(심수)이고 心은 明堂에 있으니, 天子의 象이라고 생각하였다. 뒷날 王室(周室)이 大亂하여, 三王이 分爭한 것이 그 證驗(증험)이다.

劉向은 《星傳》을 근거로 말했다.

「心宿(심수)는 大星이니, 天王이다. 그 前星은 太子이고 後星은 庶子이다. (동방) 尾宿(미수)는 君臣이 乖離(괴리)된 것과 같다.」

孛星이 心宿에 들어간 것은 天子의 適子(嫡子)와 서자가 분쟁할 징조이다. 諸侯에 해당하는 星宿(성수)가 (동방의) 角宿, 亢宿(항수), 氐宿(저수)이고, 陳과 鄭에 해당하고, 房宿, 心宿는 宋에 해당한다.

그 5년 뒤, 周 景王이 붕어하자(前 520), 王室은 혼란하였는데, 大夫인 劉子(유자)와 單子는 猛王(맹왕)을 옹립하였고 尹氏, 召伯, 毛伯은 왕자 鼂(조)를 추대하였다. 왕자 鼂는 楚나라 여인이 출산하였다. 그때 楚는 강국이었고, 宋, 衛, 陳, 鄭國 등은 모두 남쪽 楚의 편이었다. 悼王(도왕) 猛(맹)이 죽고(前 520), 敬王이 즉위하자(재위 前 520－477), (景王의 아들) 鼂(조)가 王城에 입성했고, 天王(敬王)은 狄泉(적천)에 머물고 있었는데, 누구도 감히 경왕을 영입할 수가 없었다. 5년 뒤, 楚 平王이 갑자기 죽자(居卒), 왕자였던 鼂(조)는 楚로 달아났고, 周 王室은 이에 안정이 되었다. 그 뒤에 楚는 6국의 군사를 모아 吳를 정벌했지만(魯 昭公 23), 吳는 (楚地) 雞父(계보)의 전투에서

---

741 원문 有星孛於大辰 － 大辰은 28宿 중 동방 7宿의 하나인 心宿(심수). 일명 大火星.

楚를 패퇴시키고 楚의 君臣을 포로로 잡았다. 蔡는 楚를 원망하며 沈國(심국)을 멸망시켰고, 楚는 분노하며 蔡를 포위했다. 吳人이 蔡를 구원하여 마침내 柏擧(백거)의 전투에서(魯 定公 4년) 楚의 군사를 격파하고 (楚의 都城) 郢(영)을 도륙하였으며, 楚 昭王의 母를 아내로 삼고, 平王의 묘 시신을 파내어 매질하였다. 이 모두가 孛彗星(패혜성)의 流炎이 끼친 결과였다.

原文

《左氏傳》曰,「有星孛於大辰, 西及漢. 申繻曰, '彗, 所以除舊布新也, 天事恒象. 今除於火, 火出必布焉. 諸侯其有火災乎?' 梓愼曰, '往年吾見, 是其徵也. 火出而見, 今玆火出而章, 必火入而伏, 其居火也久矣, 其與不然乎? 火出, 於夏爲三月, 於商爲四月, 於周爲五月. 夏數得天, 若火作, 其四國當之, 在宋,衛,陳,鄭乎? 宋, 大辰之虛, 陳, 太昊之虛, 鄭, 祝融之虛, 皆火房也. 星孛及漢, 漢, 水祥也. 衛, 顓頊之虛, 其星爲大水. 水, 火之牡也. 其以丙子若壬午作乎? 水火所以合也. 若火入而伏, 必以壬午, 不過見之月.'」

明年「夏五月, 火始昏見, 丙子風. 梓愼曰, '是謂融風, 火之始也. 七日其火作乎?' 戊寅風甚, 壬午太甚, 宋,衛,陳,鄭皆火.」

劉歆以爲大辰, 房,心,尾也, 八月心星在西方, 孛從其西過心東及漢也. 宋, 大辰虛, 謂宋先祖掌祀大辰星也. 陳, 太昊虛, 虙羲木德, 火所生也. 鄭, 祝融虛, 高辛氏火正也. 故皆爲火所舍. 衛, 顓頊虛, 星爲大水, 營室也. 天星旣然, 又四國失政相似, 及爲王室亂皆同.

〖국역〗

《左氏傳》에 기록했다.

「孛星이 大辰(心宿)에 들어가 서쪽으로는 은하수에(天漢) 닿았다. (魯 大夫) 申繻(신유)가 말했다. '彗星(혜성)은 옛 것을 쓸어내고(除舊) 새것을 깔아 놓는 것이니(布新), 天事의 보통 모습이다.[742] 지금 大火星의 옛 것을 제거하였으니(안 보인다는 뜻), 火星에서는 틀림없이 새로운 일이 있을 것이다. 아마 제후국에 틀림없이 화재가 있지 않겠는가?'

(大夫) 梓愼(재신)이 말했다. '내가 往年에 보았던 일들이 그런 조짐이다. 혜성이 뚜렷하게 출현하면, 지금 火星이 나타나 彰明(창명)할 것이니, 이는 틀림없이 화성 자리에 들어가 잠복할 것이고, 화성 자리에 오래 머물 것이니[743] 아마 그렇게 되지 않겠는가? 火星의 출현은 夏曆에서는 3월이고, 商(殷曆)으로는 4월, 周曆으로는 5월이다. 夏의 月數는 天에서 나왔으니, 만약 화재가 일어난다면 아마 4國이 해당할 것이며 宋, 衛, 陳, 鄭이 아니겠는가? 宋은 大辰宿의 古城(虛, 分野)이고,[744] 陳國은 太昊星(태호성)의 古城(分野)이고, 鄭은

742 원문 天事恒象 – 恒은 常也, 善象을 따르면 吉하고, 惡象을 따르면 흉하다.

743 원문 其居火也久矣 – 彗星과 大火星의 相居가 이미 오래되었다.

744 원문 宋, 大辰之虛 – 虛는 墟. 十二次에 해당하는 分野.

祝融星(축융성)의 분야이니, 모두가 火星의 房星이다. 孛星이 銀漢(天漢, 은하수)에 닿았다 하였으니, 天漢은 水에 속하고 그 吉凶의 조짐이다(祥). 衛國은 顓頊(전욱)의 古城이고, 衛國의 별은 大水星이다. 水는 火의 陽性이다(牡). 아마 丙子日에서 壬午日 사이에 일어나지 않겠는가? 水火는 相合할 수 있다. 만약 火入하여 잠복한다면 반드시 壬午일 것이니 출현한 이 달을 넘기지 않을 것이다.'」

明年(昭公 18년)에도 기록이 있다.

「夏 5월, 火星이 황혼 무렵에 보이기 시작했고, 丙子日에 바람이 불었다. 梓愼(재신)이 말했다. '이는 融風(융풍, 春風)이니, 火星의 출현이다.[745] 7일 이내에[746] 화재가 일어나지 않겠는가?' 戊寅日에 바람이 심해졌고, 壬午日에 아주 심하게 불어왔으며, 宋, 衛, 陳, 鄭에서 모두 화재가 발생하였다.」

劉歆은, 大辰宿는 房, 心, 尾宿(미수)이고, 8월에 心宿은 西方에 있었는데, 孛星은 그 서쪽에서 心宿의 동쪽으로 나아가 天漢에 이르렀다. 宋은 大辰(辰星, 水星)의 分野이니, 이는 宋 先祖가 大辰星에 대한 제사를 담당했기 때문이다. 陳은 太昊星의 分野인데, 虙羲氏(복희씨)는 木德으로 火德의 所生이다. 鄭은 祝融星의 分野이니, 高辛氏(고신씨)가 火正이었기 때문이다. 그래서 모두가 火星의 房舍(방사)이다. 衛는 顓頊星(전욱성)의 分野인데, 星은 大水星이고 (북방) 營室(室宿)이다. 天星이 이미 그러하고, 또 4國의 失政 또한 서로 비슷하였고, (周) 王室의 혼란과 모두 비슷하였다.

---

745 원문 融風, 火之始也 - 融風은 立春木風, 火의 母이며 火가 이로부터 일어난다(生).

746 七日 - 丙子에서 壬午日까지.

原文

哀公十三年,「冬十一月, 有星孛於東方.」

董仲舒,劉向以爲不言宿名者, 不加宿也. 以辰乘日而出, 亂氣蔽君明也.

明年,《春秋》事終.

一曰, 周之十一月, 夏九月, 日在氐. 出東方者, 軫,角,亢也. 軫, 楚, 角,亢, 陳,鄭也. 或曰角,亢大國象, 爲齊,晉也. 其後楚滅陳, 田氏簒齊, 六卿分晉, 此其效也.

劉歆以爲孛, 東方大辰也, 不言大辰, 旦而見與日爭光, 星入而彗猶見. 是歲再失閏, 十一月實八月也. 日在鶉火, 周分野也. 十四年冬,「有星孛」, 在獲麟後. 劉歆以爲不言所在, 官失之也.

〔국역〕

魯 哀公 13년(前 482),「冬 11월, 孛星(패성)이 동방에 출현하였다.」

董仲舒와 劉向은, 星宿의 이름을 말하지 않은 것은 星宿의 범위에 들어가지 않았기 때문이라고 생각했다. 辰時(진시)에 해와 함께 출현하였고 (패성의) 亂氣가 主君의 총명을 가렸기 때문이다.

다음 해(哀公 14, 前 481),《春秋》 기록이 끝났다.[747]

一說에는, 周曆 11월은 夏曆 9월이고, 태양은 氐宿(저수)에서 떠

747《春秋》絶筆於西狩獲麟(서수획린).

오른다. 東方에서 출현한다고 할 때, (해당하는 星宿는) 軫宿(진수), 角宿, 亢宿(항수)이다. 軫宿(진수)는 楚이고, 角宿와 亢宿(항수)는 (그 分野가) 陳과 鄭國이다. 혹자는 角, 亢宿는 大國의 형상이니, 齊와 晉이라고 하였다. 그 뒤에 楚는 滅陳(魯 襄公 17년)했고, 田氏(田和)는 齊를 찬탈했으며(前 386), 六卿이 分晉한 것 등이 이 증거이다.

孛星(패성)은 東方 大辰이나 大辰이라 기록하지 않았는데, 아침에(旦) 출현하며 태양과 爭光했으며, 다른 별들이 보이지 않고 혜성만 보인 것이라고 劉歆은 말했다.

이 해에 또 閏月을 산입하지 않았기에 11월이라지만 실제는 8월이었다. 日은 (十二次의) 鶉火(순화)에 있었으니 周의 分野이다. (哀公) 14년 겨울, 「有星孛」이란 기록은 獲麟(획린)한 이후이다. 劉歆은 (혜성 출현의) 분야를 기록하지 않은 것은 史官의 실수라고 말했다.

原文

高帝三年七月, 有星孛於大角, 旬餘乃入.

劉向以爲是時項羽爲楚王, 伯諸侯, 而漢已定三秦, 與羽相距滎陽, 天下歸心於漢, 楚將滅, 故彗除王位也.

一曰, 項羽阬秦卒, 燒宮室, 弑義帝, 亂王位, 故彗加之也.

〖국역〗

高帝 3년(前 204) 7월, 패성이 (동방) 大角宿(대각수)에 출현하여 열흘 남짓에 사라졌다(旬餘乃入).

劉向은 이때 項羽(항우)는 楚王으로 제후의 패권을 장악했고, 漢

은 이미 三秦(關中)을 평정한 뒤에,[748] 항우와 滎陽(형양)에서 대치하고 있었는데, 천하가 漢에 歸心하여 楚는 멸망할 것이라서 彗星이 王位를 청소하였다고 생각하였다.

일설에는, 항우가 秦卒을 매장했고 宮室을 불살랐으며, (楚) 義帝를 시해하여 왕위를 혼란케 하였기에 혜성이 출현한 것이라고 말했다.

原文

文帝後七年九月, 有星孛於西方, 其本直尾,箕, 末指虛,危, 長丈餘, 及天漢, 十六日不見.

劉向以爲尾宋地, 今楚彭城也. 箕爲燕, 又爲吳,越,齊. 宿在漢中, 負海之國水澤地也. 是時景帝新立, 信用鼂錯, 將誅正諸侯王, 其象先見. 後三年, 吳,楚,四齊與趙七國擧兵反, 皆誅滅云.

〖국역〗

文帝 後元 7년(前 157, 文帝 붕어) 9월, 패성이 서방에 출현하였으니, 그 머리는(本, 本體) (東方) 尾宿(미수)와 箕宿(기수)에 해당하였고,[749] 꼬리 부분(末)은 (북방) 虛宿(허수)와 危宿(위수)에 닿았는

748 項羽가 漢王의 關中 진출을 봉쇄할 것을 목적으로 秦의 舊將 3인을 왕에 책봉하였다. 雍王(옹왕) 章邯(장한), 塞王(새왕) 司馬欣(사마흔), 翟王(책왕) 董翳(동예)의 영역을 三秦이라 통칭했다.

749 원문 其本直尾,箕 - 本은 본체, 혜성의 머리 부분. 直는 當也. 해당하다. 直(音은 치)는 値也, 箕는 별이름.

데, 길이는 1丈이 넘어 天漢(銀漢)에 닿았으며 16일 만에 사라졌다.

劉向은 尾宿(미수)의 분야는 宋地이니, 今 楚의 彭城(팽성)이라고 생각했다. 箕宿는 燕에 해당하고 또 吳, 越, 齊이다. 星宿가 天漢에 닿았으니 곧 바다에 연한 水澤의 지역이다.

이때 景帝가 새로 즉위하여, 鼂錯(조조)[750]를 신임하여 장차 제후왕을 주살하려 하였는데 그 조짐이 미리 나타난 것이다. 그 3년 뒤, 吳와 楚, 그리고 四齊[751]와 趙 등 7국이 擧兵 반역하였지만 모두 주살되고 멸국하였다.

原文

武帝建元六年六月, 有星孛於北方.

劉向以爲明年淮南王安入朝, 與太尉武安侯田蚡有邪謀, 而陳皇后驕恣, 其後陳后廢, 而淮南王反, 誅.

八月, 長星出於東方, 長終天, 三十日去. 占曰, '是爲蚩尤旗, 見則王者征伐四方.'

其後兵誅四夷, 連數十年.

元狩四年四月, 長星又出西北, 是時伐胡尤甚.

---

750 鼂錯(조조, 前 200 - 154) - '晁錯', '朝錯' 으로도 표기. 鼂(아침 조)는 朝의 古字. 아침 조. 錯는 둘 조. 《史記》와 《漢書》에는 鼂錯로 기록되었다. 조조는 法家의 학문을 하였고 太子家令으로 근무하였기에 景帝의 신임이 두터웠다. 〈削藩策(삭번책)〉을 주장하여 吳楚七國의 亂의 원인을 제공하였다. 49권, 〈爰盎鼂錯傳〉에 立傳.

751 四齊 - 膠東(교동), 膠西, 濟南, 齊의 4개 제후국.

元封元年五月, 有星孛於東井, 又孛於三台. 其後江充作亂, 京師紛然. 此明東井,三台爲秦地效也.

宣帝地節元年正月, 有星孛於西方, 去太白二丈所.

劉向以爲太白爲大將, 彗孛加之, 掃滅象也. 明年, 大將軍霍光薨, 後二年家夷滅.

〖국역〗

武帝 建元 6년(前 135), 6月 패성이 북방에 출현하였다.[752]

劉向은 明年에 淮南王 劉安이 입조하여, 太尉인 武安侯 田蚡(전분)과 사악한 모의를 하였고, (武帝의) 陳皇后(진황후)는 교만 방자하였는데, 그 뒤에 陳皇后는 폐위되었고, 淮南王은 반역으로 주살될 조짐이라고 생각하였다.

8월, 長星이 東方에 출현하였는데, 온 하늘을 가로 질러 30일 만에 사라졌다. 점괘에서는 '이는 蚩尤(치우)의 깃발이니 王者가 사방을 정벌할 경우에 출현한다.' 고[753] 하였다. 그 이후로 四夷를 정벌하는 전쟁이 수십 년간 계속되었다.

元狩 4년(前 119), 4월, 長星이 또 서북에 출현하였는데, 이때 흉노에 대한 정벌이 아주 많았다.

元封 원년(前 106), 5월, 패성이 (남방) 東井(井宿)에 출현하였고

---

752 〈武帝紀〉에는 기록이 없다.

753 원문 是爲蚩尤旗 - 長星은 긴 꼬리 별. 혜성의 일종. 혜성의 생김새나 운행에 따라 이름을 지어 기록했다. 蚩尤(치우)는 黃帝와 맞서 싸웠던 인물. 사실 黃帝가 전설 속의 인물이니 치우 역시 그러했다.

또 三台星을 침범하였는데, 그 이후 江充(강충)이 作亂하여 京師가 소란하였다. 이 패성이 지나간 東井宿와 三台星은 秦地가 그 분야이다.

宣帝 地節 원년(前 69) 정월, 패성이 서방에 출현하여 太白星[754]에서 2丈쯤 되는 곳을 지나갔다.

劉向은, 太白星은 大將星인데 혜성이 침입했으니 소멸되는 형상이다. 다음 해에 대장군 霍光(곽광)이 죽었고, 그 2년 뒤 일족이 覆滅되었다.

原文

成帝建始元年正月, 有星孛於營室, 青白色, 長六七丈, 廣尺餘.

劉向,谷永以爲營室爲後宮懷任之象, 彗星加之, 將有害懷任絶繼嗣者.

一曰, 後宮將受害也. 其後許皇后坐祝詛後宮懷任者廢. 趙皇后立妹爲昭儀, 害兩皇子, 上遂無嗣. 趙后姊妹卒皆伏辜.

元延元年七月辛未, 有星孛於東井, 踐五諸侯, 出河戍北

754 太白星 – 金星. 해뜨기 전에 보여서 啓明星. 저녁 해질 무렵 보이기에 長庚星이라고도 부른다. 라틴어로는 Venus(維納斯). 육안으로도 가장 밝게 보이는 별. 금성은 태양과의 거리가 지구보다 가깝다. 따라서 그 운행 속도도 빨라 공전주기가 224.7일로 약 7월이 조금 넘는다. 漢代에는 주기를 9개월, 자주 보이면 7개월이라 했다.

率行軒轅,太微, 後日六度有餘, 晨出東方. 十三日夕見西方, 犯次妃,長秋,斗,塡, 蜂炎再貫紫宮中. 大火當後, 達天河, 除於妃后之域. 南逝度犯大角,攝提, 至天市而按節徐行, 炎入市, 中旬而後西去, 五十六日與倉龍俱伏.

谷永對曰,「上古以來, 大亂之極, 所希有也. 察其馳騁驟步, 芒炎或長或短, 所歷奸犯, 內爲後宮女妾之害, 外爲諸夏叛逆之禍.」

劉向亦曰, "三代之亡, 攝提易方, 秦,項之滅, 星孛大角."

是歲, 趙昭儀害兩皇子. 後五年, 成帝崩, 昭儀自殺. 哀帝卽位, 趙氏皆免官爵, 徙遼西. 哀帝亡嗣. 平帝卽位, 王莽用事, 追廢成帝趙皇后,哀帝傅皇后, 皆自殺. 外家丁,傅皆免官爵, 徙合浦, 歸故郡. 平帝亡嗣, 莽遂簒國.

〖국역〗

成帝 建始 원년(前 32) 정월, 孛星(패성)이 (북방) 營室(室宿)에 출현하였는데, 청백색 패성은, 길이 6 - 7丈에 폭은 1자 남짓이었다.

劉向과 谷永은, 營室은 後宮이 懷任(회임)한 형상인데, 彗星이 침범한다면 앞으로 회임을 해쳐 후사가 단절될 것이라고 생각하였다.

一說에는 後宮이 해악을 받을 것이라 하였다. 그 뒤로 (성제의) 許皇后는 회임한 후궁을 해치려 기도로 저주했다(祝詛, 축저) 하여 폐위되었다. 趙皇后(趙飛燕)는 그 여동생을 昭儀(소의)가 되게 하였으나 2명의 皇子에 害惡(해악)을 가하였고, 성제는 결국 후사가 없었다. 조비연 자매는 나중에 모두 법에 의거 처벌되었다.

(成帝) 元延 원년(前 12) 7월 辛未日, 패성이 東井宿에 나타났는데, 五諸侯星을 통과하여[755] 河戍(하수)의 북쪽으로 나와서 軒轅星(헌원성)과 太微星(태미성)을 거쳐, 뒷날 태양의 6度 남짓 되는 곳에서 새벽에 동방으로 빠져나갔다. 그러다가 13일이 지난 저녁에 西方에 출현하여 次妃(차비), 長秋(장추), 斗宿(두수), 塡星(전성, 鎭星, 土星), 蜂炎星(봉염성)을 통과하여 다시 紫微宮(자미궁)을 관통하였다. 大火星의 후방을 거쳐 天河(天漢)에 이른 뒤, 妃后星(비후성)의 구역에서 사라졌다. 남으로는 大角星과 攝提星(섭제성)을 통과하였고, 天市垣(천시원)에 이르러 속도를 조절하듯 서행하였는데, 그 光焰(광염)이 천시원까지 걸쳤으며 중순 이후에 서쪽으로 사라졌고 56일 동안 倉龍(창룡, 蒼龍, 青龍)과 함께 나타나지 않았다.

谷永(곡영)이 대책을 올렸다.

「上古 이래로 大亂이 극점에 달하면 남은 것이 거의 없습니다. (패성 운행이) 빠르거나 늦거나, 芒炎(망염)의 長短, 그리고 꿰뚫고 통과하는 곳에 따라 안으로는 後宮이나 女妾이 害를 당하고, 밖으로는 中原 여러 제후들이 반역하는 화란이 일어납니다.」

劉向 역시 "三代의 衰亡(쇠망)도 결국 攝提星(섭제성)의 방향 변경이며, 秦(진)과 항우의 멸망 역시 孛星의 大角에 따른 것이다."라고 말했다.

이 해에 趙昭儀는 皇子 2명에게 해악을 저질렀다. 그 5년 뒤 成帝가 붕어하자, 조소의는 자살했다. 哀帝가 즉위한 뒤에 趙氏들은 모

---

755 원문 踐五諸侯 – (남방) 井宿(정수)에 속하는 5星을 五諸侯이라 부른다는 주석이 있다. 踐은 밟을 천. 지나가다.

두 관작을 빼앗겼고 遼西郡으로 이주되었다. 哀帝도 후사가 없었다. 平帝가 즉위하고 王莽(왕망)이 정권을 장악하면서 成帝의 趙皇后와 哀帝의 傅(부)皇后를 폐위하자 모두 자살하였다. 外家인 丁氏, 傅氏들은 모두 관작을 박탈당했고, 남쪽 合浦郡에 강제 이주되었다가 고향 郡으로 돌아왔다. 平帝 역시 후사가 없자, 왕망은 마침내 簒國했다.

6. 隕石(운석)

原文

釐公十六年, 「正月戊申朔, 隕石於宋, 五, 是月六鶂退飛過宋都.」

董仲舒,劉向以爲象宋襄公欲行伯道將自敗之戒也. 石陰類, 五陽數, 自上而隕, 此陰而陽行, 欲高反下也. 石與金同類, 色以白爲主, 近白祥也. 鶂水鳥, 六陰數, 退飛, 欲進反退也. 其色青, 青祥也, 屬於貌之不恭. 天戒若曰, '德薄國小, 勿持炕陽, 欲長諸侯, 與彊大爭, 必受其害.'

襄公不寤, 明年齊威死, 伐齊喪, 執滕子, 圍曹, 爲盂之會, 與楚爭盟, 卒爲所執. 後得反國, 不悔過自責, 復會諸侯伐鄭, 與楚戰於泓, 軍敗身傷, 爲諸侯笑.

〖국역〗

魯 釐公(僖公 희공) 16년(前 644), 「정월 戊申日 초하루, 隕石이 宋에 5개 떨어졌고, 이 달에 鶂鳥(역조) 6마리가 宋都를 되돌아 날아갔다.」[756]

董仲舒와 劉向은 宋 襄公[757]이 제후의 패권을 잡으려 했지만 自敗한데 대한 하늘의 계시라고 생각하였다. 石은 陰類이고, 五는 陽數이고 위에서 떨어졌으니, 이는 陰이 陽으로 행사하였으며 올라가려 했으나 반대로 떨어진 것이다. 石은 金과 同類이며 백색이 많기에 이는 白祥(백상)이라 할 수 있다. 鶂(역)은 水鳥이고, 6마리의 6은 陰數이고, 退飛란 앞으로 가려고 했으나 반대로 밀려 날아간 것이다. 그 새는 청색이기에 青祥이라 할 수 있으며, 이는 貌의 不恭에 가까웁다. 그래서 天戒는 마치 '薄德(박덕)하고 소국이니 크고 강한 척하지 말 것이며, 제후의 영도자가 되겠다고(欲長諸侯) 강국과 다투지 말 것이니 틀림없이 재해를 당할 것이다.' 라고 말하는 것 같았다. 宋 襄公은 깨닫지 못했고, 다음 해에 齊 威公(위공)이 죽자, 宋 양공은 國喪 중인 齊를 정벌하고, 滕國(등국) 主君(滕子)을 생포하였으며, 曹(조)를 포위한 뒤, 제후를 盂(우)에 모아 楚와 회맹의 주도권을 다퉜지만, 결국 楚에 사로잡혔다. 뒷날 본국으로 돌아와서도 자신을

---

756 원문 六鶂退飛過宋都 - 鶂은 역새 역. 거위 계통의 새. 눈 맞추어 새끼를 밴다는 새. 거위 울음소리 역. 退飛는 回飛. 되돌아 날아가다.

757 宋 襄公(재위 前 650 - 637년) - 춘추 5패의 한 사람으로 인정받기도 한다. 宋이 楚와 泓水에서 싸울 때 양공은, 적이 강을 건너 진을 다 친 다음에 공격했으나 대패했고 허벅지 부상을 당했으며 그 때문에 병사했다(宋襄之仁).

뉘우치며 자책하지 않고 다시 제후를 모아 鄭을 정벌하려 楚와 泓水(홍수)에서 싸웠지만(宋襄之仁), 패전하고 부상을 입어 제후들의 웃음거리가 되었다.

原文

《左氏傳》曰, 隕石, 星也, 鶂退飛, 風也. 宋襄公以問周內史叔興曰, "是何祥也? 吉凶何在?" 對曰, "今茲魯多大喪, 明年齊有亂, 君將得諸侯而不終." 退而告人曰, "是陰陽之事, 非吉凶之所生也. 吉凶繇人, 吾不敢逆君故也."

是歲, 魯公子季友,鄫季姬,公孫茲皆卒. 明年齊威死, 適庶亂. 宋襄公伐齊行伯, 卒爲楚所敗.

劉歆以爲是歲歲在壽星, 其衝降婁. 降婁, 魯分野也, 故爲魯多大喪. 正月, 日在星紀, 厭在玄枵. 玄枵, 齊分野也. 石, 山物, 齊, 大嶽後. 五石象齊威卒而五公子作亂, 故爲明年齊有亂. 庶民惟星, 隕於宋, 象宋襄將得諸侯之衆, 而治五公子之亂. 星隕而鶂退飛, 故爲得諸侯而不終. 六鶂象後六年伯業始退, 執於盂也. 民反德爲亂, 亂則妖災生, 言吉凶繇人, 然後陰陽衝厭受其咎. 齊,魯之災非君所致, 故曰, "吾不敢逆君故也."

京房《易傳》曰,「距諫自彊, 茲謂卻行, 厥異鶂退飛. 適當黜, 則鶂退飛.」

〚국역〛

《左氏傳》에 기록했다. 隕石(운석)은 星이고 鶂鳥(역조)가 退飛(回飛)한 것은 風이다.

宋의 襄公(양공)이 이를 周 內史인 叔興(숙흥)에게 물었다.

"이는 무슨 징조입니까? 길흉이 어떻겠습니까?"

"요즈음 魯에는 大喪이 많았습니다만, 明年에는 齊가 혼란해질 것이며, 君이 제후들을 이긴다 하여도 끝이 안 좋을 것입니다."

송 양공이 돌아와 다른 사람에게 말했다.

"이는 음양에 관련한 일이지 길흉에 따른 일은 아니다. 길흉은 사람에 따르는 것이니, 나는 군왕을 거역하지는 않았다."

이 해에, 魯 公子 季友(계우), 鄫國(증국)의 季姬(계희), 公孫인 茲(자) 등이 모두 죽었다. 명년에 齊 威公(위공)이 죽고 適庶(적서)의 난이 있었다. 宋 襄公은 齊를 정벌하고 伯者(覇者)가 되었지만 결국 楚에게 패망하였다.

劉歆이 생각했다. 이 해에, 歲星(木星)은 (十二次의) (東方) 壽星(수성)에 있었고, 그 상대(衝)는 (十二次의) 降婁(강루)였다. 降婁는 魯의 分野이기에, 魯에서 大喪이 많을 것이라 했다. 正月에 태양은 (十二次의) (북방) 星紀(성기)에 있었고, (十二次의) (북방) 玄枵(현효)에 바싹 붙어있었다(厭). 玄枵(현효)는 그 分野가 齊이다. 石은 山物이고, 齊는 大嶽(대악, 泰山) 뒤쪽에 있다. (隕石인) 五石은 齊 威公(위공)이 죽은 뒤에 5명의 公子가 作亂할 것이라서 明年에 齊에 有亂이라 했다. 庶民은 衆星인데, 宋에 隕石(운석)이 떨어진 것은 宋 襄公이 諸侯의 군사를 얻어 (齊) 5공자의 난을 평정한다는 뜻이다. 별이 떨어지고 역새(鶂)가 뒤로 날아가는 것은 제후의 지지를 얻어도 일이 마무리되지 않는다는 뜻이다. 6마리의 역새(鶂)는 6년 뒤에 (宋 襄公의) 霸業이 실패로 끝나며 盂(우)에서 사로잡힌다는 뜻이다. 민중이 反德하여 作亂하나니, 혼란 속에서는 妖孼(요얼)의 재해가 일어나기에 길흉은 사람에 따라 일어난다 하였고, 그런 연후에 음양의 충돌하거나 뒤바뀌면 그 재앙을 당하게 된다. 齊와 魯의 재해는 주군이 불러들인 것이 아니기에 "나는 주군을 거역한 일이 없다." 고 하였다.

京房의 《易傳》에서 말했다.

「諫言(간언)을 거부하고 강한 척하는 것을 郤行(각행)이라 하는데, 그 재이는 鶂鳥(역조)가 되돌아 날아간다(退飛). 嫡子가 퇴출되어도 역조가 되돌아 날아간다.」

原文

惠帝三年, 隕石綿諸, 一.

武帝征和四年二月丁酉, 隕石雍, 二, 天晏亡雲, 聲聞四百里.

元帝建昭元年正月戊辰, 隕石梁國, 六.

成帝建始四年正月癸卯, 隕石槁, 四, 肥累, 一.

陽朔三年二月壬戌, 隕石白馬, 八.

鴻嘉二年五月癸未, 隕石杜衍, 三.

元延四年三月, 隕石都關, 二.

哀帝建平元年正月丁未, 隕石北地, 十. 其九月甲辰, 隕石虞, 二.

平帝元始二年六月, 隕石鉅鹿, 二.

自惠盡平, 隕石凡十一, 皆有光燿雷聲, 成,哀尤屢.

〖국역〗

惠帝 3년(前 192), 隕石(운석)이 綿諸道(면제도)[758]에 1개가 떨어졌다.

武帝 征和 4년(前 89) 2월 丁酉일, 隕石이 雍縣(옹현)에 2개가 떨어졌다. 하늘이 淸明(晏)하고 구름이 없는데도 천둥 소리가 4방 백리에 들렸다.

元帝 建昭 원년(前 38) 정월 戊辰日, 隕石, 梁國, 6개.

成帝 建始 4년(前 29) 정월 癸卯日, 隕石, (眞定國) 槁縣(호현), 4개, 肥累縣(비루현), 1개.

(成帝) 陽朔 3년(前 22) 2월 壬戌日, 隕石, (東郡) 白馬縣, 8개.

(成帝) 鴻嘉 2년(前 19) 5월 癸未日, 隕石, (南陽郡) 杜衍縣(두연현), 3개.

(成帝) 元延 4년(前 9) 3월, 隕石이 (山陽郡) 都關縣, 2개.

哀帝 建平 원년(前 6) 정월 丁未日, 隕石, 北地郡, 10개. 그 해 9월 甲辰日, 隕石, 虞縣(우현), 2개.

平帝 元始 2년(서기 2) 6월, 隕石, 鉅鹿郡(거록군), 2개.

惠帝부터 平帝 말년까지 隕石이 모두 11번 떨어졌는데,[759] 대개 밝은 빛을 내고 천둥소리가 났으며, 成帝와 哀帝 때가 특히 자주 발생했다.

---

758 綿諸 - 天水郡의 道 이름. 道는 縣과 같은 행정 단위. 漢人과 이민족의 혼거지역.

759 武帝 征和 4년과 成帝 陽朔의 운석은 本紀에 기록되었고, 다른 운석은 기록되지 않았다.

【參考】魯國 世系

| 참고 | 《春秋》는 魯의 年代記이다. 《春秋》는 魯 15대 隱公(은공) 원년(前 722년)부터 공자가 별세할 때 재위하던 26대 哀公 14년(前 481) 까지 242년간의 편년체 기록이다. 魯國 公의 이름이 본서에 자주 등장하기에 여기에 《春秋》에 수록된 魯國 世系를 순차적으로 기록하였다.

伯禽(백금, 재위 前 1042 - 前 997년) → 考公(고공) → 煬公(양공) → 幽公(유공) → 魏公(위공) → 厲公(여공) → 獻公(헌공) → 眞公(진공) → 武公(무공) → 懿公(의공) → 伯御 → 孝公(효공) → 惠公(혜공)

《春秋》 기록

→ 隱公(은공, 前 722년~) → 桓公(환공, 前 711년~) → 莊公(장공, 前 693년~) → 子般 → 閔公(민공, 前 661년~) → 僖公(희공, 前 659년~) → 文公(문공, 前 626년~) → 宣公(선공, 前 608년~) → 成公(성공, 前 590년~) → 襄公(양공, 前 572년~) → 子野 → 昭公(소공, 前 541년~) → 定公(정공, 前 509년~) → 哀公(애공, 前 494년~ 468)

《春秋》 이후

→ 悼公(도공) → 元公(원공) → 穆公(목공) → 共公(공공) → 康公(강공) → 景公(경공) → 平公(평공) → 文公(문공) → 頃公(경공, 前 271~ 249)

前漢 帝系
〔전한 제계〕

❶ 高祖 劉邦(유방) (前 206－前 195)

❷ 惠帝 盈(영) (前 194－前 188)

❸ 高后 呂雉(여치) (前 187－前 180)

❹ 文帝 恒(항) (前 179－前 157)

❺ 景帝 啓(계) (前 156－前 141) ── ❻ 武帝 徹(철) (前 140－前 87)

❼ 昭帝 弗陵(불능) (前 86－前 74)

(戾太子 據) ── (史皇孫 進)

❽ 宣帝 詢(순) (前 73－前 49) ── ❾ 元帝 奭(석) (前 48－前 33)

❿ 成帝 驁(오) (前 32－前 7)

(定陶王 康) ── ⓫ 哀帝 欣(흔) (前 6－前 1)

(中山王 興) ── ⓬ 平帝 衎(간) (1－5)

(楚王 囂)－(廣戚侯 勛) ── (廣戚侯 顯)

⓭ 孺子 嬰(영, 6－8) － 王莽(9－23)

前漢 年號
〔전한 연호〕

年號	帝位	順次	사용 기간	年號	帝位	順次	사용 기간
甘露	宣帝	⑥	前 53 – 50년	元狩	武帝	④	前 122 – 117년
居攝	孺子	①	서기 6 – 8년	元壽	哀帝	②	前 2 – 前 1년
建昭	元帝	③	前 38 – 34년	元始	平帝	①	서기 1 – 5년
建始	成帝	①	前 32 – 29년	元延	成帝	⑥	前 12 – 9년
建元	武帝	①	前 140 – 135년	元鼎	武帝	⑤	前 116 – 111년
建平	哀帝	①	前 6 – 3년	元平	昭帝	③	前 74 – 74년
竟寧	元帝	④	前 33 – 33년	征和	武帝	⑩	前 92 – 89년
本始	宣帝	①	前 73 – 70년	地節	宣帝	②	前 69 – 66년
綏和	成帝	⑦	前 8 – 7년	天漢	武帝	⑧	前 100 – 97년
始元	昭帝	①	前 86 – 81년	初元	元帝	①	前 48 – 44년
神爵	宣帝	④	前 61 – 58년	太始	武帝	⑨	前 96 – 93년
陽朔	成帝	③	前 24 – 21년	太初	武帝	⑦	前 104 – 101년
永光	元帝	②	前 43 – 39년	河平	成帝	②	前 28 – 25년
永始	成帝	⑤	前 16 – 13년	鴻嘉	成帝	④	前 20 – 17년
五鳳	宣帝	⑤	前 57 – 54년	黃龍	宣帝	⑦	前 49 – 49년
元康	宣帝	③	前 65 – 62년	後元	武帝	⑪	前 88 – 87년
元光	武帝	②	前 134 – 129년	始建國	王莽	①	서기 9 – 13년
元封	武帝	⑥	前 110 – 105년	天鳳	王莽	②	서기 14 – 19년
元鳳	昭帝	②	前 80 – 75년	地皇	王莽	③	서기 20 – 23년
元朔	武帝	③	前 128 – 123년	更始	劉玄	①	서기 23 – 25년

지리지
地理志

卷二十八 地理志 第八
〔28권 지리지[1] 제8〕

【〈地理志〉 第八 上一[2]】

一. 序

原文

昔在黃帝, 作舟車以濟不通, 旁行天下, 方制萬里, 畫壄分

---

1 〈地理志〉 - 班固는 《漢書 序傳 下》에서 말했다.
「〈坤卦〉는 땅의 형세를 설명하였고, (禹는 중국 땅을) 高下에 따라 9등급으로 나누었다. 옛날 皇帝나 堯는 萬國을 다스리면서 東西가 서로 돕게 하고 (長江으로) 南北의 경계를 설정했다. 三代를 지나면서 萬國이 줄거나 늘어났고, 秦과 漢에 이르러 五等의 제후국은 없어지거나 합쳐졌으며, 郡縣도 설치되었다. 여기에 山川의 대략을 설명하였는데 (지역에 따른) 그 차이가 드러난다. 이에 〈地理志〉를 서술하였다.」
班固의 《漢書 地理志》는 중국 '歷史地理學의 開祖'라 할 수 있는 중요한 意義를 갖고 있다. 〈地理志〉 첫 부분에 《尙書 禹貢》의 원문을 인용하여 전국의 지리적 概況(개황)을 설명하였는데, 여기에는 山川 이외에 토질, 특산물, 남녀 인구 비율과 축산과 농업 및 賦稅의 대략을 설명하여 〈지리지〉 작성의 목적이 治國의 보조자료임을 분명히 밝혔다. 그리고 행정구역의 각 郡을 綱(강)으로 縣을 目(목)으로 삼아 군현의 沿革(연혁), 戶口 통계, 산천,

州, 得百里之國萬區. 是故《易》稱「先王建萬國, 親諸侯」, 《書》云「協和萬國」, 此之謂也. 堯遭洪水, 懷山襄陵, 天下分絕, 爲十二州, 使禹治之. 水土旣平, 更制九州, 列五服, 任土作貢.

曰, 禹敷土, 隨山栞木, 奠高山大川.

〖국역〗

옛날에 살았던 黃帝(황제)[3]는 배(舟)와 수레(車)를 만들어 다니지

수리시설, 역사유적, 주요 關隘(관애), 산물, 광산, 창고, 개간 면적 등을 서술 기록하였다. 이렇게 103郡國(83郡, 20國)에 1,587縣, 道, 邑, 侯國을 설명하였다. 물론 그 군현의 관할은 큰 차이가 있었으니, 35개 縣을 거느린 大郡에서 겨우 3, 4縣을 관할하는 郡國도 있었다. 이어 중국의 각 지역을 천문의 星宿(성수)에 연관시키고 각 지역의 역사적 개략을 설명하면서 풍속과 백성의 기질을 설명하였다. 이는 인간의 생활과 지리를 하나로 보는 인문지리적 인식의 發露(발로)이다.

2 〈地理志〉는 분량이 많아 上, 下卷을 구분했다. 상권은 다시 上一, 上二, 上三으로 구분했는데, 이는 내용상의 구분이 아닌 분량에 따른 구분이다. 〈地理志〉에서 각 郡國을 설명하는 전반부는 83개 郡과 20개 제후군으로 구분이 확실하다. 그러나 83개 郡의 설명 부분은 어떤 원칙에 의한 차례인지 설명이나 기준이 없다. 各 郡을 감독하는 자사부에 의한 구분도 모호하다. 그리고 군내 縣과 道에 관한 설명의 次序도 없다. 각 郡國에 대한 구분 차례는 譯者 나름대로 분류하여 구분하였다.

3 黃帝(황제, ? – 前 2599년?) – 《史記》 中 五帝의 첫째. 부친은 有熊氏의 國君, 軒轅(헌원)의 구릉지에 살아서 軒轅이라 호칭. 姬水(희수)에서 오래 살아 姬姓, 有熊國은 今 河南省 중부 鄭州市 관할 新鄭市. 중국인들은 자신들을 황제의 후손(炎黃子孫)이라 자처한다. 黃帝는 중국인에게 宮室, 衣裳, 舟車, 弓矢, 文書, 圖畫(도화), 律曆(율력), 算數(산수)를 가르쳐 준 문명의 開祖이다.

못하던 곳까지 다닐 수 있게 되자[4] 천하 어디든 왕래할 수 있었으며,[5] 1만 리 단위로 疆域(강역)을 한정하였고, 原野(壄)를 나눠 州로 구분하였으며,[6] 사방 백리를 기준으로 수많은 나라를 세우게 했다. 때문에 《易經》에서는 「先王은 萬國을 건립하였고, 諸侯를 가까운 사람으로 대우했다.」고 기록했으며,[7] 《尙書》의 「萬國을 協和한다.」는 말은 이를 두고 한 말이다.[8] 堯(요)는 洪水를 만나 山을 끼고, 산길로 다니면서, 天下를 12州로 나누었고,[9] 禹(우)[10]를 시켜 홍수를 다스리게 하였다.

---

4 원문 作舟車以濟不通 - 濟는 건널 제. 不通은 사람이 걸어서 갈 수 없는. 《易 繫辭 下》에 '舟楫之利 以濟不通' 이란 말이 있다.

5 원문 旁行天下 - 旁行은 四出而行之. 旁은 두루 방. 廣也.

6 원문 方制萬里, 畫壄分州 方은 始也. 萬里는 사방 둘레의 합이 1만 리. 1만 리×4가 아님. 畫은 그을 획, 그림 화. 晝와 혼동하기 쉽다. 壄는 野의 古字.

7 원문 《易》 稱先王建萬國, 親諸侯 - 《易》은 〈比卦〉의 象辭. 64괘 중 8번째 卦. ☵☷. '水地比' 比는 比鄰(비린, 이웃). 親近友好의 뜻. 군사를 동원한 뒤 같은 무리의 군사를 상호 '比' 라 한다. 〈比卦〉 象辭는 「地上有水하니 比라. 先王은 建萬國하고 親諸侯하다.」라고 하였다. '親諸侯' 의 親은 血親처럼 가깝게 대하다.

8 《書》云 「協和萬國」 - 《書經 虞書 堯傳》의 구절. 「協和萬邦하니 黎民이 於變時雍하다.」

9 원문 堯遭洪水, 懷山襄陵, 天下分絶, 爲十二州 - 遭는 만날 조. 遭遇(조우)하다. 洪水는 洚水(홍수), 鴻水. 懷는 품을 회. 抱也. 襄은 도울 양. 높은 곳으로 가다. 수레를 몰다. 駕也. 陵은 구릉지. 산을 안고 산길로 다니다. 州는 물 가운데 사람이 살만한 곳. 十二州는 禹貢(우공) 九州에 幷州(병주), 幽州(유주), 營州(영주)를 더한 12州.

10 禹(우) - 고대 帝位이 정통을 이어온 순서는 太昊 - (共工) - 炎帝(神農氏) - 黃帝 - 少昊 - 堯 - 舜 - 夏禹 - 商湯 - 周 - (秦) - 漢이다.

(치수 사업의 결과) 水土가 안정되자 다시 九州를 제정하였고, 五服[11]의 땅을 구분한 뒤에, 각 州 토지의 특성에 따라 貢物(공물)을 지정하였다.[12]

(《尙書》에서) 禹(우)는 지역을 나누고, 山을 따라 나무를 깎아 세워 高山과 大川을 (이름을 지어) 확정하였다.[13]

---

11 五服 – 京畿(경기)로부터 5백 리 단위로 지역을 구분하고, 이를 五服이라 하였다. 甸服(전복), 侯服(후복), 綏服(수복), 要服(요복), 荒服(황복)을 말한다.

12 九州의 지역 구분 뒤에 거리와 지역에 따른 설명이 이어진다.

13 원문 禹敷土, 隨山栞木, 奠高山大川 – 이하 《書經 夏書 禹貢》의 글이다. 禹(우)는 (夏) 건국 이전, 治水하는 禹. 敷土(부토)는 땅을 나누다. 敷는 分別하여 治之하다. 栞木(간목)을 나무를 깎아 標識(표지)하다. 栞은 나무를 잘라 표할 간. 木識(목지). 刊과 同. 나무를 모두 베어버렸다는 풀이는 文理가 안 통한다. 奠은 제사 지낼 전. 定也. 敷 – 栞木 – 奠으로 동작이 이어지는 문장이니, 나무를 깎아 표지하여 고산과 대천을 안정시켰다면 文理가 좀 부족하다. 고산의 이름을 확정하는 것이 더 중요한 安定일 것이다.

二. 禹貢 九州[14]

原文

冀州, 旣載壺口治梁及岐. 旣修太原, 至於岳陽. 覃懷底績, 至於衡章. 厥土惟白壤. 厥賦上上錯, 厥田中中. 恒,衛旣從, 大陸旣作. 鳥夷皮服, 夾右碣石, 入於河.

〖국역〗

冀州(기주)[15]는 壺口山(호구산)에서 시작하여 梁山 및 岐山(기산) 일대를 포함한다.[16] 太原에서부터 岳陽(악양)에 이르는 지역을 다스렸다.[17] 覃懷(담회) 지역에서 농사를 짓게 했고, 漳水(장수)는 橫流(횡류)

14 禹貢(우공) 九州 - 禹가 治水 사업을 마치면서 구분한 9州, 곧 冀州, 兗州(연주), 靑州, 徐州, 揚州, 豫州, 荊州, 雍州(옹주), 梁州. 여기서부터는《書 夏書 禹貢》의 내용 그대로이다

15 冀州 - 당시 天子의 도읍이 冀州에 있어서 기주를 먼저 언급하였다. 古冀州는, 대체로 지금의 山西省과 河北省의 서부, 河南省의 북부, 遼寧省의 서부에 해당하는 광대한 지역이었다.

16 원문 旣載壺口治梁及岐 - 旣는 이미 ~하다. 載는 수레에 싣다. 일, 事. 여기서는 다스리다(治理). 壺口(호구)는 산 이름. 今 山西省 서남부 臨汾市(임분시) 관할 吉縣 소재. 유명한 黃河壺口瀑布가 境內에 있다. 梁은 梁山. 今 陝西省 중동부 韓城市 소재(司馬遷의 고향). 岐(기)는 山名. 今 陝西省 서남부 寶雞市 관할 岐山縣 일대. 周王朝 發祥之地. 周朝의 先祖인 古公亶父(고공단보, 周 太王)는 薰育(훈육)과 戎狄(융적)의 침입을 받자, 살고 있던 豳(빈)을 떠나 漆水와 沮水를 건너 岐山(기산) 아래 정착하였다.

17 원문 旣修太原, 至於岳陽. - 修는 다스리다. 治理. 太原은, 今 山西省 省都

하여 황하에 합류하는 곳에 이른다.[18] 그곳 토양은 희고 부드럽다.[19] 그곳의 賦稅는 上上(1등급)에 기타 雜稅가 있고(錯), 그 토지 등급은 中中(5등급)이다.[20] 恒水(항수)와 衛水(위수)가 흐르고, 大陸湖(대륙호) 주변에 농사를 짓는다.[21] (이민족) 鳥夷(조이)는 가죽옷을 입고 살며, (禹는) 오른쪽으로 碣石山(갈석산)을 끼고 黃河로 들어왔다.[22]

原文

沛,河惟兗州. 九河旣道, 雷夏旣澤, 雍,沮會同, 桑土旣蠶, 是降丘宅土. 厥土黑墳, 屮(草)繇木條. 厥田中下, 賦貞, 作十有三年乃同. 厥貢漆絲, 厥棐織文. 浮於沛,漯, 通於河.

(省會)인 太原市. 太原市는 2017년에 인구가 440만. 岳陽(악양)은 岳山 남쪽. 山南曰陽. 岳山은, 今 山西省 서남부 臨汾市 관할 霍州市(곽주시) 동남.

18 원문 覃懷底績, 至於衡章 - 覃懷(담회)는 黃河 부근의 지명. 今 河南省 猛州市 일대. 底績(저적)은 토지가 경작할 만하다. 治功. 至於衡章의 衡은 저울 형. 가로 횡. 橫流(횡류)하다. 章은 漳水.

19 원문 厥土惟白壤 - 厥은 그 궐. 其와 同. 惟는 ~이다(爲, 是). 壤은 土壤(토양). 柔土.

20 원문 厥賦上上錯 - 賦는 賦稅. 上上은 1등급. 錯은 섞일 착. 그 밖의 다른 賦稅를 징수하다.

21 원문 恒,衛旣從, 大陸旣作 - 恒水(항수)와 衛水(위수)는, 今 河北省의 하천. 大陸은 湖水 이름(澤名). 河北省 남부 邢台市 관할. 巨(鉅)鹿縣 일원. 旣作은 경작할만하다.

22 원문 鳥夷皮服, 夾右碣石, 入於河 - 鳥夷(조이)는 중국 동북방의 이민족. 새나 짐승을 잡아먹고 입는다. 夾은 挾. 낄 협. 碣石(갈석)은 山名. 今 河北省 북동秦皇島市의 西部 昌黎縣(창려현).

〖국역〗

沛水(제수)와 河水(하수) 사이는 兗州(연주)이다.[23] 황하의 여러 지류가(九河) 모두 소통된 뒤에(旣道) 雷夏(뇌하)는 연못이 되었다(旣澤).[24] 雍水(옹수)와 沮水(저수)가 (雷夏에) 흘러들었고, 뽕나무를 심고 양잠을 하니, 이에 (사람들이) 산언덕에서(丘) 내려와 평지에 집을 짓고 거처하였다.[25] 그 토질은 비옥하고 풀은 무성했으며 나무도 잘 자랐다.[26] 그 농토는 中下級이고 賦稅는 下之下이었으며(貞), 13년을 경작한 뒤에야 (다른 州와) 같아졌다.[27] (兗州의) 貢物은 옻칠

---

23 원문 沛,河惟兗州 – 沛는 강 이름 제. 濟水. 四瀆의 하나. 河南省 濟源市 王屋山에서 발원. 山東省 북부에서 입해. 지금 황하의 물길이 옛 濟水이다. 河는 黃河. 고유명사. 지금에 물길보다 더 북쪽에서 入海했다. 황하의 물길이 여러 번 바뀐 것을 우리나라 사람은 이해하기 힘들다. 惟는 이다, ~이 되다(爲). 兗은 땅이름 연. 바르다.

24 원문 九河旣道, 雷夏旣澤 – 九河는 황하 하류의 여러 지류의 총칭. 九는 多數를 의미. 旣道의 道는 소통하다. 導와 同. 雷夏(뇌하)는 澤名. 今 山東省 서남부 菏澤市의 동북. 旣澤의 澤은 澤이 되다. 명사가 동사로 쓰였다.

25 원문 雍,沮會同, 桑土旣蠶, 是降丘宅土 – 雍水, 沮水(저수) 모두, 今 山東省 菏澤市 동북의 하천. 會同은 호수에 흘러들다. 桑土旣蠶는 桑을 심고, 양잠을 하다. 桑과 蠶(누에 잠)이 모두 동사로 쓰였다. 是는 이에(于是). 連詞. 降丘(강구)는 사람들이 산언덕에서 내려오다. 宅土는 평지에 집을 짓고 거처하다.

26 원문 厥土黑墳, 屮繇木條 – 墳은 무덤 분, 언덕. 토질이 肥沃(비옥)하다. 屮(왼손 좌)는 草의 古字. 繇(말미암을 요)는 초목이 무성한 모양. 條는 가지 조. 자라다(長也)

27 원문 厥田中下, 賦貞, 作十有三年乃同 – 中下는 6등급. 貞은 下之下. 作은 경작.勞作. 十有三年의 有는 또. 10 또 3 = 13. 同은 相同.

과 蠶絲(잠사), 대나무 광주리에 무늬 놓은 직물을 담아 바쳤다.[28] 泲水(제수)와 漯水(탑수)에서 배를 타고 황하에 왕래하였다.[29]

原文

海,岱惟青州. 嵎夷既略, 惟,甾其道. 厥土白墳, 海濒廣潟. 田上下, 賦中上. 貢鹽,絺, 海物惟錯, 岱畎絲,枲,鈆,松,怪石, 萊夷作牧, 厥棐檿絲. 浮於汶, 達於泲.

〖국역〗

東海와 岱山(대산, 泰山) 사이 땅이 青州이다.[30] 嵎夷(우이) 지역이 다스려지고, 惟水(유수, 濰水)와 甾水(淄水, 치수)가 소통되었다.[31] 그

---

28 원문 厥貢漆絲, 厥棐織文 - 漆은 옻 칠. 옻나무 수액을 굳힌 것. 옻은 가구의 防腐劑(방부제)로 유용하게 쓰였다. 絲는 蠶絲(잠사). 棐는 도지개 비. 篚(대나무로 만든 광주리 비)와 通. 대나무 광주리에 담아 바치다. 織文은 무늬를 놓은 織物.

29 원문 浮於泲,漯, 通於河 - 浮는 行船하다. 배를 타고 가다(以舟渡也). 漯은 물 이름 탑. 황하의 지류. 모여드는 모양 탑.

30 원문 海,岱惟青州 - 海는 渤海. 중국에서는 山東半島와 遼東半島 사이의 바다는 渤海, 山東省과 江蘇省의 앞바다를 黃海, 上海市, 福建省 앞바다는 東海, 廣東省과 廣西省 앞 바다는 南海라고 통칭한다. 우리나라 서쪽 바다는 黃海가 아니고 분명 西海로 표기해야 한다. 岱는 岱山. 泰山. 五嶽 중 동악.

31 원문 嵎夷既略, 惟,甾其道. - 嵎夷(우이)는, 今 山東省 동부지역을 지칭. 既略은 통치하다. 惟(유수)는 濰水(강 이름 유). 甾(꿩 치)는 淄水(치수). 其는 助詞. 無義. 道는 導.

곳 토질은 白色으로 비옥하고, 바닷가에는 개펄이 넓었다.[32] 토지는 上之下(3등급)이고, 賦稅는 中之上이다. 貢物은 소금(鹽)과 葛布(갈포, 絺는 칡베 치)에 海山物이 부과되었고, 泰山 주변 경작지에서는 綿絲(면사)나 麻絲(마사), 모시(枲는 모시풀 시), 납(鉛, 鉛), 소나무(松), 怪石(괴석)을 바쳤고,[33] 萊夷(내이)는 목축을 했는데 그들은 檿絲(염사, 絹紗)를 대나무 광주리에 담아 바쳤다.[34] 汶水(문수)[35]를 따라 泲水(제수, 濟水)에 왕래할 수 있다(通).

原文

海,岱及淮惟徐州. 淮,沂其乂, 蒙,羽其藝. 大壄既豬, 東原底平. 厥土赤埴墳, 草木漸包. 田上中, 賦中中. 貢土五色, 羽畎夏狄, 嶧陽孤桐, 泗瀕浮磬, 淮夷蠙珠臮魚, 厥棐玄纖縞. 浮於淮,泗, 達於河.

〖국역〗

바다와 (북으로) 岱山(태산), (남으로) 淮水(회수)에 이르는 곳이 徐

32 원문 海瀕廣潟 - 瀕은 물가 빈. 潟은 개펄 석.

33 원문 岱畎絲,枲,鉛,松,怪石 - 岱畎(대견)은 泰山 주변의 경작지. 畎은 밭도랑 견. 絲는 綿絲(면사)나 麻絲(마사), 枲(모시풀 시), 鉛(납 연. 鉛의 속자).

34 원문 萊夷作牧, 厥棐檿絲. - 萊夷(내이)는 山東반도 동부의 東夷族. 그들이 세운 나라. 魯 襄公 6년에(前 567), 濟에 멸망했다. 作牧은 목축을 하다. 檿絲(염사)는 絹紗(견사). 檿은 산뽕나무 염.

35 汶水(문수) - 今 山東省 서부의 大汶河. 達은 通也.

州(서주)이다.[36] 淮水와 沂水(기수)의 물길이 안정된 뒤에, 蒙山(몽산)과 羽山(우산)에서도 농사를 지을 수 있었다.[37] 大壄澤(대야택, 大野澤)이 물웅덩이가 된 이후, 그 동쪽 벌판이 평평한 땅이 되었다.[38] 그곳 토질은 赤色에 찰지고 비옥하며 초목이 무성하고 叢生(총생)한다.[39] 토지는 上之中이고, 賦稅는 中之中이다. 貢物로 五色土를 바쳤고, 羽山(우산) 일대에서는 五色 野鷄(꿩, 夏狄)를 바쳤고,[40] 嶧山(역산) 남쪽에서는 오동나무를(孤桐), 泗水(사수) 일대에서는 악기 磬(경)을

36 원문 海,岱及淮惟徐州 – 徐州는 대략, 今 山東省 남부, 安徽省과 江蘇省 북부 지역에 해당. 淮水(회수, 淮河)는 四瀆(사독)의 하나. 淮河는 河南省 南陽市 桐柏縣에서 발원해서 東流하여 入海했으나, 지금은 운하를 따라 江蘇省 揚州市 三江營에서 長江에 합류하는 全長 約 1千 km의 강이다. 淮水는 물길이 여러 번 바뀌어 역사적으로 經濟와 政治 國防의 큰 이슈가 되었다.(黃河奪淮)

37 원문 淮,沂其乂, 蒙,羽其藝. – 沂水(기수, 原音은 의)는 泰山에서 발원하는 하천. 乂는 다스릴 예(治也), 벨 예. 蒙은 蒙山, 今 山東省 蒙陰縣 서남. 羽(우)는 山名. 今 山東省 臨沂市 臨沭縣(임술현)과 江蘇省 連雲港市 東海縣의 경계 소재. 藝는 농사짓다(種殖).

38 원문 大壄旣豬, 東原厎平 – 大壄(대야, 大野)는 澤名. 일명 巨野澤, 今 山東省 서남부 菏澤市 관할 巨野縣. 旣豬의 豬(돼지 저)는 瀦(물 웅덩이 저). 물이 모여 있다(停水). 東原은 동쪽 벌판. 평원. 厎平(지평)은 평평해지다. 농사를 지을 수 있는 땅이 되다.

39 원문 厥土赤埴墳, 草木漸包. – 赤은 토지 色이 대부분 赤色이란 뜻이 아니다. 위에서도 白이니 黑이라 하였는데, 이는 五行의 개념으로 서술하였다. 埴은 찰흙 식. 粘土(점토). 墳은 비옥하다. 漸은 무성하게 자라다(滋長). 包는 무더기로 자라다. 叢生(총생)하다.

40 원문 貢土五色, 羽畎夏狄 – 五色의 土는 황제가 제후를 봉할 때, 그 위치에 해당하는 색의 흙을 띠풀에 싸서 수여하였다. 제후는 그 흙을 자신의 종묘에 안치하였다. 羽畎夏狄은 羽毛가 五色인 野鷄(꿩).

만들 수 있는 돌을 바쳤으며,[41] 淮水(회수) 주변 東夷族은 조개진주(蠙珠) 및 어물을 바쳤으며, 검고 가는 명주를 대바구니에 담아 바쳤다.[42] 徐州에서는 淮水와 泗水[43]를 통해 황하에 왕래하였다.

原文

淮,海惟揚州. 彭蠡既豬, 陽鳥逌居. 三江既入, 震澤厎定, 篠簜既敷, 屮夭木喬. 厥土塗泥. 田下下, 賦下上錯. 貢金三品, 瑤,琨,篠簜,齒,革,羽毛, 鳥夷卉服, 厥棐織貝, 厥包橘,柚, 錫貢. 均江海, 通於淮,泗.

〖국역〗

淮水와 바다 사이의 땅이 揚州(양주)이다.[44] 彭蠡湖(팽려호)[45]에 물

---

41 원문 嶧陽孤桐, 泗瀕浮磬 - 嶧陽(역양)은 嶧山의 남쪽. 孤桐(고동)은 琴(금)을 만들 수 있는 오동나무. 泗瀕(사빈)은 泗水(사수)의 주변(瀕은 물가 빈). 浮磬(부경)은 경쇠, 磬은 악기 이름.

42 원문 淮夷蠙珠臮魚, 厥棐玄纖縞 - 淮夷(호이)는 회수 주변의 東夷族. 蠙은 조개 빈. 蚌(조개 방). 珠는 珠玉. 蠙珠(빈주)는 眞珠(진주). 臮는 및 기, 다못 기. 기와. 及과 同. 曁는 이를 기. 미칠 기의 古字. 魚는 魚物. 玄纖縞(현섬호)는 검고 가는 명주. 纖은 가늘 섬. 縞는 명주 호. 흰빛.

43 泗水는 淮水의 한 지류. 山東省의 江, 泗水縣의 蒙山(몽산) 남록에서 발원하여 曲阜市(고부시)와 兗州市(연주시)를 거쳐 남으로 내려가 濟寧市 동남에서 魯 運河에 합류한다.

44 원문 淮,海惟揚州 - 淮水에서 長江에 이르는 땅. 江蘇省, 安徽省의 대부분과 湖北省 동부와 江西省 북부를 포함. 揚州는 楊州.

45 彭蠡湖(팽려호) - 彭澤湖. 湖北省 江漢 평원에 있는 중국 최대의 담수호

이 차자, 철새(陽鳥)들이 모여들었다.[46] 三江(삼강)의 물이 모여들어 (長江 남쪽에) 震澤(진택, 太湖)이 형성되었고,[47] 小竹(篠는 조릿대조)와 대죽(簜, 탕)이 널리 자라났으며(旣敷), 풀이 무성하고 喬木(교목)이 잘 자랐다.[48] 그 토질은 진흙 뻘이었다.[49] 경작지는 下之下이고, 賦稅는 下之上이며 잡세가 있었다(錯). 貢物은 金三品, 瑤, 琨(옥돌 곤), 篠簜(조탕), 대나무, 象牙(齒), 물소가죽(犀革, 서혁), 새의 깃털(羽毛) 등이었고,[50] 鳥夷(조이)들은 絺葛(치갈)로 만든 옷(卉服, 훼복)을 입었으며, 貝類(패류)와 織物(직물)을 대바구니에 담아 바쳤고, 橘(귤)과 柚(유자)를 공물로 바치며, 황제 명에 따라 錫貢(석공, 常貢이 아닌 別貢)도 바쳤다. 또 淮水 및 泗水(사수)를 통해 長江과 바다에 왕래하였다.[51]

(늪지대)였으나, 지금은 거의 육지화하였고 湖北省 洪湖市에 洪湖만 남아 옛 자취를 보여주고 있다.

46 원문 陽鳥逌居 - 陽鳥는 철새. 기러기(鴻雁, 홍안). 逌는 攸의 古字. 바 유. 所와 같은 뜻으로 쓰인다.

47 원문 三江旣人, 震澤厎定 - 三江은 吳淞江(오송강)과 지금은 메워져 없어진 東江(동강)과 類江(류강). 震澤은 (長江 남쪽) 太湖(태호).

48 원문 屮夭木喬 - 屮夭(초요, 草妖)는 풀이 무성하다. 喬는 높을 교. 喬木은 큰 키 나무.

49 원문 厥土塗泥 - 塗는 진흙 도. 泥는 진흙 니.

50 원문 貢金三品, 瑤,琨,篠簜,齒,革,羽毛 - 金三品은 金, 銀, 銅의 금속. 瑤은 아름다운 옥 요(似玉의 美石). 琨은 옥돌 곤. 琨也. 篠簜(조탕)은 여러 종류의 대나무. 齒는 象牙(상아), 革은 짐승 가죽. 羽毛(우모)는 새의 깃털.

51 원문 均江海 - 均은 沿(따를 연).

原文

荊及衡陽惟荊州. 江,漢朝宗于海. 九江孔殷, 沱, 灊既道, 雲夢土作乂. 厥土塗泥. 田下中, 賦上下. 貢羽旄,齒,革, 金三品, 杶,榦,栝,柏,厲,砥,砮,丹, 惟箘簵,楛, 三國底貢厥名, 包匭菁茅, 厥棐玄纁璣組, 九江納錫大龜. 浮於江,沱,灊,漢, 逾於洛, 至於南河.

〖국역〗

荊山(형산)과 衡山(형산) 남쪽이, 곧 荊州(형주)이다.[52] 長江과 漢水[53]는 여러 지류를 모두 합류시켜 바다로 흘러간다. 九江의 지류가 아주 성대하고(孔殷), 沱水(타수)와 灊水(첨수)의 물길이 안정된 이후에, 雲夢澤(운몽택) 주변의 땅에 농사를 지었다.[54] 그 토질은 진흙이다. 경작지는 下之中이고, 賦稅는 上之下이다. 貢物은 羽旄(우모, 깃

---

52 원문 荊及衡陽惟荊州. - 荊은 荊山, 今 湖北省 서부 襄陽市 관할 南漳縣 소재. 海拔 1200~1800m 산맥이 150km 정도 이어진 산맥. 衡은 衡山. 今 湖南省 남동부 衡陽市 소재. 荊州는 湖南과 湖北省 전부와 江西省의 서쪽.

53 漢水 - 漢江, 襄河로도 호칭. 長江의 최대 지류, 陝西省 秦嶺에서 발원, 武漢市에서 長江에 합류한다. 漢族, 漢王, 국호 漢도 모두 漢水와 연관이 있다.

54 원문 九江孔殷, 沱, 灊既道, 雲夢土作乂 - 九江이 크고 성대하다. 九江은, 今 湖北省 동단 黃岡市 관할 黃梅縣 일대 長江의 여러 지류. 孔殷은 아주 성대하다. 沱(타)는 長江의 지류 이름, 灊(첨)은 물 이름 천. 雲夢(운몽)은 澤名. 雲夢大澤, 中國 歷史上 最大의 淡水湖의 하나였지만 지금은 육지가 된 호수. 今 湖北省 중앙부 武漢市 서북쪽의 天門市, 應城市 일대.

털), 상아(齒), 물소가죽(犀革, 서혁), 金屬 三品(金, 銀, 銅)과, 참죽나무(杶, 춘), 간(榦, 나무 이름), 노송나무(栝, 괄), 측백나무(柏, 백), 숫돌(厲와 砥), 화살촉 만드는 돌(砮, 노), 朱砂(주사) 및 화살 만드는 대나무(箘簵, 균로)와 화살대로 쓰이는 나무(楛, 호) 등이 있고,[55] 형주 일대에 있던 三國 시대부터 그 공물은 명성이 있었으며, 菁茅(청모, 香草)로 상자에 포장하였고 玄纁(현훈)과 꿴 구슬(璣組, 기조)을 대바구니에 넣어 바쳤으며, 九江에서는 天子 명에 의거하여(納錫) 큰 거북(大龜)을 바쳤다.[56] 長江과 沱水(타수), 灊水(첨수), 漢水(한수)를 이용하거나 (산을 넘어) 洛水(雒水)에 이르러 남쪽 河水와 통하였다.

原文

荊,河惟豫州. 伊,洛,瀍,澗既入于河, 滎,波既豬, 道荷澤, 被盟豬. 厥土惟壤, 下土墳壚. 田中上, 賦錯上中. 貢漆,枲,絺,紵,厥篚纖纊, 錫貢磬錯. 浮於洛, 入於河.

---

55 원문 杶,榦,栝,柏,厲,砥,砮,丹, 惟箘簵楛,楛 – 杶은 참죽나무 춘, 香椿. 榦은 나무 이름 간. 栝은 노송나무 괄, 檜(회). 柏은 측백나무 백. 厲(갈 려)와 砥(숫돌 지)는 칼을 가는 숫돌. 砮는 화살촉으로 쓰는 돌 노. 丹(붉을 단)은 朱砂(주사), 箘은 화살 대나무 균. 簵는 대나무 이름 노. 楛는 나무 이름 호.

56 원문 包匭菁茅, 厥篚玄纁璣組, 九江納錫大龜. – 包는 상자에 넣어 싸다. 포장하다. 匭는 상자 궤. 菁茅(청모)는 祭酒를 포장하는 香草, 厥篚玄纁(현훈)은 검으면서 엷은 홍색의 비단. 璣組(기조)는 꿴 구슬. 璣는 구슬 기. 九江 納錫(납석)은 天子 명에 의거하여 바치는 공물.

〖국역〗

荊山(형산)과 河水 사이가 豫州(예주)[57]이다. 伊水(이수), 洛水(雒河), 瀍水(전수), 澗水(간수)가 모두 黃河에 합류하고,[58] 滎澤(형택)과 波水(파수)가 호수가 되어 荷澤(하택)으로 이어졌고 盟豬(맹저)로 흘러 넘었다.[59] 그 땅은 부드럽고 고우나(惟壤), 지대가 낮은 곳이며(下土), 비옥하고 검은색의 단단한 토질이다. 경작지는 中之上이고 賦稅와 雜稅는 上之中이다. 貢物로 옻(漆, 칠), 모시(枲, 시), 고운 갈포(絺, 치), 모시(紵, 苧麻 저마)가 있고, 가는 면포(細綿)를 대광주리에 담아 바치며, 황제 명에 따른 공물(錫貢, 석공)로 磬石(경석)을 바친다. 洛水를 이용하여 河水에 통한다.

原文

華陽, 黑水惟梁州. 岷,嶓既藝, 沱,灊既道, 蔡,蒙旅平, 和夷厎績. 厥土青黎. 田下上, 賦下中三錯. 貢璆,鐵,銀,鏤,砮,磬,熊,羆,狐,狸,織皮. 西頃因桓是徠, 浮於灊, 逾於沔, 入於

57 豫州 - 今 河南省의 대부분, 湖北省의 북부 지역에 해당.

58 원문 伊,洛,瀍,澗既入于河, 滎,波 - 伊水(이수)는 洛水(雒水)의 지류. 洛은 雒水, 雒河. 瀍(전)은 강 이름 전. 洛陽市 서북에서 발원하여 洛陽市 동쪽에서 雒河에 합류한다. 澗은 澗水, 雒河의 일부분을 지칭.

59 원문 滎,波既豬, 道荷澤, 被盟豬 - 滎澤(형택)은, 今 河南省 鄭州市(河南省 省會)의 서북에 위치. 波는 波水. 河南省에 소재한 하천 이름. 豬는 潴, 물웅덩이 저. 荷澤(하택)은, 今 山東省 서부에 위치, 본래 濟水의 湖澤. 被盟豬는 盟潴(맹저)로 흘러넘치다. 盟潴(맹저)는, 今 河南省 동쪽 끝의 商口市에 위치한 澤名.

渭, 亂於河.

〖국역〗

華山의 남쪽과 黑水 사이가 梁州(양주)이다.[60] 岷山(민산)과 嶓山(파산) 일대에서 농사를 짓고, 沱水(타수)와 灊水(첨수)의 물길이 안정되었으며,[61] 蔡山(채산, 위치 미상)과 蒙山(몽산, 四川省 소재)의 길이 뚫렸고, 和夷(화이, 四川省의 지명)의 땅도 안정되었다. 그 토질은 푸른 듯 검다〔青黎(청려), 黎는 검을 려〕. 경지는 下之上이며, 賦稅는 下之中이고 3종 잡세가 있다. 貢物로는 美玉(璆, 구), 鐵(철), 銀(은), 강철(鏤, 루), 돌살촉(砮, 노), 경석(磬石), 곰(熊, 웅), 큰 곰(羆, 비), 여우(狐, 호), 삵(狸, 리), 짐승 모직물(織皮, 직피) 등이 있다. 西頃山(서경산)을 통하거나 桓水(환수)를 통하여 갈 수가 있으며,[62] 灊水(첨수)를 통하여, 또는 산을 넘고 沔水(면수)를 거쳐 渭水(위수)를 가로질러 河水에 통할 수 있다.[63]

---

60 원문 華陽, 黑水惟梁州 - 華山은 五嶽 중 西嶽. 今 陝西省 남부 渭南市 관할 華陰市 소재. 최고봉, 2,155m. 黑水(흑수)는 未詳(미상). 梁州는 대체로 四川省, 重慶市, 그리고 甘肅省과 陝西省의 秦嶺山脈 남쪽을 지칭.

61 원문 岷,嶓既藝, 沱,灊既道 - 岷山(민산)은 四川省 소재 山名. 嶓山(파산)은 陝西省 남부의 山名. 既藝는 농사를 짓다. 沱水(타수), 灊水(첨수)는 모두 四川省과 重慶市 일원의 江.

62 원문 西頃因桓是徠 - 西頃(서경)은 山名, 今 青海省 동부와 甘肅省 서남부의 산맥. 桓은 桓水(환수)는 甘肅省과 四川省을 흐르는 白龍江. 徠는 올래.

63 亂於河 - 亂은 橫渡(횡도). 가로질러 건너가다.

原文

黑水,西河惟雍州. 弱水旣西, 涇屬渭汭. 漆,沮旣從, 酆水逌同. 荊,岐旣旅, 終南,惇物, 至於鳥鼠, 原隰厎績, 至於豬壄. 三危旣宅, 三苗丕敘. 厥土黃壤. 田上上, 賦中下. 貢球,琳,琅玕. 浮於積石, 至於龍門西河, 會於渭汭. 織皮崑崙, 析支,渠叟, 西戎卽敘.

〖국역〗

(서쪽으로) 黑水와 (동쪽으로) 西河 사이가, 곧 雍州(옹주)이다.[64] 弱水(약수, 江名)는 서쪽으로 흐르고,[65] 涇水(경수)는 渭水(위수)에 합류한다.[66] 漆水(칠수)와 沮水(저수)가 渭水에 합류하고 酆水(풍수) 또

---

64 원문 黑水, 西河惟雍州 – 黑水는 위치 미상이나 서쪽의 끝이라 생각했다. 西河는 황하의 상류 중 일부. 今 寧夏回族自治區에서 南에서 北쪽 내몽고 지역으로 흐르는 황하의 부분과 내몽고에서 ∩字로 꺾여 陝西省과 山西省의 경계를 이루며 남쪽으로 흐르는 부분을 지칭한다. 漢代 郡名으로 西河郡. 치소는 平定縣, 今 內蒙古 鄂爾多斯市 동쪽의 准格爾旗. 雍州(옹주)는 지금의 陝西省과 寧夏回族自治區, 甘肅省 일대를 지칭.

65 弱水(약수), 額濟納河(액제납하) – 青海省과 甘肅省, 內蒙古自治區를 흐르는 강. 全長 820km. 祁連山(기련산)에서 발원하여 上流에서는 羌谷水(강곡수), 甘肅省 張掖(장액), 酒泉市 지역에서는 弱水(약수), 내몽고의 阿拉善盟(아라선맹)에서는 額濟納河라고 불린다.

66 원문 涇屬渭汭 – 涇河(경하)는 渭河의 지류. 屬은 흘러들어가다. 渭河(渭水)는 황하의 최대 지류. 汭는 물굽이 예. 涇河는 寧夏自治區 六盤山 涇源縣에서 발원하여 甘肅省을 거치고 陝西省으로 들아와 西安市 남쪽에서 渭河에 합류한다. 涇河는 清하고, 渭水는 濁하여 '涇渭分明' 이라는 典故가 되었다.

한 같이 흘러간다. 荊山(형산)과 岐山(기산)을 따라 길이 뚫렸고, 終南山(종남산)[67]과 惇物山(돈물산)을 거쳐 鳥鼠山(조서산)에 이르며 평원과 습지도 잘 다스려졌고 豬壄澤(저야택)에 이른다. 三危山(삼위산)도 사람이 거처할 수 있고(旣宅), 三苗山(삼묘산)도 크게 안정되었다(丕敘). 雍州의 땅은 황토 흙이다. 田은 上之上이고, 賦稅는 中之下이다. 貢物로는 美玉(球, 구), 靑玉(琳, 림), 낭간(琅玕, 珠玉)을 바쳤다.

積石山(적석산)을 지나 (황하 중 일부인) 西河의 龍門(용문)에 이르고, (남으로 내려와) 渭河를 역류하여 올라갈 수 있었다. 崑崙(곤륜), 析支(석지), 渠叟(거수)의 종족들은 모두 毛皮 옷을 만들어 입는데(織皮), 西戎(서융)의 종족도 순종했다.[68]

原文

道汧及岐, 至於荊山, 逾於河. 壺口,雷首, 至於大岳, 厎柱,析城, 至於王屋, 太行,恒山, 至於碣石, 入於海. 西傾,朱圉,鳥鼠, 至於太華, 熊耳,外方,桐柏, 至於倍尾. 道嶓冢, 至於荊山, 內方, 至於大別, 岷山之陽, 至於衡山, 過九江, 至於敷淺原.

---

67 終南山 – 長安의 南山, 太乙山이라고도 부르는데, 秦嶺山脉(진령산맥)에서 陝西省(섬서성) 부분을 지칭한다. 唐의 盧藏用(노장용)이란 사람은 진사과에 급제하였지만 발령을 받지 못하자 종남산에 들어가 은거하면서 소문을 내었다. 얼마 뒤 특별히 황제의 부름을 받아 좌습유에 임용되었다. 이후 '終南捷徑(종남첩경)' 이란 成語가 생겼다.

68 이상은《書經 夏書 禹貢》의 문장을 인용하여 九州汧의 地域과 山川, 土壤과 賦稅, 特産 등의 개략을 설명하였다.

〖국역〗

汧山(견산)과 岐山(기산)을 따라가면 荊山(형산)에 이르고, 河水를 건널 수 있다.[69] 壺口山(호구산)과 雷首山(뇌수산)을 지나면 大岳에 이르고,[70] 厎柱山(지주산)과 析城山(석성산)을 지나 王屋山(왕옥산)에 이르며,[71] 太行山[72]과 恒山(항산)[73]을 지나 碣石山(갈석산)에 이르러 바

---

69 여기서부터는 治山治水의 首尾와 次序의 대략을 설명하였다. 治山이라 하지만, 산을 옮기거나 산맥의 주행을 바꿀 수도 없다. 治山通水에서 山을 먼저 언급하는 것이 일의 순서이다. 원문 道汧及岐山, 至於荊山, 逾於河 – 道는 導. 禹가 어떻게 山를 引導하겠나? 山의 형세를 안내, 설명한다는 뜻이니, 결국 산맥의 지세 파악과 大山 주변의 治水로 연결된다. 汧山(견산, 岍山)은 一作 吳山, 今 陝西省 서남 寶雞市 관할 隴縣 소재. 岐山(기산)은, 今 陝西省 서남부 寶雞市 관할 岐山縣 일대. 周王朝 發祥之地. 荊山(형산)은, 今 陝西省 중부 渭南市 관할 渭河平原 북쪽 富平縣 소재.

70 원문 壺口,雷首, 至於大岳 – 壺口山(호구산)은, 今 山西省 서남부 臨汾市(임분시) 관할 吉縣에 소재. 雷首山은, 今 山西省 서남부 中條山脈의 서남단 소재. 大岳은 山名. 岳山은, 今 山西省 서남부 臨汾市 관할 霍州市(곽주시) 동남.

71 원문 厎柱,析城, 至於王屋 – 厎柱山(지주산, 厎는 숫돌 지)은, 今 河南省 三門峽市 동북, 黃河 가운데 솟은 산. 析城(석성)도 山名. 今 山西省 남부 晉城市 관할 陽城縣 소재. 中條산맥 여러 봉우리 중 하나. 王屋山은, 今 山西省 陽城縣과 河南省 중북부 濟源市 중간. 王屋山(天壇山, 1715m)에는 軒轅黃帝가 祭天했다는 곳이 있다. 漢魏時 道教十大洞天의 첫째. '天下第一洞天.' 愚公移山(우공이산)의 전설이 생겨난 곳으로 알려졌다.

72 太行山 – 一名 五行山, 王母山, 女媧山, 或作 太形山. 中國 동부의 주요 산맥. 北京市, 河北省, 山西省, 河南省에 달하는 400여 km의 대산맥. 東周 列禦寇(열어구)가 말한 '愚公移山'이 바로 이 산맥이다.

73 恒山(항산) – 오악 중 북악. 今 河北省 曲陽縣과 山西省의 접경. 山西省 북단. 一名 元岳, 常山, 北岳. 恒山 주봉 天峰嶺은 해발 2016m.

다에 닿는다. 西傾山(서경산), 朱圉山(주어산), 鳥鼠山(조서산)을 지나 太華山(태화산)[74]에 이르며, 熊耳山(웅이산), 外方山, 桐柏山(동백산)은 倍尾山(배미산)에 이어진다.[75] 嶓冢山(파총산)을 지나 荊山(형산)[76]에 이르고, 內方山에서 大別山[77]에 이르며, 嶓山(민산)의 남쪽에서 衡山(형산)[78]에 이르고, (長江의) 九江을 건너면 敷淺原(부천원)[79]에 이른다.

原文

道弱水, 至於合藜, 餘波入於流沙. 道黑水, 至於三危, 入於南海. 道河積石, 至於龍門, 南至於華陰, 東至於厎柱. 又東至於盟津, 東過洛汭, 至於大伾, 北過降水, 至於大陸, 又北播爲九河, 同爲逆河, 入於海.

---

74 太華山(태화산) – 五嶽 중 西嶽인 華山. 陝西省 華陰市 성남, 西安市 동쪽 120km 陝西省(秦), 山西省(晉), 河南省(豫)의 교차점. 南接 秦嶺(진령), 北瞰 黃河의 절경. 東峰 朝陽, 西峰 蓮花(最險, 해발 2082m), 中峰 玉女, 南峰 落雁(해발 2154m), 北峰 雲台(最低, 해발 1615m).

75 熊耳山(웅이산)은 中岳인 崇山(숭산), 河南省 북부 登封市 소재. 倍尾山(배미산)은, 今 湖北省 동부 武漢市 서북의 孝感市 관할 安陸市 소재.

76 荊山(형산) – 今 湖北省 중북부 襄陽市 관할 南漳縣 소재, 海拔 1200~1800m의 산이 150km 정도 이어진 산맥.

77 大別山 – 今 湖北省, 河南省, 安徽省의 접경을 이루는 산맥.

78 衡山(형산) – 五嶽 중 南嶽. 古代 帝王이 巡狩, 祭祀하던 산. 도교와 佛教의 聖地之一. 祝融峰 해발 1300m. 湖南省 중동부 衡陽市 南嶽區 소재.

79 敷淺原(부천원) – 今 江西省 북부 九江市 관할 德安縣 남쪽 博陽山. 長江 남안. 鄱陽湖에 연접.

嶓冢道漾, 東流爲漢, 又東爲滄浪之水, 過三澨, 至於大別, 南入於江, 東匯澤爲彭蠡, 東爲北江, 入於海.

嶓山道江, 東別爲沱, 又東至於醴, 過九江, 至於東陵, 東迆北會於匯, 東爲中江, 入於海.

道沇水, 東流爲泲, 入於河, 軼爲滎, 東出於陶丘北, 又東至於荷, 又東北會於汶, 又北東入於海.

道淮自桐柏, 東會於泗,沂, 東入於海. 道渭自鳥鼠同穴, 東會於酆, 又東至於涇, 又東過漆,沮, 入於河. 道洛自熊耳, 東北會於澗,瀍, 又東會於伊, 又東北入於河.

〖국역〗

(이하는 河川에 대한 설명이다. 중국은 기본적으로 西高東低의 지형이기에 서북쪽부터 서술하였다.)

弱水(약수)의 물길을 따라가면 合藜山(합려산)에 이르고, 다른 지류들은(餘波) 流沙(유사) 지역으로 들어간다.[80] 黑水(흑수)를 따라가면 三危山(삼위산)에 이르고, 南海에 들어간다.[81]

積石山을 지나 황하를 따라가면 龍門(용문)[82]에 이르고, 남으로는

80 合藜山(합려산) - 今 甘肅省 高台縣 북쪽의 산. 流沙(유사)는 중국 서북쪽의 사막을 지칭.

81 원문 黑水, 至於三危, 入於南海 - 南海는 미상. 중국인에게 海는 우리와 개념이 다르다. 사막을 砂海라 하고 내륙의 큰 호수도 海라고 한다. 例; 北京의 十刹海, 中南海, 裏海(카스피해)나 鹹海(함해, Aral해).

82 龍門 - 今 山西省 남부 運城市 관할 河津市 소재 黃河의 峽谷, '鯉躍龍門(이약용문)' 성어의 고향.

華陰縣에 동쪽으로는 厎柱山(지주산)에 이른다. 또 이어 東으로는 盟津(맹진)[83]에 이르고 동쪽으로 지류인 洛水(낙수)가 합류하고, 大伾山(대비산)[84]에 이르며, 降水(강수)를 따라 올라가면 大陸湖에 이를 수 있으며, 북쪽으로 아홉 개의 지류로 흐르다가 하나가 되어 海水의 역류를 만나면서 渤海(발해)에 들어간다. (이 문단은 황하의 흐름을 설명했다.)

嶓塚山(파총산)에서 발원한 漾水(양수)를 따라가면 東으로 흘러 (長江의 지류) 漢水(한수)이고 또 東으로 흘러가 滄浪(창랑)의 강물로[85] 三澨(삼서, 물가 서)[86]를 지나, 大別山(대별산)[87]에 이르고, 남쪽으로 흘러 長江에 합류한다.[88] 東으로 흘러 澤水(택수)와 합류하여 彭蠡湖(팽려호)[89]를 이루고 東의 北江(북강)이 되어 바다에 들어간다.

嶓山(민산)[90]의 강물을 따라 東으로 갈라지면 沱水(타수)이고, 또

---

83 孟津(맹진) - 河南省 서북부, 黃河 남안, 洛陽市 관할 孟津縣.

84 大伾山(대비산) - 今 河南省 鄭州市 관할 滎陽市(형양시) 서북.

85 滄浪之水 - 여기서는 漢水이 일부분을 지칭. 屈原(굴원) 作 〈漁父〉의 滄浪之水는 아니다.

86 三澨(삼서) - 今 湖北省 경내 長江의 지류 이름.

87 大別山(대별산) - 魯山, 今 湖北省 漢陽縣 소재.

88 漢水(漢江)은 長江 최대 지류이며 수량이 풍부하다. 이 漢水와 長江의 합류점이 바로 武漢市이다.

89 彭蠡湖(팽려호) - 今 江西省 북부, 長江 남안 鄱陽湖(파양호). 洞庭湖와는 다르다. 洞庭湖(동정호)는 중국 五大 淡水湖의 하나, 湖南省 북부, 長江 이남에 위치. 青海湖, 鄱陽湖와 함께 三大湖. 본래 중국 최대의 淡水湖, 지금은 크게 축소되어 파양호보다 약간 작다고 한다.

90 嶓山(민산) - 岷山, 甘肅省 남부에서 四川省 서북에 걸쳐 남북 방향으로 약 500km에 달하는 대산맥이고, 최고봉은 四川省 松潘縣 경내, 해발

동으로 흘러 醴水(예수)가 되어 九江을 지나고, 동으로 東陵(동릉)에 이르러 경사에 따라 북에서 흐른 물이 匯(회)에서 모여[91] 동쪽으로 흐르는 中江이 되어 바다로 들어간다.[92]

沇水(윤수)를 따라 東으로 흘러 泲水(濟水)가 되어 河水에 합류하고, 또 다른 흐름이 滎澤(형택)이 되고, 동쪽으로 흘러 陶丘(도구)[93]에 이르며, 그 북쪽에서 동쪽으로 荷澤(하택)에 흐르고 다시 동북에서 汶水(문수)와 합하여 동북 방향의 바다로 들어간다. (濟水의 흐름을 설명)

桐柏山(동백산)에서 발원한 淮水(회수)는 동으로 흐르다가 泗水(사수)와 沂水(기수)를 만나 바다에 들어간다. (淮水의 흐름을 설명)

渭水는 鳥鼠同穴(조서동혈)[94]에서 시작하는데, 東으로 흘러 酆水(풍수)와 합류하고 다시 동으로 흘러 涇水(경수)와 합류하며, 또 동쪽으로 漆水(칠수)와 沮水(저수)를 합류한 뒤 河水에 합류한다.

洛水는 熊耳山(웅이산)에서 시작하여 東北에서 澗水와 瀍水(전수)와 합류하고, 다시 동쪽으로 흘러 伊水(이수)와 합류하여 동북으로 黃河에 합류한다.

5,588m. 長江과 황하의 분수령. 우리나라 사람에게 잘 알려진 관광지 九寨溝(구채구)가 있는 산.

91 원문 迤北會於匯 – 迤는 비스듬할 이. 會는 모이다. 匯는 물이 모여들 회. 匯는 彭蠡澤을 뜻한다는 주석이 있다.

92 長江의 남쪽 지류에 대한 설명. 東陵, 中江은 내용 미상.

93 陶丘(도구) – 地名. 今 山東省 定陶縣.

94 鳥鼠同穴(조서동혈) – 山名. 간칭 鳥鼠山.

原文

九州逌同, 四奧旣宅, 九山栞旅, 九川滌原, 九澤旣陂, 四海會同. 六府孔修, 庶土交正, 底愼財賦, 咸則三壤, 成賦中國. 錫土姓,「祗台德先, 不距朕行.」

〖국역〗

九州가 하나로 질서가 잡히고 사방의 먼 곳까지 사람이 살게 되었으며[95] 9州 산의 나무를 베어 길을 내었고, 9주의 하천을 근원부터 잘 흐르게 하였으며, 모든 연못에는 둑을 쌓으니 천하가 모두 같았다.[96] 六府가 잘 다스려졌고,[97] 모든 토지가 그 토질에 따라 바르게 이용되었으며, 貢賦 부과에 신중을 기하였고,[98] 모든 토지를 三品九等으로 나눠 中原의 賦稅를 정하였다. 封國 토지에 따라 姓을 부여하며「공경하는 마음으로 내 덕을 먼저 베푸니, 나의 행사에 반대하지 않도다.」라 하였다.[99]

---

95 원문 九州逌同, 四奧旣宅 – 九州가 攸同하다. 똑같이 되다. 逌는 느긋할 유. ~바. 逌同은 하나가 된다. 四奧旣宅의 四奧는 사방 구석진 곳. 奧는 아랫목 오. 구석진 곳. 나라 안.

96 원문 九山栞旅, 九川滌原, 九澤旣陂, 四海會同. – 九는 九州. 많은, 다수. 栞은 도표 간. 여기서는 나무를 베다. 旅는 길을 내다. 滌은 씻을 척. 原은 源. 陂는 비탈 피. 둑, 제방.

97 원문 六府孔修 – 六府는 백성의 생활과 관련한 6개 업무 부서. 司土, 司木, 司水, 司草, 司貨, 司器의 6부서. 孔은 大. 修는 治.

98 원문 底愼財賦 – 底愼(지신)은 백성을 재물을 조심하여 다루다. 底는 이를 지(致也). 숫돌 지. 이를 저(至也).

99 원문 祗台德先, 不距朕行 – 祗는 공경할 지. 台는 나 이. 距는 拒. 朕은 나 짐.

原文

五百里甸服, 百里賦內總, 二百里內銍, 三百里內戛服, 四百里粟, 五百里米. 五百里侯服, 百里采, 二百里男國, 三百里諸侯. 五百里綏服, 三百里揆文敎, 二百里奮武衛. 五百里要服, 三百里夷, 二百里蔡. 五百里荒服, 三百里蠻, 二百里流. 東漸於海, 西被於流沙, 朔,南洎, 聲敎訖於四海.

〖국역〗

(京畿의) 5백 리 땅을 甸服(전복)이라 하는데,[100] 1백 리 땅에서는 곡식 단을 그대로 묶어 납부케 하고, 2백 리까지는 곡식 이삭을 잘라 납부하고,[101] 3백 리까지는 겹질 있는 그대로 바치게 하고,[102] 4백 리까지는 겹질을(穀殼) 찧지 않은 곡식을(粟), 5백 리까지는 찧은 곡식을(米) 바치게 하였다.[103]

---

100 원문 五百里甸服 - 五百里는 왕궁으로부터 4방 5백 리의 땅. 곧 京畿(구도와 수도 주변). 甸服은 경기의 땅. 王이 농사 짓는 땅이라 뜻. 甸은 경기 전. 京畿.

101 원문 百里賦內總, 二百里內銍 - 甸服 중 왕궁 주변 1백 리의 땅. 賦는 賦稅. 토지에 대한 國稅. 內는 納. 들일 납(音은 납). 總은 묶을 총. 곡식을 땅에서 베어낸 그대로 묶어서 납부한다는 뜻. 예를 들어, 보리나 볏짚은 牛馬의 사료로 필요해서 가까운 지역에서는 곡식의 짚 단 그대로 납부케 했다. 內銍(납질)은 곡식 줄기 윗 이삭을 잘라 납부하다. 內의 音은 납. 銍은 낫 질. 낫으로 자르다.

102 원문 三百里內戛服 - 戛은 창 알. 볏짚을 추리다. 戛은 秸(볏짚 추릴 갈)과 同. 예를 들어, 콩이나 옥수수, 참 깨 같은 작물은 겹질이 있는 그대로 바치게 한다는 뜻.

103 원문 四百里粟, 五百里米 - 粟은 찧지 않은 곡식. 곡식 알갱이의 겉겹질

(甸服 밖) 5백 리를 侯服(후복)이라 하는데,[104] (후복 중 가까운) 1백 리의 땅에서는 差役(차역, 采)을 제공하고, 2백 리 지역에서는 나라를 위한 力役(역역)을 제공하고, (그 밖의) 3백 里 지역에서는 諸侯에게 요역을 제공한다.[105]

(侯服 밖) 5백 리의 땅을 綏服(수복)이라 하는데, (그중) 3백 리는 文化에 바탕을 둔 教化로 관리하고, 그 밖의 2백 리는 武威로 지키게 하였다.[106]

(綏服 밖) 5백 리 땅을 要服(요복)이라 하였는데, 3백 리 땅은 四夷(사이)의 땅이고, 그 밖 2백 리 땅은 형벌로 반역을 제압하는 땅이었다(蔡).[107]

(要服 밖) 5백 리는 荒服(황복)인데, (그중 가까운) 3백 리는 法이 없는 야만의 땅이고(蠻), 2백 리 지역은 流亡(유망)의 땅이었다.[108]

이 그대로 있는, 곧 추수한 상태 그대로. 米는 껍질을 벗긴 곡물. 지금이야 그냥 '쌀'로 통용하지만, 옛날은 '精米 上品 1斗' 같은 식으로 기록했다. 방아를 찧는 일을 '搗精(도정)'이라 한다. 벼(米穀)를 搗精(도정)하여 왕겨와 쌀겨(糠)를 벗겨내야 쌀(精米, 精白米)이 된다.

104 侯服(후복) – 斥候(척후, 정찰, 정탐)하여 왕실을 保衛(보위)하는 땅이란 뜻.

105 원문 百里采, 二百里男國, 三百里諸侯 – 采는 일(事). 왕을 위한 勞力 제공. 男國의 男은 功業할 남. 일한다는 뜻. 任. 任事, 國役, 요역에 동원.

106 綏服(수복) – 綏는 편안할 수. 왕실의 교화에 편히 생활한다는 뜻. 揆는 헤아릴 규. 官吏의 管理를 받다. 文教는 人文에 바탕을 둔 教化. 奮은 성낼 분. 분발하다. 武衛는 무력으로 지키다.

107 要服의 要는 약속. 조공의 약속을 요구하고 지키는 땅. 夷는 平易(평이), 곧 평범한 법으로 질서를 지킬 수 있다는 지역. 蔡는 형법으로만 질서를 유지할 수 있는 지역. 蔡는 큰 거북 채, 풀(草) 채, 法 채. 추방할 살.

108 荒服(황복)은 荒遠의 땅, 蠻은 蠻夷의 땅. 法制가 없는 땅. 流는 땅 끝.

東쪽으로는 바다에 닿았고(漸은 入), 西쪽으로는 사막지대에(流沙), 북과 南까지 王의 교화가 천하에 널리 미쳤다.[109]

原文

禹錫玄圭, 告厥成功.

後受禪於虞, 爲夏后氏.

殷因於夏, 亡所變改. 周旣克殷, 監於二代而損益之, 定官分職, 改禹徐,梁二州合之於雍,青, 分冀州之地以爲幽,並. 故《周官》有職方氏, 掌天下之地, 辯九州之國.

〖국역〗

禹(우)는 玄圭(현규)를 堯(요)에 바치고, 그 治水의 成功을 아뢰었다.

(禹는) 그 뒤에 虞(우, 舜)의 선양을 받아 夏后氏(하후씨)가 되었다.[110]

殷 왕조는 夏의 제도를 답습했고 改變한 것이 없었다. 周는 殷을 멸망시킨 뒤에, 二代(夏, 殷)의 제도를 본받아(監, 鑑) 이를 加減(損益, 손익)하여 관제를 정하고 직무를 분담하였는데, 禹의 9주 중 徐

109 朔은 북방 삭, 다할 삭, 초하루 삭. 洎는 물 부을 계. 미치다(及也). 訖은 를 흘. 다하다. 四海는 天下.

110 치수 사업에 성공을 거둔 禹의 공로를 인정하여 舜이 禹에게 선양한 것이 대략 기원 前 2070年~2030年 경이었고, 大禹는 夏后氏를 칭했고, 都城은 일정하지 않아 君王에 따라 달랐다. 禹왕은 제위를 아들 啓(계)에게 물려주어 왕조를 성립시켰다. 夏는 桀王(걸왕)까지 17명 왕이 재위했고, 甸 1559年 商朝 首領 湯王(탕왕)의 정벌로 멸망했다.

州와 梁州의 2州를 雍州와 靑州에 합하고,[111] 冀州의 (일부) 지역을 나누어 幽州와 幷州(병주)를 신설하였다.[112] 《周官》[113]에 職方氏(직방씨, 관직명)가 있어 9주 각국의 업무를 담당하였다.[114]

※ 참고 : 〈禹貢〉 九州와 周代 九州의 비교.

<table>
<tr><th>〈禹貢〉 九州</th><th>周代 九州</th><th>비 고</th></tr>
<tr><td rowspan="3">冀州</td><td>冀州(기주)</td><td rowspan="3">분리 신설</td></tr>
<tr><td>幽州(유주)</td></tr>
<tr><td>幷州(병주)</td></tr>
<tr><td>靑州</td><td rowspan="2">靑州(청주)</td><td rowspan="2">병합</td></tr>
<tr><td>徐州</td></tr>
<tr><td>雍州</td><td rowspan="2">雍州(옹주)</td><td rowspan="2">병합</td></tr>
<tr><td>梁州</td></tr>
<tr><td>兗州</td><td>兗州(연주)</td><td></td></tr>
<tr><td>豫州</td><td>豫州(예주)</td><td></td></tr>
<tr><td>揚州</td><td>揚州(양주)</td><td></td></tr>
<tr><td>荊州</td><td>荊州(형주)</td><td></td></tr>
</table>

111 徐州를 靑州에, 梁州를 雍州에 병합하였다.

112 冀州에서 幽州(유주)와 幷州(병주)를 분리, 신설하였다. 9주의 총수는 변함없다.

113 《周官》은 《周禮》 혹은 《周官經》이라 부르는데, 대체적으로 戰國時代에 이루어진 책으로 알려졌다. 이 책의 내용과 周代의 관직은 꼭 부합되지 않으며, 다만 이상적인 관제와 백관의 직무를 기록하였다. 이 책은 漢初에도 알려지지 않았는데, 河間獻王인 劉德(유덕)이 이 책을 구입한 뒤 조정에 바쳤고, 조정에서는 秘府에 보관하였다. 전한 말기 劉歆(유흠)은 이 책을 《周禮》라 하였다가 왕망 때에 《周官》을 다시 《周禮》라 바꾼 뒤, 博士를 두고 授業하여 내용이 공개되었다.

114 辯九州之國 – 辯은 분별할 변, 말 잘할 변.

三. 周代의 九州

原文

東南曰揚州. 其山曰會稽, 藪曰具區, 川曰三江, 浸曰五湖. 其利金,錫,竹箭. 民二男五女, 畜宜鳥獸, 穀宜稻.

〖국역〗

(周都, 鎬京을 기준으로) 동남쪽은 揚州(양주)이다. 그 (대표적인) 山은 會稽山(회계산)[115]이고, 大澤은 具區(구구, 太湖)이고, 대표적 하천은 三江이고, 灌漑池(관개지)로는 五湖가 있다.[116] 특산품으로는 金(金, 銀, 銅)과 주석(錫), 대나무 화살이 있다.[117] 백성은 남자 2명에 여자 5명 꼴이며, 축산으로 새와 짐승을 기르고, 곡식으로는 벼농사(稻, 벼 도)가 적합하다.

原文

正南曰荊州. 其山曰衡, 藪曰雲夢, 川曰江,漢, 浸曰潁,湛. 其利丹,銀,齒,革. 民一男二女, 畜及穀宜, 與揚州同.

---

115 會稽山(회계산) - 今 江蘇省 紹興市 소재. 一名 茅山, 苗山. 최고봉은 해발 354m 中國 五大鎭山의 南鎭.

116 藪는 늪 수. 具區(구구)는, 今 太湖. 川은 河流. 三江은 강이 많다. 三은 衆多, 浸은 잠길 침. 관개에 이용할 수 있는 저수지. 五湖는 호수가 많다.

117 金은 黃金(金), 白金(銀), 赤金(銅)을 포함한다.

〖국역〗

정남쪽은 荊州이다. 그 山은 衡山(형산)이고, 大澤(藪)은 雲夢澤(운몽택)이고 큰 강으로는 長江과 漢水, 관개 저수지로는 穎水(영수)와 湛水(담수)[118]가 있고, 丹砂(단사), 銀, 상아(齒), 짐승 가죽(革)이 특산이고, 백성은 1남에 2녀 꼴이며, 축산이나 적합한 곡물은 揚州와 비슷하다.

原文

河南曰豫州. 其山曰華, 藪曰圃田, 川曰滎,洛, 寖曰波,溠. 其利林,漆,絲枲, 民二男三女, 畜宜六擾, 其穀宜五種.

〖국역〗

黃河 남쪽이 豫州(예주)이다. 대표적인 산은 華山(화산)이고, 大澤은 圃田(포전)이고, 하천으로는 滎水(형수)와 洛水(낙수)가 있고,[119] 관개지로는 波水(파수)와 溠水(자수)가 있다. 특산은 林産物, 옻(漆, 칠), 모시(絲枲, 사시)가 있고 백성은 男2에 女3 꼴이며, 가축으로는 6畜(六擾)[120]이 있고, 5종의 곡물이 적합하다.

118 穎水(영수)와 湛水(담수)는 淮水의 지류.

119 圃田(포전)은 澤名. 今 河南省 鄭州市 관할 中牟縣(중모현) 서쪽. 滎水(형수)와 洛水(낙수)는 황하의 지류.

120 六擾(육요)는 6畜. 擾는 어지러울 요, 길들일 요. 길들여 기르다(馴養의 뜻). 馬, 牛, 羊, 猪, 狗, 鷄.

原文

正東曰青州. 其山曰沂, 藪曰孟諸, 川曰淮,泗, 寖曰沂,沭. 其利蒲,魚, 民二男三女, 其畜宜雞,狗, 穀宜稻,麥.

〖국역〗

(周都 鎬京에서) 正東은 青州이다. 그 山은 沂山(기산)이고, 大澤은 孟諸(맹제), 大江은 淮水와 泗水(사수), 관개수는 沂水와 沭水(술수)이다.[121] 특산물로는 蒲(부들 포)와 魚物이고, 백성은 2男에 3女 꼴이며, 가축으로는 雞와 狗이고, 곡물로는 벼와 보리농사에 적합하다.

原文

河東曰兗州. 其山曰岱, 藪曰泰壄, 其川曰河,泲, 寖曰盧,濰. 其利蒲,魚, 民二男三女. 其畜宜六擾, 谷宜四種.

〖국역〗

河水의 東쪽은 兗州(연주)이다. 그 山은 岱山(대산, 泰山)이고, 大澤은 泰壄(태야)이며, 그 강물은 河와 泲水(濟水)이고, 관개지로는 盧水(노수)와 濰水(유수)가 있다.[122] 특산물로는 부들(蒲)과 魚類이고,

121 沂山(기산)은 일명 東泰山, 今 山東省 동남부, 沂河(기하) 상류 臨沂市 관할 沂水縣 소재. 沭水(술수)는 江蘇省 新沂市에서 바다로 빠진다.

122 泰壄(태야)는 大壄(대야, 大野). 澤名. 일명 巨野澤, 今 山東省 서남부 菏澤市 관할 巨野縣 소재. 河는 황하. 河北, 河南省 이름이 있고 河東, 河內란 지명이 있다. 대신 長江 남쪽에 江東, 江西, 江南이 있다. 泲水는 濟水. 盧水(노수)와 濰水(유수)는 모두 하천 이름.

백성은 2男에 3女 꼴이다. 그 가축으로는 6畜이 적합하고 四種 곡물이 적합하다.[123]

原文

正西曰雍州. 其山曰嶽, 藪日弦蒲, 川曰涇,汭, 其浸曰渭, 洛. 其利玉,石, 其民三男二女, 畜宜牛,馬, 穀宜黍,稷.

〖국역〗

正西는 雍州(옹주)이다. 그 山은 吳嶽(오악)이고, 大澤은 弦蒲(현포)이며,[124] 大水로는 涇水(경수)와 汭水(예수), 관개용 강으로는 渭水(위수)와 洛水(낙수)이다.[125] 利物로는 玉과 美石이고, 백성은 3男2女꼴이며, 牛와 馬를 많이 기르고, 곡식으로는 黍(서)와 稷(직)이다.

原文

東北曰幽州. 其山曰醫無閭, 藪曰貕養, 川曰河,泲, 浸曰菑,時. 其利魚,鹽, 民一男三女. 畜宜四擾, 穀宜三種.

---

123 四種 - 黍(서), 稷(직), 稻(도), 麥(맥).

124 嶽은 吳嶽(오악), 岍山(견산). 汧山(견산, 岍山)은, 今 陝西省 서남 寶雞市 관할 隴縣 소재. 弦蒲(현포)는 澤名. 今 陝西省 隴縣(농현) 서쪽.

125 渭水(위수)는 黃河의 최대 지류이며, 長安의 젖줄이다. 涇水(경수)와 洛水(낙수)는 渭水의 지류. 낙수는 河南省 洛陽市의 洛水와 이름이 같다. 〈洛神賦〉의 낙신은 洛陽 洛水의 女神이다.

〖국역〗

東北方은 幽州(유주)이다. 그 山은 醫無閭山(의무려산)[126]이고, 大澤은 貕養(혜양)이고, 大川은 河水와 泲水(제수)이고, 관개용 하천은 菑水(치수)와 時水(시수)이다.[127] 그곳 특산으로는 魚類와 소금이다. 백성은 1男에 3女 꼴이다. 가축으로는 馬, 牛, 羊, 猪의 4종이 적합하고, 곡물로는 黍(서), 稷(직), 稻(도, 벼) 3종이 있다.

原文

河內曰冀州. 其山曰霍, 藪曰揚紆, 川曰漳, 寖曰汾,潞. 其利松,柏, 民五男三女. 畜宜牛,羊, 穀宜黍,稷.

〖국역〗

河內를 冀州(기주)라 한다. 그 山은 霍山(곽산)이고, 大澤은 揚紆(양우)이고, 大川은 漳水(장수)이고, 관개지는 汾水(분수)와 潞水(노수)이다.[128] 특산은 松과 柏(백, 잣나무) 등이며, 백성은 5男에 3女 꼴이

---

126 醫無閭山(의무려산) - 醫巫閭山, 또는 醫巫山(의무산), 無慮山(무려산). 遼寧省 서부의 주요 산맥의 하나. 陰山餘脈. 古稱 醫無慮山, 今 遼寧省 北寧市 서쪽. 帝舜이 12州로 나누고 각 주에 鎭山을 하나씩 지정하였는데, 醫巫閭山이 幽州의 鎭山이 되었고, 周代에 五大鎭山의 北鎭이 되었다고 한다. 主峰인 望海峰는 해발 866m. 우리나라 鷄龍山 정도의 산이다. 참고로, 五鎭은 北鎭 醫巫閭山 西鎭 吳山, 中鎭 霍山(곽산), 東鎭 沂山(기산), 南鎭 會稽山(회계산)이다.

127 貕養(혜양)은 澤名. 今 山東省 동부 煙臺市 관할 萊陽市. 현재 지명으로서는 이해하기가 어렵다. 貕는 돼지 새끼 혜. 菑水(치수)와 時水(시수)는 濟水의 支流라는 주석이 있다.

다. 牛와 羊에 적합하고, 곡물은 黍(서)와 稷(직)이다.

原文

正北曰幷州, 其山曰恒山, 藪曰昭餘祁, 川曰虖池,嘔夷, 寖曰淶,易. 其利布帛, 民二男三女. 畜宜五擾, 穀宜五種.

而保章氏掌天文, 以星土辯九州之地, 所封封域皆有分星, 以視吉凶.

〖국역〗

(國都 鎬京의) 正北은 幷州(병주)이다. 그 山은 恒山(항산)[129]이고, 大澤은 昭餘祁(소여기)이며, 大川은 虖池(호지)와 嘔夷(구이)이며, 관개지는 淶水(내수)와 易水(역수)이다.[130] 특산은 布帛(포백)이고, 백성

128 霍山(곽산)은 일명 霍太山, 太岳山. 山西省 중부 臨汾市 관할 霍州市 경내. 중국 五大鎭山 중 中鎭. 최고봉 五龍壑(오룡학)은 海拔 2,540m, 남북으로 200km를 달리는 산맥이다. 揚紆(양우)는 위치 미상. 漳水(장수, 漳河)는 山西省 동남부를 흐르는 황하의 지류. 汾水(분수)는 山西省을 남북으로 흘러 山西省 서부에서 황하에 합류한다. 太原市 등 山西省의 주요 도시들이 汾水(분수)를 끼고 발달했다. 潞水(노수)는 山西省의 濁漳河를 지칭한다.

129 恒山(항산) – 常山, 北岳, 山西省 북부 大同市 관할 渾源縣 소재. 主峰 天峰嶺은 해발 2,016m.

130 昭餘祁(소여기)는 澤名. 山西省 祁縣(기현), 虖池(호지)는 水名은 山西省에서 河北省에 걸쳐 흐른다. 嘔夷(구이)는 山西省과 河北省에 걸쳐 흐르는 桑干河(상간하)의 지류. 淶水(내수)는 일명 拒馬河. 易水는 河北省 중서부 保定市 관할 易縣, 곧 太行山 東麓에서 발원하는 강이다.

은 2남에 3녀 꼴이다. 가축으로는 馬, 牛, 羊, 狗, 猪이고 오곡 농사에도 적합하다.

(周代의) 保章氏(보장씨)[131]는 天文을 관장하였는데, 星辰(성신)의 영역에 의하여 九州의 토지를 구분한 뒤, 제후들을 봉한 疆域(강역)에 해당하는 천문으로 길흉을 판단하였다.

原文

周爵五等, 而土三等, 公,侯百里, 伯七十里, 子,男五十里. 不滿爲附庸, 蓋千八百國. 而太昊,黃帝之後, 唐,虞侯伯猶存, 帝王圖籍相踵而可知.

周室旣衰, 禮樂征伐自諸侯出, 轉相呑滅, 數百年間, 列國耗盡. 至春秋時, 尙有數十國, 五伯迭興, 總其盟會. 陵夷至於戰國, 天下分而爲七, 合從連衡, 經數十年.

秦遂並兼四海. 以爲周制微弱, 終爲諸侯所喪, 故不立尺土之封, 分天下爲郡縣, 蕩滅前聖之苗裔, 靡有孑遺者矣.

『국역』

周의 爵位는 5等이고 封土는 3등급이었는데, 公爵과 侯爵은 (사방) 1백 리, 伯爵은 7십 리, 子爵, 男爵은 50리였다. 그 이하는 附庸國(부용국)이라 하였는데, 대략 1,800개 국이었다. 太昊氏(태호씨)나 黃帝(황제)의 후손이나 唐(堯)과 虞(舜)의 侯伯(후백)들도 여전히 존

131 保章氏(보장씨)는 관직명. 天門 관장.

속했으며, 帝王의 圖籍(도적)이 계속 이어졌기에(相踵, 발꿈치 종) 이를 알 수가 있었다.

周室이 쇠락한 뒤로, 禮樂과 征伐이 諸侯로부터 나왔고, 서로 뒤바뀌며 倂呑(병탄), 멸망하여 수백 년간에 걸쳐 많은 나라가 없어졌다. 그래도 春秋시대에는 여전히 수십 개 나라가 존속했는데, 五伯(오패, 五霸)가 교대로 흥기하여 (제후들의) 회맹을 總轄(총할)하였다. (周 王室은) 계속 쇠약해졌고 戰國時에 이르러서는, 天下가 결국 七國[132]으로 갈라져 合從(합종)과 連衡(연횡)이 수십 년간 이어졌다.

秦은 마침내 四海를 모두 차지하였다(前 221). (秦은) 周의 王制가 미약해진 것은 제후의 세력에 의한 상실이었다고 생각하여 1尺의 땅도 封하지 않고 온 천하를 郡縣으로 분할하였으며[133] 前代 성인들의 후손조차 모두 없애버려 단 한 사람도 남겨놓지 않았다.[134]

---

132 七國 - 齊, 楚, 燕, 韓, 趙, 魏, 秦.

133 秦始皇 26년(前 221) 천하를 통일한 뒤, 전국을 36郡으로 분할하여 황제에게 직속케 하였다. 郡에는 守(행정), 尉(군사, 郡의 副職), 監(감찰)을 파견하였고, 郡 아래 약 1천여 縣을 설치하였다.(大縣에는 令, 小縣에는 長). 이후 영토 확장에 따라 48郡으로 증가했다.(36과 48은 秦이 숭상하는 數인 6의 倍數)

134 원문 靡有孑遺者矣 - 靡는 쓰러질 미, 없을 미. 靡有는 未有. 孑遺(혈유)는 단 하나 남은 것. 孑은 외로울 혈. 남다.

※ 참고 : 西周, 東周의 비교

	西周(宗周)	東周(成周) 春秋,戰國時代
都邑	鎬京(今 西安市)	洛邑(今 洛陽市)
君主 代	12代	25代
開國 군주	武王	平王
末任 군주	幽王(유왕)	赧王(난왕)
건국	前 11C 牧野之戰 승리	前 770년 平王의 피난
멸망	前 771년 犬戎(견융) 침입	前 256년 秦의 침공

四. 前漢의 郡縣

原文

漢興, 因秦制度, 崇恩德, 行簡易, 以撫海內. 至武帝攘卻胡,越, 開地斥境, 南置交阯, 北置朔方之州, 兼徐,梁,幽,並夏,周之制, 改雍曰涼, 改梁曰益, 凡十三部, 置刺史. 先王之跡既遠, 地名又數改易, 是以采獲舊聞, 考跡《詩》,《書》, 推表山川, 以綴〈禹貢〉,《周官》,《春秋》, 下及戰國,秦,漢焉.

〖국역〗

漢이 건국된 이후(前 206 漢王, 前 202 帝位), 秦의 制度를 답습하면서도 恩德을 숭상하고, 簡易(간이)한 法을 실천하며 海內를 위무하였다. 武帝(재위 前 140 - 87)는 흉노(胡)와 남월(南越)을 몰아내며, 땅을 넓혀 南에는 交阯刺史部(교지자사부), 北으로는 朔方刺史部를 설치하였다. 徐州, 梁州, 幽州는 夏와 周의 제도를 그대로 계승하였고, 雍州를 涼州(양주)로, 梁州(양주)를 益州로 고치는 등 13部에 刺史(자사)를 두었다.[135] 先王의 옛 자취는 이미 멀어졌고 地名도 여

135 조정의 행정명령을 직접 받아 시행하는 1급 행정 단위는 郡國인데, 건국 초기에 60여 군국은 平帝 元始 2년(서기 2)에 103개 郡國(83郡, 20國)으로 늘었다. 郡에는 郡守(景帝 때 太守)를 두었다. 郡 아래 縣은 2급 행정 단위인데(1만호를 기준으로, 縣令과 縣長), 元始 2년에 현급 행정단위가 1,587개였다. 그러나 國初에는 이들 지방관의 치적에 대한 평가와 감시를 담당하는 조직이 없었다. 그러다가 武帝 元封 5年(前 106)에 郡

러 차례 바뀌었기에[136] 옛 기록을 채집하고, 《詩》와 《書》의 내용을 추적하여 山川을 추정 수록하였으며, 〈禹貢〉과 《周官》이나 《春秋》의 기록 및 가까운 시기인 戰國시대나 秦, 漢初의 기록도 참고하였다.[137]

의 행정을 감시 기구로 13개 行部(刺史部)를 설치하고 각각에 刺史(자사)를 파견하였다. 이때 자사는 治所도 없고, 1년 내내 재임하지도 않으며, 일정 기간 군현을 돌며 치적을 평가 監査하였고, 질록은 太守(二千石)에 비해 훨씬 적은 6百石이었다. 그런데 수도 長安과 부근은 司隸校尉部가 刺史部 역할을 수행했기에 전체적으로 14刺史部라고 칭하였다. 이는 행정조직이 아닌 감찰부서였다. 이 刺史部는 전한 말에야 실질적 행정 기능을 수행하게 된다.

136 郡國의 명칭 변경과 설치나 폐지는 계속 진행되었다. 劉氏 제후 왕국이 단절되면 郡이 되고, 郡에 왕을 봉하면 제후 왕국이 되며 명칭이 바뀌었다. 縣의 소속 변경이나 설치와 폐지도 수시로 이뤄졌다.

137 《漢書 地理志》에 기록되지 않은 郡國도 많이 있다. 이런 군국은 秦에서 설치한 군을 폐지하거나 제후왕의 단절에 따른 폐지, 그 밖에 정치적 요인으로 폐지 축소된 군국들이다. 예를 들어, 衡山郡(형산군)은 秦始皇 26년(前 221) 설치되어 荊州刺史部 소속이었으나 나중에 衡山國이 되었다가 武帝 元狩 2年(前 121)에 폐지되어 그 동부는 廬江郡에, 서부는 江夏郡에 속했다. 또 象郡(상군)은 秦에서 설치된 군으로 益州刺史部 소속이었다가 昭帝 元鳳 5년(前 76)에 폐지되었다. 淮南國(회남국)은 高祖 4년(前 203) 설치되어 揚州刺史部 소속이었으나 武帝 元狩 원년(前 122)에 회남국이 폐지되면서 九江郡이 되었다. 이후 다시 폐지되었기에 〈地理志〉 기록되지 않았다. 이러한 군국의 설치와 폐지, 관할 영역의 변경은 前漢 내내 계속되었다.

※ 참고 : 前漢 14刺史部

전한 말기 83郡, 20國은 각각 중앙정부와 직결되었다. 중앙 정부와 이들 103개 郡國에 중간 단위가 없다. 다만 이들 군국의 행정 결과를 감찰, 평가하는 13刺史部가 있었다. 그리고 三輔와 三河, 弘農郡의 감찰은 司隸校尉部에서 담당하였기에, 이를 포함 총 14자사부라 불렀다. 14자사부의 관할 郡國은 아래와 같다.

1. 司隸校尉部(사예교위부) - 京兆尹, 左馮翼, 右扶風(이상 三輔) 河東郡, 河內郡, 河南郡.(이상 三河) 弘農郡,
2. 豫州刺史部(예주자사부) - 潁川郡(영천군), 汝南郡, 沛郡(패군), 梁國, 魯國.
3. 冀州刺史部(기주자사부) - 魏郡, 鉅鹿郡, 常山郡, 清河郡, 趙國(邯鄲郡), 廣平國, 眞定國, 中山國, 信都國(廣川郡).
4. 兗州刺史部(연주) - 東郡, 陳留郡, 山陽郡, 濟陰郡(定陶國), 泰山郡, 城陽國, 淮陽國(陳郡), 東平國.
5. 青州刺史部(청주자사부) - 齊郡, 濟南郡, 平原郡, 千乘郡, 北海郡, 東萊郡, 菑川國(치천국), 膠東國(교동국), 高密國.
6. 徐州刺史部(서주자사부) - 東海郡, 琅邪郡(낭야군), 臨淮郡. 楚國, 泗水國, 廣陵國
7. 荊州刺史部(형주자사부) - 南郡, 南陽郡, 江夏郡, 武陵郡, 桂陽郡, 零陵郡. 長沙國.
8. 揚州刺史部(양주자사부) - 九江郡, 廬江郡, 豫章郡, 丹陽郡, 會稽郡(회계군). 六安國.

9. 益州刺史部(익주자사부) - 蜀郡, 廣漢郡, 漢中郡, 武都郡, 巴郡, 犍爲郡(건위군), 越巂郡(월수군), 牂柯郡(장가군), 益州郡.

10. 涼州刺史部(양주자사부) - 安定郡, 天水郡, 隴西郡(농서군), 金城郡, 武威郡, 張掖郡(장액군), 酒泉郡, 敦煌郡(돈황군).

11. 幷州刺史部(병주자사부) - 太原郡, 上黨郡, 雲中郡, 定襄郡, 雁門郡(안문군), 代郡.

12. 朔方刺史部(삭방자사부) - 北地郡, 上郡, 西河郡, 朔方郡(삭방군), 五原郡.

13. 幽州刺史部(유주자사부) - 涿郡(탁군), 勃海郡(발해군), 上谷郡, 漁陽郡, 右北平郡, 遼西郡, 遼東郡, 玄菟郡(현도군), 樂浪郡. 廣陽國

14. 交阯刺史部(교지자사부) - 南海郡, 鬱林郡(울림군), 蒼梧郡(창오군), 交阯郡(교지군), 合浦郡, 九眞郡, 日南郡,

※ 〈地理志〉는 103개 郡國의 상황을 설명하면서 83개 郡과 20國을 구별하였다. 그리고 刺史部 관할에 따라 郡縣을 설명하였는데, 위 표와 꼭 일치하지도 않는다. 또 전한과 후한에서 14자사부는 그 소속을 달리한 郡國도 있는데, 이를 혼동한 것도 있다. 〈地理志〉는 분량에 따라 上, 下卷을 구분하고 上卷을 다시 一, 二, 三으로 구분했지만, 그것으로 83개 군현의 제목을 붙여 구분하기에는 의미가 없다.

그래서 역자는 번호 - 자사부 명칭, 몇 郡으로 구분하며, 자사부가 바뀌면 번호를 달리하였다. 물론 이도 완전한 분류 방법은 아니지만, 다른 방법이 없었다.

1. 司隷校尉部-三輔, 2郡

原文

京兆尹, 故秦內史, 高帝元年屬塞國, 二年更爲渭南郡, 九年罷, 復爲內史. 武帝建元六年分爲右內史, 太初元年更爲京兆尹. 元始二年, 戶十九萬五千七百二, 口六十八萬二千四百六十八. 縣十二.

長安, 高帝五年置. 惠帝元年初城, 六年成. 戶八萬八百, 口二十四萬六千二百. 王莽曰常安. 新豐, 驪山在南, 故驪戎國. 秦曰驪邑. 高祖七年置. 船司空, 莽曰船利. 藍田, 山出美玉, 有虎候山祠, 秦孝公置也. 華陰, 故陰晉, 秦惠文王五年更名寧秦, 高帝八年更名華陰. 太華山在南, 有祠, 豫州山. 集靈宮, 武帝起. 莽曰華壇也. 鄭, 周宣王弟鄭桓公邑. 有鐵官. 湖, 有周天子祠二所. 故曰胡, 武帝建元年更名湖. 下邽, 南陵, 文帝七年置. 沂水出藍田穀, 北至霸陵入霸水. 霸水亦出藍田穀, 北入渭. 古曰茲水, 秦穆公更名以章霸功, 視子孫. 奉明, 宣帝置也. 霸陵, 故芷陽, 文帝更名. 莽曰水章也. 杜陵. 故杜伯國, 宣帝更名. 有周右將軍杜主祠四所. 莽曰饒安也.

〖국역〗

京兆尹(경조윤)[138] – 옛 秦나라의 內史[139]의 영역이었는데, 高帝 元

年(前 206)에 塞國(색국)[140]의 영지였고, (高祖) 2년 (색왕을 축출한 뒤) 渭南郡(위남군)으로 변경했다가 9년(前 198)에 폐지하고, 다시 內史라 하였다. 武帝 建元 6년(前 135)에 右內史로 변경했다가,[141] (武帝) 太初 원년(前 104)에 京兆尹으로 변경하였다.

(平帝) 元始 2년(서기 2),[142] 民戶는 195,702호에 인구는 682,468명이었다.[143]

(경조윤에는) 12현이 있었다.

長安縣[144] - 高帝 5년(前 202)에, 설치하였다. 惠帝 원년(前 194)

---

138 京兆尹 - 행정구역 명칭이면서 그 관직명. 관할 지역은 대체적으로, 今 陝西省 咸陽市 동쪽에서, 今 河南省 靈寶市 서쪽, 渭河 이남, 秦嶺 이북 지역으로 상당히 넓은 지역이었다. 長安의 행정을 담당. 질록은 中二千石으로 9卿級이었다. 左馮翊(좌풍익), 右扶風(우부풍)과 함께 三輔(삼보)라 불렸다. 尹은 다스릴 윤, 바로잡을 윤. 관직명.

139 內史 - 周官名. 秦 京師(咸陽) 治安 담당. 전한 제후국의 행정 책임자. 相은 王을 보좌하며 百官을 감독. 일반 행정은 內史가 담당. 太守와 同級.

140 塞國(색국) - 楚 項羽가 秦 舊將 司馬欣(사마흔, ? - 前 203)을 봉한 나라. 雍王(옹왕) 章邯(장한), 塞王(색왕) 司馬欣(사마흔), 翟王(책왕) 董翳(동예)의 영역을 三秦이라 통칭했다.

141 內史를 좌,우내사로 나눈 것은 景帝 2년(前 155)이었다.

142 元始는 平帝의 연호. 서기 1년 - 5년. 평제는 9살에 즉위, 14세에 終生했는데, 王莽의 독살설이 널리 퍼졌었다. 翟義(적의)는 왕망에 반기를 들며 왕망이 平帝를 독살했다고 하였다.

143 본 〈地理志〉에 수록된 戶口는 모두 平帝 元始 2년(서기 2년)의 통계이다.

144 당시 長安縣은, 今 西安市 서북에 해당한다.

에, 처음으로 장안현에 축성을 시작하여 6년에 완성하였다.[145] 민호는 80,800호에 인구는 246,200명이었다. 王莽(왕망)은 常安縣이라 개명했다.[146]

新豐縣(신풍현)[147] – 驪山(여산)이 縣의 남쪽에 있고, 옛 驪戎國(여융국)[148]이었다. 秦에서는 驪邑(여읍)이라 했다. 高祖 7년에 설치했다.

船司空縣(선사공현)[149] – 왕망은 船利縣이라 했다.

藍田縣(남전현)[150] – 山에서는 美玉이 나오고, 虎候山祠(호후산사)가 있는데, 秦 孝公때 설치했다.

華陰縣(화음현) – 옛 陰晉(음진, 戰國 時, 魏 邑名), 秦 惠文王 5년(前 320)에 寧秦縣으로 更名. 高帝 8년, 華陰으로 改名. 남쪽에 太華山(五嶽 중 西嶽인 華山)이 있다. 豫州山의 사당 集靈宮(집령궁)은 武帝때 지었다. 왕망은 華壇縣(화단현)이라 했다.

---

145 長安城成 – 장안성은 높이 12m, 하부의 넓이 12 – 16m, 남북이 긴 장방형으로 주위 둘레가 총 25,700m라고 하며 斗城이라는 별칭도 보인다. 9월에, 장안성 축성을 끝냈다. 백성에게 작위를 1호에 1급씩 하사했다.

146 여기 王莽曰~은 모두 王莽 簒位(찬위) 이후의 일이다.

147 한 高祖의 고향 沛縣(今 江蘇省 북단 徐州市 沛縣)의 豊邑(今 江蘇省 徐州市 豊縣)의 거리와 일부 백성을 옮겨온 신도시. 今 西安市 臨潼區(임동구) 동북.

148 驪戎國(여융국) – 춘추시대 종족, 국가 이름. 나중에 晉에 병합되었다.

149 船司空縣(선사공현) – 今 陝西省 渭南市 관할 潼關縣 황하를 사이에 두고 山西省과 연접. 渭水와 黃河의 합류하는 근처.

150 藍田 – 今 陝西省 西安市 관할 藍田縣. 중국 四大名玉의 하나인 藍田玉의 원산지. 秦嶺北麓, 關中平原 동남에 위치. 藍田生玉(남전생옥)은 '좋은 집안에서 훌륭한 인재가 나온다.' 는 뜻으로 쓰이는 成語이다.

鄭縣(정현) – 周 宣王의 아우 鄭 桓公(환공)의 식읍이었다. 鐵官[151]이 설치되었다.

湖縣(호현) – 周 天子의 祠廟(사묘)가 2곳이다. 예전에는 胡縣이라 했는데, 武帝 建元 연간에 湖縣[152]으로 이름을 바꿨다.

下邽縣(하규현)[153]

南陵縣(남릉현)[154] – 文帝 7년(前 173)에 설치했다. 沂水(기수)에서는 藍田縣의 곡물을 출하하여 北으로 霸陵(패릉)에 이르러 霸水(패수)에 합류한다. 霸水에서도 역시 남전현의 곡물을 운반하여 북쪽으로 나아가 渭水(위수)에 합류할 수 있다. 예전에는 茲水(자수)라 했는데, 秦 穆公(목공)이 이름을 바꿔, 자신의 패업을 드러내어 자손이 본받게 하려는 뜻이었다.

奉明縣(봉명현) – 宣帝 때 설치했다.

霸陵縣(패릉현)[155] – 옛 芷陽縣(지양현)을 文帝가 이름을 바꾸었

151 鐵官(철관) – 鐵官은 鐵鑛을 채굴하여 제철하는 곳. 큰 鐵官은 縣長과 동급이었다.

152 湖縣 – 今 河南省 서쪽 끝 靈寶市.

153 下邽縣(하규현) – 今 陝西省 남동부 渭南市 동북.

154 南陵縣 – 南陵은 文帝 母后 薄太后의 陵墓. 漢代의 황제는 즉위하면서 자신의 능묘를 만들기 시작했다. 그리고 능 주변에 각지의 부호를 모아 이주시켰는데, 이는 능묘 수호와 함께 强幹弱枝(강간약지, 지방세력 억제책)의 정치적 목적이 있었다. 이렇게 조성한 능묘 주변의 현은 陵縣이라 하였고, 능현의 관리는 太常의 업무 소관이었다. 前漢 高祖의 長陵, 惠帝의 安陵, 文帝의 霸陵, 薄太后의 南陵, 景帝의 陽陵, 武帝의 茂陵, 昭帝의 生母 雲陵, 昭帝의 平陵, 宣帝의 杜陵縣 등이 있었다.

155 霸陵의 文帝의 陵. 薄葬(박장)으로 유명하여, 끝까지 도굴당하지 않았다.

다.[156] 왕망은 水章縣이라 했다.

杜陵縣(두릉현)[157] – 옛 杜伯國(두백국), 宣帝가 更名했다. 周 右將軍 杜主(두주)의 사묘가 4개 소에 있다. 왕망은 饒安縣(요안현)이라 했다.

原文

左馮翊, 故秦內史, 高帝元年屬塞國, 二年更名河上郡, 九年罷, 復爲內史. 武帝建元六年分爲左內史, 太初元年更名左馮翊. 戶二十三萬五千一百一, 口九十一萬七千八百二十二. 縣二十四.

高陵, 左輔都尉治. 莽曰千春. 櫟陽, 秦獻公自雍徙. 莽曰師亭. 翟道, 莽曰渙. 池陽, 惠帝四年置. 巀嶭山在北. 夏陽, 故少梁, 秦惠文王十一年更名. 〈禹貢〉梁山在西北, 龍門山在北. 有鐵官. 莽曰冀亭. 衙, 莽曰達昌. 粟邑, 莽曰粟城. 谷口, 九嵕山在西. 有天齊公,五床山,仙人,五帝祠四所. 莽曰谷喙. 蓮勺, 鄜, 莽曰修令. 頻陽. 秦厲公置. 臨晉, 故大荔, 秦獲之, 更名. 有河水祠. 芮鄉, 故芮國. 莽曰監晉. 重泉, 莽曰調泉. 郃陽, 祋祤, 景帝二年置. 武城, 莽曰桓城. 瀋陽, 莽曰制昌. 褱德, 〈禹貢〉北條荊山在南, 下有强梁原. 洛

156 文帝는 자신의 능을 여기에 건립했고, 백성을 이주시켜 패릉현이라 하였다.

157 杜陵 – 宣帝의 陵. 西安市 동남. 두릉 杜氏(京兆杜氏). 唐 개국공신 杜如晦(두여회), 시인 杜甫(두보)와 杜牧(두목) 등의 本貫이다.

水東南入渭, 雍州浸. 莽曰德驩. 徵, 莽曰泛愛. 雲陵, 昭帝置也. 萬年, 高帝置. 莽曰異赤. 長陵, 高帝置. 戶五萬五十七, 口十七萬九千四百六十九. 莽曰長平. 陽陵, 故弋陽, 景帝更名. 莽曰渭陽. 雲陽. 有休屠,金人及徑路神祠三所, 越巫襄阜祠三所.

〖국역〗

左馮翊(좌풍익)[158] - 옛 秦의 內史였으며, 高帝 원년 塞國(색국)의 땅이었다가, 2년(前 205) 河上郡으로 更名했으며, 9년에 폐지하고 다시 內史라 하였다. 武帝 建元 6년에 左內史로 나누었다가, (武帝) 太初 원년(前 140)에 左馮翊으로 更名했다. 戶數는 235,101戶에 인구 917,822명이었다. 24현이 있었다.

高陵縣(고릉현)[159] - 좌풍익의 治所. (左馮翊 군사 담당) 左輔都尉가 다스렸다. 왕망은 千春縣(천춘현)이라 改名했다.

櫟陽縣(역양현) - 秦 獻公(헌공)은 雍(옹)[160]에서 이곳으로 옮겨왔다. 왕망은 師亭縣(사정현)[161]이라고 개명했다.

---

158 左馮翊(좌풍익) - 馮은 탈 빙. 돕다. 벼슬 이름 풍. 翊은 도울 익. 나는 모양. 좌풍익은 三輔의 하나. 영역은 今 陝西省 渭水 이북, 京兆尹의 북쪽.

159 高陵縣 - 今 西安市 高陵區. 글자 글대로 지대가 높아 예부터 王侯將相의 무덤이 많은 곳으로 알려졌다.

160 雍(옹) - 춘추시대 秦 도읍의 하나. 今 陝西省 서남부 寶鷄市 관할 鳳翔縣(봉상현) 서남.

161 師亭縣(사정현) - 왕망이 군현의 이름을 고치며 郡縣에 亭의 이름을 본따서 붙인 것이 360개 소였는데, 이는 符命의 글에 맞춘 것이었다.

翟道(적도)[162] – 왕망은 渙縣(환현)이라 했다.

池陽縣(지양현) – 惠帝 4년(前 191)에 설치했다. 嶻嶭山(찰알산)[163]이 縣의 북쪽에 있다.

夏陽縣(하양현) – 옛 少梁邑[164]인데, 秦 惠文王 11년(前 314)에 更名했다. 〈禹貢〉에는 梁山(양산)이 縣의 서북에, 龍門山[165]은 북쪽에 있다고 하였다. 鐵官이 설치되었다. 왕망은 冀亭縣(기정현)이라 했다.

衙縣(아현)[166] – 왕망은 達昌縣(달창현)이라 했다.

粟邑縣(속읍현) – 왕망은 粟城縣(속성현)이라 했다.

谷口縣(곡구현) – 九嵕山(구종산)[167]이 縣의 서쪽에 있다. 天齊公祠, 五床山祠, 仙人祠, 五帝祠 등이 있다. 왕망은 谷喙縣(곡훼현)이라 했다.

蓮勺縣(연작현)[168]

鄜縣(부현) – 왕망은 修令縣(수령현)이라 했다.

頻陽縣(빈양현) – 秦 厲公(여공)이 설치했다.

臨晉縣(임진현)[169] – 옛 大荔國(대려국)[170]이다. 秦이 차지한 뒤에

---

162 翟道(적도) – 縣에 蠻夷(만이)들이 漢人과 혼합 거주하면 道라 하였다. 縣級 행정구역.

163 嶻嶭山 – 嶻은 산 높고 가파를 찰. 嶭은 산 높을 알.

164 少梁 – 춘추시대 秦 邑名.

165 龍門山 – 今 陝西省 중동부 黃河 연안 韓城市 소재.

166 衙縣(아현) – 今 陝西省 동남부 渭南市 관할 白水縣.

167 九嵕山(구종산) – 今 陝西省, 咸陽市 禮泉縣 동북 22km, 해발 1,888m. 唐 太宗의 능이 있다.

168 蓮勺縣 – 勺는 술 뜨는 국자 작, 今 陝西省 동남부 渭南市 동북.

169 臨晉縣(임진현) – 今 陝西省 동남부 渭南市 관할 大荔縣(대려현).

更名했다. 河水祠가 있다. 芮鄕(예향)은 옛 芮國(예국)[171]이다. 왕망은 監晉縣(감진현)이라 했다.

重泉縣(중천현) – 왕망은 調泉縣(조천현)이라 했다.

郃陽縣(합양현)[172]

祋祤縣(대우현)[173] – 景帝 2년에 설치했다.

武城縣(무성현) – 왕망은 桓城縣(환성현)이라 했다.

瀋陽縣(심양현) – 왕망은 制昌縣(현)이라 했다.

褱德縣(회덕현) –〈禹貢〉에는 北條荊山(북조형산)이 縣의 남쪽에 있다고 하였고 그 아래에 强梁原(강량원)[174]이 있다고 하였다. 洛水가 縣의 동남에서 渭水(위수)에 합류한다. 雍州(옹주)의 灌漑地(관개지, 寖)이었다. 왕망은 德驩縣(덕환현)이라 했다.

徵縣(징현) – 왕망은 氾愛縣(범애현)이라 했다.

雲陵縣(운릉현)[175] – 昭帝 때 설치했다.

萬年縣(만년현) – 高帝 때 설치했다. 왕망은 異赤縣(이적현)이라 했다.

長陵縣(장릉현)[176] – 高帝 때 설치했다. 戶는 50,057戶에 인구는

---

170 大茘 – 춘추시대 國名. 茘는 타래붓꽃 려.

171 芮國 – 춘추시대 국명. 芮는 풀이 뾰족뾰족하게 날 예.

172 郃陽縣(합양현) – 今 陝西省 渭南市 관할 郃陽縣. 황하 서안.

173 祋祤縣(대우현) – 今 陝西省 중부 銅川市 耀州區. 祋는 창 대. 祤는 고을 이름 우.

174 强梁原(강량원) – 洛河가 渭水에 합류하는 곳.

175 雲陵은 昭帝의 生母 陵.

176 長陵은 高祖의 능, 今 陝西省 서남부 咸陽市 소재.

179,469명이었다. 왕망은 長平縣(장평현)이라 했다.

陽陵縣(양릉현) - 옛 弋陽縣(익양현)인데, 景帝 때 更名했다. 왕망은 渭陽縣(위양현)이라 했다.

雲陽縣(운양현) - 休屠(휴저)[177]와 金人(금인) 및 徑路神祠(경로신사) 등 3祠가 있고, 越人 巫女(무녀)가 섬기는 襄阜祠(양부사)가 3곳이 있다.

原文

右扶風, 故秦內史, 高帝元年屬雍國, 二年更爲中地郡. 九年罷, 復爲內史. 武帝建元六年分爲右內史, 太初元年更名主爵都尉爲右扶風. 戶二十一萬六千三百七十七, 口八十三萬六千七十, 縣二十一.

渭城, 故咸陽, 高帝元年更名新城, 七年罷, 屬長安. 武帝元鼎三年更名渭城. 有蘭池宮. 莽曰京城. 槐里, 周曰犬丘, 懿王都之. 秦更名廢丘. 高祖三年更名. 有黃山宮, 孝惠二年起. 莽曰槐治. 鄠, 古國, 有扈谷亭. 扈, 夏啓所伐. 酆水出東南, 又有潏水, 皆北過上林苑入渭. 有萯陽宮, 秦文王起. 盩厔, 有長楊宮, 有射熊館, 秦昭王起. 靈軹渠, 武帝穿也.

177 休屠王(휴저왕)은 흉노왕의 호칭. 單于(선우) 아래 부족장급의 왕이다. 屠는 죽일 도. 屠는 흉노왕 이름 저. 酒泉郡 치소는 福祿縣(今 甘肅省 酒泉市 肅州區)이다. 주천군은 원래 匈奴 休屠王(휴저왕)과 渾邪王(혼야왕)의 통치지역에 속했으나 武帝 元狩 2년에 곽거병의 漢軍이 이곳을 차지하고 郡을 설치하였다. 河西 四郡 중 가장 일찍 설치한 郡이 酒泉郡이다. 徑路神(경로신)은 본래 흉노인의 神.

斄, 周后稷所封, 鬱夷,《詩》「周道鬱夷」. 有汧水祠. 莽曰鬱平. 美陽,〈禹貢〉岐山在西北. 中水鄕, 周文王所邑. 有高泉宮, 秦宣太后起也. 郿, 成國渠首受渭, 東北至上林入蒙籠渠. 右輔都尉治. 雍, 秦惠公都之. 有五畤, 太昊,黃帝以下祠三百三所. 橐泉宮, 孝公起. 祈年宮, 惠公起. 棫陽宮, 昭王起. 有鐵官. 漆, 水在縣西. 有鐵官. 莽曰漆治. 栒邑, 有豳鄕,《詩》豳國, 公劉所都. 隃麋, 有黃帝子祠. 莽曰扶亭. 陳倉, 有上公,明星,黃帝孫,舜妻育冢祠. 有羽陽宮, 秦武王起也. 杜陽, 杜水南入渭.《詩》曰「自杜」. 莽曰通杜. 汧, 吳山在西, 古文以爲汧山. 雍州山. 北有蒲谷鄕弦中谷, 雍州弦蒲藪. 汧水出西北, 入渭. 芮水出西北, 東入涇.《詩》芮阸, 雍州川也. 好畤, 垝在東. 有梁山宮, 秦始皇起. 莽曰好邑. 虢, 有黃帝子,周文武祠. 虢宮, 秦宣太后起也. 安陵, 惠帝置. 莽曰嘉平. 茂陵, 武帝置. 戶六萬一千八十七, 口二十七萬七千二百七十七. 莽曰宣城. 平陵. 昭帝置. 莽曰廣利. 武功, 太壹山, 古文以爲終南. 垂山, 古文以爲敦物. 皆在縣東. 斜水出衙領山北, 至眉阜入渭. 褒水亦出衙領, 至南鄭入沔. 有垂山,斜水, 褒水祠三所. 莽曰新光.

〖국역〗

右扶風(우부풍)[178] – 옛 秦 內史의 관할지였다. 高帝 元年(前 206)

---

178 右扶風(우부풍) – 관할 구역은 대체로 今 陝西省 咸陽市 서쪽, 秦嶺산맥

雍國(옹국)[179]에 속했다가 2년에 中地郡으로 바뀌었다. 9년에, 폐지하여 다시 內史라 하였다. 武帝 建元 6년, (內史를 나눠) 右內史라 하였다가, 太初 원년에 主爵都尉(주작도위)[180]를 右扶風으로 명칭을 바꿨다. 右扶風(우부풍)은 216,377戶에 인구는 836,070명이었다. 21개 현을 두었다.

渭城縣(위성현)[181] – 옛 咸陽(함양), 高帝 원년(전 206) 新城으로 개칭했다가, 高祖 7년에 폐지하고 長安에 소속시켰다. 武帝 元鼎 3년 渭城縣(위성현)으로 개칭했다. 蘭池宮(난지궁)이 있다. 王莽(왕망)은 京城縣(경성현)이라고 개칭했다.

槐里縣(괴리현) – 周에서는 犬丘(견구)라 했고, 周 懿王(의왕)이 도읍했었다. 秦에서는 廢丘(폐구)라 更名했다. 高祖 3년에 槐里로 更名했다. 黃山宮(황산궁)[182]이 있는데, 孝惠帝 2년(前 193)에 건립했다. 왕망은 槐治縣(괴치현)이라 개칭했다.

鄠縣(호현) – 옛 扈國(호국)의 땅이다. 扈谷亭(호곡정)이 있다. 扈

이북. 長安 행정을 담당. 三輔의 하나.

179 雍國(옹국) – 項羽가 秦의 降將 章邯(장한)을 봉한 나라.

180 主爵都尉 – 主爵中尉(주작중위)는 列侯에 관련한 업무를 담당했는데, 열후 관련 업무는 大鴻臚(대홍려)에서 담당하였다. 질록 2천석의 주작중위는 景帝 中元 6년 主爵都尉(주작도위)로 개칭했고, 다시 武帝 太初 원년에 다시 右扶風으로 개칭하여 內史의 우측 지역을 관할하였다. 左馮翊, 京兆尹과 함께 三輔라 하였다.

181 渭城縣 – 今 陝西省 咸陽市 渭城區. 唐나라 王維(왕유)의 名詩 〈送元二使安西〉의 배경. 「渭城朝雨浥輕塵, 客舍靑靑柳色新. 勸君更盡一杯酒, 西出陽關無故人.」

182 黃山宮(황산궁) – 今 陝西省 咸陽市 관할 興平市.

(호)는 夏의 啓王이 정벌하였다. 酆水(풍수)가 현의 동남을 흐르고, 또 潏水(휼수)[183]가 북으로 上林苑(상림원)[184]을 지나 渭水에 합류한다. 萯陽宮(부양궁, 萯는 하눌타리 부)이 있는데, 秦 文王이 건립했었다.

盩厔縣(주질현)[185] – 長楊宮(장양궁)과 射熊館(사웅관)이 있는데, 秦 昭王이 건립했었다. 靈軹渠(영지거)[186]는 武帝 때 굴착하였다.

斄縣(태현)[187] – 周 后稷(후직)의 封地였다.

鬱夷縣(울이현) –《詩 小雅 四牡(사모)》의 詩에 「周道가 멀리 돌아간다.」고 하였다. 汧水祠(견수사)가 있다. 왕망은 鬱平縣(울평현)이라고 개칭했다.

美陽縣(미양현) – 〈禹貢〉에 岐山(기산)[188]이 미양현의 서북에 있다고 하였다. 中水鄕(중수향)은 周 文王의 식읍이었다. 高泉宮(고천궁)이 있는데, 秦 宣太后(선태후)가 건립하였다.

郿縣(미현) – 成國渠(성국거)가 맨 먼저 渭水(위수)의 물을 받아 보

---

183 潏水(휼수) – 澇水(노수)이어야 한다는 주석이 있다.

184 上林苑(상림원) – 황실용 사냥터. 秦의 舊苑으로 황폐했던 것을 武帝가 중수했다. 今 陝西省 西安市 周至縣과 戶縣의 접경에 자리했었다. 水衡都尉는 上林苑 관리와 황실의 재물 및 鑄錢 담당하였는데 秩祿은 二千石이었다.

185 盩厔縣(주질현) – 今 陝西省 周至縣. 盩는 끌어당겨 칠 주. 厔은 막을 질. 모퉁이 질.

186 靈軹渠(영지거) – 渠는 물도랑 거. 人工水路.

187 斄縣(태현) – 今 陝西省 咸陽市 관할 武功縣. 斄는 땅이름 태. 털이 긴 소 리.

188 岐(기)는 山名. 今 陝西省 서남부 寶雞市 관할 岐山縣 일대. 周王朝 發祥之地. 周朝의 先祖인 古公亶父(고공단보, 周 太王)는 薰育(훈육)과 戎狄(융적)의 침입을 받자, 살고 있던 豳(빈)을 떠나 漆水와 沮水를 건너 岐山(기산) 아래 정착하였다.

내, 동북으로 上林苑의 蒙籠渠(몽롱거)로 흘러간다. 右輔都尉(우보도위)가 다스리는 현이다.

雍縣(옹현)[189] - 秦 惠公(혜공)이 여기에 도읍했었다. 五畤(오치), 太昊(태호), 黃帝祠 이하 303개 소가 있다. 橐泉宮(탁천궁)은 秦 孝公(효공)이 건립하였다. 祈年宮(기년궁)은 惠公이 건립했다. 棫陽宮(역양궁)은 秦 昭王(소왕)이 건립하였다. 鐵官(철관)이 설치되었다.

漆縣(칠현) - 漆水가 縣의 서쪽을 흐른다. 鐵官이 있다. 왕망은 漆治縣(칠치현)이라고 개칭했다.

栒邑縣(순읍현) - 豳鄕(빈향)이 있다. 《詩經》에 보이는 豳國(빈국)[190]이다. (周室 先祖의 한 사람인) 公劉(공유)의 居邑이었다.

隃麋縣(유미현) - 黃帝의 아들을 모시는 祠가 있다. 왕망은 扶亭縣(부정현)이라고 개칭했다.

陳倉縣(진창현)[191] - 上公, 明星, 黃帝의 孫子를 모시는 사당과 舜의 妻 育(육)의 무덤(冢)과 사당이 있다. 羽陽宮이 있는데, 秦 武王이 건립하였다.

杜陽縣(두양현) - 杜水(두수)가 縣의 남쪽을 지나 渭水에 합류한다. 《詩 大雅 緜》에서는 「杜水부터 (自杜)라.」 하였다.[192] 왕망은 通杜縣(통두현)이라고 개칭했다.

---

189 雍縣(옹현) - 今 陝西省 서부 寶雞市 鳳翔縣. 古稱 雍州.

190 豳國 -《詩經 豳風》에는 7首의 시가 수록되었다. 豳(빈)에서는 周의 윗대 조상인 公劉(공유)로부터 古公亶父(고공단보)까지 살았던 땅이다. 나중에 견융이 쳐들어오자 豳을 떠나 岐(기)로 옮겨간다.

191 陳倉縣 - 今 陝西省 서남부 寶雞市 陳倉區.

192 이 시 구절은 古公亶父(고공단보)의 행적을 노래했다.

汧縣(견현) – 吳山(오산)이 縣의 서쪽에 있고, 古文(〈禹貢〉)에서는 汧山(견산)이라고 하였다. 雍州의 산이다. 견현의 북쪽에는 蒲谷鄉(포곡향)과 弦中谷(현중곡)이 있는데, 바로 雍州(옹주)의 弦蒲藪(현포수, 澤)이다. 汧水(견수)는 縣의 서북쪽을 흘러 渭水(위수)에 합류한다. 芮水(예수)는 현의 서북쪽을 흘러 동쪽 涇水(경수)에 합류한다. 《詩 大雅 公劉》에 나오는 '芮阸(예액)'은 雍州의 大川이다.

好畤縣(호치현)[193] – 현의 동쪽에 垝山(궤산)이 있다. 梁山宮(양산궁)이 있는데, 秦 始皇이 건립하였다. 왕망은 好邑縣(호읍현)이라고 개칭했다.

虢縣(괵현) – 黃帝의 아들과 周 文王과 武王의 祀廟(사묘)가 있다. 虢宮(괵궁)은 秦 宣太后가 건립하였다.

安陵縣(안릉현)[194] – 惠帝가 설치했다. 왕망은 嘉平縣(가평현)이라고 개칭했다.

茂陵縣(무릉현)[195] – 武帝가 설치했다. 무릉현은 61,087호에 인구 277,277명이었다. 왕망은 宣城縣(선성현)이라고 개칭했다.

平陵縣(평릉현)[196] – 昭帝 때 설치했다. 왕망은 廣利縣(광리현)이라

193 好畤縣(호치현) – 今 陝西省 咸陽市 乾縣.

194 安陵은 惠帝의 陵.

195 茂陵(무릉) – 무제가 建元 2년부터 조성하기 시작한 자신의 능. 밑변의 사방 길이 각 240m, 높이 46m. 정상 부분 길이 동서 30m, 남북 35m로 漢 제왕의 능묘 중 최대 규모. 능 주변에 전국의 부호를 이주시키면서 陵縣인 茂陵縣을 설치했다.

196 平陵 – 漢昭帝 劉弗陵 및 皇后 上官氏 同塋異穴 合葬 陵園. 墓東에 竇嬰(두영), 夏侯勝(하후승), 朱雲(주운), 張禹(장우), 韋賢(위현) 등 陪葬墓 20여 좌가 있다.

고 개칭했다.

武功縣(무공현) – 縣에 太壹山(태일산)이 있는데, 古文(〈禹貢〉)에서는 終南山이라 했다. 垂山(수산)은 古文에서는 敦物山(돈물산)이라고 하였다. 모두 현의 동쪽에 있다. 斜水(사수)는 衙領山(아령산) 북에서 시작하여 眉皐(미고)에서 渭水에 합류한다. 褒水(포수) 역시 衙領山에서 발원하여 南鄭(남정)에서 沔水(면수)에 합류한다. 垂山祠, 斜水祠, 褒水祠(포수사) 등 3개의 祠堂이 있다. 왕망은 新光縣(신광현)이라고 개칭했다.

原文

弘農郡, 武帝元鼎四年置. 莽曰右隊. 戶十一萬八千九十一, 口四十七萬五千九百五十四. 有鐵官, 在黽池. 縣十一.

弘農, 故秦函谷關. 衙山領下谷, 爓水所出, 北入河. 盧氏, 熊耳山在東. 伊水出, 東北入雒, 過郡一, 行四百五十里. 又有育水, 南至順陽入沔. 又有洱水, 東南至魯陽, 亦入沔. 皆過郡二, 行六百里. 莽曰昌富. 陝, 故虢國. 有焦城, 故焦國. 北虢在大陽, 東虢在滎陽, 西虢在雍州. 莽曰黃眉. 宜陽, 在黽池有鐵官也. 黽池, 高帝八年復黽池中鄉民. 景帝中二年初城, 徙萬家爲縣. 穀水出穀陽谷, 東北至穀城入雒. 莽曰陜亭. 丹水, 水出上雒冢領山, 東至析入鈞. 密陽鄉, 故商密也. 新安, 〈禹貢〉澗水在東, 南入雒. 商, 秦相衛鞅邑也. 析, 黃水出黃谷, 鞠水出析谷, 俱東至酈入湍水. 莽曰君亭. 陸渾, 春秋遷陸渾戎於此. 有關. 上雒. 〈禹貢〉雒水出冢領山, 東北至鞏入河, 過郡二, 行千七十里, 豫州川. 又有甲水, 出秦領山, 東南至錫入沔, 過郡三, 行五百七十里. 熊耳,獲輿山在東北.

〖국역〗

弘農郡(홍농군)[197] - 武帝 元鼎(원정) 4년(前 125)에 설치했다.[198] 王莽(왕망)은 右隊(우수)라고 개칭했다.[199] 118,091戶에 인구 475,954명이었다. 鐵官(철관, 鐵鑛山)이 黽池(민지)에 있었다. 11개 縣이 있었다.

197 弘農郡 - 관할 지역은, 今 陝西省 동부와 河南省 서부 일원. 黃河 이남 宜陽縣 以西의 洛水, 伊水, 丹水의 上流 지역. 治所는 弘農縣.

198 秦의 函谷關 자리에 弘農郡을 설치하고, 관문은 더 동쪽인 新安縣으로 옮겼다.

199 王莽의 新朝는 儒家의 政治理念을 바탕으로 托古改制라 하여 일종의 사회개혁을 시도했다. 관제, 관명, 토지제도를 비롯한 화폐제도, 궁궐 이름도 長樂宮을 常樂室, 미앙궁을 壽成室, 前殿을 王路堂이라 바꿨다. 심지어 지방의 지명까지 바꾸는 개혁이었다. 郡의 太守를 大尹, 都尉를 太尉. 縣令이나 縣長을 宰(재)라 하였다. 그러나 이는 너무 급격한 개혁이었고 행정단위나 지명 변경은 왕망 자신도 기억을 하지 못하였으니, 그 혼란은 이루 말할 수가 없었다. 長安을 常安(상안)으로 바꾼 것은 그렇다 치더라도 三輔를 六尉郡으로, 낙양의 東都를 6州로 나누었고, 장안과 낙양 주변의 군은 六隊郡(육수군, 隊는 부대 수. 도로, 군사상의 주요 도로의 뜻)으로 개편하였다. 곧 河東, 河內, 弘農, 河南, 潁川(영천), 南陽郡이다. 六尉郡과 六隊郡에는 모두 大夫를 임명했는데, 임무는 太守와 같았고, 屬正은 이전의 都尉와 같았다.

弘農縣(홍농현) – 옛날 秦의 函谷關(함곡관)이었다.[200] 衙山領(아산령, 領은 嶺) 아래 계곡에서는 爥水(촉수)가 발원하여 北으로 흘러 황하에 합류한다.

盧氏縣(노씨현) – 縣의 동쪽에 熊耳山(웅이산)이 있다. 伊水(이수)가 발원하여 동북으로 흘러 雒水(낙수)에 합류하는데, (홍농군 외) 1郡을 더 지나[201] 450리 정도 흘러간다. 또 育水(육수)가 있어 남쪽으로 順陽縣에서 沔水(면수, 長江의 지류 漢水)에 합류한다. 또 洱水(이수)는 동남으로 흘러 魯陽에서 沔水(면수)에 합류하는데 모두 2개 군을 지나 6백 리를 흘러간다. 왕망은 昌富縣(창부현)이라 개칭하였다.

陝縣(섬현) – 옛날 虢國(괵국)[202]이고, 焦城(초성)이 있는데, 옛 焦國(초국)이다. 北虢(북괵)은 大陽(대양)에, 東虢(동괵)은 滎陽(형양)에, 西虢(서괵)은 雍州에 있었다. 왕망은 黃眉縣(황미현)이라고 개칭했다.

宜陽縣(의양현)[203] – 黽池(민지)[204]에 鐵官이 있었다.

黽池縣(민지현)[205] – 高帝 8년(前 199) 黽池 中鄕의 백성에 대한 賦

---

200 崤山(효산)의 函谷關(함곡관). 關中에 들어가는 관문이며 요새지. 효산의 동쪽을 山東, 함곡관의 동쪽을 關東이라 지칭. 函谷關은, 今 河南省 三門峽市 관할의 靈寶市 동북방. 함곡관 關門都尉(관문도위)는 믿을 수 있는 귀족 자제 중에서 특별히 선임하였다.

201 원문 過郡一 – 過郡二가 되어야 한다는 주석이 있다. 弘農郡 외에 1郡을 더 지나간다는 뜻이다.

202 虢國(괵국) – 周 平王의 東遷에 따라 괵국이 옮겨왔기에 南虢國(남괵국)이라고 불렀다.

203 宜陽 – 今 河南省 洛陽市 관할 宜陽縣.

204 黽池縣(민지현)이 아닌 민지라는 호수가 있었다는 주석이 있다. 黽이 '맹꽁이 민' 이니, '맹꽁이 연못' 이라는 이름은 얼마든지 있을 수 있다.

205 黽池縣(민지현) – 今 河南省 黃河 남안, 三門峽市 관할 黽池縣(민지현).

稅를 면제하였다.[206] 景帝 中元 2년(전 148) 처음으로 築城(축성)했고 백성 1만 호를 이사시켜 縣을 만들었다. 穀水(곡수)가 穀陽(곡양) 계곡에서 발원하여, 동북으로 穀城을 거쳐 雒水(雒河)에 합류한다. 왕망은 陝亭縣(섬정현)이라고 개칭했다.

丹水縣(단수현) – 丹水가 上雒의 冢領山(총령산)에서 발원하여, 동쪽으로 析縣(석현)에 이르러 鈞水(균수)에 합류한다. 密陽鄕은 옛 商의 密邑(밀읍)이다.

新安縣(신안현) – 〈禹貢〉에 의하면, 澗水(간수)가 현의 동쪽을 흘러 남으로 雒水에 합류한다.

商縣(상현)[207] – 秦의 國相이던 衛鞅(위앙, 商鞅)의 邑地이다.

析縣(석현) – 黃谷(황곡)에서 黃水가 발원하고, 鞠水(국수)는 析谷(석곡)에서 발원하는데, 모두 동쪽으로 흘러 酈(력)에 이르러 湍水(단수)에 합류한다. 왕망은 君亭縣(군정현)이라고 개칭했다.

陸渾縣(육혼현) – 春秋시대에 陸渾(육혼)의 戎人(융인)을 이곳으로 옮겼다. 關門이 있다.

上雒縣(상락현) – 〈禹貢〉에 의하면, 雒水(낙수)는 冢領山(총령산)에서 발원하여 동북으로 흘러 鞏縣(공현)에서 河水에 합류하는데, 2개 郡을 지나 1천7십 리를 흐르는데 豫州(예주)의 大川이다. 또 甲水(갑수)가 秦領山(진령산)에서 발원하여 동남으로 흘러 錫(석)이란 곳에서 沔水(면수, 長江의 漢水)에 합류하는데 3개 군, 570리를 흐른다. 熊耳(웅이), 獲輿山(획여산)이 縣의 동북에 있다.

---

206 원문 復雎池中鄕民 – 復은 賦稅를 면제하다.

207 商縣(상현) – 今 陝西省 남동부 商洛市 관할 丹鳳縣.

原文

河東郡, 秦置. 莽曰兆陽. 有根倉,濕倉. 戶二十三萬六千八百九十六, 口九十六萬二千九百一十二. 縣二十四.

安邑, 巫咸山在南, 鹽池在西南. 魏絳自魏徙此, 至惠王徙大梁. 有鐵官,鹽官. 莽曰河東. 大陽, 吳山在西, 上有吳城, 周武王封太伯後於此, 是爲虞公, 爲晉所滅. 有天子廟. 莽曰勤田. 猗氏, 解, 蒲反, 有堯山,首山祠. 雷首山在南. 故曰蒲, 秦更名. 莽曰蒲城. 河北,《詩》魏國, 晉獻公滅之, 以封大夫畢萬, 曾孫絳徙安邑也. 左邑, 莽曰兆亭. 汾陰, 介山在南. 聞喜, 故曲沃. 晉武公自晉陽徙此. 武帝元鼎六年行過, 更名. 濩澤, 〈禹貢〉析城山在西南. 端氏, 臨汾, 垣, 〈禹貢〉王屋山在東北, 沇水所出, 東南至武德入河, 軼出滎陽北地中, 又東至琅槐入海, 過郡九, 行千八百四十里. 皮氏, 耿鄉, 故耿國, 晉獻公滅之, 以賜大夫趙夙. 後十世獻侯徙中牟. 有鐵官, 莽曰延平. 長脩, 平陽, 韓武子玄孫貞子居此. 有鐵官. 莽曰香平. 襄陵. 有班氏鄉亭. 莽曰幹昌. 彘, 霍大山在東, 冀州山, 周厲王所奔. 莽曰黃城. 楊, 莽曰有年亭. 北屈, 〈禹貢〉壺口山在東南. 莽曰朕北. 蒲子, 絳, 晉武公自曲沃徙此. 有鐵官. 狐讘, 騏. 侯國.

〖국역〗

河東郡(하동군)[208] – 秦代에 설치되었다. 王莽(왕망)은 兆陽郡(조양군)[209]이라고 개칭했다. 根倉(근창)과 濕倉(습창)이 있었다. 236,896戶에, 인구 962,912명이었다. 24개 현이 있었다.

安邑縣(안읍현)[210] - 縣의 남쪽에 巫咸山(무함산)이 있고, 鹽池(염지)[211]는 縣의 서남에 있다. 魏絳(위강)은 (선조 畢萬(필만)이 봉지로 받은) 魏(위)에서 이곳으로 이주했고, (戰國七雄의 하나인 魏) 惠王 때 大梁(대량)으로 이주했다. 鐵官과 鹽官(염관)이 있었다. 왕망은 河東縣(하동현)이라고 개칭했다.

大陽縣(대양현) - 吳山이 현의 서쪽에 있고 북쪽에는 吳城(오성, 戰國 魏邑)이 있는데, 周 武王은 太伯(泰伯)의 후손을 이곳에 봉했으니, 이가 곧 虞公(우공)이었는데 晉에게 멸망하였다. (周) 天子의 祀廟가 있다. 왕망은 勤田縣(근전현)이라고 개칭했다.

猗氏縣(의씨현)[212]

解縣(해현)[213]

蒲反縣(포반현)[214] - 堯山祠(요산사)와 首山祠(수산사)가 있다. 雷首山이 縣의 남쪽에 있다. 옛날에는 蒲(포)였는데, 秦이 (蒲反으로) 更

---

208 河東郡(하동군) - 관할 지역은, 今 山西省 남부지역. 治所는 安邑縣

209 兆陽郡(조양군) - 兆隊(조수) - 河東은 王莽의 六隊(육수)의 하나였다.

210 安邑縣(안읍현) - 今 山西省 서남부 運城市 관할 夏縣 서북.

211 鹽池(염지) - 今 山西省 서남부 運城市 동남. 山西 상인은 소금 거래로 유명했다.

212 猗氏縣(의씨현) - 今 山西省 運城市 관할 臨猗縣(임의현) 남쪽. 猗는 아름다울 의.

213 解縣(해현) - 今 山西省 運城市 관할 臨猗縣(임의현) 서남. 關羽(관우)의 고향.

214 蒲反縣(포반현, 蒲坂縣) - 今 山西省 서남부 永濟市.

名했다. 왕망은 蒲城縣(포성현)이라고 개칭했다.

河北縣(하북현) –《詩經》에 나오는 魏國(위국)이나 晉 獻公(헌공)이 멸망시켰고 大夫인 畢萬(필만)을 봉했으며, 그 曾孫인 魏絳(위강)은 安邑으로 이주했다. (戰國 七雄의 하나인 魏).

左邑縣(좌읍현) – 왕망은 兆亭縣(조정현)이라고 개칭했다.

汾陰縣(분음현) – 介山(개산)이 현의 남쪽에 있다.

聞喜縣(문희현) – 옛 이름은 曲沃(곡옥, 西周 邑名)이다. 晉 武公이 晉陽(진양)에서 이곳으로 이주하였다. 武帝 元鼎 6년, 이곳을 지나다가 更名했다.[215]

濩澤縣(호택현) – 〈禹貢〉에서는 析城山(석성산)이 縣의 서남에 있다고 하였다.

端氏縣(단씨현)[216]

臨汾縣(임분현) [217]

垣縣(원현)[218] – 〈禹貢〉에서는 王屋山(왕옥산)이 현의 동북에 있고, (거기에서) 沇水(연수, 濟水)가 발원하여 東南으로 흘러 武德에서 河

---

215 (武帝) 元鼎 6년(前 111) 겨울 10월, 隴西, 天水, 安定郡의 騎士와 中尉, 그리고 河南郡과 河內郡의 사졸 10만 명을 동원하여 장군 李息과 郎中令 徐自爲가 거느리고 西羌族(서강족)을 평정하였다. (武帝가) 동쪽으로 緱氏縣(구씨현)에 행차하면서 左邑縣 桐鄕에 이르렀을 때 南越이 격파되었다는 소식을 듣고 좌읍현을 聞喜縣(문희현)으로 이름을 바꿨다. 今 山西省 서남 運城市 관할 聞喜縣.

216 端氏縣(단씨현) – 今 山西省 동남단 晋城市 관할 沁水縣.

217 臨汾縣(임분현) – 山西省 중앙부를 북남으로 흐르는 河水의 支流를 汾水(분수)라고 한다. 汾은, 곧 山西省의 상징이다.

218 垣縣(원현) – 垣은 담 원. 今 山西省 運城市 관할 垣曲縣.

水에 합류하며, 넘쳐난 물(軼出)은 滎陽(형양)의 북쪽 땅에서 동쪽으로 흘러 琅槐(낭괴)에서 入海하는데 9개 군을 경과하며 1,800리를 흘러간다고 하였다.

皮氏縣(피씨현)[219] – 縣의 耿鄕(경향)은 옛 耿國(경국)[220]이었는데, 晉 獻公이 멸한 뒤에 大夫 趙夙(조숙)에게 하사하였다. 그 뒤 十世(趙) 獻侯는 中牟(중모)로 이주하였다. 鐵官이 있다. 왕망은 延平縣(연평현)이라고 개칭했다.

長脩縣(장수현)[221]

平陽縣(평양현) – 韓 武子(무자)[222]의 玄孫(현손)인 貞子(정자)가 여기에 거처했었다. 鐵官이 있다. 왕망은 香平縣(향평현)이라고 개칭했다.

襄陵縣(양릉현) – 班氏(반씨)의 鄕亭이 있다. 왕망은 幹昌縣(간창현)이라고 개칭했다.

彘縣(체현)[223] – 霍大山(곽대산)이 현의 동쪽에 있는데, 冀州(기주)의 大山이고 周 厲王이 망명한 곳이다. 왕망은 黃城縣(황성현)이라고 개칭했다.

楊縣(양현) – 왕망은 有年亭縣(유년정현)이라고 개칭했다.

北屈縣(북굴현) – 〈禹貢〉에서는 壺口山(호구산)[224]이 현의 동남쪽

---

219 皮氏縣(피씨현) – 今 山西省 運城市 관할 河津市. 山西省 서남부 汾河(분하)와 黃河 합류처.

220 耿國(경국) – 耿은 빛날 경.

221 長脩縣(장수현) – 今 山西省 新絳縣 서부.

222 韓 武子(무자) – 전국시대 韓의 조상.

223 彘縣(체현) – 彘는 돼지 체.

에 있다고 하였다. 왕망은 朕北縣(짐북현)이라고 개칭했다.

蒲子縣(포자현)[225]

絳縣(강현) – 晉 武公(무공)이 曲沃(곡옥)에서 이곳으로 이주했다. 鐵官이 있다.

狐讘縣(호섭현)

騏縣(기현)[226] – 侯國이다.

2. 并州刺史部 2郡

原文

太原郡, 秦置. 有鹽官, 在晉陽. 屬并州. 戶十六萬九千八百六十三, 口六十八萬四百八十八. 有家馬官. 縣二十一.

晉陽, 故《詩》唐國, 周成王滅唐, 封弟叔虞. 龍山在西北. 有鹽官. 晉水所出, 東入汾. 葰人, 界休, 莽曰界美. 榆次, 塗水鄉, 晉大夫知徐吾邑. 梗陽鄉, 魏戊邑. 莽曰大原亭. 中都, 於離, 莽曰於合. 茲氏, 莽曰茲同. 狼孟, 莽曰狼調. 鄔,

224 壺口(호구)는 산 이름. 今 山西省 서남부 臨汾市(임분시) 관할 吉縣 소재. 유명한 黃河壺口瀑布가 境內에 있다.

225 蒲子縣(포자현) – 今 山西省 서남부 臨汾市 관할 隰縣(습현).

226 狐讘縣(호섭현) – 狐는 여우 호. 讘은 속삭일 섭. 騏縣(기현) – 騏는 털총이 기. 명마의 이름.

九澤在北, 是爲昭餘祁, 幷州藪. 晉大夫司馬彌牟邑. 盂, 晉大夫孟丙邑. 平陶, 莽曰多穰. 汾陽, 北山, 汾水所出, 西南至汾陰入河, 過郡二, 行千三百四十里, 冀州寖. 京陵, 莽曰致城. 陽曲, 大陵, 有鐵官. 莽曰大寧. 原平, 祁, 晉大夫賈辛邑. 莽曰示. 上艾, 綿曼水, 東至蒲吾, 入虖池水. 慮虒, 陽邑, 莽曰繁穰. 廣武. 河主, 賈屋山在北. 都尉治. 莽曰信桓.

〖국역〗

太原郡(태원군)[227] - 秦나라에서 설치했다. 鹽官(염관)은 晉陽(진양)에 있었다. (漢 14刺史部 중) 幷州(병주)에 속했다. 169,863戶에 인구 680,488명이었다. 家馬官(가마관)[228]이 설치되었다. 21개 縣이 있었다.

晉陽縣(진양현) - 옛 《詩經》의 唐國(당국)[229]인데, 周 成王이 唐을

---

227 太原郡(태원군) - 太原은, 今 山西省 省都(省會)인 太原市. 太原郡(태원군) 치소는 晉陽縣. 郡名 대신 郡治가 있는 縣名이 郡名으로 통용되기도 한다. 太原市는 2017년에 인구가 440만 정도이다.

228 漢에서 馬의 습득과 사육은 국정의 주요 과제였다. 나라의 馬政은 황제의 모레를 모는 太僕(태복)이 총괄하였다. 漢에 家馬廐(가마구)라는 관청이 있었고 1廐(마구간 구)에는 1만 필의 말을 사육했다. 그 목마장이 太原에 있었다는 뜻.

229 唐은 본래 陶唐氏(도당씨) 堯(요)의 후손을 封한 나라이다. 周朝에서 周 成王이 古 唐國을 멸망시킨 뒤, 성왕의 아우인 叔虞(숙우)를 古 唐國의 옛 땅에 봉하여 唐國이라 했고 侯爵(후작)의 작위였으며, 도성은 今 山西省 남부 臨汾市(임분시) 동남의 翼城縣(익성현) 일대였다. 숙우의 아들이 뒷날 나라 이름을 晉(진)으로 고쳤고, 이 晉이 바로 춘추시대의 강력

멸망시키고 동생 叔虞(숙우)를 봉했다. 龍山은 縣의 서북에 있다. 鹽官(염관)이 설치되었다. 晉水(진수)가 발원하여 동쪽으로 흘러 汾水(분수)에 합류한다.

蒰人縣(준인현)[230]

界休縣(계휴현) – 왕망은 界美縣(계미현)이라고 개칭했다.

楡次縣(유차현) – 塗水鄕(도수향)은 晉大夫 知徐吾(지서오)의 居邑이었다. 梗陽鄕(경양향)은 (전국시대) 魏의 戊邑(무읍)이었다. 왕망은 大原亭縣(대원정현)이라고 개칭했다.

中都縣(중도현)[231]

于離縣(우리현) – 왕망은 于合縣(우합현)이라고 개칭했다.

茲氏縣(자씨현) – 왕망은 茲同縣(자동현)이라고 개칭했다.

狼孟縣(낭맹현) – 왕망은 狼調縣(낭조현)이라고 개칭했다.

鄔縣(오현) – 九澤이 縣의 북쪽에 있는데, 이것이 昭餘祁(소여기)이며 幷州(병주)의 大澤이다. 晉 大夫 司馬彌牟(사마미모)의 居邑이었다.

盂縣(우현) – 晉 大夫 孟丙(盂丙이어야 함)의 居邑이었다.

平陶縣(평도현) – 왕망은 多穰縣(다양현)이라고 개칭했다.

汾陽縣(분양현) – 北山(북산)에서 汾水(분수)가 발원하여, 西南으로

한 제후국이었으며, 근거지는 지금 山西省의 省會인 太原市 일대였다. 뒷날 晋이 韓, 魏, 趙로 갈라지면서 戰國시대가 시작된다. 唐 건국 후 李世民은 晋王(진왕)에 봉해졌고, 太原은 隴西 李氏의 세력 근거지로 副都의 지위를 누렸다. 수도 長安. 副都 洛陽(東都). 본거지였던 太原(北都)을 합하여 三都라 지칭하며 번성했다.

230 蒰人縣(준인현) – 蒰은 큰 준, 생강 준. 今 山西省 북부 忻州市(흔주시) 관할 繁峙縣(번치현).

231 中都縣(중도현) – 今 山西省 중부 晋中市 관할 平遙縣.

흘러 汾陰(분음)에 이르러 黃河에 들어가는데, 2개 군을 지나 1,340리를 흐르며, 冀州(기주)의 灌漑地(관개지, 寖)이다.

京陵縣(경릉현) – 왕망은 致城縣(치성현)이라고 개칭했다.

陽曲縣(양곡현)

大陵縣(대릉현) – 鐵官이 있다. 왕망은 大寧縣(대녕현)이라고 개칭했다.

原平縣(원평현)[232]

祁縣(기현) – 晉(진) 大夫 賈辛(가신)의 居邑이다. 왕망은 示縣(시현)이라고 개칭했다.

上艾縣(상애현) – 綿曼水(면만수)가 縣의 동쪽을 흘러 蒲吾(포오)에 이르러 虖池水(호지수)에 합류한다.

慮虒縣(여사현)[233]

陽邑縣(양읍현) – 왕망은 繁穰縣(번양현)이라고 개칭했다.

廣武縣(광무현)[234] – 河主山(句注山)과 賈屋山(가옥산)이 縣의 북쪽에 있다. 都尉가 통치한다. 왕망은 信桓縣(신환현)이라고 개칭했다.

原文

上黨郡, 秦置, 屬幷州. 有上黨關,壺口關,石研關,天井關. 戶七萬三千七百九十八, 口三十三萬七千七百六十六. 縣十

232 原平縣(원평현) – 今 山西省 忻州市 관할 原平市.

233 慮虒縣(여사현) – 虒는 뿔범 사. 今 山西省 忻州市 관할 五臺縣. 五臺山이 관내에 있다.

234 廣武縣(광무현) – 今 山西省 북부 代縣(대현) 서남. 西漢 廣武縣, 東漢時 雁門郡의 治所. 군사도시로 유명.

四.

長子, 周史辛甲所封. 鹿谷山, 濁漳水所出, 東至鄴入清漳. 屯留, 桑欽言‘絳水出西南, 東入海.’ 余吾, 銅鞮, 有上虒亭, 下虒聚. 沾, 大黽谷, 淸漳水所出, 東北至邑成入大河, 過郡五, 行千六百八十里, 冀州川. 涅氏, 涅水也. 襄垣, 莽曰上黨亭. 壺關, 有羊腸阪. 沾水東至朝歌入淇. 泫氏, 楊谷, 絶水所出, 南至壄王入沁. 高都, 莞谷, 丹水所出, 東南入泫水. 有天井關. 潞, 故潞子國. 陭氏, 陽阿, 穀遠. 羊頭山世靡谷, 沁水所出, 東南至滎陽入河, 過郡三, 行九百七十里. 莽曰穀近.

〖국역〗

上黨郡(상당군)[235] - 秦代置에 설치했다. (漢 14刺史部 중) 幷州刺史部 소속이다. 上黨關, 壺口關(호구관), 石硏關(석연관), 天井關(천정관) 등이 있다. 73,798戶에, 인구는 337,766명이다. 14개 縣이 있다.

長子縣(장자현) - 周 史官 辛甲(신갑)을 봉한 곳이다. 鹿谷山(녹곡산)에서 濁漳水(탁장수)가 발원하여 동쪽으로 흘러 鄴縣(업현)에서 淸漳水(청장수)와 합류한다.

屯留縣(둔류현) - 桑欽(상흠)[236]이 말한 ‘絳水(강수)는 서남에서 발

235 上黨郡(상당군) -今 山西省 동남부 지역. 治所는 長子縣, 今 山西省 동남부 長治市 관할 長子縣.

236 桑欽(상흠, 생졸년 미상. 字는 君長) -後漢 洛陽人, 地理學家. 《水經》의 저자. 이에 주석을 단 책이 그 유명한 北魏 酈道元(역도원)의 《水經注》이다.

원하여, 동쪽으로 흘러 바다[237]에 들어간다.' 는 말 그대로이다.

余吾縣(여오현)[238]

銅鞮縣(동제현) - 上虒亭(상사정)과 下虒聚(하사취)가 있다.

沾縣(첨현) - 大黽谷(대민곡)에서 清漳水(청장수)가 발원하여 동북으로 흘러 邑成(阜城)에 이르러 大河에 들어가는데, 5개 군을 통과하며 1,680리를 흐르는 冀州의 大川이다.

涅氏縣(열씨현) - 涅水(열수, 涅은 개흙 열)가 있다.

襄垣縣(양원현) - 王莽(왕망)은 上黨亭縣(상당정현)이라 개칭했다.

壺關縣(호관현) - 羊腸阪(양장판, 阪은 비탈 판)이 있다. 沾水(첨수)는 동쪽으로 흘러 朝歌縣(조가현)[239]에 이르러 淇水(기수)에 합류한다.

泫氏縣(현씨현) - 楊谷(양곡)에서 絶水(절수/ 泫水이어야 한다)가 발원하여 남쪽으로 壄王(野王縣)에 이르러 沁水(심수)에 합류한다.

高都縣(고도현)[240] - 莞谷(완곡)에서 丹水(단수)가 발원하여 동남으로 흘러 泫水(현수)에 합류한다. 天井關(천정관)이 있다.

潞縣(노현) [241] - 옛 潞子國(노자국)이다.

陭氏縣(기씨현)

陽阿縣(양아현)

---

237 海가 아닌 漳水가 되어야 한다.

238 余吾縣(여오현) - 今 山西省 屯留縣에 해당.

239 朝歌縣(조가현) - 今 河南省 북부 鶴壁市 淇縣(기현). 商朝(殷) 武乙(무일)이 건립한 副都(陪都). 武王이 殷을 정벌할 때, 帝辛(紂王, 주왕)이 朝歌의 교외인 牧野(목야)에서 싸워 패망하였다.

240 高都縣(고도현) - 今 山西省 남부 晉城市.

241 潞縣(노현) - 今 山西省 동남부 長治市 관할 潞城市.

穀遠縣(곡원현) - 羊頭山의 世靡谷(세미곡)에서 沁水(심수)가 발원하여, 동남으로 흘러 滎陽(형양)에 이르러 황하에 합류하는데 3개 군을 지나며 970리를 흐른다. 왕망은 穀近縣(곡근현)이라 개칭했다.

3. 司隸 2郡

原文

河內郡, 高帝元年爲殷國, 二年更名. 莽曰後隊, 屬司隸. 戶二十四萬一千二百四十六, 口百六萬七千九十七. 縣十八.

懷, 有工官. 莽曰河內. 汲, 武德, 波, 山陽, 東太行山在西北. 河陽, 莽曰河亭. 州, 共, 故國. 北山, 淇水所出, 東至黎陽入河. 平皐, 朝歌, 紂所都. 周武王弟康叔所封, 更名衛. 莽曰雅歌. 脩武, 溫, 故國, 已姓, 蘇忿生所封也. 野王, 太行山在西北. 衛元君爲秦所奪, 自濮陽徙此. 莽曰平墜. 獲嘉, 故汲之新中鄉, 武帝行過更名也. 軹, 沁水, 隆慮, 國水東北至信成入張甲河, 過郡三, 行千八百四十里. 有鐵官. 蕩陰. 蕩水東至內黃澤. 西山, 羑水所出, 亦至內黃入蕩. 有羑里城, 西伯所拘也.

〖국역〗

河內郡(하내군)[242] – 高帝 元年(前 206)에는 殷國(은국)[243]이었는데, 고조 2년에 更名하였다. 왕망은 後隊(후수, 6隊의 하나)라 불렀다. (漢 14刺史部 중) 司隸校尉部(사예교위부)에 속했다. 241,246戶에, 인구는 1,067,097명이었다. 18개 현이 있었다.

懷縣(회현)[244] – 工官[245]이 설치되었다. 왕망은 河內縣(하내현)이라고 개칭했다.

汲縣(급현)[246]

武德縣(무덕현)[247]

波縣(파현)[248]

山陽縣(산양현) – 縣의 서북에 東太行山이 있다.

河陽縣(하양현) – 왕망은 河亭縣(하정현)이라고 개칭했다.

州縣(주현)[249]

---

242 河內郡(하내군) – 秦의 三川郡(洛陽 주변)과 연접한 황하 북쪽 지역. 今 河南省의 황하 이북.

243 殷國(은국) – 項羽가 司馬卬(사마앙)을 봉한 나라. 司馬卬(사마앙, ? – 前 205)은 본래 趙의 將軍. 項羽의 鉅鹿之戰 이후 항우를 따라 入關했었다. 나중에 漢王 劉邦에게 투항했다가 楚軍에 패해 죽었다.

244 懷縣(회현) – 河內郡의 치소, 今 河南省 북부 焦作市(초작시) 관할 武陟縣(무척현).

245 工官 – 官名. 무기, 황실용 생활 가구나 수공예품의 제조 담당.

246 汲縣(급현) – 今 河南省 북부 新鄕市 관할 衛輝市 서남.

247 武德縣(무덕현) – 今 河南省 焦作市 관할 武陟縣(무척현).

248 波縣(파현) – 今 河南省 서북부, 黃河 북안, 山西省 접경, 濟源市. 濟水 발원지.

249 州縣(주현) – 今 河南省 북부 焦作市 관할 溫縣.

共縣(공현) - 春秋시대 故國(고국)이다. 北山(북산)에서 淇水(기수)가 발원하여, 동쪽으로 흘러 黎陽(여양)에 이르러 황하에 합류한다.

平皐縣(평고현) - 朝歌(조가)이니, 곧 (殷) 紂王의 도읍이었다. 周武王의 동생 康叔(강숙)을 封한 곳으로 뒷날 衛(위)나라이다. 왕망은 雅歌縣(아가현)이라고 개칭했다.

脩武縣(수무현)[250]

溫縣(온현) - 옛 國名인데, 己(기) 姓에, 蘇忿生(소분생)[251]을 봉한 나라였다.

野王縣(야왕현)[252] - 縣의 서북쪽에 太行山이 있다. 衛(위) 元君(원군)이 秦에게 나라를 빼앗긴 뒤에(前 241), 濮陽(복양)에서 이곳으로 이주하였다. 왕망은 平壄縣(평야현)이라고 개칭했다.

獲嘉縣(획가현)[253] - 옛 汲縣(급현)의 新中鄕(신중향)인데, 武帝가 이곳에 들렸다가 이름을 바꿨다.

軹縣(지현)[254]

沁水縣(심수현)

---

250 脩武縣(수무현) - 今 河南省 獲嘉縣.

251 蘇忿生(소분생) - 顓頊(전욱)의 황후.

252 野王縣(야왕현) - 河南省 북부, 沁河 하류, 河水 북안, 沁陽市. 焦作市 관할.

253 獲嘉縣(획가현) - 今 河南省 북부 新鄕市. 무제 元鼎 6년(前 111) 봄에 河內郡 汲縣(급현) 新中鄕에 이르렀을 때 (남월) 呂嘉(여가)의 首級을 받았는데, 급현을 獲嘉縣(획가현)으로 이름을 바꿨다. 越人들의 지역이 평정되자 그곳에 南海, 蒼梧, 鬱林(울림), 合浦, 交阯(교지), 九眞, 日南, 珠崖(주애), 儋耳郡(담이군)을 설치하였다.

254 軹縣(지현) - 今 河南省 북부 焦作市 관할 濟源市.

隆慮縣(융려현) – 國水(국수/ 未詳)가 縣의 동북을 흘러 信成에 이르러 張甲河(장갑하)에 합류하는데, 3개 군, 1,840리를 흐른다. 鐵官이 있다.

蕩陰縣(탕음현)[255] – 蕩水(탕수)가 동쪽을 흘러 內黃澤(내황택)에 들어간다. 西山(서산)[256]에서 羑水(유수, 羑는 착한 말을 할 유)가 발원하여, 역시 內黃에 이르러 蕩水(탕수)에 합류한다. 羑里城(유리성)[257]이 있는데, 西伯(文王)이 구금되었던 곳이다.

原文

河南郡, 故秦三川郡, 高帝更名. 雒陽戶五萬二千八百三十九. 莽曰保忠信鄕, 屬司隸也. 戶二十七萬六千四百四十四, 口一百七十四萬二百七十九. 有鐵官,工官. 敖倉在滎陽. 縣二十二.

雒陽, 周公遷殷民, 是爲成周.《春秋》昭公三十二年, 晉合諸侯於狄泉, 以其地大成周之城, 居敬王. 莽曰宜陽. 滎陽, 卞水,馮池皆在西南. 有狼湯渠, 首受泲, 東南至陳入穎, 過郡四, 行七百八十里. 偃師, 尸鄕, 殷湯所都. 莽曰師成. 京, 平陰, 中牟, 圃田澤在西, 豫州藪. 有管叔邑, 趙獻侯自耿徙此. 平, 莽曰治平. 陽武, 有博浪沙. 莽曰陽桓. 河南, 故郟鄏

255 蕩陰縣(탕음현) – 今 河南省 최북단 安陽市 관할 蕩陰縣(탕음현).

256 西山(서산) – 今 河南省 북부 安陽市 관할 湯陰縣 소재.

257 羑里城(유리성) – 今 河南省 북부 安陽市 관할 湯陰縣 서북.

地. 周武王遷九鼎, 周公致太平, 營以爲都, 是爲王城, 至平王居之. 緱氏, 劉聚, 周大夫劉子邑. 有延壽城仙人祠. 莽曰中亭. 卷, 原武, 莽曰原桓. 鞏, 東周所居. 穀成, 〈禹貢〉瀍水出替亭北, 東南入雒. 故市, 密, 故國, 有大騩山, 潩水所出, 南至臨穎入穎. 新成, 惠帝四年置. 蠻中, 故戎蠻子國. 開封, 逢池在東北, 或曰宋之逢澤也. 成皐, 故虎牢. 或曰制. 苑陵, 莽曰左亭. 梁, 㦃狐聚, 秦滅西周徙其君於此. 陽人聚, 秦滅東周徙其君於此. 新鄭. 《詩》鄭國, 鄭桓公之子武公所國, 後爲韓所滅, 韓自平陽徙都之.

〖국역〗

河南郡(하남군) – 옛 秦의 三川郡이었는데, 高帝가 이름을 바꿨다. 雒陽縣(낙양현)은 52,839戶였다. 王莽(왕망)은 保忠信鄕(보충신향)[258]이라고 개칭했다. (漢代 14刺史部 중) 司隸校尉部에 속했다. (河南郡은) 276,444戶에, 인구 1,740,279명이었다. 鐵官과 工官이 설치되었다. 敖倉(오창)[259]은 滎陽縣(형양현)에 있다. 22개 현이 있다.

雒陽縣(낙양현) – 周公(주공)이 殷(은)의 백성을 옮긴 곳으로 이곳

258 保忠信鄕(보충신향) – 鄕은 卿(경)의 誤字라는 주석이 있다. 왕망은 낙양의 행정관을 長安의 京兆尹, 左馮翊, 右扶風과 같은 특별한 호칭으로 保忠信卿이란 말을 만들어 사용케 했다.

259 敖倉(오창) – 鴻溝(홍구)와 黃河의 합류 지점인 滎陽城(형양성) 동북 敖山(오산)에 있는 군량 창고. 今 河南省 鄭州市 관할 滎陽市 동북. 楚漢戰 당시는 물론 後漢에서도 중요한 군량 창고였다.

을 成周(성주)[260]라 불렀다. 《春秋》에 魯昭公 32년(前 510), 晉은 (중원)의 諸侯를 狄泉(적천)[261]에 모아 회맹하면서, 그곳 땅이 광대하여 (周) 敬王을 거처하게 하였다. 왕망은 宜陽縣(의양현)이라고 개칭했다.

滎陽縣(형양현)[262] - 卞水(변수), 馮池(풍지)는 모두 縣의 서남쪽에 있다. 狼湯渠(낭탕거)[263]는 泲水(제수, 濟水)의 물을 맨 먼저 받아 동남쪽으로 흘러 陳縣에 이르러 潁水(영수)에 합류하는데 4군을 거쳐 780리를 흘러간다.

偃師縣(언사현)[264] - 尸鄕(시향)은 殷 湯王(탕왕)의 도읍지이다. 왕망은 師成縣(사성현)이라고 개칭했다.

京縣(경현)[265]

平陰縣(평음현)[266]

---

260 西周 成王 때, 周公은 낙읍에 도시를 건설했는데, 이를 成周라 하며 周의 副都가 되었다. 前 771년 西周 멸망 후, 周 平王은 成周로 東遷했고, 이곳을 王城이라 했다. 周 敬王은 前 510년에, 지금 洛陽市 白馬寺 동쪽에 신도시를 건설했는데 여전히 成周라는 명칭을 사용했다. 東周는 속칭이고 옛 西周의 도읍 鎬京은 '王城'으로 통용되었다.

261 狄泉(적천) - 일명 翟泉(적천). 今 洛陽市 동, 白馬寺(중국 최초의 불교 사원) 부근.

262 滎陽縣(형양현) - 今 河南省 중부 鄭州市 관할 滎陽市.

263 狼湯渠(낭탕거) - 鴻溝(홍구), 今 河南省 滎陽市. 여기서부터 황하의 물을 끌어들여 中牟縣(중모현)을 거쳐 開封市에 이르는 인공수로. 다시 남으로 흘러 濮陽縣(복양현) 동남에서 潁水(영수)에 합류한다.

264 偃師縣(언사현) - 偃은 쓰러질 언. 눕다. 今 河南省 洛陽市 관할 偃師市.

265 京縣(경현) - 今 河南省 鄭州市 관할 滎陽市(형양시).

266 平陰縣(평음현) - 今 河南省 洛陽市 관할 孟津縣 북쪽.

中牟縣(중모현)[267] – 현의 서쪽에 圃田澤(포전택)이 있는데, 豫州(예주)의 대표적인 大澤(藪)이다. 管叔(관숙)[268]의 居邑이 있는데, 趙 獻侯(헌후)가 耿邑(경읍)에서 이곳으로 옮겨왔다.

平縣(평현) – 왕망은 治平縣(치평현)이라고 개칭했다.

陽武縣(양무현) – 博浪沙(박랑사)[269]가 있다. 왕망은 陽桓縣(양환현)이라고 개칭했다.

河南縣(하남현)[270] – 옛 郟(겹)과 鄏(욕)의 땅이다. 周 武王이 九鼎[271]을 옮겨갔고 周公은 太平을 이루었으며, 이곳을 副都로 삼아 王城이

---

267 中牟縣(중모현) – 中牟縣(중모현)은, 今 河南省 중부 鄭州市 관할 中牟縣, 河水 남안. 《三國演義》에서는 陳宮(진궁, ?~198년, 字는 公臺)이 쫓기는 曹操(조조)를 따라가려고 中牟(중모) 縣令의 관직을 버린 사람으로 나온다. 진궁은 뒷날 조조를 떠나 呂布를 섬겼다. 앞서 조조는 동탁의 파멸을 예상하고 향리로 도주하였다. 가는 도중에 친우인 成皐(성고)의 呂伯奢(여백사)의 집에 들렀는데 마침 여백사가 집에 없었다. 여백사의 아들과 그 빈객이 조조의 말과 병기를 탈취하려 하자, 조조가 미리 손을 써 아들들을 죽였다. 이 부분은《三國演義》에는 다르게 묘사되었다. 조조는 여백사의 일족을 죽인 뒤에 비통한 심경으로 말했다. "차라리 내가 남을 버릴지언정 남이 나를 배신하게 둘 수는 없다!(寧我負人, 毋人負我!)" 이 말은 조조의 모진 성격이나 적극성을 말할 때 꼭 인용될 정도로 人口에 膾炙(회자)된다.

268 管叔(관숙) – 周 武王의 동생. 뒷날 成王 때 蔡叔(채숙)과 함께 반역했다가 周公에게 誅殺되었다.

269 博浪沙(박랑사) – 張良(장량)이 秦始皇을 저격했던 곳. 今 河南省 황하 북안 新鄕市 관할 原陽縣.

270 河南縣(하남현) – 今 河南省 洛陽市 지역에 해당.

271 九鼎 – 夏禹가 주조한 9개의 鼎은 九州를 상징한다. 夏, 殷, 周 삼대에 걸쳐 傳國의 寶로 전승되었다.

되었고, (뒷날 東周) 平王의 居城이었다.

緱氏縣(구씨현)[272] – 劉聚(유취)는 周大夫 劉子의 居邑이다. 延壽城에 仙人祠가 있다. 왕망은 中亭縣(중정현)이라고 개칭했다.

卷縣(권현)

原武縣(원무현) – 왕망은 原桓縣(원환현)이라고 개칭했다.

鞏縣(공현)[273] – 東周 이래 居邑이었다.

穀成縣(곡성현) – 〈禹貢〉에 瀍水(전수)가 朁亭(참정)의 북쪽에서 발원하여 東南쪽으로 흘러 雒水에 합류한다고 하였다.

故市縣(고시현)

密縣(밀현) – 옛 國名으로 大騩山(대귀산)이 있어 여기서 潩水(이수)가 발원하여 남쪽으로 臨潁(임영)에 이르러 潁水(영수)에 합류한다.

新成縣(신성현) – 惠帝 4년(前 191)에 설치했다. 蠻中(만중)은 옛 戎蠻子(융만자)의 國이었다.

開封縣(개봉현) – 東北에 逢池(봉지)가 있는데, 혹자는 宋의 逢澤(봉택)이라 한다.

成皐縣(성고현)[274] – 옛 虎牢關(호뢰관)이다. 혹은 制(제)라 한다.

苑陵縣(원릉현) – 왕망은 左亭縣(좌정현)이라고 개칭했다.

梁縣(양현)[275] – 憚狐聚(탄호취)는 秦이 西周를 멸망시킨 뒤 그 군

---

272 緱氏縣(구씨현) – 今 河南省 洛陽市 관할 偃師市(언사시) 관내 緱氏鎭(구씨진). 緱는 칼자루 감을 구.

273 鞏縣(공현) – 鞏은 묶을 공. 今 河南省 偃師市(언사시) 동쪽.

274 成皐縣(성고현) – 今 河南省 중부 鄭州市 관할 滎陽市(형양시) 서북. 地勢가 험준하여 옛부터 兵爭의 땅이었다.

275 梁縣(양현) – 今 河南省 중부 平頂山市 관할 汝州市.

왕을 이곳에 옮겼다. 陽人聚(양인취)는 秦이 東周를 멸망시킨 뒤 그 군왕을 여기에 옮겨 살게 하였다.

新鄭縣(신정현) -《詩經》의 鄭國이니, 鄭 桓公(환공)의 아들 武公의 나라였다. 뒷날 韓에게 멸망되었고, 韓은 平陽(평양)에서 이곳으로 왕도를 옮겼다.

4. 兗州 2郡

原文

東郡, 秦置. 莽曰治亭. 屬兗州. 戶四十萬一千二百九十七, 口百六十五萬九千二十八. 縣二十二.

濮陽, 衛成公自楚丘徙此. 故帝丘, 顓頊墟. 莽曰治亭. 畔觀, 莽曰觀治. 聊城, 頓丘, 莽曰順丘. 發乾, 莽曰戢楯. 范, 莽曰建睦. 茌平, 莽曰功崇. 東武陽, 禹治漯水, 東北至千乘入海, 過郡三, 行千二十里. 莽曰武昌. 博平, 莽曰加睦. 黎, 莽曰黎治. 淸, 莽曰淸治. 東阿, 都尉治. 離狐, 莽曰瑞狐. 臨邑, 有涑廟. 莽曰穀城亭. 利苗, 須昌, 故須句國, 大昊後, 風姓. 壽良, 蚩尤祠在西北涑上. 有朐城. 樂昌, 陽平, 白馬, 南燕, 南燕國, 姞姓, 黃帝後. 廩丘.

〖국역〗

東郡[276] - 秦代에 설치했다. 왕망은 治亭郡이라고 개칭했다. 兗州(연주)刺史部에 속했다. 401,297戶에 인구는 1,659,028명이었다. 22현이 있었다.

濮陽縣(복양현) - 衛 成公은 楚丘(초구)[277]에서 여기로 옮겨왔다. 옛 帝丘(제구)이니 顓頊(전욱)의 옛 터이다(墟). 왕망은 治亭縣(치정현)이라고 개칭했다.

畔觀縣(반관현)[278] - 왕망은 觀治縣(관치현)이라고 개칭했다.

聊城縣(요성현)[279]

頓丘縣(돈구현) - 왕망은 順丘縣(순구현)이라고 개칭했다.

發干縣(발간현) - 왕망은 戢楯縣(집순현)이라고 개칭했다.

范縣(범현) - 왕망은 建睦縣(건목현)이라고 개칭했다.

茌平縣(치평현) - 왕망은 功崇縣(공숭현)이라고 개칭했다.

東武陽縣(동무양현) - 禹(우)는 漯水(탑수)를 治水하여 (縣의) 동북을 흘러 千乘縣(천승현)에서 入海하게 하였는데 3군을 지나 1,020리를 흐른다. 왕망은 武昌縣(무창현)이라고 개칭했다.

博平縣(박평현) - 왕망은 加睦縣(가목현)이라고 개칭했다.

---

276 東郡 - 今 河南省 황하 이북의 동부와 山東省 서부의 일부 지역. 治所는 河南省 동북부, 황하 북안의 濮陽市(복양시).

277 春秋 시대 邑名. 한때 衛國의 도읍, 今 河南省 북부 安陽市 관할 滑縣(활현).

278 畔觀縣(반관현)이 아니고 그냥 觀縣(관현). 畔은 衍字(연자)라는 주석이 있다.

279 聊城縣(요성현) - 今 山東省 서북부 聊城市(요성시).

黎縣(여현) – 왕망은 黎治縣(여치현)이라고 개칭했다.

淸縣(청현) – 왕망은 淸治縣(청치현)이라고 개칭했다.

東阿縣(동아현) – 都尉를 두고 다스렸다.

離狐縣(이호현) – 왕망은 瑞狐縣(서호현)이라고 개칭했다.

臨邑縣(임읍현) – 涑廟(속묘)가 있다. 왕망은 穀城亭縣(곡성정현)이라 개칭했다.

利苗縣(이묘현)[280] – 須昌(수창)은 옛 須句國(수구국)으로 大昊氏(태호씨, 伏羲氏) 후손으로 姓은 風이다.

壽良縣(수량현) – 蚩尤祠(치우사)가 縣의 서북 涑水(속수) 강변에 있다. 朐城(구성)이 있다.

樂昌縣(낙창현)[281]

陽平縣(양평현)

白馬縣(백마현)[282]

南燕縣(남연현)[283] – 南燕國으로 姓은 姞(길)이고 黃帝의 후손이다.

廩丘縣(늠구현)[284]

原文

陳留郡, 武帝元狩元年置. 屬兗州. 戶二十九萬六千二百

280 利苗縣(이묘현) – 위치 미상.

281 樂昌縣(낙창현) – 今 山東省 濮陽市 관할 南樂縣.

282 白馬縣(백마현) – 今 河南省 북부 安陽市 관할 滑縣(활현) 東.

283 南燕縣(남연현) – 南은 衍字(연자)라는 주석이 있다.

284 廩丘縣(늠구현) – 今 山東省 서쪽 菏澤市 관할 鄆城縣(운성현).

八十四, 口一百五十萬九千五十. 縣十七.

陳留, 魯渠水首受狼湯渠, 東至陽夏, 入渦渠. 小黃, 成安, 寧陵, 莽曰康善. 雍丘, 故杞國也, 周武王封禹後東樓公. 先春秋時徙魯東北, 二十一世簡公爲楚所滅. 酸棗, 東昏, 莽曰東明. 襄邑, 有服官, 莽曰襄平. 外黃, 都尉治. 封丘, 濮渠水首受泲, 東北至都關, 入羊里水, 過郡三, 行六百三十里, 長羅, 侯國. 莽曰惠澤. 尉氏, 傿, 莽曰順通. 長垣, 莽曰長固. 平丘, 濟陽, 莽曰濟前. 浚儀. 故大梁. 魏惠王自安邑徙此. 睢水首受狼湯水, 東至取慮入泗, 過郡四, 行千三百六十里.

〖국역〗

陳留郡(진류군)[285] - 武帝 元狩 원년(前 122)에 설치했다. 兗州(연주)刺史部에 속했다. 296,284戶에, 인구가 1,509,050명이고 17개 현을 관할했다.

陳留縣(진류현)[286] - 魯渠水(노거수)는 狼湯渠(낭탕거)의 물을 받아 동으로 陽夏(양하)에 이르러 渦渠(와거, 渦는 소용돌이 와)에 유입한다.

小黃縣(소황현)[287]

---

285 陳留郡(진류군) - 관할 지역은, 지금 河南省 북동부 開封市에서 동쪽 끝 商丘市 서쪽 지역. 치소는 陳留縣(진류현).

286 陳留縣(진류현) - 今 河南省 開封市. 今 인구 450만 이상의 대도시. 北宋時 東京開封府. 당시 세계에서 가장 번영했던 도시.

287 小黃縣(소황현) - 今 河南省 開封市 동남.

成安縣(성안현)[288]

寧陵縣(영릉현) – 왕망은 康善縣(강선현)이라고 개칭했다.

雍丘縣(옹구현) – 옛 杞國(기국)[289]이니, 周 武王이 禹의 후손을 東樓公에 봉한 나라이다. 春秋 이전 시대에 魯의 동북으로 옮겨가서, 21세 簡公(간공) 때 楚에게 멸망되었다(前 445년).

酸棗縣(산조현)[290]

東昏縣(동혼현) – 왕망은 東明縣(동명현)이라고 개칭했다.

襄邑縣(양읍현) – 服官(복관)[291]이 설치되었다. 왕망은 襄平縣(양평현)이라고 개칭했다.

外黃縣(외황현)[292] – 都尉가 다스렸다.

封丘縣(봉구현) – 濮渠水(복거수)는 먼저 涑水(속수)의 물을 이어 받

288 成安縣(성안현) – 今 河南省 동쪽 끝 商丘市 관할 民權縣.

289 杞國은 멸망과 復國을 거듭했고 국도도 여러 번 옮겨 다녔는데, 최초 위치는, 今 河南省 중동부 開封市 관할 杞縣에 해당하고, 영역은 河南省 중동부와 山東省 서부의 일부였다. 杞國이 소국이나 夏의 문물을 보존했는데, 공자는 그 문물의 散失을 아쉬워하여 「夏禮를 吾能言之나 杞에서도 不足徵也라.」고 했다. 《論語 · 八佾》. 우리가 흔히 쓰는 '杞人憂天(杞憂, 기우)' 은 본래 《列子 天瑞》에 나온다. 어리석은 사람의 쓸데없는 걱정이라고 웃어버리지만, 이 말에는 小國이 강국 사이에 끼여 생존하려면 고려할 일이 많을 수밖에 없다는 憂患 意識의 표현일 것이다.

290 酸棗縣(산조현) – 酸은 신맛 산. 棗는 대추나무 조. 今 河南省 新鄉市 관할 延津縣. 黃河 북안.

291 服官(복관) – 織室. 繡(수)를 놓아 제조하는 황제 의복, 宗廟 제사용 衣服을 제조하는 곳.

292 外黃縣(외황현) – 今 河南省 開封市 관할 蘭考縣. 郡의 군사와 치안을 유지하는 책임자인 도위가 머물며 행정과 치안을 유지했다.

아 동북으로 흘러 都關에 이르러, 羊里水〔양리수, 瓠子河(호자하)〕에 합류하여 3개 군을 지나며 630리를 흐른다.

長羅縣(장라현) – 侯國이다. 왕망은 惠澤縣(혜택현)이라고 개칭했다.

尉氏縣(위씨현)

傿縣(언현) – 왕망은 順通縣(순통현)이라고 개칭했다.

長垣縣(장원현) – 왕망은 長固縣(장고현)이라고 개칭했다.

平丘縣(평구현)

濟陽縣(제양현) – 왕망은 濟前縣(제전현)이라고 개칭했다.

浚儀縣(준의현)[293] – 옛 大梁(대량)이다. 魏나라 惠王(혜왕)[294]은 安邑(안읍)에서 이곳으로 옮겨왔다. 睢水(휴수)는 앞서 狼湯水을 이어받아, 동쪽으로 흘러 取慮(취려)에 이르러 泗水(사수)에 합류한 뒤, 4군을 지나 1,360리를 흐른다.

5. 豫州 2郡

原文

潁川郡, 秦置. 高帝五年爲韓國, 六年復故. 莽曰左隊. 陽翟有工官. 屬豫州. 戶四十三萬二千四百九十一, 口二百二

293 浚儀縣(준의현) – 今 河南省 開封市.

294 《孟子》에 나오는 梁惠王이 바로 이 사람이다. 戰國시대 魏國 3대 군주 惠王 재위 前 369 – 319年.

十一萬九百七十三. 縣二十.

陽翟, 夏禹國. 周末, 韓景侯自新鄭徙此. 戶四萬一千六百五十, 口十萬九千. 莽曰潁川. 昆陽, 潁陽, 定陵, 有東不羹. 莽曰定城. 長社, 新汲, 襄城, 有西不羹. 莽曰相城. 郾, 郟, 舞陽, 潁陰, 崇高, 武帝置, 以奉太室山, 是爲中嶽. 有太室,少室山廟. 古文以崇高爲外方山也. 許, 故國, 姜姓, 四岳後, 太叔所封, 二十四世爲楚所滅. 傿陵, 戶四萬九千一百一, 口二十六萬一千四百一十八. 莽曰左亭. 臨潁, 莽曰監潁. 父城, 應鄉, 故國, 周武王弟所封. 成安, 侯國也. 周承休, 侯國, 元帝置, 元始二年更名鄭公. 莽曰嘉美. 陽城, 陽城山, 洧水所出, 東南至長平入潁, 過郡三, 行五百里. 陽乾山, 潁水所出, 東至下蔡入淮, 過郡三, 行千五百里, 荊州𣹟. 有鐵官. 綸氏.

〖국역〗

潁川郡(영천군)[295] - 秦代에 설치했다. 高帝 5년(前 202), 韓國[296]이 되었다가 6년에 다시 복구했다. 王莽은 左隊(좌수)라고 하였다.

---

295 潁川郡(영천군) - 潁은 강 이름 영. 潁水, 今 河南省 중앙부 許昌市 일원. 치소는 陽翟縣(양책현). 潁川을 흔히 穎川郡(이삭 영)으로 잘못 쓴다. 今 河南省 中部. 秦에서 唐代까지 군명.

296 韓國 - 韓王에 협조적이었던 전국시대 韓(한)의 후손인 韓王 信. 보통 韓王信으로 표기하여 大將軍 韓信과 구분한다. 33권, 〈魏豹田儋韓王信傳〉에 입전.

(潁川郡) 陽翟縣에는 工官이 설치되었다. 豫州刺史部에 속했다. 民戶는 432,491戶에 인구는 2,210,973명이었다. 縣은 20개였다.

陽翟縣(양책현)[297] – 夏禹의 나라였다. 周 말기에 韓 景侯(경후)는 新鄭에서 이곳으로 이주했다. 양책현의 民戶는 41,650에 인구 10만 9천이었다. 왕망은 潁川縣(영천현)이라고 개칭했다.

昆陽縣(곤양현)[298]

潁陽縣(영양현)[299]

定陵縣(정릉현) – 東不羹(동불갱) 城[300]이 있다. 왕망은 定城縣(정성현)이라고 개칭했다.

長社縣(장사현)

新汲縣(신급현)

襄城縣(양성현) – 西不羹(서불갱)이 있다. 왕망은 相城縣(상성현)이라 개칭했다.

郾縣(언현)[301]

郟縣(겹현)

舞陽縣(무양현)

潁陰縣(영음현)

---

297 陽翟縣(양책현) – 翟은 꿩 적. 땅이름 책. 今 河南省 許昌市 관할 禹州市. 禹를 封한 땅이고 禹가 즉위한 곳.

298 昆陽縣(곤양현) – 今 河南省 중부 平頂山市 葉縣(섭현). 葉은 잎새 엽. 땅이름 섭.

299 潁陽縣(영양현) – 今 河南省 許昌市 서남.

300 東不羹(동불갱) – 춘추시대 楚의 城. 羹은 국 갱.

301 郾縣(언현) – 郾은 고을 이름 언.

嵩高縣(숭고현)[302] – 武帝 때 설치했다. 여기서 太室山(태실산)을 받드는데, 바로 中嶽이다. 太室山廟와 少室山廟가 있다. 古文에서는 嵩高山(숭고산)을 外方山이라고 했다.

許縣(허현)[303] – 옛 나라 이름이고, 姜姓에 四岳의 후예인 太叔(태숙)을 봉한 나라이나 24世에 楚에 의해 멸망했다.

傿陵縣(언릉현)[304] – 49,101戶에 인구 261,118명. 왕망은 左亭縣(좌정현)이라고 개칭했다.

臨穎縣(임영현) – 왕망은 監穎縣(감영현)이라고 개칭했다.

父城縣(보성현) – 縣內의 應鄕(응향)은 옛 국명인데, 周 武王(? 成王)의 동생을 봉한 곳이다.

成安縣(성안현) – 諸侯國이다.

周承休縣(주승휴현) – 諸侯國으로 元帝 때 설치했고, (平帝) 元始 2년(서기 2)에 鄭公縣으로 개명했다. 왕망은 嘉美縣(가미현)이라고 개칭했다.

---

302 嵩高縣(숭고현) – 嵩은 崇(산 높을 숭)의 古字.

303 許縣(허현) – 후한 말 獻帝가 董卓에 끌려 장안에 머물다가 겨우 낙양으로 돌아왔지만 낙양은 모두 잿더미가 되어 살 수가 없었다. 이에 曹操에게 헌제를 허현으로 모시라 권유한 사람은 董昭(동소)였다. 이후 허현의 도읍이라 하여 許都로 불렸고, 이후 조조는 헌제를 끼고 천하를 호령했다. 결국 헌제는 서기 220년에, 조조 아들 조비에게 선양했다. 曹조(조비)는 魏 건국 후, 洛陽에 定都한 뒤에, '漢은 許縣에서 망했지만 魏는 許에서 번창한다.(漢因許而亡, 魏因許而昌.)' 는 뜻으로, 許縣(許都)을 許昌으로 개칭하여 지금껏 사용되고 있다. 許昌市는 河南省 중앙부에 위치하며 人口 450만이 넘는 거대도시이다.

304 傿陵縣(언릉현) – 傿은 고을 이름 언. 今 河南省 許昌市 東部 傿陵縣.

陽城縣(양성현) – 陽城山에서 洧水(유수)가 발원하여, (縣의) 東南을 흘러 長平縣에서 潁水(영수)에 합류하고, 3군을 거쳐 5백 리를 흘러간다. 陽乾山(양건산)에서 潁水(영수)가 발원하여, 東쪽을 지나 下蔡에서 淮水에 합류하여, 3郡을 지나 1,500리를 흐르며 荊州를 관개한다(寖). 鐵官이 있다.

綸氏縣(윤씨현)[305]

305 綸氏縣(윤씨현) – 今 河南省 登封市 서남.

【〈地理志〉 第八 上二】

原文

汝南郡, 高帝置, 莽曰汝汾. 分爲賞都尉. 屬豫州. 戶四十六萬一千五百八十七, 口二百五十九萬六千一百四十八. 縣三十七.

平輿, 陽安, 陽城, 侯國. 莽曰新安. 瀙强, 富波, 女陽, 鮦陽, 吳房, 安成, 侯國. 莽曰至成. 南頓, 故頓子國, 姬姓. 朗陵, 細陽, 莽曰樂慶. 宜春, 侯國. 莽曰宣孱. 女陰, 故胡國. 都尉治. 莽曰汝墳. 新蔡, 蔡平侯自蔡徙此, 後二世徙下蔡. 莽曰新遷. 新息, 莽曰新德. 灈陽, 期思, 愼陽, 愼, 莽曰愼治. 召陵, 弋陽, 侯國. 西平, 有鐵官. 莽曰新亭. 上蔡, 故蔡國, 周武王弟叔度所封. 度放, 成王封其子胡. 十八世徙新蔡. 浸, 莽曰閏治. 西華, 莽曰華望. 長平, 莽曰長正. 宜祿, 莽曰賞都亭. 項, 故國. 新郪, 莽曰新延. 歸德, 侯國. 宣帝置. 莽曰歸惠. 新陽, 莽曰新明. 安昌, 侯國. 莽曰始成. 安陽, 侯國. 莽曰均夏. 博陽, 侯國. 莽曰樂家. 成陽, 侯國. 莽曰新利. 定陵. 高陵山, 汝水出, 東南至新蔡入淮, 過郡四, 行千三百四十里.

〖국역〗

汝南郡(여남군)[306] – 高帝 때 설치했는데, 王莽은 汝汾郡(여분군)이라 개명했고 일부를 나눠 賞都郡[307]이라 하였다. 豫州(예주)刺史部 관할이었다. 民戶는 461,587호에, 인구는 2,596,148명이었다. 37현이 있었다.

平輿縣(평여현)[308]

陽安縣(양안현)

陽城縣(양성현) - 諸侯國이었다. 왕망은 新安縣(신안현)이라고 개칭했다.

濦强縣(은강현)

富波縣(부파현)

女陽縣(여양현)

鮦陽縣(동양현)

吳房縣(오방현)

安成縣(안성현) - 諸侯國이었다. 왕망은 至成縣(지성현)이라고 개칭했다.

南頓縣(남돈현) - 옛 頓子國(돈자국)이었고, 姬姓(희성)이었다.

朗陵縣(낭릉현)

細陽縣(세양현) - 왕망은 樂慶縣(악경현)이라고 개칭했다.

宜春縣(의춘현) - 諸侯國이었다. 왕망은 宣孱縣(선잔현)이라고 개칭했다.

---

306 汝南郡(여남군) - 관할 구역은 今 河南省 駐馬店市와 동남부 信陽市, 安徽省 서부 일부였다. 前漢의 치소는 上蔡縣이었으나 後漢에서는 平輿縣이었다.

307 分爲賞都尉 - 尉는 쓸데없이 들어간 글자(衍字)라는 주석에 따른다.

308 平輿縣 - 今 河南省 남부 駐馬店市 관할 平輿縣(평여현). 汝南郡 治所.

女陰縣(여음현)[309] – 옛 胡國이었다. 都尉가 다스렸다. 왕망은 汝墳縣(여분현)이라고 개칭했다.

新蔡縣(신채현) – 蔡國 平侯(평후)가 蔡(채)에서 이곳으로 이주하였는데, 2世 뒤에 下蔡(하채)로 옮겨갔다. 왕망은 新遷縣(신천현)이라고 개칭했다.

新息縣(신식현) – 왕망은 新德縣(신덕현)이라고 개칭했다.

濯陽縣(탁양현)

期思縣(기사현)

慎陽縣(신양현)

慎縣(신현) – 왕망은 慎治縣(신치현)이라고 개칭했다.

召陵縣(소릉현)[310]

弋陽縣(익양현) – 諸侯國이었다.

西平縣(서평현) – 鐵官이 있었다. 왕망은 新亭縣(신정현)이라고 개칭했다.

上蔡縣(상채현)[311] – 옛 蔡國이었으니, 周 武王의 아우인 叔度를 封한 곳이다.

度放縣(도방현) – 成王이 그 아들 胡(호)를 봉한 곳이다. 그 후 18世에 新蔡로 이주했다.

浸縣(침현) – 왕망은 閏治縣(윤치현)이라고 개칭했다.

---

309 女陰縣 – 今 安徽省 서부 阜陽市(부양시). 도시 인구가 800만이 넘는 安徽省 최대 도시이다.

310 召陵縣(소릉현) – 今 河南省 남동부 漯河市(탑하시).

311 上蔡縣 – 秦 李斯(이사)의 고향.

西華縣(서화현) – 왕망은 華望縣(화망현)이라고 개칭했다.

長平縣(장평현) – 왕망은 長正縣(장정현)이라고 개칭했다.

宜祿縣(의록현) – 왕망은 賞都亭縣(상도정현)이라고 개칭했다.

項縣(항현)[312] – 옛 國名이었다.

新鄓縣(신처현) – 왕망은 新延縣(신연현)이라고 개칭했다.

歸德縣(귀덕현) – 諸侯國이었다. 宣帝 때 설치했다. 왕망은 歸惠縣(귀혜현)이라고 개칭했다.

新陽縣(신양현) – 왕망은 新明縣(신명현)이라고 개칭했다.

安昌縣(안창현) – 諸侯國이었다. 왕망은 始成縣(시성현)이라고 개칭했다.

安陽縣(안양현) – 諸侯國이었다. 왕망은 均夏縣(균하현)이라고 개칭했다.

博陽縣(박양현)[313] – 諸侯國이었다. 왕망은 樂家縣(악가현)이라고 개칭했다.

成陽縣(성양현) – 諸侯國이었다. 왕망은 新利縣(신리현)이라고 개

---

312 項縣 – 今 河南省 동남부 周口市 관할 項城市. 項羽가 처음 기병할 때 나이는 24살이었다. 그의 季父는 項梁(항량)이고, 항량의 부친은 곧 楚의 명장인 項燕(항연)이다. 그 집안은 대대로 楚의 장군으로 項 땅에 봉해졌기에 성을 項氏라 했다. 項籍(항적, 前 232 – 202)의 字는 羽, 項羽라 통칭. 前 207년 秦朝 멸망의 결정적 전투인 鉅鹿(거록)의 싸움에서 秦軍을 격파하고 스스로 西楚霸王이 되었다. 楚漢戰爭 중 垓下(해하)의 전투에서 漢王 劉邦에게 패하자 長江의 북쪽 지류인 烏江(오강)에서 자결하였다. 그의 용기와 무예 힘은 천고에 최고였으며('羽之神勇 千古無二'), 霸王(패왕)은 곧 항우를 지칭하는 고유명사로 통한다. 《史記 項羽本紀》 참고.

313 博陽縣 – 今 河南省 동남부 周口市.

칭했다.

定陵縣(정릉현)[314] – 高陵山(고릉산)에서 汝水(여수)가 발원하여, 東南쪽을 흘러 新蔡에서 淮水에 합류하여 4개 郡을 지나며, 1,340리를 흘러간다.

6. 荊州 3郡

原文

南陽郡, 秦置. 莽曰前隊. 屬荊州. 戶三十五萬九千三百一十六, 口一百九十四萬二千五十一. 縣三十六.

宛, 故申伯國. 有屈申城. 縣南有北筮山. 戶四萬七千五百四十七. 有工官,鐵官. 莽曰南陽. 犨, 杜衍, 莽曰閏衍. 酇, 侯國, 莽曰南庚. 育陽, 有南筮聚, 在東北. 博山, 侯國. 哀帝置. 故順陽. 涅陽, 莽曰前亭. 陰, 堵陽, 莽曰陽城. 雉, 衡山, 澧水所出, 東至郾阜入汝. 山都, 蔡陽, 莽之母功顯君邑. 新野, 築陽, 故穀伯國. 莽曰宜禾. 棘陽, 武當, 舞陰, 中陰山, 瀙水所出, 東至蔡入汝. 西鄂, 穰, 莽曰農穰. 酈, 育水出西北, 南入漢. 安衆, 侯國. 故宛西鄉. 冠軍, 武帝置. 故穰盧陽

314 定陵縣(정릉현) – 今 河南省 許昌市 관할 郾城縣(郾陵縣) 서북. 高陵山(고릉산) 이하 내용은 南陽郡 魯陽縣에 해당하는 내용인데 잘못 들어갔다는 주석이 있다.

鄉,宛臨駣聚. 比陽, 平氏, 〈禹貢〉桐柏大復山在東南, 淮水所出, 東南至淮浦入海, 過郡四, 行三千二百四十里, 青州川. 莽曰平善. 隨, 故國. 厲鄉, 故厲國也. 葉, 楚葉公邑. 有長城, 號曰方城. 鄧, 故國. 都尉治. 朝陽, 莽曰厲信. 魯陽, 有魯山. 古魯縣, 御龍氏所遷. 魯山, 滍水所出, 東北至定陵入汝. 又有昆水, 東南至定陵入汝. 舂陵, 侯國. 故蔡陽白水鄉. 上唐鄉, 故唐國. 新都, 侯國. 莽曰新林. 湖陽, 故廖國也. 紅陽, 侯國. 莽曰紅俞. 樂成, 侯國. 博望, 侯國. 莽曰宜樂. 復陽, 侯國. 故湖陽樂鄉.

〖국역〗

南陽郡(남양군)[315] – 秦代에 설치되었다. 王莽(왕망)은 前隊(전수)[316]라고 하였다. 荊州刺史部 소속이다. 民戶는 359,316戶이고, 인구는 1,942,051명이고, 36개 현이 있었다.

宛縣(완현)[317] – 옛 申伯國이다. 屈申城(굴신성)이 있다. 縣의 남쪽에는 北筮山(북서산)이 있다. 완현은 民戶 47,547戶였다. 工官과 鐵官이 설치되었다. 왕망은 南陽縣(남양현)이라고 개칭했다.

---

315 南陽郡 – 전한에서도 주요한 군이었지만, 後漢의 건국자 光武帝 劉秀(유수)가 남양군 출신이고, 그 황족이 남양군에 많아서 아주 주요하고 번성한 군이었다. 郡治는 宛縣(완현).

316 前隊(전수) – 6隊의 행정책임자는 大夫라 칭했다.

317 宛縣(완현) – 今 河南省 서남 南陽市.

犨縣(주현)[318]

杜衍縣(두연현) – 왕망은 閏衍縣(윤연현)이라고 개칭했다.

酇縣(찬현) – 諸侯國이었다. 왕망은 南庚縣(남경현)이라고 개칭했다.

育陽縣(육양현) – 南筮聚(남서취)가 縣의 東北에 있다.

博山縣(박산현) – 諸侯國이었다. 哀帝 때 설치했다. 順陽(순양)이다.

涅陽縣(열양현) – 왕망은 前亭縣(전정현)이라고 개칭했다.

陰縣(음현)[319]

堵陽縣(도양현) – 왕망은 陽城縣(양성현)이라고 개칭했다.

雉縣(치현)

衡山縣(형산현) – 灃水(풍수)가 발원하여 동쪽을 흘러 屋阜(악부)에서 汝水(여수)에 합류한다.

山都縣(산도현)

蔡陽縣(채양현) – 王莽(왕망)의 생모 功顯君(공현군)의 식읍이었다.

新野縣(신야현)[320]

筑陽縣(축양현) – 옛 穀伯國이다. 왕망은 宜禾縣(의화현)이라고 개칭했다.

棘陽縣(극양현)

---

318 犨縣 – 犨는 소 헐떡거리는 소리 주. 今 河南省 平頂山市 관할 魯山縣 동남.

319 陰縣(음현) – 今 湖北省 襄陽市 관할 老河口市 서북.

320 新野縣 – 今 河南省 서남부 白河(백하) 유역 南陽市 관할 新野縣. 후한 광무제 劉秀의 아내인 미인 陰麗華(음려화)의 고향. 제갈량이 농사짓던 곳. '三請諸葛', '火燒新野' 등《三國演義》의 무대.

武當縣(무당현)[321]

舞陰縣(무음현) - 中陰山(중음산)에서 瀙水(친수)가 발원하여, 縣의 동쪽을 흘러 蔡(채)에서 汝水(여수)에 합류한다.

西鄂縣(서악현)

穰縣(양현)[322] - 왕망은 農穰縣(농양현)이라고 개칭했다.

酈縣(역현) - 縣의 서북에서 育水(육수)가 발원하여 남쪽으로 흘러 漢水에 합류한다.

安衆縣(안중현) - 諸侯國이었다. 옛 宛(완)의 西鄉이었다.

冠軍縣(관군현)[323] - 武帝 때 설치하였다. 옛 穰縣(양현)의 盧陽鄉(노양향)이었고, 宛縣(완현)의 臨駣聚(임조취)였다.

比陽縣(비양현)

平氏縣(평씨현) - 〈禹貢〉에서는 桐柏(동백)의 大復山(대복산)이 縣이 東南에 있는데, 淮水(회수)가 발원하여, 東南쪽으로 흘러 淮浦에서 入海하는데, 4개 郡을 지나고 3,240리를 흐른다.[324] (9州 중) 青州의 大川이다. 왕망은 平善縣(평선현)이라고 개칭했다.

隨縣(수현)[325] - 옛 國名이다. 厲鄉(여향)은, 옛 厲國(여국)이다.

---

321 武當縣(무당현) - 今 湖北省 서북단 十堰市(십언시) 관할 丹江口市 서북.

322 穰縣(양현) - 今 河南省 南陽市 관할 鄧州市.

323 冠軍縣 - 治所는, 今 河南省 鄧州市. 武帝 元朔 6년(前 123), 霍去病(곽거병)의 흉노 원정의 공적이 모든 軍의 으뜸(功冠)이라 하여 '盧陽鄉' 과 宛縣의 '臨駣聚' 를 곽거병(冠軍侯)의 식읍으로 정했다.

324 4개 郡이 아니고 7개 郡國이고, 3,240리가 아니라 1,800리라는 주석이 있다.

325 隨縣 - 남북조의 분열을 통일한 楊堅(양견)의 隋(수)의 국명은, 이곳 隨國公에서 유래하였다.

葉縣(섭현)[326] - 楚 葉公(섭공)의 居邑. 長城이 있는데, 方城이라 불렀다.

鄧縣(등현) - 옛 국명이다. 都尉가 통치했다.

朝陽縣(조양현) - 왕망은 厲信縣(여신현)이라고 개칭했다.

魯陽縣(노양현) - 魯山[327]이 있다. 옛 魯縣인데, 御龍氏(어룡씨)가 옮겨온 곳이다. 魯山에서 滍水(치수)가 발원하여 縣의 동북을 흘러 定陵縣에 이르러 汝水(여수)에 합류한다. 또 昆水(곤수)가 발원하여, 東南으로 흘러 定陵에서 汝水에 합류한다.

舂陵縣(용릉현)[328] - 諸侯國이었다. 옛 蔡陽縣의 白水鄉이다. 上唐鄉은 옛 唐國이다.

新都縣(신도현) - 諸侯國이었다. 왕망은 新林縣(신림현)이라고 개칭했다.

湖陽縣(호양현) - 옛 廖國(요국)이었다.

紅陽縣(홍양현) - 諸侯國이었다. 왕망은 紅俞縣(홍유현)이라고 개

---

326 葉縣 - 今 河南省 중부 平頂山市 葉縣(섭현). 葉은 잎새 엽. 땅이름 섭. 今 河南省 중부 平頂山市 葉縣(섭현).

327 魯山 - 堯山이어야 한다는 주석이 있다.

328 舂陵縣(용릉현) - 長沙定王 劉發의 아들 劉買(유매, ? - 前 121)는 전한 武帝 때인 元朔 5년(前 124년)에 舂陵侯(용릉후)에 봉해졌다. 처음 봉지는 舂陵鄉(용릉향), 今 湖南省 永州市 寧遠縣 북쪽. 유매는 그 4년 뒤(前 121년)에 죽었다. 劉買를 계승한 아들은 劉熊居(유웅거, 舂陵戴侯, 前 120 - 65). 광무제의 증조부인 劉外는 유웅거의 아우. 유웅거의 아들 舂陵孝侯인 劉仁(前 65년 계위, 광무제의 큰할아버지)은 侯國 지대가 낮고 습하다 하여 옮겨줄 것을 청원하여 南陽郡 白水鄉〔今 湖北省 襄陽市 관할 棗陽市(조양시)〕으로 옮겨왔고 舂陵侯의 명칭을 그대로 사용했다. 前漢 舂陵(용릉)은 南陽郡의 縣名. 元帝 初元 4년(前 45년)에 설치.

칭했다.

樂成縣(악성현) - 諸侯國이었다.

博望縣(박망현) - 諸侯國이었다. 왕망은 宜樂縣(의락현)이라고 개칭했다.

復陽縣(복양현) - 諸侯國이었다. 옛 湖陽縣 樂鄉이었다.

原文

南郡, 秦置, 高帝元年更爲臨江郡, 五年復故. 景帝二年復爲臨江, 中二年復故. 莽曰南順. 屬荊州. 戶十二萬五千五百七十九, 口七十一萬八千五百四十. 有發弩官. 縣十八.

江陵, 故楚郢都, 楚文王自丹陽徙此. 後九世平王城之. 後十世秦拔我郢, 徙陳. 莽曰江陸. 臨沮, 〈禹貢〉南條荊山在東北, 漳水所出, 東至江陵入陽水, 陽水入沔, 行六百里. 夷陵. 都尉治. 莽曰居利. 華容, 雲夢澤在南, 荊州藪. 夏水首受江, 東入沔, 行五百里. 宜城, 故鄢, 惠帝三年更名. 郢, 楚別邑, 故郢. 莽曰郢亭. 邔, 當陽, 中廬, 枝江, 故羅國. 江沱出西, 東入江. 襄陽, 莽曰相陽. 編, 有雲夢官. 莽曰南順. 秭歸, 歸鄉, 故歸國. 夷道, 莽曰江南. 州陵, 莽曰江夏. 若, 楚昭王畏吳. 自郢徙此, 後復還郢. 巫, 夷水東至夷道入江, 過郡二, 行五百四十里. 有鹽官. 高成. 洈山, 洈水所出. 東入繇. 繇水南至華容入江, 過郡二, 行五百里. 莽曰言程.

〖국역〗

南郡(남군)[329] - 秦代에 설치했는데, 高帝 원년(전 206)에 臨江郡이었다가 5년에 다시 南郡이 되었다. 景帝 2년(前 155)에, 다시 臨江郡이었다가 中元 2년(前 148)에 다시 옛 이름으로 돌아갔다. 왕망은 南順郡이라고 했다. 荊州에 속했다. 民戶는 125,579戶에, 인구 718,540명이었다. 쇠뇌(弩) 발사를 교육하는 관리를 두었다. 18개 현이 있었다.

江陵縣(강릉현) - 옛 楚國의 도읍 郢(영)인데, 楚 文王이 丹陽(단양)에서 이곳으로 옮겼다. 그 뒤 九世인 平王(평왕)이 축성하였다. 그 후 十世에 秦이 楚의 도읍 郢(영)을 점령하자(前 278), 楚는 陳(진)으로 (도읍을) 옮겼다. 왕망은 江陸縣(강륙현)이라고 개칭했다.

臨沮縣(임저현) - 〈禹貢〉에서는 南條荊山(남조형산)이 縣의 동북에 있고, 漳水(장수)가 발원하여, 東쪽으로 흘러 江陵縣(강릉현)에 이르러 陽水(양수)에 합류하고, 陽水는 沔水(면수, 漢水)에 합류하여 6백 리를 흘러간다고 하였다.

夷陵縣(이릉현) - 都尉가 있어 다스렸다. 왕망은 居利縣(거리현)이라고 개칭했다.

華容縣(화용현) - 남쪽에 雲夢澤(운몽택)이 있는데, 荊州(형주)의 大澤(藪)이다. 夏水(하수)는 처음에 長江의 물을 받아 동쪽으로 흘러 沔水(면수)에 합류하여 5백 리를 흘러간다.

宜城縣(의성현) - 옛 鄢縣(언현)인데, 惠帝 3년(前 192)에 이름을

329 南郡(남군) - 今 湖北省의 襄樊市(양번시) 이남, 荊門市 以西 지역. 치소는 江陵縣.

바꿨다.

郢縣(영현)[330] – 楚의 別邑이며, 옛 郢都(영도)이다. 왕망은 郢亭縣(영정현)이라고 개칭했다.

邔縣(기현)

當陽縣(당양현)[331]

中廬縣(중려현)[332]

枝江縣(기강현) – 옛 羅國(나국)이다. 江沱水(강타수)[333]는 서쪽에서 시작하여 동쪽을 흘러 長江에 합류한다.

襄陽縣(양양현) [334] – 왕망은 相陽縣(상양현)이라고 개칭했다.

編縣(편현) – 雲夢官이 있었다. 왕망은 南順縣(남순현)이라고 개칭했다.

秭歸縣(자귀현) – 縣 내의 歸鄕(귀향)은 옛 歸國(귀국)이다.

夷道縣(이도현) – 왕망은 江南縣(강남현)이라고 개칭했다.

州陵縣(주릉현) – 왕망은 江夏縣(강하현)이라고 개칭했다.

---

330 郢縣 – 春秋戰國 시기 楚國 首都. 건국 초기에는 丹陽(今 河南 淅川)에 정도했다가 漢中을 차지하고서는 郢(영, 鄢郢)으로 옮겼다가, 郢都(紀郢, 南郢)로 東遷했다. 今 湖北省의 서부 荊州市 荊州區 북쪽 紀南故城이 郢都의 소재지로 알려졌다. 今 河南省 周口市 淮陽縣의 陳楚故城은 그 이후의 도읍으로 보통 陳郢(진영)으로 통칭한다. 楚國 末期, 楚 考烈王 22년(前241年) 이후의 壽春으로 천도하고서 내내 郢(영)이라 하였는데, 후세에 이는 壽郢(수영)이라 칭했다.

331 當陽縣 – 今 湖北省 중부 荊門市.

332 中廬縣(중려현) – 今 湖北省 북부 襄樊市(양번시).

333 江沱水(강타수) – 長江의 別流. 지금은 본류에 합쳐졌다는 주석이 있다.

334 襄陽縣(양양현) – 今 湖北省 북부 襄樊市. 唐 詩人 孟浩然(맹호현)의 고향.

若縣(약현) – 楚 昭王은 吳을 두려워하여 郢(영)에서 여기로 옮겼다가 나중에 다시 郢으로 돌아갔다.

巫縣(무현)[335] – 夷水(이수)가 동쪽을 흘러 夷道(이도)에 이르러 長江에 합류하고, 2개 郡을 지나 540리를 흐른다. 鹽官이 설치되었다.

高成縣(고성현)[336] – 洈山(위산)에서 洈水(위수)가 발원한다. 東으로 흘러 繇水(요수)에 합류한다. 繇水(요수)는 남쪽(동쪽)으로 華容(화용)[337]을 지나 長江에 합류하는데 2개 郡을 지나 5백 리를 흘러간다. 왕망은 言程縣(언정현)이라고 개칭했다.

原文

江夏郡, 高帝置. 屬荊州. 戶五萬六千八百四十四, 口二十一萬九千二百一十八. 縣十四.

西陵, 有雲夢官. 莽曰江陽. 竟陵, 章山在東北, 古文以爲內方山. 鄖鄉, 楚鄖公邑. 莽曰守平. 西陽, 襄, 莽曰襄非. 邾, 衡山王吳芮都. 軑, 故弦子國. 鄂, 安陸, 橫尾山在東北. 古文以爲陪尾山. 沙羡, 蘄春, 鄳, 雲杜, 下雉, 莽曰閏光. 鐘武. 侯國. 莽曰當利.

---

335 巫縣(무현) – 今 重慶市 동북쪽 끝 巫山縣. 長江 북안.

336 高成縣(고성현) – 今 湖北省 荊州市 관할 松滋市. 湖北省 중남부 長江 남안.

337 華容 – 華容道, 《三國演義》에서 關羽가 적벽대전 후 패주하는 조조를 풀어준 곳. 지금 행정구역으로는 荊州市 관할 監利縣. 華容道는 당시에 이미 육지가 되어 숲이 우거졌다는 보충 설명이 있다.

〖국역〗

江夏郡(강하군)[338] – 高帝 때 설치했다. 荊州 소속. 民戶는 56,844戶, 인구는 219,218명. 14개 현.

西陵縣(서릉현) – 雲夢官이 있었다. 왕망은 江陽縣(강양현)이라고 개칭했다.

竟陵縣(경릉현) – 章山(장산)이 縣의 동북에 있는데, 古文에서는 內方山(내방산)이라 했다. 鄖鄕(운향)은 楚 鄖公(운공)의 居邑이었다. 왕망은 守平縣(수평현)이라고 개칭했다.

西陽縣(서양현)

襄縣(양현) – 왕망은 襄非縣(양비현)이라고 개칭했다.

邾縣(주현)[339] – 衡山王(형산왕) 吳芮(오예)[340]의 都邑이다.

軑縣(대현) – 옛 弦子國(현자국)이다.

鄂縣(악현)[341]

安陸縣(안륙현) – 橫尾山(횡미산)이 縣의 東北에 있다. 古文에서는 陪尾山(배미산)이라 했다.

沙羨縣(사선현)[342]

蘄春縣(기춘현)

---

338 江夏郡 – 今 湖北省 동부, 河南省 남부 信陽市 일부. 치소는 西陵縣.

339 邾縣(주현) – 今 湖北省 동부 黃岡市.

340 秦의 鄱陽縣令〔파양현령, 番君(파군)〕이던 吳芮(오예)는 처음에 項羽의 책봉을 받아 衡山王으로 邾縣(주현)에 도읍했다. 나중에 漢 高祖에 적극 협조하여 長沙郡, 豫章郡, 象郡, 桂林郡, 南海郡을 주어 長沙王에 봉했다.

341 鄂縣(악현) – 今 湖北省 동부 鄂州市. 武漢市 동남에 연접.

342 沙羨縣(사선현) – 今 湖北省 동부 武漢市 江夏區.

鄳縣(맹현)[343]

雲杜縣(운두현)

下雉縣(하치현) - 왕망은 閏光縣(윤광현)이라고 개칭했다.

鐘武縣(종무현) - 侯國이었다. 왕망은 當利縣(당리현)이라고 개칭했다.

7. 揚州 2郡

原文

廬江郡, 故淮南, 文帝十六年別爲國. 金蘭西北有東陵鄉, 淮水出. 屬揚州. 廬江出陵陽東南, 北入江. 戶十二萬四千三百八十三, 口四十五萬七千三百三十三. 有樓船官. 縣十二.

舒, 故國. 莽曰昆鄉. 居巢, 龍舒, 臨湖, 雩婁, 決水北至蓼入淮, 又有灌水, 亦北至蓼入決, 過郡二, 行五百一十里. 襄安, 莽曰廬江亭也. 樅陽, 尋陽, 〈禹貢〉九江在南, 皆東合爲大江. 灊, 天柱山在南. 有祠. 沘山, 沘水所出, 北至壽春入芍陂. 皖, 有鐵官. 湖陵邑, 北湖在南. 松茲. 侯國. 莽曰誦善.

343 蘄春縣(기춘현) - 蘄는 풀이름 기. 鄳縣(맹현) - 鄳은 땅이름 맹.

〖국역〗

盧江郡(여강군)은 옛 淮南國이었는데,[344] 文帝 16년(前 164)에 회남국을 별도로 설치하였다. 金蘭(금란)의 서북에 東陵鄕(동릉향)이 있고 거기서 淮水(灌水)[345]가 발원한다. 여강군은 揚州에 속한다. 盧江(여강, 靑弋江)은 陵陽(능양)의 동남에서 발원하는데,[346] 북으로 흘러 長江에 합류한다. 民戶는 124,383戶에, 인구는 457,333인이었다. 樓船官(누선관)[347]이 설치되었다. 12縣이 있었다.

舒縣(서현)[348] – 옛 國名이다. 왕망은 昆鄕縣(곤향현)이라고 개칭했다.

居巢縣(거소현)

龍舒縣(용서현)

---

344 劉長(고조의 막내아들, 前 198 – 174)은 前 196년에 회남왕(시호 厲王)이 되었다. 國都는 壽春(今 安徽省 六安市 壽縣). 영지는 九江郡, 衡山郡, 盧江郡(여강군), 豫章郡의 四郡. 反, 회남왕 劉長의 長子가 바로《淮南子》의 저자인 劉安이다. 劉長이 모반 후 스스로 굶어 죽자, 文帝는 가슴 아파 하면서 文帝 16년에 厲王의 淮南故地를 三分하여 그 아들들을 다시 왕으로 봉했는데, 阜陵侯(부릉후) 劉安을 淮南王으로, 安陽侯 劉勃(유발)을 衡山王으로, 陽周侯 劉賜(유사)를 盧江王(여강왕)에 봉했다.

345 淮水가 아닌 灌水(관수)라는 주석과, 灌水는 河南省 남부 史河의 지류라는 주석이 있다.

346 盧江(여강), 陵陽(능양) 모두 盧江郡이 아닌 丹陽郡에 해당한다는 주석이 있다.

347 樓船官(누선관) – 樓船는 누각이 있는 戰艦(전함). 水軍 사령관. 武帝 때, 樓船將軍 楊僕(양복), 좌장군 荀彘(순체)를 보내 모집한 죄수 군사를 거느리고 衛滿朝鮮을 정벌케 하였다.

348 舒縣(서현) – 今 安徽省 중앙부 合肥市(합비시) 관할 盧江縣(여강현) 서남.

臨湖縣(임호현)

雩婁縣(우루현) – 決水(결수)가 북쪽을 흘러 蓼(요)에 이르러 淮水에 합류하고, 또 灌水(관수)가 북쪽을 지나 蓼縣(요현)에서 決水에서 합류하여 2개 군을 지나 510리를 흐른다.

襄安縣(양안현) – 왕망은 廬江亭縣(여강정현)이라고 개칭했다.

樅陽縣(종양현)

尋陽縣(심양현) – 〈禹貢〉의 九江이 (縣의) 남쪽에 있어 모두 동으로 흘러 大江(長江)에 합류한다고 했다.

灊縣(첨현) – 남쪽에 天柱山[349]이 있다. 사당이 있다. 沘山(비산)에서 沘水(비수)가 발원하여, 북쪽을 흘러 壽春(수춘)에 이르러 芍陂(작피)[350]로 흘러들어간다.

晥縣(환현)[351] – 鐵官이 있다.

湖陵邑縣(호릉읍현) – 현의 남쪽에 北湖(북호)가 있다.

松玆縣(송자현) – 侯國이었다. 왕망은 誦善縣(송선현)이라고 개칭했다.

原文

九江郡, 秦置, 高帝四年更名爲淮南國, 武帝元狩元年復

---

349 天柱山 – 天雄, 奇 靈, 秀의 경관을 자랑한다. 국가重点風景名勝區. 中國國家地質公園이다.

350 芍陂(작피) – 芍은 함박꽃 작. 陂는 비탈 피. 보(洑). 못. 저수지.

351 晥縣(환현, 晥縣) – 今 安徽省 서남부, 晥河 상류, 安慶市 관할 潛山市(잠산시). 晥은 샛별 환.

故. 莽曰延平. 屬揚州. 戶十五萬五十二, 口七十八萬五百二十五. 有陂官,湖官. 縣十五.

壽春邑, 楚考烈王自陳徙此. 浚遒, 成德, 莽曰平阿. 橐皐, 陰陵, 莽曰陰陸. 歷陽, 都尉治. 莽曰明義. 當塗, 侯國. 莽曰山聚. 鍾離, 莽曰蠶富. 合肥, 東城, 莽曰武城. 博鄉, 侯國. 莽曰揚陸. 曲陽, 侯國. 莽曰延平亭. 建陽, 全椒, 阜陵. 莽曰阜陸.

〖국역〗

九江郡[352] - 秦代에 설치했으며, 高帝 4년(前 203)에 이름을 바꿔 淮南國(회남국)이 되었는데, 武帝 元狩 원년에, 九江郡으로 돌아갔다. 王莽(왕망)은 延平郡으로 바꿨다. 揚州에 속했다. 150,052戶에 인구 780,525명이었다. 陂官(파관)과 湖官(호관)이 설치되었다. 15개 현이었다.

壽春邑(수춘읍) - 楚 考烈王이 陳(진)에서 여기로 옮겨왔다.[353]

浚遒縣(준주현)[354]

---

352 九江郡 - 今 安徽省 중부지역에 해당한다. 지금 지도의 江西省 九江市와는 이름만 같다. 치소는 壽春縣, 今 安徽省 淮南市 壽縣.

353 邑은 황제의 공주나 황후의 식읍으로 주어진 땅으로 縣과 동급이었다. 楚 考烈王(고열왕, 熊氏, 名은 完) - 楚 頃襄王의 子, 재위 前 262 - 238년. 도읍을 壽春으로 천도했다. 陳은 西周 초기의 諸侯國으로 國都는 宛丘(今 河南省 淮陽縣)였다. 前 479년에 楚에게 멸망되었다.

354 浚遒縣 - 今 安徽省 중부 滁河(저하) 상류 合肥市 관할 肥東縣. 浚은 깊을 준. 파내다. 遒는 다가설 주. 접근하다.

成德縣(성덕현) - 왕망은 平阿縣(평아현)이라고 개칭했다.

橐皐縣(탁고현)[355]

陰陵縣(음릉현) - 왕망은 陰陸縣(음륙현)이라고 개칭했다.

歷陽縣(역양현) - 都尉가 다스렸다. 왕망은 明義縣(명의현)이라고 개칭했다.

當塗縣(당도현)[356] - 侯國이었다. 왕망은 山聚縣(산취현)이라고 개칭했다.

鐘離縣(종리현) - 왕망은 蠶富縣(잠부현)이라고 개칭했다.

合肥縣(합비현)[357]

東城縣(동성현) - 왕망은 武城縣(무성현)이라고 개칭했다.

博鄉縣(박향현)[358] - 侯國이었다. 왕망은 揚陸縣(양륙현)이라고 개칭했다.

曲陽縣(곡양현) - 侯國이었다. 왕망은 延平亭縣(연평정현)이라고 개칭했다.

建陽縣(건양현)

全椒縣(전초현)

阜陵縣(부릉현) - 왕망은 阜陸縣(부륙현)이라고 개칭했다.

---

355 橐皐縣(탁고현) - 今 安徽省 중동부 巢湖市(소호시). 橐은 전대 탁. 주머니, 작은 가방. 皐는 못 고. 물가 언덕.

356 當塗縣(당도현) - 今 安徽省 중부 蚌埠市(방부시).

357 合肥縣(합비현) - 今 安徽省 省會(省都)인 合肥市. 2017년 全市 常住人口가 8백만인 安徽省 최대 도시이며 '江淮首郡, 吳楚要衝'으로 알려졌다.

358 博鄉縣(박향현) - 今 安徽省 중서부 六安市.

8. 兗州 2郡

原文

山陽郡. 故梁. 景帝中六年別爲山陽國. 武帝建元五年別爲郡. 莽曰鉅野. 屬兗州. 戶十七萬二千八百四十七, 口八十萬一千二百八十八. 有鐵官. 縣二十三.

昌邑, 武帝天漢四年更山陽爲昌邑國. 有梁丘鄉. 《春秋傳》曰「宋,齊會於梁丘.」南平陽, 莽曰黽平. 成武, 有楚丘亭. 齊桓公所城, 遷衛文公於此. 子成公徙濮陽. 莽曰成安. 湖陵, 〈禹貢〉「浮於泗,淮, 通於河.」水在南. 莽曰湖陸. 東緡, 方與, 橐, 莽曰高平. 鉅野, 大野澤在北, 兗州藪. 單父, 都尉治. 莽曰利父. 薄, 都關, 城都, 侯國. 莽曰城穀. 黃, 侯國. 爰戚, 侯國. 莽曰戚亭. 郜成, 侯國. 莽曰告成. 中鄉, 侯國. 平樂, 侯國. 包水東北至沛入泗. 鄭, 侯國. 瑕丘, 甾鄉, 侯國. 栗鄉, 侯國. 莽曰足亭. 曲鄉, 侯國. 西陽, 侯國.

[국역]

山陽郡(산양군) – 옛 梁國의 땅이었다. 景帝 中元 6년(前 144)에 별도로 山陽國을 설치했다.[359] 武帝 建元 5년(前 136), 별도로 山陽

359 文帝의 아들로, 景帝의 동복형제인 梁 孝王 劉武가 죽자, 孝王의 아들 5명을 모두 王으로 봉했는데, 태자 劉買를 梁王으로, 그 외 4인은 濟川王, 濟東王, 山陽王, 濟陰王에 분봉했다.

郡을 두었다. 王莽은 鉅野郡이라 개칭했다. 兗州(연주)에 속했다.[360] 民戶는 172,847戶에, 801,288명이었다. 鐵官이 있었다. 23개 현을 두었다.

昌邑縣(창읍현)[361] – 武帝 天漢 4년(前 97), 山陽郡을 昌邑國으로 봉했다.[362] 梁丘鄕(양구향)이 있는데, 《春秋傳》에서는 「宋과 齊가 梁丘에서 會盟했다.」고 기록했다.

南平陽縣(남평양현) – 왕망은 黽平縣(민평현)이라고 개칭했다.

成武縣(성무현) – 楚丘亭(초구정)이 있다. 齊 桓公(환공)이 축성했는데, 衛 文公을 여기에 잡아두었다. (文公의) 아들 成公은 濮陽(복양)으로 옮겼다. 왕망은 成安縣(성안현)이라고 개칭했다.

湖陵縣(호능현) – 〈禹貢〉에는 「泗水와 淮水를 이용하여 河(黃河)에 이어진다.」고 하였는데, 그 물(水, 운하)이 (縣의) 남쪽에 있다. 왕망은 湖陸縣(호륙현)이라고 개칭했다.

東緡縣(동민현)[363]

方與縣(방여현)

橐縣(탁현) – 왕망은 高平縣(고평현)이라고 개칭했다.

鉅野縣(거야현) – 大野澤(대야택)이 그 북쪽에 있다. 兗州(연주)의

---

360 兗州(연주)刺史部에서는 山陽郡, 東郡, 陳留郡, 泰山郡 등 4郡과 淮陽, 東平, 定陶, 城陽 등 4國을 감찰하였다.

361 昌邑縣 – 今 山東省 菏澤市 巨野縣과 濟寧市 金鄕縣 境內.

362 武帝의 아들 昌邑 哀王 劉髆(유박), 母는 李夫人. 63권, 〈武五子傳〉에 입전. 이 창읍 애왕의 아들이 昭帝 붕어 후에 황제로 옹립되었다가 27일 만에 쫓겨나며, 창읍국도 없어졌다.

363 東緡縣(동민현) – 緡은 돈꿰미 민. 낚싯줄. 山東省 관할 金鄕縣.

大澤(藪)이다.

單父縣(선보현)[364] – 都尉가 있어 다스렸다. 왕망은 利父縣(이보현)이라고 개칭했다.

薄縣(박현)

都關縣(도관현)

城都縣(성도현) – 諸侯國이었다. 왕망은 城穀縣(성곡현)이라고 개칭했다.

黃縣(황현)[365] – 諸侯國이었다.

爰戚縣(원척현) – 諸侯國이었다. 왕망은 戚亭縣(척정현)이라고 개칭했다.

郜成縣(고성현) – 諸侯國이었다. 왕망은 告成縣(고성현)이라고 개칭했다.

中鄉縣(중향현) – 諸侯國이었다.

平樂縣(평락현) – 諸侯國이었다. 包水(포수)가 동북쪽을 흘러 沛縣(패현)에 이르러 泗水(사수)에 합류한다.

鄭縣(정현) – 諸侯國이었다.[366]

瑕丘縣(하구현)[367]

甾鄉縣(치향현) – 諸侯國이었다.

栗鄉縣(율향현) – 諸侯國이었다. 왕망은 足亭縣(족정현)이라고 개

364 單父縣(선보현) – 今 山東省 서남부 菏澤市 관할 單縣(선현).

365 黃縣(황현) – 今 河南省 동부 民權縣.

366 위의 中鄉縣과 鄭縣(정현), 아래의 甾鄉縣(치향현), 栗鄉縣(율향현), 曲鄉縣(곡향현)은 그 위치를 알 수 없다는 주석이 있다.

367 瑕丘縣(하구현) – 今 山東省 濟寧市 동북부의 兗州區.

칭했다.

曲鄕縣(곡향현) – 諸侯國이었다.

西陽縣(서양현) – 諸侯國이었다.

原文

濟陰郡, 故梁. 景帝中六年別爲濟陰國. 宣帝甘露二年更名定陶. 〈禹貢〉荷澤在定陶東. 屬兗州. 戶二十九萬二十五, 口百三十八萬六千二百七十八. 縣九.

定陶, 故曹國, 周武王弟叔振鐸所封. 〈禹貢〉陶丘在西南. 陶丘亭. 冤句. 莽改定陶曰濟平, 冤句縣曰濟平亭. 呂都, 莽曰祈都. 葭密, 成陽, 有堯冢靈台. 〈禹貢〉雷澤在西北. 鄄城, 莽曰鄄良. 句陽, 秺, 莽曰萬歲. 乘氏. 泗水東南至睢陵入淮, 過郡六, 行千一百一十里.

〖국역〗

濟陰郡(제음군)[368] – 옛 梁國이다. 景帝 中元 6년에, 별도로 濟陰國을 두었다. 宣帝 甘露 2년(前 52)에 定陶國(정도국)을 설치했다.[369] 〈禹

368 濟陰郡(제음군) – 今 山東省 서부 지역에 해당. 치소는 定陶縣.

369 宣帝는 皇子 囂〔시끄러울 효. 많을 오(囂는 áo)를 우리나라에서 통용되는 음을 따른다.〕 정도왕에게 봉했다. 정도왕은 인자 온유한 왕이었다. 定陶國 치소는 定陶縣(今 山東省 菏澤市 관할의 定陶縣). 다음 해에 楚王으로 옮긴다. 楚의 국도는 彭城縣(今 江蘇省 徐州市). 80권, 〈宣元六王傳〉에 입전.

貢〉에서는 荷澤(하택)이 定陶의 동쪽이라고 기록했다. 兗州刺史部에 속했다. 民戶 290,025에 인구는 1,039,278명이었다. 9개 縣을 거느렸다.

定陶縣(정도현) – 옛 (춘추시대) 曹國이었는데, 周 武王의 아우 振鐸(진택)을 봉했다. 〈禹貢〉에서는 陶丘(도구)가 서남쪽에 있다 하였다. 지금 陶丘亭이다.

冤句縣(원구현) – 王莽은 定陶를 濟平(제평)이라 했는데, 冤句縣을 濟平亭縣(제평정현)이라고 고쳤다.

呂都縣(여도현) – 왕망은 祈都縣(기도현)이라고 개칭했다.

葭密縣(가밀현)

成陽縣(성양현) – 堯(요)의 무덤(塚)인 靈臺(영대)가 있다. 〈禹貢〉에 雷澤(뇌택)이 西北에 있다고 했다.

鄄城縣(견성현)[370] – 왕망은 鄄良縣(견량현)이라고 개칭했다.

句陽縣(구양현)

秺縣(투현)[371] – 왕망은 萬歲縣(만세현)이라고 개칭했다.

乘氏縣(승씨현) – 泗水(사수)가 동남으로 흘러 睢陵(수릉)에서 淮水(회수)에 합류하고 6개 郡[372]을 지나 1,110리를 흐른다.

---

370 鄄城縣(견성현) – 鄄은 땅이름 견.

371 秺縣(투현) – 秺는 볏단 투. 今 山東省 定陶縣 동남.

372 6郡 –濟陰, 山陽, 沛郡, 楚國, 東海, 臨淮郡.

9. 豫州 沛郡

原文

沛郡. 故秦泗水郡. 高帝更名. 莽曰吾符. 屬豫州. 戶四十萬九千七十九, 口二百三萬四百八十. 縣三十七.

相, 莽曰吾符亭. 龍亢, 竹, 莽曰篤亭. 穀陽, 蕭, 故蕭叔國, 宋別封附庸也. 向, 故國.《春秋》曰「莒人入向.」姜姓, 炎帝後. 銍, 廣戚, 侯國. 莽曰力聚. 下蔡, 故州來國, 爲楚所滅, 後吳取之, 至夫差遷昭侯於此. 後四世侯齊竟爲楚所滅. 豐, 莽曰吾豐. 鄲, 莽曰單城. 譙, 莽曰延成亭. 蘄, 甀鄉. 高祖破黥布. 都尉治. 莽曰蘄城. 虹, 莽曰貢. 輒與, 莽曰華樂. 山桑, 公丘, 侯國. 故滕國, 周懿王子錯叔繡所封, 三十一世爲齊所滅. 符離, 莽曰符合. 敬丘, 侯國. 夏丘, 莽曰歸思. 洨, 侯國. 垓下, 高祖破項羽. 莽曰育成, 沛, 有鐵官. 芒, 莽曰博治. 建成, 侯國. 城父, 夏肥水東南至下蔡入淮, 過郡工, 行六百二十里. 莽曰思善. 建平, 侯國, 莽曰田平. 酇, 莽曰贊治. 栗, 侯國, 莽曰成富. 扶陽, 侯國. 莽曰合治. 高, 侯國. 高柴, 侯國. 漂陽, 平阿, 侯國. 莽曰平寧. 東鄉, 臨都, 義成, 祁鄉. 侯國. 莽曰會谷.

〖국역〗

沛郡(패군)[373] – 옛날 秦의 泗水郡(사수군)이다. 高帝가 이름을 바졌다. 왕망은 吾符郡(오부군)이라 했다. 豫州刺史部에 속했다.[374] 409,079戶에 인구는 2,030,480명이었다. 37개 현을 거느렸다.

相縣(상현)[375] - 왕망은 吾符亭縣(오부정현)이라고 개칭했다.

龍亢縣(용항현)

竹縣(죽현)[376] - 왕망은 篤亭縣(독정현)이라고 개칭했다.

穀陽縣(곡양현)

蕭縣(소현) - 옛 蕭叔國(소숙국)이니 宋의 別封으로 附庸國(부용국)이었다.

向縣(향현) - 故 國名. 《春秋》에서는 「莒人(거인)이 向國에 입국했다.」는 기록이 있다. 姜(강)은 姓으로 炎帝(염제, 神農氏)의 후손이었다.

銍縣(질현)[377]

廣戚縣(광척현) - 諸侯國이었다. 왕망은 力聚縣(역취현)이라고 개칭했다.

下蔡縣(하채현) - 옛 州來國이었는데, 楚에게 멸망되었고 뒷날 吳가 차지하였는데, 吳王 夫差(부차, 재위 前 495 - 473)는 (蔡의) 昭侯(소후)를 여기에 억류했다. 그 4世 侯인 齊(제)는 결국 楚에게 멸망하였다.(前 355년)

---

373 沛郡(패군) - 沛는 늪 패. 성대한 모양. 沛郡(패군) 관할은, 今 安徽省 북부와 江蘇省 沛와 豐 일대. 河南省 동부 일부. 치소는 相縣.

374 漢 豫州刺史部는 沛, 潁川, 汝南 3郡과 梁, 魯 2國을 감찰했다.

375 相縣(상현) - 今 安徽省 북단 淮北市. 沛郡 治所.

376 竹縣 - 今 安徽省 북부 宿州市.

377 銍縣(질현) - 銍은 낫 질. 今 安徽省 북부 宿州市 서남.

豐縣(풍현)[378] – 왕망은 吾豐縣(오풍현)이라고 개칭했다.

鄲縣(단현) – 왕망은 單城縣(단성현)이라고 개칭했다.

譙縣(초현)[379] – 왕망은 延成亭縣(연성정현)이라고 개칭했다.

蘄縣(기현) – 甄鄉(견향)이다. 高祖가 黥布(경포, 英布)를 격파한 곳. 都尉가 다스렸다. 왕망은 蘄城縣(기성현)이라고 개칭했다.

虹縣(공현)[380] – 왕망은 貢縣(공현)이라고 개칭했다.

輒與縣(첩여현) – 왕망은 華樂縣(화락현)이라고 개칭했다.

山桑縣(산상현)

公丘縣(공구현) – 諸侯國이었다. 옛 滕國(등국)이니, 周 懿王(의왕) 子 錯叔繡(착숙수)를 封한 곳으로, 31世에 齊에 멸망당했다.

符離縣(부리현)[381] – 왕망은 符合縣(부합현)이라고 개칭했다.

敬丘縣(경구현) – 諸侯國이었다.

夏丘縣(하구현) – 왕망은 歸思縣(귀사현)이라고 개칭했다.

洨縣(교현) – 諸侯國이었다. 이곳 垓下(해하)[382]에서 高祖는 項羽(항우)를 격파했다. 왕망은 育成縣(육성현)이라고 개칭했다.

---

378 豐縣(풍현) – 今 江蘇省 최북단 徐州市 관할 豐縣.

379 譙縣 – 今 安徽省 서북부의 亳州市(박주시). 유명한 曹操(조조)가 後漢 沛國(패국) 譙縣(초현) 출신이었다. 譙는 꾸짖을 초.

380 虹縣(공현) – 今 安徽省 서북부 蚌埠市(방부시) 관할 五河縣. 虹은 무지개 홍. 현 이름 공.

381 符離縣(부리현) – 今 安徽省 북부 宿州市 동북.

382 垓下(해하) – 前 202年 垓下之戰, 楚漢戰爭의 최후大戰. 垓下는 今 安徽省 북부 宿州市관할 靈璧縣. 〈垓下歌〉 力拔山兮氣蓋世. 時不利兮騅不逝. 騅不逝兮可奈何! 虞兮虞兮奈若何! 兵少糧盡에 처한 항우 일생의 감회가 이 짧은 구절에 다 들어있다.

沛縣(패현)[383] - 鐵官이 있다.

芒縣(망현) - 왕망은 博治縣(박치현)이라고 개칭했다.

建成縣(건성현) - 諸侯國이었다.

城父縣(성보현) - 夏肥水(하비수)가 (縣의) 東南을 흘러 下蔡(하채)에 이르러 淮水에 합류하여 2郡(沛郡과 汝南郡)을 지나 620리를 흘러간다. 왕망은 思善縣(사선현)이라고 개칭했다.

建平縣(건평현) - 諸侯國이었다. 왕망은 田平縣(전평현)이라고 개칭했다.

酇縣(찬현)[384] - 왕망은 贊治縣(찬치현)이라고 개칭했다.

栗縣(율현) - 諸侯國이었다. 왕망은 成富縣(성부현)이라고 개칭했다.

扶陽縣(부양현) - 諸侯國이었다. 왕망은 合治縣(합치현)이라고 개칭했다.

高縣(고현) - 諸侯國이었다.

高柴縣(고시현)[385] - 諸侯國이었다.

漂陽縣(표양현)

平阿縣(평아현) - 諸侯國이었다. 왕망은 平寧縣(평녕현)이라고 개칭했다.

---

383 沛縣(패현) - 今 江蘇省 徐州市 관할 沛縣. 漢 高祖 劉邦과 漢初 重臣들의 故鄕. 전해오는 바로는 明 朱元璋의 祖籍도 여기라고 한다. 그래서 '漢湯沐邑, 明先世家' 라는 美稱을 듣는다.

384 酇縣(찬현) - 今 河南省 商丘市 관할 永城市 서쪽. 蘇(江蘇省), 魯(山東省), 豫(河南省), 皖(安徽省) 4省의 交界處.

385 高縣(고현), 高柴縣(고시현), 그리고 다음의 東鄕縣, 臨都縣은 未詳.

東鄕縣(동향현)

臨都縣(임도현)

義成縣(이성현)

祁鄕縣(기향현) - 諸侯國이었다. 왕망은 會谷縣(회곡현)이라고 개칭했다.

10. 冀州 4郡

原文

魏郡, 高帝置. 莽曰魏城. 屬冀州. 戶二十一萬二千八百四十九, 口九十萬九千六百五十五. 縣十八.

鄴, 故大河在東北入海. 館陶, 河水別出爲屯氏河, 東北至章武入海, 過郡四, 行千五百里. 斥丘, 莽曰利丘. 沙, 內黃, 淸河水出南. 淸淵, 魏, 都尉治. 莽曰魏城亭. 繁陽, 元城, 梁期, 黎陽, 莽曰黎蒸. 卽裴, 侯國. 莽曰卽是. 武始, 漳水東至邯鄲入漳, 又有拘澗水, 東北至邯鄲入白渠. 邯會, 侯國. 陰安, 平恩, 侯國. 莽曰延平. 邯溝, 侯國. 武安. 欽口山, 白渠水所出, 東至列人入漳. 又有浸水, 東北至東昌入虖池河, 過郡五. 行六百一里. 有鐵官. 莽曰桓安.

〖국역〗

魏郡(위군)[386] – 高帝 때 설치했다. 王莽(왕망)은 魏城이라 했다. 冀州(기주)에 속했다.[387] 212,849戶에, 인구는 909,655명이었다. 18개 縣이다.

鄴縣(업현)[388] – 옛 大河(황하)가 縣의 동북을 흘러 바다로 향한다.[389]

館陶縣(관도현)[390] – 河水가 따로 흘러 屯氏河(둔씨하)가 되어, (縣의) 東北을 흘러 章武縣(장무현)에서 入海하는데 4郡을 지난 1,500리를 흘러간다.

斥丘縣(척구현) – 왕망은 利丘縣(이구현)이라고 개칭했다.

沙縣(사현)

內黃縣(내황현) – 淸河水(청하수)가 남쪽으로 흘러간다.

淸淵縣(청연현)

魏縣(위현) – 都尉가 다스린다. 왕망은 魏城亭縣(위성정현)이라고 개칭했다.

---

386 魏郡의 영역은 대략 황하 이북, 河北省 남부, 山東省 북부 일부. 치소는 鄴縣(업현).

387 冀州刺史部는 魏, 淸河, 鉅鹿, 廣平, 信都, 常山의 6郡과 趙, 眞定, 中山, 河間國을 감찰했다.

388 鄴縣(업현) – 今 河北省 남부 邯鄲市(한단시) 관할 磁縣 남쪽. 河南省과 접경.

389 원문 在東北入海 – 入海는 '바다로 들어간다' 는 뜻이지만, 또 모든 강물이 결국은 바다로 들어가지만, 鄴縣에서는 바다에 '들어간다' 고 말할 정도의 거리가 아니다. 그만큼 멀다는 뜻이다.

390 館陶縣(관도현) – 今 河北省 남부 邯鄲市(한단시) 관할 館陶縣.

繁陽縣(번양현)

元城縣(원성현)

梁期縣(양기현)

黎陽縣(여양현)[391] - 왕망은 黎蒸縣(여증현)이라고 개칭했다.

卽裴縣(즉배현) - 諸侯國이었다. 왕망은 卽是縣(즉시현)이라고 개칭했다.

武始縣(무시현) - 滏水(부수, 원문 漳水는 착오가 확실)가 (縣의) 동쪽을 흘러 邯鄲(한단)에서 漳水(장수)에 합류하며, 또 拘澗水(구간수)가 동북을 흘러 邯鄲(한단)에 와서 白渠(백거)에 합류한다.

邯會縣(한회현) - 諸侯國이었다.

陰安縣(음안현)

平恩縣(평은현) - 諸侯國이었다. 왕망은 延平縣(연평현)이라고 개칭했다.

邯溝縣(한구현) - 諸侯國이었다.

武安縣(무안현) - 欽口山(흠구산)에서 白渠水(백거수)가 발원하여, 동쪽을 흘러 列人縣(열인현)에서 漳水에 합류한다. 또 다른 寖水(침수)는 동북을 흘러 東昌에 이르러 虖池河(호타하)에 합류하는데, 5개 군을 지나 601리를 흘러간다. 鐵官이 있었다. 왕망은 桓安縣(환안현)이라고 개칭했다.

原文

鉅鹿郡, 秦置. 屬冀州. 戶十五萬五千九百五十一, 口八十

---

391 黎陽縣(여양현) - 今 河南省 북부 鶴壁市(학벽시). 河水 북부.

二萬七千一百七十七. 縣二十.

鉅鹿, 〈禹貢〉大陸澤在北. 紂所作沙丘臺在東北七十里. 南䜌, 莽曰富平. 廣阿, 象氏, 侯國. 莽曰寧昌. 廮陶, 宋子, 莽曰宜子. 楊氏, 莽曰功陸. 臨平, 下曲陽, 都尉治. 貰, 鄡, 莽曰秦聚. 新市, 侯國. 莽曰市樂. 堂陽, 有鹽官, 嘗分爲經縣. 安定, 侯國. 敬武, 歷鄉, 侯國, 莽曰歷聚. 樂信, 侯國. 武陶, 侯國. 柏鄉, 侯國. 安鄉. 侯國.

〖국역〗

鉅鹿郡(거록군)[392] - 秦代에 설치되었다. 冀州刺史部에 속한다. 155,951戶에, 인구 827,177명이다. 20縣이다.

鉅鹿縣(거록현) - 〈禹貢〉에 大陸澤(대륙택)이 북쪽에 있다고 하였다. (殷의) 紂王(주왕)이 지은 沙丘臺(사구대)가 東北으로 70리에 있다.

南䜌縣(남련현)[393] - 왕망은 富平縣(부평현)이라 했다.

廣阿縣(광아현)

象氏縣(상씨현) - 諸侯國이었다. 왕망은 寧昌縣(영창현)이라 했다.

廮陶縣(영도현)[394]

宋子縣(송자현) - 왕망은 宜子縣(의자현)이라 했다.

---

392 鉅鹿郡(거록군) - 鉅는 클 거. 낙양에서 북쪽 1,100리. 河北省 중부 지역. 치소는 鉅鹿縣, 今 河北省 邢台市 관할 鉅鹿縣.

393 南䜌縣 - 今 河北省 邢台市 관할 鉅鹿縣 북쪽. 䜌은 사모할 연(戀)에서 心이 없는 글자. 다스릴 연.

394 廮陶縣(영도현) - 廮은 편안히 그칠 영, 땅이름 영. 今 河北省 남부 邢台市(형태시).

楊氏縣(양씨현) - 왕망은 功陸縣(공륙현)이라 했다.

臨平縣(임평현)

下曲陽縣(하곡양현)[395] - 都尉가 다스렸다.

貰縣(세현)[396]

鄡縣(교현)[397] - 왕망은 秦聚縣(진취현)이라 했다.

新市縣(신시현) - 諸侯國이었다. 왕망은 市樂縣(시락현)이라 했다.

堂陽縣(당양현) - 鹽官이 설치되었고, 經縣(경현)을 나눈 현이다.

安定縣(안정현) - 諸侯國이었다.

敬武縣(경무현)

歷鄉縣(역향현) - 諸侯國이었다. 왕망은 歷聚縣(역취현)이라 했다.

樂信縣(악신현) - 諸侯國이었다.

武陶縣(무도현) - 諸侯國이었다.

柏鄉縣(백향현) - 諸侯國이었다.

安鄉縣(안향현) - 諸侯國이었다.

原文

常山郡, 高帝置. 莽曰井關. 屬冀州. 戶十四萬一千七百四十一, 口六十七萬七千九百五十六. 縣十八.

元氏, 沮水首受中丘西山窮泉谷, 東至堂陽入黃河. 莽曰

395 下曲陽縣(하곡양현) - 今 河北省 省都인 石家庄市 관할 晉州市.

396 貰縣 - 貰는 세낼 세. 관대하게 대하다. 今 河北省 남부 邢台市 관할 寧晉縣.

397 鄡縣(교현) - 鄡는 땅이름 교. 今 河北省 石家莊市 관할 辛集市.

井關亭. 石邑, 井陘山在西, 洨水所出, 東南至廮陶入泜. 桑中, 侯國. 靈壽, 中山桓公居此. 〈禹貢〉衛水出東北, 江入虖池. 蒲吾, 有鐵山. 大白渠水首受綿曼水, 東南至下曲陽入斯洨. 上曲陽, 恒山北谷在西北. 有祠. 并州山. 〈禹貢〉恒水所出, 東入滱. 莽曰常山亭. 九門, 莽曰久門. 井陘, 房子, 贊皇山, 濟水所出, 東至廮陶入泜. 莽曰多子. 中丘, 逢山長谷, 渚水所出, 東至張邑入濁. 莽曰直聚. 封斯, 侯國. 關, 平棘, 鄗, 世祖卽位, 更名高邑. 莽曰禾成亭. 樂陽, 侯國. 莽曰暢苗. 平台, 侯國. 莽曰順台. 都鄉, 侯國. 有鐵官. 莽曰分鄉. 南行唐. 牛飲山白陘谷, 滋水所出, 東至新市入虖池水. 莽曰延億.

〖국역〗

常山郡(상산군)[398] －高帝 때 설치. 王莽은 井關郡(정관군)이라 했다. 冀州 소속. 民戶 141,741戶, 인구 677,956명. 18縣.

元氏縣(원씨현) －泜水(저수)가 中丘(중구), 西山(서산), 窮泉谷(궁천곡)의 물을 바로 이어받아서, 동쪽으로 흘러 堂陽縣(당양현)에 이르러 黃河[399]에 합류한다. 왕망은 井關亭縣(정관정현)이라 했다.

---

398 常山郡(상산군) －恒山郡. 영역은 대략 今 河北省 서부. 치소 元氏縣, 今 河北省 石家莊市 관할 元氏縣. 전국시대 趙國 公子 元氏가 피봉된 이후 지금껏 이름이 바뀌지 않은 縣으로 유명. 《三國演義》를 즐겨 읽은 사람은 '常山의 趙子龍' 을 떠올린다.

399 黃河 －漳水의 오류라는 주석이 있다.

石邑縣(석읍현)[400] – 井陘山(정형산)이 縣 서쪽에 있다. 洨水(효수)가 발원하여 동남으로 廮陶(영도)현에 이르러 泜水(지수)에 합류한다.

桑中縣(상중현) – 諸侯國이었다.

靈壽縣(영수현) – 中山國 桓公(환공)이 여기에 살았다. 〈禹貢〉에서는 衛水(형수)가 (縣의) 동북에서 발원하여, 그 물이 虖池(호지)[401]로 들어간다고 하였다.

蒲吾縣(포오현) – 鐵山이 있다. 大白渠(태백거)는 綿曼水(면만수)를 먼저 이어받아, (縣의) 東南을 지나 下曲陽縣(하곡양현)에 이르러 斯洨水(사효수)에 합류한다.

上曲陽縣(상곡양현) – 恒山(항산) 北谷[402]이 (縣의) 서북에 있다. 祠廟가 있다. 幷州山이 있다. 〈禹貢〉에서는 恒水(항수)가 발원하여 동쪽으로 滱水(구수)에 합류한다고 하였다. 왕망은 常山亭縣(상산정현)이라 했다.

九門縣(구문현) – 왕망은 久門縣(구문현)이라 했다.

井陘縣(정형현)[403]

房子縣(방자현) – 贊皇山(찬황산)에서 濟水가 발원하는데 동쪽으로 흘러 廮陶縣(영도현)에서 泜水(지수)에 합류한다. 왕망은 多子縣(다자현)이라 했다.

中丘縣(중구현) – 逢山(봉산)의 長谷에서 渚水(저수)가 발원하여,

---

400 石邑縣(석읍현) – 今 河北省 省會인 石家莊市. 상주 인구가 1천만이 넘는다는 대도시이다.

401 虖池(호지) – 今 虖沱河(호타하).

402 北谷이 아니라 北嶽(북악)이어야 한다는 주석이 있다.

403 井陘縣(정형현) – 今 河北省 石家莊市 관할 井陘縣.

東쪽으로 흘러 張邑(장읍)에 이르러 濁水(탁수)[404]에 합류한다. 왕망은 直聚縣(직취현)이라 했다.

封斯縣(봉사현) – 諸侯國이었다.

關縣(관현)

平棘縣(평극현)

鄗縣(호현) – 世祖(光武帝)가 卽位式을 거행한 곳으로, 高邑으로 이름을 바꾸었다.[405] 왕망은 禾成亭縣(화성정현)이라 했다.

樂陽縣(악양현) – 諸侯國이었다. 왕망은 暢苗縣(창묘현)이라 했다.

平臺縣(평대현) – 諸侯國이었다. 왕망은 順臺縣(순대현)이라 했다.

都鄕縣(도향현)[406] – 諸侯國이었다. 鐵官이 있었다. 왕망은 分鄕縣(분향현)이라 했다.

南行唐縣(남행당현) – 牛飲山(우음산)의 白陘谷(백형곡)에서 滋水(자수)가 발원하여, 동쪽을 흘러 新市(신시)에 이르러 虖池水(호지수)에 합류한다. 왕망은 延億縣(연억현)이라 했다.

---

404 濁水(탁수)가 아니라 漯水(우수)이어야 한다는 주석이 있다.

405 光武帝 劉秀는 서기 前 6년 12월에 출생하였고(양력으로 계산하면 前 5년 1월 15일생), 王莽(왕망) 地皇 3년(서기 22년, 28세)에 起兵한 뒤, 서기 25년(31세)에 鄗縣(호현, 今 河北省 서남부 石家莊市 관할 高邑縣)에서 즉위하고 연호를 建武, 國號를 漢(史稱 東漢, 後漢)으로 정했다. 32년을 재위하고 建武中元 2년(57년, 63세)에 낙양에서 죽었고, 시호는 光武, 廟號는 世祖. 陵墓는 原陵이다.

406 平臺縣(평대현)과 都鄕縣(도향현)은 위치 미상.

原文

清河郡, 高帝置. 莽曰平河. 屬冀州. 戶二十萬一千七百七十四, 口八十七萬五千四百二十二. 縣十四.

淸陽, 王都. 東武城, 繹幕, 靈, 河水別出爲鳴犢河, 東北至蓨入屯氏河. 莽曰播. 厝, 莽曰厝治. 鄃, 莽曰善陸. 貝丘, 都尉治. 信成, 張甲河首受屯氏別河, 東北至蓨入漳水, 莎題, 東陽, 侯國. 莽曰胥陵. 信鄉, 侯國. 繚, 棗强, 復陽. 莽曰樂歲.

〚국역〛

清河郡(청하군)[407] – 高帝 때 설치. 왕망은 平河郡이라 불렀다. 冀州에 속했다. 民戶 201,774戶에 인구 875,422명이었다. 14縣이 있었다.

淸陽縣(청양현)[408] – (濟北王의) 王都였다.

---

407 清河郡(청하군) – 清河郡, 清河國, 甘陵郡, 甘陵國 등 군국이 수시로 바뀌었다. 대략 今 河北省의 동남부와 山東省의 북부에 해당. 치소는 淸陽縣. 洛陽에서 북쪽으로 1,280리.

408 淸陽縣(청양현) – 今 河北省 邢台市 清河縣 동남. 청하현은 소설의 무대. 《水滸傳》에서는 청하현 사람 武大(무대)와 潘金蓮(반금련)이 양곡현으로 이사를 했고, 武松은 양곡현의 都頭(도두)였으며, 西門慶(서문경)은 양곡현 사람으로 양곡현에서 이야기가 벌어진다. 그러나 《金甁梅》에서는 서문경은 청하현 출신이고, 청하현이 배경이 된다. 소설에서는 '이야기를 하자면, 대송 휘종 황제 정화 연간에 山東省 동평부 청하현에 풍류자제 한 사람이 있었는데~(話說 大宋徽宗皇帝 政和年間 山東省東平府淸河縣中 有一個風流子弟~)' 로 시작이 된다.

東武城縣(동무성현)

繹幕縣(역막현)[409]

靈縣(영현) - 河水에서 흘러나온 물길이 鳴犢河(명독하)가 되어, (縣의) 東北을 흘러 蓨(수)에서 屯氏河(둔씨하)에 합류한다. 왕망은 播縣(파현)이라 했다.

厝縣(조현) - 왕망은 厝治縣(조치현)이라 했다.

鄃縣(유현)[410] - 왕망은 善陸縣(선륙현)이라 했다.

貝丘縣(패구현) - 都尉가 다스렸다.

信成縣(신성현) - 張甲河(장갑하)가 먼저 屯氏別河(둔씨별하)의 물을 받아, 東北으로 흘러 蓨(수)에 이르러 漳水(장수)에 합류한다.

莎題縣(사제현)[411]

東陽縣(동양현) - 諸侯國이었다. 왕망은 胥陵縣(서릉현)이라 했다.

信鄉縣(신향현) - 諸侯國이었다.

繚縣(요현)[412]

棗强縣(조강현)

復陽縣(복양현) - 왕망은 樂歲縣(낙세현)이라 했다.

---

409 繹幕縣(역막현) - 繹은 풀어낼 역. 今 山東省 북부 德州市 관할 平原縣.

410 鄃縣(유현) - 今 山東省 북부 德州市 관할 平原縣 서남.

411 莎題縣(사제현) - 莎는 향부자 사.

412 繚縣(요현) - 繚는 감길 요(료). 今 河北省 남부 邢台市 관할 南宮市 동남.

11. 幽州 2郡

原文

涿郡, 高帝置. 莽曰垣翰. 屬幽州. 戶十九萬五千六百七, 口七十八萬二千七百六十四. 有鐵官. 縣二十九.

涿, 桃水首受淶水, 分東至安次入河. 迺, 莽曰迺屛, 穀丘, 故安, 閻鄕, 易水所出, 東至范陽入濡也. 幷州寖. 水亦至范陽入淶. 南深澤. 范陽. 莽曰順陰. 蠡吾, 容城. 莽曰深澤. 易, 廣望, 侯國. 鄚, 莽曰言符. 高陽, 莽曰高亭. 州鄕, 侯國. 安平, 都尉治. 莽曰廣望亭. 樊輿, 侯國. 莽曰握符. 成, 侯國. 莽曰宜家. 良鄕, 侯國. 垣水南東至陽鄕入桃. 莽曰廣陽. 利鄕, 侯國. 莽曰章符. 臨鄕, 侯國. 益昌, 侯國. 莽曰有秩. 陽鄕, 侯國. 莽曰章武. 西鄕, 侯國. 莽曰移風. 饒陽, 中水, 武垣, 莽曰垣翰亭. 阿陵, 莽曰阿陸. 阿武, 侯國. 高郭, 侯國. 莽曰廣堤. 新昌, 侯國.

〖국역〗

涿郡(탁군)[413] – 高祖 때 설치되었다. 王莽은 垣翰郡(원한군)이라고 고쳤다. 幽州(유주)刺史部[414]에 속했다. 민호 195,607호에 인구는

---

413 涿郡(탁군) – 涿은 방울져 떨어질 탁. 듣다. 涿郡(탁군)의 강역은 대략, 今 河北省 중부와 북경시 서남부의 일부. 치소는 涿縣.

414 幽州(유주)刺史部는 涿, 勃海, 上谷, 漁陽 右北平, 遼西, 遼東, 玄菟(현도)

782,764명이었다. 鐵官이 설치되었다. 29개 縣이 있었다.

涿縣(탁현)[415] – 桃水(도수)는 淶水(내수)의 물을 먼저 받아 분류하여 동쪽으로 흘러 安次(안차)에 이르러 (巨馬) 河에 합류한다.

迺縣(주현) – 왕망은 迺屛縣(주병현)이라 했다.

穀丘縣(곡구현)

故安縣(고안현) – 閻鄕(염향)에서 易水(역수)가 발원하는데, 동쪽을 흘러 范陽(범양)에 이르러 濡水(유수)에 합쳐진다. 幷州(병주)의 灌漑池(관개지, 寖)이다. 다른 하천도 역시 范陽(범양)에서 淶水(내수)에 합류한다.

南深澤縣(남심택현)

范陽縣(범양현)[416] – 왕망은 順陰縣(순음현)이라 했다.

蠡吾縣(여오현)

容城縣(용성현) – 왕망은 深澤縣(심택현)이라 했다.

와 樂浪 등 9郡과 廣陽國을 감찰하였다. 樂浪, 臨屯, 玄菟, 眞番郡, 漢四郡. 樂浪郡은 치소는 朝鮮縣(今 平壤). 後漢 및 魏를 거쳐 서기 313년에야 소멸. 臨屯(임둔, 前 108 –82년), 眞番郡도 臨屯郡과 같은 때 소멸, 玄菟(현도, 호랑이 도, 새삼 토)는 고구려인의 저항으로 먼저 북쪽으로 이동해야만 했다.

415 涿縣(탁현) – 今 河北省 涿州市. 華北 평원 서북부, 北京 서남부에 위치. 인구 약 65만, 涿州市는 古称 范陽, 涿郡, 涿縣 등으로 불렸다.《三國演義》劉備(유비)의 고향,「~榜文行 到涿縣, 引出涿縣中一個英雄. 那人不甚好讀書, 性寬和,~」

416 范陽縣(범양현) – 今 河北省 保定市와 北京市 일대를 지칭. 廣義의 范陽은 幽州(유주)로도 통용. 당나라 安祿山(안록산)은 范陽節度使였다가 반란을 일으켰다.

易縣(역현)[417]

廣望縣(광망현) – 諸侯國이었다.

鄚縣(막현) – 왕망은 言符縣(언부현)이라 했다.

高陽縣(고양현) – 왕망은 高亭縣(고정현)이라 했다.

州鄕縣(주향현) – 諸侯國이었다.

安平縣(안평현) – 都尉가 다스렸다. 왕망은 廣望亭縣(광망정현)이라 했다.

樊輿縣(번여현) – 諸侯國이었다. 왕망은 握符縣(악부현)이라 했다.

成縣(성현) – 諸侯國이었다. 왕망은 宜家縣(의가현)이라 했다.

良鄕縣(양향현) – 諸侯國이었다. 垣水(원수)가 (縣의) 남동을 지나 陽鄕(양향)에 이르러 桃水(도수)에 합류한다. 왕망은 廣陽縣(광양현)이라 했다.

利鄕縣(이향현) – 諸侯國이었다. 왕망은 章符縣(장부현)이라 했다.

臨鄕縣(임향현) – 諸侯國이었다.

益昌縣(익창현) – 諸侯國이었다. 왕망은 有秩縣(유질현)이라 했다.

陽鄕縣(양향현) – 諸侯國이었다. 왕망은 章武縣(장무현)이라 했다.

西鄕縣(서향현) – 諸侯國이었다. 왕망은 移風縣(이풍현)이라 했다.

饒陽縣(요양현)

中水縣(중수현)

武垣縣(무원현) – 왕망은 垣翰亭縣(원한정현)이라 했다.

阿陵縣(아릉현) – 왕망은 阿陸縣(아륙현)이라 했다.

阿武縣(아무현) – 諸侯國이었다.

---

417 易縣(역현) – 今 河北省 保定市 관할 雄縣 서북, 保定市는 北京市 서남.

高郭縣(고곽현) – 諸侯國이었다. 왕망은 廣堤縣(광제현)이라 했다.

新昌縣(신창현) – 諸侯國이었다.

原文

勃海郡, 高帝置. 莽曰迎河. 屬幽州. 戶二十五萬六千三百七十七, 口九十萬五千一百一十九. 縣二十六.

浮陽, 莽曰浮城. 陽信, 東光, 有胡蘇亭. 阜城, 莽曰吾城. 千童, 重合, 南皮, 莽曰迎河亭. 定, 侯國. 章武, 有鹽官. 莽曰桓章. 中邑, 莽曰檢陰, 高成, 都尉治也. 高樂, 莽曰爲鄉. 參戶, 侯國. 成平, 虖池河, 民曰徒駭河. 莽曰澤亭. 柳, 侯國. 臨樂, 侯國. 莽曰樂亭. 東平舒, 重平, 安次, 脩市, 侯國. 莽曰居寧. 文安, 景成, 侯國. 束州, 建成, 章鄉, 侯國. 蒲領. 侯國.

『국역』

勃海郡(발해군)[418] – 高帝 때 설치. 왕망은 迎河郡(영하군)이라 불렀다. 幽州(유주)에 속했다. 민호 256,377戶, 인구 905,119명이었다. 26개 현이 있었다.

浮陽縣(부양현) – 왕망은 浮城縣(부성현)이라 했다.

陽信縣(양신현)

---

418 勃海郡(발해군) – 今 河北省 동부, 天津市 서남부. 치소는 浮陽縣. 洛陽 북쪽 1,600리.

東光縣(동광현) - 胡蘇亭縣(호소정현)이 있다.

阜城縣(부성현) - 왕망은 吾城縣(오성현)이라 했다.

千童縣(천동현)

重合縣(중합현)

南皮縣(남피현) - 왕망은 迎河亭縣(영하정현)이라 했다.

定縣(정현) - 諸侯國이었다.

章武縣(장무현) - 鹽官(염관)이 있었다.[419] 왕망은 桓章縣(환장현)이라 했다.

中邑縣(중읍현) - 왕망은 檢陰縣(검음현)이라 했다.

高成縣(고성현) - 都尉가 다스렸다.

高樂縣(고악현) - 왕망은 爲鄕縣(위향현)이라 했다.

參戶縣(참호현) - 諸侯國이었다.

成平縣(성평현) - 虖池河(호지하)가 있는데, 백성들은 徒駭河(도해하)라고 하였다. 왕망은 澤亭縣(택정현)이라 했다.

柳縣(유현) - 諸侯國이었다.

---

419 (참고) 소금과 鐵은 나라의 전매품이었다. 武帝 때 국고 수입 증대를 위해 전매했는데 백성의 생활에 지대한 영향을 끼쳤다. 前漢의 소금 가격에 대한 사료가 없다고 한다. 후한에서는 1石(26.4kg)에 8千錢이라는 기록이 있으나, 저렴할 때에는 1백전에도 살 수 있었다고 한다. 前漢 昭帝 때 국가에서 소금과 鐵, 술을 전매하여 국가 수입을 증대시키는 정책에 대하여 그 폐지를 주장하는 賢良文學之士와의 토론이 있었다(鹽鐵議). 그 토론에서 논의한 것을 기록 정리한 것이 桓寬(환관, 汝南國의 相)의 《鹽鐵論》이다. 대화체로 서술. 총 10권 60편. 前漢 후기의 정치, 경제, 사회, 사상과 당시 중앙과 지방의 형세를 파악할 수 있는 주요 문헌이다.

臨樂縣(임락현) - 諸侯國이었다. 왕망은 樂亭縣(악정현)이라 했다.

東平舒縣(동평서현)

重平縣(중평현)

安次縣(안차현)

脩市縣(수시현) - 諸侯國이었다. 왕망은 居寧縣(거녕현)이라 했다.

文安縣(문안현)

景成縣(경성현)[420] - 諸侯國이었다.

束州縣(속주현)

建成縣(건성현)

章鄉縣(장향현) - 諸侯國이었다.

蒲領縣(포령현) - 諸侯國이었다.

12. 兗州 泰山

原文

泰山郡, 高帝置. 屬兗州. 戶十七萬二千八十六, 口七十二萬六千六百四. 有工官. 汶水出萊毋, 西入濟. 縣二十四.

奉高, 有明堂, 在西南四里. 武帝元封二年造. 有工官. 博, 有泰山廟. 岱山在西北兗州山. 茌, 盧, 都尉治. 濟北王都也. 肥成, 蛇丘, 隧鄉, 故隧國. 《春秋》曰「齊人殲於隧.」

420 景成縣(경성현) - 今 河北省 동남 倉州市.

也. 剛, 故闡. 莽曰柔. 柴, 蓋, 臨樂子山, 洙水所出, 西北至蓋入池水. 又沂水南至下邳入泗, 過郡五, 行六百里, 青州寖. 梁父, 東平陽, 南武陽, 冠石山, 治水所出, 南至下邳入泗, 過郡二, 行九百四十里. 莽曰桓宣. 萊蕪, 原山, 甾水所出, 東至博昌入泲, 幽州寖. 又〈禹貢〉汶水出西南入泲. 汶水, 桑欽所言. 鉅平, 有亭亭山祠. 嬴, 有鐵官. 牟, 故國. 蒙陰, 〈禹貢〉蒙山在西南, 有祠. 顓臾國在蒙山下. 莽曰蒙恩. 華, 莽曰翼陰. 寧陽. 侯國. 莽曰寧順. 乘丘, 富陽, 桃山, 侯國. 莽曰裒魯. 桃鄉, 侯國. 莽曰鄣亭. 式.

〖국역〗

泰山郡(泰山郡)[421] - 高帝 때 설치했다. 소속은 兗州(연주). 172,086戶에, 인구는 726,604명. 工官이 설치되었다. 汶水(문수)는 萊毋山(내무산)에서 발원하여, 서쪽으로 흘러 濟水(제수)에 합류한다. 24縣이 있다.

奉高縣(봉고현) - 明堂(명당)[422]이 (奉高縣의) 서남 4里에 있다. 武帝 元封 2년(前 109)에 지었다. 工官이 설치되었다.

博縣(박현) - 泰山廟(태산묘)가 있다. 岱山(대산)[423]은 博縣(박현)의

---

421 泰山郡 - 今 山東省 중부 지역. 治所는 奉高縣, 後漢에서도 同. 奉高縣은, 今 山東省 泰安市 동쪽. 낙양 동쪽 1,400리.

422 明堂 - 皇帝가 政教의 大典을 행하는 건물. 朝會, 祭祀, 慶賞, 養老, 教學 등의 행사를 거행하는 곳. 泰山의 동북쪽에 周代의 明堂 터가 있었다.

423 岱山(대산) - 岱山, 岱宗은 泰山의 別稱. 泰山은 五岳의 으뜸(五嶽之長,

서북에 있는 兗州(연주)의 山이다.

茬縣(치현)[424]

盧縣(노현) – 都尉가 縣을 다스린다. 濟北王의 王都였다.

肥成縣(비성현)

蛇丘縣(사구현) – (縣의) 隧鄕(수향 / 遂鄕)은 옛 隧國(수국)이다. 《春秋》에서는 「齊人을 隧(수)에서 섬멸했다(殲은 다 죽일 섬).」고 하였다.

剛縣(강현) – 옛 闡國(천국)이다. 왕망은 柔縣(유현)이라 했다.

柴縣(시현)[425]

蓋縣(개현) – 臨樂子山(임낙자산)에서 洙水(수수)가 발원하여, 西北을 흘러 蓋縣(개현)에서 池水(지수)에 합류한다. 또 沂水(기수)는 남쪽으로 흘러 下邳(하비)에 이르러 泗水(사수)[426]에 합류하는데, 5개 郡

五嶽獨尊)으로 옛 이름은 岱山(대산) 또는 岱宗(대종)으로 불리었고, 山東省의 중앙부 泰安市에 자리하고 있으며, 태산의 주봉은 玉皇頂(1,533m)이다. 泰山은 秦의 시황제 이후 漢 武帝, 또 역대 왕조의 황제들이 이곳에 친림하여 하늘에 제사하는 封禪(봉선) 의식을 행했다. 漢 武帝는 태산의 절경에 놀라면서 "高矣! 極矣! 大矣! 特矣! 壯矣! 赫矣(혁의)! 駭矣(해의)! 惑矣(혹의)!"라고 말했다는 전설이 전해진다.

424 茬縣(치현) – 今 山東省 長淸縣 동남. 茬는 풀 모양 치, 땅이름 치.

425 柴縣(시현) – 今 山東省 新泰市 서남. 柴는 섶 시. 땔나무.

426 洙泗水(사수) – 魯 도성 曲阜(곡부)에서 20여km 지점에 郰邑(추읍, 鄹, 陬로도 표기)이 있는데, 여기가 孔子의 원 고향이다. 공자의 어머니 顔氏는 尼丘山(이구산)에 기도를 해서 공자를 낳았으며, 공자의 부친 별세 후에는 魯 도성 내의 闕里(궐리)로 이사했고, 공자는 궐리에서 생활하였다. 이 근처에 洙水(수수)와 泗水(사수)가 있다. 그래서 尼丘(이구)와 洙泗(수사), 闕里(궐리)는 때로 공자의 代稱(대칭)으로도 쓰인다.

(4개 / 泰山郡, 琅邪郡(낭야군), 城陽國, 東海郡)을 지나 6백 리를 흐르는데, 靑州의 灌漑池(관개지, 寖)이다.

梁父縣(양보현)[427]

東平陽縣(동평양현)

南武陽縣(남무양현) – 冠石山(관석산)에서 治水(치수 / 今 浚河)가 발원하여, 남쪽으로 흘러 下邳縣(하비현)에 이르러 泗水(사수)에 합류하는데, 2개 郡(泰山, 東海郡) 940리를 흘러 바다로 들어간다. 왕망은 桓宣縣(환선현)이라 했다.

萊蕪縣(내무현) – 原山(언산)에서 甾水(치수)가 발원하여, 동쪽으로 흘러 博昌(박창)이 와서 泲水(濟水)에 들어가는데, 幽州(유주)의 관개수(寖)라 할 수 있다. 또 〈禹貢〉에서는 汶水(문수)가 출원하여 서남으로 흘러 濟水에 들어간다. 汶水(문수)는 桑欽(상흠)이 (《水經》에서) 말한 그대로이다.

鉅平縣(거평현) – 亭亭山(정정산)에 祠堂이 있다.

嬴縣(영현) – 鐵官이 설치되었다.

牟縣(모현)[428] – 옛 國名.

蒙陰縣(몽음현) – 〈禹貢〉에서는 蒙山(몽산)이 (縣의) 서남쪽에 있고 사당도 있다. 顓臾國(전유국)이 蒙山 아래 있었다. 왕망은 蒙恩縣

---

427 梁父(양보)는 縣名. 今 山東省 泰安市 관할 新泰市. 태산 아래의 小山 이름, 梁甫로도 표기. 封은 흙을 쌓아(聚土) 壇을 만드는 것, 禪(墠, 제터 선)은 땅을 깨끗하게 쓸고(除地) 올리는 제사. 이는 山川의 제신에 대한 제사를 의미. 秦始皇은 始皇 28年(前 219)에 泰山에 봉하고, 梁父山에서 禪한 이후 漢 武帝는 元封 원년(前 110) 封泰山하고 肅然山에서 禪했다.

428 牟縣(모현) – 今 山東省 중앙부 萊蕪市. 牟는 소 우는 소리 모.

(몽은현)이라 했다.

華縣(화현) – 왕망은 翼陰縣(익음현)이라 했다.

寧陽縣(영양현) – 諸侯國이었다. 왕망은 寧順縣(영순현)이라 했다.

乘丘縣(승구현)

富陽縣(부양현)

桃山縣(도산현) – 諸侯國이었다. 왕망은 裒魯縣(부로현 / 裒는 모을 부)이라 했다.

桃鄉縣(도향현) – 諸侯國이었다. 왕망은 鄣亭縣(장정현)이라 했다.

式縣(식현)

13. 青州 6郡

原文

平原郡, 高帝置. 莽曰河平. 屬青州. 戶十五萬四千三百八十七, 口六十六萬四千五百四十三. 縣十九.

平原, 有篤馬河, 東北入海, 五百六十里. 鬲, 平當以爲鬲津. 莽曰河平亭. 高唐, 桑欽言漯水所出. 重丘, 平昌, 侯國. 羽, 侯國. 莽曰羽貞. 般, 莽曰分明. 樂陵, 都尉治. 莽曰美陽. 祝阿, 莽曰安成. 瑗, 莽曰東順亭. 阿陽, 漯陰. 莽曰翼成. 朸, 莽曰張鄉. 富平, 侯國. 莽曰樂安亭. 安德, 合陽, 侯國. 莽曰宜鄉. 樓虛, 侯國. 龍額, 侯國, 莽曰清鄉. 安. 侯國.

〖국역〗

平原郡(평원군)[429] - 高帝 때 설치했다. 王莽은 河平郡이라 했다. 靑州에 속했다.[430] 154,387戶에, 인구는 664,543명이었다. 19개 현을 거느렸다.

平原縣(평원현) - 篤馬河(독마하)가 흘러 東北에서 入海하는데, 560리이다.

鬲縣(격현) - 平當(평당)[431]은 鬲津(격진)이라고 했다. 왕망은 河平亭縣(하평정현)이라 했다.

高唐縣(고당현) - 桑欽(상흠)[432]은 (여기에서) 漯水(탑수)가 발원한다고 말했다.

重丘縣(중구현)

平昌縣(평창현) - 諸侯國이었다.

---

429 平原郡(평원군) - 今 山東省 북부와 河南省 남부 일부 지역. 치소는 平原縣(今 山東省 德州市 관할 平原縣). 낙양성 북쪽 1,300리.

430 靑州刺史部는 齊, 濟南, 千乘, 平原, 北海, 東萊의 6郡과 菑川, 膠東, 高密國을 감찰했다.

431 平當(평당) - 平當(평당, ? - 前 4)의 字는 子思로, 여러 관직을 두루 거쳤다. 나라에 災異가 있을 때마다 평당은 경전의 뜻에 附會하여 그 득실을 논하였다. 文雅함은 蕭望之(소망지)나 匡衡(광형)에 미치지 못하였으나 그 뜻은 대략 비슷하였다. 명을 받아 幽州(유주) 일대의 流民을 순시하였다. 刺史와 二千石(太守) 중 백성 구휼에 힘쓴 자를 천거 상주하였고, 勃海의 鹽池에서 소금 제조를 허용하여 백성의 위급을 구제하자고 건의하였다. 平當은 가는 곳마다 칭송을 들었다. 71권, 〈雋疏于薛平彭傳〉에 입전.

432 桑欽(상흠, 생졸년 미상. 字는 君長) - 後漢 洛陽人, 地理學家. 《水經》의 저자. 이에 주석을 단 책이 그 유명한 北魏 酈道元(역도원)의 《水經注》이다.

羽縣(우현) – 諸侯國이었다. 왕망은 羽貞縣(우정현)이라 했다.

般縣(반현) – 왕망은 分明縣(분명현)이라 했다.

樂陵縣(악릉현) – 都尉가 다스렸다. 왕망은 美陽縣(미양현)이라 했다.

祝阿縣(축아현)[433] – 왕망은 安成縣(안성현)이라 했다.

瑗縣(원현) – 왕망은 東順亭縣(동순정현)이라 했다.

阿陽縣(아양현)

漯陰縣(탑음현) – 왕망은 翼成縣(익성현)이라 했다.

朸縣(역현 / 나이테 력) – 왕망은 張鄉縣(장향현)이라 했다.

富平縣(부평현) – 諸侯國이었다. 왕망은 樂安亭縣(樂安亭)이라 했다.

安德縣(안덕현)

合陽縣(합양현) – 諸侯國이었다. 왕망은 宜鄉縣(의향현)이라 했다.

樓虛縣(누허현) – 諸侯國이었다.

龍額縣(용액현) – 諸侯國이었다. 왕망은 淸鄉縣(청향현)이라 했다.

安縣(안현) – 諸侯國이었다.

原文

千乘郡, 高帝置. 莽曰建信. 屬青州. 戶十一萬六千七百二十七, 口四十九萬七百二十. 有鐵官,鹽官,均輸官. 縣十五.

千乘, 有鐵官. 東鄒, 溼沃, 莽曰延亭. 平安, 侯國. 莽曰鴻

433 祝阿縣(축아현) – 今 山東省 중부 濟南市 서남. 濟南市는 山東省 省會이다.

睦. 博昌, 時水東北至巨定入馬車瀆. 幽州寖. 蓼城, 都尉治. 莽曰施武. 建信, 狄, 莽曰利居. 琅槐, 樂安, 被陽, 侯國. 高昌, 繁安. 侯國. 莽曰瓦亭. 高宛, 莽曰常鄕. 延鄕.

〖국역〗

千乘郡(천승군)[434] - 高帝 때 설치했다. 王莽은 建信郡이라고 했다. 青州에 속했다. 116,727戶에 인구 490,720명이었다. 鐵官과 鹽官, 그리고 均輸官(균수관)[435]이 설치되었다. 15개 현을 관할했다.

千乘縣(천승현) - 鐵官이 설치되었다.

東鄒縣(동추현)

濕沃縣(습옥현)[436] - 왕망은 延亭縣(연정현)이라 했다.

平安縣(평안현) - 諸侯國이었다. 왕망은 鴻睦縣(홍목현)이라 했다.

博昌縣(박창현) - 時水(시수)가 (縣의) 동북을 지나 巨定(거정)에 이르러 馬車瀆(마거독)에 합류한다. 幽州(유주)의 큰 灌漑池(관개지, 寖)였다.

---

434 千乘郡(천승군) - 今 山東省 淄博市 서북, 濱州市 중동부 및 東營市 서부 일원. 현재 黃河의 최하류. 치소는 千乘縣, 今 山東省 중부 淄博市(치박시) 관할. 후한에서는 樂安國. 낙양 동쪽 1,520리.

435 均輸官(균수관) - 국가의 穀物과 재화, 국가 재정을 담당하는 질록 中二千石의 大司農의 屬官으로 太倉令, 均輸令, 平準令, 都內令, 籍田令의 5令과 그 아래 丞을 두었다. 武帝 때 財政전문가인 桑弘羊(상홍양, 前 152-80)은 鹽, 鐵, 酒의 專賣를 주장했고, 후에 均輸法, 平準法 실시케 했다. 뒷날 宣帝 때 上官桀(상관걸)의 謀反에 연루되어 피살되었다.

436 濕沃縣(습옥현) - 今 山東省 북부 濱州市. 現 黃河 북안.

蓼城縣(요(료)성현) - 都尉가 다스렸다. 왕망은 施武縣(시무현)이라 했다.

建信縣(건신현)

狄縣(적현) - 왕망은 利居縣(이거현)이라 했다.

琅槐縣(낭괴현)[437]

樂安縣(낙안현)

被陽縣(피양현) - 諸侯國이었다.

高昌縣(고창현)

繁安縣(번안현) - 諸侯國이었다. 왕망은 瓦亭縣(와정현)이라 했다.

高宛縣(고완현) - 왕망은 常鄉縣(상향현)이라 했다.

延鄉縣(연향현)

原文

濟南郡, 故齊. 文帝十六年別爲濟南國. 景帝二年爲郡. 莽曰樂安. 屬靑州. 戶十四萬七百六十一, 口六十四萬二千八百八十四. 縣十四.

東平陵, 有工官,鐵官. 鄒平, 臺, 莽曰臺治. 梁鄒, 土鼓, 於陵, 都尉治. 莽曰於陸. 陽丘, 般陽, 莽曰濟南亭. 菅, 朝陽, 侯國. 莽曰脩治. 歷城, 有鐵官. 猇, 侯國. 莽曰利成. 著, 宜成. 侯國.

437 琅槐縣(낭괴현) - 今 山東省 동북 해안가 東營市 서쪽.

〖국역〗

濟南郡(제남군)[438] 옛(춘추 전국시대) 齊나라이다. 文帝 16년(前 164), 별도로 濟南國을 설치했다. 景帝 2년(前 155)에 郡이 되었다. 왕망은 樂安郡(낙안군)이라 했다. 靑州에 속했다. 140,761戶에, 인구는 642,884명이었다. 14개 縣이 있었다.

東平陵縣(동평릉현) – 工官과 鐵官이 설치되었다.

鄒平縣(추평현)

臺縣(대현) – 왕망은 臺治縣(대치현)이라 했다.

梁鄒縣(양추현)

土鼓縣(토고현)

於陵縣(어릉현) – 都尉가 縣을 다스렸다. 왕망은 於陸縣(어륙현)이라 했다.

陽丘縣(양구현)

般陽縣(반양현)[439] – 왕망은 濟南亭縣(제남정현)이라 했다.

菅縣(관현)

朝陽縣(조양현) – 諸侯國이었다. 왕망은 脩治縣(수치현)이라 했다.

歷城縣(역성현)[440] – 鐵官이 있었다.

猇縣(효현) – 諸侯國이었다. 왕망은 利成縣(이성현)이라 했다.

著縣(저현)

---

438 濟南郡(제남군) – 今 山東省 濟南市 동쪽, 淄博市 서쪽, 泰山 이북 지역. 치소는 東平陵縣(今 山東省 濟南市 관할 章丘市 서북 / 濟南市와 淄博市의 중간). 낙양 동쪽 1,800리.

439 般陽縣(반양현) – 今 山東省 중부 淄博市(치박시) 서남.

440 歷城縣(역성현) – 今 山東省 濟南市 歷城區(역성구).

宜成縣(의성현) – 諸侯國이었다.

原文

齊郡. 秦置. 莽曰濟南. 屬靑州. 戶十五萬四千八百二十六, 口五十五萬四千四百四十四. 縣十二.

臨淄, 師尙父所封. 如水西北至梁鄒入泲. 有服官,鐵官. 莽曰齊陵. 昌國, 德會水西北至西安入如. 利, 莽曰利治. 西安, 莽曰東寧. 鉅定, 馬車瀆水首受鉅定, 東北至琅槐入海. 廣, 爲山, 濁水所出, 東北至廣饒入鉅定. 廣饒, 昭南, 臨朐, 有逢山祠. 石膏山, 洋水所出, 東北至廣饒入鉅定. 莽曰監朐. 北鄉, 侯國. 莽曰禺聚. 平廣, 侯國. 臺鄉.

〖국역〗

齊郡(제군)[441] – 秦代에 설치되었다. 王莽은 濟南郡이라 했다. 靑州刺史部 소속. 民戶 154,826戶, 人口 554,444명. 12개 縣이 있다.

臨淄縣(임치현) – 師尙父(사상보)의 封地이다. 如水(여수)가 西北을 흘러 梁鄒(양추)에 이르러 泲水(제수, 濟水)에 합류한다. 服官과 鐵官이 설치되었다. 왕망은 齊陵縣(제릉현)이라 했다.

昌國縣(창국현)[442] – 德會水(덕회수)가 서북을 지나 西安縣에서 如

441 齊郡(제군) – 치소는 臨淄縣(임치현). 今 山東省 淄博市 臨淄區(淄는 검은 빛 치). 후한에서도 同. 관할 구역은 山東省 북부 치박시 동쪽. 洛陽에서 동쪽 1,800리.

442 昌國縣 – 今 山東省 淄博市 남쪽.

水(여수)에 합류한다.

利縣(이현) – 왕망은 利治縣(이치현)이라 했다.

西安縣(서안현) – 왕망은 東寧縣(동녕현)이라 했다.

鉅定縣(거정현)[443] – 馬車瀆水(거마독수)가 맨 먼저 鉅定縣에서 물을 모아 동북쪽을 지나 琅槐(낭괴)에서 大海에 들어간다.

廣縣(광현) – 爲山(위산)에서 濁水(탁수)가 발원하여, 동북을 흘러 廣饒(광요)에 이르러 鉅定縣으로 흘러온다.

廣饒縣(광요현)

昭南縣(소남현)

臨朐縣(임구현) – 逢山祠(봉산사)가 있다. 石膏山(석고산)에서 洋水(양수)가 발원하여, 東北으로 흘러 廣饒縣에 이르러 鉅定縣으로 들어온다. 왕망은 監朐縣(감구현)이라 했다.

北鄕縣(북향현) – 제후국이었다. 왕망은 禺聚縣(우취현 / 禺는 긴꼬리원숭이 우)이라 했다.

平廣縣(평광현)[444] – 제후국이었다.

臺鄕縣(대향현)

原文

北海郡, 景帝中二年置. 屬青州. 戶十二萬七千, 口五十九萬三千一百五十九. 縣二十六.

營陵, 或曰營丘. 莽曰北海亭. 劇魁, 侯國. 莽曰上符. 安

443 鉅定縣(거정현) – 今 山東省 중북부 東營市 관할 廣饒縣(광요현) 서북.

444 平廣縣(평광현) – 위치 미상.

丘, 莽曰誅郅. 瓡, 侯國. 莽曰道德. 淳於, 益, 莽曰探陽. 平壽, 劇, 侯國. 都昌, 有鹽官. 平望, 侯國. 莽曰所聚. 平的, 侯國. 柳泉, 侯國. 莽曰弘睦. 壽光, 有鹽官. 莽曰翼平亭. 樂望, 侯國. 饒, 侯國. 斟, 故國, 禹後. 桑犢, 覆甑山, 溉水所出, 東北至都昌入海. 平城, 侯國. 密鄉, 侯國. 羊石, 侯國. 樂都, 侯國. 莽曰拔壟. 石鄉, 侯國. 上鄉, 侯國. 新成, 侯國. 成鄉, 侯國. 莽曰石樂. 膠陽. 侯國.

〖국역〗

北海郡[445] - 景帝 中元 2년(前 148)에 설치되었다. 靑州刺史部에 속한다. 민호는 12만 7천 호에 인구는 593,159명이다. 26개 현이다.

營陵縣(영릉현) - 혹 營丘縣(영구현)이라 한다. 왕망은 北海亭縣(북해정현)이라 했다.

劇魁縣(극괴현) - 諸侯國이었다. 왕망은 上符縣(상부현)이라 했다.

安丘縣(안구현) - 왕망은 誅郅縣(주질현)이라 했다.

瓡縣(집현/ 瓡은 땅이름 집) - 諸侯國이었다. 왕망은 道德縣(도덕현)이라 했다.

淳于縣(순우현)

益縣(익현) - 왕망은 探陽縣(탐양현)이라 했다.

445 北海郡 - 今 山東半島의 중앙부에서 渤海(발해, 萊州灣)로 트인 지역이다. 지금 지도에서 찾아보면 濰坊市(유방시)와 북쪽 해안 지역이다. 치소는 營陵縣(영릉현), 今 山東省 중북부 濰坊市(유방시) 서남. 後漢에서는 한때 北海國.

平壽縣(평수현)

劇縣(극현) – 諸侯國이었다.

都昌縣(도창현) – 鹽官(염관)을 두었다.

平望縣(평망현) – 諸侯國이었다. 왕망은 所聚縣(소취현)이라 했다.

平的縣(평적현) – 諸侯國이었다.

柳泉縣(유천현) – 諸侯國이었다. 왕망은 弘睦縣(홍목현)이라 했다.

壽光縣(수광현) – 有鹽官. 왕망은 翼平亭縣(익평정현)이라 했다.

樂望縣(악망현) – 諸侯國이었다.

饒縣(요현) – 諸侯國이었다.

斟縣(짐현) – 故 國名. 禹의 후손.

桑犢縣(상독현) – 覆甑山(복증산)에서 溉水(개수)가 발원하여, 동북을 흘러 都昌(도창)에서 入海한다.

平城縣(평성현) – 諸侯國이었다.

密鄕縣(밀향현) – 諸侯國이었다.

羊石縣(양석현) – 諸侯國이었다.

樂都縣(악도현) – 諸侯國이었다. 왕망은 拔壟縣(발롱현)이라 했다.

石鄕縣(석향현) – 諸侯國이었다.

上鄕縣(상향현) – 諸侯國이었다.

新成縣(신성현) – 諸侯國이었다.[446]

成鄕縣(성향현) – 諸侯國이었다. 왕망은 石樂縣(석락현)이라 했다.

膠陽縣(교양현)[447] – 諸侯國이었다.

---

446 瓡(執), 平的, 羊石, 樂都, 石鄕, 上鄕, 新城縣 – 위치 미상.

447 膠陽縣(교양현) – 今 山東省 濰坊市 관할 高密市. 青島市의 내륙.

【〈地理志〉 第八 上三】

原文

東萊郡, 高帝置. 屬青州. 戶十萬三千二百九十二, 口五十萬二千六百九十三. 縣十七.

掖, 莽曰掖通. 腄, 有之罘山祠. 居上山, 聲洋水所出. 東北入海. 平度, 莽曰利盧. 黃, 有萊山松林萊君祠. 莽曰意母. 臨朐, 有海水祠. 莽曰監朐. 曲成, 有參山萬里沙祠. 陽丘山, 治水所出, 南至沂入海. 有鹽官. 牟平. 莽曰望利. 東牟, 有鐵官,鹽官. 莽曰弘德. 㡔, 有百支萊王祠. 有鹽官. 育犁, 昌陽, 有鹽官. 莽曰夙敬亭. 不夜, 有成山日祠. 莽曰夙夜. 當利, 有鹽官. 莽曰東萊亭. 盧鄉, 陽樂, 侯國. 莽曰延樂. 陽石, 莽曰識命. 徐鄉.

〖국역〗

東萊郡(동래군)[448] – 高帝 때 설치. 青州에 속함. 103,292戶에, 인구 502,693명. 17개 현이 있었다.

掖縣(액현)[449] – 왕망은 掖通縣(액통현)이라 했다.

---

448 東萊郡(동래군) – 今 山東半島의 동남쪽 青島市부터 해안을 따라 반도의 東端인 成山角, 그리고 烟台市와 萊州市까지. 치소는 掖縣(액현). 후한에서는 黃縣.

449 掖縣(액현) – 東萊郡의 치소. 今 山東省 煙台市 관할 萊州市.

腄縣(수현)[450] - 之罘山祠(지부산사)[451]가 있다. 聲洋水(성양수)가 居上山(거상산)에서 발원하여 東北으로 흘러 바다에 들어간다.

平度縣(평도현)[452] - 왕망은 利盧縣(이로현)이라 했다.

黃縣(황현) - 萊山(내산)의 松林에 萊君祠(내군사)가 있다. 왕망은 意母縣(의모현)이라 했다.

臨朐縣(임구현) - 海水祠(해수사)가 있다. 왕망은 監朐縣(감구현)이라 했다.

曲成縣(곡성현) - 參山(삼산)에 萬里沙祠(만리사사)가 있다. 陽丘山(양구산)에서, 治水(치수 / 이수)가 발원하여 남쪽으로 흘러 沂縣(기현)[453]에 와서 入海한다. 鹽官(염관)을 두었다.

牟平縣(모평현) - 왕망은 望利縣(망리현)이라 했다.

東牟縣(동모현) - 鐵官과 鹽官을 설치했다. 왕망은 弘德縣(홍덕현)이라 했다.

㡉縣(현현)[454] - 百支萊王祠(백지내왕사)가 있다. 鹽官을 두었다.

育犁縣(육리현)

昌陽縣(창양현) - 鹽官을 두었다. 왕망은 夙敬亭縣(숙경정현)이라 했다.

---

450 腄縣(수현) - 今 山東省 烟台市 福山區. 腄는 발꿈치 부스럼 수(추).

451 芝罘山(지부산) 또는 芝罘半島, 山東省 烟台市 북부의 連陸島, 中國 最大, 最典型的인 陸連島. 東西 9km. 남북 약 1km 烟台市內와 약 4km. 秦始皇은 이곳을 3차례 방문했다.

452 平度縣(평도현) - 今 山東省 青島市 관할 平度市.

453 沂縣(기현) - '琅琊郡(낭야군)의 計斤縣' 이어야 한다는 주석이 있다.

454 㡉縣(현현) - 今 山東省 烟台市 관할 龍口市 동남. 舊稱 黃縣. 渤海灣 남안. 㡉은 베(布) 이름 현, 땅이름 현.

不夜縣(불야현) – 成山日祠(성산일사)가 있다.[455] 왕망은 夙夜縣(숙야현)이라 했다.

當利縣(당리현) – 鹽官을 두었다. 왕망은 東萊亭縣(동래정현)이라 했다.

盧鄕縣(노향현)

陽樂縣(양락현) – 諸侯國이었다. 왕망은 延樂縣(연락현)이라 했다.

陽石縣(양석현) – 왕망은 識命縣(식명현)이라 했다.

徐鄕縣(서향현)

14. 徐州 3郡

原文

琅邪郡, 秦置. 莽曰塡夷. 屬徐州. 戶二十二萬八千九百六十, 口一百七萬九千一百. 有鐵官. 縣五十一.

東武, 莽曰祥善. 不其, 有太一,仙人祠九所, 及明堂. 武帝所起. 海曲, 有鹽官. 贛榆, 朱虛, 凡山, 丹水所出, 東北至壽光入海. 東泰山, 汶水所出, 東至安丘入維. 有三山,五帝祠. 諸, 莽曰諸並. 梧成, 靈門, 有高柘山. 壺山, 浯水所出, 東北

455 成山角 – 膠東半島의 끝. 황해도 長山串(장산곶)에서 가장 가까운 곳. 중국에서는 黃海로 표기. 우리나라에서는 반드시 西海(서해)로 표기해야 한다.

入淮. 姑幕, 都尉治. 或曰薄姑. 莽曰季睦. 虛水, 侯國. 臨原, 侯國. 莽曰塡夷亭. 琅邪, 越王句踐嘗治此, 起館臺. 有四時祠. 祓, 侯國. 柜, 根艾水東入海. 莽曰祓同. 缾, 侯國. 邾, 膠水東至平度入海. 莽曰純德. 雩段, 侯國. 黔陬, 故介國也. 雲, 侯國. 計斤, 莒子始起此, 後徙莒. 有鹽官. 稻, 侯國. 皐虞, 侯國. 莽曰盈廬. 平昌, 長廣, 有萊山萊王祠. 奚養澤在西, 秦地圖曰劇清池, 幽州藪. 有鹽官. 横, 故山, 久台水所出, 東南至東武入淮. 莽曰令丘. 東莞, 術水南至下邳入泗, 過郡三, 行七百一十里, 青州寖. 魏其, 侯國. 莽曰青泉. 昌, 有環山祠. 茲鄉, 侯國. 箕, 侯國. 〈禹貢〉濰水北至都昌入海, 過郡三, 行五百二十里, 兗州寖也. 椑, 夜頭水南至海. 莽曰識命. 高廣, 侯國. 高鄉, 侯國. 柔, 侯國. 即來, 侯國. 莽曰盛睦. 麗, 侯國. 武鄉, 侯國. 莽曰順理. 伊鄉, 侯國. 新山, 侯國. 高陽, 侯國. 崑山, 侯國. 參封, 侯國. 折泉, 侯國. 折泉水北至莫入淮. 博石, 侯國. 房山, 侯國. 愼鄉, 侯國. 駟望, 侯國. 莽曰泠鄉. 安丘, 侯國. 莽曰寧鄉. 高陵, 侯國. 莽曰蒲陸. 臨安, 侯國. 莽曰誠信. 石山. 侯國.

〖국역〗

琅邪郡(낭야군)[456] – 秦代에 설치했다(秦始皇 26년). 王莽은 塡夷

456 琅邪郡(낭야군) – 琅琊郡. 琅은 옥이름 랑, 邪는 고을 이름 야, 어조사 야, 간사할 사. 琊는 땅이름 야. 今 山東省 동남부와 江蘇省 북부 지역

郡(진이군)이라 했다. 徐州刺史部[457]에 속했다. 228,960戶에, 인구 1,079,100명이었다. (郡內에) 鐵官이 있다. 51개 縣이 있다.

東武縣(동무현) - 왕망은 祥善縣(상선현)이라 했다.

不其縣(불기현)[458] - 太一祠(태일사), 仙人祠(선인사) 등 9개 사당과 또 明堂이 있다. 武帝 때 지었다.

海曲縣(해곡현)[459] - 鹽官(염관)을 두었다.

贛榆縣(공유현) - 朱虛山(주허산), 凡山(범산)에서 丹水(단수)가 발원하여, (縣의) 동북을 지나 壽光縣(수광현)에서 入海한다.

東泰山縣(동태산현) - 汶水(문수)가 발원하여, 동쪽의 安丘(안구)에서 維水(유수)에 합류한다. 三山祠와 五帝祠가 있다.

諸縣(제현) - 왕망은 諸並縣(제병현)이라 했다.

梧成縣(오성현)

靈門縣(영문현) - 高柘山(고자산)이 있다. 壺山(호산)에서 浯水(오수)가 발원하여 동북으로 흘러 淮水에 합류한다.

姑幕縣(고막현) - 都尉가 다스린다. 薄姑縣(박고현)이라고도 한다. 왕망은 季睦縣(계목현)이라 했다.

虛水縣(허수현, 위치 미상) - 諸侯國이었다.

臨原縣(임원현) - 諸侯國이었다. 왕망은 塡夷亭縣(전이정현)이라

에 해당. 바닷가 郡. 句踐(구천)의 古都. 郡治는 東武縣(琅邪縣). 今 山東省 濰坊市 관할 諸城市. 洛陽에서 1,500리.

457 徐州刺史部 - 東海, 琅邪, 臨淮의 3郡과 楚, 泗水, 廣陵 3國을 감찰.

458 不其縣(불기현) - 今 山東省 青島市 관할 卽墨市(즉묵시). 青島市 동북 해안.

459 海曲縣(해곡현) - 今 山東省 동남부 해안 日照市.

했다.

琅邪縣(낭야현) – 越王 句踐(구천)[460]이 일찍이 여기를 다스렸고 館臺(관대)를 지었다. 四時神을 모시는 사당이 있다.

祓縣(불현) – 諸侯國이었다.

柜縣(거현)[461] – 根艾水(근예수)가 동쪽을 흘러 入海한다. 왕망은 祓同縣(불동현)이라 했다.

缾縣(병현 / 缾은 두레박 병) – 諸侯國이었다.

邞縣(부현 / 邞는 고을 이름 부) – 膠水(교수)가 동쪽을 흘러 平度縣에서 入海한다. 왕망은 純德縣(순덕현)이라 했다.

雩段縣(우단현, 위치 미상) – 諸侯國이었다.

黔陬縣(검추현) – 옛 介國(개국)이었다.

雲縣(운현, 위치 미상) – 諸侯國이었다.

計斤縣(계근현) – 莒子(거자)가 처음에 여기서 興起하였다가 나중에 莒(거)로 옮겼다. 鹽官이 설치되었다.

稻縣(도현) – 諸侯國이었다.

皐虞縣(고우현) – 諸侯國이었다. 왕망은 盈廬縣(영려현)이라 했다.

平昌縣(평창현)

長廣縣(장광현) – 萊山(래산)에 萊王祠(내왕사)가 있다. 奚養澤(해양

---

460 句踐(구천, 勾踐. ? – 前 464年) – 春秋 시대 후기의 越國 君主. 吳에 대한 복수로 臥薪嘗膽(와신상담)했던 사람. 復仇滅吳하려고 休養生息하고, 范蠡(범려) 文種(문종)을 등용하며, '十年生聚', '十年教訓' 하여 결국 吳國을 소멸시키고 稱霸(칭패)했다.

461 柜縣(거현) – 今 山東省 青島市 관할 膠州市(교주시). 山東半島 동남부 大沽河 하류, 東에 膠州灣(교주만). 柜는 고리 버들 거.

택)이 縣의 서쪽에 있는데, 秦의 地圖에서는 劇淸池(극청지)라 하였고, 幽州(유주)의 大澤(藪)이다. 鹽官이 설치되었다.

橫縣(횡현) - 故山(고사)에서 久台水(구태수)가 발원하는데, 東쪽을 흘러 남쪽의 東武縣에 이르러 淮水에 합류한다. 왕망은 令丘縣(영구현)이라 했다.

東莞縣(동완현) - 術水(술수)가 南으로 흘러 下邳縣(하비현)에 이르러 泗水(사수)에 합류하고, 3개 郡(琅邪, 城陽, 東海郡)을 지나며 710리를 흐르는데, 靑州의 灌漑池(관개지, 寖)이다.

魏其縣(위기현)[462] - 諸侯國이었다. 왕망은 靑泉縣(청천현)이라 했다.

昌縣(창현) - 環山祠(환산사)가 있다.

茲鄕縣(자향현) - 諸侯國이었다.

箕縣(기현) - 諸侯國이었다. 〈禹貢〉에서는 濰水(유수)가 북으로 흘러 都昌(도창)에 와서 入海하는데, 3郡을 지나며, 520리를 흘러가는데, 兗州(연주)의 관개지(寖)이다.

椑縣(비현 / 稗縣, 패현) - 夜頭水(야두수)가 南으로 흘러 바다에 들어간다. 왕망은 識命縣(식명현)이라 했다.

高廣縣(고광현) - 諸侯國이었다.

高鄕縣(고향현) - 諸侯國이었다.

柔縣(유현, 위치 미상) - 諸侯國이었다.

卽來縣(즉래현) - 諸侯國이었다. 왕망은 盛睦縣(성목현)이라 했다.

麗縣(여현 / 려) - 諸侯國이었다.

---

462 魏其縣(위기현) - 今 山東省 남부 臨沂市(임기시).

武鄕縣(무향현, 위치 미상) - 諸侯國이었다. 왕망은 順理縣(순리현)이라 했다.

伊鄕縣(이향현) - 諸侯國이었다.

新山縣(신산현) - 諸侯國이었다.

高陽縣(고양현) - 諸侯國이었다.

崑山縣(곤산현) - 諸侯國이었다.

參封縣(참봉현) - 諸侯國이었다.

折泉縣(절천현) - 諸侯國이었다. 折泉水(절천수)가 북쪽으로 흘러 莫(막)에 이르러 淮水에 합류한다.

博石縣(박석현) - 諸侯國이었다.

房山縣(방산현) - 諸侯國이었다.

愼鄕縣(신향현, 위치 미상) - 諸侯國이었다.

駟望縣(사망현, 위치 미상) - 諸侯國이었다. 왕망은 泠鄕縣(영향현 / 泠은 깨우칠 령)이라 했다.

安丘縣(안구현) - 諸侯國이었다. 왕망은 寧鄕縣(영향현)이라 했다.

高陵縣(고릉현, 위치 미상) - 諸侯國이었다. 왕망은 蒲陸縣(포륙현)이라 했다.

臨安縣(임안현, 위치 미상) - 諸侯國이었다. 왕망은 誠信縣(성신현)이라 했다.

石山縣(석산현, 위치 미상) - 諸侯國이었다.

原文

東海郡, 高帝置. 莽曰沂平. 屬徐州. 戶三十五萬八千四百一十四, 口百五十五萬九千三百五十七. 縣三十八.

郯, 故國, 少昊後, 盈姓. 蘭陵, 莽曰蘭東. 襄賁, 莽曰章信. 下邳, 葛嶧山在西, 古文以爲嶧陽. 有鐵官. 莽曰閏儉. 良成, 侯國. 莽曰承翰. 平曲, 莽曰平端. 戚, 朐, 秦始皇立石海上以爲東門闕. 有鐵官. 開陽, 故鄅國. 莽曰厭虜. 費, 故魯季氏邑. 都尉治. 莽曰順從. 利成, 莽曰流泉. 海曲, 莽曰東海亭. 蘭祺, 侯國. 莽曰溥睦. 繒, 故國. 禹後. 莽曰繒治. 南成, 侯國. 山鄉, 侯國. 建鄉, 侯國. 即丘, 莽曰就信. 祝其, 〈禹貢〉羽山在南, 鯀所殛. 莽曰猶亭. 臨沂, 厚丘, 莽曰祝其亭. 容丘, 侯國. 祠水東南至下邳入泗. 東安, 侯國. 莽曰業亭. 合鄉, 莽曰合聚. 承, 莽曰承治. 建陽, 侯國. 莽曰建力. 曲陽, 莽曰從羊. 司吾, 莽曰息吾. 於鄉, 侯國. 平曲, 侯國. 莽曰端平. 都陽, 侯國. 陰平, 侯國. 郚鄉, 侯國. 莽曰徐亭. 武陽, 侯國. 莽曰弘亭. 新陽, 侯國. 莽曰博聚. 建陵, 侯國. 莽曰付亭. 昌慮, 侯國. 莽曰慮聚. 都平. 侯國.

〖국역〗

東海郡[463] – 高帝 때 설치되었다. 王莽은 沂平郡(기평군)이라 했다. 徐州刺史部에 속했다. 民戶 358,414戶에 인구 1,559,357명이었다. 38개 縣이다.

---

463 東海郡 – 今 山東省 동남부와 江蘇省 북부. 琅邪郡의 남쪽. 治所는 郯縣(담현), 今 山東省 남부 臨沂市(임기시) 관할 郯城縣. 洛陽 동쪽 1,500리.

郯縣(담현) – 옛 國名. 少昊氏 후손, 姓은 盈(영)이었다.

蘭陵縣(난릉현) – 왕망은 蘭東縣(난동현)이라 했다.

襄賁縣(양분현) – 왕망은 章信縣(장신현)이라 했다.

下邳縣(하비현)[464] – 葛嶧山(갈역산)이 (縣의) 서쪽에 있는데, 古文에서는 嶧陽山(역양산)이라 했다. 鐵官이 있었다. 왕망은 閏儉縣(윤검현)이라 했다.

良成縣(양성현) – 諸侯國이었다. 왕망은 承翰縣(승한현)이라 했다.

平曲縣(평곡현) – 왕망은 平端縣(평단현)이라 했다.

戚縣(척현)

朐縣(구현)[465] – 秦始皇은 바닷가에 큰 돌을 세우고 궁궐 東門이라 생각했다. 鐵官이 있었다.

開陽縣(개양현) – 옛 鄅國(우국)이었다. 왕망은 厭虜縣(염로현)이라

---

464 下邳縣 – 邳는 클 비. 땅 이름. 下邳縣은, 今 江蘇省 북부 徐州市 관할 邳州市. 漢 고조는 楚漢戰爭 승리 후, 郯郡(담군)을 東海郡으로 고쳤는데, 그 治所가 下邳이었다. 고조가 前202년에 韓信을 楚王으로 봉했고, 下邳는 韓信 楚國의 國都였다.
어느 날, 張良이 한가하여 조용히 下邳의 다리 위를 걷고 있었는데, 갈옷을 입은 어떤 노인이 장량이 있는 곳에 와서 일부러 다리 아래로 신발을 떨어뜨리고 장량을 보며 말했다. "젊은이는 내려가 신발을 주워 오거라!" 장량은 놀라며 때려주고 싶었으나 노인이기 때문에 억지로 참으며 내려가 신발을 주워 와서 무릎을 꿇고 신겨 주었다. 노인은 다리를 뻗어 신발을 신고서는 웃으며 떠나갔다. 노인은 1리쯤 가더니 다시 돌아와 말했다. "젊은이는 가르칠 만 하도다. 5일 뒤 날이 밝기 전에 나와 여기서 만나자." 장량은 이상하게 생각하며 무릎을 꿇고 "예"라고 대답했다. 흥미로운 이야기 소재이다. 40권, 〈張陳王周傳〉 참고.

465 朐縣(구현) – 今 江蘇省 동북단 連雲港市 서남. 朐는 멍에 구.

했다.

費縣(비현)[466] – 옛 魯國 季氏의 食邑이었다. 都尉가 다스렸다. 왕망은 順從縣(순종현)이라 했다.

利成縣(이성현) – 왕망은 流泉縣(유천현)이라 했다.

海曲縣(해곡현) – 왕망은 東海亭縣(동해정현)이라 했다.

蘭祺縣(난기현, 위치 미상) – 諸侯國이었다. 왕망은 溥睦縣(부목현)이라 했다.

繒縣(증현) – 옛 國名. 禹의 후손. 왕망은 繒治縣(증치현)이라 했다.

南成縣(남성현) – 諸侯國이었다.

山鄉縣(산향현, 위치 미상) – 諸侯國이었다.

建鄉縣(건향현, 위치 미상) – 諸侯國이었다.

卽丘縣(즉구현) – 왕망은 就信縣(취신현)이라 했다.

祝其縣(축기현) – 〈禹貢〉에 羽山(우산)이 (縣의) 남쪽에 있는데, (大禹의 父親) 鯀(곤)이 죽은 곳이다. 왕망은 猶亭縣(유정현)이라 했다.

臨沂縣(임기현)[467]

厚丘縣(후구현) – 왕망은 祝其亭縣(축기정현)이라 했다.

容丘縣(용구현) – 諸侯國이었다. 祠水(사수)가 東南으로 흘러 下邳(하비)에 이르러 泗水(사수)에 합류한다.

東安縣(동안현) – 諸侯國이었다. 왕망은 業亭縣(업정현)이라 했다.

---

466 費縣(비현) – 今 山東省 臨沂市(임기시) 관할 費縣(비현). 《論語》에 나오는 地名이다. 《論語 雍也》 季氏使閔子騫爲費宰. 閔子騫曰, ~. //《論語 先進》 子路使子羔爲費宰. 子曰, "賊夫人之子." ~ //《論語 陽貨》 公山弗擾以費畔, 召, 子欲往. 子路不說, ~.

467 臨沂縣(임기현) – 今 山東省 남부 臨沂市 서부.

合鄉縣(합향현) – 왕망은 合聚縣(합취현)이라 했다.

承縣(승현) – 왕망은 承治縣(승치현)이라 했다.

建陽縣(건양현) – 諸侯國이었다. 왕망은 建力縣(건력현)이라 했다.

曲陽縣(곡양현) – 왕망은 從羊縣(종양현)이라 했다.

司吾縣(사오현) – 왕망은 息吾縣(식오현)이라 했다.

於鄉縣(어향현, 위치 미상) – 諸侯國이었다.

平曲縣(평곡현, 위치 미상) – 諸侯國이었다. 왕망은 端平縣(단평현)이라 했다.

都陽縣(도양현) – 諸侯國이었다.

陰平縣(음평현) – 諸侯國이었다.

郚鄉縣(오향현) – 諸侯國이었다. 왕망은 徐亭縣(서정현)이라 했다.

武陽縣(무양현, 위치 미상) – 諸侯國이었다. 왕망은 弘亭縣(홍정현)이라 했다.

新陽縣(신양현)[468] – 諸侯國이었다. 왕망은 博聚縣(박취현)이라 했다.

建陵縣(건릉현) – 諸侯國이었다. 왕망은 付亭縣(부정현)이라 했다.

昌慮縣(창려현) – 諸侯國이었다. 왕망은 慮聚縣(여취현)이라 했다.

都平縣(도평현, 위치 미상) – 諸侯國이었다.

原文

臨淮郡, 武帝元狩六年置. 莽曰淮平. 戶二十六萬八千二

468 新陽縣(신양현) – 今 山東省 남단 棗庄市(조장시).

百八十三, 口百二十三萬七千七百六十四. 縣二十九.

徐, 故國, 盈姓. 至春秋時徐子章禹爲楚所滅. 莽曰徐調. 取慮, 淮浦, 游水北入海. 莽曰淮敬. 盱眙, 都尉治. 莽曰武匡. 厹猶, 莽曰秉義. 僮, 莽曰成信. 射陽. 莽曰監淮亭. 開陽, 贅其, 高山, 睢陵, 莽曰睢陸. 鹽瀆, 有鐵官. 淮陰, 莽曰嘉信. 淮陵, 莽曰淮陸. 下相, 莽曰從德. 富陵, 莽曰㮚虜. 東陽, 播旌, 莽曰著信. 西平, 莽曰永聚. 高平, 侯國. 莽曰成丘. 開陵, 侯國. 莽曰成鄉. 昌陽. 侯國. 廣平, 侯國. 莽曰平寧. 蘭陽, 侯國. 莽曰建節. 襄平, 侯國. 莽曰相平. 海陵, 有江海會祠. 莽曰亭間. 輿, 莽曰美德. 堂邑, 有鐵官. 樂陵. 侯國.

〖국역〗

臨淮郡(임회군)[469] – 武帝 元狩 6년(前 117)에 설치했다. 王莽은 淮平郡(회평군)이라 했다. 民戶 268,283戶에, 인구 1,237,764명이었다. 29개 현을 관할했다.

徐縣(서현) – 옛 국명. 姓은 盈(영). 春秋 시대 徐子 章禹(장우)는 楚에게 멸망당했다. 王莽은 徐調郡(서조군)이라 하였다.

取慮縣(취려현)

淮浦縣(회포현) – 游水(유수)가 북쪽에서 入海한다. 왕망은 淮敬縣

469 臨淮郡(임회군) – 대략 江蘇省 중부 安徽省 일부 지역 포함. 치소는 徐縣(서현), 今 江蘇省 서북부 宿遷市 관할 泗洪縣. 洛陽 동쪽 1,400리.

(회경현)이라 했다.

盱眙縣(우이현)[470] – 都尉가 다스린다. 왕망은 武匡縣(무광현)이라 했다.

厹猶縣(구유현) – 왕망은 秉義縣(병의현)이라 했다.

僮縣(동현) – 왕망은 成信縣(성신현)이라 했다.

射陽縣(사양현) – 왕망은 監淮亭縣(감회정현)이라 했다.

開陽縣(개양현)

贅其縣(췌기현)

高山縣(고산현)

睢陵縣(휴릉현) – 왕망은 睢陸縣(휴륙현)이라 했다.

鹽瀆縣(염독현) – 鐵官이 설치되었다.

淮陰縣(회음현)[471] – 왕망은 嘉信縣(가신현)이라 했다.

淮陵縣(회릉현) – 왕망은 淮陸縣(회륙현)이라 했다.

下相縣(하상현)[472] – 왕망은 從德縣(종덕현)이라 했다.

富陵縣(부릉현) – 왕망은 棐虜縣(목로현)이라 했다.

東陽縣(동양현)

---

470 盱眙縣 – 今 江蘇省 서부 淮安市 盱眙縣(우이현). 북쪽으로 중국 4대 수호의 하나인 洪澤湖가 있고 서쪽은 安徽省이다.

471 淮陰縣(회음현) – 今 江蘇省 중부 淮安市. 회음후 韓信(前 230 – 196)은 漢 開國名將. 漢初 三傑. 國士無雙의 주인공. 高祖보다 26세나 어렸다. 齊王, 楚王, 淮陰侯를 거쳤다. 韓信이 입궁하자, 呂后는 무사를 시켜 한신을 포박하였고 長樂宮 鐘室에서 처형하였다. 참수 직전 한신이 말했다. "내가 蒯通(괴통)의 말을 듣지 않아서 부녀자에게 속았으니 어찌 하늘 뜻이 아니겠는가!"

472 下相縣(하상현) – 今 江蘇省 북부 宿遷市.

播旌縣(파정현, 위치 미상) - 왕망은 著信縣(저신현)이라 했다.

西平縣(서평현, 위치 미상) - 왕망은 永聚縣(영취현)이라 했다.

高平縣(고평현) - 諸侯國이었다. 왕망은 成丘縣(성구현)이라 했다.

開陵縣(개릉현, 위치 미상) - 諸侯國이었다. 왕망은 成鄕縣(성향현)이라 했다.

昌陽縣(창양현, 위치 미상) - 諸侯國이었다.

廣平縣(광평현, 위치 미상) - 諸侯國이었다. 왕망은 平寧縣(평녕현)이라 했다.

蘭陽縣(난양현, 위치 미상) - 諸侯國이었다. 왕망은 建節縣(건절현)이라 했다.

襄平縣(양평현, 위치 미상) - 諸侯國이었다. 왕망은 相平縣(상평현)이라 했다.

海陵縣(해릉현) - 江海會祠(강해회사)가 있다. 왕망은 亭間縣(정간현)이라 했다.

輿縣(여현) - 왕망은 美德縣(미덕현)이라 했다.

堂邑縣(당읍현) - 鐵官이 설치되었다.

樂陵縣(낙능현, 위치 미상) - 諸侯國이었다.

15. 揚州 3郡

原文

會稽郡, 秦置. 高帝六年爲荊國, 十二年更名吳. 景帝四年屬江都. 屬揚州. 戶二十二萬三千三十八, 口百三萬二千六百四. 縣二十六.

吳, 故國, 周太伯所邑. 具區澤在西, 揚州藪, 古文以爲震澤. 南江在南, 東入海, 揚州川. 莽曰泰德. 曲阿, 故雲陽, 莽曰風美. 烏傷, 莽曰烏孝. 毘陵, 季札所居. 江在北, 東入海, 揚州川. 莽曰毘壇. 餘曁, 蕭山, 潘水所出. 東入海. 莽曰餘衍. 陽羨, 諸曁, 莽曰疏虜. 無錫, 有歷山, 春申君歲祠以牛. 莽曰有錫. 山陰, 會稽山在南. 上有禹塚,禹井, 揚州山. 越王勾踐本國. 有靈文園. 丹徒, 餘姚, 婁, 有南武城, 闔閭所起以候越. 莽曰婁治. 上虞, 有仇亭. 柯水東入海. 莽曰會稽. 海鹽, 故武原鄉. 有鹽官. 莽曰展武. 剡, 莽曰盡忠. 由拳, 柴辟, 故就李鄉, 吳,越戰地. 大末, 穀水東北至錢唐入江. 莽曰末治. 烏程, 有歐陽亭. 句章, 渠水東入海. 餘杭, 莽曰進睦. 鄞, 有鎭亭, 有鮚埼亭. 東南有天門水入海. 有越天門山. 莽曰謹. 錢唐, 西部都尉治. 武林山, 武林水所出, 東入海, 行八百三十里, 莽曰泉亭. 鄮, 莽曰海治. 富春, 莽曰誅歲. 冶, 回浦. 南部都尉治.

『국역』

會稽郡(회계군)[473] - 秦代에 설치되었다(秦始皇 25년). 高帝 6년(前 201)에 荊國(형국)이었다가 12년(前 195)에 吳國으로 이름을 바꿨다.[474] 景帝 4년(前 153, 吳楚七國亂 평정 다음 해) 江都郡에 속하게 했다. 揚州刺史部[475] 소속. 民戶 233,038戶에, 인구는 1,032,604명이었다. 26현을 관할하였다.

吳縣(오현) - 옛 國名이니, 周 太伯(泰伯)[476]의 居邑이었다. 具區澤(구구택)이 (縣의) 서쪽에 있으니 揚州의 大澤(藪)인데, 古文에서는 震澤(진택)이라 하였다. 南江이 (縣) 남쪽에서 동으로 흘러 바다에 들어가니 揚州의 大川이다. 王莽은 泰德郡(태덕군)이라 불렀다.

---

473 會稽郡(회계군) - 今 江蘇省의 長江 이남, 上海市. 浙江省(절강성) 대부분을 관할. 치소는 吳縣, 今 江蘇省 남부 蘇州市. 洛陽 동남 3,800리.

474 吳王 劉濞(유비, 前 215 - 154) - 고조 둘째 형의 아들이니 고조의 조카. 유비를 오왕에 제수하고서 황상이 유비를 불러 말했다. "너에게 反相이 있구나." 그러고서는 등을 두드리며 말했다. "漢 건국 후 50년에 동남방에서 반란이 있을 거라는데 네가 어찌 그러겠느냐? 더군다나 천하는 同姓一家이니 너는 삼가 반역을 생각지 말라." 그러자 유비가 머리를 조아리며 말했다. "그러지 않겠습니다." 그러나 결국 吳楚7國亂의 주동자였다. 35권, 〈荊燕吳傳〉에 입전. 濞는 물소리 비.

475 揚州刺史部는 九江, 廬江, 豫章, 丹陽, 會稽 5郡과 六安國을 감찰.

476 太伯(泰伯) - 周나라 왕실의 선조인 古公亶父(고공단보, 太王이라 추존)는 狄人(적인, 북방의 이민족)이 침입하자, 무리를 이끌고 岐山(기산)이란 곳에 정착하고 사람들을 다스렸다. 태왕이 자신의 지위를 三男 季歷(계력)의 아들 昌(창, 文王)에게 물려주려 한다는 뜻을 알게 된 고공단보의 장남인 泰伯(태백)은 동생 虞仲(우중)과 함께 長江 하류로 이주한다. 文王 昌(창)의 아들 武王(성은 姬, 이름은 發)은 周를 건국한다. 따라서 태백은 周의 실질적인 건국자 武王의 큰할아버지이다.

曲阿縣(곡아현) – 옛 雲陽(운양)이니, 왕망은 風美縣(풍미현)이라 했다.

烏傷縣(오상현) – 왕망은 烏孝縣(오효현)이라 했다.

毘陵縣(비릉현)[477] – 季札(계찰)[478]의 居所이다. 長江이 북쪽에 있어 東으로 흘러 入海하니 揚州의 大川이다. 왕망은 毘壇縣(비단현)이라 했다.

餘暨縣(여기현) – 蕭山(소산)에서 潘水(반수)가 발원한다. 東으로 흘러 入海한다. 왕망은 餘衍縣(여연현)이라 했다.

陽羨縣(양선현)

諸暨縣(제기현) – 왕망은 疏虜縣(소로현)이라 했다.

無錫縣(무석현) – 歷山(역산)이 있는데, (楚의) 春申君(춘신군)이 소(牛)를 제물로 해마다 제사하였다. 왕망은 有錫縣(유석현)이라 했다.

山陰縣(산음현) – 會稽山(회계산)이 남쪽에 있다. 山 위에는 禹의 무덤과 우물(禹井)이 있고, 揚州의 名山이다. 越王 勾踐(구천)의 本國이다. 靈文園(영문원)이 있다.

---

477 毘陵縣(비릉현) – 今 江蘇省 常州市(長江 남안).

478 季札(계찰) – 姬는 姓, 名은 札(찰), 季는 막내라는 뜻. 吳王 壽夢(수몽)의 4子. 延陵에 봉해졌기에 延陵季子로 통칭. 吳王인 壽夢(수몽)은 현명한 막내아들 계찰에게 전위하고 싶었고, 수왕의 장자 諸樊(제번)은 부친의 뜻을 알고 숨어버렸다. 수왕이 죽은 뒤에 제번은 계찰에 양위하려 했지만 계찰이 끝내 거부하여 제번이 즉위했다. 제번은 자신이 죽으면 계찰이 즉위한다고 미리 공표까지 했지만, 계찰은 끝내 사양하였다. 계찰은 장수하여 前 485년에 죽었다(애공 8년, 공자 68세). 계찰의 신의에 철저한 사람이었다. 徐國 國君의 죽은 묘에 자신의 보검을 걸어놓고 왔다는 墓上掛劍(묘상괘검)의 成語가 이를 말해준다. (魯) 昭公 27년(前 515, 공자 37세). 孔子는 계찰과 상면했었다.

丹徒縣(단도현)

餘姚縣(여요현)

婁縣(누현) - 南武城(남무성)이 있는데, 闔閭(합려)가 축성을 하고 越(월)을 감시했다. 왕망은 婁治縣(누치현)이라 했다.

上虞縣(상우현)[479] - 仇亭(구정)이 있다. 柯水(가수)가 東으로 흘러 入海한다. 왕망은 會稽縣(회계현)이라 했다.

海鹽縣(해염현) - 옛 武原鄕(무원향)이다. 鹽官이 있다. 왕망은 展武縣(전무현)이라 했다.

剡縣(섬현) - 왕망은 盡忠縣(진충현)이라 했다.

由拳縣(유권현) - 柴辟(시벽)은 옛 就李鄕(취이향)인데, 吳와 越의 戰地이다.

大末縣(대말현) - 穀水(곡수)가 東北을 흘러 錢唐(전당)에 이르러 長江에 합류한다. 왕망은 末治縣(말치현)이라 했다.

烏程縣(오정현) - 歐陽亭(구양정)이 있다.

句章縣(구장현) - 渠水(거수)가 東으로 흘러 入海한다.

餘杭縣(여항현)[480] - 왕망은 進睦縣(진목현)이라 했다.

鄞縣(은현) - 鎭亭(진정)과 鮚埼亭(길기정)이 있다. 東南쪽에 天門水(천문수)가 흘러 入海한다. 越의 天門山이 있다. 왕망은 謹縣(근현)이라 했다.

錢唐縣(전당현)[481] - 西部 都尉가 다스린다. 武林山(무림산)에서 武

479 上虞縣(상우현) - 今 浙江省 紹興市 上虞區.

480 餘杭縣(여항현) - 今 浙江省 杭州市 서쪽.

481 錢唐縣(전당현) - 今 浙江省 杭州市 서쪽 靈隱山 기슭. 會稽郡 西部都尉 다스렸다.

林水가 발원하여 동으로 흘러 入海하는데, 830리를 흘러간다. 왕망은 泉亭縣(천정현)이라 했다.

鄮縣(무현)[482] - 왕망은 海治縣(해치현)이라 했다.

富春縣(부춘현)[483] - 왕망은 誅歲縣(주세현)이라 했다.

冶縣(치현)

回浦縣(회포현) - (會稽郡) 南部都尉가 다스린다.

原文

丹陽郡, 故鄣郡. 屬江都. 武帝元封二年更名丹陽. 屬揚州. 戶十萬七千五百四十一, 口四十萬五千一百七十. 有銅官. 縣十七.

宛陵, 彭澤聚在西南. 清水西北至蕪胡入江. 莽曰無宛. 於朁, 江乘, 莽曰相武. 春穀, 秣陵, 莽曰宣亭. 故鄣, 莽曰候望. 句容, 涇, 丹陽, 楚之先熊繹所封, 十八世. 文王徙郢. 石城, 分江水首受江, 東至餘姚入海, 過郡二, 行千二百里. 胡孰, 陵陽, 桑欽言淮水出東南, 北入大江. 蕪湖, 中江出西南, 東至陽羨入海, 揚州川. 黝, 漸江水出南蠻夷中, 東入海. 成帝鴻嘉二年爲廣德王國. 莽曰愬虜. 溧陽, 歙, 都尉治. 宣城.

482 鄮縣(무현) - 今 浙江省 寧波市 鎭海區. 鄮는 고을 이름 무.

483 富春縣(부춘현) - 今 浙江省 杭州市 서남부 富陽區. 富春江(錢塘江) 상류.

〖국역〗

丹陽郡(단양군)[484] – 옛 鄣郡(장군)이다. 江都(강도)에 속했던 땅이다. 武帝 元封 2년(前 109), 丹陽郡으로 이름을 바꿨다. 揚州刺史部에 속했다. 民戶 107,541戶에, 인구 405,170명이었다. 銅을 채굴하는 관청(銅官)이 있다. 17개 현이 있었다.

宛陵縣(완릉현) – 彭澤聚(팽택취)가 (현의) 西南에 있다. 清水(청수)가 (縣의) 서북을 흘러 蕪胡縣(무호현)에서 長江에 합류한다. 왕망은 無宛縣(무완현)이라 했다.

於簪縣(어참현)[485]

江乘縣(강승현) – 왕망은 相武縣(상무현)이라 했다.

春穀縣(춘곡현)

秣陵縣(말릉현)[486] – 왕망은 宣亭縣(선정현)이라 했다.

故鄣縣(고장현) – 왕망은 候望縣(후망현)이라 했다.

句容縣(구용현)

涇縣(경현)

丹陽縣(단양현)[487] – 楚(초)의 선조인 熊繹(웅역)을 봉한 곳인데, 18世 文王(문왕) 때 郢(영)으로 천도했다.

石城縣(석성현) – 分江水(분강수)가 먼저 長江의 물을 받아 (縣의)

---

484 丹陽郡(단양군) – 관할 지역은 대략, 今 江蘇省 남서부와 浙江省 서북부 지역과 安徽省 동남부를 포함. 治所는 宛陵縣, 今 安徽省 동남부 宣城市 宣州區. 後漢의 치소도 同. 낙양 동쪽 2160리.

485 於簪縣(어참현) – 今 浙江省 杭州市 臨安區.

486 秣陵縣(말릉현) – 今 江蘇省 江寧縣과 秣陵縣(말릉현). 곧 今 南京市(인구 약 850만).

487 丹陽縣(단양현) – 今 安徽省 동부 馬鞍山市 관할 當塗縣.

동쪽을 지나 餘姚(여요)에서 入海하는데 2개 군을 지나며 1,200리를 흘러간다.

胡孰縣(호숙현)

陵陽縣(능양현) – (《水經》의 저자) 桑欽(상흠)은 淮水가 東南으로 흐르다가 北으로 나아가 大江에 합류한다고 하였다.

蕪湖縣(무호현) – 中江(중강)이 발원하여 서남쪽을 지나 동쪽으로 陽羡(양선)에서 入海하는데 揚州(양주)의 大川이다.

黝縣(유현)[488] – 漸江水(점강수)가 발원하여 南으로 흘러 蠻夷(만이)에서 다시 東으로 나아가 入海한다. 成帝 鴻嘉(홍가) 2년(前 19)에 廣德王의 나라가 되었다. 왕망은 愬虜縣(소로현 / 愬는 하소연할 소)이라 했다.

溧陽縣(율양현)

歙縣(흡현) – 都尉가 다스린다.

宣城縣(선성현)[489]

原文

豫章郡, 高帝置. 莽曰九江. 屬揚州. 戶六萬七千四百六十二, 口三十五萬一千九百六十五. 縣十八.

南昌, 莽曰宜善. 廬陵, 莽曰桓亭. 彭澤, 〈禹貢〉彭蠡澤在

488 黝縣(유현) – 黝(검푸를 유)는 黟(검을 이)의 誤字라는 주석이 있다. 今 安徽省 최남단 黃山市 관할 黟縣(이현).

489 今 安徽省 동남부 宣城市. 뒷날 李白이 이곳 宣城에서 술을 마시며 지은 시가 많이 있다.

西. 鄱陽, 武陽鄕右十餘里有黃金采. 鄱水西入湖漢. 莽曰鄕亭. 歷陵, 傅易山,傅易川在南, 古文以爲傅淺原. 莽曰蒲亭. 餘汗, 餘水在北, 至鄡陽入湖漢. 莽曰治干. 柴桑, 莽曰九江亭. 艾, 修水東北至彭澤入湖漢, 行六百六十里. 莽曰治翰. 贛, 豫章水出西南, 北入大江. 新淦, 都尉治. 莽曰偶亭. 南城, 盱水西北至南昌入湖漢. 建成, 蜀水東至南昌入湖漢. 莽曰多聚. 宜春, 南水東至新淦入湖漢. 莽曰修曉. 海昏, 莽曰宜生. 雩都, 湖漢水東至彭澤入江, 行千九百八十里. 鄡陽, 莽曰預章. 南壄, 彭水東入湖漢. 安平, 侯國, 莽曰安寧.

〖국역〗

豫章郡(예장군)[490] – 高帝 때 설치했다. 王莽은 九江郡이라고 불렀다. 揚州刺史部에 속했다. 민호 67,462戶에, 인구 351,965명이다. 18개 縣이 있다.

南昌縣(남창현) – 왕망은 宜善縣(의선현)이라 했다.

廬陵縣(여릉현) – 왕망은 桓亭縣(환정현)이라 했다.

彭澤縣(팽택현)[491] – 〈禹貢〉에서는 彭蠡澤(팽려택)[492]이 (縣의) 서

490 豫章郡(예장군) – 지금의 江西省 지역을 관할. 治所는 南昌縣, 今 상서성 성회인 南昌市. 洛陽에서 남쪽 2,700里.

491 彭澤縣(팽택현) – 今 江西省 九江市 관할 彭澤縣, '贛 北大門'의 칭호. 陶淵明(字는 元亮, 號는 五柳先生)이 東晉 代에 여기 현령을 잠깐 역임. 〈飮酒〉, 〈歸園田居〉, 〈桃花源記〉, 〈五柳先生傳〉, 〈歸去來兮辭〉, 〈桃花源詩〉 등.

쪽에 있다고 했다.

鄱陽縣(파양현) – 武陽鄉(무양향)의 우측 10여 리에 黃金采(황금채)[493]가 있다. 鄱水(파수, 今 昌江과 鄱江)는 서쪽을 흘러 湖漢(호한, 贛江 공강)에 합류한다. 왕망은 鄉亭縣(향정현)이라 했다.

歷陵縣(역릉현) – 傅易山(부역산), 傅易川(부역천)[494]이 (縣의) 남부에 있는데, 古文에서는 傅淺原(부천원)이라 했다. 왕망은 蒲亭縣(포정현)이라 했다.

餘汗縣(여한현) – 餘水(여수)가 縣의 북쪽을 지나, 鄡陽(교양)이란 곳에서 湖漢(贛江, 공강)에 합류한다. 왕망은 治干縣(치간현)이라 했다.

柴桑縣(시상현)[495] – 왕망은 九江亭縣(구강정현)이라 했다.

---

492 彭蠡澤(팽려택) – 今 鄱陽湖(파양호). 贛江(공강), 撫河(무하), 信江(신강), 饒河(요하), 修河(수하) 등이 鄱陽湖(파양호)에 흘러든다. 이 포양호는 九江市에서 바로 長江에 물을 공급한다. 그 水量은 黃河, 淮河의 水量보다 많다고 한다. 江西省의 모든 지역이 파양호의 水系이다. 파양호는 계절에 따라 내수 면적의 차이가 아주 크고 수위의 변화폭이 10 – 15m나 된다. 홍수 때에는 망망대해 같은 호수가 겨울 갈수기에는 실뱀이 기어간 자국으로 남는다고

493 黃金采(황금채) – 황금 채굴지. 今 江西省 동북부, 鄱陽湖 동쪽, 省 直轄의 波陽縣.

494 傅易山(부역산), 傅易川(부역천)의 易은 陽의 뜻이라는 주석이 있다.

495 柴桑縣(시상현) – 今 江西省 九江市 서남. 豫章郡 나중에는 江夏郡 소속, 今 江西省 최북단 九江市 서남. 鄱陽湖와 長江의 합류 지점. 吳의 세력 거점. 諸葛亮은 魯肅(노숙)을 따라 柴桑(시상)으로 吳를 방문하여 群儒(군유)들과 舌戰(설전)을 벌인 다음에 孫權(182 – 252년, 字는 仲謀)을 만난다. 기록상으로 보면, 제갈량은 서기 181년 출생이니 손권보다 한 살 많았다. 하여튼 28, 27세 젊은이의 지략 싸움이었다. 제갈량은 손권과 周瑜(주유)를 유세와 협상으로 설득하여 적벽대전(서기 208년)으로 연

艾縣(애현) – 修水(수수)는 (縣의) 동북을 지나 彭澤(팽택)에서 湖漢(贛江)에 합류하는데, 660리를 흘러간다. 왕망은 治翰縣(치한현)이라 했다.

贛縣(공현)[496] – 豫章水(예장수)가 발원하여 縣의 서남쪽을 지나 북쪽으로 흘러 大江(長江)에 합류한다.

新淦縣(신감현) – 都尉가 다스렸다. 왕망은 偶亭縣(우정현)이라 했다.

南城縣(남성현) – 盱水(우수)가 西北을 지나 南昌에서 湖漢(贛江)에 합류한다.

建成縣(건성현) – 蜀水(촉수)가 東쪽을 흘러 南昌에서 湖漢(贛江)에 합류한다. 왕망은 多聚縣(다취현)이라 했다.

宜春縣(의춘현)[497] – 南水(남수)가 東쪽을 지나 新淦(신감)에서 湖漢(贛江)에 합류한다. 왕망은 修曉縣(수효현)이라 했다.

海昏縣(해혼현) – 왕망은 宜生縣(의생현)이라 했다.

雩都縣(우도현) – 湖漢水(호한수)[498]가 (縣의) 동쪽을 흘러 彭澤(팽택)에서 長江에 합류하는데 1900리를 흘러간다.

鄡陽縣(교양현) – 왕망은 預章縣(예장현)이라 했다.

南埜縣(남야현 / 埜는 野의 古字) – 彭水(팽수)가 동쪽으로 흘러 湖漢

결시킨다. 吳가 金陵으로 천도한(서기 211) 이후에도 제2의 행정 겸 군사도시였다. 孫權은 211年에 秣陵(말릉, 建業, 今 南京)으로 옮기고 金陵邑 舊地에 石頭城 요새를 축조하고 다음 해 建業으로 개칭한다.

496 贛縣(공현) – 今 江西省 서남부 贛州市 서남. 贛(줄 공, 강이름 공)은 江西省을 뜻하는 略字이다. 예 ; 山東省은 '魯'.

497 宜春縣(의춘현) – 今 江西省 중서부 宜春市.

498 湖漢水(호한수) – 贛江의 지류인 錦水와 貢水(공수).

에 합류한다.

安平縣(안평현) – 侯國이었다. 왕망은 安寧縣(안녕현)이라 했다.

16. 荊州 3郡

原文

桂陽郡, 高帝置. 莽曰南平. 屬荊州. 戶二萬八千一百一十九, 口十五萬六千四百八十八. 有金官. 縣十一.

郴, 耒山, 耒水所出, 西至湘南入湘. 項羽所立義帝都此. 莽曰宣風. 臨武, 秦水東南至湞陽入匯, 行七百里. 莽曰大武. 便, 莽曰便屏. 南平, 耒陽, 舂山, 舂水所出, 北至酃入湖, 過郡二, 行七百八十里. 莽曰南平亭. 桂陽, 匯水南至四會入鬱, 過郡二, 行九百里. 陽山, 侯國. 曲江, 莽曰除虜. 含洭, 湞陽, 莽曰基武. 陰山. 侯國.

〖국역〗

桂陽郡(계양군)[499] – 高帝 때 설치했다. 王莽(왕망)은 南平郡이라 불렀다. 荊州刺史部[500]에 속했다. 28,119戶에 인구 156,488명이었

499 桂陽郡(계양군) – 今 廣東省 북부와 湖南省 남부 지역.

500 荊州刺史部 – 南, 南陽, 江夏, 武陵, 桂陽, 零陵의 6郡, 長沙 1國을 감찰했다.

다. 金官이 설치되었다. 11현을 관장했다.

郴縣(침현)[501]

耒山縣(뇌산현)[502] - 耒水(뇌수)가 발원하여 서쪽으로 흘러 湘南(상남)에 이르러 湘江(상강)[503]에 합류한다. 項羽(항우)가 옹립한 (楚의) 義帝(의제)[504]가 定都했었다. 왕망은 宣風縣(선풍현)이라 했다.

臨武縣(임무현) - 秦水(진수)가 縣의 東南을 지나 湞陽(정양)에 와서 匯水(회수)에 합류하고, 7백 리를 흘러간다. 왕망은 大武縣(대무현)이라 했다.

便縣(편현) - 便屛縣(편병현)이라고도 한다.

南平縣(남평현)

耒陽縣(뇌양현)[505] - 舂山(춘산)에서 舂水(용수)가 발원하는데, 北쪽

---

501 桂陽郡의 치소 郴縣(침현). 今 湖南省 남부 郴州市. 洛陽에서 남쪽 3,900리.

502 耒山縣(뇌산현) - 今 湖南省 郴州市 관할 동남쪽 汝城縣(여성현). 汝城縣은 湘(湖南省), 粵(월, 廣東省), 贛(공, 江西省) 3省의 交界地. 동시에 湘江(상강, 湖南省의 가장 큰 강, 洞庭湖에 합류), 贛江(공강, 江西省 전역 그 유역, 鄱陽湖의 源流)과 珠江(주강, 廣東省의 水系)의 분수령.

503 湘江(상강) - 長江의 主要 支流의 하나. 湖南省 境內 최대의 河流. 상강의 지류로는 瀟水(소수), 涓水(연수), 祁水(기수), 潙水(규수), 瀏陽河(유양하)가 있고 湘江을 끼고 발달한 도시로는 永州市, 衡陽市(형양시), 湘潭市(상담시), 長沙市(장사시), 岳陽市(악양시)가 유명하다.

504 義帝 - 懷王孫心 - 회왕의 손자 心(? - 前206, 재위 前 208 - 206), 熊氏(웅씨)에 이름은 心, 멸망한 楚國의 宗室로 민가에서 양을 치며 생활하다가 項梁에 의거 왕위에 오르며, 盱台(우이)에 定都하고 여전히 懷王으로 불리다가 義帝로 그 칭호가 바뀐다.

505 耒陽縣(뇌양현) - 今 湖南省 중동부 衡陽市 관할 耒陽市(뇌양시). 耒는

을 지나 酃(영)이란 곳에서 湖(湘水)에 합류하는데 2개 郡을 지나 780리를 흐른다. 왕망은 南平亭縣(남평정현)이라 했다.

桂陽縣(계양현) – 匯水(회수)는 남쪽으로 흘러 四會(사회)에 이르러 鬱水(울수)에 합류하여, 2郡을 지나 9백 리를 흘러간다.

陽山縣(양산현) – 侯國이었다.

曲江縣(곡강현) – 왕망은 除虜縣(제로현)이라 했다.

含洭縣(함광현) – 湞陽(정양)이라고도 부른다. 왕망은 基武縣(기무현)이라 했다.

陰山縣(음산현) – 侯國이었다.

原文

武陵郡, 高帝置. 莽曰建平. 屬荊州. 戶三萬四千一百七十七, 口十八萬五千七百五十八. 縣十三.

索, 漸水東入沅. 孱陵, 莽曰孱陸. 臨沅. 莽曰監元. 沅陵, 莽曰沅陸. 鐔成, 康谷水南入海. 玉山, 潭水所出, 東至阿林入鬱, 過郡二, 行七百二十里. 無陽, 無水首受故且蘭, 南入沅, 八百九十里. 遷陵, 莽曰遷陸. 辰陽, 三山谷, 辰水所出, 南入沅, 七百五十里. 莽曰會亭. 酉陽, 義陵, 鄜梁山, 序水所出, 西入沅. 莽曰建平. 佷山, 零陽, 充. 酉原山, 酉水所

쟁기 뢰. ※ 참고 陳壽. 正史《三國志 蜀書》. 鳳雛(봉추)인 龐統(방통)은 (桂陽郡) 耒陽(뇌양) 縣令이 되었지만, 뇌양현의 업무를 보지 않아 면직되었다. 吳將 魯肅(노숙)이 유비에게 서신을 보내 '龐士元(龐統)은 百里才가 아닙니다.' 라고 말했다.

出, 南至沅陵入沅, 行千二百里. 歷山, 澧水所出, 東至下雋入沅, 過郡二, 行一千二百里.

〖국역〗

武陵郡(무릉군)[506] – 高帝 때 설치했다. 王莽은 建平郡(건평군)이라 했다. 荊州에 속했다. 民戶 34,177戶에, 인구 185,758명이었다. 13개 縣이었다.

索縣(색현) – 漸水(점수)가 縣의 東쪽을 흘러 沅水(원수)[507]에 합류한다.

孱陵縣(잔릉현) – 왕망은 孱陸縣(잔륙현)이라 했다.

臨沅縣(임원현) – 왕망은 監元縣(감원현)이라 했다.

沅陵縣(원릉현) – 왕망은 沅陸縣(원륙현)이라 했다

鐔成縣(심성현) – 康谷水(강곡수)가 南으로 흘러 入海한다. 玉山(옥산)에서 潭水(담수)가 발원하여 동쪽으로 阿林(아림)에 이르러 鬱水(울수)에 합류하고, 2개 군을 지나 720리를 흘러간다.

---

506 武陵郡(무릉군) – 관할 지역은 대체적으로 今 湖南省 서부, 貴州省 동부, 湖北省 서남 일부. 치소는 義陵縣, 今 湖南省 서부 懷化市(회화시) 관할 溆浦縣(서포현). 옛날 戰國시대 楚가 설치한 군으로 黔中郡이 있었다. 그 관할 지역은, 今 湖南省 서부와 貴州省 동부인데 뒷날 秦의 영역이 되었다. 治所는 臨沅縣(임원현, 今 湖南省 북부 常德市)이었는데, 그 관할 지역이 너무 광대했다. 지금 湖南省 沅江 유역과 湖北省 湖江 유역, 重慶市 黔江(검강) 유역과 貴州省 동부를 포함하였다. 韓 高祖 5년(前 202년)에 武陵郡으로 개칭하였다.

507 沅水(沅江) – 貴州省, 湖南省을 흐르는 洞庭湖 水系의 강. 湘江과 함께 湖南省의 二大 河流.

無陽縣(무양현) - 無水(무수)는 처음 故且蘭水(고차란수)를 이어 받아 남쪽으로 흘러 沅水(원수)에 합류하여 890리를 흘러간다.

遷陵縣(천릉현) - 왕망은 遷陸縣(천륙현)이라 했다.

辰陽縣(진양현) - 三山谷(삼산곡)에서 辰水(진수)가 발원하여 南으로 흘러 沅水에 합류하여 750리를 흘러간다. 왕망은 會亭縣(회정현)이라 했다.

酉陽縣(유양현)

義陵縣(의릉현) - 鄜梁山(부량산)에서 序水(서수)가 발원하여 서쪽으로 흘러 沅水(원수)에 합류한다. 왕망은 建平縣(건평현)이라 했다.

佷山縣(한산현)

零陽縣(영양현)

充縣(충현) - 酉原山(유원산)에서 酉水(유수)가 발원하여, 남으로 흘러 沅陵縣(원릉현)에서 沅水(원수)에 합류하여 1,200리를 흐른다. 歷山(역산)에서 澧水(풍수)가 발원하여, 東으로 흘러 下雋(하준)에서 沅水(원수)에 합류하여 2개 군을 지나 1,200리를 흐른다.

原文

零陵郡, 武帝元鼎六年置. 莽曰九疑. 屬荊州. 戶二萬一千九十二, 口十三萬九千三百七十八. 縣十.

零陵, 陽海山, 湘水所出, 北至酃入江, 過郡二, 行二千五百三十里. 又有離水, 東南至廣信入鬱林, 行九百八十里. 營道, 九疑山在南. 莽曰九疑亭. 始安, 夫夷, 營浦, 都梁, 侯國. 路山, 資水所出, 東北至益陽入沅, 過郡二, 行千八百里.

冷道, 莽曰泠陵. 泉陵. 侯國. 莽曰溥閏, 洮陽, 莽曰洮治. 鐘武. 莽曰鐘桓.

〖국역〗

零陵郡(영릉군)[508] - 武帝 元鼎 6년(前 111)에 설치했다. 王莽은 九疑郡(구의군)이라 했다. 荊州에 속했다. 21,092戶에 인구 139,378명이었다. 10縣.

零陵縣(영릉현) - 陽海山(양해산)에서 湘水(상수)가 발원하여 북으로 흘러 酃縣(영현, 酃은 고을 이름 영)에서 장강에 합류하는데, 2郡을 지나고 2,530리를 흐른다. 또 離水(이수)가 있는데, 東南으로 흘러 廣信(광신)에서 鬱林江(울림강)에 합류하여 980리를 나아간다.

營道縣(영도현) - 九疑山이 縣의 南쪽에 있다. 왕망은 九疑亭縣(구의정현)이라 했다.

始安縣(시안현)

夫夷縣(부이현)

營浦縣(영포현)

都梁縣(도량현) - 諸侯國이었다. 路山(노산)에서 資水(자수)가 발원하여, 東北으로 흘러 益陽縣(익양현)에서 沅水(원수)에 합류하여 2郡(零陵, 長沙)을 지나며 1,800리를 흘러간다.

冷道縣(영도현) - 왕망은 泠陵縣(영릉현)이라 했다.

泉陵縣(천릉현) - 諸侯國이었다. 왕망은 溥閏縣(부윤현)이라 했다.

洮陽縣(조양현) - 왕망은 洮治縣(조치현)이라 했다.

---

508 零陵郡(영릉군) - 今 湖南省 남부와 廣西省 북부 지역에 해당. 治所는 零陵縣, 今 湖南省 永州市 관할 零陵縣.

鐘武縣(종무현) - 왕망은 鐘桓縣(종환현)이라 했다.

17. 益州 9郡

原文

漢中郡, 秦置. 莽曰新成. 屬益州. 戶十萬一千五百七十, 口三十萬六百一十四. 縣十二.

西城, 旬陽, 北山, 旬水所出, 南入沔. 南鄭, 旱山, 池水所出, 東北入漢. 褒中, 都尉治. 漢陽鄉. 房陵, 淮山, 淮水所出, 東至中廬入沔. 又有築水, 東至築陽亦入沔. 東山, 沮水所出, 東至郢入江, 行七百里. 安陽, 鬵谷水出西南, 北入漢. 在谷水出北, 南入漢. 成固, 沔陽, 有鐵官. 錫, 莽曰錫治. 武陵, 上庸, 長利. 有鄖關.

〖국역〗

漢中郡(한중군)[509] - 秦代에 설치하였다. 王莽은 新成郡이라 했다. 益州刺史部[510]에 속했다. 101,570戶에 인구 300,614명이었다. 12개

509 漢中郡(한중군) - 今 陝西省 남부와 湖北省 서북 일부 지역을 관할. 장안성에서 蜀, 巴郡에 가려면 거쳐야 하는 길목이었다.

510 益州刺史部에서는 蜀, 廣漢, 漢中, 武都, 巴, 健爲, 越嶲(월수), 牂柯(장가), 益州 등 9郡을 감찰했다.

縣을 관할했다.

西城縣(서성현)[511]

旬陽縣(순양현) – 北山(북산)에서 旬水(순수)가 발원하는데, 남쪽으로 흘러 沔水(면수, 長江의 최대 지류인 漢水)에 합류한다.

南鄭縣(남정현)[512] – 旱山(한산)에서 池水(지수)가 발원하여 동북으로 흘러 漢水에 합류한다.

褒中縣(포중현) –(漢中郡의) 都尉가 다스렸다. 漢陽鄉(한양향)이 있다.

房陵縣(방릉현)[513] – 淮山(회산)에서 淮水(회수)가 발원하여, 東으로 흘러 中廬(중려)에서 沔水(면수)에 합류한다. 또 築水(축수)가 있어 동쪽으로 흘러 築陽(축양)에서 역시 沔水에 합류한다. 東山(동산)에서 沮水(저수)가 발원하여 동쪽으로 흘러 郢縣(영현)에 이르러 長江에 합류하는데 7백 리를 흘러간다.

安陽縣(안양현) –鬵谷水(심곡수)가 서남에서 발원하여 북으로 흘러 漢水에 합류한다. 在谷水(재곡수)가 북쪽에서 발원하여 남으로 흘러 漢水에 합류한다.

成固縣(성고현)

---

511 西城縣 – 漢中郡의 치소, 今 陝西省 동남단 安康市. 《三國演義》에 이 西城縣이 한 번 등장한다. 곧 '武侯彈琴退仲達' 의 고사는 諸葛亮의 空城計인데, 이는 확실한 허구이지만 너무나 유명한 이야기이다. 本來 空城計는 〈三十六計〉 중 제 32計이며, 이는 일종의 심리전술이다.

512 南鄭縣(남정현) – 今 陝西省 서남부 漢中市.

513 房陵縣(방릉현) – 今 湖北省 서북부, 南河 상류 十堰市(십언시) 관할 房縣. 가장 큰 면적의 현이면서 빈곤한 현으로 유명. 漢代에는 제후들의 유배지로 유명.

沔陽縣(면양현) – 鐵官이 있었다.

錫縣(석현) – 왕망은 錫治縣(석치현)이라 하였다.

武陵縣(무릉현)

上庸縣(상용현)

長利縣(장리현) – 鄖關(운관)이 있다.

原文

廣漢郡, 高帝置. 莽曰就都. 屬益州. 戶十六萬七千四百九十九, 口六十六萬二千二百四十九. 有工官. 縣十三.

梓潼, 五婦山, 水所出, 南入涪, 行五百五十里. 莽曰子同. 汁方, 莽曰美信. 涪, 有孱亭. 莽曰統睦. 雒, 章山, 雒水所出, 南至新都谷入湔. 有工官. 莽曰吾雒. 綿竹, 紫巖山, 綿水所出, 東至新都北入雒. 都尉治. 廣漢, 莽曰廣信. 葭明, 郪, 新都, 甸氐道, 白水出徼外, 東至葭明入漢. 過郡一, 行九百五十里. 莽曰致治. 白水, 剛氐道, 涪水出徼外, 南至墊江入漢, 過郡二, 行千六十九里, 陰平道. 北部都尉治. 莽曰摧虜.

〖국역〗

廣漢郡(광한군)[514] – 高帝 때 설치되었다. 王莽은 就都郡(취도군)이

514 廣漢郡(광한군) – 今 四川省 북부와 甘肅省 남부 지역을 관할. 치소는 梓潼縣.

라 했다. 益州에 속했다. 民戶 167,499戶에, 인구 662,249명이었다. 工官이 설치되었다. 13개 현을 두었다.

梓潼縣(재동현)[515] – 五婦山(오부산)에서 강이 발원하여 남쪽으로 涪水(부수)에 합류하여 550리를 흐른다. 왕망은 子同縣(자동현)이라 했다.

汁方縣(즙방현) – 왕망은 美信縣(미신현)이라 했다.

涪縣(부현)[516] – 孱亭(잔정)이 있다. 왕망은 統睦縣(통목현)이라 했다.

雒縣(낙현) – 章山(장산)에서 雒水(낙수)가 발원하여 남쪽으로 흘러 新都谷(신도곡)에 이르러 湔水(전수, 湔은 씻을 전)에 합류한다. 工官이 설치되었다. 왕망은 吾雒縣(오낙현)이라 했다.

綿竹縣(면죽현)[517] – 紫巖山(자엄산)에서 綿水(면수)가 발원하여 동쪽으로 흘러 新都 북쪽에서 雒水에 합류한다. (廣漢郡의) 都尉가 다스린다.

廣漢縣(광한현)[518] – 왕망은 廣信縣(광신현)이라 했다.

葭明縣(가명현 / 葭는 갈대 가)

郪縣(처현)

新都縣(신도현)

甸氐道縣(전저도현)[519] – 白水(백수)가 縣 밖으로 흘러 나가 동쪽으

---

515 梓潼縣(재동현) – 廣漢郡의 治所, 今 四川省 中北部 綿陽市 관할 梓潼縣.

516 涪縣(부현) – 今 四川省 북부 綿陽市 涪城區. 涪는 거품 부.

517 綿竹縣(면죽현) – 今 四川省 북부 綿陽市.

518 廣漢縣(광한현) – 四川成都 평원 동북측 德陽市 관할 廣漢市.

519 甸氐道縣(전저도현) – 今 甘肅省 동남부 隴南市 관할 文縣. 白龍江 유역. 道는 소수민족과 漢人이 혼거하는 縣級 행정단위.

로 葭明縣(가명현)에서 漢水에 합류한다. 1(2)개 郡을 지나며 950리를 흘러간다. 왕망은 致治縣(치치현)이라 했다.

白水縣(백수현)

剛氐道縣(강저도현) - 涪水(배수)가 縣 밖으로 흘러 남쪽으로 墊江(점강)에 이르러 漢水에 합류하고, 2개 군을(廣漢郡, 巴郡) 지나 1,060리를 흘러간다.

陰平道縣(음평도현) - (廣漢郡의) 北部都尉가 다스린다. 왕망은 摧虜縣(최로현 / 摧는 꺾을 최)이라 했다.

原文

蜀郡, 秦置. 有小江入, 並行千九百八十里. 〈禹貢〉桓水出蜀山西南, 行羌中, 入南海. 莽曰導江. 屬益州. 戶二十六萬八千二百七十九, 口百二十四萬五千九百二十九. 縣十五.

成都, 戶七萬六千二百五十六, 有工官. 郫, 〈禹貢〉江沱在西, 東入大江. 繁, 廣都, 莽曰就都亭. 臨邛, 僕千水東至武陽入江, 過郡二, 行五百一十里. 有鐵官,鹽官. 莽曰監邛. 青衣, 〈禹貢〉蒙山溪大渡水東南至南安入渽. 江原, 𨙸水首受江, 南至武陽入江. 莽曰邛原. 嚴道, 邛來山, 邛水所出, 東入青衣. 有木官. 莽曰嚴治. 綿虒, 玉壘山, 湔水所出, 東南至江陽入江, 過郡三, 行千八百九十里. 旄牛, 鮮水出徼外, 南入若水. 若水亦出徼外, 南至大莋入繩, 過郡二, 行千六百里. 徙, 湔氐道, 〈禹貢〉㟭山在西徼外, 江水所出, 東南至江都入海, 過郡七, 行二千六百六十里. 汶江, 渽水出徼外, 南至南安, 東入江, 過郡三, 行三千四十里. 江沱在西南, 東入江. 廣柔, 蠶陵. 莽曰步昌.

『국역』

蜀郡(촉군)[520] - 秦代에 설치되었다. 8개의 작은 강이 모두 1,980리를 흘러간다.[521] 〈禹貢〉에서는 桓水(환수)가 蜀山(촉산) 서남에서 발원하여 羌(강)을 지나 南海에 유입한다고 하였다. 王莽은 導江郡(도강군)이라 하였다. 益州刺史部에 속한다. 民戶는 268,279戶에, 인구는 1,245,929명이다. 15개 縣을 관할한다.

成都縣(성도현)[522] - 民戶 76,256戶. 工官이 설치되었다.

郫縣(비현) - 〈禹貢〉에는 江沱水(강타수)가 서쪽에 있는데, 동쪽으로 흘러 大江에 합류한다고 하였다.

繁縣(번현)

廣都縣(광도현) - 왕망은 就都亭縣(취도정현)이라 했다.

臨邛縣(임공현)[523] - 僕千水(복천수)가 東쪽으로 흘러 武陽縣(무양

---

520 蜀郡(촉군) - 今 四川省 중부 지역을 관할. 치소는 成都縣, 今 四川省 成都市. 洛陽에서 서쪽 3,100里.

521 원문 有小江入 - 入은 八의 誤字가 확실하다는 주석이 있다. 郡內에 8개의 강이 흐르고, 그 강의 길이 합계가 1,980里라는 뜻이다.

522 成都市(Chéngdū) - 別稱 '蓉城 용성'(蓉은 연꽃 용). '錦官城', 簡稱 '蓉 róng.' 四川省 중동부. 四川盆地 서부. 成都 平原의 腹地(복지). 四川省 省會. 副省級 도시. 天富之國. 成都市 전체 인구 1,600만(2018년).

523 臨邛縣(임공현) - 今 四川省 成都市 관할 邛崍市(공래시).

현)에 이르러 長江에 합류하는데, 2郡을 지나 510里를 흐른다. 鐵官과 鹽官이 있다. 왕망은 監邛縣(감공현)이라 했다.

靑衣縣(청의현)[524] - 〈禹貢〉에서는 蒙山(몽산) 계곡의 大渡水(대도수)가 동남쪽을 흘러 南安縣에 이르러 渽水(재수)에 합류한다고 하였다.

江原縣(강원현) - 𨏩水(도수)가 먼저 물을 받아, 남쪽으로 흘러 武陽에 이르러 長江에 합류한다. 왕망은 邛原縣(공원현)이라 했다.

嚴道縣(엄도현) - 邛來山(공래산)에서 邛水(공수)가 발원하여, 東쪽 靑衣縣으로 흐른다. 木官(목관)[525]이 설치되었다. 왕망은 嚴治縣(엄치현)이라 했다.

綿虒縣(면사현) - 玉壘山(옥루산)에서 湔水(전수)가 발원하여, 東南쪽으로 흘러 江陽(강양)에 이르러 長江에 합류하는데, 3郡(蜀, 廣漢, 健爲郡)을 지나 1,890리를 흐른다.

旄牛縣(모우현) - 鮮水(선수)가 縣 밖으로 흘러나가 남쪽에서 若水(약수)에 합류한다. 若水(약수) 또한 그 경계 밖을 지나 남쪽으로 흘러 大莋(대작)에서 繩水(승수)에 합류하고, 2郡〔蜀, 越巂郡(월수군)〕을 지나며 1,600리를 흘러간다.

徙縣(사현)

湔氐道縣(전저도현) - 〈禹貢〉에서는 崏山(민산)이 縣 밖 서쪽에 있는데, 거기서 강물이 발원하여 東南으로 흘러 江都(강도)에 이르러 바다로 나아가는데, 7개 郡(12郡)을 지나 2,660(7,660)里를 흘러간다.

---

524 靑衣縣(청의현) - 今 四川省 중앙부 雅安市 名山區.

525 木官(목관) - 목재와 관련된 특별한 물품을 조달하기 위한 관청. 桔官(길관)이어야 한다는 주석이 있다. 桔官(길관)은 내용 미상. 桔은 두레박 틀. 도르레. 도라지 길.

汶江縣(문강현) - 渽水(재수)가 縣 밖으로 흘러 나가 남쪽으로 南安(남안)에서 동쪽 長江에 합류하는데, 3개 郡을 지나 3,040리를 지나간다. 江沱水(강타수)는 縣의 서남에서 동쪽으로 長江에 합류한다.

廣柔縣(광유현)[526]

蠶陵縣(잠릉현) - 왕망은 步昌縣(보창현)이라 했다.

原文

犍爲郡, 武帝建元六年開. 莽曰西順. 屬益州. 戶十萬九千四百一十九, 口四十八萬九千四百八十六. 縣十二.

僰道, 莽曰僰治. 江陽, 武陽, 有鐵官, 莽曰戢成. 南安, 有鹽官,鐵官. 資中, 符, 溫水南至鱉入黚水, 黚水亦南至鱉入江. 莽曰符信. 牛鞞, 南廣, 汾關山, 符黑水所出, 北至僰道入江. 又有大涉水, 北至符入江, 過郡三, 行八百四十里. 漢陽, 都尉治. 山闟谷, 漢水所出, 東至鱉入延. 莽曰新通. 存鄢, 莽曰孱鄢. 朱提, 山出銀. 堂琅.

〖국역〗

犍爲郡(건위군)[527] - 武帝 建元 6년에 開設하였다. 왕망은 西順郡

526 廣柔縣(광유현) - 今 四川省 중북부 綿陽市 관할 汶川縣. 阿壩藏族羌族自治州. 2008년 대지진을 겪은 곳.

527 犍爲郡(건위군) - 郡 영역은 今 四川省 동남부, 重慶市 서부, 雲南省 동북부 지역. 치소는 僰道(북도). 道는 縣과 같은 행정단위. 犍은 거세한 소 건.

이라 했다. 益州刺史部 소속. 民戶 109,419戶에 인구 489,486명. 12현을 관할했다.

僰道縣(북도현)[528] – 왕망은 僰治縣(북치현)이라 했다.

江陽縣(강양현)

武陽縣(무양현) – 鐵官이 설치되었다. 왕망은 戢成縣(집성현)이라 했다.

南安縣(남안현) – 鹽官과 鐵官이 설치되었다.

資中縣(자중현)[529]

符縣(부현) – 溫水(온수)가 남쪽 鄨縣(폐현)에서 黚水(겸수)에 합류하고, 黚水(겸수) 역시 남쪽 鄨縣(폐현)에서 長江에 합류한다. 왕망은 符信縣(부신현)이라 했다.

牛鞞縣(우비현)[530]

南廣縣(남광현) – 汾關山(분관산)에서 符黑水(부흑수)가 발원하여 북쪽으로 흘러 僰道(북도)에서 長江에 합류한다. 또 大涉水(대섭수)가 북으로 흘러 符縣(부현)에서 장강에 합류하여 3개 郡을 지나 840里를 흘러간다.

漢陽縣(한양현) – (건위군) 都尉가 다스린다. 山闟谷(산흡곡)에서 漢水(한수)가 발원하여 동쪽으로 흘러 鄨縣(폐현)에서 延水(연수)에 합류한다. 왕망은 新通縣(신통현)이라 했다.

---

528 僰道縣(북도현) – 犍爲郡의 치소, 今 四川省 동남부 宜賓市(의빈시). 僰은 오랑캐 북.

529 資中縣(자중현) – 今 四川省 중동부 資陽市.

530 牛鞞縣(우비현) – 今 四川省 成都市 관할 簡陽市. 鞞는 말 위에서 치는 북 비.

存馬縣(존마현)[531] – 왕망은 孱馬縣(잔마현)이라 했다.

朱提縣(주제현)[532] – 山에서 銀은 산출된다.

堂琅縣(당랑현)[533]

原文

越嶲郡, 武帝元鼎六年開. 莽曰集嶲. 屬益州. 戶六萬一千二百八, 口四十萬八千四百五. 縣十五.

邛都, 南山出銅. 有邛池澤. 遂久, 繩水出徼外, 東至僰道入江, 過郡二, 行千四百里. 靈關道, 臺登, 孫水南至會無入若, 行七百五十里. 定莋, 出鹽. 步北澤在南. 都尉治. 會無, 東山出碧. 莋秦, 大莋, 姑復, 臨池澤在南. 三絳, 蘇示, 孰江在西北. 闌, 卑水, 灊街, 青蛉. 臨池灊在北. 僕水出徼外, 東南至來惟入勞, 過郡二, 行千八百八十里. 則禺同山, 有金馬,碧雞.

〖국역〗

越嶲郡(월수군)[534] – 武帝 元鼎 6년(前 111)에 개설되었다. 왕망은

531 存馬縣(존마현) – 今 雲南省 宣威市 存馬縣(존마현). 馬는 땅이름 마.

532 朱提縣(주제현) – 今 雲南省 동북부의 昭通市.

533 堂琅縣(당랑현) – 今 雲南省 巧家縣.

534 越嶲郡(월수군) – 四川省 남부, 雲南省 북부 지역을 관할. 嶲는 소쩍새 휴. 郡는 이름 수.

集嶲郡(집수군)이라 하였다. 益州刺史部 소속이다. 民戶 61,208호에, 인구 408,405명이다. 15개 縣이 있다.

邛都縣(공도현)[535] - 南山(남산)에서 구리(銅)가 산출된다. 邛池澤(공지택)이 있다.

遂久縣(수구현) - 繩水(승수)가 縣 밖 동쪽으로 흘러 僰道(북도)에 일러 長江에 합류하는데 2개 郡을 지나고 1,400리를 흐른다.

靈關道(영관도)

臺登縣(대등현) - 孫水(손수)가 남쪽으로 흘러 會無縣(회무현)에서 若水(약수)에 합류하여 750里를 흘러간다.

定莋縣(정작현)[536] - 소금(鹽)이 나온다. 步北澤(보북택)이 남쪽에 있다. (월수군) 都尉가 다스린다.

會無縣(회무현) - 東山(동산)에서 碧玉(벽옥)이 생산된다.

莋秦縣(작진현)

大莋縣(대작현)

姑復縣(고복현) - 臨池澤(임지택)이 縣의 남쪽에 있다.

三絳縣(삼강현)

蘇示縣(소시현) - 孰江(숙강)이 縣의 西北에 있다.

闌縣(난현)

卑水縣(비수현)

灊街縣(첨가현)

青蛉縣(청령현) - 臨池灊(임지첨, 灊은 땅이름 첨)이 縣 북쪽에 있다.

---

535 邛都縣(공도현) - 월수군의 치소, 今 四川省 남부 西昌市. 邛은 언덕 공.

536 定莋縣(정작현) - 今 四川省 남부 涼山彝族(양산이족) 자치주 관할 鹽源縣. 雲南省 접경. 莋은 풀 먹을 작.

僕水(복수)가 縣 밖에서, 東南으로 흘러가 來惟(내유)에 이르러 勞水(노수)에 합류하고, 2郡을 지나 1,880리를 흘러간다. 禺同山(우동산)이 있는데, (山神으로) 金馬(금마)와 碧雞(벽계)를 섬긴다.

原文

益州郡, 武帝元封二年開. 莽曰就新. 屬益州. 戶八萬一千九百四十六, 口五十八萬四百六十三. 縣二十四.

滇池, 大澤在西, 滇池澤在西北. 有黑水祠. 雙柏, 同勞, 銅瀨, 談虜山, 迷水所出, 東至談稿入溫. 連然, 有鹽官. 俞元, 池在南, 橋水所出, 東至毋單入溫, 行千九百里. 懷山出銅. 收靡, 南山臘, 塗水所出, 西北至越巂入繩, 過郡二, 行千二十里. 穀昌, 秦臧, 牛蘭山, 即水所出, 南至雙柏入僕, 行八百二十里. 邪龍, 味, 昆澤, 葉榆, 葉榆澤在東. 貪水首受青蛉, 南至邪龍入僕, 行五百里. 律高, 西石空山出錫, 東南盢町山出銀,鉛. 不韋, 雲南, 巂唐, 周水首受徼外. 又有類水, 西南至不韋, 行六百五十里. 弄棟, 東農山, 毋血水出, 北至三絳南入繩, 行五百一十里. 比蘇, 賁古, 北采山出錫, 西羊人出銀,鉛, 南烏山出錫. 毋棳, 橋水首受橋山, 東至中留入潭, 過郡四, 行三千一百二十里. 莽曰有棳. 勝休, 河水東至毋棳入橋. 莽曰勝僰. 健伶, 來唯. 從陀山出銅. 勞水出徼外, 東至麋泠入南海, 過郡三, 行三千五百六十里.

〖국역〗

益州郡(익주군)[537] - 武帝 元封 2년(前 109)에 開設했다. 王莽은 就新郡이라고 했다. 益州刺史部 소속. 民戶 81,946戶에, 인구 580,463명. 24縣을 관할.

滇池縣(전지현) - 大澤(대택)이 縣의 서쪽에 있고, 滇池澤(전지택)[538]은 西北에 있다. 黑水祠(흑수사)가 있다.

雙柏縣(쌍백현)

同勞縣(동로현)

銅瀨縣(동뢰현) - 談虜山(담로산)에서 迷水(미수)가 발원하여, 東으로 흘러 談稿(담고)에 이르러 溫水(온수)에 합류한다.

連然縣(연연현)[539] - 鹽官이 있다.

俞元縣(유원현) - 滇池(전지)가 (縣의) 南쪽에 있다. 橋水(교수)가 발원하여, 東쪽으로 흘러 毋單(무단)에서 溫水(온수)에 합류하여 1,900里를 흘러간다. 懷山(회산)에서는 구리(銅)가 생산된다.

收靡縣(수미현)[540] - 南山(남산)의 臘谷(엽곡)에서는 塗水(도수)가 발원하여, (縣의) 서북을 지나 越巂郡(월수군)에서 繩水(승수)에 합류

---

537 益州郡(익주군) - 今 雲南省 서북부와 중부 지역을 관할. 治所는 滇池縣(전지현, 塡池縣). 後漢에서도 동일. 洛陽 서쪽 7,260里.

538 滇池澤(전지택) - 滇池(전지)는, 今 雲南省 晉寧縣. 앞의 大澤(대택)은 미상. 滇池澤(전지택)은, 今 滇池. 雲南省 省會인 昆明市 남쪽 滇池(전지). 滇(전)은 부족 이름. 今 雲南省 昆明市(곤명시) 서남쪽 滇池(전지) 일대 분포. 滇池는 해발 1,800m 고원에 자리 잡은 담수호. 滇國의 국도는, 今 雲南省 昆明市 관할의 晉寧縣. '滇' 은 雲南省의 簡稱.

539 連然縣(연연현) - 今 雲南省 중부 昆明市 관할 安寧市.

540 收靡縣(수미현) - 牧靡縣(목미현)이어야 한다는 주석이 있다.

하는데 2군(益州, 犍爲郡)을 지나 1,020里를 흐른다.

穀昌縣(곡창현)[541]

秦臧縣(진장현) – 牛蘭山(우란산)에서 即水(즉수)가 발원하여, 南쪽으로 雙柏(상백)에 이르러 僕水(복수)에 합류하여 820리를 흘러 간다.

邪龍縣(사룡현)

味縣(미현)

昆澤縣(곤택현)

葉楡縣(엽유현)[542] – 葉楡澤(엽유택)이 東쪽에 있다. 貪水(탐수)는 먼저 青蛉水(청령수)를 이어받아, 南으로 흘러 邪龍(사룡)에서 僕水(복수)에 합류하여 5백 리를 흐른다.

律高縣(율고현) – 서쪽 石空山(석공산)에서 주석(錫)이 산출되고, 동남의 盷町山(견정산)에서는 銀과 鉛(연, 납)이 산출한다.

不韋縣(불위현)

雲南縣(운남현)[543]

嶲唐縣(수당현) – 周水(주수)는 縣 밖에서 흘러 들어온다. 또 類水(유수)가 흐르는데, 西南쪽을 흘러 不韋縣(불위현)에서 650리를 흘러 간다.

弄棟縣(농동현) – 東農山(동농산)에서 毋血水(무혈수)가 발원하여 북쪽을 흘러 三絳縣(삼강현)에서 남쪽 繩水(승수)에 합류하여 510리

541 穀昌縣(곡창현) – 今 雲南省 省會인 昆明市 동북.

542 葉楡縣(엽유현) – 호수 이름. 今 雲南省 서북부 大理市 북쪽의 洱海(이해).

543 雲南縣(운남현) – 今 雲南省 중서부 大理白族自治州 관할 祥雲縣(상운현).

를 흐른다.

比蘇縣(비소현)

賁古縣(분고현) - 북쪽 采山(채산)에서 朱錫(錫)이 나오고, 서쪽 羊人山(양인산)에서는 銀과 납(鉛)이, 남쪽 烏山(오산)에서는 주석이 나온다.

毋棳縣(무절현, 棳은 몽치 절) - 橋水(교수)는 먼저 橋山(교산)의 물을 받아 東쪽을 흘러 中留(중류)에 이르러 潭水(담수)에 합류하여, 4개 군을 지나 3,120리를 흘러간다. 왕망은 有棳縣(유절현)이라 고쳐 불렀다.

勝休縣(승휴현) - 河水(하수)가 東으로 흘러 毋棳縣(무절현)에서 橋水(교수)에 합류한다. 왕망은 勝僰縣(승북현)이라 했다.

健伶縣(건령현)

來唯縣(내유현) - 從陀山(종타산)에서는 구리(銅)가 나온다. 勞水(노수)는 縣 밖으로 흘러, 東쪽으로 麋泠(미령)에 이르러 南海에 들어가는데, 3개 郡을 지나며 3,560리를 흐른다.

原文

牂柯郡, 武帝元鼎六年開. 莽曰同亭. 有杜蒲關. 屬益州. 戶二萬四千二百一十九, 口十五萬三千三百六十. 縣十七.

故且蘭, 沅水東南至益陽入江, 過郡二, 行二千五百三十里. 鐔封, 溫水東至廣鬱入鬱, 過郡二, 行五百六十里. 鱉, 不狼山, 鱉水所出, 東入沅, 過郡二, 行七百三十里. 漏臥, 平夷, 同並, 談指, 宛溫, 毋斂, 剛水東至潭中入潭. 莽曰有歛, 夜郎, 豚水東至廣鬱. 都尉治. 莽曰同亭. 毋單, 漏江, 西隨. 麋水西受徼外, 東至麋泠入尙龍溪, 過郡二, 行千一百六里. 都夢, 壺水東南至麋泠入尙龍溪, 過郡二, 行千一百六十里. 談稿, 進桑, 南部都尉治. 有關. 句町. 文象水東至增食入鬱. 又有盧唯水,來細水,伐水. 莽曰從化.

〖국역〗

牂柯郡(장가군)[544] – 武帝 元鼎 6년에 개설했다. 왕망은 同亭郡이라 했다. 柱蒲關(주포관)[545]이 있다. 益州刺史部에 속했다. 24,219戶에, 인구 153,360명이다. 17개 현을 거느렸다.

故且蘭縣(고차란현)[546] – 沅水(원수)가 縣의 동남쪽을 흘러 益陽(익양)에 이르러 長江에 합류하여 2개 군을 지나 2,530리를 흘러간다.

鐔封縣(심봉현) – 溫水(온수)가 동쪽을 흘러 廣鬱(광울)에 이르러 鬱水(울수)에 합류하고 2개 군을 지나 560리를 흐른다.

鷩縣(폐현) – 不狼山(부랑산 / 비랑산)에서 鷩水(폐수)가 발원하여 동쪽을 흘러 沅水에 합류하여 2개 郡을 지나 730리를 흘러간다.

漏臥縣(누와현)

---

544 牂柯郡(장가군) – 관할 지역은 대체로 雲南省 동부, 貴州省 동남부와 중부, 그리고 廣西省 북부 지역. 治所는 故且蘭縣(고차란현). 後漢代 치소도 동일. 낙양에서 서쪽 5,700리. 牂은 암컷 양 장. 柯는 자루 가. 牂柯(장가)는 배를 묶어 매는 말뚝.

545 柱蒲關(주포관) – 桂蒲關? 위치 미상.

546 故且蘭縣(고차란현) – 장가군의 치소, 今 貴州省 중부, 黔南布依族苗族自治州 관할 福泉市.

平夷縣(평이현)

同並縣(동병현)

談指縣(담지현)

宛溫縣(완온현)

毋斂縣(무렴현) – 剛水(강수)가 동쪽을 지나 潭中(담중)에서 潭水(담수)에 합류한다. 왕망은 有斂縣(유렴현)이라 했다.

夜郎縣(야랑현)[547] – 豚水(돈수)가 동쪽을 지나 廣鬱(광울)에 이른다. 都尉가 다스린다. 왕망은 同亭縣(동정현)이라 했다.

毋單縣(무단현)

漏江縣(누강현)

西隨縣(서수현) – 麋水(미수)가 서쪽으로 다른 지역에서 흘러와 동쪽 麋泠(미령)에 이르러 尙龍溪(상룡계)에 합류하여 2개 군을 지나며 1,106리를 흐른다.

都夢縣(도몽현) – 壺水(호수)가 동남을 흘러 麋泠(미령)에서 尙龍溪(상룡계)에 합류하여 2개 군을 지나며 1,106리를 흐른다.

談稿縣(담고현)

進桑縣(진상현) – (牂柯郡의) 南部都尉가 다스린다. 關門이 설치되었다.

句町縣(구정현) – 文象水(문상수)가 동쪽으로 흘러 增食縣(증식현)에 이르러 鬱水(울수)에 합류한다. 또 盧唯水(노유수), 來細水(내세수), 伐水(벌수)도 있다. 왕망은 從化縣(종화현)이라 했다.

---

547 夜郎縣(야랑현) – 종족명 겸 국명. 지금의 貴州省 서북부, 雲南省 동북부 일대에 거주. 國都는 夜郎城, 今 貴州省 安順市 관할의 關嶺布依族苗族自治縣 남쪽.

原文

巴郡, 秦置. 屬益州. 戶十五萬八千六百四十三, 口七十萬八千一百四十八. 縣十一.

江州, 臨江. 莽曰監江. 枳, 閬中, 彭道將池在南, 彭道魚池在西南, 墊江, 朐忍, 容毋水所出, 南入江. 有橘官,鹽官. 安漢, 是魚池在南. 莽曰安新. 宕渠, 符特山在西南. 潛水西南入江. 不曹水出東北徐谷, 南入灊. 魚復, 江關, 都尉治. 有橘官. 充國, 涪陵. 莽曰巴亭.

〖국역〗

巴郡(파군)[548] - 秦代에 설치했다. 益州刺史部에 속했다. 민호 158,643호에, 인구 708,148명이다. 11縣이 있었다.

江州縣(강주현)[549]

臨江縣(임강현) - 왕망은 監江縣(감강현)이라 했다.

枳縣(지현)[550]

閬中縣(낭중현)[551] - 彭道將池(팽도장지)가 縣의 남쪽에, 彭道魚池(팽도어지)는 서남쪽에 있다.

墊江縣(점강현)

朐忍縣(구인현) - 容毋水(용무수)가 발원하여 남쪽으로 흘러 長江

548 巴郡(파군) - 관할 지역은, 今 四川省 동부와 重慶市. 치소는 江州縣.

549 江州縣(강주현) - 巴郡의 치소, 今 重慶市의 都心 渝中區(투중구).

550 枳縣(지현) - 今 重慶市 涪陵區(부릉구). 枳는 탱자나무 지.

551 閬中縣(낭중현) - 今 四川省 동부 閬中市. 閬은 솟을 대문 낭.

에 합류한다. 橘官(귤관)과 鹽官(염관)이 설치되었다.

安漢縣(안한현) – 是魚池(시어지)가 남쪽에 있다. 왕망은 安新縣(안신현)이라 했다.

宕渠縣(탕거현) – 符特山(부특산)이 縣의 西南에 있다. 潛水(잠수)가 서남으로 흘러 장강에 합류한다. 不曹水(부조수)가 東北의 徐谷(서곡)에서 발원하여 남쪽으로 瀳水(심수)에 합류한다.

魚復縣(어복현)[552] – 강가에 關門이 있다. (巴郡) 都尉가 다스린다. 橘官(귤관)이 설치되었다.

充國縣(충국현)

涪陵縣(부릉현)[553] – 왕망은 巴亭縣(파정현)이라 했다.

原文

武都郡, 武帝元鼎六年置. 莽曰樂平. 戶五萬一千三百七十六, 口二十三萬五千五百六十. 縣九.

武都, 東漢水受氐道水, 一名沔, 過江夏, 謂之夏水, 入江. 天池大澤在縣西. 莽曰循虜. 上祿, 故道, 莽曰善治. 河池. 泉街水南至沮入漢, 行五百二十里. 莽曰樂平亭. 平樂道, 沮, 沮水出東狼谷, 南至沙羨南入江, 過郡五, 行四千里, 荊

552 魚復縣(어복현) – 뒷날 劉備는 관우에 대한 복수로 대군을 거느리고 공격하나 夷陵(이릉)의 전투에서 대패한다. 유비는 巴東郡 魚復縣으로 옮겨 永安縣으로 개명하고 거처를 永安宮이라 부른다. 今 重慶市 동부 奉節縣. 서기 203, 昭烈帝(劉備)는 여기서 붕어한다.

553 涪陵縣(부릉현) – 今 重慶市 彭水縣(팽수현).

州川. 嘉陵道, 循成道, 下辨道. 莽曰楊德.

〖국역〗

武都郡(무도군)[554] - 武帝 元鼎 6년(前 111년)에 설치되었다. 王莽은 樂平郡이라 했다. 民戶 51,376戶에 인구235,560명이다. 9縣이 있었다.

武都縣(무도현)[555] - 東漢水(동한수)가 氐道水(저도수)의 강물을 잇는데, 일명沔水(면수)라고 하는데, 江夏郡(강하군)을 지나면서 夏水(하수)라 하여 長江에 합류한다. 天池大澤(천지대택)이 縣의 서쪽에 있다. 왕망은 循虜縣(순로현)이라 했다.

上祿縣(상록현) - 예전에는 道(도)였다. 왕망은 善治縣(선치현)이라 했다.

河池縣(하지현) - 泉街水(천가수)가 남쪽을 지나 沮縣(저현)에 이르러 漢水(한수)에 합류하는데 520리를 흘러간다. 왕망은 樂平亭縣(낙평정현)이라 했다.

平樂道(평락도)

沮縣(저현) - 沮水(저수)가 東狼谷(동랑곡)에서 발원하여, 남쪽으로 흘러 沙羨縣(사선현)에 이르러 長江에 합류한 뒤 5개 군을 지나며 4천리를 흐르는데 荊州(형주)의 大川이다.

---

554 武都郡(무도군) - 관할 지역은, 今 甘肅省 동남부와 陝西省 서남부. 존한에서는 益州刺史部 소속. 후한에서는 涼州刺史部 소속이었다. 그래서 班固가 〈地理志〉 하권에서 여러 군에 관한 기록을 시작하면서 武都郡을 넣은 것 같다. 치소는 武都縣.

555 武都縣(무도현) - 今 甘肅省 최남단 隴南市 관할 西和縣.

嘉陵道(가릉도)[556]

循成道(순성도)[557]

下辨道(하변도)[558] – 왕망은 楊德縣(양덕현)이라 했다.

556 嘉陵道(가릉도) – 今 陝西省 서남부 漢中市 관할 略陽縣. 嘉陵江(가릉강)의 상류. 道는 한족과 이민족이 혼거하는 縣 단위 행정구역이다.

557 循成道(순성도) – 修成道(수성도)이어야 한다는 주석이 있다. 今 甘肅省 남부 隴南市 관할 成縣의 동남.

558 下辨道(하변도) – 今 甘肅省 남부 隴南市 관할 成縣의 서북.

【〈地理志〉 第八 下】

18. 涼州 8郡

原文

隴西郡, 秦置. 莽曰厭戎. 戶五萬三千九百六十四, 口二十三萬六千八百二十四. 有鐵官,鹽官. 縣十一.

狄道, 白石山在東. 莽曰操虜. 上邽, 安故, 氐道, 〈禹貢〉養水所出, 至武都爲漢. 莽曰亭道. 首陽, 〈禹貢〉鳥鼠同穴山在西南, 渭水所出, 東至船司空入河, 過郡四, 行千八百七十里, 雍州寖. 予道, 莽曰德道. 大夏, 莽曰順夏. 羌道, 羌水出塞外, 南至陰平入白水, 過郡三, 行六百里. 襄武, 莽曰相桓. 臨洮, 洮水出西羌中, 北至枹罕東入河. 〈禹貢〉西頃山在縣西. 南部都尉治也. 西. 〈禹貢〉嶓冢山, 西漢所出, 南入廣漢白水, 東南至江州入江, 過郡四, 行二千七百六十里. 莽曰西治.

〖국역〗

隴西郡(농서군)[559] – 秦代에 설치했다. 王莽은 厭戎郡(염융군)이라

559 隴西郡(농서군) – 隴西(농서)는 군명. 隴山(농산, 今 陝西省 서부와 甘肅省

했다. 民戶 53,964戶에, 인구 236,824명이었다. 鐵官과 鹽官이 설치되었다. 11개 현을 설치했다.

狄道(적도)[560] – 白石山(백석산)이 縣의 동쪽에 있다. 왕망은 操虜縣(조로현)이라 했다.

上邽縣(상규현)[561]

安故縣(안고현)

氐道(저도)[562] – 〈禹貢〉에서는 養水(양수)가 발원하여, 武都縣에서 漢水에 합류한다고 하였다. 왕망은 亭道(정도)라고 했다.

首陽縣(수양현) – 〈禹貢〉에서는 鳥鼠同穴山(오서동혈산)이 縣의 西南에 있고, 渭水(위수)가 발원하는데, 東으로 船司空縣(선사공현)에서 黃河에 합류한다고 하였고, 4개 군을 지나 1,870리를 흐르는 雍州(옹주)의 灌漑池(관개지, 寖)라 하였다.

予道(여도, 위치 미상) – 왕망은 德道(덕도)라 했다.

大夏縣(현) – 왕망은 順夏縣(순하현)이라 했다.

羌道(강도)[563] – 羌水(강수)가 邊塞(변새, 塞外)에서 흘러와 남쪽으

경계를 이루는 산맥)의 서쪽 지역이란 뜻. 고대에는 西를 右라고 하였다. 今 甘肅省과, 今 陝西省 寶雞市 관할 隴縣 서북 서남부 일대, 곧 六盤山 서쪽에서 黃河의 동쪽을 지칭한다. 여기 隴西郡부터는 涼州刺史部 소속이다. 涼州刺史部는 安定, 隴西, 天水, 金城, 武威, 張掖, 酒泉, 敦煌郡 등을 감찰하였는데, 본문에는 그 내용이 누락되었다.

560 狄道(적도) – 농서군의 치소, 今 甘肅省 定西市 관할의 臨洮縣. 道는 이민족과 혼거하는 지역을 말함. 縣級은 행정구역.

561 上邽縣(상규현)은, 今 甘肅省 동남부의 天水市.

562 氐道(저도) – 氐(저)는 종족명. 漢代에 甘肅省, 青海省 지역에 거주.

563 羌道(강도) – 西羌(서강). 羌族(강족)에 대한 범칭. 중국 서쪽의 강족이라

로 陰平(음평)에 이르러 白水(백수)에 합류하는데, 3郡을 지나면서 6백 리를 흘러간다.

襄武縣(양무현) – 왕망은 相桓縣(상환현)이라 했다.

臨洮縣(임조현) – 洮水(조수)가 서쪽 羌族(강족)의 땅에서 발원하여 북쪽으로 흘러 (金城郡) 枹罕縣(포한현)에서 동쪽으로 黃河에 합류한다. 〈禹貢〉에서는 西頃山(서경산)이 縣의 西쪽에 있다고 하였다. (농서군) 南部 都尉가 다스린다.

西縣(서현) – 〈禹貢〉에서는 嶓冢山(파총산)은 西漢水(서한수)가 발원하여 남쪽으로 흘러 廣漢郡에서 白水(백수)에 합류하고, 東南으로 흘러 (巴郡) 江州縣(강주현)에서 長江에 합류한 뒤에 4개 군을 지나며 2,760리를 흘러간다고 하였다. 왕망은 西治縣(서치현)이라 했다.

原文

金城郡, 昭帝始元六年置. 莽曰西海. 戶三萬八千四百七十, 口十四萬九千六百四十八. 縣十三.

允吾, 烏亭逆水出參街谷, 東至枝陽入湟. 莽曰修遠. 浩亹, 浩亹水出西塞外, 東至允吾入湟水. 莽曰興武. 令居, 澗水出西北塞外, 至縣西南, 入鄭伯津. 莽曰罕虜. 枝陽, 金城, 莽曰金屛. 楡中, 枹罕, 白石, 離水出西塞外, 東至枹罕入河. 莽曰順礫. 河關, 積石山在西南羌中. 河水行塞外, 東北入

는 의미. 羊을 토템(Totem)으로 숭배하는 '西戎牧羊人' 본래 지금의 陝西, 甘肅, 靑海省 일대에 거주했다.

塞內, 至章武入海, 過郡十六, 行九千四百里. 破羌, 宣帝神爵二年置. 安夷, 允街, 宣帝神爵二年置. 莽曰修遠. 臨羌. 西北至塞外, 有西王母石室,仙海,鹽池. 北則湟水所出, 東至允吾入河. 西有須抵池, 有弱水,崑崙山祠. 莽曰鹽羌.

〖국역〗

金城郡(금성군)[564] – 昭帝 始元 6년(前 81)에 설치했다. 王莽은 西海郡이라 했다. 38,470戶에 인구 149,648명이었다. 13개 縣이 있었다.

允吾縣(윤오현)[565] – 烏亭逆水(오정역수)가 參街谷(참가곡)에서 발원하여, 東쪽으로 흘러 枝陽縣(지양현)에서 湟水(황수)에 합류한다. 왕망은 修遠縣(수원현)이라 했다.

浩亹縣(호미현) – 浩亹水(호미수, 亹는 힘쓸 미, 수문)가 서쪽 塞外(새외)에서 발원하여, 동쪽으로 흘러와 允吾縣(윤오현)에서 湟水에 합류한다. 왕망은 興武縣(흥무현)이라 했다.

令居縣(영거현) – 澗水(간수)가 서쪽 변경 밖에서 발원하여, 본 현의 서남에 흘러와 鄭伯津(정백진)에서 합류한다. 왕망은 罕虜縣(한로현)이라 했다.

枝陽縣(지양현)

金城縣(금성현)[566] – 왕망은 金屛縣(금병현)이라 했다.

---

564 金城郡(금성군) – 金城湯池(금성탕지)의 뜻. 甘肅省 省會인 蘭州市 서쪽과 青海省 일부 지역에 해당. 凉州 刺史部 소속. 치소는 允吾縣. 後漢에서도 同. 낙양에서 서쪽 2,800리.

565 允吾縣(윤오현) – 金城郡의 치소. 今 甘肅省 臨夏回族自治州 관할 永靖縣.

566 金城縣(금성현) – 今 甘肅省 서남 蘭州市 서북.

楡中縣(유중현)

枹罕縣(포한현)[567]

白石縣(백석현) - 離水(이수)가 서쪽 변경 밖에서 발원하여 (白石縣의) 동쪽을 지나 枹罕縣(포한현)에서 河水에 합류한다. 왕망은 順礫縣(순력현)이라 했다.

河關縣(하관현) - 積石山(적석산)이 西南쪽 羌中(강중) 땅에 있다. 河水(황하)가 塞外(새외)에서 흘러와 (縣의) 東北에서 塞內(새내)로 들어와 章武(장무)에서 (黃河를 따라) 入海하는데, 16개 郡을 지나며[568] 9,400리를 흐른다.

破羌縣(파강현) - 宣帝 神爵(신작) 2년(前 60)에 설치했다.

安夷縣(안이현)[569]

允街縣(윤가현) - 宣帝 神爵 2년에 설치했다. 왕망은 修遠縣(수원현)이라 했다.

臨羌縣(임강현) - 西北方은 塞外이고, 西王母 石室과 仙海(선해), 鹽池(염지)가 있다. 北쪽에서 湟水(황수)가 발원하여 동쪽을 흘러 允吾縣에서 黃河에 합류한다. 서쪽에 須抵池(수저지)가 있고, 弱水(약수)[570]가 있고, 崑崙山祠(곤륜산사)가 있다. 왕망은 鹽羌縣(염강현)이

567 枹罕縣(포한현) - 今 甘肅省 남서부 臨夏市 동북.

568 원문 過郡十六 - 金城, 武威, 天水, 安定, 北地, 朔方, 五原, 雲中, 定襄, 雁門, 西河, 河東, 左馮翊, 京兆尹, 弘農, 河南, 陳留, 東郡, 魏郡, 淸河, 信都, 平原, 勃海 등 總 24郡國을 거친다.

569 安夷縣(안이현) - 今 青海省 동부 西寧市(青海省 省會).

570 弱水(약수) - 崑崙山, 또는 大秦國에 있다는 호수. 약수는 기러기 털도 가라앉는다고 한다. 실제 그런 곳이 있다면 流砂 지역일 것이다.

라 했다.

原文

天水郡, 武帝元鼎三年置. 莽曰塡戎. 明帝改曰漢陽. 戶六萬三百七十, 口二十六萬一千三百四十八. 縣十六.

平襄, 莽曰平相. 街泉, 戎邑道, 莽曰塡戎亭. 望垣, 莽曰望亭. 罕開, 綿諸道, 阿陽, 略陽道, 冀, 〈禹貢〉朱圄山在縣南梧中聚. 莽曰冀治. 勇士, 屬國都尉治滿福. 莽曰紀德. 成紀, 淸水, 莽曰識睦. 奉捷, 隴, 豲道, 騎都尉治密艾亭. 蘭干. 莽曰蘭盾.

〖국역〗

天水郡(천수군)[571] – 武帝 元鼎 3년(前 114)에 설치했다. 왕망은 塡戎郡(전융군)이라 했다. (後漢) 明帝는 漢陽郡이라 고쳤다. 民戶는 63,370戶에 인구는 261,348명이었다. 16개 縣을 거느렸다.

平襄縣(평양현)[572] – 왕망은 平相縣(평상현)이라 했다.

街泉縣(가천현)

戎邑道(융읍도) – 왕망은 塡戎亭縣(전융정현)이라 했다.

望垣縣(망원현) – 왕망은 望亭縣(망정현)이라 했다.

罕開縣(한개현)

---

571 天水郡(천수군) – 今 甘肅省 동남부 지역. 치소는 平襄縣.

572 平襄縣(평양현) – 天水郡 치소, 今 甘肅省 중남부 定西市 관할 通渭縣.

綿諸道(면제도)

阿陽縣(아양현)

略陽道(약양도)

冀縣(기현) - 〈禹貢〉에서는 朱圄山(주어산)이 縣의 남쪽 梧中聚(오중취)에 있다고 하였다. 왕망은 冀治縣(기치현)이라 했다.

勇士縣(용사현) - 屬國都尉[573]가 滿福(만복) 지역을 다스렸다. 왕망은 紀德縣(기덕현)이라 했다.

成紀縣(성기현)[574]

淸水縣(청수현) - 왕망은 識睦縣(식목현)이라 했다.

奉捷縣(봉첩현)

隴縣(농현)

豲道縣(원도현)[575] - 騎都尉(기도위)가 密艾亭(밀애정)을 다스렸다.

蘭干縣(난간현) - 왕망은 蘭盾縣(난순현)이라 했다.

原文

武威郡, 故匈奴休屠王地. 武帝太初四年開. 莽曰張掖. 戶萬七千五百八十一, 口七萬六千四百一十九. 縣十.

---

573 屬國都尉는 이민족 집단 거주지의 군사와 치안 담당관. 관할 지역의 太守 格이었다. 屬國은 변방의 郡에 설치한 이민족의 자치 집단.

574 成紀縣(성기현) - 今 甘肅省 중남부 定西市 관할 通渭縣의 동북. 飛將軍으로 알려진 李廣(이광)이 여기 출신이었다.

575 豲道縣(원도현) - 今 甘肅省 동부, 天水市 서부의 武山縣. 豲은 멧돼지 원(환). 騎都尉(기도위)는 기병 부대 지휘관.

姑臧, 南山, 谷水所出, 北至武威入海, 行七百九十里. 張掖, 武威, 休屠澤在東北, 古文以爲豬野澤. 休屠, 莽曰晏然. 都尉治熊水障. 北部都尉治休屠城. 揟次, 莽曰播德. 鸞鳥, 樸𠢮, 莽曰敷虜. 媼圍, 蒼松, 南山, 松陝水所出, 北至揟次入海. 莽曰射楚. 宣威.

〖국역〗

武威郡(무위군)[576] – 옛 匈奴 休屠王(휴저왕)[577]의 지역이었다. 武帝 太初 4년(前 101)에 개설하였다. 王莽은 張掖郡(장액군)으로 고쳤다. 民戶 17,581戶에 인구는 76,419명이었다. 10縣이 있었다.

姑臧縣(고장현) – 南山(남산)에서 계곡물이 흘러 북쪽의 武威縣에 이르러 호수로 들어가는데 790리를 흐른다.[578]

---

576 武威郡(무위군) – 관할 지역은, 今 甘肅省 중부. 치소는 姑臧縣(고장현), 今 甘肅省 河西走廊(하서주랑)의 동쪽 武威市(무위시). 蘭州市와 張掖市의 중간.

577 休屠王 – 가을, 匈奴 昆邪王(혼야왕)이 休屠王(휴저왕)을 죽이고 그 무리 4만여 명을 거느리고 투항하였는데, 이들을 5개의 속국에 분산하여 거처하게 하였다. 흉노의 옛 그 땅에 武威郡(무위군)과 酒泉郡(주천군)을 설치하였다.

578 원문 北至武威入海 – 여기 海는 우리가 생각하는 일반적인 海가 아니다. 중국인들은 내륙의 큰 호수를 海라 하였다. 중국 青海省의 青海는 그냥 큰 호수이다. 여기 무위군의 북쪽에 있는 海는 休屠澤(휴저택). 일반적으로 漢代에는 '居延澤', 후세에는 '西海', 唐代 이후로는 '居延海'로 불렸던, 지금은 사라진 호수이다. 행정지역으로는 內蒙古自治區 阿拉善盟 額濟納旗 북부.

張掖縣(장액현)[579]

武威縣(무위현) - 休屠澤(휴저택)이 縣의 東北에 있는데, 古文에서는 豬野澤(저야택)이라고 했다.

休屠縣(휴저현) - 왕망은 晏然縣(안연현)이라 했다. 都尉가 熊水障(웅수장, 위치 미상)을 다스렸다. 北部都尉는 休屠城(휴저성)을 다스렸다.

揟次縣(서차현) - 왕망은 播德縣(파덕현)이라 했다.

鸞鳥縣(난오현)

撲寇縣(박구현) - 왕망은 敷虜縣(부로현)이라 했다.

媼圍縣(온위현)

蒼松縣(창송현) - 南山(남산)에서 松陜水(송협수)가 발원하여, 북쪽을 흘러 揟次(서차)에서 큰 호수로 들어간다. 왕망은 射楚縣(사초현)이라 했다.

宣威縣(선위현)[580]

原文

張掖郡, 故匈奴昆邪王地, 武帝太初元年開. 莽曰設屛. 戶二萬四千三百五十二, 口八萬八千七百三十一. 縣十.

觻得, 千金渠西至東涫入澤中. 羌谷水出羌中, 東北至居延入海, 過郡二, 行二千一百里. 莽曰官式. 昭武, 莽曰渠

579 張掖縣(장액현) - 今 甘肅省 중부 武威市 관할 古浪縣.

580 宣威縣(선위현) - 今 甘肅省 중부 武威市 관할 民勤縣. 동, 서, 북 3면이 텅거리 사막(騰格里沙漠)과 바단지린(巴丹吉林) 사막으로 둘러싸였다.

武. 刪丹, 桑欽以爲道弱水自此, 西至酒泉合黎. 莽曰貫虜. 氐池, 莽曰否武. 屋蘭, 莽曰傳武. 日勒, 都尉治澤索谷. 莽曰勒治. 驪靬, 莽曰揭虜. 番和, 農都尉治. 莽曰羅虜. 居延, 居延澤在東北, 古文以爲流沙. 都尉治, 莽曰居成. 顯美.

〖국역〗

張掖郡(장액군)[581] – 옛 匈奴 昆邪王(혼야왕)의 강역이었는데, 武帝 太初 元年(前 104)에 개설하였다. 王莽은 設屛郡(설병군)이라 하였다. 民戶 24,352戶에, 인구 88,731명이다. 10縣이 있다.

觻得縣(역득현) – 千金渠(천금거)가 서쪽을 흘러 東涫(동관)에 이르러 湖澤에 흘러든다. 羌谷水(강곡수)가 羌(강)의 땅에서 발원하여 동북을 흘러 居延(거연)에 이르러 湖澤에 들어가는데, 2개 군을 지나 2,100리를 흐른다. 왕망은 官式縣(관식현)이라 했다.

昭武縣(소무현) – 왕망은 渠武縣(거무현)이라 했다.

刪丹縣(산단현) – (《水經》의 저자)의 桑欽(상흠)은 '여기서 시작하는 弱水(약수)는 서쪽으로 흘러 酒泉郡(주천군) 合黎(합려)에 도달한다.' 고 하였다. 왕망은 貫虜縣(관로현)이라 했다.

氐涫池縣(저지현)[582] – 왕망은 否武縣(부무현)이라 했다.

屋蘭縣(옥란현) – 왕망은 傳武縣(전무현)이라 했다.

日勒縣(일륵현) – 都尉가 澤索谷(택색곡, 위치 미상)을 다스렸다. 왕망은 勒治縣(늑치현)이라 했다.

---

581 張掖郡(장액군) – 今 甘肅省 중부와 內蒙古 서부. 치소는 觻得縣(역득현).

582 氐池縣(저지현) – 今 甘肅省 張掖市 동남의 民樂縣.

驪靬縣(여간현, 驪는 검은말 려) – 왕망은 揭虜縣(게로현)이라 했다.

番和縣(번화현) – 農都尉(농도위)[583]가 다스린다. 왕망은 羅虜縣(나로현)이라 했다.

居延縣(거연현) – 居延澤(거연택)[584]이 縣의 東北에 있는데, 古文에서는 流沙(유사) 지역이라 했다. 都尉가 다스렸다. 왕망은 居成縣(거성현)이라 했다.

顯美縣(현미현)[585]

原文

酒泉郡, 武帝太初元年開. 莽曰輔平. 戶萬八千一百三十七, 口七萬六千七百二十六. 縣九.

祿福, 呼蠶水出南羌中, 東北至會水入羌谷. 莽曰顯德. 表是, 莽曰載武. 樂涫, 莽曰樂亭. 天陈, 玉門, 莽曰輔平亭. 會水, 北部都尉治偃泉障. 東部都尉治東部障. 莽曰蕭武. 池頭, 綏彌, 乾齊. 西部都尉治西部障. 莽曰測虜.

〖국역〗

酒泉郡(주천군)[586] – 武帝 太初 元年(前 104)[587]에 개설하였다. 王

583 農都尉(농도위) – 屯田(둔전) 담당. 軍糧 생산과 공급의 책무.

584 居延澤(거연택) – 이미 사라진 호수. 지도에 나타나지도 않는다.

585 顯美縣(현미현) – 今 甘肅省 중부 金昌市 관할 永昌縣.

586 酒泉郡 – 치소는 祿福縣, 今 甘肅省 酒泉市 肅州區. 원래 匈奴 休屠王(휴저왕)과 渾邪王(혼야왕)의 통치지역에 속했으나 武帝 元狩 2년(前

莽은 輔平郡(보평군)이라 하였다. 民戶 18,137戶에, 人口 76,726명. 9縣이 있었다.

祿福縣(녹복현)[588] - 呼蠶水(호잠수)가 남쪽 羌族(강족)의 땅에서 발원하여, 東北쪽으로 여러 하천을 모아 羌谷(강곡)에 합류한다. 왕망은 顯德縣(현덕현)이라 했다.

表是縣(표시현) - 왕망은 載武縣(재무현)이라 했다.

樂涫縣(낙관현) - 왕망은 樂亭縣(낙정현)이라 했다.

天㑊縣(천의현)[589]

玉門縣(옥문현)[590] - 왕망은 輔平亭縣(보평정현)이라 했다.

會水縣(회수현) - (酒泉郡의) 北部都尉는 偃泉障(언천장)[591]을 다스린다. 東部都尉는 東部障(동부장)을 다스린다. 왕망은 蕭武縣(소무현)[592]이라 했다.

池頭縣(지두현)

---

121)에 곽거병의 漢軍이 이곳을 차지하고 나중에 郡을 설치하였다. 河西 四郡 중 가장 일찍 설치한 郡. '城 안에 金泉이 있는데, 물맛이 술처럼 좋았다.' 고 한다. 河西四郡은 長安 쪽에서 보면 武威 - 張掖 - 酒泉 - 敦煌郡의 순.

587 太初 元年 - 元狩 2년이 되어야 한다.

588 祿福縣(녹복현) - 今 甘肅省 酒泉市. 인터넷 자료에 의하면, 2015년 市 총 인구 112만으로 나와 있다.

589 天㑊縣(천의현) - 今 甘肅省 酒泉市 玉門市 남쪽. 㑊는 언덕 의.

590 玉門縣(옥문현) - 今 甘肅省 酒泉市 玉門市 서북쪽.

591 偃泉障(언천장) - 前障의 착오일 것이라는 주석이 있다. 偃은 쓰러질 언. 障은 가로막을 장. 군사방어시설 겸. 주거지. 방어용 작은 城, 보루.

592 蕭武縣(소무현) - 肅武縣(숙무현)이어야 한다는 주석이 있다. 蘇武(소무, 人名)가 아니다.

綏彌縣(수미현)

乾齊縣(건제현)[593] - 西部都尉는 西部障(서부장)을 다스린다. 왕망은 測虜縣(측로현)이라 했다.

原文

敦煌郡, 武帝後元年分酒泉置. 正西關外有白龍堆沙, 有蒲昌海. 莽曰敦德. 戶萬一千二百, 口三萬八千三百三十五. 縣六.

敦煌. 中部都尉治步廣候官. 杜林以爲古瓜州地, 生美瓜. 莽曰敦德. 冥安, 南籍端水出南羌中, 西北入其澤, 溉民田. 效穀, 淵泉, 廣至, 宜禾都尉治崑崙障. 莽曰廣桓. 龍勒. 有陽關,玉門關, 皆都尉治. 氐置水出南羌中, 東北入澤, 溉民田.

〖국역〗

敦煌郡(돈황군)[594]은 武帝 後元 원년(前 88) 酒泉郡을 분리하여 설치하였다. 서역을 향한 關門 밖에 白龍(백룡)의 모래언덕(堆沙, 퇴사)과 蒲昌海(포창해)[595]가 있다. 王莽은 敦德郡(돈덕군)이라 했다. 民

593 乾齊縣(건제현) - 今 甘肅省 酒泉市 관할 玉門市 서북.

594 敦煌郡(돈황군) - 今 甘肅省 서부. 酒泉市 관할 敦煌市(縣級). 근처에 유명한 莫高窟(막고굴) 유적이 있다.

595 蒲昌海(포창해) - 新疆省 동부 羅布泊(라포박, 롭노르 LopNor). 지금 통용되는 중국 지도에는 호수로 나타나 있지 않다. 곧 호수는 사라졌고 지명만 남았다. 西域(서역)은 무제 때 처음 왕래하였는데 본래 36국이었으

戶 11,200호에, 인구 38,335명이다. 6개 縣이다.

敦煌縣(돈황현) -(敦煌郡의) 中部都尉는 步廣(地名)을 다스리는 候官(후관, 정찰 담당관)을 거느렸다. 杜林(두림)은 옛 瓜州(과주) 지역으로 생각되는데, 맛있는 참외가 생산된다. 왕망은 敦德縣(돈덕현)이라 했다.

冥安縣(명안현) - 南쪽의 籍端水(적단수)는 남부 羌族의 땅에서 발원하여 서북으로 흘러 湖澤(冥澤)에 흘러드는데 백성의 田地에 물을 댈 수 있다.(漑는 물 댈 개)

效穀縣(효곡현)

淵泉縣(연천현)

廣至縣(광지현) - 宜禾都尉(의화도위)는 崑崙障(곤륜장)[596]을 다스린다. 왕망은 廣桓縣(광환현)이라 했다.

龍勒縣(용륵현) - 陽關(양관)과 玉門關(옥문관)[597]에는 모두 都尉가

나 점차 분열되어 50여 개 국가가 되었는데 흉노의 서쪽, 烏孫의 남쪽에 해당한다. 남북으로는 큰 산맥이 있고, 중앙에는 강이 있으며 동서 6천리 남북으로 1천여 리가 된다. 동쪽으로 漢과 연접하였지만 玉門關과 陽關에서 막혔고, 서쪽으로는 蔥嶺(총령)으로 차단되었다. 포창해는 일명 鹽澤(염택)이라고 하는데, 玉門關과 陽關에서 3백여 리 떨어진 곳으로 넓이와 길이도 300여 里이다. 그 물은 흐르지 않고 겨울과 여름에 늘거나 줄어들지 않고 전부 다 지하로 숨어 흘러 남쪽의 積石(적석)에서 용출하여 黃河가 된다고 그때 사람들은 생각했다.

596 宜禾都尉(의화도위)는 屯田(둔전)을 담당. 후한에서도 설치. 崑崙障(곤륜장)은, 今 甘肅省 서부 酒泉市 관할 瓜州縣(과주현). 原名 安西縣.

597 玉門關과 陽關 - 甘肅省 敦煌市의 서북쪽에 玉門關이 있어 天山北路로 이어지고 敦煌市의 서남쪽에 있는 陽關(양관)은 天山南路로 이어졌다. 玉門關과 陽關을 나가 서역에 가는 길은 2개인데, 鄯善(선선)에서 南山

있어 다스린다. 氐置水(저치수)는 南쪽 羌族의 땅에서 발원하여, 東北을 지나 湖澤에 흘러가며 民田에 관개한다.

原文

安定郡, 武帝元鼎三年置. 戶四萬二千七百二十五, 口十四萬三千二百九十四. 縣二十一.

高平, 莽曰鋪睦. 復累, 安俾, 撫夷, 莽曰撫寧. 朝那, 有端旬祠十五所, 胡巫祝, 又有湫淵祠. 涇陽, 开頭山在西, 〈禹貢〉涇水所出, 東南至陽陵入渭, 過郡三, 行千六十里, 雍州川. 臨涇, 莽曰監涇. 鹵, 灈水出西. 烏氏, 烏水出西, 北入河. 都盧山在西. 莽曰烏亭. 陰密, 《詩》密人國. 有囂安亭. 安定, 參䜌, 主騎都尉治. 三水, 屬國都尉治. 有鹽官. 莽曰廣延亭. 陰槃, 安武, 莽曰安桓. 祖厲, 莽曰鄉禮. 爰得, 眴卷, 河水別出爲河溝, 東至富平北入河. 彭陽, 鶉陰, 月氏道. 莽曰月順.

(곤륜산)의 북쪽으로 강을 따라 서쪽으로 가면 莎車(사차)에 이르는 길이 南道인데, 南道로 서쪽의 蔥嶺(총령)을 넘으면 大月氏(대월지)와 安息國(안식국)에 이른다. 車師前國의 王廷에서 北山을 끼고 강을 따라 서쪽으로 가면 疏勒(소륵)에 이르는 길이 北道이고, 北道의 서쪽으로 총령을 넘으면 大宛(대원)과 康居(강거)와 奄蔡(엄채)이다. 두 관문의 서쪽 지역은 협의의 西域(서역, 이때 域은 國의 의미)으로 西域都護府의 관할 지역이고, 廣義의 서역은 협의의 서역과 연관 있는 지역을 포함한다. 반고의 〈西域傳〉(上)에는 28국, 하권에 25국, 총 53국에 대하여 국명과 거리, 호구, 군사, 관제, 물산 등을 설명하였다.

〖국역〗

安定郡(안정군)[598] - 武帝 元鼎 3년(前 114)에 설치. 民戶 42,725戶에 인구 143,294명이다. 21개 縣이 있다.

高平縣(고평현)[599] - 왕망은 鋪睦縣(포목현)이라 했다.

復累縣(복루현)

安俾縣(안비현)

撫夷縣(무이현) - 왕망은 撫寧縣(무녕현)이라 했다.

朝那縣(조나현)[600] - 端旬祠(단순사, 祀廟 이름)가 15개所 있고, 胡人 巫女가 祈祝하며, 또 湫淵祠(추연사)가 있다.

涇陽縣(경양현)[601] - 縣의 서쪽에 開頭山(개두산)이 있는데, 〈禹貢〉에서는 涇水(경수)가 발원하여 동남으로 흘러 陽陵(양릉)에 이르러 渭水(위수)에 합류하여 3개 郡[602]을 지나며, 1,060리를 흐르는 雍州(옹주)의 大川이라 했다.

臨涇縣(임경현) - 왕망은 監涇縣(감경현)이라 했다.

鹵縣(노현, 위치 미상) - 灈水(구수)가 서쪽에서 발원한다.

烏氏縣(오지현)[603] - 서쪽에서 烏水(오수)가 발원하여 북쪽으로 흘러 黃河에 합류한다. 都盧山(도로산)이 西쪽에 있다. 왕망은 烏亭縣

---

598 安定郡(안정군) - 관할은, 今 甘肅省 동남부와 寧夏回族自治區 일대. 涼州刺史部 소속. 郡治는 高平縣.

599 高平縣(고평현) - 安定郡의 治所. 今 寧夏回族自治區의 남부 固原市.

600 朝那縣(조나현) - 今 寧夏回族自治區 남단 固原市 동남.

601 涇陽縣(경양현) - 今 甘肅省 동남부 平涼市.

602 3郡은 安定郡, 右扶風, 左馮翊.

603 烏氏縣(오지현) - 今 寧夏 자치구 남부 固原市 동남. 氏의 音은 지.

(오정현)이라 했다.

陰密縣(음밀현) -《詩經, 大雅 皇矣》에 나오는 密人(밀인)의 나라이다. 囂安亭(효안정)이 있다.

安定縣(안정현)

參䜌縣(참련현)[604] - 主騎都尉가 다스린다.

三水縣(삼수현) - 屬國都尉가 다스린다. 鹽官이 있다. 왕망은 廣延亭縣(廣延亭)이라 했다.

陰槃縣(음반현)

安武縣(안무현) - 왕망은 安桓縣(안환현)이라 했다.

祖厲縣(조려현) - 왕망은 鄉禮縣(향례현)이라 했다.

爰得縣(원득현)

眴卷縣(현권현) - 河水의 지류가 다른 곳에서 발원하여 河溝(하구, 작은 강)가 되어 동쪽으로 흘러 富平縣 북쪽에서 河水에 합류한다.

彭陽縣(팽양현)

鶉陰縣(순음현)

月氏道(월지도)[605] - 왕망은 月順縣(월순현)이라 했다.

---

604 參䜌縣(참련현) - 今 甘肅省 동부 慶陽市. 䜌은 戀에서 心이 없는 字.

605 月氏道(월지도) - 今 寧夏 자치구 남부 固原市 서남. 氏의 音은 지.

19. 朔方 5郡

原文

北地郡, 秦置. 莽曰威成. 戶六萬四千四百六十一, 口二十一萬六百八十八. 縣十九.

馬領, 直路, 沮水出西, 東入洛. 靈武, 莽曰威成亭. 富平, 北部都尉治神泉障. 渾懷都尉治塞外渾懷障. 莽曰特武. 靈州, 惠帝四年置. 有河奇苑,號非苑. 莽曰令周. 朐衍, 方渠, 除道, 莽曰通道. 五街, 莽曰吾街. 鶉孤, 歸德, 洛水出北蠻夷中, 入河. 有堵苑,白馬苑. 回獲, 略畔道, 莽曰延年道. 泥陽, 莽曰泥陰. 鬱郅, 泥水出北蠻夷中. 有牧師菀官. 莽曰功著. 義渠道, 莽曰義溝. 弋居, 有鹽官. 大要, 廉. 卑移山在西北. 莽曰西河亭.

〖국역〗

北地郡(북지군)[606] - 秦代에 설치되었다. 王莽은 威成郡(위성군)이라 했다. 民戶 64,461戶에 인구 210,688명이었다. 19縣이었다.

馬領縣(마령현)[607]

---

606 北地郡(북지군) - 今 甘肅省 동북부와 寧夏 자치구 북부. 朔方刺史部 소속. 郡治는 義渠縣에서 馬嶺縣으로 이동. 朔方刺史部에서는 北地郡, 上郡, 西河, 朔方, 五原의 5郡을 감찰.

607 馬領縣(마령현) - 北地郡의 治所. 今 甘肅省 동부 慶陽市 서북의 馬嶺鎭. 後漢에서도 동일. 洛陽 서쪽 1,100里.

直路縣(직로현) – 서쪽에서 沮水(저수)가 발원하여, 東쪽을 흘러 洛水(낙수)에 합류한다.

靈武縣(영무현)[608] – 왕망은 威成亭縣(위성정현)이라 했다.

富平縣(부평현) – 北部都尉가 神泉障(신천장, 小城 名)을, 渾懷都尉(혼회도위)는 塞外(새외)의 渾懷障(혼회장)을 다스렸다. 왕망은 特武縣(특무현)이라 했다.

靈州縣(영주현) – 惠帝 4년에 설치하였다(前 191). 河奇苑(하기원)과 號非苑(호비원)[609]이 있었다. 왕망은 令周縣(영주현)이라 했다.

眴衍縣(현연현)

方渠縣(방거현)

除道(제도, 위치미상) – 왕망은 通道(통도)라 했다.

五街縣(오가현, 위치 미상) – 왕망은 吾街縣(오가현)이라 했다.

鶉孤縣(순고현)

歸德縣(귀덕현) – 洛水(낙수)가 북쪽 蠻夷(만이)의 땅에서 발원하여 황하에 합류한다. 堵苑(도원)과 白馬苑(백마원)[610]이 있었다.

回獲縣(회획현)

略畔縣(약반도) – 왕망은 延年道(연년도)이라 했다.

泥陽縣(니양현) – 왕망은 泥陰縣(이음현 / 泥는 니)이라 했다.

鬱郅縣(울질현) – 泥水(이수)가 북쪽 만이의 땅에서 발원한다. 牧師菀官(목사원관)[611]이 있었다. 왕망은 功著縣(공저현)이라 했다.

---

608 靈武縣(영무현) – 寧夏自治區 북부 銀川市 관할 賀蘭縣.

609 河奇苑(하기원)과 號非苑(호비원) – 牧馬場 이름.

610 堵苑(도원)과 白馬苑(백마원) – 牧馬場 이름. 牧師官. 아래의 註 참고.

611 牧師菀官(목사원관) – 邊方 6개 郡(隴西, 天水, 安定, 北地, 上郡, 西河)에

義渠道(의거도) - 왕망은 義溝縣(의구현)이라 했다.

弋居縣(익거현) - 鹽官(염관)이 있었다.

大要縣(대요현)

廉縣(염현) - 縣의 서북에 卑移山(비이산)이 있다.[612] 왕망은 西河亭縣(서하정현)이라 했다.

原文

上郡, 秦置, 高帝元年更爲翟國, 七月復故. 匈歸都尉治塞外匈歸障. 屬幷州. 戶十萬三千六百八十三, 口六十萬六千六百五十八. 縣二十三.

膚施, 有五龍山,帝,原水,黃帝祠四所. 獨樂, 有鹽官. 陽周. 橋山在南, 有黃帝塚. 莽曰上陵畤. 木禾, 平都, 淺水, 莽曰廣信. 京室, 莽曰積粟. 洛都, 莽曰卑順. 白土, 圜水出西, 東入河. 莽曰黃土. 襄洛, 莽曰上黨亭. 原都, 漆垣, 莽曰漆牆. 奢延, 莽曰奢節. 雕陰, 推邪, 莽曰排邪. 楨林, 莽曰楨幹. 高望, 北部都尉治. 莽曰堅寧. 雕陰道, 龜茲, 屬國都尉治. 有鹽官. 定陽, 高奴, 有洧水, 可爨. 莽曰利平. 望松, 北部都尉治. 宜都. 莽曰堅寧小邑.

설치한 牧馬場. 軍馬를 사육하고 번식할 목적으로 설치. 각 郡에 6개소씩 전국에 36개 목마장이 있어 30만 필 정도의 軍馬를 사육했다고 한다. 〈地理志〉에 기록된 것은 2개 군에 7菀(원, 苑과 通)뿐이다.

612 廉縣(염현) - 今 寧夏自治區 북부 銀川市 서북. 卑移山(비이산)은, 今 賀蘭山.

〖국역〗

上郡(상군)[613] – 秦代에 설치하였는데, 高帝 元年(前 206)에 翟國(적국)이라 개칭했다가 7월에 복고하였다.[614] 匈歸都尉(흉귀도위)가 塞外의 匈歸障(흉귀장, 小城)을 다스렸다. 幷州(병주)[615]에 속했다. 민호 103,683戶에, 인구 606,658명이었다. 23개 縣이 있었다.

膚施縣(부시현)[616] – 五龍山祠, 帝祠, 原水祠, 黃帝祠 등 4개 사당이 있다.

獨樂縣(독락현) – 鹽官이 설치되었다.

陽周縣(양주현) – 縣의 남쪽에 橋山(교산)이 있는데, 黃帝冢이 있다. 왕망은 上陵畤縣(상릉치현)이라 했다.

木禾縣(목화현)

平都縣(평도현)

淺水縣(천수현) – 왕망은 廣信縣(광신현)이라 했다.

京室縣(경실현) – 왕망은 積粟縣(적속현)이라 했다.

洛都縣(낙도현) – 왕망은 卑順縣(비순현)이라 했다.

白土縣(백토현) – 서쪽에서 圜水(환수)가 발원하여 동쪽으로 흘러 河水에 합류한다. 왕망은 黃土縣(황토현)이라 했다.

襄洛縣(양락현) – 왕망은 上黨亭縣(상당정현)이라 했다.

原都縣(원도현)

---

613 上郡(상군) – 陝西省 서북부와 內蒙古 일부 지역. 치소는 膚施縣.

614 〈高帝紀〉에는 2년 6월이다.

615 幷州(병주) – 上郡은 朔方刺史部에 속했다.

616 膚施縣(부시현) – 今 陝西省 북부 榆林市.

漆垣縣(칠원현)[617] – 왕망은 漆牆縣(칠장현)이라 했다.

奢延縣(사연현) – 왕망은 奢節縣(사절현)이라 했다.

雕陰縣(조음현)

推邪縣(추사현) – 왕망은 排邪縣(배사현)이라 했다.

楨林縣(정림현) – 왕망은 楨幹縣(정간현)이라 했다.

高望縣(고망현) – 北部都尉가 다스렸다. 왕망은 堅甯縣(견녕현)이라 했다.

雕陰道(조음도)

龜茲縣(구자현)[618] – 屬國都尉가 다스렸다. 鹽官이 있었다.

定陽縣(정양현)

高奴縣(고노현) – 洧水(유수)가 나오는데, (기름지기에) 태울 수 있다.[619] 왕망은 利平縣(이평현)이라 했다.

望松縣(망송현) – 北部都尉가 통치했다.

宜都縣(의도현) – 왕망은 堅寧邑(견녕읍)이라 했다.[620]

原文

西河郡, 武帝元朔四年置. 南部都尉治塞外翁龍,埤是. 莽

617 漆垣縣(칠원현) – 今 陝西省 중서부 銅川市.

618 龜茲縣(구자현) – 今 陝西省 북쪽 榆林市 서북. 西域의 龜茲國과 同名일 뿐.

619 원문 高奴, 有洧水, 可爇 – 高奴縣은, 今 陝西省 북부 延安市 서북. 洧는 강 이름 유. 爇은 燃(탈 연, 태우다. 연소)의 古字. 이는 中國에서 석유에 관한 최초의 기록이라고 한다.

620 宜都縣(의도현)은 위치 미상. 堅寧小邑의 小는 필요 없는 글자.

曰歸新. 屬幷州. 戶十三萬六千三百九十, 口六十九萬八千八百三十六. 縣三十六.

富昌, 有鹽官. 莽曰富成. 騶虞, 鵠澤, 平定, 莽曰陰平亭. 美稷, 屬國都尉治. 中陽, 樂街, 莽曰截虜. 徒經, 莽曰廉恥. 皐狼, 大成, 莽曰好成. 廣田, 莽曰廣翰. 圜陰, 惠帝五年置. 莽曰方陰. 益闌, 莽曰香闌. 平周, 鴻門, 有天封苑火井祠, 火從地出也. 藺, 宣武, 莽曰討貉. 千章, 增山, 有道西出眩雷塞, 北部都尉治. 圜陽, 廣衍, 武車, 莽曰桓車. 虎猛, 西部都尉治. 離石, 穀羅, 武澤在西北. 饒, 莽曰饒衍. 方利, 莽曰廣德. 隰成, 莽曰慈平亭. 臨水, 莽曰監水. 土軍, 西都, 莽曰五原亭. 平陸, 陰山, 莽曰山寧. 觬是, 莽曰伏觬. 博陵, 莽曰助桓. 鹽官.

〖국역〗

西河郡(서하군)[621] - 武帝 元朔 4년(前 125)에 설치했다. (西河郡의) 南部都尉는 塞外(새외)의 翁龍(옹룡)과 埤是(비시)[622] 도 다스렸다. 王莽은 歸新郡(귀신군)이라 하였다. 幷州(병주, 착오. 朔方이어야 함.) 刺史部 소속이다. 民戶는 136,390戶에, 인구는 698,136명이었다. 36개 縣이 있었다.

621 西河郡(서하군) - 今 陝西省 북동부와 山西省 서북부와 內蒙古 일부 지역. 朔方刺史部 소속. 치소는 平定縣.

622 翁龍(옹룡), 埤是(비시) - 障(장). 군사용 방어시설. 小城의 이름.

富昌縣(부창현) – 鹽官이 설치되었다. 왕망은 富成縣(부성현)이라 했다.

騶虞縣(추우현, 위치 미상)

鵠澤縣(곡택현)

平定縣(평정현)[623] – 왕망은 陰平亭縣(음평정현)이라 했다.

美稷縣(미직현) – 屬國都尉(속국도위)가 다스렸다.

中陽縣(중양현)

樂街縣(낙가현, 위치 미상) – 왕망은 截虜縣(절로현)이라 했다.

徒經縣(도경현, 위치 미상) – 왕망은 廉恥縣(염치현)이라 했다.

皐狼縣(고랑현)

大成縣(대성현) – 왕망은 好成縣(호성현)이라 했다.

廣田縣(광전현, 위치 미상) – 왕망은 廣翰縣(광한현)이라 했다.

圜陰縣(환음현) – 惠帝 5년에 설치했다. 왕망은 方陰縣(방음현)이라 했다.

益闌縣(익란현) – 왕망은 香闌縣(향란현)이라 했다.

平周縣(평주현)

鴻門縣(홍문현)[624] – 天封苑(천봉원, 목마장)에 火井祠(화정사)가 있는데, 불이 땅속에서 솟아오른다.

藺縣(인현, 린)[625]

宣武縣(선무현, 위치 미상) – 왕망은 討貉縣(토맥현)이라 했다.

---

623 平定縣(평정현) – 今 內蒙古 準格邇旗 서남.

624 鴻門縣(홍문현) – 今 陝西省 북부 楡林市 동북. 지상 가까이 노출된 용암 구덩이.

625 藺縣(인현, 린) – 今 山西省 중서부 呂梁市 離石區. 藺은 골풀 린.

千章縣(천장현, 위치 미상)

增山縣(증산현) − 眩雷塞(현뇌새)로 갈 수 있는 길이 있다. 北部都尉가 다스린다.

圜陽縣(환양현)

廣衍縣(광연현)

武車縣(무거현) − 왕망은 桓車縣(환거현)이라 했다.

虎猛縣(호맹현) − 西部都尉가 다스린다.

離石縣(이석현)

穀羅縣(곡라현) − 서북쪽에 武澤(무택)이 있다.

饒縣(요현, 위치 미상) − 왕망은 饒衍縣(요연현)이라 했다.

方利縣(방리현, 위치 미상) − 왕망은 廣德縣(광덕현)이라 했다.

隰成縣(습성현) − 왕망은 慈平亭縣(자평정현)이라 했다.

臨水縣(임수현) − 왕망은 監水縣(감수현)이라 했다.

土軍縣(토군현)

西都縣(서도현, 위치 미상) − 왕망은 五原亭縣(오원정현)이라 했다.

平陸縣(평륙현, 위치 미상)

陰山縣(음산현) − 왕망은 山寧縣(산녕현)이라 했다.

鯢是縣(예시현) − 왕망은 伏鯢縣(복예현, 뿔 굽을 예)이라 했다.

博陵縣(박릉현, 위치 미상) − 왕망은 助桓縣(조환현)이라 했다.

鹽官縣(염관현, 위치 미상)

原文

朔方郡, 武帝元朔二年開. 西部都尉治窳渾. 莽曰溝搜.

屬幷州. 戶三萬四千三百三十八, 口十三萬六千六百二十八. 縣十.

三封, 武帝元狩三年城. 朔方, 金連鹽澤,青鹽澤皆在南. 莽曰武符. 修都, 臨河, 莽曰監河. 呼遒, 窳渾, 有道西北出雞鹿塞. 屠申澤在東. 莽曰極武. 渠搜, 中部都尉治. 莽曰溝搜. 沃壄, 武帝元狩三年城. 有鹽官. 莽曰綏武. 廣牧, 東部都尉治. 莽曰鹽官. 臨戎. 武帝元朔五年城. 莽曰推武.

〖국역〗

朔方郡(삭방군)[626] - 武帝 元朔 2년(前 127)에 개설되었다. (삭방군의) 西部都尉는 窳渾縣(유혼현, 내몽고 지역)을 다스렸다. 왕망은 溝搜郡(구수군)이라 했다. 幷州에 속했다.[627] 民戶 34,338戶에, 인구 136,628명. 10개 縣이었다.

三封縣(삼봉현) - 武帝 元狩 3년에 축성했다.

朔方縣(삭방현)[628] - 金連(금련)의 鹽澤(염책)과 青鹽澤(청렴택)이 모두 縣 남부에 있다. 왕망은 武符縣(무부현)이라 했다.

修都縣(수도현)

臨河縣(임하현) - 왕망은 監河縣(감하현)이라 했다.

---

626 朔方郡(삭방군) - 朔方은 北方. 삭방군의 관할은, 今 內蒙古 河套(하투) 平原의 서부. 치소는 朔方縣.

627 삭방군은 前漢에서 삭방刺史部 소속이었다. 幷州(병주)에 속한 것은 後漢시대였다. 班固의 혼동에 따른 착오이다.

628 朔方縣(삭방현) - 삭방군의 치소, 今 內蒙古 烏拉特前旗. 黃河 북안.

呼遒縣(호주현)

窳渾縣(유혼현) - 西北쪽 雞鹿塞(계록새)로 통하는 길이 있다. 동쪽에 屠申澤(도신택)이 있다. 왕망은 極武縣(극무현)이라 했다.

渠搜縣(거수현) - 中部都尉가 다스렸다. 왕망은 溝搜縣(구수현)이라 했다.

沃壄縣(옥야현)[629] - 武帝 元狩 3년(前 120)에 축성했다. 鹽官이 있었다. 왕망은 綏武縣(수무현)이라 했다.

廣牧縣(광목현) - 東部都尉가 다스렸다. 왕망은 鹽官縣(염관현)이라 했다.

臨戎縣(임융현) - 武帝 元朔 5년(前 124)에 축성했다. 왕망은 推武縣(추무현)이라 했다.

原文

五原郡, 秦九原郡, 武帝元朔二年更名. 東部都尉治稒陽. 莽曰獲降. 屬幷州. 戶三萬九千三百二十二, 口二十三萬一千三百二十八. 縣十六.

九原, 莽曰成平. 固陵, 莽曰固調. 五原, 莽曰塡河亭. 臨沃, 莽曰振武. 文國, 莽曰繁聚. 河陰, 蒲澤, 屬國都尉治. 南興, 莽曰南利. 武都, 莽曰桓都. 宜梁, 曼柏, 莽曰延柏. 成宜, 中部都尉治原高, 西部都尉治田辟. 有鹽官. 莽曰艾虜. 稒陽, 北出石門障得光祿城, 又西北得支就城, 又西北得頭

629 沃壄縣(옥야현) - 今 內蒙古 臨河市. 壄는 野의 古字.

曼城, 又西北得虖河城, 又西得宿虜城. 莽曰固陰. 莫䵣, 西安陽, 莽曰鄣安. 河目.

〖국역〗

五原郡(오원군)[630] - 秦의 九原郡이었는데, 武帝 元朔(원삭) 2년(전 127)에 이름을 바꾸었다. (오원군의) 東部都尉는 稒陽縣(고양현)을 다스렸다. 왕망은 獲降(획항)이라고 불렀다. 幷州刺史部에 속했다.[631] 民戶 39,322戶에, 인구는 231,328명이었다. 16개 縣이 있었다.

九原縣(구원현)[632] - 왕망은 成平縣(성평현)이라 했다.

固陵縣(고릉현, 위치 미상) - 왕망은 固調縣(고조현)이라 했다.

五原縣(오원현)[633] - 왕망은 塡河亭縣(전하정현)이라 했다.

臨沃縣(임옥현) - 왕망은 振武縣(진무현)이라 했다.

文國縣(문국현, 위치 미상) - 왕망은 繁聚縣(번취현)이라 했다.

河陰縣(하음현)

蒱澤縣(포택현, 위치 미상) - 屬國都尉가 다스렸다.

南興縣(남흥현) - 왕망은 南利縣(남리현)이라 했다.

武都縣(무도현)[634] - 왕망은 桓都縣(환도현)이라 했다.

---

630 五原郡(오원군) - 黃河가 內蒙古에서 ∩ 모양으로 방향을 바꾸는 황하 안과 밖. 五原郡을 《三國演義》의 미남자, 赤兎馬(적토마)를 탄 呂布(여포)는 여포의 고향으로 생각하면 기억에 남는다. 治所는 九原縣.

631 幷州刺史部가 아니라 朔方刺史部이다. 後漢에서는 五原郡이 幷州 소속이었다.

632 九原縣(구원현) - 今 內蒙古 包頭市. 黃河 북안.

633 五原縣(오원현) - 今 內蒙古自治區 包頭市 관할 固陽縣 서남.

634 武都縣(무도현) - 今 內蒙古 托克托縣. 황하 북안.

宜梁縣(의량현)

曼柏縣(만백현) – 왕망은 延柏縣(연백현)이라 했다.

成宜縣(성의현) – 中部都尉는 原高(원고)를, 西部都尉는 田辟(전벽)을 다스렸다. 鹽官이 있었다. 왕망은 艾虜縣(애로현)이라 했다.

稒陽縣(고양현)[635] – 북쪽으로 石門障(석문장)을 나가면 光祿城(광록성)에 닿고, 또 서북으로 가면 支就城(지취성)에 이르며, 또 西北으로 더 가면 頭曼城(두만성), 또 서북으로 더 가면 虖河城(호하성)에, 또 서쪽으로 가면 宿虜城(숙로성)에 갈 수 있다. 왕망은 固陰縣(고음현)이라 했다.

莫䵣縣(막달현, 위치 미상)

西安陽縣(서안양현)[636] – 왕망은 鄣安縣(장안현)이라 했다.

河目縣(하목현)[637]

20. 幷州 4郡

原文

雲中郡, 秦置. 莽曰受降. 屬幷州. 戶三萬八千三百三, 口十七萬三千二百七十. 縣十一.

---

635 稒陽縣(고양현) – 今 內蒙古自治區 包頭市 동남.

636 西安陽縣(서안양현) – 今 內蒙古 烏拉特前旗 동남. 황하 북안.

637 河目縣(하목현) – 今 內蒙古 烏拉特前旗 동북. 황하 북안.

雲中. 莽曰遠服. 咸陽, 莽曰賁武. 陶林, 東部都尉治. 楨陵, 緣胡山在西北. 西部都尉治. 莽曰楨陸. 犢和, 沙陵, 莽曰希恩. 原陽, 沙南, 北輿, 中部都尉治, 武泉, 莽曰順泉. 陽壽. 莽曰常得.

〖국역〗

雲中郡(운중군)[638] – 秦代 設置. 王莽은 受降郡(수항군)이라 했다. 幷州刺史部[639]에 속했다. 民戶 38,303戶에, 人口 173,270명. 11개 縣을 관장했다.

雲中縣(운중현)[640] – 왕망은 遠服縣(원복현)이라 했다.

咸陽縣(함양현) – 왕망은 賁武縣(분무현)이라 했다.

陶林縣(도림현)[641] – 東部都尉가 다스렸다.

楨陵縣(정릉현) – 縣의 서북쪽에 緣胡山(녹호산)이 있다. 西部都尉가 다스렸다. 왕망은 楨陸縣(정륙현)이라 했다.

犢和縣(독화현)

沙陵縣(사릉현) – 왕망은 希恩縣(희은현)이라 했다.

原陽縣(원양현)

沙南縣(사남현)

---

638 雲中郡(운중군) – 今 內蒙古自治區의 중부. 治所는 雲中縣.

639 幷州刺史部 – 太原, 上黨, 雲中, 定襄, 雁門, 代郡 등 6郡을 감찰했다.

640 雲中縣(운중현) – 今 內蒙古自治區 呼和浩特市 서쪽의 土默特左旗 동남. 呼和浩特市는 內蒙古自治州의 首都(省會). 山西省의 북쪽. 山西省 사람들이 많이 이주한 지역이다.

641 陶林縣(도림현) – 今 內蒙古自治區 呼和浩特市 동북.

北輿縣(북여현)[642] – 中部都尉가 다스렸다.

武泉縣(무천현) – 왕망은 順泉縣(순천현)이라 했다.

陽壽縣(양수현)[643] – 왕망은 常得縣(상득현)이라 했다.

原文

定襄郡, 高帝置. 莽曰得降. 屬幷州. 戶三萬八千五百五十九, 口十六萬三千一百四十四. 縣一十二.

成樂, 桐過, 莽曰椅桐. 都武, 莽曰通德. 武進, 白渠水出塞外, 西至沙陵入河. 西部都尉治. 莽曰伐蠻. 襄陰, 武皐, 荒干水出塞外, 西至沙陵入河. 中部都尉治. 莽曰永武. 駱, 莽曰遮要. 定陶, 莽曰迎符. 武城, 莽曰桓就. 武要, 東部都尉治. 莽曰厭胡. 定襄, 莽曰著武. 復陸. 莽曰聞武.

〖국역〗

定襄郡(정양군)[644] – 高帝 때 설치했다. 王莽은 得降郡(득항군)이라 했다. 幷州刺史部 소속. 民戶 38,559戶에 인구 163,144명이다. 12개 현이다.

成樂縣(성락현)[645]

642 北輿縣(북여현) – 今 內蒙古自治區 呼和浩特市.

643 陽壽縣(양수현) – 今 內蒙古自治區 托克托縣.

644 定襄郡(정양군) – 內蒙古의 일부. 雲中郡과 雁門郡 사이.

645 成樂縣(성락현) – 今 內蒙古自治區 呼和浩特市 관할 和林格爾縣. 呼和浩特市의 남쪽에 위치.

桐過縣(동과현) – 왕망은 椅桐縣(의동현)이라 했다.

都武縣(도무현, 위치 미상) – 왕망은 通德縣(통덕현)이라 했다.

武進縣(무진현) – 白渠水(백거수)가 변경 밖에서 발원, 서쪽을 흘러 沙陵(사릉)에 와서 黃河에 합류한다. 西部都尉가 다스린다. 왕망은 伐蠻縣(벌만현)이라 했다.

襄陰縣(양음현, 위치 미상)

武皐縣(무고현) – 荒干水(황간수, 大黑河)가 塞外(새외)에서 발원하여, 서쪽을 흘러 沙陵(사릉)에서 황하에 합류한다. 中部都尉가 다스린다. 왕망은 永武縣(영무현)이라 했다.

駱縣(낙현) – 왕망은 遮要縣(차요현)이라 했다.

定陶縣(정도현) – 왕망은 迎符縣(영부현)이라 했다.

武城縣(무성현) – 왕망은 桓就縣(환취현)이라 했다.

武要縣(무요현) – 東部都尉가 다스린다. 왕망은 厭胡縣(염호현)이라 했다.

定襄縣(정양현) – 왕망은 著武縣(저무현)이라 했다.

復陸縣(복륙현, 위치 미상) – 왕망은 聞武縣(문무현)이라 했다.

原文

雁門郡, 秦置. 句注山在陰館. 莽曰塡狄. 屬幷州. 戶七萬三千一百三十八, 口二十九萬三千四百五十四. 縣十四.

善無, 莽曰陰館. 沃陽, 鹽澤在東北, 有長丞. 西部都尉治. 莽曰敬陽. 繁時, 莽曰當要. 中陵, 莽曰遮害. 陰館, 樓煩鄉. 景帝後三年置. 累頭山, 治水所出, 東至泉州入海, 過郡六, 行千一百里. 莽曰富代. 樓煩, 有鹽官. 武州, 莽曰桓州. 寄陶, 劇陽, 莽曰善陽. 崞, 莽曰崞張. 平城, 東部都尉治. 莽曰平順. 埒, 莽曰塡狄亭. 馬邑, 莽曰章昭. 强陰. 諸聞澤在東北. 莽曰伏陰.

〖국역〗

雁門郡(안문군)[646] - 秦代에 설치했다. 句注山(구주산)이 陰館縣에 있다. 王莽은 塡狄郡(전적군)이라 했다. 幷州刺史部에 속했다. 민호 73,100호에, 인구 293,454명이었다. 14개 縣이 있었다.

善無縣(선무현)[647] - 왕망은 陰館縣(음관현)이라 했다.

沃陽縣(옥양현)[648] - 縣의 동북쪽에 鹽澤(염택)이 있는데, 長과 丞(승, 부 책임자)가 있었다. 西部都尉가 다스렸다. 왕망은 敬陽縣(경양현)이라 했다.

繁時縣(번치현) - 왕망은 當要縣(당요현)이라 했다.

中陵縣(중릉현)[649] - 왕망은 遮害縣(차해현)이라 했다.

陰館縣(음관현) - 樓煩鄉(누번향)이 있다. 景帝 後元 3년(前 141, 景帝 마지막 해)에 설치했다. 累頭山(누두산)[650]에서 治水(이수)[651]가 발

646 雁門郡(안문군) - 雁은 기러기 안. 內蒙古 일부와 今 山西省 북부 大同市 부근. 치소는 善無縣.

647 善無縣(선무현) - 雁門郡의 치소. 今 山西省 북부 大同市 관할 左雲縣 서쪽.

648 沃陽縣(옥양현) - 今 內蒙古自治州 중남부 烏蘭察布市 남부의 凉城縣 서남. 呼和浩特市와 접경. 山西省 左雲縣 북부.

649 中陵縣(중릉현) - 今 山西省 북부 朔州市.

650 累頭山(누두산) - 今 山西省 汾河와 桑乾河의 상류 忻州市 관할 寧武縣

원하는데, 東으로 泉州(천주)에서 入海하게 되는데 6개 郡,[652] 1,100리를 흘러간다. 왕망은 富代縣(부대현)이라 했다.

樓煩縣(누번현) – 鹽官이 설치되었다.

武州縣(무주현) – 왕망은 桓州縣(환주현)이라 했다.

寄陶縣(기도현)

劇陽縣(극양현) – 왕망은 善陽縣(선양현)이라 했다.

崞縣(곽현) – 왕망은 崞張縣(곽장현, 崞은 산이름 곽)이라 했다.

平城縣(평성현)[653] – 東部都尉가 다스렸다. 왕망은 平順縣(평순현)이라 했다.

埒縣(날현) – 왕망은 填狄亭縣(전적정현)이라 했다.

馬邑縣(마읍현)[654] – 왕망은 章昭縣(장소현)이라 했다.

强陰縣(강음현) – 諸聞澤이 縣의 東北에 있다. 왕망은 伏陰縣(복음현)이라 했다.

原文

代郡, 秦置. 莽曰厭狄. 有五原關,常山關. 屬幽州. 戶五萬六千七百七十一, 口二十七萬八千七百五十四. 縣十八.

桑乾, 莽曰安德. 道人, 莽曰道仁. 當城, 高柳, 西部都尉

동쪽.

651 治水(이수) – 治는 물 이름 이, 물 이름 지, 물 이름 태.

652 6개 郡 – 雁門, 代郡, 上谷, 涿郡, 廣陽, 漁陽郡.

653 平城縣(평성현) – 今 山西省 大同市 동북. 고조 재위 중 흉노에 포위되어 곤욕을 치뤘던 곳.

654 馬邑縣(마읍현) – 武帝 때, 흉노 單于(선우)를 유인하려다가 실패했던 곳.

治. 馬城, 東部都尉治. 班氏, 秦地圖書班氏. 莽曰班副. 延陵, 狋氏, 莽曰狋聚. 且如, 于延水出塞外, 東至寧入沽. 中部都尉治. 平邑, 莽曰平胡. 陽原, 東安陽, 莽曰竟安. 參合, 平舒, 祁夷水北至桑乾入沽. 莽曰平葆. 代, 莽曰厭狄亭. 靈丘. 滱河東至文安入大河, 過郡五, 行九百四十里. 幷州川. 廣昌, 淶水東南至容城入河, 過郡三, 行五百里, 幷州浸. 莽曰廣屏. 鹵城, 虖池河東至參戶入虖池別, 過郡九, 行千三百四十里, 幷州川. 從河東至文安入海, 過郡六, 行千三百七十里. 莽曰魯盾.

〖국역〗

代郡(대군)[655] - 秦代에 설치했다. 王莽은 厭狄郡(염적군)이라 했다. 五原關과 常山關(상산관)[656]의 關門이 있다. 幽州刺史部[657]에 속했다. 민호 56,771戶에, 인구 278,754명이었다. 18개 현을 두었다.

桑乾縣(상건현) - 왕망은 安德縣(안덕현)이라 했다.

道人縣(도인현) - 왕망은 道仁縣(도인현)이라 했다.

當城縣(당성현)

高柳縣(고류현) - 西部都尉가 통치했다.

馬城縣(마성현) - 東部都尉가 다스렸다.

---

655 代郡(대군) - 山西省 동북부. 河北省 서북, 內蒙古 일부. 치소는 代縣.

656 五原關과 常山關(상산관) - 今 河北省의 관문. 五阮關이어야 한다는 주석이 있다.

657 幽州刺史部가 아닌 幷州刺史部 소속이었다.

班氏縣(반씨현) - 秦의 地圖[658]에는 班氏(반씨)라고 기록되었다. 왕망은 班副縣(반부현)이라 했다.

延陵縣(연릉현)

狋氏縣(의씨현)[659] - 왕망은 狋聚縣(의취현)이라 했다.

且如縣(차여현) - 변경 밖에서 于延水(우연수)가 발견하여, 縣의 동쪽을 지나 寧縣(영현)에서 沽水(고수)에 합류한다. 中部都尉가 다스린다.

平邑縣(평읍현) - 왕망은 平胡縣(평호현)이라 했다.

陽原縣(양원현)

東安陽縣(동안양현) - 왕망은 竟安縣(경안현)이라 했다.

參合縣(참합현)

平舒縣(평서현) - 祁夷水(기이수)가 북쪽에서 흘러와 桑乾縣(상건현)에서 沽水(고수)에 합류한다. 왕망은 平葆縣(평보현)이라 했다.

代縣(대현)[660] - 왕망은 厭狄亭縣(염적정현)이라 했다.

靈丘縣(영구현) - 滱河(구하)가 동쪽을 흘러 文安縣(문안현)에서 大河(대하)에 합류하는데, 5개 郡[661]을 지나 940리를 흘러간다. 幷州의 大川이다.

廣昌縣(광창현) - 淶水(내수)가 縣의 동남을 지나 容城(용성)에 이르러 黃河에 합류하는데 3郡(代, 上谷, 涿郡)을 지나 5百 里를 흐르는

---

658 秦 地圖 - 秦 멸망할 때, 蕭何(소하)가 咸陽에서 거둔 秦의 문서. 班氏縣은, 今 山西省 북부 朔州市 관할 懷仁縣.

659 狋氏縣(狋氏縣) - 今 山西省 大同市 관할 渾源縣. 狋는 으르렁거릴 의.

660 代縣(대현) - 代郡의 치소. 今 河北省 서북부 張家口市 관할 蔚縣(울현).

661 5개 郡 - 代, 常山, 中山, 涿, 渤海의 5郡.

幷州(병주)의 灌漑池(浸)이다. 왕망은 廣屛縣(광병현)이라 했다.

鹵城縣(노성현) – 虖池河(호지하)가 동쪽을 지나 參戶(삼호)에서 虖池(호지)의 支流에 합류하는데, 9개 군을 거치며 1,340리를 흐르는 幷州의 大川이다. 河東郡에서 文安縣에 이르러 入海하는데, 6개 군을 지나 1,370리를 흐른다. 왕망은 魯盾縣(노순현)이라 했다.

21. 幽州 7郡

原文

上谷郡, 秦置. 莽曰朔調. 屬幽州. 戶三萬六千八, 口十一萬七千七百六十二. 縣十五.

沮陽, 莽曰沮陰. 泉上, 莽曰塞泉. 潘, 莽曰樹武. 軍都, 溫餘水東至路, 南入沽. 居庸, 有關. 雊瞀, 夷輿, 莽曰朔調亭. 寧, 西部都尉治. 莽曰博康. 昌平, 莽曰長昌. 廣寧, 莽曰廣康. 涿鹿, 莽曰抪陸. 且居, 陽樂水出東, 南入沽. 莽曰久居. 茹, 莽曰穀武. 女祁, 東部都尉治. 莽曰祁. 下落. 莽曰下忠.

『국역』

上谷郡(상곡군)[662] – 秦代에 설치했다. 王莽은 朔調郡(삭조군)이라

662 上谷郡(상곡군) – 今 河北省 서북부와 北京市 서북부. 치소는 沮陽縣(저양현).

했다. 幽州刺史部[663]에 속했다. 民戶 36,008戶에, 人口 117,762명, 15개 현이 있었다.

沮陽縣(저양현)[664] - 왕망은 沮陰縣(저음현)이라 했다.

泉上縣(천상현) - 왕망은 塞泉縣(색천현)이라 했다.

潘縣(반현) - 왕망은 樹武縣(수무현)이라 했다.

軍都縣(군도현) - 溫餘水(온여수/ 漯餘水)가 縣의 동쪽을 흘러 路縣(노현)에 이르러 남쪽으로 沽水(고수)에 합류한다.

居庸縣(거용현)[665] - 관문이 있다.

雊瞀縣(구무현)

夷輿縣(이여현) - 왕망은 朔調亭縣(삭조정현)이라 했다.

寧縣(영현) - 西部都尉가 통치한다. 왕망은 博康縣(박강현)이라 했다.

昌平縣(창평현)[666] - 왕망은 長昌縣(장창현)이라 했다.

廣寧縣(광녕현)[667] - 왕망은 廣康縣(광강현)이라 했다.

涿鹿縣(탁록현)[668] - 왕망은 抪陸縣(포륙현)이라 했다.

且居縣(차거현) - 陽樂水(양락수)가 동쪽에서 발원하여 남쪽에서 沽水(고수)에 합류한다. 왕망은 久居縣(구거현)이라 했다.

---

663 幽州刺史部 - 上谷, 涿, 勃海, 漁陽, 右北平, 遼西, 遼東, 玄菟, 樂浪의 9郡과 廣陽 1國을 감찰.

664 沮陽縣(저양현) - 上谷郡의 치소, 今 河北省 서북부 張家口市 관할 懷來縣.

665 居庸縣(거용현) - 今 北京市 관할 延慶縣.

666 昌平縣(창평현) - 今 北京市 昌平區.

667 廣寧縣(광녕현) - 今 湖北省 서북부 張家口市.

668 涿鹿縣(탁록현) - 今 河北省 張家口市 관할 涿鹿縣(탁록현).

茹縣(여현) – 왕망은 穀武縣(곡무현)이라 했다.

女祁縣(여기현) – 東部都尉治. 왕망은 祁縣(기현)이라 했다.

下落縣(하락현) – 왕망은 下忠縣(하충현)이라 했다.

原文

漁陽郡, 秦置. 莽曰通路. 屬幽州. 戶六萬八千八百二, 口二十六萬四千一百一十六. 縣十二.

漁陽, 沽水出塞外. 東南至泉州入海, 行七百五十里. 有鐵官. 莽曰得漁. 狐奴, 莽曰擧符. 路, 莽曰通路亭. 雍奴, 泉州, 有鹽官. 莽曰泉調. 平谷, 安樂, 厗奚, 莽曰敦德. 獷平, 莽曰平獷. 要陽, 都尉治. 莽曰要術. 白檀, 洫水出北蠻夷. 滑鹽. 莽曰匡德.

『국역』

漁陽郡(어양군)[669] – 秦代에 설치되었다. 王莽은 通路郡(통로군)이라 했다. 幽州(유주)에 속한다. 民戶 68,802戶에 인구 264,116명이다. 12개 현을 거느렸다.

漁陽縣(어양현)[670] – 沽水(고수)가 塞外(새외, 국경 밖)에서 발원하여, 東南으로 흘러 泉州(천주)에서 入海하는데 750리를 흐른다. 鐵官이 설치되었다. 왕망은 得漁縣(득어현)이라 했다.

669 漁陽郡(어양군) – 今 北京市 동북부와 天津市 일부. 치소는 漁陽縣.

670 漁陽縣(어양현) – 漁陽郡의 치소, 今 北京市 동북부 密雲區.

狐奴縣(호노현) – 왕망은 擧符縣(거부현)이라 했다.

路縣(노현)[671] – 왕망은 通路亭縣(통로정현)이라 했다.

雍奴縣(옹노현)

泉州縣(천주현)[672] – 鹽官(염관) 설치. 왕망은 泉調縣(천조현)이라 했다.

平谷縣(평곡현)

安樂縣(안락현)

厗奚縣(제해현) – 왕망은 敦德縣(돈덕현)이라 했다.

獷平縣(광평현) – 왕망은 平獷縣(평광현, 獷은 사나울 광)이라 했다.

要陽縣(요양현) – 都尉가 다스린다. 왕망은 要術縣(요술현)이라 했다.

白檀縣(백단현)[673] – 洫水(혈수)가 북쪽 蠻夷(만이)의 땅에서 발원한다.

滑鹽縣(활염현) – 왕망은 匡德縣(광덕현)이라 했다.

原文

右北平郡, 秦置. 莽曰北順. 屬幽州. 戶六萬六千六百八十九, 口三十二萬七百八十. 縣十六.

平剛, 無終, 故無終子國. 浭水西至雍奴入海, 過郡二, 行六百五十里. 石成, 廷陵, 莽曰鋪武. 俊靡, 水壘水南至無終

671 路縣(노현) – 今 北京市 通州區.

672 泉州縣(천주현) – 今 天津市 武清縣.

673 白檀縣(백단현) – 今 河北省 북부 承德市 관할 灤平縣(난평현). 洫水(혈수)는 濡水의 誤字라는 주석이 있다.

東入庚. 莽曰俊麻. 薋, 都尉治. 莽曰裒睦. 徐無, 莽曰北順亭. 字, 楡水出東. 土垠, 白狼, 莽曰伏狄. 夕陽, 有鐵官. 莽曰夕陰. 昌城, 莽曰淑武. 驪成, 大揭石山在縣西南. 莽曰揭石. 廣成, 莽曰平虜. 聚陽, 莽曰篤睦. 平明. 莽曰平陽.

〖국역〗

右北平郡(우북평군)[674] – 秦代에 설치했다. 王莽은 北順郡이라 했다. 幽州에 속했다. 66,689戶에 인구 320,780명이었다. 16개 縣이 있었다.

平剛縣(평강현)[675]

無終縣(무종현)[676] – 옛 無終子國이다. 浭水(경수)가 縣의 서쪽을 흘러 雍奴縣(옹노현)에서 入海하는데, 2개 郡(右北平郡, 漁陽郡)을 통과하며 650리를 흐른다.

石成縣(석성현)

廷陵縣(정릉현, 위치 미상) – 왕망은 鋪武縣(포무현)이라 했다.

俊靡縣(준미현) – 水壘水(수루수)가 縣의 남쪽을 지나 無終縣 동쪽에서 庚水(경수)에 합류한다. 왕망은 俊麻縣(준마현)이라 했다.

薋縣(자현, 위치 미상) – 都尉가 다스린다. 왕망은 裒睦縣(부목현)이라 했다.

---

674 右北平郡(우북평군) – 今 河北省 동북과 遼寧省 서부, 天津市 일부 등. 치소는 平剛縣.

675 平剛縣(평강현) – 右北平郡의 치소, 今 內蒙古自治州 동부 赤峰市 관할 寧城縣.

676 無終縣(무종현) – 今 天津市 북부 薊州區.

徐無縣(서무현)[677] – 왕망은 北順亭縣(북순정현)이라 했다.

字縣(자현)[678] – 楡水(유수 / 大凌河)가 동쪽에서 발원한다.

土垠縣(토은현)[679]

白狼縣(백랑현) – 왕망은 伏狄縣(복적현)이라 했다.

夕陽縣(석양현)[680] – 鐵官이 있다. 왕망은 夕陰縣(석음현)이라 했다.

昌城縣(창성현) – 왕망은 淑武縣(숙무현)이라 했다.

驪成縣(여성현, 위치 미상) – 大揭石山(대게석산)이 縣의 서남쪽에 있다. 왕망은 揭石縣(게석현)이라 했다.

廣成縣(광성현, 위치 미상) – 왕망은 平虜縣(평로현)이라 했다.

聚陽縣(취양현, 위치 미상) – 왕망은 篤睦縣(독목현)이라 했다.

平明縣(평명현, 위치 미상) – 왕망은 平陽縣(평양현)이라 했다.

原文

遼西郡, 秦置. 有小水四十八, 並行三千四十六里. 屬幽州. 戶七萬二千六百五十四, 口三十五萬二千三百二十五. 縣十四.

且慮, 有高廟. 莽曰鉏慮. 海陽, 龍鮮水東入封大水. 封大水, 緩虛水皆南入海. 有鹽官. 新安平. 夷水東入塞外. 柳城, 馬首山在西南. 參柳水北入海. 西部都尉治. 令支, 有孤

677 徐無縣(서무현) – 今 河北省 동부 唐山市 관할 遵化市.

678 字縣(자현) – 今 遼寧省 서부 朝陽市 관할 凌源市.

679 土垠縣(토은현) – 今 河北省 동부 唐山市 豐潤區.

680 夕陽縣(석양현) – 今 河北省 동부 唐山市 豐潤區 북쪽.

竹城. 莽曰令氏亭. 肥如, 玄水東入濡水. 濡水南入海陽. 又有盧水, 南入玄. 莽曰肥而. 賓從, 莽曰勉武. 交黎, 渝水首受塞外, 南入海. 東部都尉治. 莽曰禽虜. 陽樂, 狐蘇, 唐就水至徒河入海. 徒河, 莽曰河福. 文成, 莽曰言虜. 臨渝, 渝水首受白狼, 東入塞外, 又有侯水, 北入渝. 莽曰馮德. 絫. 下官水南入海. 又有揭石水,賓水, 皆南入官. 莽曰選武.

『국역』

遼西郡(요서군)[681] – 秦代 設置. 48개의 작은 강이 모두 3,046里를 흐른다. 幽州刺史部 소속. 民戶 72,654戶에, 인구 352,325명이다. 14개 현이 있다.

且慮縣(차려현)[682] – 高祖廟가 있다. 왕망은 鉏慮縣(서려현)이라 했다.

海陽縣(해양현) – 龍鮮水(용선수)가 東쪽에서 封大水(봉대수)에 합류한다. 封大水(봉대수)와 緩虛水(수허수)는 모두 南으로 흘러 入海한다. 鹽官이 있었다.

新安平縣(신안평현) – 국경 밖에서 夷水(이수)가 東쪽으로 흘러 들어온다.

柳城縣(유성현) – 縣의 서남쪽에 馬首山(마수산)이 있다. 參柳水(섬류수)가 북쪽을 지나 入海한다. 西部都尉가 다스린다.

---

681 遼西郡(요서군) – 河北省 唐山市 동쪽, 遼寧省 서부. 內蒙古 일부 포함. 治所는 陽樂縣.

682 且慮縣(차려현) – 今 遼寧省 중북부 阜新市 서남. 內蒙古 접경.

令支縣(영지현) – 孤竹城(고죽성)이 있다. 왕망은 令氏亭縣(영씨정현)이라 했다.

肥如縣(비여현) – 玄水(현수)가 동류하여 濡水(유수)에 합류한다. 濡水(유수)는 남쪽으로 흘러 바다에 들어간다. 또 盧水(노수)가 있는데, 남쪽으로 흘러 玄水(현수)에 합류한다. 왕망은 肥而縣(비이현)이라 했다.

賓從縣(빈종현) – 왕망은 勉武縣(면무현)이라 했다.

交黎縣(교려현) – 渝水(투수)가 塞外(새외)에서 흘러들어오는 물을 받아 남쪽으로 흘러 入海한다. 東部都尉가 다스린다. 왕망은 禽虜縣(금로현)이라 했다.

陽樂縣(양락현)[683]

狐蘇縣(호소현) – 唐就水(당취수)가 흘러 徒河縣(도하현)에서 入海한다.

徒河縣(도하현)[684] – 왕망은 河福縣(하복현)이라 했다.

文成縣(문성현) – 왕망은 言虜縣(언로현)이라 했다.

臨渝縣(임투현)[685] – 渝水(투수)는 새외에서 동쪽으로 흘러오는 白狼水(백랑수)의 물을 먼저 받고, 또 侯水(후수)가 있는데 北쪽으로 흘러 渝水(투수)에 합류한다. 왕망은 馮德縣(풍덕현)이라 했다.

絫縣(류현) – 下官水(하관수)는 南쪽으로 흘러 入海한다. 또 揭石水(게석수)와 賓水(빈수)는 모두 南으로 흘러 官水(관수)에 합류한다. 왕망은 選武縣(선무현)이라 했다.

683 陽樂縣(양락현) – 遼西郡의 치소, 今 遼寧省 서남 錦州市 관할 義縣.

684 徒河縣(도하현) – 今 遼寧省 서남 錦州市.

685 臨渝縣(임투현) – 今 遼寧省 서북 朝陽市 동쪽.

原文

遼東郡, 秦置. 屬幽州. 戶五萬五千九百七十二, 口二十七萬二千五百三十九. 縣十八.

襄平. 有牧師官. 莽曰昌平. 新昌, 無慮, 西部都尉治. 望平, 大遼水出塞外, 南至安市入海. 行千二百五十里. 莽曰長說. 房, 候城, 中部都尉治. 遼隊, 莽曰順睦. 遼陽, 大梁水西南至遼陽入遼. 莽曰遼陰. 險瀆, 居就, 室僞山, 室僞水所出, 北至襄平入梁也. 高顯, 安市, 武次, 東部都尉治. 莽曰桓次. 平郭, 有鐵官,鹽官. 西安平, 莽曰北安平. 文, 莽曰文亭. 番汗, 沛, 水出塞外, 西南入海. 沓氏.

〖국역〗

遼東郡(요동군)[686] - 秦代 設置. 幽州刺史部 소속. 民戶 55,972戶, 인구 272,139명. 18개 縣이 있었다.

襄平縣(양평현)[687] - (軍馬를 사육하는) 牧師官이 있었다. 왕망은 昌平縣(창평현)이라 했다.

新昌縣(신창현)

無慮縣(무려현) - 西部都尉가 통치했다.

望平縣(망평현) - 大遼水(대료수, 遼河)[688]가 塞外(새외)에서 발원하

686 遼東郡(요동군) - 今 遼寧省의 중부와 동남부. 동남에서 樂浪郡과 접경. 치소는 襄平縣.

687 襄平縣(양평현) - 遼東郡의 治所, 今 遼寧省 省會인 遼陽市.

688 大遼水(대료수, 遼河) - 河北省, 內蒙古, 吉林省, 遼寧省에 걸친 길이

여 南으로 흘러 安市縣(안시현)에서 入海한다. 1,250리를 흐른다. 왕망은 長說縣(장열현)이라 했다.

房縣(방현)

候城縣(후성현) – 中部都尉가 다스린다.

遼隊縣(요수현) – 왕망은 順睦縣(순목현)이라 했다.

遼陽縣(요양현) – 大梁水(대량수)가 西南을 흘러 遼陽縣(요양현)에서 遼河(요하)에 합류한다. 왕망은 遼陰縣(요음현)이라 했다.

險瀆縣(험독현)

居就縣(거취현) – 室僞山(실위산)에서 室僞水(실위수)가 발원하여 縣의 북쪽을 흘러 襄平縣(양평현)에서 梁水(양수)에 합류한다.

高顯縣(고현현)[689]

安市縣(안시현)[690]

武次縣(무차현) – 東部都尉가 다스린다. 왕망은 桓次縣(환차현)이라 했다.

平郭縣(평곽현) – 鐵官과 鹽官이 설치되었다.

西安平縣(서안평현)[691] – 왕망은 北安平縣(북안평현)이라 했다.

文縣(문현) – 왕망은 文亭縣(문정현)이라 했다.

1,390km의 큰 강.

689 高顯縣(고현현) – 今 遼寧省 遼陽市 관할 북부 鐵嶺市. 瀋陽市와 撫順市 연접.

690 安市縣(안시현) – 今 遼寧省 남부 遼河 하류 東岸, 遼東半島 북쪽 海城市.

691 西安平縣(서안평현) – 今 遼寧省 丹東市(단동시, 新義州에서 鴨綠江 건너편) 동북.

番汗縣(번한현) – 塞外(새외)에서 沛水(패수)가 발원하여 西南으로 흘러 入海한다.

沓氏縣(답씨현)[692]

原文

玄菟郡, 武帝元封四年開. 高句驪, 莽曰下句驪. 屬幽州. 戶四萬五千六. 口二十二萬一千八百四十五. 縣三

高句驪, 遼山, 遼水所出, 西南至遼隊入大遼水. 又有南蘇水, 西北經塞外.

上殷台, 莽曰下殷.

西蓋馬. 馬訾水西北入鹽難水, 西南至西安平入海, 過郡二, 行二千一百里. 莽曰玄菟亭.

『국역』

玄菟郡(현도군)[693]은 武帝 元封 4년(前 107 / 3년, 前 108)에 신설했다.[694] 高句驪縣을 왕망은 下句驪(하구려)[695]라고 고쳤다. 幽州刺

692 沓氏縣(답씨현) – 今 遼寧省 大連市. 遼東半島 끝.

693 玄菟郡(현도군) – 遼寧省 동부, 吉林省 서남부를 관할. 치소는 高句麗縣.

694 〈武帝紀〉에는 「武帝 元封 3년 봄, 여름, 조선인들이 그 왕 右渠(우거)를 죽이고 투항하였는데 그 땅에 樂浪, 臨屯, 玄菟, 眞番郡을 설치하였다. 樓船將軍인 楊僕(양복)은 군사를 많이 잃어 免官하여 庶人이 되었고 좌장군 荀彘(순체)는 무공을 다툰 죄로 棄市(기시)되었다.」라고 하였다. 원봉 4년은 착오이다. 樂浪, 臨屯, 玄菟, 眞番郡 – 漢 四郡. 樂浪郡 치소는 朝鮮縣(今 平壤). 後漢 및 魏를 거쳐 서기 313년에야 소멸. 臨屯(임둔, 前

史部에 속했다. 民戶 45,006호에 인구는 221,845명이었다. 3개 縣이 있었다.

高句驪縣(고구려현)[696] – 遼山(요산)에서 遼水(요수)가 발원하는데, 縣의 서남쪽을 흘러 遼隊縣(요수현)에서 大遼水(대요수)에 합류한다. 또 南蘇水(남소수)가 있는데 西北 변경 밖으로 흐른다.

上殷台縣(상은태현)[697] – 왕망은 下殷縣(하은현)이라 하였다.

西蓋馬縣(서개마현)[698] – 馬訾水〔마자수, 鴨綠江(압록강)〕가 西北을 흘러 鹽難水(염난수, 渾江, 佟家江)에 합류하여 서남으로 흘러 西安平縣에서 入海하는데, 2개 郡(玄菟, 遼東)을 거쳐 2,100리를 흐른다. 왕망은 玄菟亭縣(현도정현)이라 하였다.

---

108 – 82년), 眞番郡도 臨屯郡과 같은 때 소멸, 玄菟(현도, 菟는 호랑이 도, 새삼 토)는 고구려의 저항으로 제일 먼저 북쪽으로 이동해야만 했다.

695 下句驪(하구려) – 왕망은 高句驪 사람을 군사로 동원하여 흉노 원정에 참여케 했지만 고구려인들은 출동하지 않았고 변방 郡에서 강요하자, 고구려 사람들은 모두 국경을 넘어 도망쳤다가 법을 어기면서 도적이 되었다. 遼西(요서) 大尹인 田譚(전담)이 그들을 추격하였으나 피살당했다. 각 주군에서는 그를 高句驪 侯(王)인 騶(추)의 탓이라 하였다. 왕망의 신하 嚴尤(엄우)는 고구려왕을 유인하여 도착하자 바로 죽여버렸고 그 수급을 장안에 보냈다. 왕망은 크게 좋아하며 조서를 내려 말했다. "~. 나는 이를 매우 기뻐하며 고구려 縣 이름을 下句驪(하구려)로 바꿀 것을 천하에 포고하니, 이를 모두가 알게 하라." 이에 貉人(맥인)들은 더욱 자주 변경을 침공하였고, 동북과 西南夷들도 모두 반기를 들었다. 99권, 〈王莽傳 中〉

696 高句驪縣(고구려현) – 今 遼寧省 撫順市(무순시) 관할 新賓滿族自治縣.

697 上殷台縣(상은태현) – 今 吉林省 동남부, 渾江(혼강) 상류 通化市. 평안북도 압록강 건너쪽.

698 西蓋馬縣(서개마현) – 平安北道 楚山 부근으로 추정.

原文

樂浪郡, 武帝元封三年開. 莽曰樂鮮. 屬幽州. 戶六萬二千八百一十二, 口四十萬六千七百四十八. 有雲鄣. 縣二十五.

朝鮮, 詌邯, 浿水, 水西至增地入海. 莽曰樂鮮亭. 含資, 帶水西至帶方入海. 黏蟬, 遂成, 增地, 莽曰增土. 帶方, 駟望, 海冥, 莽曰海桓, 列口, 長岑, 屯有, 昭明, 高部都尉治. 鏤方, 提奚, 渾彌, 呑列, 分黎山, 列水所出. 西至黏蟬入海, 行八百二十里. 東暆, 不而, 東部都尉治. 蠶台, 華麗, 邪頭昧, 前莫, 夫租.

〖국역〗

樂浪郡(낙랑군)[699] - 武帝 元封 3년(前 108)에 개설하였다. 왕망은 樂鮮郡이라 하였다. 幽州刺史部에 속했다. 民戶 62,812戶에 인구 466,748명이었다. 雲鄣(운장)[700]이 설치되었다. 25縣이 있었다.

朝鮮縣(조선현)[701]

詌邯縣(남한현)[702]

浿水縣(패수현)[703] - 浿水(패수) 서쪽으로 흘러 增地縣(증지현)에서

---

699 樂浪郡(낙랑군) - 淸川江 이남에서 黃海道와 京畿道 북부 일부 지역. 치소는 朝鮮縣.

700 雲鄣 - 방어시설인 障의 이름. 鄣은 막아낼 장. 성벽. 방어용 小城.

701 朝鮮縣(조선현) - 樂浪郡 치소. 衛滿朝鮮(前194 - 108)의 舊 도읍. 今 北韓 平壤直轄市. 중국 維基百科에는 2011년 인구 325만으로 실렸다.

702 詌邯縣(남한현) - 詌은 縣이름 남, 수다스런 염. 邯은 縣이름 한, 땅이름 감. 평양시 서북.

入海한다. 왕망은 樂鮮亭縣(악선정현)이라 했다.

含資縣(함자현)[704] – 帶水(대수)[705]가 縣의 西쪽을 흘러 帶方縣에서 入海한다.

黏蟬縣(점선현)[706]

遂成縣(수성현)[707]

增地縣(증지현)[708] – 왕망은 增土縣(증토현)이라 했다.

帶方縣(대방현)[709]

駟望縣(사망현)[710]

海冥縣(해명현)[711] – 왕망은 海桓縣(해환현)이라 했다.

列口縣(열구현)[712]

長岑縣(장잠현)[713]

屯有縣(둔유현)[714]

昭明縣(소명현)[715] – 高部都尉가 다스렸다.

---

703 浿水縣(패수현) – 今 북한 慈江道 熙川. 浿水(浿는 강 이름 패)는 淸川江.

704 含資縣(함자현) – 今 黃海北道 瑞興.

705 帶水(대수) – 황해도의 載寧江(재령강).

706 黏蟬縣(점선현) – 황해도 南浦市 서북.

707 遂成縣(수성현) – 今 平壤市 西.

708 增地縣(증지현) – 今 平安南道 新安州.

709 帶方縣(대방현) – 今 黃海北道 沙里院.

710 駟望縣(사망현) – 今 平壤市 동북. 大同江 남안.

711 海冥縣(해명현) – 今 黃海南道 海州市.

712 列口縣(열구현) – 今 黃海南道 殷栗.

713 長岑縣(장잠현) – 今 黃海南道 長淵.

714 屯有縣(둔유현) – 今 黃海北道 黃州.

鏤方縣(누방현)[716]

提奚縣(제해현)[717]

渾彌縣(혼미현)[718]

呑列縣(탄열현)[719] – 分黎山(분려산)에서 列水(열수)[720]가 발원한다. 서쪽으로 흘러 黏蟬縣(점선현)에서 入海하는데 820리를 흐른다.

東暆縣(동이현)[721]

不而縣(불이현)[722] – (樂浪郡) 東部都尉가 다스렸다.

蠶台縣(잠태현)[723]

華麗縣(화려현)[724]

邪頭昧縣(사두매현)[725]

前莫縣(전막현)[726]

夫租縣(부조현)[727]

---

715 昭明縣(소명현) – 今 黃海南道 信川.

716 鏤方縣(누방현) – 今 平安南道 陽德.

717 提奚縣(제해현) – 今 黃海北道 瑞興 동남.

718 渾彌縣(혼미현) – 今 平安南道 新安州 南.

719 呑列縣(탄열현) – 今 平安南道 陽山 북쪽. 大同江 남.

720 列水(열수) – 今 大同江.

721 東暆縣(동이현) – 今 江原道 江陵市.

722 不而縣(불이현) – 今 북한 江原道 安邊.

723 蠶台縣(잠태현) – 今 江原道 東草市.

724 華麗縣(화려현) – 今 咸鏡南道 高原 北.

725 邪頭昧縣(사두매현) – 今 江原道 高城 서북.

726 前莫縣(전막현) – 今 江原道 高城 서남.

727 夫租縣(부조현) – 今 咸鏡南道 咸興.

22. 交阯 7郡

原文

南海郡, 秦置. 秦敗, 尉佗王此地. 武帝元鼎六年開. 屬交州. 戶萬九千六百一十三, 口九萬四千二百五十三. 有圃羞官. 縣六.

番禺, 尉佗都. 有鹽官. 博羅, 中宿, 有洭浦官. 龍川, 四公, 揭陽, 莽曰南海亭.

〖국역〗

南海郡(남해군)[728] - 秦代에 設置되었다. 秦이 패망하자, 尉佗(위타)는 이곳의 王이 되었다.[729] 武帝 元鼎 6년(前 111)에 개설하였다. 交州(교주)[730]에 속했다. 民戶 19,613戶에 인구는 94,253명이었다. 圃羞官(포수관)[731]이 설치되었다. 6개 현이 있었다.

---

728 南海郡(남해군) - 今 廣東省 중부와 동부, 福建省 남부 지역을 관할, 交阯刺史部 소속. 치소는 番禺縣(반우현).

729 본래 趙它(조타)이나 관직이 秦의 郡 都尉이었기에 尉它(위타)라 표기. 자칭 南粵王 武帝. 漢 高祖에 협조적. 고조는 거기까지 관리할 겨를이 없어 왕으로 인정. 文帝는 적극적인 회유정책을 전개, 남월은 漢에 臣服했다.

730 交州(교주) - 交州는 後漢에서 刺史部의 명칭. 前漢에서는 交阯刺史部(교지자사부). 交阯刺史部는 南海, 蒼梧(창오), 鬱林(울림), 合浦, 交阯(郡名. 刺史部 명칭과 동일), 九眞, 日南의 7郡을 감찰했다.

731 圃羞官(포수관) - 남방의 과일이나 채소 등을 재배 공급하는 관리. 圃는 田圃. 밭. 羞는 바칠 수. 음식물.

番禺縣(반우현)[732] – 尉佗(위타)의 도읍이었다. 鹽官이 설치되었다.

博羅縣(박라현)

中宿縣(중숙현)[733] – 洭浦官(광포관)[734]이 근무했다.

龍川縣(용천현)

四公縣(사공현)

揭陽縣(게양현) – 왕망은 南海亭縣(남해정현)이라 했다.

原文

鬱林郡, 故秦桂林郡, 屬尉佗. 武帝元鼎六年開, 更名. 有小溪川水七, 並行三千一百一十里. 莽曰鬱平. 屬交州. 戶萬二千四百一十五, 口七萬一千一百六十二. 縣十二.

布山, 安廣, 阿林, 廣鬱, 鬱水首受夜郎豚水, 東至四會入海, 過郡四, 行四千三十里. 中留, 桂林, 潭中, 莽曰中潭. 臨塵, 朱涯水入領方. 又有斤南水. 又有侵離水, 行七百里. 莽曰監塵. 定周, 周水首受無斂, 東入潭, 行七百九十里. 增食, 驩水首受牂柯東界, 入朱涯水, 行五百七十里. 領方, 斤南水入鬱. 又有橋水. 都尉治. 雍雞. 有關.

---

732 番禺(반우) – 番은 땅이름 반. 현명. 南海郡의 치소, 今 廣東省 廣州市 番禺區.

733 中宿縣 – 今 廣東省 중부 淸遠市 소재.

734 洭浦官(광포관) – 洭浦關(광포관, 關門名)을 관장하는 관리.

〖국역〗

鬱林郡(울림군)[735] – 옛 秦의 桂林郡(계림군)으로 尉佗(위타)의 관할 구역이었다. 武帝 元鼎 6년에 개설했고, 이름을 바꿨다. 작은 溪川水 7개가 3,110리를 흐른다. 왕망은 鬱平郡(울평군)이라 했다. 交州(交阯)刺史部 소속이다. 민호 12,415戶에 인구 71,162명이다. 12개 현이 있다.

布山縣(포산현)[736]

安廣縣(안광현)

阿林縣(아림현)

廣鬱縣(광울현) – 鬱水(울수, 울강, 潯江)은 맨 먼저 夜郎縣(야랑현) 豚水(돈수)의 강물을 이어받아 동쪽으로 흘러 四會縣(사회현)에서 入海하는데 4개 郡(牂柯, 鬱林, 蒼梧, 南海郡)에 4,030리를 흐른다.

中留縣(중류현)

桂林縣(계림현)[737]

潭中縣(담중현) – 왕망은 中潭縣(중담현)이라 했다.

臨塵縣(임진현) – 朱涯水(주애수)가 領方縣(영방현)에서 흘러온다. 또 斤南水(근남수)가 있다. 또 侵離水(침리수)가 7百 里를 흘러간다. 왕망은 監塵縣(감진현)이라 했다.

定周縣(정주현) – 周水(주수)가 無斂水(무렴수)를 이어받아 동쪽으

---

735 鬱林郡(울림군) – 今 廣西省 중서부, 貴州省 남부, 越南 북부 지역. 치소는 布山縣.

736 布山縣(포산현) – 鬱林郡 치소, 今 廣西省(廣西壯族自治區) 동남부 貴港市 관할 桂平市.

737 桂林縣(계림현) – 今 廣西省 중부 來賓市 관할 象州縣.

로 흘러 潭水(담수)에 합류하여, 790리를 흘러간다.

增食縣(증식현) – 驩水(환수)가 牂柯郡(장가군) 동쪽 지역의 물을 이어받아, 朱涯水(주애수)에 합류하여 570리를 흘러간다.

領方縣(영방현) – 斤南水(근남수)가 鬱林郡에 흘러든다. 또 橋水(교수)가 있다. 都尉가 다스린다.

雍雞縣(옹계현) – 關門이 설치되었다.

原文

蒼梧郡, 武帝元鼎六年開. 莽曰新廣, 屬交州. 有離水關. 戶二萬四千三百七十九, 口十四萬六千一百六十. 縣十.

廣信, 莽曰廣信亭. 謝沐, 有關. 高要, 有鹽官. 封陽, 臨賀, 莽曰大賀. 端溪, 馮乘, 富川, 荔浦, 有荔平關. 猛陵. 龍山, 合水所出, 南至布山入海. 莽曰猛陸.

〖국역〗

蒼梧郡(창오군)[738] – 武帝 元鼎 6년(前 111)에 개설. 王莽은 新廣郡(신광군)이라 했다. 交州刺史部(交阯)에 속했다. 離水關(이수관)[739]이 있다. 民戶 24,379戶에 인구 146,160명이다. 10개 縣이 있다.

廣信縣(광신현)[740] – 왕망은 廣信亭縣(광신정현)이라 했다.

---

738 蒼梧郡(창오군) – 今 廣西省 동부와 湖南省 남부 일부. 치소는 廣信縣.

739 離水關(이수관) – 今 廣西省 동부 梧州市 관할 蒼梧縣 북쪽.

740 廣信縣(광신현) – 蒼梧郡 치소, 今 廣西省 동부 梧州市. 廣東省과 접경.

謝沐縣(사목현) – 關門(謝沐關)[741]이 있다.

高要縣(고요현) – 鹽官이 설치되었다.

封陽縣(봉양현)

臨賀縣(임하현) – 왕망은 大賀縣(대하현)이라 했다.

端溪縣(단계현)

馮乘縣(풍승현)

富川縣(부천현)

荔浦縣(여포현)[742] – 荔平關(여평관)이 있다.

猛陵縣(맹릉현) – 龍山(용산)에서 合水(합수)가 출원하여, 南으로 흘러 布山縣(포산현)에서 入海한다. 왕망은 猛陸縣(맹륙현)이라 했다.

原文

交趾郡, 武帝元鼎六年開, 屬交州. 戶九萬二千四百四十, 口七十四萬六千二百三十七. 縣十.

羸𨻻, 有羞官. 安定, 苟漏, 麊泠, 都尉治. 曲昜, 北帶, 稽徐, 西於, 龍編, 朱䳒.

〖국역〗

交趾郡(교지군)[743] – 武帝 元鼎 6년에 개설했다. 交州(交阯)刺史部

741 關門(謝沐關, 사목관) – 今 湖南省 남부 永州市 관할 江永縣 소재.

742 荔浦縣(여포현) – 今 廣西省 북부 桂林市 관할 荔浦縣(여포현).

743 交趾郡(교지군) – 今 越南 북부. 치소는 羸𨻻縣(이누현).

소속. 民戶 92,444호에, 인구 46,237명. 10개 縣이 있었다.

羸陵縣(이누현)[744] - 羞官(수관)[745]을 두었다.

安定縣(안정현)[746]

苟漏縣(구루현)

麊泠縣(미령현) - 都尉가 다스렸다.

曲易縣(곡역현)

北帶縣(차대현)

稽徐縣(계서현)

西於縣(서어현)

龍編縣(용편현)[747]

朱鳶縣(주원현)[748]

原文

合浦郡, 武帝元鼎六年開, 莽曰桓合. 屬交州. 戶萬五千三百九十八, 口七萬八千九百八十. 縣五.

徐聞, 高涼, 合浦. 有關. 莽曰桓亭. 臨允, 牢水北入高要入鬱, 過郡二, 行五百三十里. 莽曰大允. 朱盧, 都尉治.

---

744 羸陵縣(이누현) - 羸는 여윌 이(리). 파리하다. 陵는 縣이름 누(루). 今 越南 河內市(하노이시). 2019년에 인구 805만.

745 羞官(수관) - 음식 담당관. 열대과일 진상을 위한 임무.

746 安定縣(안정현) - 今 越南 南河省, 紅河 남안.

747 龍編縣(용편현) - 今 越南 北寧省.

748 朱鳶縣(주원현) - 鳶은 솔개 원.

〖국역〗

合浦郡(합포군)[749] 武帝 元鼎 6년에 개설. 王莽은 桓合郡(환합군)이라 불렀다. 交州(交阯)刺史部 소속. 민호 15,398戶에 인구 78,980명. 5개 縣을 두었다.

徐聞縣(서문현)

高涼縣(고량현)

合浦縣(합포현)[750] – 關門이 있다. 왕망은 桓亭縣(환정현)이라 했다.

臨允縣(임윤현) – 牢水(뇌수)가 북쪽에서 흘러들어와 高要縣(고요현)에서 鬱水入에 합류하는데, 2郡(蒼梧, 合浦)을 지나며 530리를 흘러간다. 왕망은 大允縣(대윤현)이라 했다.

朱盧縣(주로현, 위치 미상) – 都尉가 다스린다.

原文

九眞郡, 武帝元鼎六年開. 有小水五十二, 並行八千五百六十里. 戶三萬五千七百四十三, 口十六萬六千一十三. 有界關. 縣七.

胥浦, 莽曰驩成. 居風, 都龐, 餘發, 咸驩, 無切, 都尉治. 無編, 莽曰九眞亭.

---

749 合浦郡(합포군) – 今 廣西省 동남부와 廣東省 남부를 관할. 치소는 合浦縣. 漢代에 流配地의 대명사. 眞珠의 名産地.

750 合浦縣(합포현) – 今 廣東省 남부 北海市 관할 合浦縣.

〖국역〗

九眞郡(구진군)[751] – 武帝 元鼎 6년에 개설. 작은 강 52개가 8,560리를 흐른다. 民戶 35,743戶에, 인구 166,013명이었다. 경계에 관문이 있다. 7현이 있다.

胥浦縣(서포현)[752] – 왕망은 驩成縣(환성현)이라 했다.

居風縣(거풍현)

都龐縣(도방현)

餘發縣(여발현)

咸驩縣(함환현)

無切縣(무절현) – 都尉가 다스렸다.

無編縣(무편현) – 왕망은 九眞亭縣(구진정현)이라 했다.

原文

日南郡, 故秦象郡, 武帝元鼎六年開, 更名. 有小水十六, 並行三千一百八十里. 屬交州. 戶萬五千四百六十, 口六萬九千四百八十五. 縣五.

朱吾, 比景, 盧容, 西卷, 水入海, 有竹, 可爲杖. 莽曰日南亭. 像林.

751 九眞郡(구진군) – 今 越南國 중북부를 관할. 北에서부터 交阯郡 – 九眞郡 – 日南郡. 치소는 胥浦郡.

752 胥浦縣(서포현) – 今 越南國 淸化省 淸化縣 서북.

〖국역〗

日南郡(일남군)[753] – 옛 秦代의 象郡(상군)이었다. 武帝 元鼎 6년에 개설하며 이름을 바꿨다. 작은 강 16개가 모두 3,180리를 흐른다. 交州(交阯)刺史部에 속한다. 民戶 15,460호에, 인구가 69,485명이었다. 5개 현이 있었다.

朱吾縣(주오현)

比景縣(비영현)

盧容縣(노용현)

西卷縣(서권현)[754] – 강물이 入海하고, 지팡이(杖)를 만들 수 있는 대나무가 있다. 왕망은 日南亭縣(일남정현)이라고 했다.

像林縣(상림현)

---

753 日南郡(일남군) – 해(日)의 남쪽이란 뜻. 관할 지역은 越南國 중부. 치소는 西卷縣.

754 西卷縣(서권현) – 日南郡의 치소, 今 越南國 廣治省.

五. 前漢의 諸侯國

1. 冀州 6國

原文

趙國, 故秦邯鄲郡, 高帝四年爲趙國. 景帝三年復爲邯鄲郡, 五年復故. 莽曰桓亭. 屬冀州. 戶八萬四千二百二, 口三十四萬九千九百五十二. 縣四.

邯鄲. 堵山, 牛首水所出, 東入白渠. 趙敬侯自中牟徙此. 易陽, 柏人, 莽曰壽仁. 襄國. 故邢國. 西山, 渠水所出, 東北至任入寖. 又有蓼水,馮水, 皆東至朝平入湡.

〖국역〗

趙國(조국)[755] - 옛 秦의 邯鄲郡(한단군)이었는데, 高帝 4년(前 203)에 趙國을 설치했다. 景帝 3년(前 154)에 다시 한단군으로 만들었다가 5년(前 152)에 다시 趙國이 되었다. 왕망은 桓亭郡(환정군)이라 했다. 冀州刺史部에 속했다. 民戶 84,202戶에 인구 349,952명이었다. 4개 縣을 두었다.

邯鄲縣(한단현)[756] - 堵山(도산)에서 牛首水(우수수)가 발원하여, 동

755 趙國(조국) - 今 河北省 남부 邯鄲市와 邢台市 일원. 治縣은 邯鄲縣.

756 邯鄲縣(한단현) - 今 河北省 남부 邯鄲市.

쪽을 흘러 白渠(백거)에 합류한다. (전국시대) 趙의 敬侯(경후)가 中牟縣(중모현)에서 이곳으로 옮겨왔다.(前 386년)

易陽縣(역양현)

柏人縣(백인현)[757] – 왕망은 壽仁縣(수인현)이라 했다.

襄國縣(양국현)[758] – 옛 刑國이다. 西山(서산, 太行山의 일부)에서 渠水(거수)가 발원하여 동북을 흘러 任(임)에서 寖水(침수, 今 洛河)에 합류한다. 또 蓼水(요수)와 馮水(빙수)가 있어 모두 동쪽으로 흘러 朝平(조평)에서 湡水(우수, 今 沙河)에 합류한다.

原文

廣平國, 武帝 征和 二年置, 爲平干國, 宣帝五鳳二年復故. 莽曰富昌. 屬冀州. 戶二萬七千九百八十四, 口十九萬八千五百五十八. 縣十六.

廣平, 張, 朝平, 南和, 列葭水東入滱. 列人, 莽曰列治. 斥章, 任, 曲周, 武帝建元四年置. 莽曰直周. 南曲, 曲梁, 侯國. 莽曰直梁. 廣鄉, 平利, 平鄉, 陽臺, 侯國. 廣年, 莽曰富昌. 城鄉.

〖국역〗

廣平國(광평국)[759] – 武帝 征和 2년(前 91)에 설치했는데, 平干國

757 柏人縣(백인현) – 今 河北省 內丘縣.

758 襄國縣(양국현) – 今 河北省 남부 邢台市.

759 廣平國(광평국) – 今 河北省 남부 邯鄲市와 邢台市의 일부분, 치소는 廣

(평간국)이 되었다가 宣帝 五鳳 2년(前 56)에 광평국으로 되돌렸다. 왕망은 富昌郡이라 했다. 冀州刺史部 소속. 民戶 27,984戶에, 인구 198,558명이다. 16개 縣을 두었다.

廣平縣(광평현)[760]

張縣(장현)

朝平縣(조평현)

南和縣(남화현) – 列葭水(열가수)가 縣의 동쪽을 흘러 泜水(사수)에 합류한다.

列人縣(열인현) – 왕망은 列治縣(열치현)이라 했다.

斥章縣(척장현)

任縣(임현)[761]

曲周縣(곡주현) – 武帝 建元 4년(前 137)에 설치했다. 왕망은 直周縣(직주현)이라 했다.

南曲縣(남곡현)

曲梁縣(곡량현) – 侯國이다. 왕망은 直梁縣(직량현)이라 했다.

廣鄕縣(광향현)

平利縣(평리현)

平鄕縣(평향현)

陽臺縣(양대현, 위치 미상) – 侯國이다.

廣年縣(광년현) – 왕망은 富昌縣(부창현)이라 했다.

平縣.

760 廣平縣(광평현) – 廣平國 치소, 今 河北省 滏陽河 상류 邯鄲市 관할 曲周縣.

761 任縣(임현) – 今 河北省 邢台市 관할 任縣(임현).

城鄕縣(성향현, 위치 미상)

原文

眞定國, 武帝元鼎四年置. 屬冀州. 戶三萬七千一百二十六, 口十七萬八千六百一十六. 縣四.

眞定, 故東垣, 高帝十一年更名. 莽曰思治. 稾城, 莽曰稾實. 肥纍, 胡肥子國. 綿曼. 斯洨水首受太白渠, 東至鄡入河. 莽曰綿延.

〖국역〗

眞定國(진정국)[762] – 武帝 元鼎 4년(前 113 / 3년이어야 함.)에 설치했다. 冀州刺史部 소속. 民戶 37,126戶에, 인구 178,616명. 4개 현을 거느렸다.

眞定縣(진정현) – 옛 東垣縣(동원현)인데, 高帝 11년(前 196)에 이름을 바꿨다. 왕망은 思治縣(사치현)이라 했다.

稾城縣(고성현) – 왕망은 稾實縣(고실현)이라 했다.

肥纍縣(비류현) – 옛 胡肥子國(호비자국)이다.

綿曼縣(면만현) – 斯洨水(사효수)가 먼저 太白渠(태백거)의 물을 이어받아, 東으로 흘러 鄡縣(교현)에서 漳水(장수)에 합류한다(入河 – 河水는 아님). 왕망은 綿延縣(면연현)이라 했다.

762 眞定國(진정국) – 今 河北省 省會인 石家庄市 일대. 치소는 眞定縣.

原文

中山國, 高帝郡, 景帝三年爲國. 莽曰常山, 屬冀州. 戶十六萬八百七十三, 口六十六萬八千八十. 縣十四.

盧奴, 北平, 徐水東至高陽入博. 又有盧水, 亦至高陽入河. 有鐵官. 莽曰善和. 北新成, 桑欽言易水出西北, 東入滱, 莽曰朔平, 唐, 堯山在南. 莽曰和親. 深澤, 莽曰翼和. 苦陘, 莽曰北陘. 安國, 莽曰興睦. 曲逆, 蒲陽山, 蒲水所出, 東入濡, 又有蘇水, 亦東入濡, 莽曰順平. 望都, 博水東至高陽入河. 莽曰順調. 新市, 新處, 毋極, 陸成, 安險. 莽曰寧險.

〖국역〗

中山國(중산국)[763] - 高帝 때는 郡이었다가, 景帝 3년에 封國이 되었다. 王莽은 常山郡이라 했다. 冀州刺史部에 속했다. 민호는 160,873호에 인구 668,080명이었다. 14개 현이 있다.

---

763 中山國(중산국) - 春秋 戰國시대의 나라 이름. 姬姓, 前 507년 건국. 위치는, 今 河北省 中部 太行山 동쪽 기슭 일원, 趙國과 燕國의 사이에 위치. 都邑은 靈壽(今 河北省 서남쪽 石家庄市 관할 平山縣. 성 안에 산이 있어 得 國名. 前 406년(周 威烈王 22년) 魏將 樂羊(낙양)에 의해 1차 멸망. 前 380년 경에, 中山 桓公이 復國. 당시 북으로 燕을 남으로 趙를 공격하는 등 국세가 강성했으나 이후 趙國의 공격으로 영역이 줄어들다가 前 296년에 趙國에게 멸망당했다.

漢代 제후국으로 중산국 영역은, 今 河北省 石家庄市와 保定市 사이. 國名, 郡名. 漢 景帝의 皇子 劉勝을 中山王으로 봉한 이후 중산국 또는 중산군으로 여러 번 명칭 변경. 治所는 盧奴縣.

盧奴縣(노노현)[764]

北平縣(북평현) - 徐水(서수)가 縣의 동쪽을 흘러 高陽縣(고양현)에서 博水(박수)에 합류한다. 또 盧水(노수)가 있어, 역시 高陽縣에서 博水(박수)에 합류한다(河는 착오). 鐵官이 설치되었다. 왕망은 善和縣(선화현)이라 했다.

北新成縣(북신성현) - (《水經》의 저자) 桑欽(상흠)은 易水(역수)가 서북쪽에서 발원하여 縣의 동쪽으로 흘러 滱水(구수)에 합류한다. 왕망은 朔平縣(삭평현)이라 했다.

唐縣(당현) - 堯山(요산)이 縣의 南쪽에 있다. 왕망은 和親縣(화친현)이라 했다.

深澤縣(심택현) - 왕망은 翼和縣(익화현)이라 했다.

苦陘縣(고형현) - 왕망은 北陘縣(북형현)이라 했다.

安國縣(안국현) - 왕망은 興睦縣(흥목현)이라 했다.

曲逆縣(곡역현) - 蒲陽山(포양산)에서 蒲水(포수)가 발원하여 縣의 동쪽을 흘러 濡水(유수)에 합류한다. 또 蘇水(소수)가 있어 역시 동쪽에서 濡水(유수)에 합류한다. 왕망은 順平縣(순평현)이라 했다.

望都縣(망도현) - 博水(박수)가 縣의 동쪽을 흘러 高陽縣에서 河水(黃河)에 합류한다. 왕망은 順調縣(순조현)이라 했다.

新市縣(신시현)

新處縣(신처현)

毋極縣(무극현)

---

764 盧奴縣 - 今 河北省 直轄 縣級市인 定州市, 保定市와 石家莊市 중간. 中山國 治所. 縣에 黑水의 옛 池가 있다. 水黑曰盧, 不流曰奴라 한다.

陸成縣(육성현)

安險縣(안험현) - 왕망은 寧險縣(영험현)이라 했다.

原文

信都國, 景帝二年爲廣川國, 宣帝甘露三年復故. 莽曰新博. 屬冀州. 戶六萬五千五百五十六, 口萬三十萬四千三百八十四. 縣十七.

信都, 王都. 故章河,故虖池皆在北, 東入海. 〈禹貢〉絳水亦入海. 莽曰新博亭. 歷, 莽曰歷寧. 扶柳, 辟陽, 莽曰樂信. 南宮, 莽曰序下. 下博, 莽曰閏博. 武邑, 莽曰順桓. 觀津, 莽曰朔定亭. 高提, 廣川, 樂鄕, 侯國. 莽曰樂丘. 平堤, 侯國. 桃, 莽曰桓分. 西梁, 侯國. 昌成, 侯國. 東昌, 侯國. 莽曰田昌. 脩. 莽曰脩治.

〖국역〗

信都國(신도국)[765] - 景帝 2년(前 155)에 廣川國(광천국)이었다가, 宣帝 甘露 3년(前51)에 신도국으로 복고 했다. 王莽은 新博郡이라 했다. 冀州刺史部 소속이었다. 民戶 65,556호에, 인구 304,384명에 17개 縣이었다.

765 信都國(신도국) - 今 河北省 남동부 衡水市와 山東省 동북부 德州市 지역. 치소는 信都縣.

信都縣(신도현)[766] – 신도국 王都이다. 옛 章河(장하)와 故 虖池(호지)가 모두 縣의 북쪽에 있어 동쪽으로 흘러 入海한다. 〈禹貢〉에서는 絳水(강수) 역시 入海한다고 하였다. 왕망은 新博亭縣(신박정현)이라 했다.

歷縣(역현) – 왕망은 歷寧縣(역령현)이라 했다.

扶柳縣(부류현)

辟陽縣(벽양현) – 왕망은 樂信縣(낙신현)이라 했다.

南宮縣(남궁현) – 왕망은 序下縣(서하현)이라 했다.

下博縣(하박현) – 왕망은 閏博縣(윤박현)이라 했다.

武邑縣(무읍현) – 왕망은 順桓縣(순환현)이라 했다.

觀津縣(관진현) – 왕망은 朔定亭縣(삭정정현)이라 했다.

高提縣(고제현)

廣川縣(광천현)[767]

樂鄉縣(낙향현) – 侯國이었다. 왕망은 樂丘縣(낙구현)이라 했다.

平堤縣(평제현) – 侯國이었다.

桃縣(도현) – 왕망은 桓分縣(환분현)이라 했다.

西梁縣(서량현) – 侯國이었다.

昌成縣(창성현) – 侯國이었다.

東昌縣(동창현) – 侯國. 왕망은 田昌縣(전창현)이라 했다.

脩縣(수현) – 왕망은 脩治縣(수치현)이라 했다.

---

766 信都縣(신도현) – 今 河北省 동남부 衡水市 관할 冀州市. 冀州市 ↔ 北京市는 300km.

767 廣川縣(광천현) – 今 河北省 衡水市 관할 棗强縣(조강현) 동북.

原文

河間國, 故趙, 文帝二年別爲國. 莽曰朔定. 戶四萬五千四十三, 口十八萬七千六百六十二. 縣四.

樂成, 虖池別水首受虖池河, 東至東光入虖池河. 莽曰陸信. 候井, 武隧, 莽曰桓隧. 弓高, 虖池別河首受虖池河, 東至平舒入海. 莽曰樂成.

〖국역〗

河間國(하간국)[768] – 옛 趙의 영역, 文帝 2년(前 178)에 별도의 나라가 되었다. 왕망은 朔定郡(삭정군)이라 하였다. 民戶 45,043戶에 인구 187,662명이었다. 4개의 縣이 있었다.

樂成縣(악성현) – 虖池(호지)의 한 지류가 虖池河(호지하)와 한 방향으로 縣의 동쪽을 흘러서 東光縣(동광현)에 이르러 虖池河에 합류한다. 왕망은 陸信縣(육신현)이라 했다.

候井縣(후정현)

武隧縣(무수현) – 왕망은 桓隧縣(환수현)이라 했다.

弓高縣(궁고현)[769] – 虖池(호지)에서 흘러나온 지류가 먼저 虖池河에 합류한 뒤에 동쪽을 지나 平舒縣(평서현)에서 入海한다. 왕망은 樂成縣(낙성현)이라 했다.

---

768 河間國(하간국) – 勃海郡 서쪽, 中山國 동쪽, 涿郡의 남쪽. 치소는 樂成縣. 河間은 지역명. 漳河와 河水 사이. 秦漢代의 郡國名. 秦代 河間은 鉅鹿郡(거록군) 관할이었는데, 今 河北省 남부 邢台市(형태시) 일대에 해당한다.

769 弓高縣(궁고현) – 今 河北省 남부 衡水市 관할 阜城縣(부성현).

2. 幽州 廣陽國

原文

廣陽國. 高帝燕國, 昭帝元鳳元年爲廣陽郡, 宣帝本始元年更爲國. 莽曰廣有. 戶二萬七百四十, 口七萬六百五十八. 縣四.

薊, 故燕國, 召公所封. 莽曰伐戎. 方城, 廣陽, 陰鄉. 莽曰陰順.

〖국역〗

廣陽國(광양국)[770] - 高帝가 봉한 燕國이었는데, 昭帝 元鳳 원년(前 80) 廣陽郡이 되었다가, 宣帝 本始 원년(전 73) 다시 廣陽國이 되었다. 王莽은 廣有郡이라 했다. 民戶 20,740戶에 인구 70,658명이었다. 4개 縣이 있었다.

薊縣(계현)[771] - 옛 燕國(연국)이니, (周 무왕의 동생) 召公(소공)을 봉한 나라이다. 왕망은 伐戎縣(벌융현)이라 했다.

方城縣(방성현)

廣陽縣(광양현)[772]

陰鄉縣(음향현) - 왕망은 陰順縣(음순현)이라 했다.

---

770 廣陽國(광양국) - 今 北京市 일부분. 幽州刺史部 소속. 치소는 薊縣(계현).

771 薊縣(계현) - 今 北京市 동남. 天津市 북부의 薊縣(계현).

772 廣陽縣(광양현) - 今 北京市 房山區.

3. 靑州 3國

原文

菑川國, 故齊, 文帝十八年別爲國. 後並北海. 戶五萬二百八十九, 口二十二萬七千三十一. 縣三.

劇, 義山, 蕤水所出, 北至壽光入海. 莽曰兪. 東安平, 菟頭山, 女水出, 東北至臨菑入鉅定. 樓鄕.

〖국역〗

菑川國(치천국)[773] – 옛 齊國의 땅인데, 文帝 18년(前 162) 별도의 나라가 되었다. 뒷날 북해군에 흡수되었다. 民戶 50,289戶에, 인구 227,031명이다. 3개의 현을 두었다.

劇縣(극현)[774] – 義山(의산)에서 蕤水(유수)가 발원하여 北으로 흘러 壽光縣(수관현)에서 入海한다. 왕망은 兪縣(유현)이라 했다.

東安平縣(동안평현)[775] – 菟頭山(토두산)에서 女水(여수)가 발원하여, 동북으로 흘러 臨菑縣(임치현)에서 鉅定水(거정수)에 합류한다.

樓鄕縣(누향현, 위치 미상)

---

773 菑川國(치천국, 菑川) – 今 山東省 중동부 濰坊市 서부 일대. 치소는 劇縣(극현). 靑州刺史部 소속.

774 劇縣(극현) – 今 山東省 중동부 濰坊市 관할 昌樂縣.

775 東安平縣(동안평현) – 今 山東省 중북부 淄博市(치박시) 臨淄區.

原文

膠東國, 故齊, 高帝元年別爲國, 五月復屬齊國, 文帝十六年復爲國. 莽曰鬱秩. 戶七萬二千二, 口三十二萬三千三百三十一. 縣八.

卽墨, 有天室山祠. 莽曰卽善. 昌武, 下密, 有三石山祠. 壯武, 莽曰曉武. 鬱秩, 有鐵官. 挺, 觀陽, 鄒盧. 莽曰始斯.

〖국역〗

膠東國(교동국)[776] – 옛 齊國의 영역이었는데, 高帝 元年(前 206)에 별개의 나라였다가 5월에 다시 齊國에 속했다. 文帝 16년(前 164)에 다시 교동국이 되었다. 王莽은 鬱秩郡(울질군)이라 하였다. 民戶 72,002戶에 인구 323,331명이었다. 8개의 縣을 두었다.

卽墨縣(즉묵현)[777] – 天室山祠가 있다. 왕망은 卽善縣(즉선현)이라 했다.

昌武縣(창무현)

下密縣(하밀현) – 三石山祠(三戶山祠)가 있다.

壯武縣(장무현) – 왕망은 曉武縣(효무현)이라 했다.

鬱秩縣(울질현) – 鐵官이 설치되었다.

挺縣(정현, 梃縣)

觀陽縣(관양현)

---

776 膠東國(교동국) – 靑州刺史部 소속, 今 山東半島 중앙부. 치소는 卽墨縣(즉묵현).

777 卽墨縣(즉묵현) – 膠東國 치소, 今 山東省 靑島市 관할 平度市.

鄒盧縣(추로현) – 왕망은 始斯縣(시사현)이라 했다.

原文

高密國, 故齊, 文帝十六年別爲膠西國. 宣帝本始元年更爲高密國. 戶四萬五百三十一, 口十九萬二千五百三十六. 縣五.

高密, 莽曰章牟. 昌安, 石泉, 莽曰養信. 夷安, 莽曰原亭. 成鄕. 莽曰順成.

〖국역〗

高密國(고밀국)[778] – 옛 齊國 영역. 文帝 16年 (齊에서) 별도로 膠西國(교서국)이 되었다. 宣帝 本始 元年에, 다시 高密國이 되었다. 40,521戶이 인구 192,531명이었다. 5개의 縣이 있었다.

高密縣(고밀현)[779] – 왕망은 章牟縣(장모현)이라 했다.

昌安縣(창안현)

石泉縣(석천현)[780] – 왕망은 養信縣(양신현)이라 했다.

夷安縣(이안현) – 왕망은 原亭縣(원정현)이라 했다.

成鄕縣(성향현)[781] – 왕망은 順成縣(순성현)이라 했다.

---

778 高密國(고밀국) – 青州刺史部 소속. 山東반도 서부. 치소는 高密縣.

779 高密縣(고밀현) – 今 山東省 濰坊市 관할 高密市.

780 石泉縣(석천현) – 今 山東省 濰坊市 관할 諸城市.

781 成鄕縣(성향현) – 今 山東省 濰坊市 관할 安丘市.

4. 兗州 3國

原文

城陽國, 故齊. 文帝二年別爲國. 莽曰莒陵. 屬兗州. 戶五萬六千六百四十二, 口二十萬五千七百八十四. 縣四.

莒, 故國, 盈姓, 三十世爲楚所滅. 少昊後. 有鐵官. 莽曰莒陵. 陽都, 東安, 慮. 莽曰著善.

『국역』

城陽國(성양국)[782] – 옛 齊의 영역. 文帝 2년에, 별도로 설치했다. 王莽은 莒陵郡(거릉군)이라 했다. 兗州(연주)刺史部 소속이었다. 민호 56,642호에, 인구는 205,784명이었다. 4개의 현이 있었다.

莒縣(거현) – 故 國名. 姓은 盈(영), 30世에 楚에게 멸망되었다. 少昊氏이 후예이다. 鐵官이 설치되었다. 왕망은 莒陵縣(거릉현)이라 했다.

陽都縣(양도현)

東安縣(동안현)

慮縣(여현 / 려현)[783] – 왕망은 著善縣(저선현)이라 했다.

782 城陽國(성양국) – 今 山東省 동남부 관할. 치소는, 今 山東省 日照市 관할 莒縣(거현).

783 慮縣(여현, 려현) – 盧(밥그릇 노, 로)의 착오라는 주석이 있다.

原文

淮陽國, 高帝十一年置. 新平. 屬兗州. 戶十三萬五千五百四十四, 口九十八萬一千四百二十三. 縣九.

陳, 故國, 舜後, 胡公所封, 爲楚所滅. 楚頃襄王自郢徙此. 莽曰陳陵. 苦, 莽曰賴陵. 陽夏. 寧平, 扶溝, 渦水首受狼湯渠, 東至向入淮, 過郡三, 行千里. 固始, 圉, 新平, 柘.

〖국역〗

淮陽國(회양국)[784] - 高帝 11년(前 196)에 설치했다. (왕망 때는) 新平郡이었다. 兗州刺史部(연주자사부)에 속했다. 135,544戶에, 인구 981,423명이었다. 9縣이었다.

陳縣(진현) - 옛 國名. 舜의 후손의 나라로, 胡公(호공)을 봉했었는데 楚에게 멸망되었다. 楚 頃襄(경왕)은 郢都(영도)에서 이곳으로 옮겨왔다. 왕망은 陳陵縣(진릉현)이라 했다.

苦縣(고현)[785] - 왕망은 賴陵縣(뇌릉현)이라 했다.

陽夏縣(양하현)

寧平縣(영평현)

扶溝縣(부구현) - 渦水(와수)가 狼湯渠(낭탕거)의 물을 받아 동쪽을 흘러 向縣(향현)에 이르러 淮水(회수)에 합류하고, 3郡(淮陽, 陳留, 沛

784 淮陽國(회양국) - 관할 영역은, 今 河南省 동부. 치소는 陳縣, 今 河南省 동부 周口市 淮陽區.

785 苦縣 - 今 河南省 周口市 관할 鹿邑縣. 老子(李耳)는 楚周의 楚國 苦縣 厲鄉 曲仁里(原屬, 陳國)에서 출생했다 했으니, 바로 老子의 고향이다.

郡)을 지나며 1천 리를 흘러간다.

固始縣(고시현)

圉縣(어현)[786]

新平縣(신평현)

柘縣(자현)[787]

原文

東平國, 故梁國, 景帝中六年別爲濟東國, 武帝元鼎元年爲大河郡, 宣帝甘露二年爲東平國. 莽曰有鹽. 屬兗州. 戶十三萬一千七百五十三, 口六十萬七千九百七十六. 有鐵官. 縣七.

無鹽, 有郈鄉. 莽曰有鹽亭. 任城, 故任國, 太昊後, 風姓. 莽曰延就亭. 東平陸, 富城, 莽曰成富. 章, 亢父, 詩亭, 故詩國. 莽曰順父. 樊.

〖국역〗

東平國(동평국)[788] – 故 梁國인데, 景帝 中元 6년(前 144) (梁國의

---

786 圉縣(어현) – 今 河南省 周口市 관할 太康縣. 圉는 마부 어. 감옥. 인터넷 자료에 의하면, 2006年 太康縣의 人口가 139萬이라 하니 중국의 縣은 그 규모가 지장에 따라 큰 차이가 난다.

787 柘縣(자현) – 今 河南省 商丘市 관할 柘城縣(자성현). 柘는 산뽕나무 자.

788 東平國(동평국) – 今 山東省 서남부 濟寧市 일원. 치소는 無鹽縣(무염현).

일부를) 濟東國(제동국)으로 신설했다가 武帝 元鼎 元年(前 116) 大河郡으로, 宣帝 甘露 2년(前 52)에 東平國이라 했다. 왕망은 有鹽郡이라 했다. 兗州(연주)刺史部에 속했다. 131,753戶에, 인구 607,976명이었다. 鐵官이 있었고 7縣을 두었다.

無鹽縣(무염현)[789] – 郈鄉(구향)이 있다. 왕망은 有鹽亭縣(유염정현)이라 했다.

任城縣(임성현) – 옛 任國(임국)으로, 太昊氏의 후손이며, 風은 姓이다. 왕망은 延就亭縣(연취정현)이라 했다.

東平陸縣(동평륙현)

富城縣(부성현) – 왕망은 成富縣(성부현)이라 했다.

章縣(장현)

亢父縣(항보현)[790] – 詩亭(시정)은 옛 詩國(시국)이다. 왕망은 順父縣(순보현)이라 했다.

樊縣(번현)[791]

---

789 無鹽縣(무염현) – 東平國의 치소, 今 山東省 중부 泰安市 관할 東平縣.

790 亢父縣(항보현) – 今 山東省 서남부 濟寧市 남쪽.

791 樊縣(번현) – 今 山東省 서남부 濟寧市 동쪽.

5. 豫州 2國

原文

梁國, 故秦碭郡, 高帝五年爲梁國. 莽曰陳定. 屬豫州. 戶三萬八千七百九, 口十萬六千七百五十二. 縣八.

碭, 山出文石. 莽曰節碭. 甾, 故戴國. 莽曰嘉穀. 杼秋, 莽曰予秋. 蒙, 獲水首受甾獲渠, 東北至彭城入泗, 過郡五, 行五百五十里. 莽曰蒙思. 己氏, 莽曰已善. 虞, 莽曰陳定亭. 下邑, 莽曰下洽. 睢陽. 故宋國, 微子所封. 〈禹貢〉盟諸澤在東北.

〖국역〗

梁國(양국)[792] - 故 秦의 碭郡(탕군)인데, 高帝 5년(前 202)에 梁國을 설치했다. 王莽은 陳定郡(진정군)이라 했다. 豫州刺史部 소속이다. 38,709戶에 인구 106,752명이다. 8縣을 두었다.

碭縣(탕현) - 山에서 文石(무늬 있는 돌)이 산출된다. 왕망은 節碭縣(절탕현)이라 했다.

甾縣(치현) - 옛 戴國(대국)이다. 왕망은 嘉穀縣(가곡현)이라 했다.

蒙縣(몽현) - 獲水(획수)가 甾獲渠(치획거)의 물을 받아 縣의 東北을 지나 彭城(팽성)에 이르러 泗水(사수)에 합류하고 5郡을 지나며

792 梁國(양국) - 관할 영역은, 今 河南省 동쪽 끝 부분과 安徽省 북단 일부. 치소는 睢陽縣. 豫州刺史部 소속.

550리를 흐른다. 왕망은 蒙思縣(몽사현)이라 했다.

杼秋縣(저추현) – 왕망은 予秋縣(여추현)이라 했다.

己氏縣(기씨현) – 왕망은 己善縣(기선현)이라 했다.

虞縣(우현) – 왕망은 陳定亭縣(진정정현)이라 했다.

下邑縣(하읍현) – 왕망은 下洽縣(하흡현)이라 했다.

睢陽縣(수양현)[793] – 옛 宋國으로 微子(미자)를 封한 나라이다. 〈禹貢〉에서는 盟諸澤(맹제택)이 縣의 동북에 있다고 하였다.

原文

魯國, 故秦薛郡, 高后元年爲魯國. 屬豫州. 戶十一萬八千四十五, 口六十萬七千三百八十一. 縣六.

魯, 伯禽所封. 戶五萬二千. 有鐵官. 卞, 泗水西南至方與入沛, 過郡三, 行五百里, 青州川. 汶陽, 莽曰汶亭. 蕃, 南梁水西至胡陵入沛渠. 騶, 故邾國. 曹姓, 二十九世爲楚所滅. 嶧山在北. 莽曰騶亭. 薛. 夏車正奚仲所國. 後遷於邳, 湯相仲虺居之.

『국역』

魯國(노국)[794] – 옛 秦(진)의 薛郡(설군), 高后 元年(前 187)에 魯國

---

793 睢陽縣(수양현) – 今 河南省 商口市 睢陽區(수양구). 睢는 우러러볼 휴, 눈 부릅뜰 휴, 땅이름 수.

794 魯國(노국) – 今 山東省 중앙부 濟寧市 관할 曲阜市 일원. 孔子의 故鄕, 孟子의 고향 鄒城市(추성시)와 함께 '鄒魯', '孔孟桑梓之邦'이라 일컬어

을 설치. 徐州刺史部에 속했다(豫州는 착오). 民戶 118,045戶, 인구는 607,381명. 6현을 두었다.

魯縣(노현) – 伯禽(백금, 周公의 長子)을 봉한 나라이다. 민호 52,000호가 설치되었다.

卞縣(변현) – 泗水(사수)아 縣의 西南을 지나 方與(방여)에서 沛水(패수, 洓水가 옳음)에 합류하여, 3군(魯, 山陽, 東平의 郡國)을 거치며 5백 里를 흐르는 靑州의 大川이다.

汶陽縣(문양현)[795] – 왕망은 汶亭縣(문정현)이라 했다.

蕃縣(번현)[796] – 南梁水(남량수)가 縣의 서쪽을 흘러 胡陵縣(호릉현)에서 沛渠水(패거수)에 합류한다.

騶縣(추현) – 故 邾國(주국)이다. 曹 姓에, 29세를 이어오다가 楚에게 멸망했다. 嶧山(역산)이 縣의 북쪽에 있다. 왕망은 騶亭縣(추정현)이라 했다.

薛縣(설현) – 夏朝의 車正인 奚仲(해중)의 나라. 뒷날 邳縣(비현)으로 옮겨갔고, 湯王의 相인 仲虺(중훼)가 여기에 거처했었다.

진다. 치소는 魯縣.

795 汶陽縣(문양현) – 今 山東省 曲阜市 북쪽.

796 蕃縣(번현) – 今 山東省 滕州市(등주시).

6. 徐州 3國

原文

楚國, 高帝置, 宣帝地節元年更爲彭城郡, 黃龍元年復故. 莽曰和樂. 屬徐州. 戶十一萬四千七百三十八, 口四十九萬七千八百四. 縣七.

彭城, 古彭祖國. 戶四萬一百九十六. 有鐵官. 留, 梧, 莽曰吾治. 傅陽, 故逼陽國. 莽曰輔陽. 呂, 武原, 莽曰和樂亭. 甾丘. 莽曰善丘.

〖국역〗

楚國(초국)[797] - 高帝 때 설치하였고, 宣帝 地節 원년(前 69)에 다시 彭城郡(팽성군)이 되었다가, 黃龍 원년(前 49, 宣帝 마지막 해)에 復故하였다. 王莽은 和樂郡이라 하였다. 徐州刺史部 소속. 114,738戶에, 인구는 497,804명이었다. 7개 縣이다.

彭城縣(팽성현) - 옛 (殷代의) 彭祖國(팽조국)이었다. 40,196戶였다. 鐵官이 설치되었다.

留縣(유현)[798]

---

797 楚國(초국) - 江蘇省 徐州市 및 安徽省, 山東省의 일부분. 치소는 彭城(팽성). 팽성은 今 江蘇省 북단 徐州市.

798 留縣(유현) - 今 江蘇省 북단 徐州市 관할 沛縣(패현)의 동남. 漢初 공신을 제후로 봉할 때, 張良은 고조를 처음 만난 곳이라며 封地로 留縣을 원했다. 그래서 '留侯 張良' 이라 했다. 守分自足의 지혜를 볼 수 있다.

梧縣(오현) – 왕망은 吾治縣(오치현)이라 했다.

傅陽縣(부양현) – 옛 (西周의) 逼陽國(핍양국)이다. 왕망은 輔陽縣(보양현)이라 했다.

呂縣(여현)[799]

武原縣(무원현) – 왕망은 和樂亭縣(화악정현)이라 했다.

甾丘縣(치구현)[800] – 왕망은 善丘縣(선구현)이라 했다.

原文

泗水國, 故東海郡, 武帝元鼎四年別爲泗水國. 莽曰水順. 戶二萬五千二十五, 口十一萬九千一百一十四. 縣三.

淩, 莽曰生淩. 泗陽, 莽曰淮平亭. 于, 莽曰於屛.

〖국역〗

泗水國(사수국)[801] – 옛 (秦의) 東海郡인데, 武帝 元鼎 4년에 별도로 泗水國을 설치하였다. 王莽은 水順郡이라 하였다. 民戶 25,025호에, 인구 119,114명이었다. 3개 縣이 있었다.

淩縣(능현)[802] – 왕망은 生淩縣(생릉현)이라 했다.

泗陽縣(사양현) – 왕망은 淮平亭縣(회평정현)이라 했다.

799 呂縣(여현) – 今 江蘇省 북부 徐州市 동남.

800 甾丘縣(치구현) – 今 安徽省 북부 淮北市 동남.

801 泗水國(사수국) – 今 江蘇省 북부 일부. 치소는 淩縣(능현). 徐州刺史部 소속.

802 淩縣(능현) – 今 江蘇省 서북부 宿遷市 관할 泗陽縣.

于縣(우현, 위치 미상) - 왕망은 于屛縣(우병현)이라 했다.

原文

廣陵國. 高帝六年, 屬荊州, 十一年更屬吳. 景帝四年更名江都, 武帝元狩三年更名廣陵. 莽曰江平. 屬徐州. 戶三萬六千七百七十三, 口十四萬七百二十二. 有鐵官. 縣四.

廣陵, 江都易王非,廣陵厲王胥皆都比, 並得鄣郡, 而不得吳. 莽曰安定, 江都, 有江水祠. 渠水首受江, 北至射陽入湖. 高郵, 平安. 莽曰杜鄉.

〖국역〗

廣陵國(광릉국)[803] - 高帝 6년(前 201)에 설치, 荊王에 속했다가[804] 11년(前 196)에 吳國 소속이 되었다. 景帝 4년(前 153)에 江都郡으로 이름을 바꿨다가, 武帝 元狩 3년(前 120)에 廣陵國(광릉국)으로 명칭을 변경하였다. 王莽은 江平郡이라 하였다. 徐州刺史部 소속이었다. 民戶 36,773戶에 인구 340,722명이었다. 鐵官이 설치되었다. 4縣이 있었다.

廣陵縣(광릉현)[805] - 江都 易王(역왕) 劉非(유비, 景帝의 子)[806]와 廣

803 廣陵國(광릉국) - 今 江蘇省 揚州市 일원, 長江 以北. 치소는 廣陵縣.

804 이때는 刺史部가 설치되지 않았다. 따라서 荊州라 칭할 수 없었다.

805 廣陵縣(광릉현) - 今 江蘇省 揚州市 북쪽. 長江과 대운하의 합류점으로 이후 크게 번영했던 도시이다.

806 江都 易王(역왕) 劉非(? - 前 128) - 景帝 前元 2년(前 154)에 汝南王으

陵 厲王(여왕) 劉胥(유서)[807]가 모두 여기에 도읍했고, 鄣縣(장현)을 병합하였지만, 吳縣을 병합하지는 못했다. 왕망은 安定縣이라 하였다.

江都縣(강도현) - 江水祠(강수사)가 있었다. 渠水(거수)가 長江의 물을 받아 북쪽으로 射陽縣(사양현)에 이르러 湖(호)[808]를 이룬다.

高郵縣(고우현)[809]

平安縣(평안현) - 왕망은 杜鄕(두향)이라 하였다.

로 책봉되었다. 吳楚의 반란이 일어나자 유비는 나이 15세였는데, 材氣가 있어 상서하여 吳를 토벌하겠다고 자청하였다. 景帝가 유비에게 將軍印을 하사하였고 吳를 토벌했다. 吳가 평정되자 江都의 왕으로 봉해 옛 吳國을 통치하게 하였고, 軍功이 있어 天子의 旌旗(정기)를 하사하였다. 유비는 힘쓰는 것을 좋아했으며, 궁궐을 크게 짓고 사방의 호걸들을 불러들였으며 교만과 사치가 심했다. 재위 27년에 죽어 아들 劉建이 계승했다. 53권, 〈景十三王傳〉에 입전.

807 廣陵 厲王 劉胥(유서, ? - 前 54) - 武帝의 六男, 生母 李姬. 元狩 6년(前 117) 에 책봉. 신체가 장대하고 唱優나 樂工과 놀기를 좋아하였고, 힘은 솥을 들어 올릴 정도였으며 맨손으로 곰이나 멧돼지를 때려잡았다. 그 행동에 절도가 없었기에 끝내 漢의 계승자가 될 수 없었다. 《漢書》 63권, 〈武五子傳〉에 입전.

808 高郵湖(고우호) - 高郵市, 淮安市 金湖縣, 安徽省 天長市의 交界處에 위치. 대운하의 일부.

809 高郵縣(고우현) - 今 江蘇省 서부 揚州市 관할 高郵市.

7. 揚州 六安國, 荊州 長沙國.

原文

六安國. 故楚, 高帝元年別爲衡山國, 五年屬淮南. 文帝十六復爲衡山, 武帝元狩二年別爲六安國. 莽曰安風. 戶三萬八千三百四十五, 口十七萬八千六百一十六. 縣五.

六, 故國, 皐繇後, 偃姓, 爲楚所滅. 如溪水首受沘, 東北至壽春入芍陂. 蓼, 故國, 皐繇後, 爲楚所滅. 安豐, 〈禹貢〉大別山在西南. 莽曰美豐. 安風, 莽曰安風亭. 陽泉.

〖국역〗

六安國(육안국)[810] - 옛 楚의 영역으로, 高帝 원년(前 206)에 별도로 衡山國(형산국)이 되었다가, 5년에 淮南國에 속했다. 文帝 16년(前 164)에 다시 衡山國이 되었고, 武帝 元狩 2년(前 121)에 별도로 六安國이 되었다. 王莽은 安風郡이라 하였다. 民戶 38,345戶에, 인구 178,616명이었다. 5개 縣이 있었다.

六縣(육현)[811] - 옛 國名. 皐繇(고요)의 후손으로, 姓은 偃(언), 楚에게 멸망되었다. 如溪水(여계수)가 沘水(비수)의 물을 받아, 縣의 동북을 흘러 壽春縣(수춘현)에 이르러 芍陂(작피)에 합쳐진다.

---

810 六安國(육안국) - 今 安徽省 중서부 六安市 일원, 치소는 六縣(육현). 揚州刺史部 소속.

811 六縣(육현) - 今 安徽省 중서부 六安市.

蓼縣(요현, 蓼는 여귀 료) - 옛 國名. 皐繇(고요)의 후손, 楚에게 멸망되었다.

安豐縣(안풍현) - 〈禹貢〉에서는 大別山(대별산)이 縣의 서남쪽에 있다고 하였다. 왕망은 美豐縣(미풍현)이라 했다.

安風縣(안풍현) - 왕망은 安風亭縣(안풍정현)이라 했다.

陽泉縣(양천현)

原文

長沙國, 秦郡, 高帝五年爲國. 莽曰塡蠻. 屬荊州. 戶四萬三千四百七十, 口二十三萬五千八百二十五. 縣十三.

臨湘, 莽曰撫睦. 羅, 連道, 益陽, 湘山在北. 下雋, 莽曰閏雋. 攸, 酃, 承陽, 湘南, 〈禹貢〉衡山在東南, 荊州山. 昭陵, 茶陵. 泥水西入湘, 行七百里. 莽曰聲鄕. 容陵, 安成. 廬水東至廬陵, 入湖漢. 莽曰思成.

〖국역〗

長沙國(장사국)[812] - 秦의 郡이었는데, 高帝 5년(前 202)에 왕국이 되었다.[813] 王莽은 塡蠻郡(진만군)이라 하였다. 荊州에 속했다. 民戶

812 長沙國(장사국) - 今 湖南省 동부와 江西省 일부 지역. 治所는 臨湘縣(임상현).

813 고조는 「옛 衡山王 吳芮(오예)와 두 아들과 조카 1인은 百粵(백월)의 군사를 거느리고 제후를 도와 흉포한 秦을 誅伐하는데 큰 공을 세웠고 제후들을 왕으로 세웠다. 項羽는 그의 땅을 탈취하고 番君(파군)이라 불렀

43,470戶에, 인구는 235,825명이었다. 13개 縣이 있었다.

臨湘縣(임상현)[814] – 왕망은 撫睦縣(무목현)이라 했다.

羅縣(나현)[815]

連道縣(연도현)

益陽縣(익양현) – 湘山(상산)[816]이 縣의 북쪽에 있다.

下雋縣(하준현) – 왕망은 閏雋縣(윤준현)이라 했다.

攸縣(유현)

酃縣(영현)

承陽縣(승양현)

湘南縣(상남현) – 〈禹貢〉에서는 衡山(형산)[817]이 縣의 동남에 있는데, 荊州(형주)를 대표하는 산이라 했다.

昭陵縣(소릉현)

荼陵縣(도릉현) – 泥水(니수)가 서쪽을 흘러 湘水(상수)에 합류하여 7백 里를 흘러간다. 왕망은 聲鄉縣(성향현)이라 했다.

容陵縣(용릉현)

安成縣(안성현) – 廬水(여수, 려수)가 동쪽을 흘러 廬陵(여릉)에서, 湖

다. 長沙郡, 豫章, 象郡, 桂林, 南海郡에 番君 오예를 長沙王에 봉한다.」고 하였다.

814 臨湘縣 – 今 湖南城 省都인 長沙市.

815 羅縣(나현) – 今 湖南省 岳陽市 관할 汨羅市(멱라시), 湖南省 동북부 汨羅江(멱라강) 하류. 戰國時 楚國 詩人 屈原(굴원)이 만년에 이곳에 流放되었다가 汨羅江에 빠져 죽었다. 屈子祠, 屈原墓 등이 있다.

816 湘山(상산) – 今 湖南省 岳陽市 洞庭湖 안에 있는 산.

817 衡山(형산) – 五嶽 중 南嶽. 古代 帝王이 巡狩, 祭祀하던 산. 도교와 佛教의 聖地之一. 祝融峰 해발 1300m. 湖南省 중동부 衡陽市 南嶽區 소재.

漢〔호한, 今 贛江(공강)〕에 합류한다. 왕망은 思成縣(사성현)이라 했다.

原文

本秦京師爲內史, 分天下作三十六郡. 漢興, 以其郡太大, 稍復開置, 又立諸侯王國. 武帝開廣三邊. 故自高祖增二十六, 文,景各六, 武帝二十八, 昭帝一, 訖於孝平, 凡郡國一百三, 縣邑千三百一十四, 道三十二, 侯國二百四十一.

地東西九千三百二里, 南北萬三千三百六十八里. 提封田一萬萬四千五百一十三萬六千四百五頃, 其一萬萬二百五十二萬八千八百八十九頃, 邑居道路, 山川林澤, 群不可墾, 其三千二百二十九萬九百四十七頃, 可墾不可墾, 定墾田八百二十七萬五百三十六頃. 民戶千二百二十三萬三千六十二, 口五千九百五十九萬四千九百七十八. 漢極盛矣.

〖국역〗

본래 秦(진)은 京師를 內史(내사)라 하였고,[818] 천하를 36郡으로 나누었다. 漢이 건국된 뒤에, 그 郡이 터무니없이 넓어 차츰 새로 설치하면서 또 제후의 왕국을 봉하였다. 무제는 강역을 3변으로 넓혔다. 그래서 高祖 때 26개 郡을 늘렸고, 文帝와 景帝가 각 6郡을, 또 武帝

818 원문 本秦京師爲內史 - 京師는 도읍. 수도. 內史는 관직명. 內史가 다스리는 지역. 곧 관직명이 행정구역명으로 통용. 漢代의 京兆尹, 右扶風, 左馮翊도 같은 뜻이었다.

가 28郡을, 그리고 昭帝가 1郡을 넓힌 이후 孝平帝에 이르렀으니, 모든 郡國이 103개, 縣邑이 1,314, 道가 32, 후국이 241개였다.

강역(地)은 동서가 9,302里, 남북은 13,368里이었다. 총[819] 경작지는 145,136,405頃(경)[820]이고, 102,528,889頃의 땅은 거주지이거나 도로, 山林이나 川澤으로 개간할 수 없는 땅이었는데 그중에서도 32,290,947頃은 개간할 수 있는 땅이었고,[821] 개간된 경작지는 8,270,536頃이었다.

民戶는 12,233,062호였고, 인구는 59,594,978명으로 漢은 아주 성대한 나라였다.

---

819 원문의 提封. 共, 大凡과 같은 뜻.

820 頃(경) - 현행 중국의 면적 단위 1頃은 100畝(무)인데 66,666㎡이다.

821 원문의 不可墾은 필요 없는 글자라는 주석이 있다.

六. 각 지역 習俗[822]

1. 古 秦地

原文

凡民函五常之性, 而其剛柔緩急, 音聲不同, 繫水土之風氣, 故謂之風. 好惡取舍, 動靜亡常, 隨君上之情慾, 故謂之俗. 孔子曰,「移風易俗, 莫善於樂.」言聖王在上, 統理人倫, 必移其本, 而易其末, 此混同天下一之虖中和, 然後王敎成也. 漢承百王之末. 國土變改, 民人遷徙, 成帝時劉向略言其地分, 丞相張禹使屬潁川朱贛條其風俗, 猶未宣究, 故輯而論之. 終其本末著於篇.

〖국역〗

모든 사람들이 五常의 본성을 품고 있으니,[823] 그 剛柔(강유)와 緩急(완급), 그리고 音聲의 不同은 모두 (사는 곳) 水土의 風氣에 따라

822 고대 우리나라에 '古朝鮮에 八條 法禁이 있었으나, 뒷날 중국과 왕래가 빈번해지면서 법금도 60여 조항으로 늘어난 사실이 《漢書 地理志》에 수록되었다.' 는 고등학교 국사 교과서의 서술 때문에 《漢書 地理志》가 널리 알려졌다. 이 부분은 본 편의 '5古 燕地' 에 있다. 그리고 樂浪郡에 관한 설명은 앞의 '21幽州 7郡' 에 있다.

823 원문 函五常之性 - 函은 含과 同. 포함하다. 五常은 仁, 義, 禮, 智, 信.

다르기에, 이를 風(풍)이라 한다. 好惡(호오)와 取舍(취사), 動靜(동정)과 日常의 有無는 君王의 욕망이나 정서를 따라가기에, 이를 俗(속, 習俗)이라 한다. 공자는 「移風(이풍)하거나 易俗(역속)에 예악보다 더 좋은 것은 없다.」고 하였다.[824] 이는 聖王이 在上하며 人倫(인륜)을 統理하여 그 근본과 枝葉(지엽)을 바꿀 수 있으니, 곧 천하를 다 혼합하고 中和하는 일이고 그런 연후에 王者의 敎化가 성공할 수 있다는 뜻이다.

漢은 百王의 末世를 이어받았다. 國土가 뒤바뀌고 백성들도 많이 이동하였기에, 成帝 때 劉向(유향)은 그 지역에 따른 특성을 대략 구분하였고, 丞相인 張禹(장우)[825]는 그 屬官인 穎川(영천) 사람 朱贛(주공)으로 하여금 지역에 따른 풍속을 조목별로 요약케 하였는데, 완비된 서술은 아니지만[826] 이를 엮어 논평하고 본말을 기록하여 〈地理志〉를 마치려 한다.

原文

秦地, 於天官東井,輿鬼之分壄也. 其界自弘農故關以西, 京兆,扶風,馮翊,北地,上郡,西河,安定,天水,隴西, 南有巴,

---

824 원문 移風易俗, 莫善於樂. - 이는 《孝經》 廣要道章의 구절이다. 子曰, 敎民親愛莫善於孝, 敎民禮順莫善於悌, 移風易俗莫善於樂.

825 安昌侯 張禹(장우, ? - 前 5) - 元帝 때 太子(劉驁, 유오, 成帝)에게 《論語》를 가르쳤고, 帝師로 關內侯가 되어 여러 관직을 역임하고 前 25 - 20년까지 승상을 역임했다. 81권, 〈匡張孔馬傳〉에 입전.

826 원문 猶未宣究 - 宣究는 完備. 아주 상세하다.

蜀,廣漢,犍爲,武都, 西有金城,武威,張掖,酒泉,敦煌, 又西南有牂柯,越巂,益州, 皆宜屬焉.

〖국역〗

옛 秦의 지역은, 天文에서 (28宿 중, 南方의) 東井宿(동정수, 井宿)와 輿鬼〔여귀, 鬼宿(귀수)〕의 分壄(분야, 壄는 野)이다. 거기에 해당하는 지역은 弘農郡 옛 關門(函谷關)의 서쪽 지역으로 京兆尹, 右扶風, 左馮翊, 北地郡, 上郡, 西河郡, 安定郡, 天水郡, 隴西郡과 南으로 巴郡, 蜀郡, 廣漢, 犍爲(건위), 武都郡과 西쪽의 金城郡, 武威, 張掖(장액), 酒泉, 敦煌郡, 그리고 西南의 牂柯(장가), 越巂(월수), 益州郡 등이 모두 여기에 속한다.

原文

秦之先曰柏益, 出自帝顓頊, 堯時助禹治水, 爲舜朕虞, 養育草木鳥獸, 賜姓嬴氏, 歷夏,殷爲諸侯. 至周有造父, 善馭習馬, 得華騮,綠耳之乘, 幸於穆王, 封於趙城, 故更爲趙氏. 後有非子, 爲周孝王養馬汧,渭之間. 孝王曰, “昔伯益知禽獸, 子孫不絶.” 乃封爲附庸, 邑之於秦, 今隴西秦亭秦谷是也. 至玄孫, 氏爲莊公, 破西戎, 有其地. 子襄公時, 幽王爲犬戎所敗, 平王東遷雒邑. 襄公將兵救周有功, 賜受岐,酆之地, 列爲諸侯. 後八世, 穆公稱伯, 以河爲竟. 十餘世, 孝公用商君, 制轅田, 開仟伯, 東雄諸侯. 子惠公初稱王, 得上郡,西河. 孫昭王開巴蜀, 滅周, 取九鼎. 昭王曾孫政並六國. 稱皇帝, 負力怙威, 燔書坑儒, 自任私智. 至子胡亥, 天下畔之.

〖국역〗

秦의 先祖인 柏益(백익, 柏은 伯)은 帝 顓頊(전욱)의 후손인데, 堯(요)의 시대에 禹(우)의 治水를 도왔고, 舜(순)의 朕虞(짐우, 관직명)가 되어 草木과 鳥獸(조수)를 양육하여 嬴氏(영씨)의 姓을 받았으며, 夏와 殷代를 거치면서 諸侯였다. 周代에 이르러 造父(조보, 父讀曰 甫)란 사람이 있어 말 타기와 수레몰기를 잘했고, 華騮(화류)와 綠耳(녹이) 같은 名馬를 얻어[827] 穆王(목왕)의 신임을 받아 趙城(조성)에 봉해졌고, 그래서 趙氏가 되었다. 뒷날 (후손 중에) 非子(비자)란 사람이 있어, 周 孝王(효왕)을 위하여 汧水(견수)와 渭水(위수) 일대에서 말을 길렀다. 孝王이 말했다. "옛날 伯益(백익)은 禽獸(금수)를 잘 길렀기에, 子孫이 不絶할 것이다." 그리고서는 (非子를) (大諸侯의) 附庸(부용, 小國)으로 封하여 秦에 살게 하였으니, 今 隴西郡의 秦亭이나 秦谷이란 이름이, 바로 이를 뜻한다.

그 玄孫(현손)이 바로 莊公(장공)인데[828] 西戎(서융)을 정벌하고 그 땅을 차지하였다. 아들인 襄公(양공) 때, (周) 幽王(유왕)은 犬戎(견융, 犬夷)에게 패망했고, 平王(평왕)은 雒邑(낙읍, 今 洛陽)으로 東遷하였다. 이에 襄公은 군사를 거느리고 周室을 구원하는데 有功하여 岐(기)와 豐(풍)의 땅을 하사받아 諸侯의 반열에 올랐다. 그 8世 뒤에

827 華騮,綠耳之乘 – 華騮(화류)와 綠耳(녹이)는 모두 名馬의 이름. 乘은 馬.

828 氏爲莊公 – 氏는 是. 指示代名詞. 秦 莊公은 재위 前 822 – 778년.

秦 穆公(목공, 재위 前 659 – 621)은 稱伯(칭패, 稱霸)[829]하고 황하를 경계로 하였다. 그 이후 10여 世에, 孝公(재위 前 361 – 338년)은 商君(商鞅, 상앙)을 등용하여 田制를 고쳤고,[830] 농지를 개간하며 동쪽 제후들 사이에 강자로 등장하였다. 아들인 惠公(혜공)은 처음으로 稱王하면서 上郡, 西河 지역으로 영역을 넓혔다. 손자인 昭王(소왕)은 巴와 蜀을 차지하였으며, 周를 없애고 九鼎을 차지하였다. 昭王의 曾孫인 政(정, 秦始皇)은 六國을 모두 차지하였고 황제를 칭했으며, 무력을 믿고 위세를 부리며 燔書(번서, 焚書)하고 坑儒(갱유)하였으며 私智를 멋대로 뽐내었다. 그러나 아들 胡亥(호해) 代에 온 천하가 秦에 반기를 들었다.

原文

故秦地於〈禹貢〉時跨雍,梁二州,《詩・風》兼秦,豳兩國. 昔后稷封斄, 公劉處豳, 大王徙岐, 文王作酆, 武王治鎬, 其民有先王遺風, 好稼穡, 務本業, 故〈豳詩〉言農桑衣食之本甚備. 有鄠,杜竹林, 南山檀柘, 號稱陸海, 爲九州膏腴.

始皇之初, 鄭國穿渠, 引涇水溉田, 沃野千里, 民以富饒. 漢興, 立都長安, 徙齊諸田, 楚昭,屈,景及諸功臣家於長陵.

829 稱伯(稱霸) – 春秋五霸는 齊桓公, 晋文公, 楚莊王, 宋襄公, 秦穆公. 여기서 霸는 霸主. 곧 諸侯의 領袖(영수), 맏이란 뜻의 '伯'와 同一 詞. 尊王攘夷(존왕양이, 尊周室, 攘夷狄, 禁簒弑, 抑兼併)의 구호를 내세웠다.

830 制轅田 – 轅은 爰. 秦에서는 토양의 좋고 나쁨에 따라 3년에 한 번씩 경작지를 바꾸고 또 이사를 했었다. 상앙은 토지 등급에 따라 고루 분배, 소유하여 이사를 다니지 않게 하였다.

後世世徙吏二千石,高訾富人及豪桀並兼之家於諸陵. 蓋亦以强幹弱支, 非獨爲奉山園也. 是故五方雜厝, 風俗不純, 其世家則好禮文, 富人則商賈爲利, 豪桀則遊俠通姦. 瀕南山, 近夏陽, 多阻險輕薄, 易爲盜賊, 常爲天下劇. 又郡國輻湊, 浮食者多, 民去本就末, 列侯貴人車服僭上, 衆庶放效, 羞不相及, 嫁娶尤崇侈靡, 送死過度.

〖국역〗

옛 秦의 영역은 〈禹貢〉의 雍州와 梁州의 2州에 걸쳤으며,《詩 國風》에서는 秦과 豳(빈) 양국에 해당하였다. 옛날 后稷(후직)은 斄(태, 地名)에 봉해졌고, 公劉(공유)는 豳(빈)에 살았으며, 大王(태왕, 古公亶父)은 岐山(기산)에 거처하였고, 文王(문왕)은 酆(풍, 豐)에서 홍기하였고, 武王은 鎬京(호경, 周 都邑)을 다스렸으니, 그 백성들은 先王의 遺風을 지켜 稼穡(가색, 농사)을 좋아하고 本業에 힘썼기에, 〈豳詩, 詩 豳風 七月〉에서는 농사와 길쌈과 衣食의 기본이 잘 갖추어졌었다. 그래서 鄠(호, 地名)와 杜(두)의 竹林, 南山(남산)의 檀木(단목, 박달나무)과 柘木(자목, 산뽕나무)이 널려있어, 陸海(육해)[831]라 일컬어지는 九州에서도 비옥한 땅이었다.

秦始皇의 초기에, 鄭國(정국)이 인공수로를 개통하여[832] 涇水(경

831 陸海(육해) - 평평하고 끝없이 넓은 땅, 關中의 沃野千里를 지칭. 關中은 동 函谷關, 남 武關, 서 散關, 북 蕭關(소관)으로 둘러싸인 땅.

832 원문 鄭國穿渠 - 鄭國(정국)은 人名. 전국시대 韓나라 사람. 秦에서 대규모 토목공사를 일으켰다. 〈溝洫志〉 참고. 穿은 뚫을 천. 渠는 물도랑

수)를 끌어들여 田地에 灌漑(관개)하여 沃野千里라서 이에 백성들은 부유하고 풍요로웠다.

漢이 건국되어 長安에 도읍한 뒤에, 齊의 여러 田氏를 비롯하여 楚의 昭氏, 屈氏(굴씨), 景氏(경씨) 및 여러 功臣들의 일족을 長陵(장릉, 高祖의 능) 주변에 이주시켰다. 그 이후로 世世에 二千石이나 고위 관리, 돈 많은 부자[833] 豪桀(호걸, 豪傑), 兼併(겸병)할 수 있는 가문을 여러 능 주변에 이주케 하였다. 이 모두가 근본을 강하게 하고(强幹) 지방 세력을 약화시키려는(弱支) 뜻이었지, 결코 황제의 능을 받들려는 뜻만은 아니었다. 그리하여 五方의 풍속이 뒤섞이게 되었고 風俗이 純一(순일)하지도 않았는데, 그중 世家에서는 好禮好文하였으나, 富人은 곧 商賈(상고)로 이득을 추구하고, 호걸은 遊俠(유협)하며 간악한 자들과 교제하였다.

南山(終南山) 근처나 夏陽縣(하양현)[834] 부근은 산세가 험악하여 경박한 자들은 쉽게 도적이 되어 언제나 세상을 어지럽혔다.[835] 또 각 郡國의 모든 일이 중앙으로 모여들기에(輻湊, 복주), 浮食(부식)하는 자들이 많았으며, 백성도 농사를 버리고(去本) 장사에 나서거나(就末), 列侯나 貴人은 수레나 복색에서 윗사람을 참월하게 되고, 일반 서민들은(衆庶) 이를 본뜨면서 부끄러움(羞는 바칠 수, 부끄러울 수)도 모르며, 결혼도(嫁娶) 매우 사치하며 과도한 장례를 치른다.

거. 人工水路.

833 高訾富人 - 訾는 貲(재물 자). 高資. 富人.

834 夏陽縣(하양현) - 今 陝西省 중부 韓城市. 黃河 연안.

835 원문 常爲天下劇 - 劇은 복잡하여 해결하기 어렵다. 複雜難治.

原文

天水,隴西, 山多林木, 民以板爲室屋. 及安定,北地,上郡,西河, 皆迫近戎狄, 修習戰備, 高上氣力, 以射獵爲先. 故〈秦詩〉曰「在其板屋」, 又曰「王於興師, 修我甲兵, 與子偕行.」及〈車轔〉,〈四載〉,〈小戎〉之篇, 皆言車馬田狩之事.

漢興, 六郡良家子選給羽林,期門, 以材力爲官, 名將多出焉. 孔子曰, "君子有勇而亡誼則爲亂, 小大有勇而亡誼則爲盜." 故此數郡, 民俗質木, 不恥寇盜.

〖국역〗

天水郡과 隴西郡(농서군)은 山에 나무가 울창하여 백성들은 널빤지로 집을 짓는다. 安定郡, 北地郡, 上郡, 西河郡 지역은 모두가 戎狄(융적)의 땅과 아주 가까워 전투를 익히고 준비하기에 氣力을 숭상하며 활쏘기나 사냥을 우선하였다. 그래서 〈秦詩 / 秦風 小戎〉에서는「판잣집에서 산다.」고 하였으며, 또「王께서 군사를 동원하니, 나는 갑옷에 무기를 들고 아들과 함께 나가네.」라고 하였으며, 〈車轔〉, 〈四載〉, 〈小戎〉 같은 詩篇에서도 모두 車馬와 사냥을 읊었다.

漢이 건국되고, 위 6郡의 良家子弟[836]들은 羽林軍(우림군)[837]이나 期門[838]에 뽑혀 材力(勇力)으로 관리가 되었고 많은 명장이 배출되

836 여기서 良家는 巫, 醫, 商賈(상고), 百工 이외의 良民.

837 羽林郡(우림군) - 羽林軍은 무장을 갖춘 황제 호위나 궁궐 수비병. 武帝 때 처음 설치, '如羽之疾, 如林之盛' 의 축약.

838 期門 - 관직명, 황제 호위병. 젊은 날의 武帝는 建元 3년 처음으로 微行

었다. 孔子는 "君子가 有勇하나 義가 없다면 妄亂하고, 젊은이나 어른이라도 용감하나 大義를 모른다면 도적이다."[839]라고 하였다. 그래서 여기의 여러 군은 그 민속은 질박하나 도적질을 부끄럽게 생각하지 않았다.

原文

自武威以西, 本匈奴昆邪王,休屠王地, 武帝時攘之, 初置四郡, 以通西域, 鬲絶南羌,匈奴. 其民或以關東下貧, 或以報怨過當, 或以誖逆亡道, 家屬徙焉. 習俗頗殊, 地廣民稀, 水草宜畜牧, 故涼州之畜爲天下饒. 保邊塞, 二千石治之, 咸以兵馬爲務, 酒禮之會, 上下通焉, 吏民相親. 是以其俗風雨時節, 谷糴常賤, 少盜賊, 有和氣之應, 賢於內郡. 此政寬厚, 吏不苛刻之所致也.

〔국역〕

武威郡(무위군) 以西 지역은 본래 匈奴 昆邪王(혼야왕)과 休屠王(휴

(미행)을 하여 北으로는 池陽宮, 서쪽으로는 黃山宮까지, 남으로는 長楊宮에서 사냥을 했고, 東으로 宜春宮(의춘궁)까지 유람을 다녔다. 미행을 할 때는 늘 종묘에서 바친 새술을 마셨다. 8, 9월 중에는 侍中, 常侍, 武騎常侍 및 待詔(대조), 그리고 隴西郡(농서군)과 北地郡의 良家子弟로 騎射에 능한 자들과 늘 궁전의 문에서 만나기로 약속했는데, 이때부터 '期門(천자의 호위군사)' 이라는 말이 생겼다.

839 《論語 陽貨》 子路曰, "君子尙勇乎?" 子曰, "君子義以爲上, 君子有勇而無義爲亂, 小人有勇而無義爲盜."

저왕)의 땅이었는데, 무제 때 흉노를 물리치고 4郡을 처음 설치하였고, 그곳을 통하여 서역과 왕래하며 남쪽의 羌族(강족)과 북쪽 흉노족을 격리시켰다.

그 지역의 백성은 關東 지역의 하층 빈민이었거나, 원수를 갚는다고 죄를 범했거나, 또는 誖逆無道(패역무도, 반역죄)하여 家屬을 거느리고 이주한 자가 많았다. 그리하여 習俗이 판이하게 달랐으니, 땅은 넓으나 사람은 드물며, 水草가 목축에 적합하여 涼州의 축산은 천하를 풍요롭게 만들었다. 국경지역을 지키며 백성을 다스려야 하는 태수는 모두가 兵馬를 責務로 생각했고, 酒禮의 모임에서 상하가 상통하고 관리와 백성 모두 친근하게 지냈다. 그래서 그 풍속에 풍우가 순조로우면 곡식이 아주 저렴하고 도적도 없으며, 和氣가 상응하여 內地의 郡縣보다 훨씬 좋았다. 이들 지역의 정사가 너그러운 것은 관리가 백성에게 각박할 수 없었기 때문이었다.

原文

巴,蜀,廣漢本南夷, 秦並以爲郡, 土地肥美, 有江水沃野, 山林竹木疏食果實之饒. 南賈滇,棘僮, 西近邛,莋馬旄牛. 民食稻魚, 亡凶年憂, 俗不愁苦, 而輕易淫泆, 柔弱褊阨. 景, 武間, 文翁爲蜀守, 教民讀書法令, 未能篤信道德, 反以好文刺譏, 貴慕權勢. 及司馬相如遊宦京師諸侯, 以文辭顯於世. 鄉黨慕循其跡. 後有王褒,嚴遵,揚雄之徒, 文章冠天下. 繇文翁倡其教, 相如爲之師, 故孔子曰, '有教亡類.'

【국역】

巴郡, 蜀郡, 廣漢郡은 본래 南夷의 땅이었지만, 秦代에 병합하여 郡을 설치하였는데, 그곳은 土地가 비옥하고 江水가 넉넉한 沃野이며, 山林에는 竹木과 채소와 과실이 풍요로운 곳이다. 남쪽의 滇(전)과 僰(북) 땅에서는 하인(僮僕, 동복)을 많이 데려오고, 西쪽의 邛(공)이나 莋(작)의 지역에서는 말(馬)이나 들소(旄牛, 모우)가 많다. 백성들은 쌀(稻)이나 어류(魚)가 넉넉하고, 흉년에 대한 걱정이 없어 민속에 걱정이나 고생이 없고 쉽게 지나친 방종에 빠지거나 의지가 유약하거나 心地가 좁다.

景帝와 武帝 연간에, 文翁(문옹)[840]이 蜀郡의 태수로 재직하며 백성에게 독서와 법률을 가르쳤는데, 도덕을 진흥시키지는 못했지만 오히려 好文하나 풍자를 좋아하고 권세를 흠모하게 만들었다. (무제 때) 司馬相如(사마상여)[841]는 京師에 출사하며 제후에 알려지고

---

840 文翁(문옹) - 景帝 말기에 蜀의 郡守가 되었는데 인자하였고 백성 교화에 힘썼다. 蜀(촉)은 지역이 궁벽하여 만이의 풍속이 많았는데, 문옹은 郡의 관속 중에서 영민하고 재주가 있는 小吏 張叔 등 10여 명을 선발하여 장안에 보내 박사에게 수업 받거나 율령을 배우게 하였다. 이리하여 교화가 크게 성공하였고, 蜀에서 京師에 들어가 학문을 하는 자가 齊나 魯와 대등하였다. 무제 때에 이르러 모든 郡國에 학교와 교관을 설치하게 하였는데, 이는 문옹에서부터 시작되었다고 한다. 문옹은 蜀에서 죽었는데 백성들이 사당을 세웠고 세시에 맞춰 제사가 끊이지 않았다. 지금껏 巴郡이나 蜀郡의 文雅 숭앙은 모두 문옹의 교화이다. 89권, 〈循吏傳〉에 입전.

841 司馬相如(前 179 ? - 118) - 漢賦의 代表作家, '賦聖' 이라는 칭송도 있다. 卓文君과의 私奔(사분)은 널리 알려진 이야기이다. 《漢書 藝文志》에 사마상여의 賦 29편명이 올랐는데, 잘 알려진 것으로는 〈子虛賦〉, 〈上

文辭로 세상에 알려졌었다. 이에 그의 鄕黨에서는 사마상여를 흠모하고 자취를 따랐다. 뒷날 王褒(왕포),[842] 嚴遵(엄준),[843] 揚雄(양웅)[844] 같은 사람들은 모두 문장으로 천하에 이름을 날렸다. (蜀에서는) 文翁이 敎化를 처음 베풀었고, 司馬相如가 그들의 스승이었으니, 그래

林賦〉, 〈大人賦〉, 〈哀秦二世賦〉 등이 있다. 57권, 〈司馬相如傳 上, 下〉에 입전. 《史記 司馬相如列傳》 참고.

842 王褒(왕포, 생졸년 미상) – 蜀 資中縣(今 四川省 資陽市 雁江區. 成都市의 동남쪽) 사람. 漢代의 辭賦家. 《漢書 藝文志》에 16편이 실려 있는데 〈聖主得賢臣賦〉, 〈甘泉賦〉 등 황제 칭송 작품이 많다. 64권, 〈嚴朱吾丘主父徐嚴終王賈傳(下)〉에 입전.

843 嚴遵(엄준, 字는 君平) – 蜀郡 사람. 修身하며 자신을 지켰는데, 입을 옷이 아니라면 입지 않았고 먹을 음식이 아니라면 먹지 않았다. 엄군평은 하루에 겨우 몇 사람이 점을 보아도 돈 백전을 벌어먹고 살 수 있었는데, 저자의 점집을 걷어치우고 《老子》를 가르쳤다. 많은 책을 보아 모르는 것이 없었으며, 老子와 莊子의 요지를 10여만 자 책으로 저술하였다. 揚雄(양웅)도 엄군평에게 배웠다. 72권, 〈王貢兩龔鮑傳〉의 서문에 엄군평을 은자의 본보기로 언급하였다.

844 揚雄(양웅) – 揚雄(양웅, 前 53 – 서기 18)은 前漢 말기의 문인, 철학자. 양웅은 어려서부터 호학하였으나 문장을 분석하기보다는 뜻만 통하면 되었고, 많은 책을 보아 읽지 않은 것이 없었다. 사람됨이 소략하면서도 초탈하였고, 말을 더듬어 언사가 유창하지 못했기에 말없이 깊이 생각에 잠겼으며, 청정무위하면서 욕심이 없고 부귀에 급급하지 않았으며, 빈천을 서글피 여기지도 않으면서 행실을 닦고 교제하여 당세에 이름을 얻으려 하지도 않았다. 가산이라야 十金이 되지 않았지만, 또 부족하여 비축한 것이 없어도 마음이 편했다. 스스로 생각해서 성인의 글이 아니라면 좋아하지 않았고, 내키지 않으면 부귀한 사람일지라도 섬기려 하지 않았다. 다만 젊어서부터 辭賦(사부)를 좋아하였다. 87권, 〈揚雄傳 上,下〉에 입전.

서 孔子는 '有敎亡類(유교무류)'[845]라 하였다.

原文

武都地雜氐,羌, 及犍爲,牂柯,越嶲, 皆西南外夷, 武帝初開置. 民俗略與巴,蜀同, 而武都近天水, 俗頗似焉.

故秦地天下三分之一, 而人衆不過什三, 然量其富居什六. 吳札觀樂, 爲之歌〈秦〉曰, "此之謂夏聲. 夫能夏則大, 大之至也, 其周舊乎?"

自井十度至柳三度, 謂之鶉首之次, 秦之分也.

〖국역〗

武都郡(무도군)에는 氐族(저족)[846]과 羌族(강족)이 혼재했으며, 犍爲(건위), 牂柯(장가), 越嶲郡(월수군) 등은 모두 西南 外夷의 땅이었는

845 有敎亡類 -《論語 衛靈公》子曰, "有敎無類." 공자는 제자를 교육하며 신분이나 계층, 貧富, 지역, 賢愚(현우)를 구별하지 않고 교육하였다는 뜻이다. 自行束脩하는 15~16세 이상은 누구든지 가르쳤고, 외국에서 찾아온 제자도 모두 수용하였다. 顓孫師(전손사, 子張)는 지나치고, 子夏는 좀 모자라고, 曾參(증삼)은 魯鈍(노둔)하고, 高柴〔고시, 子羔(자고)〕는 우직하고, 仲由(중유, 子路 또는 季路)는 거칠고, 顔回(안회, 顔淵)는 늘 궁색하였지만 공자는 이들 모두를 가르쳤으니, 이것이 진정 평등교육이며 有敎無類이었다. 공자는 제자의 재능과 능력, 품성이나 기질 등 개별적 특성에 따른 각기 다른 교육을 시행했다. 이를 '因材施敎(인재시교)'라고 한다.

846 氐族(저족) - 지금의 陝西省, 甘肅省, 四川省 일대에 살던 소수민족.

데, 武帝 시기에 郡을 설치하였다. 그들 지역의 민속은 巴郡이나 蜀郡과 대략 비슷하였으며, 武都郡은 天水郡과 가까워 습속이 상당히 닮았다.

그래서 옛 秦地는 (면적이) 천하의 3분의 1이 되나, 인구는 10의 3이 되지 않았으며, 그 부유한 정도를 計量하면 10에 6은 되었다. 그래서 (춘추시대에) 吳의 季札(계찰)이 음악을 감상하며 〈秦〉의 노래를 듣고서는 "이는 夏聲이로다. 夏나라와 같으면 大이고, 大는 끝이니, 아마 周의 옛 땅이기에 그렇지 않겠는가?" 라고 말했다.

(天文의 南方) 井宿(정수) 10度에서 柳宿(유수) 3度까지는 (十二次의) 鶉首(순수)이니 秦의 分野이다.

2. 古 魏地

原文

魏地, 觜觿,參之分野也. 其界自高陵以東, 盡河東,河內, 南有陳留及汝南之召陵,濦彊,新汲,西華,長平, 潁川之舞陽, 郾,許,傿陵, 河南之開封,中牟,陽武,酸棗,卷, 皆魏分也.

〖국역〗

魏(위)의 지역은 (二十八宿 중 西方) 觜觿(자휴, 觜宿)와 參宿(삼수)의 分野이다. 그 범위(界)는 高陵(고릉) 以東에서 河東郡과 河內郡 전부와 南으로는 陳留郡 및 汝南郡의 召陵(소릉), 濦彊(은강), 新汲(신

급), 西華(서화), 長平縣(장평현)과 潁川郡(영천군)의 舞陽(무양), 郾(언), 許(허), 傿陵縣(언릉현), 河南郡의 開封(개봉), 中牟(중모), 陽武(양무), 酸棗(산조),[847] 卷縣(권현) 등이 모두 魏와 같은 分野이다.

原文

河內本殷之舊都, 周旣滅殷, 分其畿內爲三國,《詩 · 風》邶,鄘,衛國是也. 鄁, 以封紂子武庚, 鄘, 管叔尹之, 衛, 蔡叔尹之. 以臨殷民, 謂之三監. 故《書序》曰,「武王崩, 三監畔.」周公誅之, 盡以其地封弟康叔, 號曰孟侯, 以夾輔周室. 遷邶,鄘之民於洛邑, 故邶,鄘,衛三國之詩相與同風.

〈邶詩〉曰,「在浚之下」,〈鄘〉曰,「在浚之郊」,〈邶〉又曰「亦流於淇」,「河水洋洋」,〈鄘〉曰,「送我淇上」,「在彼中河」.〈衛〉曰,「瞻彼其奧」,「河水洋洋」.

故吳公子札聘魯觀周樂, 聞〈邶〉,〈鄘〉,〈衛〉之歌, 曰, "美哉淵乎! 吾聞康叔之德如是, 是其〈衛風〉乎?"

至十六世, 懿公亡道, 爲狄所滅. 齊桓公帥諸侯伐狄, 而更封衛於河南曹,楚丘, 是爲文公. 而河內殷虛, 更屬於晉. 康叔之風旣歇, 而紂之化猶存, 故俗剛强, 多豪桀侵奪, 薄恩禮, 好生分.

---

847 酸棗(산조) – 陳留郡(진류군)의 縣, 河南郡이 아니다. 지명에 오류가 있다는 주석이 있다.

〖국역〗

河內郡은 본래 殷(은)의 舊都였으니, 周가 殷을 멸망시킨 뒤에, 그 畿內의 당을 나눠 3국으로 만들었기에,《詩經 國風》의 邶(패), 庸(용), 衛國(위국)이 바로 이들 나라이다. 鄁(패, 邶와 同字)는 紂王(주왕)의 아들 武庚(무경)을, 庸(용)은 管叔(관숙)이 다스렸고, 衛(위)는 蔡叔(채숙)이 다스렸다. 이렇게 殷의 백성을 다스렸기에 이들(3國)을 (殷의) 三監(삼감)이라 불렀다. 그래서 《書序》[848]에서도 「武王이 붕어하자, 三監이 반역했다(畔).」고 하였으며, 周公(주공)이 이들을 토벌하고(誅), 그 땅 모두를 (周公의 동생인) 康叔(강숙)을 봉했고, 孟侯(맹후)[849] 라 호칭케 하면서 周室을 보좌하게 하였다. 그리고 邶(패)와 庸(용)의 백성을 洛邑(낙읍)으로 이주케 하였는데, 그래서 邶, 庸, 衛 3국의 詩歌는 서로 비슷한 歌風이다.

〈邶風(패풍)〉에서는 「浚邑(준읍)에 살고 있다.」고 하였으며[850] 〈庸風(용풍)〉에서는 「浚邑의 교외에서라.」 하였고,[851] 〈邶風〉에서는 또 「淇邑에 흘러가다.」, 「河水가 洋洋하다.」고 하였고[852] 〈庸風〉에서는 「나를 淇邑으로 보낸다.」, 「저 강 가운데 있다.」고 노래했으며,[853]

---

848 《書序》 - 《尙書 周書 大誥》.

849 孟侯(맹후) - 諸侯의 長. 孟은 맏이 맹.

850 원문 在浚之下 - 《詩經 邶風 凱風(개풍)》의 구절. 浚은 衛의 읍명.

851 원문 在浚之郊 - 《詩經 庸風 干旄(간모)》의 구절. 庸은 鄘으로도 표기.

852 〈邶風〉曰 「亦流於淇」은 〈邶風 泉水〉의 구절. 淇는 衛의 邑名. 「河水洋洋」은 〈邶風 新臺〉의 구절. 洋洋은 瀰瀰(미미, 질펀하다)의 착오.

853 〈庸〉曰, 「送我淇上」은 〈庸風 桑中〉의 구절. 「在彼中河」는 〈庸風 柏舟〉의 구절.

〈衛風〉에서는 「물굽이 깊은 곳을 바라본다.」, 「河水가 洋洋하다.」고[854] 읊었다.

그래서 吳나라 公子 季札(계찰)은 魯에 交聘(교빙)차 방문하여 周樂을 감상하면서, 〈邶〉와 〈鄘〉과 〈衛〉의 노래를 듣고서 말했다. "아름답고도 깊이가 있도다! 나는 康叔(강숙)의 德化가 이 같다는 말을 들었으니 〈衛風〉이 아니겠는가?"

그 이후 16代가 지나 懿公(의공)이 무도하여 狄人(적인)에게 멸망되었다. 그러자 齊 桓公(환공)은 諸侯의 군사를 거느리고 狄人을 토벌하고, 다시 衛를 河南의 曹(조)와 楚丘(초구)에 봉하였으니, 이가 文公(문공)이다. 그리고 河內郡의 殷虛(은허)[855]는 다시 晉의 영역이 되었다. 康叔(강숙)의 氣風은 이미 사라졌고 (반대로) 紂王(주왕)의 퇴폐적 文化는 여전히 남았으며, 그 습속이 剛强(강강)하여 豪桀(호걸)[856]의 侵奪(침탈)만 남았고, 恩義와 예법은 각박해졌으며 분열하기를 잘 한다.[857]

---

854 〈衛〉曰, 「瞻彼其奧」는 〈衛風 其奧〉의 구절. 奧는 물이 굽이져 흐르는 곳의 깊은 물. 「河水洋洋」은 〈衛風 碩人〉의 구절.

855 殷虛(은허) – 商朝(殷) 後期 都城의 遺址(유지)는 약 前 14세기 말에서 前 11 세기 중엽. 今 河南省 安陽市 서북 殷都區 小屯村 주변.

856 豪桀(호걸) – 여기서는 英雄이라는 뜻보다는 '주먹 패거리' 의 뜻에 가깝다.

857 원문 好生分 – 글자 그대로의 뜻은 부모가 생존했는데도 형제가 分財하기를 좋아한다는 뜻. 부모가 살아 계실 때 형제가 재산을 나눠 갖기는 형제 우애의 삶이 아니라고 하였다.

原文

河東土地平易, 有鹽鐵之饒, 本唐堯所居,《詩・風》唐,魏之國也. 周武王子唐叔在母未生, 武王夢帝謂己曰, '余名而子曰虞, 將與之唐, 屬之參.' 乃生, 名之曰虞. 至成王滅唐, 而封叔虞. 唐有晉水, 及叔虞子燮爲晉侯云, 故參爲晉星.

其民有先王遺敎, 君子深思, 小人儉陋. 故〈唐詩 蟋蟀〉,〈山樞〉,〈葛生〉之篇曰,「今我不樂, 日月其邁.」「宛其死矣, 它人是媮.」「百歲之後, 歸於其居.」皆思奢儉之中, 念死生之慮. 吳札聞〈唐〉之歌, 曰, "思深哉! 其有陶唐氏之遺民乎?"

〖국역〗

河東郡의 土地(地形)는 평탄하며(平易), 소금과 철(鹽鐵)이 생산되는 풍요로운 땅으로, 본래 唐堯(당요, 堯帝)의 거주지였으며,《詩 國風》의 唐(당)과 魏(위)의 나라였었다. 周 武王의 아들 唐叔(당숙)이 모친 뱃속에 있을 때, 武王의 꿈에 天帝가 武王에게 말했다. '내가 너의 아들에게 虞(우)라는 이름[858]과 唐(당)의 땅을 줄 것이며, (천문의, 28宿 중) 參宿(삼수)에 속할 것이다.'

그리고 출생하자, 이름을 虞(우)라고 지었다. 成王(성왕)이 唐을 멸하고, 동생 虞(우)를 봉했다. 唐에는 晉水(진수, 汾水의 支流)가 있어,

---

858 원문 余名而子曰虞 – 余는 나. 나 여. 名은 이름. 이름을 짓다. 而는 너 이. 汝(여)와 同.

동생 虞(우)의 아들 燮(섭)을 晉侯(진후)라 하였으며, 그래서 (28宿의 西方) 參宿(삼수)가 晉이 星宿(성수)가 되었다.

그곳 백성에게 先王이 遺敎가 남아있어, 君子는 深思하고 小人은 검소하였다. 그래서 (《詩經》) 〈唐風 蟋蟀(실솔)〉, 〈山樞(산추), 〈山有樞〉, 〈葛生(갈생)〉의 작품에서 읊었다. 「지금 我가 不樂하나, 日月은 빨리 가도다.」(蟋蟀, 귀뚜라미) 「만약 그대가 죽으면 타인이 다 차지하리.」(山樞, 산추) 「백 년 뒤에라도(죽은 뒤에) 그 무덤에 같이 살리라.」(〈葛生, 갈생〉)

이런 구절 모두가 사치와 검소의 節度와 生死에 대한 깊은 사려를 노래하였다. 그래서 吳의 季札(계찰)은 〈唐風〉의 歌唱을 듣고서 말했다.

"생각이 깊도다! 아마도 陶唐氏(堯)의 遺民(유민)이 아니겠는가?"

原文

魏國, 亦姬姓也, 在晉之南河曲, 故其詩曰「彼汾一曲.」「寘諸河之側.」自唐叔十六世至獻公, 滅魏以封大夫畢萬, 滅耿以封大夫趙夙, 及大夫韓武子食采於韓原, 晉於是始大. 至於文公, 伯諸侯, 尊周室, 始有河內之士.

吳札聞〈魏〉之歌, 曰,「美哉渢渢乎! 以德輔此, 則明主也.」

文公後十六世爲韓,魏,趙所滅, 三家皆自立爲諸侯, 是爲三晉. 趙與秦同祖, 韓,魏皆姬姓也. 自畢萬後十世稱侯, 至孫稱王, 徙都大梁, 故魏一號爲梁, 七世爲秦所滅.

〖국역〗

魏國(위국)도 姬姓(희성)의 나라이니, 晉(진)의 남쪽 黃河가 굽이진 곳이라서, 그들의 詩에서도 「저 汾水가 한 번 굽어진 곳에」 「(나무를 베어) 河水 물가에 놓아두다.」라고 노래했다.[859] 唐叔(당숙)으로부터 14代가 지나 獻公(헌공)에 이르러 魏를 멸망시키고 그 땅에 大夫 畢萬(필만)을 봉했으며, 耿國(경국)을 없애고 大夫 趙夙(조숙)을 封했고, 大夫 韓武子(한무자)에게 韓原(한원)을 食邑으로 나눠준 이후로, 晉은 이때부터 강대해졌다. 晉 文公(재위 前 637 – 628)에 이르러 諸侯의 覇者가 되어 周室을 받들면서, 비로소 河內의 땅을 보유하게 되었다.

吳의 季札(계찰)은 〈魏〉가 詩歌를 듣고서 말했다.

「아름답고도 알맞은 소리로다![860] 德으로 이렇게 보필하니 현명한 제후로다.」

文公 이후 16代가 지나 韓, 魏, 趙에 의해 晉은 멸망하였고, 三家(韓, 魏, 趙)가 모두 自立하여 諸侯가 되니, 이를 三晉(삼진)이라 하였다. (본래) 趙와 秦은 同祖이었으며, 韓과 魏는 모두 姬姓이었다. 畢萬(필만) 이후 10세에 제후가 되었고, (分晉한 이후) 孫子 代에 稱王(칭왕)하였으며 도읍을 大梁(대량)으로 옮겼기에, 魏를 또 梁이라고

---

859 「彼汾一曲」은 〈魏風 汾沮如〉의 구절. 「寘諸河之側」은 〈魏風 伐檀〉의 구절.

860 원문 美哉渢渢乎! – 渢은 물소리 풍. 알맞은 소리 범. 渢渢(범범)은 中庸의 소리.

도 불렀는데 그 7代 후에 晉에게 멸망되었다.

3. 古 周地

原文

周地, 柳,七星,張之分野也. 今之河南雒陽,穀城,平陰,偃師,鞏,緱氏, 是其分也.

昔周公營雒邑, 以爲在于土中, 諸侯蕃屛四方, 故立京師. 至幽王淫褒姒, 以滅宗周, 子平王東居雒邑. 其後五伯更帥諸侯以尊周室, 故周於三代最爲長久. 八百餘年至於赧王, 乃爲秦所兼.

初, 雒邑與宗周通封畿, 東西長而南北短, 短長相覆爲千里. 至襄王以河內賜晉文公, 又爲諸侯所侵, 故其分地小.

周人之失, 巧僞趨利, 貴財賤義, 高富下貧, 憙爲商賈, 不好仕宦.

自柳三度至張十二度, 謂之鶉火之次, 周之分也.

〖국역〗

周의 영역은 (28宿 중 南方) 柳宿(유수)와 七星(星宿, 성수), 張宿(장수)의 分野이다. 지금의 河南省 雒陽(낙양), 穀城(곡성), 平陰(평음), 偃師(언사), 鞏(공), 緱氏縣(구씨현)이 거기에 해당하는 땅이다.

옛날 周公(주공)이 雒邑(낙읍, 今 洛陽市)을 경영하면서, (낙읍이) 국토의 중앙에 있어 사방의 제후들이 울타리가 될 수 있다고 생각하여 京師로 설립하였다.(副都로 育成했다는 뜻) (西周의) 幽王(유왕)이 褒姒(포사)와 함께 음란하였기에 그 때문에 宗周(종주, 鎬京의 西周)는 몰락하고, 아들 平王(평왕)은 동쪽으로 천도하여 雒邑에 定都했다. 그 이후 (春秋시대) 五伯(오패, 五霸)가 제후를 거느리고 周室 존중을 명분으로 내세웠기에 周(西周 + 東周)는 三代(夏, 殷, 周)에서 가장 오래 존속하였다. 8백여 년이 지나 赧王(난왕, 재위 前 314 - 256년)에 이르러 결국 秦에게 겸병되었다.(前 256년)

그전에 雒邑(낙읍, 成周)과 宗周(鎬京)가 京畿(경기)로 연결되었으니, 東西로는 길고, 남북으로는 (폭이) 짧아(좁아) 長短의 차이가 1천리 정도나 되었다. (周) 襄王(양왕)이 河內의 땅을 晉 文公에게 하사하였고, 또 (周의 영역을) 제후들에게 침탈당했기에 그 강역은 더욱 작아졌다.

周 지역 사람들의 단점이라면 교묘하게 거짓을 꾸미고(巧僞), 이득을 따르며(趨利), 財物을 귀하게 여기고(貴財), 의리를 천하게 생각하며(賤義), 부자를 높이 받들고(高富), 貧者를 하대하며(下貧),[861] 상업 활동을(商賈) 좋아하고, 벼슬살이를(仕宦) 좋아하지 않는 것이다.

柳宿(유수) 3度에서 張宿(장수) 12度까지는 鶉火(순화)의 星次이니 周의 分野이다.

---

861 본문의 貴, 賤, 高, 下는 모두 형용사의 뜻을 동사로 전용했다.

原文

韓地, 角,亢,氐之分野也. 韓分晉得南陽郡及潁川之父城,定陵,襄城,穎陽,穎陰,長社,陽翟,郟, 東接汝南, 西接弘農得新安,宜陽, 皆韓分也. 及《詩 · 風》陳,鄭之國, 與韓同星分焉.

〖국역〗

韓의 지역은, (二十八宿 중 東方) 角宿(각수), 亢宿(항수), 氐宿(저수)의 分野이다. 韓은 晉의 땅을 분할하여 南陽郡과 潁川郡(영천군)의 父城(보성), 定陵(정릉), 襄城(양성), 穎陽(영양), 穎陰(영음), 長社(장사), 陽翟(양책), 郟縣(겹현), 그리고 東쪽으로는 汝南郡, 西쪽으로는 弘農郡의 新安, 宜陽縣(의양현) 등이 모두 韓의 分野이다. 또《詩經國風》의 陳과 鄭國이 韓과 같은 星이 分野이다.

原文

鄭國, 今河南之新鄭, 本高辛氏火正祝融之虛也. 及成皐,滎陽, 潁川之崇高,陽城, 皆鄭分也. 本周宣王弟友爲周司徒, 食采於宗周畿內, 是爲鄭.

鄭桓公問於史伯曰, "王室多故, 何所可以逃死?"

史伯曰, "四方之國, 非王母弟甥舅則夷狄, 不可入也. 其濟,洛,河,潁之間乎! 子男之國, 虢,會爲大, 恃勢與險, 崇侈貪冒, 君若寄帑與賄, 周亂而敝, 必將背君. 君以成周之衆,奉辭伐罪, 亡不克矣."

公曰, "南方不可乎?" 對曰, "夫楚, 重黎之後也, 黎爲高辛氏火正, 昭顯天地, 以生柔嘉之材. 姜,嬴,荊,芈, 實與諸姬代相干也. 姜, 伯夷之後也, 嬴, 伯益之後也. 伯夷能禮於神以佐堯, 伯益能儀百物以佐舜, 其後皆不失祠, 而未有興者, 周衰將起, 不可逼也."

桓公從其言, 乃東寄帑與賄, 虢,會受之. 後三年, 幽王敗, 桓公死, 其子武公與平王東遷, 卒定虢,會之地, 右雒左沛, 食溱,洧焉. 土陿而險, 山居谷汲, 男女亟聚會, 故其俗淫. 〈鄭詩〉曰, 「出其東門, 有女如雲.」 又曰, 「溱與洧方灌灌兮, 士與女方秉菅兮.」 「恂盱且樂, 惟士與女, 伊其相謔.」 此其風也.

吳札聞〈鄭〉之歌, 曰, "美哉! 其細已甚, 民弗堪也. 是其先之乎?" 自武公後二十三世, 爲韓所滅.

〖국역〗

鄭國은 今 河南郡의 新鄭縣(신정현)[862]인데, 본래 高辛氏(고신씨)[863]의 火正이었던 祝融(축융)의 옛 터였다(虛는 墟). (河南郡의) 成皐縣(성고현)과 滎陽縣(형양현), 그리고 潁川郡(영천군)의 崇高(숭고), 陽城縣(양성현)이 모두 鄭나라의 分野이다. 본래 周 宣王(선왕)의 아

862 新鄭縣(신정현) – 今 河南省 중부 鄭州市 관할 新鄭市.

863 高辛氏(고신씨) – 嚳(곡, 생졸년 미상), 5帝의 한 사람.

우인 友(우)는 周 司徒였는데, 宗周 畿內(기내)의 땅을 식읍으로 받아서 이것이 鄭國[864]이었다.

鄭 桓公(환공)이 史伯(사백)에게 물었다.

"(周) 王室에 변고가 많은데, 어느 곳이 (사고에 따른) 죽음을 면할 수 있겠는가?"

史伯이 말했다.

"四方의 땅은 王, 母, 弟, 甥舅(생구)의 나라가 아니라면 모두 夷狄(이적)의 땅이니 옮겨갈 곳이 없습니다. 아마 濟水, 洛水, 河水, 潁水(영수)의 그런 곳이라면 가능할 것입니다! 子爵이나 男爵의 땅으로는 虢國(괵국)이나 會國(회국)[865]이 크지만 (그 나라는) 세력과 험한 지형만을 믿고 사치를 좋아하며 욕심이 많으니, 만약 주군께서 그들 나라에 재물이나 뇌물을 보내주더라도, 나중에 周 宗室이 혼란하거나 피폐한다면 (虢國(괵국)과 會國은) 분명 배반할 것입니다. 그러면 주군께서 成周(성주, 낙양)의 군사를 거느리고 왕명을 받아 죄 지은 자를(虢, 會) 토벌한다면 이기지 못할 나라가 없을 것입니다."

(鄭의) 桓公이 다시 물었다.

"南方은 차지할만한 나라가 없는가?"

이에 史伯이 대답했다.

"楚國은 重黎(중려)의 후손이며, 중려는 高辛氏의 火正이었기에, 천지를 밝게 만들었고, 선천적으로 유화하며 훌륭한 인재였습니다. 姜姓, 嬴姓(영성), 荊姓(형성), 羋姓(미성, 양이 울 미)은 실제로 (周室의)

---

864 鄭國 – 今 陝西省 渭南市 관할 華縣.

865 虢國(괵국)과 會國(회국)은 그때 지금의 河南省 滎陽市와 新鄭市에 있었다.

여러 姬姓(희성)과 서로 代를 이어오며 잘못을 범하지도 않았습니다. 姜姓은 伯夷(백이)의 후손이고, 嬴姓(영성)은 伯益(백익)의 후손입니다. 伯夷(백이)는 신령을 받들어 堯를 보좌하였고, 伯益(백익)은 만물을 안정시켜 舜(순)을 보필하였으며, 그 후손 역시 조상의 제사를 잘못하지도 않았으니 크게 홍기하지는 않았지만, 周가 쇠퇴할 경우에는 홍기할 수도 있으니 그들을 핍박할 수도 없습니다."

鄭 桓公은 史伯의 말을 따라 동쪽에 재물을 보냈고, 虢國과 會國에서는 재물을 받아들였다. 그 3년 뒤에 (西周) 幽王(유왕)이 敗亡하고 (鄭) 桓公(환공)도 죽었는데, (환공의) 아들 武公과 (周) 平王(평왕)은 東遷한 뒤에 결국 虢(괵)과 會國(회국)의 땅을 평정하였고, 右에는 雒水, 左에는 泲水를 끼고, 溱水(진수)와 洧水(유수) 유역의 곡식을 식량으로 삼았다. 그러나 (鄭나라는) 국토가 좁고(陋은 陝, 좁다) 험준해서 산에 살며, 계곡의 물을 길어 먹어야 했기에 남녀가 자주 모일 수가 있어 그 풍속은 음란하였다. 그래서 〈鄭風〉에서도 「東門을 나가니 여인들이 구름처럼 모였네.」 또는 「溱水와 洧水의 물은 호호탕탕하고, 남자와 여인이 蘭꽃을 주고받네.」 그리고 「마주보며 즐기나니, 남자와 여인이 서로 함께 장난치네.」라고 노래하였으니,[866] 그들 습속이 이러하였다.

吳의 季札이 〈鄭風〉의 詩歌를 듣고 말했다.

"아름답도다! 그러나 너무 미세한 감정이니 백성이 감당치 못하리라. 이는 쇠망의 징조가 아닌가?"

---

866 「出其東門, 有女如雲.」은 〈鄭風 出其東門〉의 구절. 「溱與洧方渙渙兮, 士與女方秉蕑兮」과 「恂盱且樂, 惟士與女, 伊其相謔.」은 〈鄭風 溱洧〉의 구절이다.

鄭 武公 이후 23대에 鄭은 韓에게 멸망되었다.

原文

陳國, 今淮陽之地. 陳本太昊之虛, 周武王封舜後嬀滿於陳, 是爲胡公, 妻以元女大姬. 婦人尊貴, 好祭祀, 用史巫, 故其俗巫鬼. 〈陳詩〉曰 : 「坎其擊鼓, 宛丘之下, 亡冬亡夏, 値其鷺羽.」 又曰, 「東門之枌, 宛丘之栩, 子仲之子, 婆娑其下.」 此其風也.

吳札聞〈陳〉之歌, 曰, "國亡主, 其能久乎!"

自胡公後二十三世爲楚所滅. 陳雖屬楚, 於天文自若其故.

〖국역〗

陳國(진국)은 지금 淮陽郡(회양군)의 지역이다. 陳은 본래 太昊(태호 / 伏羲)[867]의 옛 터인데, 周 武王이 舜의 후손인 嬀滿(규만)을 陳에 봉하였는데, 이 규만이 陳의 胡公(호공)이며, (武王의) 元女(長女)인 大姬(태희)를 아내로 삼게 하였다. (胡公의) 婦人이 尊貴하고 祭祀(제사) 지내기를 좋아하여, 史官과 巫女를 등용하였기에 그 풍속에 굿과 귀신을 좋아하였다. 그래서 〈陳風〉의 詩歌에, 「둥둥 북을 치며 宛丘(완구)에서 노니나니, 겨울, 여름도 없이 백로의 깃을 들고 춤을

867 太昊(태호, 伏羲. 太皓) – 風姓. 龍을 토템(圖騰)으로 섬긴 부족 연맹의 족장. 일설에는 오제의 한 사람으로 꼽기도 한다.

춘다.」고 하였고,[868] 또 「東門의 느릅나무, 宛丘의 상수리나무, 子仲의 딸이 거기서 날렵하게 춤을 추네.」라고[869] 하였으니, 이런 모습이 그들 습속이었다.

吳의 季札(계찰)이 〈陳風〉의 詩歌를 듣고 말했다.

"나라에 주군이 없나니 오래갈 수 있겠나!"

陳은 胡公 이후 23代에 楚에게 멸망하였다. 陳國이 비록 楚國에 속했지만, 天文에서는 이전처럼 옛 자리를 차지하였다.

原文

潁川,南陽, 本夏禹之國. 夏人上忠, 其敝鄙樸. 韓自武子後七世稱侯, 六世稱王, 五世而爲秦所滅. 秦旣滅韓, 徙天下不軌之民於南陽, 故其俗誇奢, 上氣力, 好商賈漁獵, 藏匿難制御也. 宛. 西通武關, 東受江,淮, 一都之會也.

宣帝時, 鄭弘,召信臣爲南陽太守, 治皆見紀. 信臣勸民農桑, 去末歸本, 郡以殷富. 潁川, 韓都. 士有申子,韓非, 刻害餘烈, 高仕宦, 好文法, 民以貪遴爭訟生分爲失. 韓延壽爲太守, 先之以敬讓, 黃霸繼之, 敎化大行, 獄或八年亡重罪

---

868 「坎其擊鼓, 宛丘之下, 亡冬亡夏, 値其鷺羽.」 -《詩經 陳風 宛丘》의 구절. 坎은 북소리. 구덩이 감. 其는 조사. 宛丘는 당시 淮陽縣. 値는 잡다(執也).

869 「東門之枌, 宛丘之栩, 子仲之子, 婆娑其下.」 -《詩經 陳風 東門之枌》의 구절. 枌은 느릅나무 분. 栩는 상수리나무 허. 婆娑(파사)는 날렵하게 무당춤을 추는 모양.

四. 南陽好商賈, 召父富以本業, 潁川好爭訟分異, 黃,韓化以篤厚. '君子之德風了, 小人之德草也.' 信矣!

自東井六度至亢六度, 謂之壽星之次, 鄭之分野, 與韓同分.

〖국역〗

潁川郡(영천군)과 南陽郡(남양군)은 본래 夏 禹王(우왕)의 나라이다. 夏人은 충성을 숭상하였지만 비루하며 질박한 폐단이 있었다. (晉에서 分國한) 韓은 武子 이후 7代에 제후를 칭했고, 그 후 6대에 稱王했지만, 그 후 5代에 秦에게 멸망했다. 秦은 韓을 멸망시킨 뒤에, 天下의 불량한 백성들을 南陽郡으로 이주시켰기에 그 습속은 과시하고 사치스러웠으며, 氣力을 숭상하거나 장사(商賈)나 어로나 수렵을 좋아했으며 숨고 감추기를 좋아하여 통제가 어려웠다.

郡治는 宛縣(완현)이다. 西쪽으로는 (關中의 남문인) 武關에 통하고, 동쪽으로는 長江과 淮水에 통할 수 있어 都會를 이룰 수 있는 땅이었다.

宣帝 때, 鄭弘(정홍)[870]이나 召信臣(소신신)[871]은 南陽太守가 되었

870 鄭弘(정홍) - 字는 稚卿(치경)으로, 泰山郡 剛縣 사람이다. 정홍은 南陽太守를 지냈는데, 모두 백성을 잘 다스렸고 법도를 잘 지켜 후세 사람들의 칭송을 들었다. 정홍은 淮陽國의 相으로 승진했다가 근무 평가가 좋아 右扶風이 되었고 京師에서도 그를 칭송하였다. 66권, 〈公孫劉田王楊蔡陳鄭傳〉에 입전.

871 召信臣(소신신) - 字는 翁卿(옹경)으로, 지방관으로 재직하며 몸소 농경을 권장하며, 경작지를 돌며 확인하더라고 쉴 때는 향정을 피했으며 편히 쉴 때가 거의 없었다. 이에 풍속이 크게 순화되어 군에서 힘써 농사일

는데, 그 치적이 모두 (本書에) 기록되었다. 召信臣은 백성에게 農桑을 권장하고 末鄴을 버리고 농업에 힘쓰게 하여 郡內가 부유해졌다. 潁川縣은 韓의 都邑이었다. 韓의 士人에 (法家인) 申子(申不害)[872] 와 韓非(韓非子)[873]가 있었기에 그 각박하고 엄격한 통치습관이 남아 있었고, 仕宦(사환)을 존숭하였으며, 法文 따지기와 논쟁을 즐겨하고, 백성들은 탐욕에 인색하며 爭訟(쟁송)을 좋아하고, 부모 생존 시에도 分財하는 폐단이 있었다.

韓延壽(한연수)가 (潁川) 태수로 재임하면서 공경과 禮讓(예양)의 기풍을 조성하였고,[874] 黃霸(황패)[875]가 그 치적을 계승하여 敎化가 크게 성공을 거두어, 監獄(감옥)에 8년 동안 重罪囚(중죄수)가 없었다. 南陽郡에서는 商業을 좋아하는 기풍이 있었지만, 召父(소부, 召信臣)는 농업을 장려하여 남양군을 부유하게 만들었고, 潁川郡은 쟁송과 논쟁을 좋아하는 기풍이었지만 황패나 한연수의 독실과 후덕으

을 하지 않는 자가 없었으며, 떠난 백성들이 돌아와 호구가 두 배로 늘었으며 도독과 송사가 크게 줄었다. 백성들은 소신신을 친애하며 召父(소부)라고 불렀다. 89권, 〈循吏傳〉에 입전.

872 申子(申不害, 前 420 – 337년) – 尊稱 申子. 본래 鄭國人. 鄭國이 韓에게 멸망하자, 法家 학설로 韓 昭侯의 宰相이 되었다. 신불해는 先秦 法家 중에서 '術'을 중시하였다. 저서로《申子》가 있다.

873 韓非(韓非子, 前 280 – 233年) – '法', '術', '勢'를 함께 강조한 法家의 集大成者. 그의 저술《韓非子》는 민간전설과 寓言(우언)을 적극 활용하여 자신의 주장과 事理를 설명한 名著. 成語와 典故의 本源.

874 韓延壽(한연수)의 행실과 치적에 대해서는 76권, 〈趙尹韓張兩王傳〉에 입전.

875 黃霸(황패) – 황패의 치적에 대해서는 89권, 〈循吏傳〉에 상세한 기록이 있다.

로 교화에 성공하였으니, '군자의 덕은 바람이며, 소인의 덕은 풀과 같다.' 는 말은 정말 옳은 말이다.[876]

東井宿(동정수) 6度에서 亢宿(항수) 6度까지는 (十二次 中) 壽星의 星次이며 鄭의 分野인데, 韓도 같은 분야이다.

4. 古 趙地

原文

趙地, 昴,畢之分壄. 趙分晉, 得趙國. 北有信都,眞定,常山,中山, 又得涿郡之高陽,鄚,州鄕. 東有廣平,鉅鹿,淸河,河間, 又得渤海郡之東平舒,中邑,文安,束州, 成平,章武, 河以

876 '君子之德風了, 小人之德草也.' -《論語 顔淵》季康子問政於孔子曰, "~ 君子之德風, 小人之德草. 草上之風, 必偃." '君子之德風' 에서 德은 군자의 德行, 심리, 사상 등 포괄적인 뜻을 내포하고 있다. 거기에 비해 백성은 그냥 풀과 같다. 바람이 불어오면(草上之風), 바람 따라 풀은 눕게 되어있다. 위정자의 선정이 베풀어진다면, 백성들은 절로 그렇게 따라간다는 뜻이다. 바람의 기세가 강하다면 온 나라가 그런 분위기, 그런 氣風이 휩쓸 것이다. 이를 간단히 風行草偃(풍행초언)이라고도 쓴다. 풀은 바람을 따라 눕고, 사람은 큰 흐름을 따르나(草隨風偃, 人隨大流), 그래도 바람이 없으면 나무는 흔들리지 않으며(無風樹不動), 거친 바람이 불 때 튼튼한 풀을 알 수 있다(疾風知勁草). 그리고 사람이 초목이 아니거늘 누군들 정이 없겠는가?(人非草木, 孰能無情?) 또 바람이 온종일 불어오는가? 그리고 땅에는 풀만 있는가? 백성은 누구든 모두 고분고분할 것이라고 믿는가?

北也. 南至浮水,繁陽,內黃,斥丘, 西有太原,定襄,雲中,五原, 上黨. 上黨, 本韓之別郡也, 遠韓近趙, 後卒降趙, 皆趙分也.

〖국역〗

趙의 영역은 (二十八宿 중 西方의) 昴宿(묘수)와 畢宿(필수)의 分野(分壄, 분야)이다. 趙는 晉을 분할하여 이루어진 나라이다. (趙國의) 북쪽에는 信都郡, 眞定郡, 常山郡, 中山國이 있고, 또 涿郡(탁군)의 高陽縣(고향현), 鄚縣(막현), 州鄉國(주향국)이 있다. 동쪽에는 廣平, 鉅鹿(거록), 清河, 河間郡이 있으며, 또 渤海郡(勃海郡)의 東平舒(동평서), 中邑, 文安, 束州(속주), 成平, 章武縣 등은 河水의 이북이다. 남쪽으로는 浮水(부수), 繁陽(번양), 內黃, 斥丘縣(척구현)이, 서쪽으로는 太原郡, 定襄郡, 雲中郡, 五原郡, 上黨郡이 있다. 上黨郡은 본래 韓의 別郡이었지만, 韓에서는 멀고 趙國에 가까웠고 나중에 趙에 투항했는데, 모두 趙의 분야이다.

原文

自趙夙後九世稱侯, 四世敬侯徙都邯鄲, 至曾孫武靈王稱王, 五世爲秦所滅.

趙,中山地薄人衆, 猶有沙丘紂淫亂餘民. 丈夫相聚遊戲, 悲歌慷慨, 起則椎剽掘冢, 作姦巧, 多弄物, 爲倡優. 女子彈弦跕躧, 游媚富貴, 遍諸侯之後宮.

邯鄲北通燕,涿, 南有鄭,衛, 漳,河之間一都會也. 其土廣俗雜, 大率精急, 高氣勢, 輕爲姦.

【국역】

趙夙(조숙, 人名) 이후 9代에 제후를 칭했고, 그 뒤 4대 敬侯(경후)는 도읍을 邯鄲(한단)으로 옮겼으며, 그 曾孫인 武靈王(무령왕)은 稱王(칭왕)했지만 그 후 5代에 秦에게 멸망했다.(前 222년)

趙와 中山國은 토지가 척박하고 백성은 많으며, 거기에다가 沙丘縣(사구현)에는 (殷의) 紂王의 淫亂한 후손들도 살고 있었다.[877] 사내들은 서로 모여 놀았고 슬픈 노래를 강개하게 부르며, 움직였다면 살인이나 약탈(椎剽, 추표)에 남의 묘를 도굴했으며(掘塚, 굴총), 불법과 거짓을 일삼고, 노름도 많았으며 광대가 되었다. 여인들은 악기를 연주하거나 추파를 보냈고,[878] 부귀한 사람을 찾아 교태를 부려 여러 제후들의 후궁으로 많이 뽑혀갔다.

邯鄲(한단)은 北으로는 燕이나 涿郡(탁군)에 이어지고, 南으로는 鄭과 衛나라, 漳水(장수)와 河水가 함께 통하는 곳이다. 그곳 땅은 넓고, 풍속은 혼잡하며, 매사가 거칠고, 氣勢를 숭상하며 쉽게도 不法을 자행한다.

---

877 원문 猶有沙丘紂淫亂餘民 - 沙丘(사구)는, 今 河北省 邢台市(형태시) 관할 廣宗縣. 이곳 廣宗縣 大平台鄉에는 길이 150m, 폭 70m의 沙丘가 있다. 殷 紂王은 여기에 누대를 짓고 여러 진기한 짐승을 길렀다고 한다. 또 이곳은 秦의 沙丘宮 平台의 遺址(유지)로 알려졌다. 秦 始皇帝가 여기서 병사하자, 權臣 趙高(조고)와 李斯(이사)는 乘機를 잡아 作亂하며, 太子 扶蘇(부소)를 죽이고 胡亥(호해)를 2세 황제로 옹립하니, 이를 沙丘之變(사구지변, 前 210)이라 한다.

878 원문 女子彈弦跕躧 - 彈弦은 악기를 타다. 노래와 춤은 당연한 일. 跕은 밟을 접. 신발을 신다. 躧는 신발 사. 뒤꿈치가 없는 신발. 춤출 때 신는 신발. 跕躧(접사)는 신발을 끌며 아장거리며 걷다. 교태를 부리다.

原文

太原,上黨又多晉公族子孫, 以詐力相傾, 矜誇功名, 報仇過直, 嫁取送死奢靡. 漢興, 號爲難治, 常擇嚴猛之將, 或任殺伐爲威. 父兄被誅, 子弟怨憤, 至告訐剌史二千石, 或報殺其親屬.

〚국역〛

太原郡과 上黨郡에는, 또 晉의 公族 子孫이 많아 거짓과 힘으로 서로 패거리를 짓고, 공명을 자랑하거나 뽐내며, 지나치게 원한을 보복하며,[879] 결혼이나 장례에 사치와 허례가 심하다. 漢이 건국되고 서로 다스리기 어렵다고 소문이 나서 항상 엄하고 사나운 장수를 골라 보냈고, 때로는 임의로 살벌하게 다스려 위엄을 내보였다. 그 부모나 형제가 처형되면 자제가 원한을 품어 剌史나 태수의 비리를 폭로하거나[880] 그 가속을 살상하기도 했다.

原文

鍾,代,石北, 迫近胡寇, 民俗懻忮, 好氣爲姦, 不事農商, 自全晉時, 已患其剽悍, 而武靈王又益厲之. 故冀州之部, 盜賊常爲它州劇.

---

879 원문 報仇過直 – 報仇(보구)는 원수를 갚다. 過直은 지나치다. 直은 적당한 것. 타당.

880 원문 至告訐剌史二千石 – 告訐(고알)은 숨겨진 비리를 폭로하다. 告는 고발. 訐은 들추어낼 알. 剌史는 지방 군현 감찰 담당 관리. 二千石은 太守.

定襄,雲中,五原, 本戎狄也, 頗有趙,齊,衛,楚之徙. 其民鄙樸, 少禮文, 好射獵. 雁門亦同俗, 於天文別屬燕.

〖국역〗

鍾山(종산) 부근, 代縣(代郡, 山西省), 石北(石邑縣) 같은 지역은 서북 胡人과 아주 가까워 그 민속이 너무 강직한데다가,[881] 기개를 숭상하며 不法을 자행하고, 농사나 장사도 열심히 하지 않아 晉이 분할되기 전에도 이미 그 사나운 기질이 두려웠는데, (趙의) 武靈王(무령왕)이 더욱 사납게 만들었다. 때문에 冀州 지역은 도적이 다른 州에 비해 더욱 심했다.

定襄郡(정양군), 雲中郡, 五原郡 지역은 본래 戎狄(융적)의 땅이었는데 趙, 齊, 衛, 楚의 백성들이 유입되었다. 그곳 백성은 고루하며 소박하고 예의와 교양이 부족하며 사냥을 좋아한다. 雁門郡(안문군) 역시 비슷하나 天文에서는 별도로 燕(연)에 속한다.

5. 古 燕地

原文

燕地, 尾,箕分壄也. 武王定殷, 封召公於燕, 其後三十六

881 원문 民俗懻忮 - 懻는 강할 기, 어그러질 기. 忮는 어길 기. 말을 듣지 않다. 佷(어길 한)과 같은 뜻.

世與六國俱稱王. 東有漁陽,右北平,遼西,遼東, 西有上谷,代郡,雁門, 南得涿郡之易,容城,范陽,北新城,故安,涿縣,良鄉,新昌, 及勃海之安次, 皆燕分也. 樂浪,玄菟, 亦宜屬焉.

燕稱王十世, 秦欲滅六國, 燕王太子丹遣勇士荊軻西刺秦王, 不成而誅, 秦遂擧兵滅燕.

〖국역〗

燕地(연지)는 (二十八宿의 동방 7宿 중) 尾宿(미수)와 箕宿(기수)의 분야이다. 武王이 殷(은)을 평정한 뒤에, (동생인) 召公(소공)을 燕(연)에 봉했고, 그 이후 36代에 이르러 다른 6국과 함께 王을 칭했다. 燕 동쪽은 漁陽, 右北平, 遼西, 遼東郡이고, 서쪽은 上谷, 代郡, 雁門郡이, 남쪽은 涿郡(탁군)의 易縣(역현), 容城, 范陽(범양), 北新城,[882] 故安, 涿縣, 良鄉, 新昌縣 및 勃海郡(발해군)의 安次縣이 모두 燕의 분야이다. 樂浪郡(낙랑군)과 玄菟郡(현도군)도 역시 응당 燕分의 속한다.

燕이 稱王하고 10代에 秦이 6국을 없애려 하자, 燕王의 太子인 丹(단)은 勇士인 荊軻(형가)[883]를 서쪽으로 보내 秦王을 찔러 죽이려 했지만 성공하지 못해 죽음을 당했고, 秦은 결국 擧兵하여 燕을 멸망

---

882 北新城 - 中山國의 현명. 北新成의 오류.

883 荊軻(형가, ? - 前 227년) - 戰國 말 衛國 사람. 荊卿(형경)으로 불림. 司馬遷의 《史記 刺客列傳》에 立傳. '圖窮匕見(궁도비현)' 의 成語. 형가를 노래한 시가 중 가장 잘 알려진 것은, 唐 駱賓王(낙빈왕)의 五言絶句 〈於易水送人〉이다.

'此地別燕丹, 壯士髮衝冠.
昔時人已沒, 今日水猶寒.'

시켰다.(前 222)

原文

薊, 南通齊,趙, 勃,碣之間一都會也. 初, 太子丹賓養勇士, 不愛後宮美女, 民化以爲俗, 至今猶然. 賓客相過, 以婦侍宿, 嫁取之夕, 男女無別, 反以爲榮. 後稍頗止, 然終未改. 其俗愚悍少慮, 輕薄無威, 亦有所長, 敢於急人, 燕丹遺風也.

上谷至遼東, 地廣民希, 數被胡寇, 俗與趙,代相類, 有漁鹽棗栗之饒. 北隙烏丸,夫餘, 東賈眞番之利.

〖국역〗

薊縣(계현)[884]은 南으로는 齊와 趙, 그리고 勃海郡(발해군)의 碣石縣(갈석현)에 이를 수 있는 큰 도회지이다. 그전에 (燕) 太子 丹(단)은 勇士를 손님으로 접대부양하며, 후궁이나 미녀를 아끼지 않았으니, 백성 또한 그렇게 바뀌어 습속이 되어 지금껏 그러하다. 賓客이 지나다가 들리면, 부인을 시켜 잠자리 시중을 들게 하였고, 결혼하는 날 밤에는 (놀이에) 男女를 가리지 않았고, 그런 것을 자랑으로 여겼다. 그 뒤로 점차 그치었지만 완전히 고쳐지지는 않았다. 그 습속은 우직, 사납고, 단순, 경박하며 위엄이 없지만, 그래도 장점이 있어 남을 돕는데 과감하였으니,[885] 燕 태자 丹(단)의 유풍이다.

---

884 薊(계) – 薊는 삽주 계. 풀이름. 今 北京市 동남. 天津市 북부의 薊縣(계현).
885 원문 敢於急人 – 急人은 남의 어려움을 돕다(救人急難).

上谷郡에서 遼東郡(요동군)은 넓은 땅에 사람이 적고 胡人의 노략질을 자주 당했는데, 그 습속은 趙國이나 代國과 서로 비슷하였고, 漁鹽(어염)이나 棗栗(조율, 과일)이 풍족했다. 북쪽으로 烏丸(오환)이나 夫餘(부여)와는 격리되었지만, 동쪽으로 眞番(진번)과 교역의 이득을 얻었다.

原文

玄菟,樂浪, 武帝時置, 皆朝鮮,濊貉,句驪蠻夷. 殷道衰, 箕子去之朝鮮, 敎其民以禮義, 田蠶織作.

樂浪朝鮮民犯禁八條, 相殺以當時償殺, 相傷以穀償, 相盜者男沒入爲其家奴, 女子爲婢, 欲自贖者, 人五十萬. 雖免爲民, 欲猶羞之, 嫁取無所讎, 是以其民終不相盜, 無門戶之閉, 婦人貞信不淫辟. 其田民飮食以籩豆, 都邑頗放效吏及內郡賈人, 往往以懷器食. 郡初取吏於遼東, 吏見民無閉臧, 及賈人往者, 夜則爲盜, 俗稍益薄. 今於犯禁浸多, 至六十餘條.

可貴哉, 仁賢之化也! 然東夷天性柔順, 異於三方之外, 故孔子悼道不行, 設浮於海, 欲居九夷, 有以也夫!

樂浪海中有倭人, 分爲百餘國, 以歲時來獻見云.

自危四度至斗六度, 謂之析木之次, 燕之分也.

〖국역〗

玄菟郡(현도군)과 樂浪郡(낙랑군)은 武帝 때 설치되었는데(前 108), 모두 朝鮮(衛滿朝鮮)과 濊貉(예맥), 高句驪(고구려) 등 蠻夷(만이)의 땅이었다. 殷의 王道가 衰亡(쇠망)하자, 箕子(기자)[886]는 殷을 떠나 朝鮮(조선)에 가서, 그곳 백성에게 예의와 농사와 방직을 가르쳤다.

樂浪郡의 朝鮮人에게는 어길 수 없는 8개 조항이(犯禁八條) 있었는데, 남을 죽이면(相殺) 그 당시에 죽여 보상하고(以當時償殺), 남을 다치게 하면(相傷) 곡식으로 보상하며(以穀償), 남의 물건을 훔친 자는(相盜者) 남자는 그 집의 종(奴)으로 만들고(男沒入爲其家奴), 女子는 계집종으로 삼는데(爲婢), 自贖(자속)하려는 者는 1인당 50萬을 내야 한다. (그렇게 하여) 비록 평민이 되더라도 백성들은 오히려 수치로 여겼고(欲猶羞之), 결혼에(嫁取) 맞이하려는 사람이 없었기에(無所讎), 그래서 사람들은 결코 도적질을 하지 않아(終不相盜) 대문을 닫지 않았고(無門戶之閉), 婦人들은 정조를 지켜(貞信) 음란하지 않았다(不淫辟). 그곳 농민들도(田民) 음식을 먹을 때 籩豆(변두, 음식을 담는 그릇)를 사용했으며, 都邑에서는 관리나 內郡에서 온 상인을(內郡賈人) 본받아 언제나(往往) 식기를 갖고 다녔다

886 箕子(기자, 생졸년 미상) – 子姓, 名은 胥餘(서여), 商朝의 宗室, 帝 文丁의 아들. 帝 乙의 동생. 帝 辛(신, 紂王)의 叔父. 箕에 봉해졌다. 箕는, 今 山西省 중부 晉中市 太谷區 일대. 紂王에게 충간했으나 듣지 않고 오히려 옥에 갇혔다. 周 武王이 殷을 멸망한 뒤에 무왕은 召公을 보내 箕子를 풀어주었고, 무왕은 기자에게 치국의 道를 물었다. 箕子는 〈洪範九疇〉를 언급했고, 이는 《尙書 洪範》에 실렸다. 《論語 微子》에 공자는 箕子, 微子(미간)을 '殷有三仁' 이라 합칭했다.

(以懷器食). 郡에서는 처음에 遼東郡에서 관리를 데려갔는데, (요동에서 간) 관리들은 백성이 대문을 닫지 않는 것을 알았고, 왕래하는 상인들이 밤에 도적질을 하자, 그 풍속이 차츰 각박해져서 (法禁이) 60여 條가 되었다.

정말 귀하도다. 仁賢의 교화여! 東夷의 天性이 柔順(유순)하여 다른 북, 서, 남방의 外人과 달랐는데, 그래서 孔子는 道가 행해지지 않는 中原을 슬퍼하며 바다를 건너(設浮於海),[887] 여러 東夷의 땅에(九夷)[888] 살고 싶다고 한 말이 사실일 것이다!

樂浪에서 바다를 건너가면 倭人(왜인)이 1백여 나라로 분산해 살면서 歲時에 맞춰 헌상하고 알현했다고 한다.

(二十八宿 中 북방) 危宿(위수) 4度에서 斗宿(두수) 6度까지는 (十二次 중) 析木次(석목차)인데, 燕의 분야이다.

6. 古 齊地

原文

齊地, 虛,危之分壄也. 東有菑川,東萊,琅邪,高密,膠東, 南有泰山,城陽, 北有千乘, 淸河以南, 勃海之高樂,高城,重合,

887 원문 故孔子悼道不行, 設浮於海, ~ -《論語 公冶長》子曰, "道不行, 乘桴浮于海. 從我者其由與?" 子路聞之喜. 子曰, "由也好勇過我, 無所取材."

888 九夷 -《論語 子罕》子欲居九夷. 或曰, "陋如之何?" 子曰, "君子居之, 何陋之有?"

陽信, 西有濟南,平原, 皆齊分也.

〖국역〗

齊地는 (二十八宿 중 北方) 虛宿(허수)와 危宿(위수)의 分壄(分野)이다. 동쪽으로는 菑川(치천), 東萊(동래), 琅邪郡(낭야군), 高密國(고밀국), 膠東國(교동국)이 있고, 남쪽으로는 泰山郡과 城陽國, 북쪽으로는 千乘郡(천승군)과 淸河郡 이남, 그리고 勃海郡(발해군)의 高樂, 高城, 重合, 陽信縣, 또 서쪽의 濟南郡과 平原郡이 모두 齊의 분야이다.

原文

少昊之世有爽鳩氏, 虞,夏時有季萴, 湯時有逢公柏陵, 殷末有薄姑氏, 皆爲諸侯, 國此地. 至周成王時, 薄姑氏與四國共作亂, 成王滅之, 以封師尙父, 是爲太公.《詩・風》齊國是也. 臨菑名營丘, 故〈齊詩〉曰, 「子之營兮, 遭我虖嶩之間兮.」 又曰, 「俟我於著乎而.」 此亦其舒緩之體也. 吳札聞〈齊〉之歌, 曰, "泱泱乎, 大風也哉! 其太公乎? 國未可量也."

〖국역〗

少昊氏(소호씨, 金天氏)[889]의 治世에 爽鳩氏(상구씨), 虞(우, 舜)와 夏(하, 禹) 시대에 季萴(계즉, 萴은 산이 큰 모양 즉), 그리고 (殷) 湯王(탕왕) 시대에 逢公(봉공)인 柏陵(백릉), 殷末에 薄姑氏(박고씨)가 모두 제후

---

889 少昊(소호, 皡, 淸陽氏, 金天氏) - 黃帝의 아들로, 曲阜(곡부)에 나라를 세웠다는 전설.

로, 이 일대에 나라를 세웠었다. 周 成王 때 이르러 薄姑氏(박고씨)와 四國이 함께 반란을 일으키자 成王이 멸망시켰고,[890] (그 땅에) 師傅(사부)인 尙父를 봉하니, 이가 太公(태공, 太公望, 呂尙)이다.《詩 國風》의 齊國이 여기이다. (齊 도읍) 臨菑(임치)의 이름은 營丘(영구)이었는데, 그래서〈齊風〉의 詩에서는,「그대가 營(영)에 가서는 나와 巎山(농산)에서 만났었네.」라 하였고,[891] 또「나를 著(저)에서 기다리셨으니라.」고 노래했는데,[892] 이는 그 사람들의 느긋한 여유를 표현한 것이다.

吳의 公子 季札(계찰)은〈齊風〉의 시가를 듣고 말했다.

"성대하도다. 큰 바람 같도다! 아마 齊(제) 太公(姜太公)의 유풍이 아닐까? 이 나라 번성은 헤아릴 수도 없다."

原文

古有分土, 亡分民. 太公以齊地負海潟鹵, 少五穀而人民寡, 乃勸以女工之業, 通魚鹽之利, 而人物輻湊. 後十四世, 桓公用管仲, 設輕重以富國, 合諸侯成伯功, 身在陪臣而取三歸. 故其俗彌侈, 織作冰紈綺繡純麗之物, 號爲冠帶衣履天下.

---

890 與四國共作亂 - 周 成王 때에 武庚(무경), 管叔(관숙), 蔡叔(채숙), 糾(규) 등이 기타 세력들과 연합하여 반란은 일으켰고, 왕명을 받은 周公이 출정하여 3년 만에 진압하였다.

891「子之營兮, 遭我虖巎之間兮.」-《詩經 齊風 還》의 구절.

892「俟我於著乎而.」-《詩經 齊風 著》의 구절. 此亦其舒緩之體也.

[국역]

예로부터, 땅을 나눌 수 있지만[893] 백성을 나누지는 않았다. 太公은 齊地가 바닷가라서 염분이 많고,[894] 오곡의 생산이나 백성도 적다고 생각하여, 여인의 길쌈과 魚鹽(어염)의 거래로 인한 이득을 권장하자, 사람과 物貨가 모여들었다.[895] 그 14代가 지나 桓公(환공)은 管仲(관중)을 등용하여, 輕重에 따른 경제 정책 실천으로 나라를 부강하게 하였고[896] 제후를 모아 霸業(패업)을 이뤘으며, (管仲은) 제후의 신하라는 신분이지만(陪臣, 배신)[897] 성씨가 다른 여인 3인을 거느렸다(取三歸).[898]그래서 齊의 풍속은 더욱 사치하였고, 冰紈(빙환, 희고 고운 비단), 綺繡(기수, 채색된 수놓은 비단) 등 純麗(순려, 精美 華麗)한 직물이 생산되어 온 천하의 冠帶나 衣裳(의상)과 신발을 공급하였다.

893 원문 有分土 - 영토를 분할하여 제후로 책봉하다.

894 원문 負海潟鹵 - 負海는 바닷가의 땅. 潟은 염밭 석. 소금밭. 鹵는 소금 노(로).

895 원문 而人物輻湊 - 人物은 사람(人民)과 物貨. 利가 있는 곳에 사람이 모이고, 사람이 있으면 물화가 유통된다.

896 設輕重以富國 - 알맞은 경제정책을 설정하다. 輕重(경중)은 물자 조절, 가격 통제, 화폐유통에 관한 정책.

897 陪臣 - 天子는 諸侯를 신하로, 諸侯는 大夫를 신하로 거느린다. 이 경우 제후의 大夫는 天子에게 陪臣(배신, 한 번 더 건너다. 겹치는 신하라는 의미로 重臣)이라 한다. 이때 重은 중요하다는 의미가 아니다. 제후는 大夫를 신하로, 대부는 家臣을 거느린다. 이때 대부의 家臣은 제후에게 陪臣이 된다.

898 取三歸 - 三歸에 대한 異說이 있지만, 여기서는 '三姓之女'라는 주석에 따른다.

原文

初, 太公治齊, 修道術, 尊賢智, 賞有功, 故至今其土多好經術, 矜功名, 舒緩闊達而足智. 其失誇奢朋黨, 言與行繆, 虛詐不情, 急之則離散, 緩之則放縱.

始桓公兄襄公淫亂, 姑姊妹不嫁, 於是令國中民家長女不得嫁, 名曰 '巫兒', 爲家主祠, 嫁者不利其家, 民至今以爲俗. 痛乎, 道民之道, 可不愼哉!

〖국역〗

그전에, 齊 太公이 齊를 통치하면서 道術을 수련하고, 賢智의 인재를 존중하며 有功者를 포상하였기에, 지금까지도 그 지역에서는 많은 사람이 經術을 즐겨 배우고, 功名을 긍지로 여겨 여유와 함께 闊達(활달)하고 지혜와 꾀를 많이 발휘한다. 그러나 사치와 朋黨에 따르는 폐단이 있고 언행이 일치하지 않으며, 허세와 거짓이 많고 위급하면 흩어져 버리고, 평온할 때는 방종에 빠진다.

그전에 桓公의 兄인 襄公(양공)이 음란하여 姑母나 자매들을 출가시키지 않았는데, 이 때문에 나라 안 民家에서는 長女를 시집보내지 않고 '巫兒(무아)' 라 부르면서 가내의 제사를 주관케 하였는데, 이는 시집을 보내면 본가에 불리하다 생각한 것이나, 백성에게 지금까지도 습속으로 전해온다. 슬픈 일이 아닐 수 없나니, 백성을 이끄는 正道에 신중하지 않을 수 없도다!

原文

昔太公始封, 周公問, "何以治齊?" 太公曰, "擧賢而上功."

周公曰, "後世必有簒殺之臣." 其後二十九世爲彊臣田和所滅, 而和自立爲齊侯. 初, 和之先陳公子完有罪來奔齊, 齊桓公以爲大夫, 更稱田氏. 九世至和而簒齊, 至孫威王稱王, 五世爲秦所滅.

臨甾, 海,岱之間一都會也. 其中具五民云.

〖국역〗

옛날에 太公이 (齊에) 처음 책봉될 때, 周公이 "齊를 어떻게 다스리겠습니까?"라고 물었다. 그러자 太公은 "賢者를 등용하고, 공적을 우선할 것입니다."라고 대답하였다.

周公이 말했다.

"뒷날 틀림없이 찬탈하거나 弑君(시군)하는 자가 있을 것입니다."

그 뒤 29대에 强臣 田和(전화)에 의해 멸망되었고, 田和는 齊侯로 자립하였다. 그전에 전화의 선조인 陳(진) 公子 完(완)은 죄를 짓고 齊로 망명하였는데, 齊 桓公은 陳完을 大夫에 임명했고, 진완은 田氏로 姓을 바꿨다. 九代가 지나 田和에 이르러 齊를 찬탈하였고(前 386), 손자인 威王(위왕)은 稱王했으며, 五代가 지나 秦에게 멸망하였다.(前 221)

臨甾(임치, 臨菑)는 東海와 岱山(泰山) 사이의 큰 都會이다. 거기에는 五民[899]이 모여 산다는 말이 있다.

---

899 五民 – 四民(士, 農, 工, 商) 외에 賈(장사 고, 坐商)를 지칭한다는 주석도

7. 古 魯地

原文

魯地, 奎,婁之分壄也. 東至東海, 南有泗水, 至淮, 得臨淮之下相,睢陵,僮,取慮, 皆魯分也.

周興, 以少昊之虛曲阜封周公子伯禽爲魯侯, 以爲周公主. 其民有聖人之教化, 故孔子曰, "齊一變至於魯, 魯一變至於道." 言近正也. 瀕洙泗之水, 其民涉度, 幼者扶老而代其任. 俗既益薄, 長老不自安, 與幼少相讓, 故曰, '魯道衰, 洙泗之間齗齗如也.'

孔子閔王道將廢, 乃修六經, 以述唐虞三代之道, 弟子受業而通者七十有七人. 是以其民好學, 上禮義, 重廉恥.

周公始封, 太公問, "何以治魯?"

周公曰, "尊尊而親親."

太公曰, "後世浸弱矣."

故魯自文公以後, 祿去公室, 政在大夫, 季氏逐昭公, 陵夷微弱, 三十四世而爲楚所滅. 然本大國故自爲分壄.

있지만, 그보다는 떠돌며 본향과 본업에 돌아가지 않는 遊子(유자)를 넣어 五方에 五民이라 통용한다.

〖국역〗

魯地는 (二十八宿 중 西方) 奎宿(규수)와 婁宿(누수)의 分壄(分野)이다. 東으로는 東海, 南에는 泗水(사수)를 거쳐 淮水(회수)에 이르고 淮水에 있는 下相, 睢陵(수릉), 僮(동), 取慮縣(취려현)이 모두 魯의 分野이다.

周가 건국된 뒤에, 少昊 金天氏의 옛 터(虛는 墟)인 曲阜(곡부)에 周公의 아들 伯禽(백금)을 魯侯로 封하였는데, 이는 周公의 제사를 主宰(주재)한다는 뜻이었다. 그곳 백성은 聖人의 敎化를 입었으니, 그래서 孔子는 "齊國이 一變하면 魯國이 될 수 있고, 魯가 일변하면 道를 이룰 수 있다."고 하였는데,[900] 이는 正道에 가까워졌다는 뜻이다. (魯의) 洙水(수수)와 泗水(사수)[901]의 물가에서 그 백성이 물을 건널 때(涉度는 涉渡), 젊은이는 노인을 업고 건넜으며, 또 그 짐을 지고 다녔다. 나중에 습속이 점차 각박해지자 長老들은 불안하였고, 젊은이의 禮讓(예양)이 사라지자, 이에 '魯道가 쇠퇴하자 洙水와 泗水 사이에 언쟁이 많아졌다.' 고 하였다.[902]

---

900 《論語 雍也》 子曰, "齊一變, 至於魯, 魯一變, 至於道."

901 洙泗(수사) - 洙泗(수사)는, 今 山東省 濟寧市(제녕시) 관할 曲阜市(곡부시)의 泗水(사수)와 그 지류인 洙水(수수). 孔子는 立敎하며 제자들을 洙泗에서 교육했기에(가끔 산책하며 대화를 나누었다.) 洙泗는 공자의 思想과 學統을 지칭하는 말로 통용된다. 공자는 川流가 不息하는 泗水(사수)를 바라보며 '逝者如斯夫(서자여사부, 흘러가는 것이 이 같으니), 不舍晝夜(불사주야. 밤낮으로 멈추지 않는다.)고 탄식하였다.(川上嘆)

902 원문 '魯道衰, 洙泗之間齗齗如也.' - 이는 《史記 魯周公世家》에 있는 司馬遷의 말이다. 齗齗(은은)은 말다툼하는 모양. 齗은 잇몸 은. 으르렁대다.

孔子는 왕도가 장차 폐지될 것을 걱정하여(閔은 憫) 六經을 編修하고 唐虞(당우, 堯舜)와 三代의 道를 논술하였는데, 공자의 가르침을 받아 통달한 자가 77인이었다.[903] 이로써 魯의 백성은 好學하고, 예의를 숭상하였으며 廉恥(염치)를 중히 여겼다.[904]

周公이 처음 책봉을 받을 때, 太公(太公望)이 물었다.

"魯를 어떻게 다스리겠습니까?"

周公은 "尊者를 존중하고 親할 자를 가까이 할 것입니다."

그러자 太公은 "뒷날 점차 약해질 것입니다."라고 말했다.

그래서인지 魯는 文公(재위 前 626 - 609년) 이후, 國祿의 권한이 公室에서 떠나갔고, 정권은 大夫가 장악하여 季氏(계씨)는 昭公(소공)을 축출하였으며[905] 점차 미약해져서 34代에 楚에 멸망되었다.(前 249) 그러나 魯는 본래 大國이었기에 그 자체 分野가 있었다.

原文

今去聖久遠, 周公遺化銷微, 孔氏庠序衰壞. 地陿民衆,

903 원문 弟子受業而通者七十有七人 -《史記 仲尼弟子列傳》孔子曰 "受業身通者七十有七人", 皆異能之士也.《孔子家語》에는 〈七十二弟子解〉가 있다.

904 중국 속담에 孝悌忠信禮義廉(효제충신예의염)이란 말이 있는데, 이는 '뻔뻔한 놈', '치사한 놈' 이란 뜻이다. 끝에 와야 할 恥(부끄러울 치)가 빠졌기 때문이다.

905 魯 昭公은 魯國 24대 君主로, 前 542년에 즉위하여 季孫氏 세력을 꺾으려 싸웠으나 대패하여 517년에 齊로 망명했다가 前 510년에 齊에서 죽었다. 이에 定公이 즉위 계승한다.

頗有桑麻之業, 亡林澤之饒. 俗儉嗇愛財, 趨商賈, 好訾毁, 多巧僞, 喪祭之禮文備實寡, 然其好學猶愈於它俗.

漢興以來, 魯東海多至卿相. 東平,須昌,壽良, 皆在濟東, 屬魯, 非宋地也, 當考.

〖국역〗

지금 聖人이 떠난 지 오래고, 周公이 남긴 교화도 점차 미약해졌으며, 孔子의 교육 활동도(庠序, 상서) 쇠퇴하였다. 땅은 좁고 백성은 많아지자, 길쌈을 본업으로 삼게 되면서 산림과 沼澤(소택)의 풍요도 없어졌다. 세속은 점차 검소 인색하여 재물을 아꼈고 장사에 열중하게 되었으며, 다른 사람 비방을 좋아하고 거짓이 많아졌으며, 상례와 제사에 禮文이나 격식을 갖추기도 줄었지만, 그래도 好學은 다른 어느 습속보다도 더 나았다.

漢興 이래로, 魯와 東海 일원에서는 卿相이 많이 배출되었다. 東平, 須昌(수창), 壽良縣(수량현) 등은 모두 濟水의 東쪽이나 魯에 속하고 宋地에 속하지 않았으니, 이를 응당 고려해야 한다.

8. 古 宋地

原文

宋地, 房,心之分壄也. 今之沛,梁,楚,山陽,濟陰,東平及東郡之須昌,壽張, 皆宋分也.

周封微子於宋，今之睢陽是也，本陶唐氏火正閼伯之虛也．濟陰定陶，《詩・風》曹國也．武王封弟叔振鐸於曹，其後稍大，得山陽,陳留，二十餘世爲宋所滅．

昔堯作游成陽，舜漁雷澤，湯止於亳，故其民猶有先王遺風，重厚多君子，好稼穡，惡衣食，以致畜藏．

〖국역〗

宋地는 (二十八宿 중 東方) 房宿(방수)와 心宿(심수)의 分壄(分野)이다. 지금의 沛, 梁, 楚, 山陽郡, 濟陰郡, 東平國 및 東郡의 須昌縣(수창현)과 壽張縣이 모두 宋의 分野이다.

周는 (殷의) 微子(미자)[906]를 宋에 봉했는데, 지금 (梁國) 睢陽縣(수양현)[907]이 그곳으로, 본래 陶唐氏(도당씨, 堯)의 火正이었던 閼伯(알백)의 옛 터였다(虛, 墟). 濟陰郡의 定陶縣(정도현)은 《詩 國風》의 曹國(조국)이다. (周) 武王은 아우인 叔振鐸(숙진택)을 曹(조)에 봉했고, 그 뒤로 曹는 점차 강대하여 지금의 山陽郡과 陳留郡을 차지했으나 20여 代를 지나 宋에게 멸망하였다.

옛날에 堯(요)는 成陽(성양)에서 놀이를 했고, 舜(순)은 雷澤(뇌택)에서 물고기를 잡았고, 湯王은 亳(박)에 머문 적이 있어, 그곳 백성은 선왕의 유풍을 간직하여 重厚하고 군자가 많았으며, 농사일을 좋아하고 거친 음식과 옷을 입으면서 致富에 힘썼다.

---

906 微子(미자) – 殷 紂王의 同母弟. 名은 啓.

907 睢陽縣(수양현) – 今 河南省 商口市 睢陽區(수양구). 睢는 우러러 볼 휴, 눈 부릅뜰 휴, 땅이름 수.

原文

宋自微子二十餘世, 至景公滅曹, 滅曹後五世亦爲齊,楚,魏所滅, 三分其地. 魏得其梁,陳留, 齊得其濟陰,東平, 楚得其沛. 故今之楚彭城, 本宋也,《春秋經》曰「圍宋彭城.」宋雖滅, 本大國, 故自爲分野.

沛楚之失, 急疾顓己, 地薄民貧, 而山陽好爲姦盜.

〖국역〗

宋(송)은 微子(미자)로부터 20여 世, 景公(경공) 때 曹(조)를 없앴고, 曹 멸망 후 5代를 지나 결국 齊, 楚, 魏에게 망하여 그 땅이 三分되었다. 魏는 宋의 梁과 陳留(진류)를 차지했고, 齊는 濟陰과 東平을, 楚는 沛(패)를 차지하였다. 그래서 지금 楚 彭城(팽성)은 본래 宋의 땅이었으니,《春秋》에서는 이를「宋 彭城을 포위했다.」고 하였다. 宋이 비록 멸망했지만 본래 대국이어서 자신의 分野가 있다.

沛나 楚의 폐단은 사람들 성질이 다급하고 자신만을 생각하며,[908] 토지가 척박하고 백성은 빈곤하며, 山陽 지역 사람들은 불법과 도둑질을 좋아한다.

---

908 원문 急疾顓己 – 急疾(급질)은 성질이 다급하다. 顓己(전기)는 자기 고집만을 내세우다.

9. 古 衛地

原文

衛地, 營室,東壁之分壄也. 今之東郡及魏郡黎陽, 河內之野王,朝歌, 皆衛分也.

衛本國旣爲狄所滅, 文公徙封楚丘, 三十餘年, 子成公徙於帝丘. 故《春秋經》曰「衛遷于帝丘」, 今之濮陽是也. 本顓頊之虛, 故謂之帝丘. 夏后之世, 昆吾氏居之.

成公後十餘世, 爲韓,魏所侵, 盡亡其旁邑, 獨有濮陽. 後秦滅濮陽, 置東郡, 徙之於野王. 始皇旣並天下, 猶獨置衛君, 二世時乃廢爲庶人. 凡四十世, 九百年, 最後絶, 故獨爲分野.

〖국역〗

衛(위) 지역은 (二十八宿 중 북방의) 營室宿(영실수, 室宿)와 東壁宿(동벽수, 壁宿)의 分野이다. 지금의 東郡 및 魏郡의 黎陽縣(여양현),[909] 河內郡의 野王縣[910]과 朝歌縣[911] 등이 모두 衛의 分野이다.

---

909 黎陽縣(여양현) - 今 河南省 북부 鶴壁市. 河水 북쪽.

910 野王縣(야왕현) - 河南省 북부, 沁河 하류, 河水 북안, 沁陽市(심양시). 焦作市 관할.

911 朝歌縣(조가현) - 今 河南省 鶴壁市 淇縣(기현). 商朝(殷)의 武乙(무일)이 건립한 副都(陪都). 武王이 殷을 정벌할 때, 帝辛(紂王)이 朝歌의 교외인 牧野(목야)에서 싸워 패망하였다.

衛 본국은 한때 狄人(적인)에게 멸망했었는데(前 660), 文公이 楚丘(초구)로 옮겨 다시 나라를 세웠고, 그 30년 뒤에 子 成公이 다시 帝丘(제구)로 옮겼다. 그래서 《春秋經》에서는 「衛가 帝丘로 옮겼다」 하였으니, 지금의 濮陽縣(복양현)[912]이다. 본래 顓頊(전욱)의 옛 터였기에 帝丘(제구)라 하였다. 夏后(湯王) 시대에 昆吾氏(곤오씨, 己姓, 人名)가 살았었다.

成公 이후 10여 世에 衛는 韓과 魏의 침략을 받아 그 지방 邑을 모두 잃고 오직 濮陽(복양)만 남았다. 뒷날 秦이 濮陽(복양)을 차지한 뒤에 東郡을 설치했다가 (東郡 治所를 다시) 野王縣으로 옮겼다. 始皇帝가 천하를 다 병합한 뒤에도 衛君만은 그대로 남겨두었는데, 秦二世 때 폐하여 庶人으로 만들었다. 衛는 총 40世에 9백 년을 이어 왔고, 가장 나중에 멸망하였기에 홀로 그 分野가 있다.

原文

衛地有桑間濮上之阻, 男女亦亟聚會, 聲色生焉, 故俗稱鄭,衛之音. 周末有子路,夏育, 民人慕之, 故其俗剛武, 上氣力.

漢興, 二千石治者亦以殺戮爲威. 宣帝時韓延壽爲東郡太守, 承聖恩, 崇禮義, 尊諫爭, 至今東郡號善爲吏, 延壽之化也. 其失頗奢靡, 嫁取送死過度, 而野王好氣任俠, 有濮上風.

912 濮陽縣(복양현) - 今 河南省 동북쪽 끝 濮陽市. 河水 북안.

〖국역〗

衛(위)는 곳곳에 뽕밭이나 하천의 은밀한 곳이(桑間濮上之阻) 많아 男女가 자주 만날 수 있기에 聲色(성색)이 저절로 생겨날만한 곳이라서 세속에서는 鄭과 衛의 聲音이라고 하였다. 周末의 (衛 출신) 子路(자로)[913]나 夏育(하육, 고대 勇士)을 백성들이 흠모하였기에 그곳 습속은 무예를 열심히 익히고 氣力을 숭상하였다.

漢이 건국된 이후에도 二千石(太守) 등 治者는 여전히 殺戮(살륙)으로 권위를 세웠다. 宣帝 때 韓延壽(한연수)가 東郡太守가 되어 聖恩을 베풀고, 예의를 숭상하고 바른말을 하는 사람을 존중하여 지금까지도 東郡에서는 善良한 지방관이라 칭송을 하는데, 모두가 한연수의 교화이다. 그러나 衛의 폐단으로 사치가 아주 심하고 혼례나 장례의 허례가 지나치며, 특히 野王 일대의 好氣와 任俠(임협)은 濮陽(복양) 지역의 風潮일 것이다.

---

913 子路(前 542 -480) - 공자의 제자. 본명은 仲由(중유), 季路(계로)로도 표기. 공자보다 9세 연하. 과감하고 용기 있었기에 《論語》에는 여러 기록이 많음. 솔직하고 직선적인 사람으로 공자를 잘 섬기며 공자와 많은 대화를 나누었다. 孔門十哲 중 政事에 뛰어났다. 공자보다 1년 먼저 죽었는데, 공자가 매우 비통해 하였다. 《論語》의 13번째 편명.

10. 古 楚地

原文

楚地, 翼,軫之分壄也. 今之南郡,江夏,零陵,桂陽,武陵,長沙及漢中,汝南郡, 盡楚分也.

周成王時, 封文,武先師鬻熊之曾孫熊繹於荊蠻, 爲楚子, 居丹陽. 後十餘世至熊達, 是爲武王, 浸以强大. 後五世至嚴王, 總帥諸侯, 觀兵周室, 併吞江,漢之間, 內滅陳,魯之國. 後十餘世, 頃襄王東徙於陳.

〖국역〗

楚地(초지)는 (二十八宿의 남방) 翼宿(익수)와 軫宿(진수)의 分壄(分野)이다. 지금의 南郡, 江夏, 零陵(영릉), 桂陽, 武陵, 長沙 및 漢中, 汝南郡(여남군)이 모두 楚의 分野이다.

周 成王 때, 文王과 武王의 先師였던 鬻熊(죽웅)의 曾孫인 熊繹(웅역)을 荊蠻(형만)의 땅에 封하자, (웅역은) 楚의 子爵(자작)이 되어 丹陽(단양)에 살았다. 그 뒤로 10여 世 熊達(웅달)에 이르렀는데, 이가 楚의 武王(재위 前 741 - 690)으로 점차 강대해졌다. 그 5대 후인 嚴王(엄왕, 莊王, 前 614 - 591)에 이르러 제후의 군사를 이끌고 周室(王庭)에서 觀兵(관병, 일종의 무력시위)하였고, 長江과 漢水 지역을 併吞(병탄)하였으며, 中原의 陳(前 479)과 魯(前 249)를 멸망시켰다. 그 뒤 10여 世에 頃襄王(경양왕, 재위 前 299 - 263)은 도읍을 陳(진)으로 옮겼다.

原文

楚有江漢川澤山林之饒, 江南地廣, 或火耕水耨. 民食魚稻, 以漁獵山伐爲業, 果蓏蠃蛤, 食物常足. 故呰窳偸生, 而亡積聚, 飮食還給, 不憂凍餓, 亦亡千金之家. 信巫鬼, 重淫祀. 而漢中淫失枝柱, 與巴,蜀同俗. 汝南之別, 皆急疾有氣勢. 江陵, 故郢都, 西通巫,巴, 東有雲夢之饒, 亦一都會也.

〖국역〗

楚는 長江과 漢水 유역이 川澤과 山林이 풍요하고, 江南은 경작지가 넓어 불을 질러 씨앗을 뿌리고 물을 대어서 김매기를 대신한다.[914] 백성은 물고기나 벼(쌀)를 주식으로 하면서, 고기잡이나 사냥 그리고 산림 벌채를 생업으로 삼는데, 과일이나 채소(蓏, 열매 나), 우렁(蠃, 우렁이 나)이나 조개(蛤, 조개 합) 등 먹을 것이 늘 풍족하다. 그래서 게을러도 살아갈 수 있으며,[915] 비축하지 않아도 음식이 넉넉하고, 추위나 굶주림도 없지만 그렇다고 千金을 가진 부자도 없다. 무당이나 귀신을 믿으며 여러 잡신에 대한 제사를 중히 여긴다.

漢中郡 사람들은 제멋대로 행동하고 순종하지 않는데, 巴郡이나 蜀郡 지역과 습속이 비슷하다. 汝南郡 지역은 좀 달라서 성격이 급

---

914 원문 火耕, 火耨 – 火耕(화경)은 풀이 무성한 평평한 땅에 불을 지른 뒤에 씨앗을 뿌린다. 곡식이 싹터서 잡초와 함께 자라면서 곡식이 좀 크면 물을 대어 곡식은 자라나고, 풀은 물속에 잠겨 죽게 되는 원시적 농법을 水耨(수누, 耨는 김맬 누)라고 한다.

915 원문 故呰窳偸生 – 呰는 구차할 자. 窳는 게으를 유. 비뚤어지다. 偸는 훔칠 투.

하고 기세가 등등하다. 江陵(강릉)은 옛 (楚의 도읍) 郢都(영도)인데, 서쪽으로 巫縣(무현)[916]과 巴郡에 통할 수 있으며, 동쪽으로는 雲夢(운몽)[917] 지역의 풍요에 이어지기에 역시 큰 都會이다.

11. 古 吳地

原文

吳地, 斗分壄也. 今之會稽,九江,丹陽,豫章,廬江,廣陵,六安,臨淮郡,盡吳分也.

殷道旣衰, 周大王亶父興岐梁之地, 長子大伯, 次曰仲雍, 少曰公季. 公季有聖子昌, 大王欲傳國焉. 大伯,仲雍辭行採藥, 遂奔荊蠻. 公季嗣位, 至昌爲西伯, 受命而王.

故孔子美而稱曰, "大伯, 可謂至德也已矣! 三以天下讓, 民無提而稱焉." 謂"虞仲夷逸, 隱居放言, 身中淸, 廢中權."

大伯初奔荊蠻, 荊蠻歸之, 號曰句吳. 大伯卒, 仲雍立, 至曾孫周章, 而武王克殷, 因而封之. 又封周章弟中於河北,

916 巫縣(무현) - 今 重慶市 동북쪽 끝 巫山縣. 長江 북안.

917 雲夢(운몽) - 雲夢(운몽)은 澤名. 雲夢大澤. 中國 歷史上 最大의 淡水湖의 하나였지만, 지금은 육지가 된 호수. 今 湖北省 중앙부 武漢市 서북쪽의 天門市, 應城市 일대. 天門市는 武漢市 서쪽. 湖北省 직할 縣級 市. 茶聖 陸羽의 고향. 應城市는 孝感市 관할.

是爲北吳, 後世之謂之虞, 十二世爲晉所滅. 後二世而荊蠻之吳子壽夢盛大稱王. 其少子則季札, 有賢材. 兄弟欲傳國, 札讓而不受.

自壽夢稱王六世, 闔廬舉伍子胥,孫武爲將, 戰勝攻取, 興伯名於諸侯. 至子夫差, 誅子胥, 用宰嚭, 爲粵王句踐所滅.

〖국역〗

吳(오)의 지역은 (二十八宿의 북방) 斗宿(두수)의 分野이다. 지금의 會稽(회계), 九江, 丹陽, 豫章(예장), 廬江(여강), 廣陵, 六安, 臨淮郡(임회군)이 모두 吳의 分野에 속한다.

殷道가 많이 기울어질 무렵, 周의 大王亶父(태왕단보, 고공단보)는 岐梁(기량)의 땅에서 흥기하였는데, 長子는 大伯(泰伯), 둘째는 仲雍(중옹), 막내는 公季(季歷)이었다. 公季는 聖子 昌(창)을 두었는데, 大王(태왕)은 (昌에게) 傳國하고 싶었다. 이에 大伯(태백)과 仲雍(중옹)은 採藥(채약)하러 간다고 인사하고 떠난 뒤, 荊蠻(형만)의 땅으로 옮겨갔다. 결국 公季가 지위를 계승하였고, (이어 아들) 昌(창)은 西伯(서백)이 되었다가 천명을 받아 王이 되었다(周 文王). 그래서 孔子는 이를 아름답다 생각하며 칭송하였다.

"大伯(泰伯)은 至德(지덕)이라 말할 수 있다! 천하를 3번이나 양보하였지만 백성은 이를 알아 칭송하지 못했다.[918]

또 "虞仲(우중)과 夷逸(이일)은 隱居(은거)하며 마음대로 말을 했지

918 원문 大伯, 可謂至德也已矣!~ -《論語 泰伯》子曰, "泰伯, 其可謂至德也已矣. 三以天下讓, 民無得而稱焉."

만, 心身은 청결하였고 상황에 맞게 권력을 버렸다."라고 하였다.[919]

大伯이 처음에 荊蠻(형만)의 땅을 찾아오자, 荊蠻 사람들은 태백에 귀부하였고, 그 나라를 吳(오)[920]라고 불렀다. 태백이 죽자 (동생) 仲雍(중옹)이 즉위하였고 증손인 周章(주장)까지 이어졌으며, 武王이 殷을 정벌한 뒤에 주장을 제후로 봉하였다. 또 周章의 동생 中(중)을 河北 땅에 봉하니, 이 나라가 北吳인데 후세에 이 나라를 虞(우)라 하였고,[921] 12世를 이어오다가 晉에게 멸망하였다.(前 655)

그 2代 후에 형만 땅의 吳나라 壽夢(수몽, 재위 前 585 – 561년)이 강성하면서 稱王하였다. 그의 막내아들이 季札(계찰)인데, 현명한 재능이 있었다. 그래서 그 형제들이 (계찰에게) 양위하려 했으나 계찰은 사양하며 받지 않았다.

壽夢(수몽)이 稱王한 이후 6世에 (吳王) 闔廬(합려, 재위 前 515 – 496)는 伍子胥(오자서)와 孫武(손무)[922]를 등용하여 장수로 삼아 戰勝

919 《論語 微子》~ 謂虞仲夷逸, 隱居放言, 身中淸, 廢中權. 我則異於是, 無可無不可. 공자는 虞仲(우중)과 夷逸(이일)의 뜻을 칭송하였다. 그러면서 공자 자신은 그들과 다르다고 말했다. 곧 공자는 세상을 버리고 은거하지 않았다. 또 자기 주장만을 끝까지 내세우거나, 그렇다고 지신의 신념을 버리고 치욕을 견디지도 않았다. 등용되면 할 일을 하며 理想을 실천하려고 노력했다. 등용되지 않았다면 그뿐! 현실을 외면하지 않고 평소와 같이 생활하였다. 곧 될 것도 아니 될 것도 없고, 꼭 해야 할 것도 해서는 아니 될 것도 없었다(無可無不可). 이는 융통 속에 中庸之道(중용지도)를 지킨 것이다.

920 句吳(구오) – 句는 발어사. 의미가 없다. 통칭 吳(오)이다.

921 古代에 虞(우)와 吳(오)는 讀音이 비슷하였다. 虞國과 吳國은 하나의 나라로 남북에 떨어져 있어 北虞, 吳國은 南虞라고 불렀다는 주석이 있다.

922 孫武(손무, 前 545 – 470. 字는 長卿) – 春秋時期 齊國人, 著名한 軍事戰略

하고 攻取하여 제후 사이에 패자로서 명성을 날렸다. 그러나 아들 夫差(부차, 재위 前 496 - 473)가 伍子胥(오자서)를 죽이고, 재상 嚭(비)를 등용했지만 粵王(월왕, 越王) 句踐(구천)에게 망했다.

原文

吳,粵之君皆好勇, 故其民至今好用劍, 輕死易發.

粵旣並吳, 後六世爲楚所滅. 後秦又擊楚, 徙壽春, 至子爲秦所滅.

壽春,合肥受南北湖皮革,鮑,木之輸, 亦一都會也. 始楚賢臣屈原被讒放流, 作《離騷》諸賦以自傷悼. 後有宋玉,唐勒之屬慕而述之, 皆以顯名.

漢興, 高祖王兄子濞於吳, 招致天下之娛遊子弟, 枚乘,鄒陽,嚴夫子之徒興於文,景之際. 而淮南王安亦都壽春, 招賓客著書. 而吳有嚴助,朱買臣, 貴顯漢朝, 文辭竝發, 故世傳《楚辭》. 其失巧而少信.

初淮南王異國中民家有女者, 以待游士而妻之, 故至今多女而少男. 本吳,粵與楚接比, 數相並兼, 故民俗略同.

〖국역〗

吳와 粵(월, 越)의 군주들은 모두 好勇했기에 그 백성들은 지금도 검술을 좋아하여 죽음을 가벼이 여기며 쉽게 칼을 빼든다.

家, 兵家의 代表人物. 兵書《孫子兵法》이 作者. 後人 尊稱 孫子, 兵聖.

越이 吳를 병합한 그 뒤 6世에 越은 楚에게 망했다.[923] 나중에 秦이 楚를 공격하자, 楚는 도읍을 壽春(수춘)으로 옮겼지만 그 아들 代에 秦에게 멸망했다.

壽春(수춘)과 合肥(합비)는 南, 北 江湖의 皮革(피혁)이나 鮑魚(포어, 절인 어물)와 목재의 수요와 공급으로 역시 큰 도회가 되었다.

그전에 楚의 賢臣인 屈原(굴원)은 참소를 당해 放流(유방)되었고, 《離騷(이소)》와 여러 賦(부)를 지어 자신의 슬픔을 노래하였다. 뒤에 宋玉(송옥)[924]이나 唐勒(당륵) 등은 (굴원을) 사모하며 회포를 서술하여 모두가 이름을 날렸다.

漢이 건국되자, 高祖는 兄(劉仲)의 아들 濞(비)를 吳王으로 봉했는데, (吳王 濞는) 천하의 娛遊(오유)하는 子弟들을 招致하니 枚乘(매승),[925] 鄒陽(추양),[926] 嚴夫子(嚴忌, 엄기)[927] 같은 무리들이 文帝와

923 越의 마지막 왕 無彊(무강). 在位 前 342 – 306年.

924 宋玉(송옥, 생졸년 미상. 字는 子淵) – 戰國 後期 楚國의 辭賦 作家. 屈原 이후 《楚辭》의 최고의 작가라서 '屈宋'으로 병칭. 美男子의 대명사. 후대의 潘岳(반악)과 같은 명성.

925 枚乘(매승, ? – 前 140년, 字는 叔) – 西漢 淮陰 출신. 辭賦 작자. 吳王 劉濞(유비)의 신하. 모반을 적극 만류했다. 公孫詭(공손궤), 鄒陽(추양), 嚴忌(엄기), 羊勝(양승) 등과 함께 뒷날 景帝의 동생 梁 孝王의 빈객으로 소위 梁園에 형성된 문학가 그룹의 대표적 인물. 그의 문장으로 〈梁王菟園賦(양왕토원부)〉와 〈七發〉이 가장 유명. 51권, 〈賈鄒枚路傳〉에 입전.

926 鄒陽(추양, ? – 前 120) – 문장가. 縱橫家로 분류됨. 景帝 때, 吳王 劉濞(유비)가 반역할 조짐을 보이자 〈上吳王書〉를 올려 간했으나 듣지 않자 梁孝王 劉武를 찾아갔다. 그러나 참언으로 하옥되자 〈獄中上梁王書〉를 올려 자기 변호를 했다. 이는 전형적인 전국시대 문장의 辯士 風格으로 유명하다. 《史記 魯仲連鄒陽列傳》 참고.

景帝之 재위 중에 이름을 날렸다. 또 淮南王 劉安(유안)[928] 역시 壽春(수춘)에 都邑하고 빈객을 불러 저서를 남겼다. 또 吳에는 吳 嚴助(엄조)[929]와 朱買臣(주매신)[930] 등이 漢朝에서 높이 영달했고 文辭가 아울러 발전하였는데 세상에서는 이를 《楚辭》라고 알려졌다. 吳의 사람들은 잔재주가 많으나 믿음이 가지 않는 결함이 있다.

---

927 嚴忌(엄기) - 본명 莊忌, 前漢 문장가.

928 劉安(유안) - 淮南王 劉安(前 179 - 122)은 고조의 막내아들 劉長의 아들이니, 고조의 孫子이다. 門客과 함께 《淮南子》(原名은 鴻烈) 저술하였다. 武帝 때 모반을 계획한다고 고발 당해 아들과 함께 자살하였다. 그러나 민간에서는 得道하여 신선이 되었다고 믿었다.('一人得道, 雞犬升天' 의 주인공). 두부를 최초로 만들었기에 지금도 두부 집에서는 신으로 모신다. 44권, 〈淮南衡山濟北王傳〉에 입전.

929 嚴助(엄조) - 武帝의 신하, 辭賦 작자로도 유명. 본명 莊助. 朱買臣, 淮南王 劉安과 교우. 劉安 謀反에 연루되어 처형. 34권, 〈嚴朱吾丘主父徐嚴終王賈傳〉에 입전.

930 朱買臣(? - 前 115) - 64권, 〈嚴朱吾丘主父徐嚴終王賈傳〉에 입전. 《史記 酷吏列傳》 참고. 성어 '覆水難收(복수난수)' 成語의 주인공. 주매신의 집은 가난했지만 독서를 좋아하여 가업에는 마음을 쓰지 않고 늘 나무를 해다가 팔아서 먹고 살면서, 나뭇짐을 지고 가면서도 글을 외웠다. 그 아내 역시 등에 지거나 머리에 이고 따라다녔는데, 주매신이 길에서 책을 외우는 것을 그만두라고 여러 번 말했었다. 그러면 주매신은 더욱 크게 글을 외웠고 아내는 그것이 부끄러워 떠나가겠다고 말했다. 주매신이 웃으며 말했다. "내가 50이 되면 틀림없이 높은 사람이 될 것인데, 이미 40이 넘었도다. 당신이 고생한 날이 오래지만 내가 富貴할 때까지 기다려준다면 당신의 공덕에 보답할 것이요." 그러자 주매신의 처는 화를 내며 말했다. "당신 같은 사람은 결국 굶어죽어 구덩이에 들어가지 어찌 부귀를 누리겠나!" 주매신은 잡지 못하고 아내를 그냥 보내주었다. 나중에 출세한 주매신을 다시 만난 그 아내는 자살했다.

그전에 淮南王은 國中 民家에 여인들이 많은 것을 이상히 여기며 游士들을 불러들여 아내로 삼게 하였는데, 그래서 지금까지도 여자가 많고 남자가 적다. 본래 吳와 粵(越, 월)과 楚는 이웃으로 연결되어 여러 번 서로 합병되었기에 민속도 대략 동일하다.

原文

吳東有海鹽章山之銅, 三江五湖之利, 亦江東之一都會也. 豫章出黃金, 然堇堇物之所有, 取之不足以更費. 江南卑濕, 丈夫多夭.

會稽海外有東鯷人, 分爲二十餘國, 以歲時來獻見云.

〖국역〗

吳縣(오현)의 동쪽에는 海鹽(해염)이 산출되고 章山(장산)에서는 구리가 산출되며, 三江과 五湖의 利得이 있으니 역시 江東의 큰 도회지이다. 豫章郡(예장군)에서는 黃金이 산출되나, 그 물량이 매우 적어 그 비용을 충당하기에 부족하다. 강남은 지대가 낮고 습하여 요절하는 사내들이 많다.

會稽(회계)의 바다 건너에는 東鯷(동제) 사람들이 사는데, 20여 나라로 나뉘었으며 歲時에 맞춰 찾아와 토산품을 헌상한다고 하였다.

12. 古越地

原文

粵地, 牽牛,婺女之分壄也. 今之蒼梧,鬱林,合浦,交阯,九眞,南海,日南, 皆粵分也.

其君禹後, 帝少康之庶子云, 封於會稽, 文身斷髮, 以避蛟龍之害. 後二十世, 至句踐稱王, 與吳王闔廬戰, 敗之雋李. 夫差立, 句踐乘勝復伐吳. 吳大破之, 棲會稽, 臣服請平. 後用范蠡,大夫種計, 遂伐滅吳, 兼倂其地.

度淮與齊,晉諸侯會, 致貢於周. 周元王使使賜命爲伯, 諸侯畢賀. 後五世爲楚所滅, 子孫分散, 君服於楚. 後十世, 至閩君搖, 佐諸侯平秦. 漢興, 復立搖爲越王. 是時, 秦南海尉趙佗亦自王, 傳國至武帝時, 盡滅以爲郡云.

〖국역〗

粵地(월지, 越)[931]는 (二十八宿 중 북방) 牽牛(견우, 牛宿)와 婺女(무녀, 女宿)의 分野이다. 지금의 蒼梧(창오), 鬱林(울림), 合浦(합포), 交阯(교지), 九眞, 南海, 日南郡 등이 모두 越의 분야이다.

월의 군주는 禹(우)의 후손으로, 帝 少康(소강)의 庶子(서자)라 하

---

931 粵은 땅이름 월. 越과 同. 부족 이름에서 국가 이름, 또 그들의 거주지를 지칭. 越人들의 분포는 五嶺 이남, 今 福建省, 廣東省, 廣西省, 북부 越南에 널리 분포. 廣東省과 廣西省을 보통 兩越(東越 + 南越)이라 통칭.

고 會稽(회계)에 봉해지자, 文身에 斷髮(단발)로 蛟龍(교룡)의 해악을 피했다. 그 뒤, 20여 世에 句踐(구천)에 이를 稱王하고, 吳王 闔廬(합려)와 싸워 雋李(준리)에서 吳를 패퇴시켰다. (吳王) 夫差(부차)가 즉위하자, 句踐(구천)은 勝機(승기)를 잡아 다시 吳를 공격하였다. 그러나 吳가 越을 大破했고, (구천은) (吳)의 會稽(회계)에 살면서 신하를 복속하며 和平을 청했다. 뒷날 (구천은) 范蠡(범려)와 大夫 種(종)의 계책을 받아들였고, 결국 吳를 정복하여 멸망시켰고 吳의 땅을 다 차지하였다.

(구천은) 淮水(회수)를 건너(度는 渡) 齊와 晉의 諸侯와 會盟하면서 周室에 공물을 헌상하였다. 周 元王(원왕)은 사자를 보내 책서로 백작에 봉하였으며 諸侯도 모두 구천을 치하하였다. 그 뒤 5世에 越은 楚에게 망했고 자손은 분산하였고, 그 주군은 모두 楚에게 복속하였다. 그 후 10世에 閩君(민군) 搖(요)는 제후들의 秦 평정을 도왔다. 漢이 건국되자, 漢은 搖(요)를 다시 越王에 봉하였다. 이때 秦의 南海郡 都尉였던 趙佗(조타)[932] 역시 자립하여 王이 되었다. (趙佗의 후손은) 나라를 이어왔는데, 武帝에 이르러 모두 없애고 郡을 설치하였다.

---

932 趙佗(조타)는 桂林郡 등 3郡을 평정하고, 今 廣州에서 前 203년에 南越王(武王)을 자칭. 前 111년까지 존속. 도읍은 番禺(반우, 廣東省 廣州市). 영역은 지금의 廣東省과 廣西省에 해당. 趙佗(조타)는 《史記》에 尉佗(위타)로 기록되었다.

原文

處近海, 多犀,象,毒冒,珠璣,銀,銅,果,布之湊, 中國往商賈者多取富焉. 番禺, 其一都會也.

自合浦徐聞南入海, 得大州, 東西南北方千里, 武帝元封元年略以爲儋耳,珠崖郡. 民皆服布如單被, 穿中央爲貫頭. 男子耕農, 種禾稻,紵麻, 女子桑蠶織績. 亡馬與虎, 民有五畜, 山多麞麂. 兵則矛,盾,刀, 木弓弩,竹矢, 或骨爲鏃. 自初爲郡縣, 吏卒中國人多侵陵之, 故率數歲一反. 元帝時, 遂罷棄之.

『국역』

(越人은) 바다 가까이에 살아, 多犀(서, 무소), 象(상, 코끼리) 등이 많고, 毒冒(대모),[933] 珠璣(주기), 銀, 銅, 果, 布(포, 葛布) 등이 모였으며, 中國을 왕래하는 상인 중에는 大富를 이룬 자들이 많았다. 番禺(반우)[934]는 그곳의 큰 도회지였다.

合浦郡(합포군)의 徐聞縣(서문현)[935]에서 남쪽으로 바다를 건너면, 東西南北 사방이 千里나 되는 큰 땅이 있는데,[936] 武帝 元封 원년(前110)에 정복하고 儋耳郡(담이군)과 珠崖郡(주애군)[937]을 설치하였다.

933 毒冒(대모) - 毒은 독 독, 악할 독. 바다거북 대. 冒는 무릅쓸 모.

934 番禺(반우) - 현명. 南海郡의 치소, 今 廣東省 廣州市 番禺區.

935 徐聞縣(서문현) - 今 廣東省 湛江市(담강시) 관할 徐聞縣(서문현) 廣東省 서남부 雷州半島 남단 大陸의 최남단 所在.

936 今 海南省 - 海南島.

백성들은 홑이불 같은 옷을 입는데 (천 중앙에) 구멍을 뚫어 머리를 집어넣어 입는다. 남자는 농사를 지으며, 벼(禾稻, 화도)와 모시와 삼(紵麻, 저마)을 심고, 女子는 누에를 치고 옷감을 짠다. (그 땅에는) 말과 호랑이는 없고, 백성은 五畜(牛, 羊, 猪, 鷄, 犬)을 기르고, 산에는 큰 사슴이나 노루(麈麂, 주궤)가 많다. 兵器로는 창(矛, 모), 방패(盾, 순), 칼(刀)이 있고, 나무로 만든 궁노(弓弩)에 대나무 화살(竹矢) 그리고 가끔 뼈 화살촉이 있다. 군현이 설치된 이후에 중국인들이 많이 들어가 침탈하고 무시하자, 몇 해가 지나자 반란이 일어났다. 결국 元帝 때(前 46), 군현을 모두 폐지하고 포기하였다.

原文

自日南障塞,徐聞,合浦船行可五月, 有都元國, 又船行可四月, 有邑盧沒國, 又船行可二十餘日, 有諶離國, 步行可十餘日, 有夫甘都盧國. 自夫甘都盧國船行可二月餘, 有黃支國, 民俗略與珠崖相類. 其州廣大, 戶口多, 多異物, 自武帝以來皆獻見. 有譯長, 屬黃門, 與應募者俱入海市明珠,璧流離,奇石異物, 繼黃金, 雜繒而往. 所至國皆稟食爲耦, 蠻夷賈船, 轉送致之. 亦利交易, 剽殺人. 又苦逢風波溺死, 不者數年來還. 大珠至圍二寸以下.

平帝元始中, 王莽輔政, 欲耀威德, 厚遺黃支王, 令遣使獻

---

937 儋耳郡(담이군)의 치소는, 今 海南省 儋州市 서북. 珠崖郡(주애군)의 치소는, 今 海南省 瓊山市(경산시).

生犀牛. 自黃支船行可八月, 到皮宗, 船行可二月, 到日南, 象林界云. 黃支之南, 有已程不國, 漢之譯使自此還矣.

『국역』

日南郡 변경의 보루나 (合浦郡) 徐聞縣, 또는 合浦(합포)에서 배를 타고 5개월을 가면 都元國(도원국)이 있고, 또 배를 타고 대략 4개 월을 가면[938] 邑盧沒國(읍로몰국)이 있으며, 다시 배로 20여 일을 가면 諶離國(심리국)이 있고, (거기서) 10여 일을 걸어가면 夫甘都盧國(부감도로국)이 있다. 그 夫甘都盧國에서 배로 2달 정도 가면 黃支國(황지국)이 있는데, 그곳 民俗이 대략 (海南島의) 珠崖郡(주애군)과 비슷하다고 하였다. 그 땅(州)은 廣大하고, 戶口도 많으며, 異物이 많은데, 武帝 以來로 모두가 토산물을 보내왔다. (통역을 위한) 譯長(역장)을 두었는데 黃門(황문, 宦官)에 속했으며, 지원자를 모아 바다에 가서 明珠나 璧流離(벽유리, 猫眼石), 奇石이나 異物을 사고, 黃金이나 여러 가지 비단을 주고 돌아왔다. 이 상인들이 가는 나라에서는 음식물을 공급하고 동행해 주었으며(爲耦),[939] 蠻夷의 장삿배로 (중국 상인을) 실어 보내주기도 하였다. 그러면서 교역의 이득과 함께 사람을 죽이기도 하였다. 또 풍파를 만나 익사하거나 아니면 몇 년이 지나 돌아오기도 하였다. 큰 진주라 하여도 둘레가 2寸 이하였다.

平帝 元始 연간에, 王莽(왕망)이 輔政하면서 위세와 명망을 자랑하려고 黃支 國王에게 후한 예물을 보내면서 (거기서) 사신을 통해

938 원문 又船行可四月 – 可는 대략.

939 爲耦 – 짝이 되다. 동행하다. 耦는 偶(짝 우).

살아있는 犀牛(서우, 무소)를 보내라고 하였다. 黃支의 배가 8개월 정도 항해하여 皮宗(피종)에 도착하였고, 다시 2개월 정도 항해하여 日南郡의 象林縣(상림현)에 도착하였다고 한다. 黃支國의 남쪽에 已程不國(이정부국)이 있는데, 漢의 통역이 거기까지 갔다가 돌아왔다고 한다.

구혁지
溝洫志

卷二九八 溝洫志 第九
〔29권 구혁지[1] 제9〕

一. 古代의 水利 사업

原文

〈夏書〉, 禹堙洪水十三年, 過家不入門. 陸行載車, 水行

1 〈溝洫志〉 - 班固는《漢書 序傳 下》에서 「禹는 四載를 이용하며 모든 하천의 물길을 텄다. 그래도 황하는 재난을 불러왔고 그 재앙은 후대에도 있었다. 商에서는 河水가 말랐고, 周에서는 물길이 바뀌었으며, 秦에서는 남쪽 제방을 터트려 적을 공격했고, 漢代에 이르는 동안 황하에 8개 물길이 메워졌다. 文帝 때에는 棗野(조야)의 터진 곳을 막았고, 武帝는 〈瓠歌(호가)〉를 지었으며 成帝 때는 '河平' 이라는 연호를 썼지만 그 뒤에도 수시로 큰 비가 내렸다. 그래서 물길을 내어 나라를 이롭게 했다. 이에 〈溝洫志(구혁지)〉 第九를 서술하였다.」고 하였다.
司馬遷의《史記》에는 〈河渠書〉가 있다.《論語 泰伯》에 "子曰, ~盡力乎溝洫, 禹, 吾無間然也."란 말이 있는데, 班固는 여기서 '溝洫' 이란 말을 가져다가 제목으로 삼았다. 溝洫(구혁)은 자연 하천이 아닌 人工水路이다. 溝(봇도랑 구)는 마을 안의 水路이며 넓이(廣) 4尺, 깊이(深) 4尺이라 하였다. 洫(봇도랑 혁)은 溝의 2배이니 廣 8尺, 深 8尺인 셈이다. 또 洫(혁)은 그 길이가 十里 이상 어느 정도 규모를 갖춘 것을 의미한다. 渠는 '개천 거' 이

乘舟, 泥行乘毳, 山行則梮, 以別九州. 隨山浚川, 任土作貢, 通九道, 陂九澤, 度九山. 然河災之羨溢, 害中國也尤甚. 唯是爲務, 故道河自積石, 歷龍門, 南到華陰, 東下底柱, 及盟津,雒內, 至於大伾.

於是禹以爲河所從來者高, 水湍悍, 難以行平地, 數爲敗, 乃釃二渠以引其河, 北載之高地, 過洚水, 至於大陸, 播爲九河. 同爲迎河, 入於勃海. 九川旣疏, 九澤旣陂, 諸夏乂安, 功施乎三代.

〖국역〗

〈夏書 / 史記 夏本紀〉[2]에 의하면, 禹가 홍수를 막는 13년 동안에,[3] 집앞을 지나면서도(過家) 집안에 들어가지 않았다(不入門)고

고 瀆의 음훈은 '도랑 독' 인데, 四瀆(사독)은 河, 泲(濟), 淮, 江의 중국 4대 강물을 지칭한다. 漢은 秦의 도량형을 그대로 답습했다. 본 〈溝洫志〉의 도량형은 前漢의 도량형 1引 = 10丈, 1丈 = 10尺, 1尺 = 10寸, 1寸 = 10分을 적용하여 설명한다. 이를 m법으로 표기하면 1引 = 2310cm. 1丈 = 231cm, 1尺 = 23.1cm, 1寸 = 2.31cm, 1分 = 0.231cm이다.

2 〈夏書〉 -《史記 夏本紀》. '禹堙洪水十三年부터 ~ 諸夏乂安, 功施乎三代.' 까지가 〈夏本紀〉의 내용 요약이다.
禹(우)의 부친 鯀(곤, 물고기 이름 곤)은 堯에 등용되어 9년간 治水하였으나 홍수는 그치지 않았고 功用은 不成했다. 이어 堯는 舜을 등용하여 天子之政을 攝行(섭행)케 했다. 舜은 巡狩(순수)하며 鯀(곤)의 치적이 없음을 확인하고, 곤을 羽山(우산)에 유배시켜 거기서 죽게 했다. 그리고서 곤의 아들 禹를 천거하여 治水의 대임을 맡겼다.

3 원문 堙洪水十三年 - 堙은 막을 인.

하였다.[4] 땅을 다닐 때는(陸行) 수레를 몰았고, 물을 지날 때는 배를 탔으며(乘舟), 뻘밭을 가야 할 때는(泥行) 진흙 썰매를 탔고,[5] 山行할 때는 나막신을(梮)[6] 신고 다니면서, 九州[7]를 구별하여 이름을 붙였다. 山의 형세에 따라 하천을 浚渫(준설)하고,[8] 토질과 産物에 따라 貢賦(공부)의 종류와 수량을 정했고 여러 길을 소통시켰으며, 많은 연못을 만들었고 모든 山을 측량하였다.[9] 그러나 범람하는 黃河의 재앙에[10] 따른 폐해는 中原이 여전히 심했다. 이를 주요 임무로 생각하여 황하를 다스렸는데, 積石山(적석산)에서 시작하여[11] 龍門山(용문산)[12]을 지나가 남쪽의 華山 북쪽에 이르고, 동쪽으로 底柱山

---

4 《史記 夏本紀》「~ 居外十三年, 過家門不敢入. 薄衣食, 致孝于鬼神. 卑宮室, 致費於溝淢.」禹는 부친이 치수 실패로 유배되어 죽었기에 노심초사하며 일하기에 바빠 집에 들려 쉴 겨를이 없었다.

5 원문 泥行乘毳 - 泥는 진흙 니. 뻘, 뻘밭. 乘은 載. 毳는 짐승 솜털 취. 진흙 썰매 절. 생김새가 키(箕, 키 기, 농사 및 살림 도구 이름)와 비슷하다고 했다.

6 梮 - 징을 박은 신발 국. 산에 오를 때 미끄러지지 않도록 신발 뒷굽에 박은 징. 《史記 河渠書》에는 橋(교)라고 하였다. 禹가 이용한 車, 舟, 毳(절), 梮(국)을 四載(사재)라고 한다.

7 禹貢九州 - 冀州, 兗州, 靑州, 徐州, 揚州, 荊州, 豫州, 梁州, 雍州.

8 원문 隨山浚川 - 隨는 따를 수. 따라가다. 浚은 깊을 준. 깊게 치다. 파내다.

9 원문 通九道, 陂九澤, 度九山 - 여기서 九는 많은. 衆多. 多數를 뜻한다. 陂는 비탈 피, 못, 보(洑). 度는 헤아리다. 측량하다.

10 원문 然河災之羨溢 - 羨溢은 범람. 羨은 넘칠 선(音은 연). 衍(넘칠 연)과 同. 부러워할 선. 溢은 넘칠 일.

11 원문 故道河自積石 - 道는 導. 道河는 河水를 治水하다. 積石은, 今 靑海省 동부 積石山脈.

12 원문 歷龍門 - 龍門山, 今 陝西省 중부 韓城市 소재.

(지주산)[13]을 거쳐 盟津(맹진)과 雒內(낙내)[14]를 지나 大伾山(태비산)[15]에 이르렀다.

그러면서 禹(우)는 河水가 상류보다 (하류의 河床이) 높아진 것은[16] 강물이 급격하게 흐르다가[17] 평지에서는 흐름이 완만해지면서 그 흐름이 자주 바뀌어 피해가 발생한다고 생각해서[18] (河水에) 두 개의 지류를 새로 내어 황하의 물을 흐르게 하였는데,[19] 北에서는 높은 지대를 파내어, 洚水(홍수)의 물길을 따라 大陸湖(대륙호)[20]에 합류시킨 다음에 9개의 하천으로 흘려 迎河(영하)와 함께 勃海(발해)로 들어가게 하였다.

九州의 하천이 모두 소통이 되고, 九州 각 沼澤(소택)의 제방이 완성되자 諸夏(제하, 中原)가 평온하였고[21] 그 공적을 三代(夏, 殷, 周)

13 底柱山(지주산) - 底柱山(지주산)은, 今 河南省 서부 三門峽市(삼문협시). 황하 가운데 솟은 암석 산. 底는 밑 저. 정할 지, 숫돌 지.

14 盟津(맹진)은, 今 河南省 洛陽市 관할 孟州市. 雒內(낙내)는 洛水의 굽이, 河水와 洛水의 합류 지점.

15 大伾山(태비산)은, 今 河南省 滎陽市(형양시) 서북. 伾는 힘셀 비.

16 원문 河所從來者高 - 所從來者는 發源地. 高는 河床이 높아지다.

17 원문 水湍悍 - 湍悍(단한)은 급류가 사납다. 물이 빨리 흐르다. 湍은 여울 단. 급류. 悍은 사나울 한. 세차게 흐르다.

18 원문 難以行平地, 數爲敗 - 상류의 급한 흐름은 토사를 운반하여 하류에 퇴적하고, 중하류는 경사가 아주 완만하여 물길이 자주 바뀌며 범람할 수밖에 없다. 數은 자주 삭. 敗는 弊害.

19 원문 釃二渠以引其河 - 釃는 술 거를 시. 支流를 만들다. 分流하다. 《사기 河渠書》에는 釃(시, 나누다, 가르다).

20 大陸(대륙)은 호수 이름. 今 河北省 남부 邢台市 관할 隆堯縣, 任縣, 鉅鹿縣에 걸쳐 있었던 호수. 지금 지도에는 없다.

에서도 누릴 수 있었다.

原文

自是之後, 滎陽下引河東南爲鴻溝, 以通宋,鄭,陳,蔡,曹,衛, 與濟,汝,淮,泗會. 於楚, 西方則通渠漢川,雲夢之際, 東方則通溝江,淮之間. 於吳, 則通渠三江,五湖. 於齊, 則通淄,濟之間. 於蜀, 則蜀守李冰鑿離堆, 避沫水之害, 穿二江成都中. 此渠皆可行舟, 有餘則用漑, 百姓饗其利. 至於它, 往往引其水, 用漑田, 溝渠甚多, 然莫足數也.

『국역』

이후로, (河南郡) 滎陽縣(형양현)에서는 河水를 아래 동남쪽으로 끌어들이는 鴻溝(홍구)[22]를 만들어서 宋, 鄭, 陳, 蔡, 曹, 衛國에 갈 수 있게 하였고 濟水, 汝水, 淮水, 泗水(사수)와도 연결되었다.

(今 湖北省, 安徽省의) 楚에서는 서쪽의 漢水(漢川)와 雲夢澤(운몽택) 일대에 여러 水路(渠, 도랑 거)를 만들어 교통하고, 동쪽에서는 長江과 淮水 일대가 여러 물길(溝, 봇도랑 구)로 연결되었다. 吳[23]에

21 원문 諸夏乂安 - 諸夏(제하)는 中原. 華夏. 乂安(예안)은 안정되다.

22 鴻溝(홍구) - 이는 戰國 魏 惠王 때 개통하였다. 今 河南省 滎陽市. 여기서부터 황하의 물을 끌어들여 中牟縣(중모현)을 거쳐 開封市에 이르는 인공수로. 다시 남으로 흘러 濮陽縣 동남에서 潁水(영수)에 합류한다. 前漢 이후로는 浪湯渠(낭탕거)라고 불렀다.

23 吳 - 여기에 지역에 대한 통칭. 今 江蘇省, 安徽省, 浙江省 일대.

서도 三江과 五湖[24]가 물길로 다 연결되었다. 齊에서는 (山東省의) 淄河(치하)와 濟水가 연결되었다. 蜀(촉)에서도 (戰國時代) 蜀의 지방관이던(守) 李冰(이빙)이 離堆山(이퇴산)[25]을 開鑿(개착)하여 沫水(말수, 今 四川省 서부 大渡河)의 피해를 막았고, 成都에 두 개의 강을 연결시켰다.

이런 운하(渠)들은 모두 배가 운행할 수 있으며, 물이 넉넉할 때는 田地에 관개할 수 있어 백성에게 이로움을 주었다. 이렇듯 그 물로 경작지에 관개하는 溝渠(구거)가 매우 많았지만 충분하다고 말할 수는 없었다.

原文

魏文侯時, 西門豹爲鄴令, 有令名. 至文侯曾孫襄王時, 與群臣飮酒, 王爲群臣祝曰, "令吾臣皆如西門豹之爲人臣也!" 史起進曰, "魏氏之行田也以百畝, 鄴獨二百畝, 是田惡也. 漳水在其旁, 西門豹不知用, 是不智也. 知而不興, 是不仁也. 仁智豹未之盡, 何足法也!" 於是以史起爲鄴令, 遂引漳水漑鄴, 以富魏之河內. 民歌之曰. '鄴有賢令兮爲史公, 決漳水兮灌鄴旁, 終古潟鹵兮生稻梁.'

---

24 三江과 五湖 – 浙江省의 三江과 五湖. 今 吳淞江(오송강). 매몰된 東江과 類江. 五湖는 太湖.

25 離堆山(이퇴산) – 今 四川省 동남부 樂山市에 있는 山.

〖국역〗

魏 文侯 재위 중에(前 446 - 396년), 西門豹(서문표)[26]는 (도읍인) 鄴縣(업현) 현령으로[27] 명성이 높았다. 魏 文侯의 曾孫인 襄王(양왕, 재위 前 318 - 296년)이 여러 신하와 음주하면서 축원하듯 말하였다.

"나의 신하 모두가 西門豹(서문표)와 같은 사람이 되기를 바라노라!"

그러자 史起(사기)[28]가 앞으로 나아가 말했다.

"魏나라에서 백성 1사람은 1백 畝(무)의 땅을 받는데, 鄴縣(업현)만은 2백 무를 지급하였는데, 이는 땅이 나쁘기 때문입니다. 鄴縣 곁에 漳水(장수)[29]가 흐르는데, 서문표는 그것을 활용할 줄 몰랐으니, 이는 지혜롭지 못한 것입니다. 서문표가 알면서도 관개사업을 일으키지 않았다면, 그것은 不仁입니다. 서문표가 仁과 智를 다하지 않았거늘 어찌 본받을 수 있겠습니까!"

이에 양왕은 史起를 鄴令에 임명했고, (史起는) 漳水를 끌어들여 업현에 관개하여 魏의 황하 이북을 부유하게 만들었다. 이에 백성이

26 西門豹(서문표) - 戰國時代 魏國 政治家, 水利 전문가. 鄴令으로 재직 중 '河伯娶婦(하백취부)' 의 악습을 뿌리 뽑고 漳水에 12개 운하를 개통했는데, 이를 西門豹渠(서문표거)라 했다. 《韓非子》, 《史記. 滑稽列傳》, 《論衡》, 《戰國策》, 《淮南子》, 《說苑》 등에 西門豹 관련 기록이 있다.

27 鄴城 - 今 河北省 남부 邯鄲市 관할 臨漳縣. 뒷날 曹操의 魏 세력의 근거지.

28 史起(사기) - 戰國 시대 魏國人. 魏 襄王의 신하. 鄴(업) 縣令을 역임. 水利 사업에 공적. 《呂氏春秋》에 그에 관한 기록이 있다.

29 漳水(장수, 漳河) - 山西省 동부에서 발원하는 清漳과 濁漳(탁장)의 두 강물이 동남으로 흘러 河北省과 河南省의 경계에서 합류하여 漳河가 되어 흐른다.

노래를 불러 칭송했다.

'현명하신 鄴令은 史公이시니,

곁의 漳水를 끌어 관개하여,

옛 소금밭에 결국 곡식이 무성하네.'

原文

其後韓聞秦之好興事, 欲罷之, 無令東伐. 及使水工鄭國間說秦, 令鑿涇水, 自中山西邸瓠口爲渠, 並北山, 東注洛, 三百餘里, 欲以漑田. 中作而覺, 秦欲殺鄭國. 鄭國曰, "始臣爲間, 然渠成亦秦之利也. 臣爲韓延數歲之命, 而爲秦建萬世之功."

秦以爲然, 卒使就渠. 渠成而用注塡閼之水, 漑潟鹵之地四萬餘頃, 收皆畝一鐘. 於是關中爲沃野, 無凶年, 秦以富强, 卒並諸侯, 因名曰鄭國渠.

〖국역〗

그 뒤에 韓(한)에서는 秦이 큰일 벌리기를 좋아한다는 사실을 알고, 秦을 疲弊(피폐)케 하여[30] 동방 원정을 중지시키려 했다. 그래서 水路 기술자인(水工) 鄭國(정국, 人名)을 간첩으로 보내 秦에 遊說(유세)하여 涇水(경수)를 끌어들여, 中山(중산)의 서쪽에서 瓠口(호구)에 이르게 하는 水路 공사를 착공했으며,[31] 아울러 北山(북산)에서 동쪽

30 원문 欲罷之 – 罷는 그만둘 파, 지칠 피. 之는 秦.

으로 洛水를 3백여 리 끌어들여 田地에 관개하는 공사도 일으켰다. 공사 도중에 그 의도가 발각되어, 秦은 정국을 죽이려 했다. 그러자 정국이 말했다.

"처음에는 저도 간첩으로 일을 벌였지만, 이 수로가 완성되면 秦의 이득입니다. 저는 韓의 명령을 여러 해 동안 어기면서 秦을 위해 萬世에 길이 남을 큰일을 하고 있습니다."

秦도 그렇게 생각했고 결국 관개수로 공사는 성취되었다. 수로가 완성되자 흙탕물을 끌어 소금기가 많은 4만여 頃(경)의 땅에 관개하여, 어디서는 1畝(무)에 곡식 1鐘(종)[32]을 수확할 수 있었다. 이에 關中 땅은 沃野(옥야)가 되어 흉년을 몰랐고, 秦은 부강해져서 결국 제후를 병합할 수 있었으니, 이를 鄭國渠(정국거)라 불렀다.

---

31 원문 自中山西邸瓠口爲渠 – 中山은 산 이름. 今 陝西省 淳化縣 동남. 邸는 집 저. 다다르다. 至也. 瓠口(호구)는 今 陝西省 咸陽市 관할 禮泉縣.

32 漢代 1斛(곡) = 10斗, 1斗(2000cc) = 10升. 6곡 4두 또는 8곡을 1鐘이라 한다.

二. 前漢初의 治水 사업

原文

漢興三十有九年, 孝文時河決酸棗, 東潰金堤, 於是東郡大興卒塞之.

其後三十六歲, 孝武元光中, 河決於瓠子, 東南注鉅野, 通於淮,泗. 上使汲黯,鄭當時興人徒塞之, 輒復壞. 是時, 武安侯田蚡分爲丞相, 其奉邑食鄃. 鄃居河北, 河決而南則鄃無水災, 邑收入多. 蚡分言於上曰, "江,河之決皆天事, 未易以人力强塞, 强塞之未必應天." 而望氣用數者亦以爲然, 是以久不復塞也.

〖국역〗

漢이 건국되고 39년(文帝 前元 12년, 前 168), 孝文帝 재위 중에 河水가 酸棗縣(산조현)[33]에서 터졌고 동쪽의 金堤(금제)[34]도 붕괴되자, 東郡(동군)[35]에서는 군졸을 대대적으로 동원하여 막았다.

그 뒤 36년, 孝武帝 元光 연간에(前 134 – 129), 河水가 瓠子(호자)에서[36] 터져(前 132) 동남쪽의 鉅野澤(거야택)으로 흘러들어가 淮水,

---

33 酸棗縣(산조현) – 酸은 신맛 산. 棗는 대추나무 조. 今 河南省 新鄕市 관할 延津縣. 黃河 북안.

34 金堤(금제) – 前漢의 東郡, 魏郡, 平原郡 지역의 石築한 제방.

35 東郡(동군) – 치소 濮陽縣(복양현)은, 今 河南省 북동쪽 끝 濮陽市.

36 瓠子(호자) – 瓠는 표주박 호. 東郡 濮陽縣(복양현)의 지명. 今 河南省 북

泗水가 연결되었다.

황제는 汲黯(급암)[37]과 鄭當時(정당시)[38]를 시켜 인부를 동원하여 제방을 막았지만, 갑자기 다시 터졌다. 그때 武安侯 田蚡(전분)[39]은 丞相이었는데, 그의 식읍은 (淸河郡) 鄃縣(유현)[40]은 河北에 있고, 황하는 남쪽 제방이 붕괴되었기에 鄃縣(유현)은 아무런 수해도 없었고 식읍의 수입도 많았다. 이에 전분이 무제에게 말했다.

"長江과 黃河 제방의 붕괴는 모두 하늘의 뜻이라서 人力으로 억지로 막기도 쉽지 않으며, 억지로 막아서는 天意의 순응할 수도 없

동부 濮陽市에 해당.

37 汲黯(급암, ?－前 112)－汲은 물 길을 급. 黯은 어두울 암. 급암이 滎陽縣令(형양현령)으로 발령을 받자, 급암은 현령이 된 것을 수치로 여겨 병을 핑계대고 고향으로 돌아갔다. 무제가 이를 알고 바로 불러 中大夫에 임명하였다. 급암은 심한 간쟁을 자주했기에 內職에 계속 근무하지 못하고 東海郡 太守가 되었다. 무제는 급암을 '사직을 지킬만한 신하' 라고 생각하였다. 50권, 〈張馮汲鄭傳〉에 입전. 《史記 汲鄭列傳》도 기록도 있다.

38 鄭當時(정당시)－武帝가 즉위하고서 정당시는 魯國의 中尉와 濟南郡의 太守, 江都國의 승상을 차례로 역임하고 九卿의 반열인 右內史가 되었다. 그러나 武安侯 田蚡과 魏其侯 竇嬰(두영)의 논쟁 때문에 강등되어 詹事(첨사)가 되었다가 승진하여 大司農이 되었다. 班固는 〈張馮汲鄭傳〉의 論贊에서 '～ 汲黯(급암)의 정직과 鄭當時(정당시)의 인재 추천이 옳지 않았다면 어떻게 그 명성을 얻을 수 있었겠는가!' 라고 평했다.

39 武安侯 田蚡(전분, ?－前 131)－蚡은 두더지 분. 경제의 2번째 황후인 王皇后. 전분은 王황후의 異父同母弟이며, 王皇后가 무제의 생모이니 전분은 武帝의 舅舅(외삼촌)이다. 封武安侯. 相貌가 醜陋(추루)했으나 文辭에 뛰어났었다. 52권, 〈竇田灌韓傳〉에 입전. 《史記 魏其田蚡列傳》 참고.

40 鄃縣(유현)－今 山東省 북부 德州市 관할 平原縣 서남.

습니다."

그리고 望氣者[41]나 方術者들 역시 옳은 말이라 생각하였기에 오랫동안 터진 곳을 막지 않았다.

原文

時鄭當時爲大司農, 言, "異時關東漕粟從渭上, 度六月罷, 而渭水道九百餘里, 時有難處. 引渭穿渠起長安, 旁南山下, 至河三百餘里, 逕, 易漕, 度可令三月罷, 而渠下民田萬餘頃又可得以漑. 此損漕省卒, 而益肥關中之地, 得穀."

上以爲然, 令齊人水工徐伯表, 發卒數萬人穿漕渠, 三歲而通. 以漕, 大便利. 其後漕稍多, 而渠下之民頗得以漑矣.

〖국역〗

그때, 大司農[42] 鄭當時(정당시)가 상주하였다.

"종전에(異時) 關東의 곡식을 渭水(위수)를 이용하여 조운하면 6

---

41 望氣(망기) - 方術의 한 종류, 구름 모양, 색깔, 변화하는 모양 등을 보아 운수나 길흉을 예언하는 행위.

42 大司農(대사농) - 국가의 穀物과 재화, 국가 재정 담당. 질록 中二千石. 景帝 後元 원년 治粟內史(치속내사)를 大農令으로 개칭했다가, 武帝 太初 원년 대농령을 大司農으로 개칭했다. 따라서 본문에서는 大農令이어야 한다. 大司農의 屬官으로 太倉令, 均輸令, 平準令, 都內令, 籍田令의 5令과 그 아래 丞을 두었다. 郡國의 모든 창고에 農監, 都水長 등 65명의 長과 丞이 있었다. 그 외에도 騪粟都尉(수속도위)라는 軍官이 있었으나 상설직은 아니었다.

개월이나 걸리고, 또 운행 거리가 9백 리나 되며 운행이 어려운 곳이 많이 있습니다. 渭水를 끌어드리는 수로를 終南山 아래로 장안까지 뚫으면 황하까지 곧게(徑) 3백 리이고, 조운도 용이하여 3개월이면 끝나며, 운하 주변 1만여 頃 民田에 관개할 수도 있습니다. 이렇게 되면 비용과 군졸을 줄이고, 관중 땅이 비옥해지면 곡식을 더 많이 얻을 수 있습니다."

武帝도 그렇다고 생각했고, 齊人 水工인 徐伯(서백)을 시켜 (공사 구간) 표지를 하게 했으며, 수만 군졸을 징발하여 운하 공사를 시작하여 3년 만에 개통하였다. 이로써 조운은 크게 편해졌다. 이후 조운은 점점 많아졌으며, 운하 주변 많은 백성이 전지에 灌漑(관개)할 수 있었다.

原文

後河東守番係言,

"漕從山東西, 歲百餘萬右, 更底柱之艱, 敗亡甚多而煩費. 穿渠引汾漑皮氏,汾陰下, 引河漑汾陰,蒲板下, 度可得五千頃. 故盡河堧棄地, 民茭牧其中耳, 今漑田之, 度可得穀二百萬右石以上. 穀從渭上, 與關中無異, 而底柱之東可毋復漕."

上以爲然, 發卒數萬人作渠田. 數歲, 河移徙, 渠不利, 田者不能償種. 久之, 河東渠田廢, 予越人, 令少府以爲稍入.

〖국역〗

뒷날, 河東[43] 太守인 番係(반계, 파계)가 상서했다.

"山東에서 西쪽으로 1년에 백여만 석 정도를 조운하는데, (河水 가운데 있는) 底柱山(지주산)의 난관을 통과하는 등 손실도(敗亡) 아주 많을 뿐더러 비용도 많이 나갑니다. 汾水(분수)를 이용한 운하를 뚫어 皮氏縣(피씨현)[44]과, 汾陰縣(분음현)[45] 일대를 관개하고, 河水를 이용하여 汾陰縣과 蒲板縣(포판현)[46] 일대를 관개한다면 5천 頃(경)의 田地을 얻을 수 있습니다. 여태껏 황하 주변의 버려진 땅이라서[47] 백성이 건초를 만들어 목축하고 있지만,[48] 이제 여기를 관개한다면 약 2백만 석 이상의 곡물을 얻을 수 있습니다. 이 곡물을 渭水를 통해 조운한다면, 關中에서 생산되는 곡물과 마찬가지이며 底柱山(지주산) 동쪽으로 조운하지 않아도 됩니다."

무제도 그러하다고 생각하여 수만 명 군졸을 징발하여 운하를 파고 田地를 만들었다. 그러나 몇 년 만에 河水의 흐름이 바뀌면서 운하를 이용할 수 없었고 농사짓는 자는 종자값도 건질 수 없었다.[49]

---

43 河東 – 郡名. 관할 지역은, 今 山西省 남부지역. 治所는 安邑縣, 今 山西省 서남부 運城市 관할 夏縣 서북.

44 皮氏縣(피씨현) – 今 山西省 運城市 관할 河津市. 山西省 서남부 汾河(분하)와 黃河 합류처.

45 汾陰縣(분음현) – 今 山西省 河津市 서남.

46 蒲反縣(포반현, 蒲坂縣) – 今 山西省 서남부 永濟市.

47 원문 故盡河堧棄地 – 堧은 빈터 연. 堧棄地는 빈터로 버려진 땅.

48 원문 民茭牧其中耳 – 茭는 풀을 베어 만든 건초 교. 茭牧(교목) 건초로 방목하다.

49 원문 田者不能償種 – 농사를 짓는 자가 그 種子값도 건지지 못하다.

얼마 후 河東渠와 田地는 폐지되었고, (그 땅을) 越人(월인)에게 대여했는데, 少府(소부)[50]의 수입은 차츰 늘어났다.

原文

其後人有上書, 欲通褒斜道及漕, 事下御史大夫張湯. 湯問之, 言, "抵蜀從故道, 故道多阪, 回遠. 今穿褒斜道, 少阪, 近四百里. 而褒水通沔, 斜水通渭, 皆可以行船漕. 漕從南陽上沔入褒, 褒絶水至斜, 間百餘里, 以車轉, 從斜下渭. 如此, 漢中穀可致, 而山東從沔無限, 便於底柱之漕. 且褒斜材木竹箭之饒, 似於巴,蜀."

上以爲然. 拜湯子卬爲漢中守, 發數萬人作褒斜道五百餘里. 道果便近, 而水多湍石, 不可漕.

〖국역〗

그 후에 褒斜道(포야도)[51]의 開設과 漕運(조운)을 상서하여 언급하

50 少府(소부) - 九卿의 하나. 山海와 池澤의 조세를 징수하여 황실의 비용 공급을 담당하는 부서, 질록 中二千石. 屬官으로 尙書, 符節, 太醫, 太官, 湯官, 導官, 樂府, 若盧, 考工室, 左弋, 居室, 甘泉居室, 左右司空, 東織, 西織, 東園匠 등 16부서의 令과 丞을 두었다. 또 胞人, 都水, 均官의 長과 丞이 있었고, 또 上林苑 10池에 監을 두었다. 그리고 中書謁者, 黃門, 鉤盾, 尙方, 御府, 永巷, 內者, 宦者의 8개 관서에 令과 丞이 있었다. 여러 僕射(복야)와 署長, 中黃門도 소부 소속이다.

51 褒斜道(포야도) - 關中에서 漢中郡으로 통하는 길. 褒道(포도)와 斜道(야도)의 合稱. 이때 斜는 골짜기 이름 야. 今 陝西省 眉縣(미현)에서 斜水(야

는 자가 있어, 이를 御史大夫 張湯(장탕)[52]에게 처리케 하였다. 장탕이 조사한 뒤에 보고했다.

"故道(陳倉道)를 따라 蜀과 통할 수 있는데, 故道는 비탈(阪, 판)이 많고 멀리 돌아가야 합니다. 지금은 褒斜道(포야도)가 뚫려 언덕도 적고 4백 리 정도 가깝습니다. 褒水(포수)는 沔水(면수)[53]와 연결되고, 斜水(야수)는 渭水(위수)와 연결되면 배를 이용한 漕運(조운)을 할 수 있습니다. 조운은 南陽郡의 沔水 상류에서 褒水로 들어와야 하고, 褒水가 끝나는 곳에서 斜水(야수)까지 1백여 里는 수레로 운반해야 합니다. 이렇게 한다면 漢中郡의 糧穀(양곡)을 가져올 수 있고, 山東의 곡식을 沔水로 가져오는데 어려움은 없어, 底柱山(지주산)을 통과해야 하는 (河水의) 조운보다는 편리할 것입니다. 또 褒谷과 斜谷의 목재나 대나무 화살 등의 원활한 공급은(材木竹箭之饒) 巴郡이나 蜀郡에서 가져오는 것과 같습니다."

武帝는 옳다고 생각하였다. 그래서 張湯의 아들 張卬(장앙)을 漢中 태수에 임명하여, 수만 명의 인부를 동원하여 褒斜道(포야도) 5백

수)와 상류인 石頭河를 거쳐 太白縣에 이르는 길. 또 褒水(포수) 및 白雲河를 거쳐 漢中郡에 이르는 길. 秦漢代에 秦嶺의 남북을 연결하는 要道였다.

52 張湯(장탕, ? - 前 115) - 武帝 때 '天下事皆決湯' 이란 말이 유행할 정도로 武帝의 신임을 받았다. 그 아들이 유명한 張安世. 59권, 〈張湯傳〉에 父子가 立傳되었다. 《史記》에는 〈酷吏列傳〉에 실렸다.

53 沔水(면수) - 古稱. 지금은 漢江, 漢水, 襄河로 더 알려졌다. 長江 最長의 支流. 발원은 陝西省 秦嶺산맥의 南麓(남록)인 沮水(저수)로 陝西省의 남부와 湖北省의 서북을 흘러 武漢市 漢口에서 長江과 합류한다. 主流가 1500km에 달한다.

여 리를 (정비하여) 개통하였다. 육로는 편리하고 가까웠으나 江에는 소용돌이와 암석이 많아 漕運(조운)은 불가했다.

原文

其後, 嚴熊言, "臨晉民願穿洛以漑重泉以東萬餘頃故惡地. 誠卽得水, 可令畝十石."

於是爲發卒萬人穿渠, 自徵引洛水至商顔下. 岸善崩, 乃鑿井, 深者四十餘丈. 往往爲井, 井下相通行水. 水隤以絶商顔, 東至山領十餘里間. 井渠之生自此始. 穿得龍骨, 故名曰龍首渠. 作之十餘歲, 渠頗通, 猶未得其饒.

〖국역〗

그 이후에, 嚴熊(엄웅)[54]이 상주하였다.

"(左馮翊) 臨晉縣(임진현)[55]이 백성들은 洛水의 물을 끌어들여 重泉縣(중천현)[56] 동쪽 1만여 頃(경)의 나쁜 땅에 관개하기를 바라고 있습니다. 만약 물을 끌어올 수 있다면[57] 1畝(무)에 10石[58]의 소출이

54 嚴熊(엄웅) - 《史記 河渠書》에는 莊熊羆(장웅비, 큰곰 비)로 되어 있다. 후한 明帝의 이름을(莊) 피휘하여 嚴으로 고쳐 썼다.

55 臨晉縣(임진현) - 今 陝西省 동남부 渭南市 관할 大荔縣(대려현) 동남.

56 重泉縣(중천현) - 今 陝西省 동남부 渭南市 관할 大荔縣(대려현) 서쪽.

57 誠卽得水 - 誠卽은 만약. 如果.

58 前漢 1石 = 4鈞(균), 1鈞 = 30斤, 1斤 = 16兩, 1兩 = 24銖(수).
(m法) 1石 = 29,760g, 1鈞 = 7440g, 1斤 = 248g, 1兩 = 15.5g, 1銖 = 0.65g.

가능할 것입니다."

이에 군졸 1만여 명을 동원하여 수로를 뚫어 徵縣(징현)에서 洛水(낙수)를 商顔山(상안산)[59] 아래까지 끌어왔다. 그런데 수로의 둑이(岸) 쉽게 무너지기에 우물을 팠는데(鑿井, 착정), 깊은 우물은 40여 丈(장)이나 되었다. 곳곳에 우물을 파고 우물 아래에서 물이 흐를 수 있게 하였다. 물은 商顔山 아래를 뚫고 흘러갔는데, 동쪽으로는 산마루에서 10여 리나 뚫었다.[60] 우물 수로는(井渠, 정거, 수로 터널) 이때부터 생겼다. 수로를 뚫으면서 동물의 뼈(龍骨)[61]가 나왔기에 이름을 龍首渠(용수거)라 하였다. 착공 10여 년에 水渠를 개통했지만 예상만큼 이득은 없었다.

原文

自河決瓠子後二十餘歲, 歲因以數不登, 而梁楚之地尤甚. 上旣封禪, 巡祭山川, 其明年, 乾封少雨. 上乃使汲仁,郭昌發卒數萬人塞瓠子決河. 於是上以用事萬里沙, 則還自臨決河, 湛白馬玉璧, 令群臣從官自將軍以下皆負薪窴決河. 是時, 東郡燒草, 以故薪柴少, 而下淇園之竹以爲揵. 上旣臨河決, 悼功之不成, 乃作歌曰 :

59 商顔(상안)은 산 이름. 商山과 같음. 今 陝西省 大荔縣(대려현) 북쪽.

60 水路를 위한 터널을 만들었다.

61 龍骨 - 옛 동물의 뼈, 또는 化石.

〈瓠子歌〉(一)

瓠子決兮將奈何? 浩浩洋洋, 慮殫爲河.

殫爲河兮地不得寧, 功無已時兮吾山平.

吾山平兮鉅野溢, 魚弗鬱兮柏冬日.

正道馳兮離常流, 蛟龍騁兮放遠遊.

歸舊川兮神哉沛, 不封禪兮安知外!

皇謂河公兮何不仁, 氾濫不止兮愁吾人!

齧桑浮兮淮,泗滿, 久不反兮水維緩.

〖국역〗

黃河 제방이 瓠子(호자)[62]에서 무너진 뒤 20여 년, 이 때문에 농사는 해마다 흉년이 들었는데 梁과 楚 일대가 특히 심했다. 무제는 (泰山에서) 封禪(봉선)을 마친 뒤(元封 원년 前 110), 각지 산천을 순례하면서 제사했는데, 그 다음 해(前 109), 날이 가물고 비가 적었다.[63] 무제는 이에 汲仁(급인)과 郭昌(곽창) 등을 시켜 수만 명을 징발하여

62 瓠子(호자) - 황하의 제방 이름. 今 山東省 濮陽市에 해당. 元光 3년(前 132)에 무너진 제방을 이때 다시 막았다.

63 乾封少雨 - 봉선한 다음 해에 가뭄이 든 것은 封土를 건조시키려는 하늘의 뜻이라는 해석. 元封 원년(前 110)에 봉선하고, 다음 해 여름에 날이 가물었다(旱). 공손경이란 사람이 무제에게 말했다. "黃帝 때에 封을 하자 크게 가뭄이 들었는데, 이는 封土를 3년간 건조한 것이라 하였습니다." 이에 무제가 조서를 내렸다. "날이 가물지만, 이는 封土를 건조시킨다는 하늘 뜻이 아니겠는가? 천하 모두가 靈星(영성)을 받들어 제사하기 바란다."

瓠子(호자)의 제방 터진 곳을 막게 하였다.

이때 무제는 萬里沙(만리사)란 곳에서 제사를 지내고[64] (長安으로) 돌아오고 있었는데, 친히 황하 제방 공사 현장에 왕림하여, 白馬와 玉璧(옥벽)을 물에 가라앉혀 (水神, 河伯에게) 제사를 지냈으며,[65] 장군 이하 모든 신하로 하여금 목재를 등에 지고 운반하여 강을 막게 하였다.[66] 그러나 東郡 지역은 풀이나 짚단까지 연료로 사용하였고, 목재가 부족하여 (淇縣에 있는) 淇園(기원)[67]의 대나무를 베어다가 제방 쌓는데 (土石의 流出을 막는) 기둥(楗, 문빗장 건)으로 사용했다.

무제는 공사 현장에서 공사가 성공하지 못할 것을 걱정하여 노래를 지어 불렀다. 그 노래(瓠子歌)[68]는 아래와 같다.

〈호자가〉(一)

瓠子의 무너진 제방을 어찌해야 하나?

끝없이 넘실대는 강물은 나의 걱정이로다.

河水의 걱정으로 大地도 편안치 않고,

큰일은 끝이 없고 吾山(오산)은 평평해졌다.

---

64 원문以用事萬里沙 – 以는 已(이미 이)와 같음. 用事는 祭祀. 萬里沙는 지명. 今 山東省 煙台市 관할 萊州市.

65 원문 湛白馬玉璧 – 湛은 가라앉힐 참. 沈의 古字. 즐길 담.

66 원문 負薪窴決河 – 負는 짐을 질 부. 나르다. 薪은 섶나무 신. 목재. 窴은 메울 전. 寘(둘 치)가 아님. 決河는 黃河 제방이 터진 곳.

67 淇園(기원) – 今 河南省 북부 鶴壁市의 지명. 淇縣(기현).

68 瓠子歌 – 〈瓠子歌〉는 漢 武帝의 작품으로, 楚辭의 형식이다. 1, 2절로 나눈다. 河水가 제자리를 찾아 평온하게 흘러주기를 바라는 염원이 담겨있다.

낮아진 吾山(오산), 鉅野(거야)엔 물이 넘치고,

수많은 물고기도 닥쳐올 겨울을 걱정한다.

正道로 흐를 물이 常流를 벗어났고,

蛟龍은 멋대로 먼 데까지 치달린다.

舊川에 돌아와 신령이 충만하나니,[69]

封禪이 아니면 이를 어찌 알겠나!

河伯에 짐이 말하나니 어찌 不仁하여,

범람을 아니 그쳐 나를 근심케 하는가![70]

齧桑(설상)까지 淮水와 泗水 물이 넘치고,[71]

오래 제자리를 모르니 강물 기강이 해이하도다.

原文

一曰.

河湯湯兮激潺湲, 北渡回兮迅流難.

搴長茭兮湛美玉, 河公許兮薪不屬.

薪不屬兮衛人罪, 燒蕭條兮噫乎何以御水!

隤林竹兮揵石菑, 宣防塞兮萬福來.

於是卒塞瓠子, 築宮其上, 名曰宣防. 而道河北行二渠,

---

69 원문 歸舊川兮神哉沛 - 沛는 물의 기세가 성대한 모양. 沛가 地名이라는 주석도 있다.

70 원문 氾濫不止兮愁吾人! - 氾濫(범람)은 물이 멋대로 넘쳐나다.

71 원문 齧桑浮兮淮,泗滿 - 齧桑(설상)은 지명. 今 江蘇省 북부 沛縣.

復禹舊跡, 而梁,楚之地復寧, 無水災.

〖국역〗

〈호자가〉(二)

넓은 河水에 격랑 그리고 잔잔한 물결,[72]

북쪽 강물은 굽고 급류라 건너기 어렵다.

長茭를 들고 절하며 美玉으로 제사하니,[73]

河公께서 흠향하나 목재가 부족하구나.

목재가 부족하다면 衛(위) 백성의 잘못이고,[74]

나무를 모두 불땠으니 아! 어떻게 물을 막으랴![75]

淇園의 대나무 잘라 돌기둥을 대신하고,

宣防에 제방을 쌓아 萬福이 깃들도다.

마침내 瓠子(호자)의 무너진 제방을 막고 그 위에 宮을 짓고 宣防宮(宣房宮)이라 하였다. 그리고 황하 北岸으로 인공수로 2개를 만들어 옛 大禹의 자취를 복원하자, 梁과 楚의 지역이 다시 평온하며 水災도 없었다.

---

72 원문 河湯湯兮激潺湲 – 湯湯(탕탕)은 넓고 큰 모양. 激은 激浪. 물결이 부딪치게 세게 흐르는 모양. 潺湲(잔원)은 물이 소리 내며 졸졸 흐르는 모양.

73 搴長茭兮湛美玉 – 搴은 뽑아들 건. 長茭(장교)는 긴 졸풀. 잎사귀가 길쭉한 풀. 茭는 풀이름. 湛은 담글 침. 沈의 古字. 水神에게 美玉으로 제사하다.

74 당시 東郡은 옛 衛의 땅이었다.

75 원문 燒蕭條兮噫乎何以御水! – 황하 하류에 산은 없고 백성은 많아 목재가 부족했을 것이다. 燒는 불태우다. 연료로 쓰다. 蕭條(소조)는 초목이 말라 시든 모양. 쓸쓸한 모양.

原文

自是之後, 用事者爭言水利. 朔方,西河,河西,酒泉皆引河及川谷以溉田. 而關中靈軹,成國,湋渠引諸川, 汝南,九江引淮, 東海引鉅定, 泰山下引汶水, 皆穿渠爲溉田, 各萬餘頃. 它小渠及陂山通道者, 不可勝言也.

〖국역〗

이후로, 관리들은 다투어 水利 사업을 상서하였다. 朔方郡(삭방군), 西河, 河西, 酒泉郡에서는[76] 모두 황하의 물이나 하천의 물을 끌어다가 田地에 관개했다. 그리고 關中 지역의 靈軹渠(영지거), 成國渠(성국거), 湋渠(위거) 등은 여러 하천의 물을 이용했고, 汝南郡과 九江郡은 淮水를, 東海郡은 鉅定澤(거정택)을, 泰山 아래에서는 汶水(문수)를 이용하여 인공수로로 관개하니, 보통 1만여 頃을 관개할 수 있었다. 기타 작은 수로나 계곡을 막아 물을 끌어 쓴 수로는 이루 다 말할 수가 없다.

原文

自鄭國渠起, 至元鼎六年, 百三十六歲, 而兒寬爲左內史, 奏請穿鑿六輔渠, 以益溉鄭國傍高卬之田.

---

76 朔方郡, 西河郡은, 今 內蒙古 지역. 河西郡은, 今 河西走廊(하서주랑) 일대. 酒泉郡은 河西四郡의 하나. 모두 황하의 물을 이용할 수 있는 지역이었다.

上曰, "農, 天下之本也. 泉流灌寖, 所以育五穀也. 左,右內史地, 名山川原甚衆, 細民未知其利, 故爲通溝瀆, 畜陂澤, 所以備旱也. 今內史稻田租挈重, 不與郡同, 其議減. 令吏民勉農, 盡地利, 平繇行水, 勿使失時."

〖국역〗

(秦에서) 鄭國渠(정국거)가 만들어지고, (武帝) 元鼎 6년(前 111년)까지, 136년이었는데, 左內史인 兒寬(예관)[77]이 6개의 輔渠(보거, 보조 水路)를 뚫어 정국거 주변의 높은 지대에도 관개하겠다고 주청하였다. 이에 武帝가 말했다.

"農業은 天下의 근본이다. 泉流를 관개하는 목적은 오곡의 농사에 있다. 左, 右內史[78]의 지역은 名山과 하천이 매우 많으나 가난한 백성이 관개의 이득을 알지 못하기에 물도랑을 파고 저수지를 만들어 가뭄에 대비하는 것이다. 지금 內史가 稻田(도전, 논)에 대한 부세를 올리려는 뜻은 다른 郡과는 같지 않으니, 일단 그 의논을 중지하기 바란다. 관리나 백성으로 하여금 농사에 힘쓰게 하고 地利를 이

---

77 兒寬(倪寬, 예관, ? - 前 103) - 兒는 성 예. 아이 아. 司馬遷과 함께 太初曆을 제정, 시행에 동참했다. 저서로《兒寬》9편이 있다. 58권, 〈公孫弘卜式兒寬傳〉에 입전.

78 左, 右內史 - 內史는 본래 秦의 관직. 京師 지역의 행정 담당관. 질록 2천석. 景帝 2년에 左, 右內史로 分置했다. 右內史는 武帝 太初 원년(前 104)에 京兆尹으로 개칭했는데, 屬官으로 長安市令, 都水長, 鐵官長을 두었다. 左內史는 左馮翊(좌풍익)으로 개칭. 屬官으로 廩犧令(늠희령)이 있었다. 또 左都水長, 鐵官長, 雲壘長, 長安四市長도 있었다. 제후국에서 相은 제후국 관리를 통솔하고, 제후국의 內史는 실질적 행정 담당관이었다.

용하며, 水利에 관하여는 평상시처럼 요역을 부과하되[79] 농사철을 놓치지 않게 하라."[80]

原文

後十六歲, 太始二年, 趙中大夫白公復奏穿渠. 引涇水, 首起谷口, 尾入櫟陽, 注渭中, 袤二百里, 漑田四千五百餘頃, 因名曰白渠. 民得其饒, 歌之曰,

'田於何所? 池陽,谷口.
鄭國在前, 白渠起後.
擧鍤爲雲, 決渠爲雨.
涇水一石, 其泥數斗.
且漑且糞, 長我禾黍.
衣食京師, 億萬之口.'

言此兩渠饒也.

79 平繇行水 - 平繇(평요)는 평상시의 徭役(요역). 行水는 治水利. 수리사업을 하다.

80 勿使失時 - 勿은 말 물. 금지사. ~하지 말라. 失時는 농사철을 놓치다. 농사철에 백성을 동원하면 농사일을 할 수 없다.

〖국역〗

그 16년 뒤, (武帝) 太始 2년(前 95), 趙의 中大夫인 白公(백공)[81]이 人工 水路를 뚫겠다고 다시 상주하였다. 白公은 涇水(경수)를 谷口縣에서 끌어들여 櫟陽縣(역양현)까지 흘려보내 渭水(위수) 중간에 합류케 하였는데, 그 길이가(袤, 길이 무) 2백 리나 되었고, 관개할 수 있는 토지가 4,500여 頃(경)이나 되었는데, 이름을 白渠(백거)라 하였다. 백성이 그 풍요를 누리며 노래를 불러 칭송했다.

'田地가 어디인가? 池陽과 谷口로다.
예전에 鄭國渠, 지금은 白渠를 팠다네.
삽을 들면 구름이요, 물을 트면 비와 같다.[82]
涇水(경수) 一石에 그 뻘이 몇 말(斗)이다.[83]
물을 대면 비료가 되어, 내 곡식을 키운다.
京師의 의식을 해결하니 억만의 입이로다.'

이는 정국거와 백거의 풍요를 말한 것이다.

---

81 趙는 제후국명. 치소는 邯鄲縣, 今 河北省 남부 邯鄲市(한단시). 中大夫는 王의 보좌관, 국정 자문. 특정 직역은 없고 필요 업무를 수시 처리. 白公(백공)의 公은 관리에 대한 존칭. 名이 아니다.

82 擧鍤爲雲, 決渠爲雨 - 鍤은 가래 삽. 땅을 파는 삽은 1인용 농기구. 가래는 3인 1조가 되어야 흙을 파낼 수 있다.

83 강물, 호수나 운하 바닥에 쌓인 진흙(뻘, 泥)을 논밭에 넣으면, 그것이 비료였다.

原文

是時, 方事匈奴, 興功利, 言便宜者甚衆. 齊人延年上書言.

「河出崑崙, 經中國, 注勃海. 是其地勢西北高而東南下也. 可案圖書, 觀地形, 令水工准高下, 開大河上領, 出之胡中, 東注之海. 如此, 關東長無水災, 北邊不憂匈奴, 可以省堤防備塞, 士卒轉輸, 胡寇侵盜, 覆軍殺將, 暴骨原野之患. 天下常備匈奴而不憂百越者, 以其水絶壤斷 勿使失時也. 此功一成, 萬世大利.」

書奏, 上壯之, 報曰,「延年計議甚深. 然河乃大禹之所道也, 聖人作事, 爲萬世功, 通於神明, 恐難改更.」

〖국역〗

이때, 주요 국사는 흉노와 전쟁이었고 국익 증대와 時宜(시의)에 맞는 여러 조치[84]를 건의하는 자가 매우 많았다. 齊나라 사람 延年(연년)[85]이 상서하였다.

「河水는 崑崙山(곤륜산)[86]에서 발원하여 中國(中原)을 지나 勃海(발해)로 들어갑니다. (중국의) 地勢는 서북쪽이 높고, 동남쪽이 낮습니다. 여러 圖書를 보거나 지형을 살펴보아, 水工(토목 기술자)에

84 便宜(편의) – 국가에 유익하고 時宜에 적절한 정책이나 조치, 개선 방안.

85 延年(연년) – 인명. 姓은 미상. 또는 姓이 延, 이름이 年.

86 崑崙(곤륜) – 新疆(신강)이나 西藏(서장) 지역의 곤륜산맥.

게 高下를 측량케 하여(准, 견줄 준), 높은 산에서 大河가 발원하는 방향을 바꿔 흉노 땅을 지나[87] 東海로 入海하게 할 수 있을 것입니다. 그렇게 한다면, 關東에는 오래도록 水災가 없고, 北邊에는 흉노에 대한 걱정이 없을 것이니, 그러면 제방을 쌓아 홍수를 막거나 사졸의 군량 운반, 흉노의 침략이나 노략질, 군진 습격과 장수 살해, 들판에 나뒹구는 백골 등의 피해가 없을 것입니다.[88] 온 나라가 늘 흉노의 침략에 대비하지만 남쪽 여러 越人들을 걱정하지 않는 것은 남쪽의 강물이 국토를 兩斷(양단)하여 때를 놓치는 일이 없기 때문입니다. 일단 이 일이 성공하면 萬世까지 큰 이득이 될 것입니다.」

상서가 들어가자, 황제는 그 뜻을 장하게 생각하며 答申하였다.

「延年의 大計는 아주 깊은 논의이다. 그러나 황하의 물길은 大禹(대우)가 인도한 것이니, 聖人이 성취하여 萬世에 이로움을 주었고, 神明에 통달한 일이라서 다시 바꾸기가 어려울 것이다.」

87 원문 開大河上領 - 開는 發源하다. 上領은 上嶺(상령). 큰 산.

88 出之胡中 - 여기 胡는 흉노, 상서의 요점은 발원하는 곳에서 방향을 바꿔 황하를 흉노 땅으로 흐르게 할 수 있다는 뜻인데, 이는 황하의 실상이나 자연, 事理나 時務를 모르는 書生의 空論일 것이다.

三. 前漢末의 水利 논쟁

原文

自塞宣房後, 河復北決於館陶, 分爲屯氏河, 東北經魏郡, 清河,信都,勃海入海, 廣深與大河等, 故因其自然, 不堤塞也. 此開通後, 館陶東北四五郡雖時小被水害, 而兗州以南六郡無水憂.

宣帝地節中, 光祿大夫郭昌使行河. 北曲三所水流之勢皆邪直貝丘縣. 恐水盛, 堤防不能禁, 乃各更穿渠, 直東, 經東郡界中, 不令北曲. 渠通利, 百姓安之.

元帝永光五年, 河決清河靈鳴犢口, 而屯氏河絕.

〖국역〗

(武帝, 瓠子에) 황하의 제방을 막고 宣房宮(선방궁)을 지은 이후, 황하는 다시 북쪽 (魏郡의) 館陶縣(관도현)[89]에서 터졌고, (水流가) 나뉘어 屯氏河(둔씨하)가 되어 동북쪽의 魏郡, 清河郡, 信都國, 勃海郡을 거쳐 入海했는데, 그 넓이나 깊이가 大河(本流)와 같았으며, 그것이 自然的이라서 다시 제방으로 막으려 하지 않았다. (둔씨하가) 개통한 이후로, 館陶縣(관도현) 동북의 4, 5개 郡이 가끔 작은 수해를 입었지만, (河水 南쪽) 兗州刺史部(연주자사부) 관할 6郡은 수해 걱정

89 館陶縣(관도현) - 今 河北省 남부 邯鄲市(한단시) 관할 館陶縣.

이 없었다.

宣帝 地節 연간(前 69 - 66)에, 光祿大夫인 郭昌(곽창)을 보내 황하를 시찰케 하였다.[90] 북쪽의 3개 구부러진(曲) 곳의 水流의 형세는 모두 완만하게 (淸河郡) 貝丘縣(패구현)을 지나 흘렀다. 홍수가 날 경우 堤防이 감당할 수 없을 것 같아 각지에서 편리한대로 수로를 파고 동쪽으로 곧게 흘러 東郡 지역을 지나 북쪽으로 굽어지지 않게 하였다. 수로의 개통으로 이득이 있고, 백성은 안심하였다.

元帝 永光 5년(前 39), 황하가 淸河郡[91] 靈縣 鳴犢口(명독구)에서 터지면서 屯氏河는 물길이 끊겼다.[92]

---

90 원문 使行河 - 行은 巡視(순시)하다.

91 淸河郡(청하군) - 淸河郡, 淸河國, 甘陵郡, 甘陵國 등 군국이 수시로 바뀌었다. 대략 今 河北省의 동남부와 山東省의 북부에 해당. 치소는 淸陽縣.

92 제방이 터지면서 새로운 강물이 생기고(屯氏河), 또 황하가 터져 물길이 바뀌면 전에 흐르던 屯氏河 물이 끊기고 결국 없어진다. 四瀆(사독)의 하나인 濟水가 그 본래의 물길을 뺏기고 없어진 현상을 이해할 수 있을 것이다.

濟水는 고대에, 今 河南省 濟源市 서쪽 王屋山(왕옥산)에서 발원, 東流하여 山東반도를 지나 渤海(발해)로 入海했다. 江水(長江), 河水(黃河), 淮水(淮河)와 함께 華夏四瀆(화하사독)으로 불렸다. 濟水는 大禹 治水에서 물길을 뚫은 九川의 하나였다. 河水만큼이나 범람이 잦아 治水에 어려움이 많았는데, 淸朝 咸豐(함풍) 연간의 黃河 大改道(서기 1855년)로 옛 濟水의 물길로 河水를 흐르게 하여 결국 濟水는 존재하지 않는 강이 되었다. 곧 지금 황하 하류의 물길은 당년의 濟水 古道였다. 지금 山東省 내의 濟源市, 濟南市, 濟寧市, 濟陽縣 등의 지명은 모두 濟水에서 유래되었다. 지금의 齊水(제수)는 一名 兗水(연수)인데, 今 河南省 북부 濟源市 서쪽 王屋山(왕옥산)에서 발원하여 동쪽으로 흘러 溫縣을 지나 河南省 북부 焦作市 관할 武陟縣(무척현) 남쪽에서 黃河에 합류하는 짧은 강이다.

原文

成帝初, 淸河都尉馮逡奏言,

「郡承河下流, 與兗州東郡分水爲界, 城郭所居尤卑下, 土壤輕脆易傷. 頃所以闊無大害者, 以屯氏河通, 兩川分流也. 今屯氏河塞, 靈鳴犢口又益不利, 獨一川兼受數河之任, 雖高增堤防, 終不能洩. 如有霖雨, 旬日不霽, 必盈溢. 靈鳴犢口在淸河東界, 所在處下, 雖令通利, 猶不能爲魏郡,淸河減損水害. 禹非不愛民力, 以地形有勢, 故穿九河, 今旣滅難明, 屯氏河不流行七十餘年, 新絶未久, 其處易浚. 又其口所居高, 於以分流殺水力, 道里便宜, 可復浚以助大河洩暴水, 備非常. 又地節時郭昌穿直渠, 後三歲, 河水更從枚第二曲間北可六里, 復南合. 今其曲勢復邪直貝丘, 百姓寒心, 宜復穿渠東行. 不豫修治, 北決病四五郡, 南決病十餘郡, 然後憂之, 晩矣.」

事下丞相,御史, 白博士許商治《尙書》, 善爲算, 能度功用. 遣行視, 以爲屯氏河盈溢所爲, 方用度不足, 可且勿浚.

〖국역〗

成帝 初에 淸河郡 都尉인 馮逡(풍준)[93]이 상주했다.

93 馮逡(풍준) - 馮奉世(풍봉세)의 아들, 馮野王(풍야왕)의 동생. 馮逡(풍준)의 字는 子産으로,《易經》에 박통하였으며 太常의 천거를 받았다. 元帝 建昭 연간에, 復土校尉에 선임되었고 美陽 현령, 長樂宮 屯衛司馬, 淸河郡

「淸河郡은 黃河의 下流에 있는데, 兗州刺史部의 東郡(동군)과는 河水가 경계이며, (淸河郡의) 성곽이 있는 곳은 지대가 더욱 낮고, 土壤(토양)도 쉽게 부스러집니다. 근래에(頃), 군내에 큰 수해가 드문(闊) 까닭은 屯氏河(둔씨하)가 열리며, 황하가 양쪽으로 흘렀기 때문입니다. 지금 屯氏河의 흐름이 막히면서, 靈縣(영현)의 鳴犢口(명독구)가 더욱 不利(危險)한 것은 오직 一川으로 여러 지류의 수량을 감당해야 하기 때문이니, 비록 堤防을 높여 쌓아도 끝내 감당할 수 없을 것입니다.[94] 만약 장마철이 되어 열흘 정도에 날이 개이지 않는다면(不霽) 틀림없이 차고 넘칠 것입니다(盈溢, 영일). 靈縣의 鳴犢口는 淸河郡의 동쪽에 있습니다만, 그 所在地가 낮은 곳이라서(處下), 비록 잘 소통케 하더라도 魏郡과 淸河郡의 수해를 막을 수 없을 것입니다. (上古에 치수를 했던) 禹(우)가 民力을 아끼려 한 것은 아니었으며, 地形에 맞춰 9개의 황하 지류를 뚫었지만 지금은 이미 없어졌고 어디인지 밝히기도 어려우며, 屯氏河(둔씨하)가 흐르기 시작한 것이 70년이 안 되고, 최근에 막혀 오래되지 않았으니, 그 강바닥은 쉽게 준설할 수 있습니다.

또 둔씨하 입구가 높아져 지류의 힘을 약화시키기에 준설하는 것이 편리하며, 준설하여야만 河水 본류의 홍수를 분산하여 비상에 대비할 수 있을 것입니다. 또 (宣帝) 地節 연간에 郭昌(곽창)이 직선의 수로를 개통한 3년 뒤에, 황하 예전 본류의 두 번째 굽은 곳에서 북

都尉를 지내고 隴西(농서) 太守가 되었다. 통치가 청렴 공평하였는데 나이 40여 세에 죽었다. 이글은 淸河도위로 근무하며 황하 제방에 대한 방략을 말한 것이다.

94 원문 終不能洩 - 洩은 샐 설. 물을 흘려보내다.

쪽으로 6리쯤 곳에서 지류가 흘러 다시 남쪽에서 합류하였습니다. 지금 그 굽어진 곳의 水勢가 다시 貝丘縣(패구현)에서 옆으로 맞보고 있어 백성들도 걱정하고 있으니, 응당 다시 물길을 뚫어 동쪽으로 흘려보내야 합니다. 지금 미리 물길을 고쳐 대비하지 않아, (만일) 황하 북안으로 터지면 4, 5郡이 수해를 당하게 되고, 남안으로 터지면 10여 郡이 피해를 당할 것이니, 그런 연후에 걱정한다면 늦을 것입니다.」

이 사안을 丞相府와 御史府에 하달했고, 《尙書》를 전공했고 계산에도 밝은 博士 許商(허상)을 시켜 그 효용성을 검토하여 (황제에게) 보고하게 하였다. 許商(허상)은 황하 현장을 둘러보고, 屯氏河가 넘칠 수 있지만, 지금은 財用이 부족하니 일단 준설하지 않는 것이 좋을 것이라 하였다.

原文

後三歲, 河果決於館陶及東郡金堤, 氾濫兗,豫, 入平原,千乘,濟南, 凡灌四郡三十二縣, 水居地十五萬餘頃, 深者三丈, 壞敗官亭室廬且四萬所. 御史大夫尹忠對方略疏闊, 上切責之, 忠自殺. 遣大司農非調調均錢穀河決所灌之郡, 謁者二人發河南以東漕船五百艘, 徙民避水居丘陵, 九萬七千餘口. 河堤使者王延世使塞, 以竹落長四丈, 大九圍, 盛以小石, 兩船夾載而下之. 三十六日, 河堤成.

上曰, 「東郡河決, 流漂二州, 校尉延世堤防三旬立塞. 其以五年爲河平元年. 卒治河者爲著外繇六月. 惟延世長於計策, 功費約省, 用力日寡, 朕甚嘉之. 其以延世爲光祿大夫, 秩中二千石, 賜爵關內侯, 黃金百斤.」

〖국역〗

그 3년 뒤, 黃河가 결국 (魏郡의) 館陶縣(관도현)과 東郡[95]의 金堤(금제)에서 터져 兗州(연주)刺史部와 豫州(예주)刺史部 관할 구역에 범람하여 平原郡, 千乘郡(천승군), 濟南郡 지역에 물이 들어 총 4郡 32縣에 15만여 頃(경)이 침수되었는데, 깊은 곳은 3丈이나 되었으며, 관청, 민가 등 거의 4만여 호가 물에 잠겼다. 御史大夫인 尹忠(윤충)의 수해 대책이나 방략이 疏闊(소활)하다고 황제가(成帝) 심하게 질책하자, 윤충은 自殺하였다. 이에 조정에서는 大司農인 非調(비조, 人名, 非氏)를 보내 錢穀을 물이 들어간 郡에 분배하였고, 謁者(알자)[96] 2인을 보내 河南郡의 동쪽에서 漕運船(조운선) 5백 척(艘, 배소)을 징발하여 침수지에서 떠나 丘陵에 살도록 백성 9만 7천여 명을 이주시켰다. 河堤使者[97]인 王延世(왕연세)를 보내 터진 제방을 막게 하였는데, (왕연세)는 길이 4丈에 둘레 아홉 아름의 대나무 바구니(竹落, 竹籠)에 작은 돌을 채워 배 2척이 끌고 가서 물에 던져 넣었다. 36일에 제방 공사를 완료하였다. 이에 성제가 말했다.

「東郡에서 河水의 제방이 무너져 2개 州를 잠기게 하였는데, 교

---

95 東郡 – 今 河南省 황하 이북의 동부와 山東省 서부의 일부 지역. 治所는 河南省 동북부, 황하 북안의 濮陽市(복양시).

96 謁者 – 漢의 궁궐, 황후궁, 태자궁, 제후 왕국에 설치한 관직. 빈객 접대와 시중 담당.

97 河堤使者(河堤謁者) – 하천에 관련한 업무 담당.

위인 延世(연세)는 한 달 만에 제방을 쌓아 막았다. 그래서 (建始) 5年을 河平 元年(前 28－25년)으로 개원한다. 치수 공사에 동원된 백성을 외지(변방) 요역 6개월을 복무한 것으로 기록하라. (王) 延世는 방책을 잘 세워 큰일의 비용을 절감하였으며 일자도 단축시킨 것을 짐은 심히 기뻐하노라. 延世에게 光祿大夫[98]를 제수하나니, 질록은 中二千石이며, 關內侯[99]의 작위와 黃金 百斤도 하사토록 하라.」

原文

後二歲, 河復決平原, 流入濟南,千乘, 所壞敗者半建始時, 復遣王延世治之. 杜欽說大將軍王鳳, 以爲, "前河決, 丞相史楊焉言延世受焉術以塞之, 蔽不肯見. 今獨任延世, 延世見前塞之易, 恐其慮害不深. 又審如焉言, 延世之巧, 反不如焉. 且水勢各異, 不博議利害而任一人, 如使不及今冬成, 來春桃華水盛, 必羨溢, 有塡淤反壞之害. 如此, 數郡種不得下, 民人流散, 盜賊將生, 雖重誅延世, 無益於事. 宜遣焉及將作大匠許商,諫大夫乘馬延年雜作. 延世與焉必相破壞,

98 光祿大夫 － 宮殿 경비 담당, 출입자 단속을 주 임무로 하는 光祿勳(광록훈, 질록 中二千石)의 속관이다. 광록훈 아래 여러 직급의 大夫, 郞官, 謁者 등을 두었다. 大夫는 政事에 대한 의론을 담당자이다. 광록대부는 여러 대부 중 가장 존귀한 자리이다. 給事中, 侍中의 가관을 받아 영향력이 매우 컸다. 질록은 比2천석이나 여기서 황제 명령으로 특별히 中二千石으로 올렸다. 中二千石은 九卿의 질록이다.

99 關內侯는 漢 20작위 중 19등 작위. 제후의 아래. 식읍 戶數만큼의 조세가 수입이 된다.

深論便宜, 以相難極. 商,延年皆明計算, 能商功利, 足以分別是非, 擇其善而從之, 必有成功."

鳳如欽言, 白遣焉等作治, 六月乃成. 復賜延世黃金百斤, 治河卒非受平賈者, 爲著外繇六月.

〖국역〗

그 2년 뒤, 황하 제방이 다시 平原郡에서 붕괴되어 濟南郡과 千乘郡에 유입되었고, 그 붕괴 정도는 (成帝) 建始 年間의 절반이었는데, 다시 王延世(왕연세)를 보내 治水토록 하였다. 이에 杜欽(두흠)[100]이 大將軍 王鳳(왕봉)[101]을 설득하였다.

"앞서 河水가 터졌을 때, 丞相史인 楊焉(양언)은 王延世(왕연세)가 자신이 말해준 방법으로 하수를 막았다고 말했는데, 왕연세는 이를 숨겨 끝까지 드러내려 하지 않았습니다. 지금 왕연세가 혼자 임무를 받았는데, 왕연세는 지난 번 물막이가 쉬웠던 것을 알고 있기에 그 생각이 깊지 않을까 걱정이 됩니다. 또 양언의 말이 확실하다면[102] 왕연세의 기술은 양언만 못할 것입니다. 또 水勢는 매번 다르며, 그

---

100 杜欽(두흠, 생졸년 미상) – 杜周의 손자. 字는 子夏로 젊어서부터 經書를 좋아하고, 집은 부유했으나 한쪽 눈을 실명하여 관리가 되지 않았다. 王鳳의 참모로 지명도가 있었다. 60권, 〈杜周傳〉에 附傳.

101 王鳳(왕봉, ? – 前 22) – 成帝(재위 前 33 – 前 7) 時 外戚, 元帝의 皇后인 王政君의 오빠. 成帝 즉위 후에 大司馬大將軍領尙書事가 되어 정권을 독차지했다. 왕봉의 4형제(王鳳, 王音, 王商, 王根)가 모두 요직을 독차지 했다. 이 왕봉의 조카가 바로 王莽(왕망)이다.

102 원문 又審如焉言 – 又는 또 우. 審은 살필 심. 부사로 쓰일 경우, 확실히.

한 사람에게만 맡기는 利害를 널리 논의를 하지도 않았으니, 만약 이번 겨울까지 완공하지 못하면, 새봄에 복숭아꽃이 필 때 비가 많이 내리면 틀림없이 물이 넘치고 뻘흙이 채워져 피해가 많을 것입니다. 이렇게 되면, 여러 군에서는 씨앗을 뿌릴 수 없어 백성은 흩어지고 도적이 발생할 것이니, 비록 왕연세를 중한 벌을 내리더라도 사태 수습에 도움이 없을 것입니다. 그러니 응당 양언과 將作大匠(장작대장)[103]인 許商(허상), 諫大夫인 乘馬延年(승마연년, 乘馬는 복성)이 함께 일을 해야 합니다. 왕연세와 양언은 틀림없이 서로 배척할 것이니, 그렇게 되면 큰 논쟁이 있더라도 서로 이길 수 없을 것입니다. 허상과 승마연년은 모두 계산에 밝고 일의 功利를 알아 족히 시비를 분별하며 좋은 길을 택하여 처리할 것이니 필히 성공할 것입니다."

王鳳은 杜欽(두흠)의 건의대로 양언 등을 같이 파견하자고 보고하였으며, (공사는) 6개월에 완공하였다. 이에 다시 왕연세에게 黃金 1백금을 하사하였고, 치수 공사에 참여한 백성 중에서 일당을 받지 않은 자는 변방의 요역 6개월을 마친 것으로 기록케 하였다.

原文

後九歲, 鴻嘉四年, 楊焉言, "從河上下, 患底柱隘, 可鐫廣之."

上從其言, 使焉鐫之. 鐫之裁沒水中, 不能去, 而令水益

103 將作大匠(장작대장) - 宮室 건축과 보수, 관리 담당. 질록 2천석, 속관인 丞은 질록 6백석. 2명의 丞과 左, 右中候를 두었다. 부속 관서로 石庫, 東園主章, 左, 右, 前, 後, 中校의 7令과 丞이 있었다.

湍怒, 爲害甚於故.

是歲, 勃海,淸河,信都河水湓溢, 灌縣邑三十一, 敗官亭民舍四萬餘所. 河堤都尉許商與丞相史孫禁共行視, 圖方略.

禁以爲"今河溢之害數倍於前決平原時. 今可決平原金堤間, 開通大河, 令入故篤馬河. 至海五百餘里, 水道浚利, 又乾三郡水地, 得美田且二十餘萬頃, 足以償所開傷民田廬處, 又省吏卒治堤救水, 歲三萬人以上."

許商以爲, "古說九河之名, 有徒駭,胡蘇,鬲津, 今見在成平,東光,鬲界中. 自鬲以北至徒駭間, 相去二百餘里, 今河雖數移徙, 不離此域. 孫禁所欲開者, 在九河南篤馬河, 失水之跡, 處勢平夷, 旱則淤絶, 水則爲敗, 不可許."

公卿皆從商言.

〖국역〗

그 후 9년, (成帝) 鴻嘉(홍가) 4년(前 17)에, 楊焉(양언)이 말했다.

"黃河 위에서 하류로 내려올 때, 底柱山(지주산)[104]의 좁은 물길을(險隘) 걱정하는데 끌로 쪼아 넓힐 수 있습니다."[105]

성제는 그 건의 의거 양언에게 산을 끌로 깎아 넓히게 하였다. 그러나 떼어낸 바위 덩어리가 강물에 잠겼고 건져낼 수도 없어 강물의

104 底柱山(지주산) – 今 河南省 서부 三門峽市(삼문협시). 황하 가운데 솟은 암석 산. 底는 밑 저, 정할 지, 숫돌 지. 隘는 좁을 애. 險隘(험애)는 狹隘.

105 원문 可鐫廣之 – 鐫은 새길 전. 끌로 쪼아내다.

소용돌이는 더 커졌고 피해는 전보다 더 심했다.

이 해에, 勃海郡, 清河郡, 信都國의 河水가 湓溢(분일, 범람)하여 31개 縣, 邑이 물에 잠겼고, 官亭이나 民舍(민사, 民家) 4만여 個所가 부서졌다. 河堤都尉(하제도위)인 許商(허상)과 丞相史인 孫禁(손금)이 함께 순시한 뒤 방략을 마련하였다.

손금이 말했다.

"이번 황하의 범람 피해는 이전 平原郡의 제방 붕괴 때보다 더 심합니다. 이번에 平原郡 金堤(금제) 일대에 황하의 물을 터서 (황하의 지류 9河의 하나인) 옛 篤馬河(독마하)로 빼낼 수 있습니다. 그러면 바다까지 5백여 里인데 물길을 준설하고 또 침수된 3개 군의 물을 빼면 거의 20여만 頃(경)을 얻을 수 있는데, 그것으로 백성의 田地나 가옥 대지를 보상할 수 있고, 또 나라의 치수 관련 관리 3만 명 이상을 감소할 수 있습니다."

許商(허상)도 말했다.

"예부터 말한 九河의 이름에 徒駭(도해), 胡蘇(호소), 鬲津(격진)이 있는데, (그 위치는) 지금의 成平縣, 東光縣, 鬲縣(격현)의 지역입니다. 鬲縣(격현)에서 북쪽으로 徒駭縣(도해현)까지는 2백여 里 떨어져 있는데, 지금 황하의 흐름이 자주 바뀐다지만 이 범위를 벗어나지 않습니다. 孫禁(손금)이 개통코자 하는 것은 九河 중 南篤馬河(남독마하)인데, 옛 강물의 자취도 사라졌고, 또 지세가 평이하여 날이 가물면 진흙으로(淤, 앙금 어, 모래섬) 흐름이 단절되고, 강물이 좀 많아지면 범람하게 되니 허용할 수 없습니다."

公卿들은 모두 허상의 건의에 찬동하였다.

原文

先是, 谷永以爲, "河, 中國之經瀆, 聖王興則出圖書, 王道廢則竭絶. 今潰溢橫流, 漂沒陵阜, 異之大者也. 修政以應之, 災變自除."

是時, 李尋,解光亦言, "陰氣盛則水爲之長, 故一日之間, 晝減夜增. 江河滿溢, 所謂水不潤下, 雖常於卑下之地, 猶日月變見於朔望, 明天道有因而作也. 衆庶見王延世蒙重賞, 競言便巧, 不可用. 議者常欲求索九河故跡而穿之, 今因其自決, 可且勿塞, 以觀水勢. 河欲居之, 當稍自成川, 跳出沙土, 然後順天心而圖之, 必有成功, 而用財力寡."

於是遂止不塞. 滿昌,師丹等數言百姓可哀, 上數遣使者處業振贍之.

『국역』

이에 앞서 谷永(곡영)[106]이 말했다.

"黃河는 中國의 주요 하천으로(經瀆), 聖王이 興起하면 圖書(河

106 谷永(곡영) - 谷永의 字는 子雲으로, 長安縣 사람. 谷永은 元帝 建昭 연간에 어사대부인 繁延壽(포연수)의 천거를 받은 이후, 정치의 득실에 관하여 자주 상서하였다. 경서의 대략에 통하여 杜欽(두흠)과 杜鄴(두업)과 거의 대등하였으나 劉向과 劉歆(유흠) 父子나 揚雄(양웅)처럼 넓고 깊게 알지는 못했다. 천문에 대해서는《京氏易》을 가장 좋아하였기에 재이에 대한 언급을 잘했으며, 전후 40여 차례에 상서를 하였으나 대략 비슷한 내용이었고 곡영이 王氏의 黨人인 것을 成帝도 알고 있었기에 깊이 신임하지는 않았다. 85권, 〈谷永杜鄴傳〉에 立傳.

圖와 洛書)가 나오고 王道가 廢하면 물이 마르고 흐름이 끊깁니다. 지금 하수가 범람하고(潰溢, 궤일) 멋대로 흐르고(橫流), 구릉을 물에 잠기게 하는 것은 큰 변이라 할 수 있습니다. 정사를 바로잡아 이 변에 대처한다면 災異(재이)가 저절로 없어질 것입니다."

이때에, 李尋(이심)과 解光(해광)[107]도 역시 진언하였다.

"陰氣가 盛하면 물이 크게 불어나는데, 이는 하루의 밤낮에서 낮이 짧아지면 밤이 길어지는 것과 같습니다. 長江과 黃河가 차고 넘치는 것은 물이 아래로 내려가지 못하는 것이니, 비록 늘 낮은 지대일지라도 마치 해와 달이 초하루나 보름에 모습을 달리 보이는 것처럼 天道는 원인에 따라 여러 현상이 일어나는 것과 같습니다. 많은 백성이 이미 王延世(왕연세)가 큰 상을 받은 것을 보았기에 다투어 나라에 이득이라고 건의하지만 다 받아들일 수 없습니다. 議者들이 늘 9河의 옛 자취를 찾아 수로를 뚫어야 한다고 주장하지만, 지금 황하는 그 자체로 제방을 붕괴시킨 것이니, 그를 억지로 막을 수 없는 것이며 水勢를 관망해야 합니다. 河水가 머물려 한다면 응당 저절로 하천이 이뤄지거나 沙土가 쌓인 연후에 天心에 따라 그렇게 도모하고, 또 꼭 그대로 이뤄지니 결국 (인간은) 財用을 들이고 力役도 부족할 뿐입니다."

이에 결국 제방 보수를 중단하며 무너진 곳을 막지 않았다. 그리하여 滿昌(만창)이나 師丹(사단)[108] 등이 백성의 힘들고 구차한 생활

---

107 李尋(이심)의 字는 子長으로 《尙書》를 전공하였다. 이심은 〈洪範〉의 災異(재이)를 추론하였고 천문과 月令, 음양학을 연구하였다. 75권, 〈眭兩夏侯京翼李傳〉에 입전. 解光(해광)은 司隸校尉였는데, 經學에 밝고 災異에 능통하여 哀帝의 인정을 받았다.

을 자주 진언하여도, 황제는 백성이 살고 일하는 곳에(處業) 관리를 보내 구휼할(振贍, 진섬) 뿐이었다.

原文

哀帝初, 平當使領河堤, 奏言,

「九河今皆窴滅, 按經義治水, 有決河深川, 而無堤防雍塞之文. 河從魏郡以東, 北多溢決, 水跡難以分明. 四海之衆不可誣, 宜博求能浚川疏河者.」

下丞相孔光,大司空何武, 奏請部刺史,三輔,三河,弘農太守擧吏民能者, 莫有應書. 待詔賈讓奏言.

〖국역〗

哀帝(재위 前 6 – 前 1) 初에, 平當(평당)[109]은 河堤(하제) 담당 사자[110]로 상주하였다.

---

108 師丹(사단, ? – 서기 3년) – 哀帝 때 王莽(왕망)의 권한 박탈을 강력 주장. 애제 때 개혁 시도는 외척의 반대로 실패했다. 86권, 〈何武王嘉師丹傳〉에 입전.

109 平當(평당, ? – 前 4. 字는 子思) – 나라에 災異가 있을 때마다 평당은 경전의 뜻에 附會하여 그 득실을 논하였다. 文雅함은 蕭望之(소망지)나 匡衡(광형)에 미치지 못하였으나 그 뜻은 대략 비슷하였다. 승상 역임. 71권, 〈雋疏于薛平彭傳〉에 입전.

110 원문 使領河堤 – 河堤(하제)는 황하의 제방. 領은 상위 직급을 가진 자가 하위 업무를 겸임하는 것. 그 업무를 감독하는 뜻이지, 직무를 직접 수행한다는 뜻은 아니다.

「(黃河 下流의) 九河는 지금 모두 메워져 없어졌으며,[111] 경전에 보이는 治水 사실로 황하의 물이 빠지는 깊은 하천이었고, 거기에 제방이 있었다거나 진흙으로 메워졌다는[112] 글은 없습니다. 황하는 魏郡의 동쪽에서부터 북쪽으로 넘치거나 제방 붕괴가 자주 일어나면서 강물의 자취도 분명하지 않습니다. 지금 천하의 백성에게 거짓을 말할 수 없는 만큼 의당 하천의 소통이나 준설을 담당할 만한 인재를 널리 구해야 합니다.」

이를 丞相 孔光(공광)[113]이나 大司空 何武(하무)[114]에 지시하면서 各部 刺史나 三輔와 三河, 그리고 弘農太守[115]는 吏民 중에서 유능한 자를 천거케 하였지만 아무도 응하는 자가 없었다. 그러자 待詔(대조)[116]인 賈讓(가양)이 상주하였다.

---

111 원문 今皆寘滅 - 寘은 메워질 전. 寘(둘 치)가 아님. 滅은 없어질 멸.

112 雍塞(옹색) - 壅塞(옹색). 막히다.

113 孔光(공광, 前 65 - 서기 5) - 孔子의 14세손으로, 孔霸(공패)의 아들이다. 성제, 애제, 평제 때까지 부침이 많았다. 哀帝가 처음 즉위하고서는 검약을 실천하고 정사를 직접 처리하고 대신을 포상하면서 공광에게 식읍을 늘려 주었다. 81권, 〈匡張孔馬傳〉에 입전.

114 何武(하무, ? - 서기 3년) - 前 8년 御史大夫(大司空) 역임. 나중에 왕망의 모함으로 자살했다. 86권, 〈何武王嘉師丹傳〉에 입전.

115 三輔, 三河, 弘農太守 - 司隷校尉部 관할 7郡. 三輔는 京兆尹, 左馮翊, 右扶風. 三河은 河東郡, 河南郡, 河內郡, 弘農郡은 三河에서 三輔에 들어가는 중간의 郡.

116 待詔(대조) - 인재를 초빙하는 徵士(징사)의 한 종류이며, 漢代의 특수 관직명. 詔는 황제의 명령을 기록한 문서이다. 명망이 있는 人才를 중용하기 전에 우선 待詔(조서를 기다린다는 뜻)라는 직명을 부여한다. 황제의 부름을 받아 대기하다가 조서를 받고 그에 따른 임무를 수행 또

原文

「治河有上,中,下策. 古首立國居民, 疆理土地, 必遺川澤之分, 度水勢所不及. 大川無防, 小水得入, 陂障卑下, 以爲汙澤, 使秋水多, 得有所休息, 左右游波, 寬緩而不迫. 夫土之有川, 猶人之有口也. 治土而防其川, 猶止兒啼而塞其口, 豈不遽止, 然其死可立而待也. 故曰, '善爲川者, 決之使道, 善爲民者, 宣之使言.'

蓋堤防之作, 近起戰國, 雍防百川, 各以自利. 齊與趙,魏, 以河爲竟. 趙,魏瀕山, 齊地卑下, 作堤去河二十五里. 河水東抵齊堤, 則西泛趙,魏, 趙,魏亦爲堤去河二十五里. 雖非其正, 水尙有所遊盪. 時至而去, 則塡淤肥美, 民耕田之. 或久無害, 稍築室宅, 遂成聚落. 大水時至漂沒, 則更起堤防以自救, 稍去其城郭, 排水澤而居之, 湛溺自其宜也.

今堤防狹者去水數百步, 遠者數里. 近黎陽南故大金堤, 從河西西北行, 至西山南頭, 乃折東, 與東山相屬. 民居金堤東, 爲廬舍, 往十餘歲更起堤, 從東山南頭直南與故大堤會. 又內黃界中有澤, 方數十里, 環之有堤, 往十餘歲太守以賦民, 民今起廬舍其中, 此臣親所見者也.

는 자문에 응하는 관직이다. 待詔의 종류로 待詔金馬, 待詔殿中, 待詔保宮, 待詔公車, 待詔黃門, 待詔丞相府 등이 있다. 특수한 분야의 전문가인 경우, 예를 들어 太史, 治曆, 音律, 本草의 경우에는 ○○待詔라고 불렸다.

東郡白馬故大堤亦複數重, 民皆居其間. 從黎陽北盡魏界, 故大堤去河遠者數十里, 內亦數重, 此皆前世所排也. 河從河內北至黎陽爲石堤, 激使東抵東郡平剛, 又爲石堤, 使西北抵黎陽,觀下. 又爲石堤, 使東北抵東郡津北, 又爲石堤, 使西北抵魏郡昭陽, 又爲石堤, 激使東北. 百餘里間, 河再西三東, 迫厄如此, 不得安息.」(下文 계속)

〖국역〗

「하천을 관리하는 데는 上, 中, 下策이 있습니다. 옛날에, 우선 나라를 세우고 백성이 거주하면서 그 疆土(강토)를 다스리며 필히 먼저 하천과 호수의 뭁을 정하고, 水勢를 헤아려 물이 미칠 수 없는 곳에 살게 하였습니다. 그러면서 大川에는 아무런 防備나 제한이 없었지만, 小水가 흘러드는 낮은 곳을 둑으로 막아 연못을 만들어 가을이라도 물을 저장하여 흐르지 않게 하고, 물결을 막아 여유 속에 서둘지 않게 하였습니다. 대체로 땅에 하천이 있는 것은 마치 사람에게 입이 있는 것과 같습니다. 대지를 관리하면서 하천의 흐름을 막는 것은 마치 어린아이가 운다고 입을 틀어막는 것과 같으니, 갑자기 멈추게 할 수도 없거니와 아이가 죽기를 서서 기다리는 것과 같습니다. 그래서 '물을 잘 다스리는 자는 하천을 따라 물을 터주고, 백성을 잘 다스리는 자는 백성이 할 말을 하게 하는 것이라.' 고 하였습니다.

대체로 제방의 축조는 가까운 戰國시대에 시작되어 여러 하천을 막으면서 각자 자신을 이롭게 하였습니다. 齊와 趙와 魏國에서는 황하가 국경이 되었습니다. 趙와 魏는 山地의 의지하였습니다만, 齊地

는 지대가 낮아 황하에서 25리 떨어진 곳에 제방을 쌓았습니다. 河水는 동으로 흐르지만, 齊의 제방 때문에 서쪽으로 물이 거슬러 올라가자, 趙와 魏에서도 역시 河水에서 25리 떨어진 곳에 제방을 쌓게 하였습니다. 그것이 바른 것은 아니었습니다만, 河水는 굽이치며 출렁일 여지가 있었습니다. 하수의 물이 들어오고 빠지면서 비옥한 진흙이 쌓였고 백성이 거기를 田地로 경작하였습니다. 또 오랫동안 수해가 없는 곳에는 차츰 집을 지었고 마침내 마을이 형성되었습니다. 大水(洪水)가 가끔 닥쳐서 쓸어가기 때문에 다시 제방을 쌓으며 자구책을 강구하였고, 또 차츰 성곽을 떠나 水澤의 물을 빼내고 거주하면서, 물에 잠길 경우 적의하게 대처하였습니다.

지금 제방과 하천이 좁은 곳은 물에서 수백 보이고, 먼 곳은 몇 리나 됩니다. (東郡의) 黎陽縣(여양현)[117]은 河水에서 가까우며, 城 남쪽은 옛 大金堤(대금제)인데, 河水가 서쪽에서 西北으로 흘러오다가 西山(서산)에 이르러 남쪽을 향하다가, 곧 동쪽으로 꺾어지며 東山(동산)과 서로 이어집니다. 백성은 金堤의 동쪽에 집을 지었고, 가끔 10여 년에 한 번씩 제방을 고쳐 쌓으면서 東山의 남쪽에서 바로 옛 大堤와 만나게 됩니다. 또 (魏郡) 內黃縣(내황현)에 큰 호수가 있는데 (黃澤), 사방 수십 리로 그 둘레에 제방이 있고, 往往(왕왕) 10여 년마다 태수가 백성에게 땅을 나눠주고 백성은 거기에 집을 짓고 사는데, 이는 臣이 직접 목격하였습니다.

東郡의 白馬縣(백마현)[118]에 옛 大堤(대제) 역시 여러 겹의 제방이

117 黎陽縣(여양현) – 今 河南省 북부 鶴壁市(학벽시). 河水 북부.

118 白馬縣(백마현) – 今 河南省 북부 安陽市 관할 滑縣(활현).

있고, 백성은 그 제방 사이에 거주합니다. 黎陽縣(여양현)의 북쪽에서 魏郡(위군)의 끝까지는 옛 大堤로 河水에서 멀리 수십 리 떨어진 곳이며 그 안에는 제방이 여러 겹인데 이런 제방 모두가 옛날에 축조한 제방입니다. 황하는 河內郡 북쪽에서부터 黎陽縣까지는 돌로 쌓은 제방으로 격류가 동쪽으로 東郡의 平剛(평강)까지 이르기에 돌로 제방을 쌓아 서북으로 黎陽縣이나 觀縣(관현)까지 이릅니다. 또 石堤는 동북으로 東郡의 나루터 북쪽에 있고, 또 다른 석조 제방은 서북으로 魏郡의 昭陽縣(소양현)까지인데 격류가 동북으로 흐르기 때문입니다. 여기까지 1백여 리에 황하는 2번은 서쪽, 3번은 동쪽으로 흐르면서 이렇듯 압박하기에 편안히 쉴 수 없었습니다.」(下文 계속)

原文

「今行上策, 徙冀州之民當水沖者, 決黎陽遮害亭, 放河使北入海. 河西薄大山, 東薄金堤, 勢不能遠氾濫, 期月自定. 難者將曰, "若如此, 敗壞城郭田廬塚墓以萬數, 百姓怨恨." 昔大禹治水, 山陵當路者毀之, 故鑿龍門, 辟伊闕, 析底柱, 破碣石, 墮斷天地之性. 此乃人功所造, 何足言也! 今瀕河十郡治堤歲費且萬萬, 及其大決, 所殘無數. 如出數年治河之費, 以業所徙之民, 遵古聖之法, 定山川之位, 使神人各處其所, 而不相奸. 且以大漢方制萬里, 豈其與水爭咫尺之地哉? 此功一立, 河定民安, 千載無患, 故謂之上策.」(下文 繼續)

〖국역〗

「지금 上策을 실천하여, 河水에 잠긴 冀州(기주)의 백성을 이주시키고,[119] 黎陽縣 遮害亭(차해정)[120]에서 제방을 헐어 河水를 방류하여 북쪽을 거쳐 바다로 流入시켜야 합니다. 河水의 서쪽은 大山(태산, 泰山)에 가깝고, 동쪽은 金堤(금제)가 있어 河水의 水勢가 멀리까지 범람할 수 없고, 또 한 달 정도면(期月) 저절로 안정될 것입니다. 이를 비난할 사람들은 "만약 그렇게 된다면 수만의 성곽과 田地와 가옥, 무덤이 파괴되어 백성의 원한을 사게 된다."고 말할 것입니다. 옛날에 大禹가 治水하면서 길을 내야 할 산을 허물었는데, 龍門山을 갈랐으며, 伊闕山(이궐산)[121]을 開闢(개벽)했고 底柱山(지주산)을 쪼갰으며, 碣石山(갈석산)을 부수는 등 天地의 本性을 크게 파괴하였습니다. 그런데 이는 (성곽 마을 분묘 등) 인간이 만든 것인데, 어찌 언급할 수 있겠습니까? 지금 황하 주변 10개 郡에서 해마다 萬에 萬錢(1億 錢)을 소비하는데, 황하 제방을 트는 것도 그 피해 역시 계산할 수 없습니다. 그러나 여러 해에 걸친 황하 치수의 비용을 가지고 이주한 백성의 생업을 마련할 수 있으며, 古聖의 법도를 따르고, 山川의 자리를 다시 확정하며, 諸神과 인간이 제자리를 잡아 서로 관여

---

119 원문 當水沖者 - 水流가 닥친 곳의 백성. 沖은 衝. 沖은 흔들릴 충, 텅빌 충, 깊을 충. 衝은 지를 충. 맞부딪치다.

120 遮害亭(차해정) - 今 河南省 安陽市 관할 滑縣(활현) 서남.

121 伊闕(이궐) - 河南省 洛陽市 龍門鎭. 前 293年의 伊闕之戰(이궐의 전투)는 秦國 名將 白起(백기)가 魏, 韓, 東周 三國의 聯合軍을 격파한 전투이다. 이 싸움에서 白起는 聯合軍 主將 公孫喜(공손희)를 잡아 죽이고 병졸 24만 명을 죽였다고 알려졌다.

하지 않을 것입니다. 이는 大漢의 1만 리 강역을 다스리는 大 方略이거늘, 어찌 河水와 한 두 尺의 땅을 놓고 다투겠습니까? 이 방략이 성공하면 河水는 제자리를 찾아 흐르고 백성은 안정되어 천 년 동안 아무 우환이 없을 것이기에, 이를 上策이라 할 수 있습니다.」(下文 계속)

原文

「若乃多穿漕渠於冀州地, 使民得以漑田, 分殺水怒, 雖非聖人法, 然亦救敗術也. 難者將曰, "河水高於平地, 歲增堤防, 猶尙決溢, 不可以開渠."

臣竊按視遮害亭西十八里, 至淇水口, 乃有金堤, 高一丈. 自是東, 地稍下, 堤稍高, 至遮害亭, 高四五丈. 往六七歲, 河水大盛, 增丈七尺, 壞黎陽南郭門, 入至堤下. 水未逾堤二尺所, 從堤上北望, 河高出民屋, 百姓皆走上山. 水留十三日, 堤潰, 吏民塞之. 臣循堤上, 行視水勢, 南七十餘里, 至淇口, 水適至堤半, 計出地上五尺所. 今可從淇口以東爲石堤, 多張水門. 初元中, 遮害亭下河去堤足數十步, 至今四十餘歲, 適至堤足. 由是言之, 其地堅矣. 恐議者疑河大川難禁制, 滎陽漕渠足以卜之, 其水門但用木與土耳, 今據堅地作石堤, 勢必完安. 冀州渠首盡當卬此水門. 治渠非穿地也, 但爲東方一堤, 北行三百餘里, 入漳水中, 其西因山足高地, 諸渠皆往往股引取之. 旱則開東方下水門漑冀州, 水則開西方高門分河流. 通渠有三利, 不通有三害. 民常罷於救水, 半失作業, 水行地上, 湊潤上徹, 民則病濕氣, 木皆立枯, 鹵不生穀. 決溢有敗, 爲魚鱉食, 此三害也. 若有渠漑, 則鹽鹵下濕, 塡淤加肥, 故種禾麥, 更爲粳稻, 高田五倍, 下田十倍, 轉漕舟船之便, 此三利也. 今瀕河堤吏卒郡數千人, 伐買薪石之費歲數千萬, 足以通渠成水門. 又民利其漑灌, 相率治渠, 雖勞不罷. 民田適治, 河堤亦成, 此誠富國安民, 興利除害, 支數百歲, 故謂之中策.

若乃繕完故堤, 增卑倍薄, 勞費無已, 數逢其害, 此最下策也.」

〖국역〗

「만약 冀州(기주) 지역에 漕運(조운)할 수 있는 水路를 많이 뚫어 백성이 이를 田地에 관개하고 河水의 격류를 분산할 수 있다면, 이는 聖人의 解法은 아니지만 역시 손실을 구원할 수 있습니다. 이를 비난하는 사람들은 말할 것입니다. "河水는 平地보다 그 바닥이 높으니 해마다 그 제방을 높여야 하며, 여전히 무너져 범람할 수 있으며 수로를 개통할 수도 없다."

臣은 私的으로 遮害亭(차해정) 서쪽으로 18리 되는 淇水(기수, 淇河)의 입구, 곧 金堤(금제)가 있는 곳을 살펴보았는데, 그곳 (제방의) 높이가 1丈이었습니다. 거기서부터 동쪽으로 가면서 땅은 점점 낮아지며 제방은 점점 높아져서 차해정에 이르자, 제방 높이는 4, 5丈이었습니다. 지난 6, 7년간에 河水가 크게 불어나 1丈 7尺을 높였는데도 黎陽縣 남쪽 성곽의 문을 부수었고 제방 아래쪽으로 넘쳤습니다. 여기 水位는 제방에서 2척 정도를 남겨 놓고 있었으며, 제방 위에서 북쪽을 바라보니 河水가 민가 지붕 위로 보였으며, 백성은 모두 산 위로 피신했습니다. (범람한) 물이 13일 동안 잠겼고, 제방이 무너지자 吏民이 틀어막았습니다. 臣이 제방 위에 올라가 水勢를 살펴보니 남쪽으로 70여 리에 淇水가 합류하는데, 水位는 제방의 절반이고 지상에서 계산해 보면 5척 정도였습니다. 지금 淇水口로부터 동쪽으로는 돌로 축조한 제방(石堤)으로 水門을 많이 설치하였습니다(多張水門). (元帝) 初元 연간(前 48 - 44)에, 遮害亭(차해정) 아래는 河水 제방에서 수십 步 떨어졌다는데, 지금 40여 년이 지났는데 거의 제방 아래에 닿았습니다. 이를 본다면, 그곳은 지반이 견고한 것입니다.

논의하는 자들은 황하는 큰 강이라서 통제하기가 어렵다고 말하지만, 滎陽縣 內의 水路(漕渠)를 통해 추정하건대, 그곳 수문은 목재와 흙으로 만들었지만 이제 견고한 지반에 石材로 제방을 만든다면 틀림없이 안전할 것입니다. 冀州 지역 내의 수로는 모두 이 수문에 의지할 수 있습니다. 수로를 만드는 것은 땅을 파내는 것만은 아닙니다.

다만 동쪽에 제방 한 곳을 만들어 북쪽으로 3백여 里를 흘러 보내 漳水(장수)에 합류시키며, 그 서쪽은 산록의 고지대에 위치하기에 여러 수로들은 왕왕 여기서 지류를 만들어 물을 받아가게 됩니다. 날이 가물면 동방 아래쪽 수문을 열어 冀州 땅을 관개할 수 있으며, 하수가 높아지면 서방 위쪽 수문을 열어 하수의 흐름을 나눌 수 있습니다.

이 수로를 개통하면 3가지 이득이 있고(有三利), 不通하면 三害가 있습니다. 백성은 늘 防水에 동원되어 피곤하고 농사일을 못하게 됩니다.(첫째 폐해) 범람한 물이 지상에 넘쳐서 늘 습지에서 지내야 하기 때문에 습한 질병을 겪어야 하고, 나무는 선채로 말라죽으며 염분이 쌓여 농사가 되지 않습니다.(두 번째 폐해) 제방 붕괴와 범람에 따라 사람이 죽어 물고기 밥이 되니, 이것이 3가지 손해입니다.

만약 인공수로가 만들어지면, 소금기 많은 습지대가 뻘로 덮여 비옥해지고, 거기에 보리나 벼를 심어 농사를 지으면 상전은 5배, 하전은 10배의 수확할 수 있으며 조운이 편리해지니, 이것이 3가지 이익입니다.

지금 황하 주변에 제방과 관련한 일을 해야 할 吏卒이 郡마다 수천 명이고, 나무를 베고 돌을 사오는 비용이 해마다 수천만 전이니, 이 돈으로도 수로를 내고 수문을 만들 수 있습니다. 또 백성은 관개에 따른 이득을 누리기에 함께 수로를 보수하게 되며, 이런 일은 힘들지만 지치지 않는 일입니다.

民田이 잘 관리되고 하수의 제방이 완성된다면, 이는 참으로 富國安民할 수 있고 興利하며, 除害할 수 있고 수백 년을 이어갈 수 있으니, 이를 中策이라 합니다.

만약 여전히 옛 제방처럼 보수하려 한다면, 낮은 제방을 높여야 하고 제방 폭이 좁은 곳을 두껍게 늘려야 하니, 그 노역과 비용은 끝이 없고 범람의 폐해를 계속 당해야 하니, 이는 최하 方策입니다.」

原文

王莽時, 徵能治河者以百數. 其大略異者, 長水校尉平陵關竝言, “河決率常於平原,東郡左右, 其地形下而土疏惡. 聞禹治河時, 本空此地, 以爲水猥, 盛則放溢, 少稍自索. 雖時易處, 猶不能離此. 上古難識, 近察秦,漢以來, 河決曹,衛之域, 其南北不過百八十里者, 可空此地, 勿以爲官亭民室而已.”

大司馬史長安張戎言, “水性就下, 行疾則自刮除成空而稍深. 河水重濁, 號爲一石水而六斗泥. 今西方諸郡, 以至京師東行, 民皆引河,渭山川水漑田. 春夏乾燥, 少水時也. 故使河流遲, 貯淤而稍淺. 雨多水暴至, 則溢決. 而國家數堤塞之, 稍益高於平地, 猶築垣而居水也. 可各順從其性, 毋復灌漑, 則百川流行, 水道自利, 無溢決之害矣.”

御史臨淮韓牧以爲 “可略於〈禹貢〉九河處穿之, 縱不能爲九, 但爲四五, 宜有益.”

大司空掾王橫言, “河入勃海, 勃海地高於韓牧所欲穿處. 往者天嘗連雨, 東北風, 海水溢, 西南出, 浸數百里, 九河之地已爲海所漸矣. 禹之行河水, 本隨西山下東北去.《周譜》云定王五年河徙, 則今所行非禹之所穿也. 又秦攻魏, 決河灌其都, 決處遂大, 不可復補. 宜卻徙完平處, 更開空, 使緣西山足乘高地而東北入海, 乃無水災.”

沛郡桓譚爲司空掾, 典其議, 爲甄豐言, “凡此數者, 必有一是. 宜詳考驗, 皆可豫見, 計定然後擧事, 費不過數億萬, 亦可以事諸浮食無産業民. 空居與行役, 同當衣食, 衣食縣官, 而爲之作, 乃兩便, 可以上繼禹功, 下除民疾."

王莽時, 但崇空語, 無施行者.

〖국역〗

王莽(왕망)이 治世 중에 河水를 다스릴 만한 인재를 모집하자, 백여 명이 모여들었다. 그중 대략 특별한 자는 아래와 같다.

長水校尉[122]인 平陵縣[123] 출신의 關竝(관병)이 말했다.

"황하 제방의 붕괴는 통상 平原郡과 東郡 부근인데, 그곳 지대는 낮고, 토질도 거칠고 나쁩니다. 禹가 황하를 치수할 때, 본래 이 지역을 空地로 남겼고, 물이 갑자기 모여들어 가득 차면 넘치고, 적을 때는 말라버렸습니다. 비록 시대와 처지가 달라졌기에 이곳을 떠나버려둘 수는 없습니다. 上古의 일은 알기 어렵지만 근래 秦과 漢 이래의 사적을 보면, 河水를 曹(조)나 衛(위) 부근에서 강물을 방류하게 되면 그 남북의 거리는 불과 180里이니, 이곳을 공지로 만들어 관가나 민가를 짓지 않게 해야 합니다."

大司馬史인 長安縣 출신 張戎(장융)이 말했다.

"水性은 낮은 곳으로 흐르는데, 흐름이 빠르면 물이 땅을 깎아 공

---

122 長水校尉 – 나라의 중앙군은 南軍 北軍으로 대별하고 북군에 8校尉는 武帝때 처음 설치했다. 교위는 질록 2천석. 교위 아래 丞과 司馬의 속관을 두었다. 8교위의 하나인 長水校尉는 흉노족 기병을 관리하는 교위이다.

123 平陵 – 昭帝의 능. 능현의 하나인 平陵縣은, 今 陝西省 咸陽市 서북.

간을 만들며 점차 깊어집니다. 河水는 무겁고 혼탁하여 물 一石에 진흙이 6斗라고 알려졌습니다.[124] 지금 서쪽 여러 郡에서 京師(長安)까지 東行해 보면, 백성은 모두 河水나 渭水 유역 山川의 물을 전지에 관개합니다. 春夏는 乾燥(건조)하고 물이 적을 때입니다. 그래서 하수가 느리게 흐르면서 뻘흙을 침전시켜 (하류로 올수록) 점차 얕아집니다. 비가 많이 내리면 水量은 급속하게 불어나 물이 넘치고 제방이 터집니다. 그래서 나라에서는 자주 제방을 쌓고 막아야 하기 때문에 점차 평지보다 높아지니, 이는 담을 쌓고 물을 모아두는 것과 같습니다. 그렇다면 각자 그 본성에 따르면서 灌漑(관개)하지 않는다면, 온갖 하천이 흐르면서 물길이 저절로 트이게 되어 범람이나 제방 붕괴의 피해도 없을 것입니다.

御史(어사)인 臨淮郡(임회군)[125] 출신 韓牧(한목)이 말했다.

"〈禹貢〉에 나오는 九河의 옛 터를 대략 찾아 수로를 뚫되, 만약 9개가 불가능하면 4, 5개 수로만 뚫어도 의당 유익할 것입니다.

大司空의 掾吏(연리)[126]인 王橫(왕횡)이 말했다.

"河水는 勃海(발해)로 들어가는데, 勃海의 지대는 제가(韓牧) 파내려는 곳보다 높습니다. 지난 번 비가 계속 내리고 동북풍이 불고 海水가 범람하였는데, 서남쪽에 나가보니 수백 리가 침수되었는데

---

124 원문 一石水而六斗泥 - 漢代 도량형으로 물 1石(무게)은 29,760g. 1斗(용량)는 2000cc.

125 臨淮郡(임회군) - 대략 江蘇省 중부 安徽省 일부 지역 포함. 치소는 徐縣(서현), 今 江蘇省 서북부 宿遷市 관할 泗洪縣.

126 大司空은 御史大夫의 개칭. 掾은 한 업무 부서의 실무 책임자. 吏의 우두머리. 도울 연.

九河의 땅도 이미 바닷물에 잠겼습니다. 禹가 河水를 순찰할 때, 본래 서쪽 산을 따라 동북쪽으로 내려왔습니다. 《周譜(주보)》[127]에 (周)定王 5년(前 602)에 河水가 바뀌었다고 하였으니, 곧 지금 수로를 파내자는 곳은 禹가 말한 9河가 아닙니다. 또 秦이 魏를 공격할 때, 河水灌 제방을 터서 그 도성에 물을 주입했다 하였으니, 제방 터진 곳은 결국 커져서 다시 보수하지 못했을 것입니다. 그러니 지금은 응당 완전히 평평한 곳을 골라 다시 수로를 내면서 西山 산기슭 아래를 따라 동북으로 나아가 入海하게 한다면 앞으로 수해는 없을 것입니다."

沛郡(패군)의 桓譚(환담)[128]은 司空府 掾吏(연리)인데, 그 논의를 주관하면서 甄豐(견풍)[129]에게 말했다.

"전체적으로 이들 중에 틀림없이 옳은 방책이 있을 것입니다. 응당 깊이 생각하고 근거를 따져보면 결과를 예상할 수 있고, 계책을 확정한 다음에 착공해야 하며 그 비용은 수억만 전을 넘지는 않을 것이나, 이런 공사는 떠돌며 일정한 산업이 없는 자들의 일입니다. 무직자로 살다가 공사에 참여하면 의식이 해결되는데, 그런 자들의 衣食을 나라에서 해결하는 것이니, 이런 공사는 無産者나 나라 양쪽

---

127 《周譜》 – 周 王室의 世系를 수록한 책.

128 桓譚(환담, 前 23 – 서기 56) – 字는 君山. 정치가이면서 학자. 光武帝의 議郞給事中 역임. 《新論》 29편을 저술. 《後漢書》에 입전.

129 甄豐(견풍) – 劉歆(유흠), 王舜(왕순) 등과 함께 왕망의 심복이 되어 왕망이 고위직에 오를 수 있도록 선창하고, 또 이끌면서 그의 공덕을 칭송하였다. '安漢公'과 '宰衡(재형)' 같은 호칭의 사용이나 왕망 모친과 두 아들, 또 조카를 봉하게 한 것도 모두 견풍이었다.

에 다 같이 이로울 것이며, 가히 위로는 禹의 치적을 이어가고 아래로는 백성의 고생을 덜어주는 것입니다."

그러나 왕망 시대에는 空語가 성행하면서 실제 시행은 없었다.

原文

贊曰, 古人有言, '微禹之功, 吾其魚乎!' 中國川原以百數, 莫著於四瀆, 而河爲宗. 孔子曰, "多聞而志之, 知之次也." 國之利害, 故備論其事.

〖국역〗

班固의 論贊[130] : 古人이 말했다. '禹의 공적이 없었다면, 우리는 아마 물고기가 되었을 것이다!'

중국의 하천은 수백 개이나 四瀆(사독)[131]보다 더 저명한 것은 없

130 贊曰 - 贊(찬)은 文體의 하나. 稱述하고 평론하는 글. 雜贊, 哀贊, 史贊으로 대별하는데, 雜贊은 인물의 뜻을 襃彰(포창)한 글이고, 哀贊은 사람의 죽음을 애도하며 그 덕을 조술하고, 史贊은 역사적 인물에 대한 평론과 함께 그 행적을 褒貶(포폄)한 글이다. 여기 贊曰은 史贊이며 班固의 견해이다. 반고는 부친 班彪(반표)의 글을 그대로 옮겨 적기도 하였다. 이러한 史贊의 시작은 《左傳》의 '君子曰' 이라 할 수 있다. 司馬遷은 모든 編에 '太史公曰' 로 시작되는 논찬으로 자신의 견해를 피력하였다. 사실 사찬은 역사적 인물이나 사건에 대한 객관적인 평가나 의혹을 풀기 위한 서술이지만 편마다 사찬을 붙여 번잡한 史論이 생기는 단서를 열었다는 비판도 있다.

131 四瀆(사독) -《釋名 釋水》에 「天下大水四, 謂之四瀆, 江,河.淮,濟 是也.」라 하였다.

으며, 그중에서도 河水가 으뜸이다. 孔子가 말했다.

"多聞하되 이를 기억한다면 거의 지혜에 가까울 것이다."[132]

國政의 利害와 관계가 있어 이와 관련한 일을 모아서 논했다.

132 《論語 述而》 子曰, "蓋有不知而作之者, 我無是也. 多聞, 擇其善者而從之, 多見而識之, 知之次也."

《論語 季氏》 孔子曰, "益者三友, 損者三友. 友直, 友諒, 友多聞, 益矣. 友便辟, 友善柔, 友便佞, 損矣."

저자 약력

陶硯 진기환陳起煥

서울 대동세무고등학교 교장을 역임하였다.

주요 저서로는《正史 三國志》全 6권 (2019년),《완역 後漢書》全 10권 (2018-2019년),《완역 漢書》全 10권 (2016-2017년),《十八史略》5권 중 3권 (2013-2014년),《史記人物評》(1994년),《史記講讀》(1992년)

《唐詩大觀》全 7권 (2020년),《三國演義》원문 읽기 (2020년),《新譯 王維》(2016년),《唐詩絶句》(2015년),《唐詩逸話》(2015년),《唐詩三百首(上·中·下)》(2014년. 공역),《金甁梅 評說》(2012년),《上洞八仙傳》(2012년),《三國志 人物 評論》(2010년),《水滸傳 評說》(2010년),《中國人의 俗談》(2008년),《儒林外史》(抄譯) 1권 (2008년),《三國志 故事名言 三百選》1권 (2001년),《三國志 故事成語 辭典》1권 (2001년),《東遊記》(2000년),《聊齋誌異(요재지이)》(1994년),《神人》(1994년),《儒林外史》(1990년)

《孔子聖蹟圖》(2020년),《論語名言三百選》(2018년),《論述로 읽는 論語》(2012년),《중국의 神仙 이야기》(2011년),《아들을 아들로 키우기/가정교육론》(2011년),《三國志의 지혜》(2009년),《三國志에서 배우는 인생의 지혜》(1999년),《中國人의 土俗神과 그 神話》(1996년)

E-mail : jin47dd@hanmail.net

原文 註釋 國譯

漢書(十四) {五行志·地理志·溝洫志}
한 서

초판 인쇄 2021년 5월 17일
초판 발행 2021년 5월 25일

역　주 | 진기환
발행자 | 김동구
디자인 | 이명숙·양철민
발행처 | 명문당(1923. 10. 1 창립)
주　소 | 서울시 종로구 윤보선길 61(안국동)
우체국 010579-01-000682
전　화 | 02)733-3039, 734-4798(영), 733-4748(편)
팩　스 | 02)734-9209
Homepage | www.myungmundang.net
E-mail | mmdbook1@hanmail.net
등　록 | 1977. 11. 19. 제1~148호

ISBN 979-11-90155-79-3 (04910)
ISBN 979-11-85704-78-4 (세트)
30,000원